魅思文丛

刘宗迪 主编

古希腊宗教研究导论

〔英〕简·艾伦·赫丽生 著

谢世坚 译

图书在版编目（CIP）数据

古希腊宗教研究导论 /（英）简·艾伦·赫丽生著；谢世坚译. -- 北京：商务印书馆，2025. -- ISBN 978-7-100-24196-0

Ⅰ.B929.545

中国国家版本馆 CIP 数据核字第 20246MX679 号

权利保留，侵权必究。

本书根据 Merlin Press 1962 年版译出

古希腊宗教研究导论

〔英〕简·艾伦·赫丽生　著
谢世坚　译

商务印书馆出版
（北京王府井大街36号　邮政编码100710）
商务印书馆发行
三河市尚艺印装有限公司印刷
ISBN 978-7-100-24196-0

2025年5月第1版　　开本 880×1230　1/32
2025年5月第1次印刷　　印张 24 1/8

定价：138.00元

再版译序

《古希腊宗教研究导论》中译本在问世近20年后，修订版得以出版，这是译者当年无法想象的。修订版面世一方面说明学术经典的永恒价值，另一方面说明译本得到认可。在此译者衷心感谢商务印书馆的厚爱！同时，非常感谢读者这些年来对本书的关注，让译者特别感怀的是细心、热心读者还诚恳指出了译本中一些错误。在修订版中，译者对这些错误一一进行了订正，对书中的一些不当之处也作了改正。尽管如此，书中肯定还有不少讹误，译者真诚希望得到读者、专家批评指正！

谢世坚

2024年6月于桂林

译　序

简·艾伦·赫丽生（1850—1928）是英国考古学家、古希腊研究的著名学者。生于约克郡的赫丽生17岁时进入切尔滕纳姆女子学院读书，此后她又成为剑桥大学纽纳姆女子学院的首批学生之一。1879年，她成为主持希腊古典文学艺术学术学位的负责人，这是一个极高的荣誉，她由此被称为"英国最有才华的女人"。同年，她来到伦敦大英博物馆，在查尔斯·牛顿的指导下研究考古学。从此她致力于从考古学的角度来研究希腊神话，同时教书讲学、著书立说。从1889年到1896年，赫丽生担任英国希腊研究协会副会长；1896年，她成为柏林古典考古研究院的外籍理事。赫丽生曾两次被提名为伦敦大学古典考古学的教授，但由于当时学术界对妇女的偏见，她始终没有获得这一职位。1898年，她回到母校纽纳姆学院，并成为该学院的一名研究员。学院为她提供了优厚的生活条件，教学任务也较为轻松，这使她能够潜心研究。事实上，在纽纳姆学院工作的二十几年时间（1898—1922）是她学术生涯的顶峰。1903年和1912年，她分别出版了《古希腊宗教研究导论》和《古希腊宗教的社会起源》。她在书中提出了当时可谓全新的理论，改变了人们对希腊文化和宗教的认识。这两部著作在她生前一再重印，可见其影响之大。时至今日，她的著作依然受到学者的重视和一般读者的青睐。

赫丽生在研究古希腊宗教时，不仅强调古典文献资料的作用，更强调从考古发现来研究古代宗教仪式，进而认识古代人的宗教思想。她的学术观点在当时有着很大的影响。当时英国研究希腊古典文化的吉尔伯特·默里、F. M. 康福德和A. B. 库克都深受她的影响。他们共同被称为

"剑桥的仪式派"（尽管默里多数时间在牛津大学工作）。事实上，如果说 J. G. 弗雷泽是这一流派的"教父"，那么赫丽生就是他们当中的灵魂。赫丽生有着过人的精力，对新观点、新思想始终抱有极大的热情。她精通希腊语、西班牙语、瑞典语、波斯语、希伯来语等多种外语，晚年为了研究俄国文化（特别是民间文化），她学习并掌握了俄语。赫丽生晚年受到疾病的折磨，心脏病和肺病迫使她于1922年离开了讲坛。她和她的学生霍普·米尔利斯（1887—1978）一起搬到伦敦当时的文化中心布卢姆斯伯里居住。1928年，赫丽生死于白血病。

《古希腊宗教研究导论》无疑是赫丽生最重要的著作。在这本书中，她明确地提出并令人信服地用大量例证阐明了自己的学术观点。可以说，作者从多角度、全方位地考察了古希腊人的宗教思想和宗教实践，为读者清晰地勾画出一幅反映古希腊宗教演变的全景画。虽然作者的着眼点是宗教，但她用于阐述希腊宗教的资料涉及考古学、文学、神话、哲学、历史、词源学等方面，因此，本书将能够帮助我们更深入地认识古希腊文化的方方面面。

赫丽生被誉为女权主义的先驱。赋予她这一称号的人可以分为两种：一种是由衷地钦佩、赞美她的人，另一种是对她怀有偏见的人。不错，从她的著作可以非常清楚地看出，她对作为父权制产物的奥林波斯诸神并无好感，对反映母权制社会关系的古老神祇却充满了同情。我认为，我们不妨把赫丽生的"偏见"看作是学者的个性体现。最重要的是，她为我们描画了古希腊宗教发展演变的路线图。我们还应该注意到，在维多利亚时代的英国（乃至整个西方）学术界，男性占据着绝对的主宰地位，而赫丽生能在如此不利的学术环境中取得令人瞩目的成就，不能不让人们叹服！

赫丽生在本书的前言中说："对于所有在原始宗教领域进行研究的人员来说，弗雷泽博士的著作已经成为他们的必备的参考资料。"而她本人的著作对于今天研究古代神话和仪式的人来说同样成了必备的参考资料。

限于自己的能力，加之时间仓促，尽管自己已经做出了最大的努力，但书中肯定有翻译不当之处。在此，我真诚地希望读者、专家提出批评。同时，我衷心地希望本书的翻译出版对学习研究古希腊宗教、文化和希腊古典文学艺术的人士能够起到应有的帮助作用。我很荣幸地成为赫丽生的两部重要著作《古希腊宗教研究导论》和《古希腊宗教的社会起源》的译者，感谢出版社对我的信任和支持！虽然本书的翻译是由我本人单独完成的，但摆在我们面前的这本书却凝聚着许多人的关怀和帮助。出版社的张民老师对本书的翻译自始至终都给予了关心和帮助，责任编辑罗文波、王滢老师为本书的出版倾注了大量的心血。我所在的工作单位广西师大外语学院的领导给我提供了工作上的便利，领导和同事的鼓励与支持使我在翻译时信心百倍；中文系资料室的黄高潮老师始终为我提供查阅资料上的便利；我的爱妻在我翻译本书的过程中承担了大量的家务，为我免除了工作上的后顾之忧；还有我的老同学和好朋友，他们始终关注我的翻译；还有我的学生赖桃和我的研究生李晨，他们在力所能及的情况下为我承担了不少事务，使我能专心于本书的翻译。当然还有很多热心人，不能一一列举。在此，我衷心地感谢给予我关心、帮助和爱的人们！

谢世坚
2005 年 8 月于桂林

前　言

本书的目的是促使人们关注希腊宗教某些被忽略的方面。

在一些流行的小册子，甚至是一些雄心勃勃的学术论著的作者眼里，希腊宗教主要与神话，而且是通过文学这一媒介体现出来的神话有关。就我所知，在英国，没有任何人试图对希腊的仪式进行认真的考察。但是，与仪式有关的各种事实显然更容易确定，也更永久，而且至少和文学一样重要。要了解一个民族的思想[①]，一条线索——也许是最可靠的线索——就是考察这个民族为其所敬奉的神所做的一切。要想对希腊宗教有一个科学的认识，首先就要对其仪式进行详细的分析。

仅仅通过希腊文学来考察希腊宗教，这种习惯做法首先从根本上就是错误的。而在以文学研究为主的英国，这种错误势必是难以修正的。就文学而言，荷马史诗是文学的起点，尽管每一个学者都知道荷马的作品并非原始的东西；而就神学（也许我们可以称之为神话）而言，荷马史诗并不是起点，而是一个顶点，一种彻底的成就，一种近乎机械的成就，我们从中几乎看不到一丝根源性的东西。更有甚者，这种在实质上是文学性的而非宗教性的成就因其已臻完美而停滞不前。荷马笔下的奥林波斯诸神和他的六韵步诗体一样并非原始。隐藏在这一光彩表面之下的一系列的宗教观念，以及关于邪恶、净化、救赎的观念，都被荷马忽视或有意压制了，但这些观念却出现在荷马之后的诗人的作品中，最明显的就是埃斯库罗斯的作品。本书要探讨的正是这些表层之下的宗教观

[①] 本书所有着重号均为作者所加。——译注

念，它们不仅更原始，而且也更永久。假如希腊的宗教仪式受到应有的关注，它们就不会如此长久地遭到人们的忽视了。

我希望别人不会误解我的意思。虽然我告诫自己不要把文学，特别是荷马史诗作为本研究的起点，但文学确实是我的目标。我之所以试图去理解那些原始的仪式，不是因为我喜欢这种古老的东西，也不完全因为自己一心一意地投身于科学研究，而是希望自己最终能够更好地理解希腊诗歌的某些形式。迫于宗教习俗，悲剧诗人往往根据传统神话以及一些故事来构思自己的情节，而这些故事所包含的宗教意义到了荷马时代已经被人们遗忘。如果我们了解并承认这种原始材料的背景，那就等于朝前迈出了一步，即认识到这种材料在悲剧中的最终形式。因此，我所希望的依然是能够在文学的殿堂里做点什么，哪怕只是作为一个砍柴挑水的人。

由于读者即将看到的内容必然有点复杂，而且本书各章的观点有着紧密的联系，因此在这里有必要尽可能扼要地点明我在各章得出的结论，并简要地概括讨论的步骤。

第一章要阐明的观点是，古典时代的希腊人承认两种宗教仪式，即对奥林波斯神的崇拜和对阴间神灵的崇拜。我还要进一步说明，荷马时代典型的仪式是敬奉奥林波斯神的仪式。在荷马史诗里，人们在献祭时把祭品献给神，以便得到神的恩赐。这种献祭基于一种"献出以便获得回报"（do ut des）的观念。此外，崇拜者可以分享为祭神而准备的盛宴。与这种喜气洋洋的祭祀盛宴形成鲜明对照的是，我们在考察希腊人在雅典可能曾经举行过的祭祀宙斯的仪式时，会发现这种仪式的意义是完全不同的：祭牲被彻底焚化，全部献给神，崇拜者无缘分享，仪式的气氛压抑、沉重。宙斯节的仪式表面上是祭祀宙斯，实际上却是祭祀阴间的一条蛇，也就是说，对蛇的崇拜和对宙斯的崇拜是重叠的。

在接下来的三章里，我将谈到花月节、塔耳格利亚节及立法女神节。这三个节日分别在春、夏、秋季举行，和祭祀奥林波斯神的仪式相重叠。

我觉得这是人所共知的事实，因此只是简略地提一下而已。我关注的焦点是隐藏在表面之下的一些仪式。

我们发现，在祭祀狄俄尼索斯的花月节中，最主要的仪式是安抚鬼神。我们还发现，人们之所以安抚鬼神，是为了让鬼神远离自己。这种祭祀基于一种"献出以便免除灾害"（do ut abeas）的观念，这与献祭奥林波斯神的观念是不一样的。这种在春天举行的驱鬼仪式具有极其明显的功利目的，即通过消除邪恶的影响来达到丰产的目的。

塔耳格利亚节的仪式更原始，也更直截了当。这个在初夏举行的节日表面上是祭祀阿波罗的。每到这时，人们就要收获当年的第一批果实。这个节日的核心是净化，这是收获前必做的一件事。净化是通过一种与药有关的仪式完成的。尽管这个节日在古典时代是专门为了祭祀阿波罗而举行的，但其所用的药物并不是人们献给神的祭品，而是使身体和道德获得净化的一种手段，其目的同样是保持和促进丰产。

至此，我们会看到，祭祀阴间鬼神的仪式都有这样的特点，即人们常常深切地感受到应该消除邪恶，以及为了消除它有必要进行净化。我们还会看到，尽管当时人们所使用的净化手段很原始，且主要是巫术性的，但这并不影响其所包含的宗教意义。

原始仪式所体现出来的这种通过巫术仪式促进丰产的功利目的更加强烈地反映在秋天举行的庆祝耕种的节日——立法女神节上。每逢这个节日，妇女们手里拿着一种具有巫术作用的圣物，以此来诱发大自然的威力。在讨论立法女神节的圣物时，我们对"秘密祭典"进行了探讨。我们发现，一切原始的秘密祭典的核心部分，就是那些接受过精心安排的净化仪式的人安放或品尝某些圣物。圣物被认为具有神奇的或者说神圣的作用。接触圣物意味着接触到一种超人的力量，未经净化的人是严禁接触圣物的。秘密祭典的目的通常是去除某种禁忌。在奥林波斯神崇拜里，我们似乎完全看不到这种秘密祭典。

在第五章，我们讨论的焦点从仪式转到了神学，从考察人们举行的仪式转到了考察仪式所针对的对象。我们发现，这些对象只是一些精灵、鬼神和妖怪，而不是形象清晰的神。对这些鬼怪所进行的研究只能说是"鬼魔学"（demonology），而不是神学（theology）。前面已经说过，这些与鬼神有关的仪式的目的主要是消除邪恶，因此这些变化不定的鬼神主要具有邪恶的性质。人类根据自己野蛮的、非理性的激情来塑造心目中的魔鬼。埃斯库罗斯在他的悲剧里试图把他笔下的复仇女神厄里尼厄斯转变成塞姆那俄·忒埃，现实中的普通人是做不到这一点的。

在第六章，我们的讨论从鬼魔学转到了神学，考察的对象从鬼怪转为具有人形并有着人性的神。神不仅体现出人的激情，而且反映出人的各种关系。妇女和农业的联系最初体现在母亲和侍女这两个形象上，稍晚体现在母亲（神母）和女儿（处女神）这两个形象上，再后来则体现在源于这两个形象的无数三位一体的女性神祇身上。在第七章，我们讨论的内容明显地从鬼转到了神，而后代和祖先之间的仁爱关系使得古老的具有驱邪性质的宗教变得人性化了。至此，人格化的神学的发展便达到了其顶点。可以看到，这些古老的女神和"英雄神"失去了神秘色彩，具有了简单明了的人性，他们已非常接近奥林波斯神了。

对希腊来说，这个时期有着非常重要的意义，因为就在这个时候，一种新的信仰开始传入希腊，这就是狄俄尼索斯崇拜。

在第八章的开头，我们试图证明狄俄尼索斯源于色雷斯。在狄俄尼索斯崇拜里，有两种因素同时存在：对职司迷狂的神灵的崇拜被嫁接到了对古老的植物神的崇拜上。狄俄尼索斯给希腊人带来了一种新的信仰，那就是对热情的信仰。这种信仰认为，人首先通过肉体上的迷狂，然后通过精神上的迷狂，能变为神。

如果不是受到另一种宗教——我们称之为俄耳甫斯教——的推动，上述信仰也许会停留在其原始的野蛮状态，因此也就不会对希腊产生任何影响。本书最后四章即第九至十二章所讨论的就是俄耳甫斯教。

在第九章，我试图证明俄耳甫斯确有其人。我做了一个大胆的推测：俄耳甫斯来自克里特，也有可能来自埃及，他带来了一种崇尚精神苦修的宗教，但这种宗教同时也包含了狄俄尼索斯崇拜的那种对迷狂的崇尚。第十章讨论的是俄耳甫斯教和狄俄尼索斯崇拜的秘密祭典。我们会看到，在这两种宗教出现之前，秘密祭典的主要内容是让一些接受了精心安排的净化仪式的人接触某些圣物。通过与这些圣物接触，人便和某种神圣的威力产生了联系。俄耳甫斯教给这种原始的神秘崇拜注入了一种新的教义，即人可以和神合而为一。在原始的克里特生食仪式上，这种人神结合是通过把神吃掉这一行为来实现的，而神圣婚礼和神的诞生这两种仪式则使这种人神结合进一步象征性地实现了。传播俄耳甫斯教的人的使命就是继承这些最初只具有巫术性质的原始仪式，同时把一种深刻的精神上的神秘主义注入其中。在厄琉西斯，生食仪式已不复存在，但其他两种促成人神结合的圣礼——神圣婚礼和神的诞生——最终构成了秘密祭典最主要的仪式。

  人神结合的教义和仪式必然导致一种新的教义：人能够像神一样得到永生。第十一章的主题就是俄耳甫斯教的末世论。俄耳甫斯教的一些简札记录了它的最高信仰，即彻底的净化带来神性和永生；在意大利南部出土的一些花瓶上以及在受到柏拉图批判的末世论里，我们可以看到俄耳甫斯教的较低层次的信仰，即认为人在冥国里受到永恒的惩罚，这与荷马史诗所描述的模糊的来世形成了对照。

  最后，在第十二章我要阐明的是，与荷马不同，俄耳甫斯教徒在宣扬末世论的同时也创立了一种宇宙起源学说，这种宇宙起源学说最终和一种独特的、具有哲学意义的神学产生了密切联系。在公元前5世纪，奥林波斯教的木偶戏几乎已经消亡，但俄耳甫斯教所崇拜的两个神却依然保持着生机。在仪式上，俄耳甫斯教徒崇拜狄俄尼索斯，但在神学理论上，他们认为厄洛斯是一切事物的源泉。俄耳甫斯教的厄洛斯是一个神秘的神，是一个半神（daimon），而不是真正意义上的神（theos），和奥林波斯山上那些形象分明、具有人性的神截然不同。

  在讨论了俄耳甫斯教之后，我希望读者会非常清楚地认识到，我为什么从一开始就把讨论的焦点放在那些驱邪和净化的原始仪式上，而不是放在祭祀奥林波斯神的仪式上。在"献出以便获得回报"的献祭观念里，我们已无法找到其所包含的精神内涵；而在"献出以便免除灾害"的献祭观念里，至少还反映出一种对生命的神秘性和恶的存在的承认。俄耳甫斯教徒并没有使用奥林波斯教的仪式，他们只是借用了净化仪式和一些巫术仪式中对他们有用的象征手法。此外，在神学上，比起奥林波斯神所特有的各种局限性及其生动的人性来，鬼神所特有的原始形象更适合作为神秘主义宗教的材料。俄耳甫斯教对希腊宗教有着决定性的意义，虽然俄耳甫斯教的仪式只是古老仪式的复兴，但这种古老仪式已具有了新的意义。

读者在阅读本书时会发现，两位作家普卢塔克和欧里庇得斯的作品被我频繁引用。普卢塔克温和的保守主义思想使他对古代的信仰有着坚定的信念。在他看来，宗教的作用之一就是解释并证明已有的仪式；他在自己的著作中试图进行这种证明时为我们道出了许多有价值的、与仪式有关的事实。欧里庇得斯虽然在抨击奥林波斯众神时毫不迟疑，但他对俄耳甫斯教所崇拜的两个神狄俄尼索斯和厄洛斯却充满了敬意。我已说过，尽管欧里庇得斯出生在弗吕亚——俄耳甫斯教秘密祭典的古老发源地，但他对俄耳甫斯教的态度很可能受到了早期学说的影响。不管怎么说，如果这种宗教所崇拜的主要神灵受到欧里庇得斯的尊敬，那么我们就不能简单地把它斥为一种颓废有害的迷信。

我诚恳地希望读者把本书看作真正意义上的"导论"。我深深地认识到，在对这样一个包罗万象的领域进行研究时，其中的许多内容我已无法顾及，更多的内容也只是说个大概。我希望在详细论述之前把自己主要的理论概述出来，以供批评。我打算将来对俄耳甫斯教进行研究，这样的研究也许更有资格称得上是完整的研究。如果说我在本书中几乎仅仅是论述了俄耳甫斯教的力量和美，我也并不是没有意识到它和所有的神秘宗教一样有着自己软弱和丑陋的一面。

如果说我在这本《古希腊宗教研究导论》中取得了什么成就,这在很大程度上要归功于许多帮助过我的朋友。接下来,请允许我对他们表示诚挚的感谢。

首先,我衷心感谢剑桥大学出版社安排出版本书,感谢剑桥大学图书馆和菲茨威廉博物馆慷慨地允许我查阅图书资料;还要感谢我所在的学院,正是由于学院把我选为研究员,我才获得了专心写作本书所需的资金和时间。

至于书中的插图,我要感谢大英博物馆理事会、希腊研究协会、德国考古学院和雅典法语学院。我在书中对一些插图的来源作了说明。感谢休·斯图尔特夫人的帮助,是她为我完成了对照片的摹画和铭文的摹写这项烦琐的工作。

说到我在文学方面获得的帮助,很显然,我要感谢已故的 R. A. 尼尔先生在我写作本书的头两章时在文献学方面提供的帮助。在写作本书的中途,我失去了他的友谊和帮助,这种损失已经无法弥补。

我非常感谢最初促使我研究俄耳甫斯教的理查德·杰布爵士,对我来说,这是一段美好的回忆。是他在编辑泰奥弗拉斯托斯的《人物志》时所作的注释最早使我进入了与俄耳甫斯教有关的文献的研究领域。从那以后,尽管我不得不把俄耳甫斯教的问题放在一边,但它时时刻刻都萦绕在我的心头。

我对里奇韦教授的感谢是无法用语言来表达的。多年前我便收集到了本书开头部分的材料,但是,这些材料涉及一些文化人类学的问题,受到这些问题的困扰,我只好绝望地把材料搁置一边。里奇韦教授的一篇文章使我即刻感到豁然开朗,我对那些一直困扰着我的、与仪式和神话有关的问题有了新的认识。于是,怀着新的勇气,我又重新开始研究。

自那以后,他都极其好心地允许我旁听他的专题讲座;每当我遇到困难,都能得到他的帮助。经过考虑,我觉得最好还是独立阐明我自己的观点,以区别于他那些文化人类学的结论,这首先是因为那些结论在我写作本书时只是发表了一部分,但更主要的是因为我希望通过独立地论述我所提出的证据,我在自己所研究的相对狭窄的领域里也许可以为他那些富于启发性的理论的正确性提供某种佐证。

对于所有在原始宗教领域进行研究的人来说,弗雷泽博士的著作已经成为他们必备的参考资料,以至于要对他表达特别的感谢几乎都变成了多余。但在此我还是要对他表示深深的谢意,因为我经常获许就一些具体问题向他请教,而且像我在一些注释里所表明的那样,我的提问总是得到他慷慨热情的答复。

三一学院的F.M.康福德先生为我审校了本书的校样,他的热情和耐心使我感激不尽。他不仅对书中的一些措辞作了准确的更正,而且更重要的是,在我写作本书的过程中,他给我提出了许许多多有价值的建议。还有许多学者允许我就一些我力所不能及的问题向他们请教。在有关的注释里,我已对此作了说明。但这里我要特别感谢大英博物馆的A.S.默里博士、塞西尔·史密斯先生和A.H.史密斯先生,感谢他们经常给我提供查找资料的便利;雅典的R.C.博赞基特先生和M.托德先生给我提供了帮助。我还要感谢剑桥大学的哈登博士、汉斯·加多博士、弗朗西斯·达尔文先生、H.G.戴金斯先生和A.B.库克先生。

我对A.W.维罗尔的感激之情难以言表,我对厄里尼厄斯的讨论在很大程度上受到了他的启发。实际上,促使我写作第五章的是他在编辑《奠酒人》时所作的注释,这一章的最终写成得益于他孜孜不倦的批评指导。在写作本书的过程中,每当我遇到写作上的困难,总是能够得到他的帮助,他过人的学识和充满睿智的见解一次次为我拨开心中的迷雾。

一些希腊诗歌的翻译是由吉尔伯特·默里先生完成的,我在有关注释里已有说明;那些引自《酒神的伴侣》和《希波吕托斯》的诗句无一例外都出自他的翻译。关于狄俄尼索斯崇拜,使我受益最大的是默里先生翻译的《酒神的伴侣》。承蒙他的许可，我得以引用他这部精心翻译但尚未出版的译著，使得这项艰巨的研究工作变成一种愉快的劳动。他为我审阅了本书后面的章节的校样，在许多疑难问题上，他那敏锐的想象力给我的指导是显而易见的。

简·艾伦·赫丽生
1903 年 9 月 9 日于剑桥纽纳姆学院

在第二版里，承蒙好友和评论者的批评指正，我已经把书中出现的错误改正了过来。

重新审阅校样这项繁重的工作依然是由康福德先生替我完成的。我必须感谢三一学院的 F. C. 格林先生，他作了古典篇章的索引。在注释方面，增加了许多参考书目，这些都是本书第一版出版后所出版的文献。特别值得一提的是弗雷泽博士的《王权的早期历史》和宝贵的《宗教研究》——该书 1904 年以后的版本标志着宗教研究进入了新的阶段。然而，我在第二版中只是说明出现了哪些新材料，而不是把这些新材料融入书中。除了那些显而易见的修正和新增加的参考书目外，第二版和第一版并没有实质上的差别——请朋友们相信，这并不是因为在这四年时间里我的观点依然保持不变，而是因为我希望在不久的将来撰写一本《再论希腊宗教》，对一些问题——特别是与巫术仪式和秘密祭典有关的问题——进行更深入的论述，并修正以前的许多错误。

简·艾伦·赫丽生
1907 年 12 月于剑桥纽纳姆学院

除了增加一些新的参考书目外，本书第三版和第二版在内容上并无实质性区别。读者在我刚出版的《再论希腊宗教》中可以找到我的一些观点的最新发展。

简·艾伦·赫丽生
1921 年 8 月 8 日于剑桥纽纳姆学院

目　录

第一章　奥林波斯神崇拜仪式和阴间神灵崇拜仪式 1
　宙斯节 15
　阿提刻的日历 32

第二章　花月节——鬼神的节日 36
　花月与二月 54
　安抚冥界神灵的仪式 60

第三章　丰收的节日 84
　塔耳格利亚月与塔耳格利亚节 85
　法耳玛科斯 105
　卡林特里亚节与普林特里亚节 126

第四章　妇女的节日 132
　立法女神节 132
　阿瑞福拉节、斯奇罗弗里亚节、斯特尼亚节 143
　诅咒与法律 150
　哈罗阿节 159
　厄琉西斯秘密祭典 164

第五章　鬼魂、幽灵和妖怪 177

　作为鬼魂和幽灵的刻瑞斯 179

　作为衰老和死亡的刻瑞斯 188

　作为哈耳庇和风魔的刻瑞斯 192

　作为命运的刻瑞斯 200

　作为戈耳工的刻瑞斯 205

　作为塞壬的刻瑞斯 215

　作为斯芬克斯的刻瑞斯 228

　作为厄里尼厄斯的刻瑞斯 234

　埃斯库罗斯笔下的厄里尼厄斯 239

　悲剧中的厄里尼厄斯 247

　厄里尼厄斯与蛇 257

　"可敬的女神" 265

　欧墨尼得斯 281

第六章　女神的诞生 286

　神母和处女神 289

　作为卡耳波福罗斯（野生之物的母亲）的大神母 293

　作为枯罗特洛佛斯的大神母 297

　得墨忒耳和科瑞 301

　作为处女的大地女神的还阳 307

　潘多拉 314

　三位一体的女神 318

　"帕里斯的评判" 324

　雅典娜 333

　阿佛洛狄忒 342

　赫　拉 350

第七章　神的诞生ᅟᅟᅟᅟᅟᅟᅟᅟᅟᅟᅟᅟᅟᅟᅟᅟᅟᅟᅟᅟᅟᅟᅟᅟᅟᅟ358

ᅟᅟ英雄与蛇ᅟᅟᅟᅟᅟᅟᅟᅟᅟᅟᅟᅟᅟᅟᅟᅟᅟᅟᅟᅟᅟᅟᅟᅟᅟᅟᅟᅟᅟ362

ᅟᅟ神的名称ᅟᅟᅟᅟᅟᅟᅟᅟᅟᅟᅟᅟᅟᅟᅟᅟᅟᅟᅟᅟᅟᅟᅟᅟᅟᅟᅟᅟᅟ369

ᅟᅟ阿斯克勒庇俄斯和治病救人的英雄们ᅟᅟᅟᅟᅟᅟᅟᅟᅟᅟᅟᅟ379

ᅟᅟ"英雄盛宴"ᅟᅟᅟᅟᅟᅟᅟᅟᅟᅟᅟᅟᅟᅟᅟᅟᅟᅟᅟᅟᅟᅟᅟᅟᅟᅟ389

ᅟᅟ英雄浮雕上的狄俄尼索斯ᅟᅟᅟᅟᅟᅟᅟᅟᅟᅟᅟᅟᅟᅟᅟᅟᅟᅟ398

第八章　狄俄尼索斯ᅟᅟᅟᅟᅟᅟᅟᅟᅟᅟᅟᅟᅟᅟᅟᅟᅟᅟᅟᅟᅟᅟᅟᅟ403

ᅟᅟ狄俄尼索斯：来自色雷斯的神ᅟᅟᅟᅟᅟᅟᅟᅟᅟᅟᅟᅟᅟᅟᅟ404

ᅟᅟ萨　梯ᅟᅟᅟᅟᅟᅟᅟᅟᅟᅟᅟᅟᅟᅟᅟᅟᅟᅟᅟᅟᅟᅟᅟᅟᅟᅟᅟᅟᅟᅟ422

ᅟᅟ迈那得斯ᅟᅟᅟᅟᅟᅟᅟᅟᅟᅟᅟᅟᅟᅟᅟᅟᅟᅟᅟᅟᅟᅟᅟᅟᅟᅟᅟᅟᅟ432

ᅟᅟ狄俄尼索斯·利克尼特斯ᅟᅟᅟᅟᅟᅟᅟᅟᅟᅟᅟᅟᅟᅟᅟᅟᅟᅟ446

ᅟᅟ狄俄尼索斯：塞墨勒之子ᅟᅟᅟᅟᅟᅟᅟᅟᅟᅟᅟᅟᅟᅟᅟᅟᅟᅟ448

ᅟᅟ狄俄尼索斯：宙斯之子ᅟᅟᅟᅟᅟᅟᅟᅟᅟᅟᅟᅟᅟᅟᅟᅟᅟᅟᅟᅟ457

ᅟᅟ布洛弥俄斯、布拉伊特斯、萨巴最俄斯ᅟᅟᅟᅟᅟᅟᅟᅟ460

ᅟᅟ树神狄俄尼索斯ᅟᅟᅟᅟᅟᅟᅟᅟᅟᅟᅟᅟᅟᅟᅟᅟᅟᅟᅟᅟᅟᅟᅟᅟ475

ᅟᅟ作为公牛神的狄俄尼索斯ᅟᅟᅟᅟᅟᅟᅟᅟᅟᅟᅟᅟᅟᅟᅟᅟᅟᅟ481

ᅟᅟ酒神与酒神颂歌ᅟᅟᅟᅟᅟᅟᅟᅟᅟᅟᅟᅟᅟᅟᅟᅟᅟᅟᅟᅟᅟᅟᅟᅟ487

第九章　俄耳甫斯ᅟᅟᅟᅟᅟᅟᅟᅟᅟᅟᅟᅟᅟᅟᅟᅟᅟᅟᅟᅟᅟᅟᅟᅟᅟᅟ506

ᅟᅟ作为神秘乐师的俄耳甫斯ᅟᅟᅟᅟᅟᅟᅟᅟᅟᅟᅟᅟᅟᅟᅟᅟᅟᅟ508

ᅟᅟ俄耳甫斯之死ᅟᅟᅟᅟᅟᅟᅟᅟᅟᅟᅟᅟᅟᅟᅟᅟᅟᅟᅟᅟᅟᅟᅟᅟᅟᅟ513

ᅟᅟ英雄俄耳甫斯的圣所ᅟᅟᅟᅟᅟᅟᅟᅟᅟᅟᅟᅟᅟᅟᅟᅟᅟᅟᅟᅟᅟ518

ᅟᅟ俄耳甫斯在雅典ᅟᅟᅟᅟᅟᅟᅟᅟᅟᅟᅟᅟᅟᅟᅟᅟᅟᅟᅟᅟᅟᅟᅟᅟ526

ᅟᅟ俄耳甫斯教的基本教义ᅟᅟᅟᅟᅟᅟᅟᅟᅟᅟᅟᅟᅟᅟᅟᅟᅟᅟᅟ528

第十章　俄耳甫斯教的秘密祭典ᅟᅟᅟᅟᅟᅟᅟᅟᅟᅟᅟᅟᅟᅟᅟ534

ᅟᅟ生食肉类ᅟᅟᅟᅟᅟᅟᅟᅟᅟᅟᅟᅟᅟᅟᅟᅟᅟᅟᅟᅟᅟᅟᅟᅟᅟᅟᅟᅟᅟ534

荷西俄伊和荷西亚	558
利克诺福里亚	577
神圣婚礼	595
厄琉西斯农庆中的俄耳甫斯教因素	599

第十一章 俄耳甫斯教的末世论 636
| 俄耳甫斯教的金箔简札 | 636 |
| 意大利南部的俄耳甫斯教的花瓶 | 666 |

第十二章 俄耳甫斯教的宇宙起源说 694
万物之卵	695
作为头像方碑的厄洛斯	700
厄洛斯：作为生命的刻瑞斯	702
作为青年的厄洛斯	707
厄洛斯与神母	709
弗吕亚的厄洛斯和神母的神秘仪式	712
毕达哥拉斯与母权主义的复活	717
作为法涅斯、普洛托戈诺斯、墨提斯、厄里卡帕伊俄斯的厄洛斯	719

专名英汉对照 732

第一章　奥林波斯神崇拜仪式和阴间神灵崇拜仪式

在形容希腊人的天才时，罗斯金（Ruskin）先生是这样说的："他们心里毫无畏惧；他们有自己的忧虑、惊诧，通常他们会感到深深的悲伤和落寞，但从没有过恐惧。在一切命运面前，他们永远是那样镇定自若。也许他们会得到欢乐，但这种欢乐不是来自无可挑剔的美，而是来自完全悠闲的美。"当然这些溢美之词主要针对艺术，但同时也是用来形容希腊人对待看不见的事物的态度、对待宗教的态度的。这些话表明，受到命运青睐但没有因此而被宠坏的希腊人并不像其他民族一样受到规律的限制，也从不需要懂得这样的道理：对神的畏惧是智慧的开端。

乍一看，罗斯金所说的并没有错。公元前5世纪的希腊作家在提到宗教时，言语间流露出来的态度似乎让人感觉到，宗教完全是一种让人快乐、让人充满信心的东西，它使人和神结成一种友好的关系，对神灵的祭祀只不过是一种狂欢。在《荷马史诗》里，祭祀似乎只是意味着一场充满了烤肉和美酒的盛宴，我们从中看不到任何关于斋戒、净化、赎罪的描写。也许我们可以把这解释为英雄史诗虚构性的一部分，但是公元前5世纪的严肃的历史学家也表露出跟荷马一样的看法。我们确信修昔底德（Thucydides）本质上并不是一个喜欢狂欢的人，但是宗教对他来说主要是"从劳作中解脱出来的一种休息"。他借伯里克利（Pericles）[①]的口说："此外，我们还为自己的灵魂提供了许多娱乐的机会，那就是一

[①] 伯里克利（前495—前429），古代雅典政治家、民主派领导人（前460—前429），后成为雅典国家的实际统治者，其统治时期成为雅典文化和军事上的全盛时期。——译注

年到头都要举行许多比赛和祭祀。"①

"年迈的寡头政治家"②同样抱着这种近乎政治的、总是愉快地对待宗教的态度。毫无疑问，他是一个极其正统甚至可以说是虔诚的人，但是对他来说，宗教的主要作用归根到底是为公众提供一种娱乐的机会。他以一种贵族的宽容方式，为有宗教庆祝活动而感到高兴，因为这种活动给那些不太富裕的市民提供了适当的娱乐。如果没有宗教活动，他们也就失去了娱乐的机会。"至于祭牲、神殿、庆祝活动和场所，由于人民懂得穷人自己不可能进行祭祀、举办宴会，也不可能拥有神殿和漂亮富足的城市，因此他们找到了使穷人享受到这些权利的方式。于是，整个国家集体出资宰杀许多祭牲，而人民则可以在宴会上享受这些祭牲，并用抽签的方式分配祭牲。"此外，他还写道，作为辉煌的雅典的一部分，"她庆祝的宗教节日比任何其他城市要多出一倍"。这个典型的雅典绅士的话很说明问题。在他看来，被焚化的祭品、祭祀时的盛宴、竞技比赛、堂皇的神殿就是宗教的核心内容。献祭一词在他的头脑里并不意味着抛弃，而是意味着集体宴会。在他看来，神殿与其说是令人敬畏的神灵居所，还不如说是"漂亮富足的城市"不可或缺的一部分。

修昔底德和色诺芬没有必要也不曾试图对宗教进行分析。苏格拉底（Socrates）确实曾经想给宗教下一个定义，虽然这个定义让他感到既伤心又不满意，但它充分地表达了当时大众的心理，因此对我们的研究有着非常重要的意义。柏拉图（Plato）的著作中，《欧提弗伦》（*Euthyphron*）的结尾部分是最令人失望的：苏格拉底让欧提弗伦说出了他心中的宗教是什么，但苏格拉底本人却不能或者不愿说出自己是如何想的。③

苏格拉底在讨论宗教时不仅仅是用一个抽象的术语来表示宗教——实际上希腊人没有哪个词能够涵盖这整个领域——他用了两个词：虔诚

---

① 修昔底德, II, 38；此外, 柏拉图也有类似说法, 见其著作《法律篇》(*Legg.*), 653D。
② 色诺芬（Xenophon）：《雅典共和制》(*Rep. Athen.*), II, 99。
③ 柏拉图：《欧提弗伦》, 15D。

（τὸ εὐσεβές）和神圣（τὸ ὅσιον）①。当然欧提弗伦是以愉快自信的口气开始他们的对话的：他和其他所有可敬的人都十分清楚什么是虔诚、什么是神圣。他愉快地承认"神圣是公正的一部分"，即属于众神的那部分公正，也就是人们应该给予众神的尊敬。他还承认，虔诚和神圣是"对众神的一种敬奉"。苏格拉底强调说，这种"敬奉"本质上指的就是人们所举行的各种宗教仪式。欧提弗伦补充说，那就是仆人对主人的侍奉。苏格拉底想知道，在哪种具体的工作和行动中，神需要人的帮助和敬奉。欧提弗伦有点不耐烦地答道，用一句通俗易懂的话说，神圣指的是"为了让神高兴，人懂得该说什么话、做什么事，也就是祈祷和祭祀"。苏格拉底迫不及待地抓住了这个有利时机，问道："那么你是说神圣是祈祷和祭祀的一种艺术？""还有，"他接着说，"祭祀是把祭品献给众神，祈祷是向他们提出要求，因此神圣就是请求和付出的一种艺术。"如果我们把祭品献给众神，那一定是他们想从我们这里获得什么，他们一定想"和我们作交换"。"如此看来，神圣就是众神和人相互交换的一种艺术。"就这样，苏格拉底成功地得出了结论。尽管欧提弗伦显然对此并不感到满意，但他也无法提出合理的反对意见。作为一个虔诚的人，他认为，人对神的敬奉在实质上是一种自愿的行为，但他并不否认这是神和人进行交换的前提。

尽管苏格拉底的说法明显是不公平的，但他却明确地指出了公元前5世纪希腊人心目中的正统宗教的弱点。这种宗教的理论基础就是"献出以便获得回报"（do utdes）。正如苏格拉底所说，这是一种"交易"，而且，由于这种宗教认为神比人伟大，因此总的来说，人会在这场"交易"中得到便宜。《欧提弗伦》中的对话对我们的研究有着重要意义，因为它清楚地阐明了希腊宗教中的一个突出的因素，即"敬奉"（θεραπεία），

---

① 这两个词的区别是，τὸ εὐσεβές 是从人的角度来看宗教，指人对众神的态度；τὸ ὅσιον 则是从神的角度来看宗教，指众神对人的要求。τὸ ὅσιον 是一个包含着转交给和献祭给众神的东西的领域，这个词在被俄耳甫斯教使用时还有其他内涵，后文我们还将论及。在《欧提弗伦》里，也许"神圣"是最接近 τὸ ὅσιον 的词。

这种友善的"侍奉"不包含任何畏惧的因素。在这种友好的交换中,如果人做了他应做的,众神也会作出回报。这里甚至没有触及我们现代人所说的宗教的任何一个更深层次的问题:没有原罪、忏悔,用不着为了赎罪而献祭,没有净化礼,也用不着害怕审判的到来,更无须憧憬将来得到神的彻底赐福。愚昧无知的人侍奉神,在他看来,神具有人性和理性,自己这样做是合理的。我们看不到人们对宗教有任何怀疑,神的确存在,要不然就会像塞克斯托斯·恩庇里科斯(Sextus Empiricus)所说的"你无法侍奉他们":他们具有人的本性。"你用不着侍奉希波先陶里(Hippocentauri),因为他们根本不存在。"①

对普通的正统的希腊人来说,$\theta\varepsilon\rho\alpha\pi\varepsilon\iota\alpha$(献祭、敬奉)涵盖了他心目中宗教的广泛内容——也许是最广泛的内容。和基督教意义上的以爱为主流的宗教不同,这个词所表示的至少是基于一种理性的、非常愉快的相互信任的宗教。但是,希腊人还有另一个表示宗教的词,即$\delta\varepsilon\iota\sigma\iota\delta\alpha\iota\mu o\nu\iota\alpha$,它体现的是一种很不一样的心态,意为"对神灵的畏惧",所畏惧——不是敬奉——的不是众神,而是精神上的东西,抽象地说,就是畏惧超自然的东西。

起初希腊人在使用$\delta\varepsilon\iota\sigma\iota\delta\alpha\iota\mu o\nu\iota\alpha$及与之相关的一些词时赋予其贬义,这当然符合希腊人的思维特点。同时,这在某种程度上证明了罗斯金先生的说法是正确的。直至泰奥弗拉斯托斯(Theophrastos)生活的时代,$\delta\varepsilon\iota\sigma\iota\delta\alpha\iota\mu\omega\nu$的意思明显就是我们现在所说的"迷信的人",但泰奥弗拉斯托斯并不是把"迷信"解释为"不合适的崇拜",而仅仅是"对超自然的事物的胆怯"。理查德·杰布(Richard Jebb)教授指出,在亚里士多德(Aristotle)的著作里,$\delta\varepsilon\iota\sigma\iota\delta\alpha\iota\mu\omega\nu$就已经含有对其本身所含的贬义的怀疑。② 亚里士多德说,一个专制的统治者"如果能让臣民相信他是畏惧神灵的",那么他的统治会更强有力。但亚里士多德又补充说:"他还要让

---

① 塞克斯托斯·恩庇里科斯:《反对独断论者》(*Adversus Mathematici*),IX,123。
② 《泰奥弗拉斯托斯的〈人物志〉》(*The Characters of Theophrastus*),p.264。

臣民知道自己这样做并不是因为自己愚昧。"①

　　普卢塔克（Plutarch）写过一篇论述"对超自然物的畏惧"的很有启发意义的文章。他从这种畏惧、这种迷信中看到了他所深爱的宗教所包含的巨大的危险因素及其软弱的一面。普卢塔克深受柏拉图学说的影响，但对其空洞的说教非常反感，他本人优雅温和的秉性和柏拉图学说残忍的一面格格不入。他看到了迷信不仅是一种错误——一种错误的判断，而且更糟糕的是，"这种错误判断是由激情引发的"②。无神论是一种冷漠的错误，但那仅仅是思想上的错位；迷信是一种"复杂的、由挫折引发的错位"。"无神论因为看不到好的一面而对神无动于衷，而由激情过度引起的迷信则把好的怀疑成邪恶的。迷信的人害怕神但却寻求神的庇护，讨好神但却辱骂神，召唤神但又对神大加责怪。"

　　普卢塔克对迷信感到忧虑，这是出于两方面的原因。他看到迷信使人恐惧、使人痛苦不堪，而他希望所有的人都像他那样愉快、友善；迷信还使人对神抱有消极的想法，以为神残忍无情，从而对神怀有恐惧。他知道，是诗人们所描写的宗教（这种宗教成了人们心目中典型的宗教）使人们因迷信而产生恐惧。但是他为自己找出了解决这一难题的办法。在他那篇名为《应该如何理解诗人》的论文里，他对这种办法作了解释："如果阿瑞斯（Ares）被说成是坏的，那么我们应该把这种说法看作是对战争的评价；如果赫淮斯托斯（Hephaistos）被说成是坏的，就应该把这种说法看成是对火的评价；如果宙斯（Zeus）被说成是坏的，那就应该把这种说法看成是对命运的评价。但是，如果他们被说成是好的，那就是对真正的神的评价。"③以普卢塔克温和的秉性，他不会说出如下尖刻而坦率的话：

---

① 亚里士多德：《政治学》（*Politics*），p. 1315a 1。
② 普卢塔克：《论迷信》（*de Superstit.*），I。
③ 普卢塔克：《应该如何理解诗人》（*de aud. poet.*），4。

如果众神做了任何可耻的事，那他们就不配被称为神。①

但是普卢塔克把他的神学理想中那些邪恶、畏惧和憎恨的因素转移到了自然的、纯人类的现象上，而他的神学理想就源于这些现象。他想用人们对待他的方式来对待神，即把神当作仁慈、文明的人。"什么！"他说，"难道我们能说如果一个人认为神不存在，那他就是不虔诚的吗？而如果他像迷信的人那样去形容神，那么他的观点不是更不虔诚了吗？就我个人来说，我宁可别人说过去没有过、现在也不存在普卢塔克这么一个人，也不希望他们说普卢塔克是这样一个变幻莫测、喜怒无常、报复成性、斤斤计较的家伙：如果你邀请朋友吃饭，但唯独没有邀请普卢塔克，或者如果你由于太忙而忘了拜访他，或者你没有停下来跟他打招呼，他就会紧紧地揪住你，要咬你几口，也许他还会抓走你的小孩，打你的小孩，或许他会把自己的牲口赶到你的庄稼地里去，糟蹋你的庄稼。"②

尽管普卢塔克忧虑的是众神的声誉，但他关心、怜惜的主要是人。他说，无神论使人失去了生活的许多乐趣。"最重要的乐趣，"他以自己特有的方式补充道，"就是那些与神圣的事物有关的节日和盛宴，以及启蒙仪式和神秘祭典之后的狂欢活动，还有祈求、崇拜众神的活动。对这些重大的乐趣，无神论者只会冷嘲热讽，而迷信的人虽然想尽情欢乐，但却不能，他的灵魂就像底比斯城（Thebes）：

城里到处点着香，到处是焚烧过的祭品，
到处飘荡着赞歌，随处都可以听到悲伤的哭声。

他头上戴着花冠，献上祭品时却诚惶诚恐，脸色青白；他向神祈祷，声音却在发颤；他给神献上香，手却在发抖；从他嘴里说出的毕达哥拉斯

---

① 欧里庇得斯：残篇，292。
② 普卢塔克：《论迷信》，X。

（Pythagoras）的话显得毫无意义：'于是，当我们走近神时，便成了最好的人，因为那些害怕神灵的人走近神的祭坛和神的居所时，他们的举止就像来到了狗熊和毒蛇的洞穴或者是海怪的藏身之所。'"①普卢塔克在驳斥那种令人畏惧的宗教时，话语间充满了雄辩："畏惧神的人畏惧一切东西：无论是大地还是海洋，无论是空气还是天空，无论是黑暗还是光明，也无论是声音还是寂静，甚至连梦中所见他们都害怕。奴隶在沉睡过去之后还会忘掉自己的主人，睡眠可以让他们忘掉身上的枷锁，能让他们溃烂的伤口得到暂时的纾解。但是，对迷信的人来说，他们的理性总是处于睡梦之中，而恐惧总是处于清醒状态。"②

由于他自己的性格，又也许是由于他所处的颓废时代的缘故，普卢塔克没能够看到使人畏惧的宗教的好的一面，也没能够认识到这种宗教所隐含的一个真实的情况，即人们意识到世间万物并不都是好的，意识到存在着邪恶这样一种东西。尽管普卢塔克受到俄耳甫斯教（Orphism）的影响，但他只接受了其温和的方面，他从来没有意识到俄耳甫斯教正是利用了这种使人畏惧、使人意识到邪恶和罪从而使人意识到需要净化的宗教，并将其转化为新的宗教。那种要求人们"敬奉"神的宗教本身没有发展的潜质。到了普卢塔克的时代，这种宗教已经完成了其对文明所应做的一切。

普卢塔克更不能认识到，他心中所认为的那种堕落——在我们看来是迷信——对他的先人来说却是一种活生生的现实，是他们唯一可能享有的宗教的真正重要的内容。他反对迷信者的态度，说他们进入神的居所时有如走近蛇的洞穴一样惶惶不安，但他却忘记了，他的祖先——实际上包括许多和他生活在同一时代的人——确确实实把蛇的洞穴当作了神的圣所。通过他的解释，他把自己所热爱的宗教神秘化了，其所包含的原始的事实已了无踪影。我认为，可以清楚地看到，普卢塔克所认为

---

① 普卢塔克：《论迷信》，IX。
② 普卢塔克：《论迷信》，III。

的迷信其实就是公元前 6 世纪,甚至公元前 5 世纪的大多数人的宗教,这种宗教不是让人愉快地敬奉众神,而是使人畏惧。它不是基于"献出以便获得回报"的观念,而是基于"献出以便免除灾害"的观念。根据这种宗教,被崇拜的并不是有理性、有人性、遵守法律的神,而是一些模糊的、不理性的,而且是怀有恶意的超自然的东西($δαίμονες$),如鬼神、妖怪等,也就是说,它们还未定型,还不是完全的神。$δεισιδαιμονία$一词充分说明了这一点,但这种事物在得名很久以前就已产生了。

如果考察一下各个作者对 $δεισιδαιμονία$ 一词使用的情况,那么所得出的结论显然是模糊而且不能令人满意的。对该词的使用在很大程度上取决于作者的态度。比如,色诺芬是把它当作褒义词使用的,在他的笔下,这个词含有信心十足的意思,而不含有恐惧的意思。"人们越畏惧神灵,就越不害怕人类自己。"[①] 从这句话我们无法推断出任何关于存在着更低层次、更令人恐惧的宗教的证据。

值得庆幸的是,我们掌握着证据,这些证据不是来自宗教的术语,而是来自一些与仪式相关的事实。这些证据不容置疑地表明,古典时代的希腊人承认两种不同的仪式,一种是崇拜奥林波斯众神(Olympians)、具有"敬奉"性质的仪式,另一种就是针对那些和人类格格不入的鬼神的、具有"驱邪"性质的仪式。普卢塔克在批评人们"对神灵的畏惧"时,脑子里想的就是第二种仪式,泰奥弗拉斯托斯笔下的"迷信的人"所为之着迷的也是第二种仪式。我们往往只会把这种仪式看成是颓废的、迷信的,因此不值一提,只配受到谴责。然而这是一种原始的仪式,希腊宗教的根源和基础正是这种仪式。

首先必须申明的是,希腊人自己承认他们的仪式包含着两种截然相反的因素。雄辩家伊索克拉底(Isocrates)关于这个问题的论述具有不可忽视的意义。他赞美希腊人的温和与人道。他指出,在这一点上,他们"就像那种比较好的神","有些神温和仁慈,另一些则残酷无情"。接

---

① 色诺芬:《居鲁士的教育》(*Cyropaed.*),III, 3.58。

着，他写下了这样一段有着重要意义的话："那些作为美好事物的根源的神可以被称为奥林波斯神，而那些专门给人带来灾难和惩罚的神则被给予丑陋的称呼。无论是个人还是国家，都会为第一种神建立祭坛和神殿，而我们不会向第二种神祈祷，也不会给他们献上焚化的祭品，针对这种神，我们举行的是驱邪的仪式。"① 假如伊索克拉底只是在评论众神的别名，那我们也许有理由说这些别名仅仅代表同一个神的不同方面。比如，宙斯有时被称为迈马克提斯（Maimaktes），意为"愤怒的神"，还被称为梅利克俄斯（Meilichios），意为"容易祈求的神"，也就是说，宙斯是一个有着两种不同性格的神：报复成性而又充满着仁爱。但是，让我们高兴的是，伊索克拉底要坦率得多。他明确指出，两种神不仅有着不同的本性，而且很显然人们为他们举行不同的仪式。此外，不仅不同的人举行的仪式各不相同，而且不同国家对仪式也有不同的规定。为那些被称为奥林波斯的神举行的仪式包括献上焚化的祭品并进行祈祷，仪式是在祭坛上、神殿里举行的。而为另一种神举行的仪式既没有焚化的祭品，也没有祈祷，举行仪式的场所似乎也不是祭坛和神殿，仪式的内容很显然为希腊人所熟悉，他们称之为 ἀποπομπαί，意为"打发"（sendings away）。

英语里无法找到一个适当的词来表达 ἀποπομπαί 的意思。我们的宗教依然赞同对超自然物的畏惧，但我们已经跨过了这样一个阶段，那就是为摆脱神而举行仪式的阶段。我们英语里意思跟 ἀποπομπαί 最接近的是"驱邪"（exorcisms），但由于这个词隐含有巫术、迷信的意思，因此我更喜欢使用一个不太自然的词："驱邪仪式"（ceremonies of riddance）。

柏拉图不止一次地提到这些驱邪仪式。在《法律篇》里，他这样要求市民：如果自己脑子里产生了什么卑鄙至极的企图（比如亵渎神圣的

---

① 伊索克拉底：*Or.*, V, 117。（伊索克拉底，前436—前338，雅典雄辩家、教育家，其演说反映当时社会的重大问题。他呼吁马其顿国王领导希腊各城邦反对波斯帝国，希腊丧失独立后，他绝食身亡。——译注）

念头),"那就参加驱邪仪式吧,去到那些令人厌恶的神的祭坛跟前祈求吧,远离道德败坏的人,再也不要与他们为伍"①。很明显,他提到了一种由一些特别的神主持的奇特的仪式。这些神有时被称为 ἀποτρόπαιοι——"令人厌恶的神"(the gods of Aversion),有时被称为 ἀποπομπαῖοι——"要打发的神"(the gods of Sending-away)。

哈波克拉提恩(Harpocration)在他的著作里说,阿波洛多罗斯(Apollodorus)在他的专著《论神》第六卷里用一卷的篇幅专门讨论了 θεοὶἀποπομπαῖοι,即"要打发的神"。② 这部著作的佚失对仪式历史的研究是一个不可弥补的缺憾。但是,其他作者所提到的一些有关的零星说法足以使我们大概了解这些令人厌恶的神是什么样的神。保萨尼阿斯(Pausanias)在提坦那(Titane)看到一个祭坛,祭坛前面是英雄厄波剖斯(Epopeus)的坟墓。"在坟墓的旁边,"他说,"有一些令人厌恶的神,人们就在他们的旁边举行一些仪式,希腊人举行这些仪式的目的就是为了驱邪。"③ 在此至少有这样一种可能——虽然保萨尼阿斯含糊的描述让我们不能确定:那些仪式是为阴间的神灵举行的。后文我们将会看到,人们在英雄的坟墓旁也举行这样的仪式。到了保萨尼阿斯生活的时代(可能还要早得多),这种令人厌恶的神被认为是主持驱邪仪式的神。毋庸置疑,起初这些神就是人们一心要驱除的恶神。在阴间生活的神灵只能是那些邪恶的神。巴布里俄斯(Babrius)在他的著作里说,虔诚人家的庭院里都有一小块地方是专门敬奉某个英雄的,虔诚的人常常给英雄献上祭品和奠酒,并祈求英雄赐予其恩惠,作为对其虔诚的报偿。但是这个死去的英雄的鬼魂很清醒:只有那些名正言顺的奥林波斯神会给人以恩惠,他英雄的身份使他只能给人以邪恶。他在午夜出现了,并且向虔诚的人解释了真正的奥林波斯神学:

---

① 柏拉图:《法律篇》,854B。
② 哈波克拉提恩,ἀποπομπάς 条目。
③ 保萨尼阿斯,II,11.1。(保萨尼阿斯,活动时期为公元143—176年,希腊地理学家、旅行家,著有《希腊纪事》,详细记述古希腊的艺术、建筑、风俗、宗教、社会生活等。——译注)

> 尊敬的先生，没有一个英雄会赐予人恩惠，
> 想要恩惠就祈求神吧。我们
> 只会给人带来邪恶的东西。①

下文在讨论英雄崇拜这个问题时，我们会看到，这种对英雄的活动的看法是非常片面的。但是，从更大的范围来说，有一点还是正确的，即死人和阴间的威力是人们恐惧的对象，而不是其爱戴的对象，对他们的崇拜是一种"厌恶"，而不是"敬奉"。

希波克拉底（Hippocrates）对奥林波斯神和阴间神灵的特征、范围和仪式作了类似的区分。他说："要想获得恩赐，我们应该祈求众神，祈求赫利俄斯（Helios），祈求宙斯·乌剌尼俄斯（Ouranios），祈求宙斯·克忒西亚斯（Ktesias），祈求雅典娜·克忒西亚（Athene Ktesia），祈求赫耳墨斯（Hermes），祈求阿波罗（Apollo）。但如果想得到相反的东西，那我们必须向大地、向英雄祈祷，这样，那些对我们怀有恶意的东西才会被消除掉。"②

由此可以看出，希腊宗教包含两种不同甚至是对立的因素：一种是敬奉（θεραπεία），另一种是驱邪（ἀποτροπή）③。敬奉的仪式和古老的奥林波斯神崇拜有关，驱邪的仪式跟鬼神、英雄及阴间神灵有关。敬奉的仪式洋溢着一种欢快、理性的气氛，而驱邪仪式的气氛则是压抑的，且具有迷信的性质。下文我们将会更加详细地分别讨论这两种仪式的具体特点，眼下我们能证明这样一个事实就足够了：尽管希腊宗教表面上非常

---

① 巴布里俄斯：*Fab.*, 63。
② 希波克拉底，περὶ ἐνυπνίων 639。
③ 英语中找不到一个适当的、和 ἀποτροπή 对等的词，因为这个希腊词既可表示人主动避开某物，也可表示把某物从人身边赶走。由于找不到一个更好的词，我不得不使用 aversion 这个词来表示，但这个词含有太多个人的含义，而没有任何与仪式有关的内涵。Exorcism 一词更接近 ἀποτροπή，但词义又过于狭窄，且太直露。奥尔登柏格（Oldenberg）博士显然没意识到 θεραπεία 和 ἀποτροπή 的不同，因此才把 cultus（崇拜）和 abwehr（抵抗）两词不加区别地使用。尽管他的《吠陀教》几乎没有涉及希腊宗教，但我从中受益匪浅。

祥和，但其内部或者说在其祥和的表面之下有一些更黑暗、具有更深刻意义的因素。

至此，我们对希腊作家关于他们本民族宗教的本质的总的描述是满意的，而且我们从他们的作品中得到的证据是显而易见的。但是，如果要作出任何公正的估计，就有必要详细地考察一些仪式，至少要考察一些全民性的节日仪式。在接下来的三章里，我们所做的就是这样的考察。

这种考察所得出的主要结果是非常令人吃惊的。为了更清楚地说明问题，我们在此不妨先把这一结果说出来。我们会发现一系列名义上与各奥林波斯神有关，或者如各种手册所说的为"纪念"奥林波斯神而举行的节日：宙斯节（Diasia）是为了纪念宙斯，塔耳格利亚节（Thargelia）是为了纪念阿波罗和阿耳忒弥斯（Artemis），花月节（Anthesteria）是为了纪念狄俄尼索斯（Dionysos）。我们相信，这些祭祀奥林波斯神的仪式是一种欢快的"侍奉"。让我们感到吃惊的是，当我们认真考察这些确实举行过的仪式时会发现，虽然这些仪式名义上是为某个奥林波斯神举行的，但两者之间实际上没多少联系，或者说根本没有联系。此外，在举行这些仪式时，人们基本上并不焚烧祭品，没有欢快的盛宴，也没有竞技比赛；相反，这些仪式主要涉及净化和鬼神崇拜，因此仪式的气氛是压抑的。我们几乎是被迫接受这样的结论，即我们在此看到的神学是分层次的，祭祀奥林波斯神的仪式与另一种层次的崇拜仪式重叠了。两种仪式形成非常鲜明的对比，以至于我们几乎不可能感到它们之间存在着连续的传承关系。

为了清楚地说明这一点，在按时间的先后顺序来考察一系列的仪式之前，我们先讨论一个典型的个案：宙斯节——被认为是纪念宙斯的节日。为了让我们的论证更明白易懂，在考察宙斯节之前，有必要提一下通常祭祀宙斯这个奥林波斯神的仪式。这几个奥林波斯神的崇拜仪式本质上是没有差别的，因为我们要讨论的是宙斯节，所以我们挑选了人们对宙斯的献祭方式——宙斯的节日，由此我们就可以看到这些仪式的共同之处。

由于在梦中受到宙斯的诱骗，阿伽门农（Agamemnon）就要奔赴战场。宙斯企图耍弄阿伽门农，但最终还是接受了他的献祭。这显然是一种"献出以便获得回报"的祭祀。

祭祀的第一项内容是祈祷和抛撒大麦。在这里，我们看到一头作为祭牲的公牛，但它尚未被宰杀：

> 他们围在公牛的周围，人人手里都拿着大麦，
> 阿伽门农就在他们中间，他在向宙斯祈祷，说道：
> 啊，无比伟大、无上光荣的宙斯，时而住在天上，
> 时而住在暴风刮起的乌云里，噢，恳请你在太阳下山时
> 不要让夜幕过早地降临，好让我把普里阿摩斯①的宫殿化为灰烬，
> 我要用烈火焚毁他的每一个宫门，我要用利剑割开赫克托耳的紧身背心，
> 用长矛刺透他的前胸，让他和他众多的手下
> 在天黑之前个个倒伏在地，口啃泥土。

接着他们开始宰杀公牛，然后切割牛肉，为神和人精心准备盛宴：

> 他们把大麦撒播在公牛全身，祈祷结束后，
> 他们便往后拖着牛头，将它宰杀，剥皮，
> 从腿部割下一片片牛肉，再用肥肉
> 把牛肉包好，再包上一层牛肉；他们放好

---

① 普里阿摩斯，希腊神话中特洛伊的最后一位国王，赫克托耳（Hector）和帕里斯（Paris）的父亲，其统治期间发生了特洛伊战争。——译注

> 这些包好的肉块后，立即点燃干枯无叶的木柴，
> 然后把叉好的牛的重要器官放在赫淮斯托斯的烈焰上烧烤——
> 把几个牛腿焚烧之后，他们便开始吃烤好的器官，接着，
> 把留下的牛肉切好，又细心地把这些牛肉烤熟——
> 各种事情做完、宴席也准备就绪之后，
> 宴会便开始了，但他们心里没有一点欢宴的感觉。①

利夫博士对此评论道："祭祀时的各项做法的目的显然是要邀请众神来参加盛宴。大麦做成的饭撒在祭牲的头上，目的是让众神既能享用到牲肉，也能分享大地的果实。从牛腿上切割下的肉片被包裹在肥肉里，好让它们燃烧，由此冒出的香气直上天堂。献祭的人们分享烤熟后的牛的重要器官，这象征着他们是在和众神共同进餐。完成这一宗教性的行动后，祭牲的其余部分仅仅作为一顿平常的饭被献祭者吃掉。"②

没有什么比这更简单明了的了。这里没有任何神秘的交流，人们也没有把祭牲当作神的化身吃掉，对那些献给众神的祭品也没有任何可怕的禁忌，人们也没有把祭牲整个焚烧。荷马知道古人在宰杀祭牲后用牲血来使阴间里的鬼神复活，知道他们要对着祭牲发誓，他们还要吃祭牲的肉，其余的要彻底清理掉。但是，一般祭祀奥林波斯神的做法是人神共享盛宴。如柏拉图所说，众神是人的"同桌客人"③。神的名字叫乌剌尼俄斯，因此献给他的那份祭品被焚烧了，焚烧的目的显然是使祭品升华，而不是将其毁灭。

当我们把要焚化祭品的祭祀及欢乐的祭祀盛宴记在心里，同时把目光转向雅典的一个据认为是纪念宙斯的节日时，我们会看到一个对比，

---

① 荷马：《伊利亚特》(Iliad)，II，421。
② 《〈伊利亚特〉导读》(Companion to the Iliad)，p.77。我经过认真考虑，把 οὐλοχύται 译为"大麦粒"而不是"大麦饭"，因为我认为 οὐλοχύται 是把谷物献给神这一习俗的简单遗存。但这个有争议的问题在此无关紧要。我的观点源于 H. 冯·弗里茨 (H. von Fritze) 博士的《赫耳墨斯》(Hermes) 第 32 章第 236 页，该书出版于 1897 年。
③ 《法律篇》，653，ξυνεορταστάς。

这个对比如此鲜明，以至于它迫使我们认为，宙斯节的仪式最初和宙斯这个奥林波斯神的崇拜没有任何关系。

宙斯节

我们的探讨先从宙斯节[①]开始。乍一看，比起别的节日来，这个节日对我们的研究似乎是最没有意义的。波鲁克斯（Pollux）在他撰写的著作中有一章专门讨论"得名于其所崇拜的神的节日"，其中，他把宙斯节作为一个例子："缪斯节（Mouseia）由缪斯女神（Muses）而来，赫耳墨斯节（Hermaia）由赫耳墨斯而来，宙斯节和潘狄亚节（Pandia）源于宙斯，泛雅典娜节（Panathenaia）源于雅典娜女神。"还有什么比这更明显？不错，现代语言学家注意到了波鲁克斯自然是没有注意到的东西，即"宙斯节"（Diasia）中的 i 是一个长元音，但"宙斯"（Διός）中的 ι 是个短元音。但是，一个元音的长度和对一个奥林波斯神的正统的崇拜相比，哪个更重要呢？

在后文我们还要回到这个问题上来，但首先我们必须考察这种崇拜的性质。同样，从一开始，事实似乎再次和我们作对。应该坦率地承认，早在公元前 7 世纪中叶，不管是在一般用语还是专业用语中，宙斯节是宙斯·梅利克俄斯的节日。

我们对宙斯节的关注源于一小段既有趣又有启发意义的宗教历史，这里说的是德尔斐神示所对库伦（Cylon）的一次无足轻重的捉弄。修昔底德说，库伦请求神示所告诉他如何攻取雅典卫城（Acropolis），神示所

[①] 与宙斯节有关的资料全部收集自一本非常有用的、我认为到目前为止也是最完整的著作：奥斯卡·班德（Oskar Band）的《阿提刻的宙斯节——希腊宗教节日研究》（*Die Attischen Diasien—ein Beitrag zur Griechischen Heortologie*），该书于 1883 年在柏林出版。许多重要的资料可以非常容易地从法内尔（Farnell）先生的《希腊城邦的崇拜》（*Cults of the Greek States*）第 1 卷第 171、172 页中找到。法内尔先生认为，宙斯·梅利克俄斯仅仅是奥林波斯神宙斯的一个变体，而不是最初两种不同的宗教观念杂糅的结果。

的女祭司回答说,他应该在"宙斯最重要的节日"向卫城进攻。库伦绝不会怀疑"宙斯最重要的节日"是奥林波斯神的节日。因为他本人曾经是奥林波斯竞技会的胜利者(公元前 640 年),所以他觉得他所得到的神谕有"一定的道理"。但是,像往常一样,神在神谕里给这个粗心大意、自私自利的人设下了一个陷阱,即其中提到的日期并不是奥林波斯神的节日,而是阿提刻(Attica)的宙斯节,"因为,"修昔底德解释说,"雅典人也有一个叫作宙斯节的节日,是宙斯——宙斯·梅利克俄斯最重要的节日。"① 这段话有着至关重要的意义,因为它清楚地表明,女祭司在神谕中故意省去了梅利克俄斯这一别名,从而造成了意思上的含糊。我们很快会看到,这个别名包含着这一崇拜的全部意义。假如宙斯·梅利克俄斯这个名字被明确地说了出来,一般的雅典人是没有一个会弄错的。

修昔底德接下来记录下了有关宙斯节仪式的一些细节:仪式是在城堡外面举行的;祭品由全体人民集体敬献;许多献祭人献上的不是动物祭品,而是一些与本地风俗相应的祭品。通常用来表示动物祭品的词 ἱερεῖα 在此和表示本地祭品的词 θύματα ἐπιχώρια 形成了明显的对比。但是,对修昔底德著作的评注者来说,"本地祭品"一词的含义是模糊不清的。他解释说,这些传统的"本地祭品"是一些做成动物形状的糕点。这种解释无疑是正确的。按照本地风俗进行祭祀的做法过去和现在都广泛存在,就宙斯节而言,这种做法当中并没有什么特别之处,因此无需作进一步的论述。

阿里斯托芬(Aristophanes)在他的喜剧《云》中两次提到宙斯节②,但我们无法从中了解到什么。剧中说到斯特瑞西阿得斯(Strepsiades)在宙斯节上为他的儿子买了一架小木车,还提到他为自己的亲戚煮了一根腊肠,但这都没什么意义。任何地方的人都会举行某种形式的宗教仪式,一些原始的民族往往会举办集市,居住在边远地区的亲戚要到集市上来

---

① 修昔底德,I, 126。
② 阿里斯托芬:《云》,第 864 行和第 408 行。

并得到款待。我们也不想证明斯特瑞西阿得斯给儿子买的车是一架真的木车，还是像评注者所说的那样，是一种做成车形的糕点。被做成各种人们能够想象得到的形状的糕点是人们常见到的证据。然而，具有重大意义的是，评注者注意到，在这部剧的第 408 行，宙斯节的确切日期被明确地说了出来。这个节日是在花月（Anthesterion）下旬的第 8 天，亦即大约在 3 月 14 日。宙斯节是一个春天的节日，这正是它的真正意义所在，这一点我们会在后文看到。

从卢奇安（Lucian）的著作中我们得知，到了他那个时代，宙斯节已经基本上被人们遗忘了。在卢奇安的《伊卡罗-墨尼波斯》（Icaro-Menippos）里，宙斯抱怨他的祭坛像克律西波斯（Chrysippos）的三段论一样冰冷。他是一个过时的老神，人们认为每隔六年在奥林匹亚（Olympia）为他举行祭祀就足够了。"为什么，"他悲哀地问，"雅典人已经这么多年不庆祝宙斯节了？"值得注意的是，和我们在讨论库伦时所见到的情形一样，在这里我们再次看到，作为奥林波斯神的宙斯已经使人们忘记了他曾经以梅利克俄斯这一别名受到祭祀。评注卢奇安著作的人认为，应该把宙斯节看作一个过时的节日，并解释说："宙斯节是雅典人的节日，人们在这个节日上怀着冷漠压抑的心情向宙斯·梅利克俄斯献上祭品。"① 在这里，"冷漠压抑"这一说法立即引起了我们的注意。住在天堂里、高空上的宙斯和"冷漠压抑"、和令人憎恶的东西有何关系？斯堤克斯（Styx）是死亡的冰冷之水，哈得斯（Hades）和厄里尼厄斯（Erinyes）都是"冰冷的神灵"（στυγεροί），这个绰号和宙斯根本不沾边。评注者暗示，"冷漠压抑"源自献给宙斯·梅利克俄斯的祭品。从宙斯身上我们不会得到任何答案，需要考察的是"梅利克俄斯"这一别名。

色诺芬在他的著作中说，他在从亚洲远征归来的路上，由于缺钱

---

① 卢奇安：《伊卡罗-墨尼波斯》，24 及该处的评注。（卢奇安，120—180，古希腊作家，作品多采用喜剧性对话体裁，讽刺和谴责各派哲学的欺骗性及宗教迷信、道德堕落等，著有《神的对话》《冥间的对话》等。——译注）

而被迫在途中停留。他虔诚地请教了一位宗教专家后被告知，是"宙斯·梅利克俄斯"阻挡住了他的去路，因此他必须献祭宙斯·梅利克俄斯，就像他在家时通常所做的那样。于是，色诺芬在第二天"按照祖先留下的风俗宰杀了许多头猪献给宙斯·梅利克俄斯，果然，得到的预兆非常有利"。①

祖先留下的祭祀宙斯·梅利克俄斯的仪式通常是焚烧整只的猪，这个神本身被认为是财富的源泉，就像财神普路托斯（Ploutos）一样。如果单独考虑祈求财富这一点，就不宜对其过于强调，因为直到色诺芬的时代，人们通常还会向宙斯祈求一切想得到的东西。但如果把祈求财富和焚烧整只的猪以及梅利克俄斯这一别名联系起来考虑，那么我们马上就会发现，这一事实有着非同寻常的意义。当然，没有任何事实证明色诺芬确实在宙斯节进行了献祭，虽然这很有可能。在此我们所关心的是通常情况下的宙斯·梅利克俄斯的崇拜仪式，而不是哪一个具体的宙斯节。值得注意的是，上文提到的修昔底德的评注者说，宙斯节上的"动物祭品"被称为 πρόβατα，这个词常常被译作"绵羊"。但是，如果他参考了更早的权威典籍，他就会知道 πρόβατα 的意思很可能是猪或任何四足家畜。只是到了后来，这个词的意思才渐渐限于"绵羊"。

可以明确地说，要判定神的本质，最重要的并不是人们用哪一种动物作为祭牲。猪逐渐跟得墨忒耳（Demeter）及阴间神灵产生了联系，但那是因为这些神灵属于原始层次的神。此外，当时的猪和现在一样是一种容易饲养的家畜，也是穷人通常饲养的家畜。所献祭的动物对判断崇拜者的地位有着重要的意义，但对判断神的性质并无多大意义。这里不宜过于强调猪这种祭牲的意义，虽然以廉价的猪作为献给宙斯的祭品无疑是非同寻常的。

献祭的方式而非献祭的物品是了解梅利克俄斯这一别名意义的真正

---

① 色诺芬：《远征记》（*Anabasis*），VII，8.4。这件事很可能是发生在 2 月，即宙斯节所在的月份。参见 H. G. 戴金斯（Dakyns）的《色诺芬》第 1 卷，p.315。

线索。作为梅利克俄斯的宙斯要求人们献上整只焚烧的祭牲。荷马笔下的宙斯只要求获得祭牲的一小部分，即使是这一小部分，也要和崇拜者一同分享，作为他们之间友好交流的标志。这就是通常祭祀奥林波斯神的风俗。而宙斯·梅利克俄斯则要得到祭牲的全部。这种献祭不是大家共同参与的欢乐的盛宴，而是显示出人们对可怕的威力的恐惧，这也就是这种仪式弥漫着"冷漠压抑"气氛的原因。后文我们会看到，在祭祀这些需要安抚的愤怒的鬼神和全部的冥界神灵时，人们是不吃所献祭的祭品的，这是此类祭祀的重要特点；这种神灵属于一种比荷马笔下的更原始的思想形态。眼下我们能够注意到祭祀宙斯·梅利克俄斯的仪式和荷马所描述的祭祀宙斯的仪式截然不同，这就足够了。

　　让我们感到非常庆幸的是，保萨尼阿斯在罗克里斯（Locris）的迈俄尼亚（Myonia）参观了一所圣所。确切地说，这不是宙斯·梅利克俄斯的圣所，而是梅利克亚神（Meilichians）的圣所。他所见到的不是神殿，而只是一片小树林和一座祭坛。他还了解到了祭祀仪式的性质。"祭祀梅利克亚神的仪式是在夜间举行的，习惯的做法是，人们要在日出前把献祭的肉吃掉。"①这里并没有提到宙斯，我们看到的是人们在夜里举行仪式，崇拜另外一些与宙斯无关的神灵。这就引出了我们的怀疑：宙斯一定是继承了对这些可怕的梅利克亚神的崇拜及其夜间仪式。我们的怀疑得到了证实，因为我们了解到宙斯·梅利克俄斯是宗族的复仇者（和复仇女神厄里尼厄斯一样）。保萨尼阿斯看到，在刻菲索斯河（Kephissos）畔"有一座古老的祭祀宙斯·梅利克俄斯的祭坛，忒修斯（Theseus）在杀死强盗辛尼斯（Sinis）之后就在这座祭坛上接受了菲塔洛斯（Phytalos）的子孙为他举行的净礼。忒修斯是通过庇透斯（Pittheus）了解到辛尼斯的"②。

　　保萨尼阿斯在书中说，在经历一场血腥的冲突之后，阿尔戈斯人

---

① 保萨尼阿斯，X，38.8。
② 保萨尼阿斯，I，37.4。[关于忒修斯、庇透斯、辛尼斯之间的关系，参见《神话辞典》（商务印书馆，1985年）的有关条目。——译注]

（Argives）要采取措施，把残杀同族的罪过洗刷掉，其中一种做法就是建造宙斯·梅利克俄斯的塑像。① 梅利克俄斯——意为"容易祈求的神""温和的神""仁慈的神"——自然就是专司净化的神，但他自然也是以温和形象出现的迈马克提斯——易怒、嗜血如命的神。赫西基俄斯（Hesychius）在一条具有启发意义的注释里提到了这一点。② 和厄里尼厄斯-欧墨尼得斯（Eumenides）一样，迈马克提斯-梅利克俄斯也是一个双面神。公元前5世纪任何一个受过教育、具有一神教倾向的希腊人无疑都是会这样解释宙斯·梅利克俄斯崇拜的，他一定会说，宙斯代表一切的一切，而宙斯·梅利克俄斯代表阴间里的宙斯——宙斯-哈得斯。

保萨尼阿斯在科林斯（Corinth）看到三座宙斯塑像，全都立在旷野上。他说，有一座塑像没有名称，有一座被称为"冥界之神"（χθόνιος），还有一座叫作"至高无上的神"。③ 我们尚无法说清楚，在这个三位一体的宙斯身上集中了什么样的早期宗教崇拜。

这样一种坚定的一神教显然不是原始的宗教观念。一个有趣的问题是：这种宗教最初是基于哪些因素？或者说是哪些因素的共同作用促成了这种宗教？幸运的是，文献记载甚至仪式给我们留下疑问的地方，却被美术资料解释得更清楚。

图1和图2所展现的两幅浮雕④ 是在希腊东南部的比雷埃夫斯（Peiraeus）发现的，现收藏于柏林博物馆。根据图1浮雕上的铭文以及无数其他同时被发现的浮雕，可以非常肯定地说，在发现浮雕的地区，宙斯·梅利克俄斯曾经受到人们的崇拜。不管怎么说，图1这幅浮雕显然是献给他的。在这条气势非凡的巨蛇上方，可以清楚地看到这样的铭文："献给宙斯·梅利克俄斯。"（Δiì Μειλιχίῳ）在这里，我们不得不面对

---

① 保萨尼阿斯，II, 20.1。
② 赫西基俄斯的词典，Μαιμάκτης· μειλίχιος 及 καθάρσιος 条目。
③ 保萨尼阿斯，II, 2.8。
④ 承蒙柏林博物馆馆长科库勒·冯·斯特拉多维茨（Kekule von Stradowitz）教授的允许，这两幅浮雕以及图5中的浮雕得以在此复制、出版。这几幅图就是根据他拍摄的精美照片复制的，在此谨致感谢。

图 1　　　　　　　　　图 2

这样的事实：作为众神和万民之君父的宙斯被他的崇拜者刻画成一条蛇。

这一铭文是如此让人吃惊，以至于最早讨论这些浮雕的 M. 福卡特（M. Foucart）先生认为，在宙斯·梅利克俄斯身上，我们所看到的只是一个腓尼基神巴阿尔·墨勒克（Baal Melek）或莫洛奇（Moloch）在希腊的变种。[①] 对这样一个神的崇拜如果是发生在蒙尼奇亚港（Munychia），那还是可能的。正如福卡特所说，敬献浮雕的人的姓名缺乏通俗性。不幸的是，我们根本找不到莫洛奇曾经是以蛇的面貌被人们崇拜的证据来证明福卡特这种有趣的说法。于是有人又找到另一个解决这一难题的办法，他们认为这条蛇不是神本身，而是他的标志。但这种说法与事实不符。宙斯是希腊神祇当中为数不多的、出现时没有蛇陪伴的神之一。阿

---

① 《希腊研究通讯》（*Bull. de Corr. Hell.*），VII，p.507。我在本书的第 1 版中对福卡特先生的理论的态度恐怕过于轻率，对此我感到后悔。腓尼基人的巴阿尔神和宙斯·梅利克俄斯产生过交融的可能是不能轻率排除的。关于这个问题的讨论，请特别参见克莱蒙-冈诺（Clermont-Ganneau）的著作《暴虐的神》（*Le dieu Satrape*）中关于佩特雷的梅利克俄斯河的论述（p.65）；另见拉格朗热（Lagrange）的《闪米特宗教研究》（*Etudes sur les Religions Sémitiques*），p.105。但是，在有证据表明莫洛奇是以蛇的面貌出现的之前，把蛇形的梅利克俄斯看作本土的冥界蛇神会使问题简单一些。

斯克勒庇俄斯（Asklepios）、赫耳墨斯、阿波罗，甚至得墨忒耳和雅典娜身边都有自己的蛇，但宙斯身边从来没有蛇。此外，当这个神从蛇形演化成人形后——像阿斯克勒庇俄斯一样（后文将会论及），这条蛇——他从前的化身——依然还会缠绕在他的手杖上或者盘踞在他的宝座上。就人形的宙斯·梅利克俄斯而言，作为曾经是他的化身的那条蛇则已经彻底消失了。

对任何一个公正的评论者来说，在看了图2中的浮雕之后，就确实不能把这条蛇解释为一种标志了。在这里，蛇显然是那个妇女和两个男子崇拜的对象，他们正做着表示崇拜的手势走近它。雕刻家似乎把这条高耸在崇拜者跟前的巨蛇描绘成了崇拜者心中的圣歌。如果我们把图3中的浮雕（也是在比雷埃夫斯发现的）和图1、2中的浮雕放在一起对比，就可以发现其中的奥妙。在图3中的浮雕上，我们可以看到一个男子正带着一个妇女和一个孩子走近祭坛，祭坛的后面坐着一个留着胡子的神，他拿着一根节杖和一只准备用来盛奠酒的浅碟。浮雕的上方清楚地刻着"阿里斯塔克献给宙斯·梅利克俄斯"（'Αριστάρχη Δὶ

图3

Μειλιχίῳ）。事实正是如此。人形的宙斯悄悄地坐到了本属于古老的蛇形神的宝座上。这些美术作品把仪式和神话中被模糊影射的东西清晰地表现了出来：事实不是作为奥林波斯神的宙斯具有"阴间神灵的一面"，更明显的事实是，住在天上、掌控着雷电的宙斯挤走了古老的冥界蛇形神——梅利克俄斯。梅利克俄斯根本不是外来的莫洛奇，而是土生土长、先于宙斯出现的神。

这种变化一定对美术作品产生了影响，了解这个影响过程有助于我们进行推测。在比雷埃夫斯发现图1、2中的浮雕的同一个神殿里，还发现了另外一幅刻有铭文的浮雕[①]（图4）。我们看到一条类似的长着胡子的蛇，浮雕上方刻着"赫拉克勒得斯献给神"。崇拜者并没有回避，他很确定他所说的神是梅利克俄斯还是宙斯。他把这幅浮雕带到了本地的圣所，这里敬奉的神是一条蛇，他把浮雕献给了这个本地神。这不是一神教，而是一种地方观念，但这种观念后来便演化成了一神教。在蛇被当作"神"的地方，当蛇被当作"神"的时候，就很容易出现蛇与宙斯融为一体的情形。

图5所展示的是一幅反映蛇崇拜的浮雕。必须清楚说明的是，它

图5

图4

[①] 见《希腊研究通讯》，1883年，p.510。

不是来自比雷埃夫斯供奉宙斯·梅利克俄斯的圣所,而是来自皮奥夏(Boeotia)的厄特俄诺斯(Eteonos)。下文我们讨论英雄崇拜时将会看到,在古希腊全境,死去的英雄都是被当作蛇来崇拜的,而且人们在提到英雄时会加上一个与梅利克俄斯之名相近的委婉的称呼。这幅来自皮奥夏的浮雕是这种崇拜的典型写照,我们之所以挑选它,是因为其雕刻手法和图3所示的比雷埃夫斯浮雕有着惊人的相似之处。这类还愿浮雕的雕刻者心里似乎存有许多关于虔诚的崇拜者的构思,因此他能够根据需要对已有的构思进行修改,而且还能根据需要在浮雕中非常方便地加上神或蛇以及适当的祭牲等内容。从构思上说,在手拿节杖的作为奥林波斯神的宙斯和蛇形神之间,还可以找到另一幅浮雕①(图6),它同样来自比雷埃夫斯的圣所。梅利克俄斯在此以人(不再是蛇)的面貌出现,但他是地上的神:他举着丰饶角②,献给他的祭牲是猪。色诺芬为祈求财

图 6

① 该图复制自经德国考古研究所许可发表的一张照片(比雷埃夫斯12号)。
② 丰饶角自然是宙斯·克忒西俄斯(Ktesios)的标志。马丁·尼尔松(Martin Nilsson)博士告诉我,底比斯博物馆就有这样一幅还愿浮雕,但浮雕上的宙斯·克忒西俄斯是以蛇的面貌出现的。

富而以整只焚烧的猪献祭的就是这个梅利克俄斯。他也是欧里庇得斯笔下的宙斯-哈得斯。要不是浮雕上方刻着表示敬献内容的铭文"克里托布勒献给宙斯·梅利克俄斯"[(Κριτο) βόλη Διὶ Μειλιχίῳ]，我们也许会禁不住只把他称为哈得斯或普路托斯。

因此，根据这些浮雕给我们的启发，我们就找到了一个简单、直接明了的方法来解释宙斯·梅利克俄斯所包含的双重性和内在矛盾。它是各种崇拜叠加的产物。

但是，关于宙斯节这个节日名称的问题依然没有解决。我们没有理由推测这个名字是后来才起的，如果这是个原始的节日，那么我们怎么能把它和 Διός（宙斯）割裂开来呢？

有一个有趣的现象值得我们注意，即古人在从 Διός 一词派生出"宙斯节"时，他们心里觉得并不十分自然。他们自然不会为元音的长短所困扰，但他们对这个词的内涵还是感到疑虑的，于是，他们不安地寻找这个词的有着其他意义的词源。卢奇安的《提蒙》(Timon) 的评注者说，这个词很可能源于 διασαίνειν，意为"讨好""安抚"。① 苏伊达斯（Suidas）说，该词来自 διαφυγεῖν αὐτοὺς εὐχαῖς τὰς ἄσας，因为在宙斯节上，"人们通过祈祷来避开诅咒"②。如果说从词源上看这很荒唐，但不失为一种令人高兴的猜测，那么这一点我们将会看到。

之所以在此列出这个词的起源，是要说明，即使在古代，人们对宙斯节是不是源于宙斯也是心存疑虑的。

这种疑虑更是受到了现代语言学家的强调。宙斯节一词里的元音为长音，而 Διός 中的 ι 为短音。即使它们的派生关系不是完全不可能，从科学的角度看，这种可能性也很小。让我们高兴的是，R. A. 尼尔（R. A. Neil）先生提出了有关该词的另一种至少是符合科学条件的起源说。这种说法不仅符合科学条件，同时也证实了我们在对与宙斯·梅利克俄斯有

22

---

① 卢奇安：《提蒙》，C, 7。
② 苏伊达斯的词典，Διάσια 条目。

关的仪式或文物进行独立研究后得出的观点。尼尔先生提出，在几个含有词根 dīo 的词里，这个词根也许就是失去了介音 σ 的 δῖσο，这和拉丁语中的 dīro[①] 相似。他说，dirus 最初是一个纯粹的宗教词语。类似的词语可能还有 Dīasia（不管它的词尾是什么）、忒俄斯的 Δῖα，也许还有雅典的 Πάνδια。[②] 根据这个词源学上的新观点，所谓的宙斯节的意思就非常明了了：这是一个诅咒的节日，节日的仪式在夜间举行，仪式的内容是安抚和净化——这两个观念在古人的脑子里常常纠缠不清。

现在我们进一步懂得了为什么梅利克俄斯似乎就是以男性形象出现的复仇女神厄里尼斯（Erinys），为什么祭祀他的仪式与"冷漠压抑"有关。宙斯节最初和宙斯根本没有关系，与这个节日有关的是"dirae"，即具有巫术意义的诅咒、驱邪等。下文我们会更加清楚地看到，这个原始节日的基调是驱邪。

有了这个词源学新观点的帮助，我们就可以进而解释宙斯·梅利克俄斯崇拜中的另一个到目前为止人们还无法解释的因素，也就是人们所说的著名的"宙斯的羊毛"（Διὸς κώδιον）。在我看来，正像宙斯节不是宙斯的节日一样，Διὸς κώδιον 也不是"宙斯的羊毛"。

于公元前 2 世纪初开始著书立说的波勒蒙（Polemon）无疑是这种派生关系的支持者，我们所见到的关于"宙斯的羊毛"的解释基本上是以他的说法为基础的。赫西基俄斯在他的著作里写道："宙斯的羊毛：当祭

[①] P. 贾尔斯（Giles）对我说，有一个意为"恨"及此类意思的罕见的梵语词 dveshas，从语音学上说，这个梵语词近似于拉丁语词 dirus。在希腊语中，与其近似的词应是 δειος，后期的希腊语则不是这样。但是，从公元前 5 世纪末开始，其拼法应与 δῖος 相同。如果这个词只是作为仪式用语，自然就会和 δῖος 混淆。然而，几乎所有的拉丁语专家都把 dirus 中的 ru 看作是包含有 r 的后缀，像 mirus、durus 等词一样。虽然这一观点对文中所持的关于 dirus 的词源的观点是致命的打击，但却得到塞耳维俄斯（Servius）的一句话的证实（如果他所说准确的话），就是他在评注《伊尼德》（Aeneid）第 3 卷第 235 行时说的 "Sabini et Umgri quae hos mala dira appellant"。虽然在拉丁语和翁布里亚语（Umbrian）中，两个元音之间的 s 会读成 r 的音，但在萨宾语（Sabine）中，它依然是 s 音。

[②] 《希腊研究》（J. H. S.），XIX，p.114，注释 1。

牲被献给宙斯时,他们就用这个词语,而且那些正在接受净礼的人把左脚踏在羊毛上。有人说,这一词语意指一块巨大且其美无比的羊毛织物。但波勒蒙说,它指的是献给宙斯的祭牲身上的羊毛。"①

但是,波勒蒙在词源学方面的说法并非绝对可靠,尽管从反映当时人们的看法这一点上说,这是非常有价值的。我们满以为 $\Delta\iota\grave{o}\varsigma\ \kappa\omega\delta\iota o\nu$ 是"宙斯的羊毛",但当我们发现这种羊毛并非只在祭祀宙斯的仪式上看到,而且,如果它和宙斯有联系,那也仅仅是用在祭祀带有梅利克俄斯或克忒西俄斯这种别名的宙斯的仪式上时,我们就不那么确定了。苏伊达斯清楚地说:"他们向梅利克俄斯和宙斯·克忒西俄斯献祭,然后把(祭牲)身上的羊毛保存下来,并称之为'宙斯的(羊毛)'。在斯奇罗福里翁月(Skirophorion)举行的游行上,他们也使用这些羊毛。厄琉西斯(Eleusis)的达道科斯(Dadouchos)也用这种羊毛,其他人在净礼上把这种羊毛撒在那些被玷污的人的脚下。"②

至此,我们已经非常清楚地看到,虽然人们以为这种羊毛属于宙斯,但事实上它并不仅仅属于宙斯:它是一种神圣的羊毛,一般用在净化仪式上。人们把对梅利克俄斯——易安抚的神、净化之神——的崇拜移植到了宙斯身上,因此我们猜测,宙斯的羊毛也是从净化仪式中的羊毛移植过来的。

让我们坚定这种观点的最后一个证据来自尤斯塔修斯(Eustathius)的一段评注,内容是关于俄底修斯(Odysseus)在杀死求婚者之后对房屋的净化。俄底修斯用两种东西来净化他的房屋,首先,在杀死那些求婚者后,他是用水进行净化的;然后,在把那些年轻女子吊死后,用的是火和硫黄。他的净化方法既简单也很自然,即使是在今天,人们在给污秽的房子消毒时也会用这种方法。尤斯塔修斯对此进行了评述,并将它和古人在净化时所用的,甚至他那个时代的异教徒很可能还在使用的

---

① 赫西基俄斯的词典中的有关条目。在阿提尼俄斯(Athenaeus)的著作中(见其著作第 11 卷,p.478 C),我们也可以看到波勒蒙较详细地论述了"宙斯的羊毛"。
② 苏伊达斯的词典中的有关条目。

非常复杂的巫术性器具进行了对比。他的评论如下："希腊人认为，这种污秽通过'打发'的方式就可以被净化掉。不同的人使用的净化方法各不相同。通常他们在念过咒语后才开始净化房子，之后把灰烬扔到街上，扔的时候把脸转向别的地方，往回走时不能回头看。但诗人笔下的俄底修斯的做法并不是这样，他用的是一种与之不同的更简单的方法，因为他说：'把硫黄拿来，这是邪恶的灵药，把火拿来，好让我烟熏大厅。'"①

尤斯塔修斯以他那个时代和他本人的思维所特有的混乱方式看到了某种区别，但他不知道这区别到底在哪里。他不晓得荷马所描述的是一种理性的、实实在在的、不带有任何巫术成分的净化。他接着说："硫黄是一种人们常用于清除污秽的香，因此诗人把它形容为'邪恶的灵药'。在荷马的描述里，我们没有看到古人常用的咒语，也没看到有人把还在燃烧的灰装到小容器里，然后把它扔掉并且头也不回地离开。"

尤斯塔修斯隐隐约约感到，任何一个对古代仪式有所了解的现代读者也会想到，俄底修斯净化房屋的方法似乎是一种科学的方法：诗人并没有提到具有巫术性质的用于"驱邪"的器具。尤斯塔修斯模糊地提到了荷马笔下的宗教和他之后（及之前）的希腊宗教的最主要的区别，他也知道荷马对巫术一无所知（只是偶尔提到巫师），这位大主教似乎已经感到这是一种缺陷、一种不足。他接着说："必须明白，当时净化不仅是用上述用硫黄熏的方法达到的，而且有一些植物也可以用于净化。至少根据保萨尼阿斯的说法，人们就曾经用马鞭草（verbena）来净化。有时人们还用猪来达到这个目的，就像《伊利亚特》所描述的那样。"提到这些常见的净化方法，尤斯塔修斯不可避免地想到一个突出的例子，也就是我们正在讨论的羊毛。他接着写道："有人在解释 $διοπομπεῖν$ 时说，希腊人用 $δῖον$ 表示在净化仪式上献给宙斯·梅利克俄斯的祭牲的羊毛，这

---

① 尤斯塔修斯：《评〈奥德赛〉》，XXII, 481。

种净化仪式是在迈马克提斯月（Maimakterion）[①]结束时举行的。在仪式上，人们要举行一种'打发'仪式，还要把秽物扔在三岔路口上：他们手里拿着一根盘蛇杖——赫耳墨斯的标志——作为驱邪的工具，由这种工具以及被他们称为 $δîov$ 的羊毛，他们得出一个词 $διοπομπεîν$，即'神圣的驱邪'。"

在这个不算严密也不算有把握的词源学猜测中，有两点是非常重要的。尤斯塔修斯没有提到"宙斯的羊毛"，而是说到 $δîov$ ——也许我们可以把它理解为神圣的羊毛。在他看来，$δîov$ 是一个要改变词尾的形容词，而不是 $Zεύς$（宙斯）的所有格。这在某一种程度上拆散了羊毛与宙斯之间的联系，因为形容词 $δîov$ 可以形容任何神圣甚至是巫术性质的奇妙而完美的东西。此外，他把神圣的羊毛和一个难懂的词 $διοπομπεîν$ 联系在一起——这一点在我们看来至关重要，因为这为我们真正解释这种东西提供了一条重要线索。"这，"他接着说——他指的是他从 $πομπός$（赫耳墨斯的盘蛇杖）和 $δîov$（神圣的羊毛）二词中得出 $διοπομπεîν$ 一词——"是我们经过特别的调查研究发现的。但是，根据更普遍的说法，$διοπομπεîν$ 和 $ἀποδιοπομπεîν$ 的意思是以'驱邪者宙斯'的名义把不净之物打发掉"。尤斯塔修斯显然有点疑虑，因为他那些"特别的调查研究"使他几乎发现了事情的真相——这显然使他感到不自在，因为这大大偏离了人们关于宙斯的正统观念，于是出于直觉，他没有再深究下去。

尤斯塔修斯在他那段话的结尾再次虔诚地提到 $ἀποδιοπομπεîν$ 这个奇怪的词，现代词典证实了他的解释。我们得知，$ἀποδιοπομπεîσθαι$——该词的中语态形式更为常见——的意思是"通过向宙斯献祭来驱走可能出现的邪恶"[②]。学者们是否真的就认为 $ἀποδιοπομπεîσθαι$ 的意思是"利用宙斯驱邪"（我们姑且用一个简短的说法）？每一本词典在煞费苦心地追溯词源之后都接着说："因此，该词意为'占卜''厌恶地拒绝'。"下

[①] 读者应该还记得，迈马克提斯是以另一形象出现的梅利克俄斯。见上文。
[②] 参见利德尔（Liddell）和斯科特（Scott）的词典中的有关条目。

方与之隔了一个词条的是"*ἀποδιοπομπεῖσθαι οἶκον*：净化房子"。毫无疑问，这个词自始至终仅仅包含着"除掉污物"的意思。*ἀποδιοπομπεῖσθαι* 在实质上和 *ἀποπεμπεῖν* 是一样的，后者的意思是"打发、除掉"，但其中的 *διο* 强调"打发"的方式方法——这一点非常重要。我们无法知道 *ἀποδιοπομπεῖσθαι* 中 *ι* 音的长度，但在"宙斯节"（宙斯·梅利克俄斯的节日）一词中，*ι* 是长音，用于他的祭祀的 *δῖον κώδιον* 中的 *ι* 也是长音。*δῖον κώδιον* 用在和 *διοπομπούμενα* 有关的仪式中，仪式的目的就是 *ἀποδιοπομπεῖσθαι*。把神秘的 *διο* 一词的词根看成是和"宙斯节"一词的词根完全一样，把 *ἀποδιοπομπεῖσθαι* 理解为"利用巫术性的咒语达到驱邪的目的"，这样做是不是太大胆了？

dirus 一词含有巫术之意，这种情况在希腊语词 *δῖος* 中得到了延续。虽然说 *δῖος* 含有神圣之意，但它更多的是含有巫术之意。它的词义有两重性，既有诅咒的意思，也有保佑的意思，一切不成熟的宗教术语都有这种特点。这里所说的羊毛的神圣并不是现代意义上的神圣，也不能确切地说它要么用来保佑，要么用来诅咒。它是一种禁忌，是"药"，是巫术。作为一种巫术性质的药，它具有净化的威力，但这是古代意义上的净化，不是实实在在的清扫或者道德上的净化，而是消除邪恶的影响、鬼神的污秽。

神秘的羊毛显然被用在各种各样的仪式上，但在每一种用途的背后都隐含着同样的想法，即祭牲的皮像神奇的药一样，能够对抗各种污秽。迪卡俄科斯（Dicaearchus）在他的著作里说，在盛夏季节，当天狼星升起的时候，富贵人家风华正茂的年轻男子来到一个山洞跟前，这个山洞被认为是宙斯·阿克塔伊俄斯（Aktaios）的圣所，也叫喀戎的圣所（Cheironion）——这一点显得非常重要。他们的腰上都围着刚剪下的三束羊毛。迪卡俄科斯说，这是因为山上非常寒冷。[1]但是，即便如此，为

---

[1] 迪卡俄科斯：*Frg. Hist.*, II, 262。

什么羊毛必须是新鲜的？很显然，宙斯·阿克塔伊俄斯已经接管了古老的马人（Centaur）喀戎（Cheiron）的山洞，从刚宰杀的羊身上剪下的羊毛（因为所有的"药"都必须是新鲜的）属于他这一类神灵，就像属于梅利克俄斯这一类神灵一样。

我们还了解到，谁要想得到安菲阿剌俄斯（Amphiaraos）神示所的神谕，就必须先净化自己。保萨尼阿斯在其著作中解释道："献祭神是一种净化的仪式。"但看起来净化仪式并不是以真正意义上的献祭而告终，因为他又解释说："他们把公羊作为祭牲宰杀之后，便把羊皮铺在地上，然后睡在上面，等待着在睡梦中获得神的启示。"[①] 在此，我们同样可以看到具有净化作用的神奇羊毛（$\delta \hat{\iota} o\nu\ \kappa \acute{\omega} \delta \iota o\nu$），尽管保氏没有使用这一名称。让我们感到好奇的是，宙斯试图继承人们对安菲阿剌俄斯的崇拜，就像他继承了对梅利克俄斯的崇拜一样。因此我们在此看到的是一个叫宙斯·安菲阿剌俄斯的神。但他的企图并没有获得真正的成功，很可能是因为安菲阿剌俄斯这个本土英雄（他并非一个神）具有太强的影响力，以至于作为奥林波斯神的宙斯不能将他融合在自己身上。

我们对宙斯节进行考察后得到的结果可以简要概括如下：对宙斯这个奥林波斯神的崇拜和对一个名叫梅利克俄斯的神灵的崇拜重合在了一起；这个神灵以一条蛇的形象出现，他和财神普路托斯相似，但他又具有厄里尼斯的某些特点；他是一个复仇者，人们在夜里焚烧一整只祭牲献祭他，他的节日弥漫着"冷漠压抑"的气氛。他的崇拜仪式的另一个要素是一种神奇的羊毛，用在各种净化仪式以及祭祀英雄的仪式上。梅利克俄斯的崇拜仪式与荷马笔下的作为奥林波斯神的宙斯的崇拜仪式不

[①] 保萨尼阿斯，I，34.2—5。斯特拉博（Strabo）说（VI，p.284），多尼亚人（Daunians）在祈求英雄卡尔卡斯（Calchas）的预言时，宰了一只黑公羊献给他，并睡在羊毛上。卢奇安说（见《叙利亚女神》，35），叙利亚女神的崇拜者跪在地上，并把祭牲的脚和头放在自己的头上。很可能他的意思是说，他们把祭牲的皮套在身上，把祭牲的两只前肢绑在自己的脖子上，就像赫拉克勒斯（Heracles）把狮皮套在身上一样。

同，他所特有的净化方法也截然不同。他的节日名称的意思是"诅咒的仪式"。

接下来我们的研究就是要把一些著名的雅典节日按顺序排列，并探讨一下每一个节日所要举行的仪式。我们将会看到，虽然几个节日表面上都是为了纪念某个奥林波斯神，虽然每一个节日都包含祈祷、赞美、祭祀之后的盛宴等我们经常在荷马史诗中见到的内容，但是，当我们仔细考察每一个节日时，我们会看到这些仪式的主体与其说是宗教性的，不如说是巫术性的。此外，这种仪式所针对的（只要它们有针对的对象）不是天上的奥林波斯神，而是蛇、鬼神和冥界的神灵；仪式的中心是净化、驱除邪恶的影响，但这种驱邪自然不是出于愉快的自信，而是出于当时人们的恐惧。

在以下的章节里，我们会很少关注人所熟知的奥林波斯神的仪式、燔祭及伴随其后的盛宴、歌舞，我们关注的焦点放在那些属于更低层次的神灵的仪式上。这样做是基于两个理由。其一，荷马笔下的祭祀仪式简单且为人所共知，有关的评论也是汗牛充栋，故无需赘述，而人们对冥界神灵的仪式往往不甚了解，也很少关注。其二，虽然这些属于冥界神灵的仪式原始且野蛮，甚至常常令人反感，但正是这些仪式最终为日后希腊宗教的形成做好了准备，"秘密祭典"也由此而来——后文我们在了解了狄俄尼索斯崇拜和俄耳甫斯教新的宗教精神后将会看到，这些秘密祭典给希腊带来了最深刻、最持久的宗教动力。

阿提刻的日历

注：本书特别讨论的节日在以下日历中用黑体字标明，顺便讨论的节日用楷体字标明。

1. 大祭月　　　　　7—8月　　克洛尼亚节，泛雅典娜节
2. 墨塔吉特尼亚月　8—9月　　墨塔吉特尼亚节

3. 波德洛米亚月	9—10 月	厄琉西斯农庆，大型秘密祭典
4. 摘果月	10—11 月	**立法女神节**，摘果节及奥斯科弗里亚节
5. 迈马克提斯月	11—12 月	宙斯·克忒西俄斯节
6. 波塞冬月	12—1 月	哈罗阿节
7. 伽墨里亚月	1—2 月	伽墨里亚节（勒娜伊节？）
8. 花月	2—3 月	**花月节**，**宙斯节**，小型秘密祭典
9. 厄拉费波利恩月	3—4 月	狄俄尼索斯节
10. 蒙尼奇亚月	4—5 月	蒙尼奇亚节，布罗洛尼亚节
11. 塔耳格利亚月	5—6 月	**塔耳格利亚节**，卡林特里亚节，普林特里亚节
12. 斯奇罗弗里亚月	6—7 月	斯奇罗弗里亚节，阿瑞福拉节，迪波利亚节，布浮尼亚节

雅典的官方日历是从盛夏的大祭月（7—8 月）开始的。在这个月，人们要庆祝一个重大的节日——泛雅典娜节。这个节日的名称本身就表明它包含着重要的政治意义。尽管这类政治性的节日非常隆重，在社会上也有重大影响，但我并不打算对它们进行考察，因为它们几乎不能给我们带来有关原始宗教观念的信息。与其说泛雅典娜节的目的是为了纪念一个女神，不如说它是一个城市特有的节日。在泛雅典娜节背后，有一个更原始的克洛尼亚节（Kronia），这一节日无疑是由那个已为人们所淡忘的克洛诺斯神（Kronos）而来。但是，关于克洛尼亚节，我们所掌握的材料少得可怜，也就无法对其进行实质性的研究。

粗略地看一眼以上日历中的其他节日，我们会发现有些（虽然不是全部）月份的名称来自当月举行的节日的名称。我们还会发现（这一点至关重要），这些节日的名称并不取自奥林波斯神或者任何神祇的名字，只有一个例外，那就是狄俄尼索斯节（Dionysia）。墨塔吉特尼亚节（Metageitnia）——"变换邻居"的节日——显然是一个社会的或者说政治性的节日。厄琉西斯农庆节（Eleusinia）由一个地方而得名，蒙尼奇亚节（Munychia）和布罗洛尼亚节（Brauronia）也是如此。立法女神节（Thesmophoria）、奥斯科弗里亚节（Oschophoria）、斯奇罗弗里亚节（Skirophoria）和阿瑞福拉节（Arrephoria）都是扛东西的节日。花月节、卡林特里亚节（Kallynteria）和普林特里亚节（Plynteria）则是干活的人们的节日。哈罗阿节（Haloa）是打谷场的节日，塔耳格利亚节是庆祝收获第一批果实的节日，布浮尼亚节（Bouphonia）是宰公牛的节日，摘果节（Pyanepsia）是煮豆的节日。在这些节日名称里，根本没有找到奥林波斯神的名字。

以上表中所列的节日是根据官方日历来排序的，是为了查询上的方便。但应该指出的是，这些节日与农历年有密切关系，而每个农历年始于播种的秋天，也就是摘果月（Pyanepsion）。希腊农历年分为三个主要部分：秋天是播种的季节，然后是冬天；春天则始于最早开花结果的花月；初夏的收获开始于塔耳格利亚月（Thargelion）——初果月。收获了第一批谷物和果实之后，在紧接下来的波德洛米亚月（Boedromion），人们还要收获葡萄，稍后还要采摘其他果实，如无花果。这些节日的日期比我们这些北方人所熟知的自然要早得多。在今天的希腊，小麦的收获在六月中旬或六月末就已经结束了。

出于两个现实的原因——篇幅有限且资料缺乏，我们不会考察所有这些节日，但幸运的是，我们有充分的材料可以考察每个主要季节中的一个典型节日：秋季的立法女神节、春季的花月节、初夏的塔耳格利亚节。在讨论这三个节日时，我们将讨论罗马人的类似仪式，以便更好地阐明这些节日仪式。为方便起见，我们把两种不同层次的神灵分别称为奥林波斯神和冥界神灵。为了说明这两种神灵的崇拜存在着重叠的现象，我们在本章讨论了宙斯节。① 在即将讨论的典型节日的仪式中，我们还会

---

① 至于与宙斯有关的各种各样的问题，现在我有幸能够参考 A. B. 库克（Cook）先生的巨著《宙斯：古代宗教研究》（*Zeus: A Study in Ancient Religion*），剑桥大学，1914 年。我会特别关注他对我在宙斯节这个问题上的观点的批评，有关内容参见《宙斯》第 2 卷。

清楚地看到这种重叠现象。根据我们对那些层次较低的冥界神灵所进行的详细分析，我们将能够勾画出希腊宗教的大体轮廓，比如希腊人对净化和献祭这类主要宗教仪式的观点。

如果我们首先讨论秋季的节日，即立法女神节这个播种的节日，也许会显得更有条理。但由于对立法女神节的讨论将更直接地把我们带向希腊宗教的终点，即秘密祭典，因此我们把这个节日放在最后。在下文的讨论过程中，我们这样做的原因会越来越明显。以下我们将从花月节开始。

第二章　花月节——鬼神的节日

至此，我们对宙斯节的考察已经得到了以下有意义（虽然说有点模糊）的结果：这个节日最初很可能并不属于宙斯，而属于一个叫作梅利克俄斯的蛇形神或恶魔；对这个神灵的崇拜的特点是人们在夜间举行仪式，在夜里将祭牲整只焚烧；节日的气氛是压抑的，这对净化是适合的；它的名称可能和诅咒有关。

尽管宙斯节气氛压抑，但它是春天的节日。如果我们再考察另一个（也是希腊人两个春天节日中的另外一个）节日即花月节，宙斯节的意义将更显而易见。春天的第一个月——花月的名字就是从花月节而来的。

如果说我们对宙斯节知之甚少，那么对花月节，我们所知道的就多得多了。①哈波克拉提恩在他的著作里引述阿波洛多罗斯的话说，这个节日被总称为花月节，是为纪念狄俄尼索斯而举行的。节日的各个部分（也就是节日所包括的几个连续的日子）被分别称为开坛日（Pithoigia）、酒盅日（Choes）、瓦钵日（Chytroi）。节日的具体日期是固定的，这三个日子分别为花月的第十一、十二、十三天。②

据普卢塔克说，在节日的第一天（开坛日），即花月的第十一天，"他们在雅典开启新酿的葡萄酒，这是一种古老的风俗"。他还说："他们在喝新酒前要用其中的一些作为奠酒献给神，同时祈祷饮用这些能使人

---

① 有关花月节的资料收集在波利-威索华（Pauly-Wissowa）、达伦伯格（Daremberg）、萨格利奥（Saglio）等人的词典里，更完整的材料收集在马丁·尼尔松博士的著作《论阿提刻的狄俄尼索斯》（*Studia de Dionysiis Atticis*，伦德，1900年），后者对我的帮助极大。
② 哈波克拉提恩的词典中的有关条目。

上瘾的药（φαρμάκον）不会给他们带来损害而是对他们有益。"[1] 很明显，这是一个把初果献给神的例子。[2] 普卢塔克说，他的家乡皮奥夏的人们"把这一天叫作好心神阿加托斯半神（Agathos Daimon）的日子，他们把祭品献给他，这个月被称为普洛斯塔忒里俄斯月（Prostaterios）"[3]。赫西奥德（Hesiod）著作的评注者说，这个节日年代久远，而且每到这个节日，禁止家奴或佣人品尝新酒是不被允许的。

酒坛一打开，人们便开始尽情狂欢，狂欢活动一直持续到第二天（酒盅日）和第三天（瓦钵日）。酒盅日似乎是节日的高潮，因此有时也把整个节日叫作酒盅节。

在此没有必要细述这个历时三天的节日的意义。跟这个古老节日最接近的也许是今天法国布列塔尼（Brittany）的"免罪节"。每逢这个节日，孩子们可以放假，大家买回准备用来送人的礼品，来访的朋友会得到盛情款待，学者们可以领到薪水，仆人通常无须干活，每一个人（包括年纪很小的孩子）都会不同程度地喝醉酒——正如许多瓶画所描绘的那样。在这个节日上，还要举行一场由首席执政官（King Archon）主持的饮酒比赛，最先把酒喝干的人会得到一份糕点。每个人都在酒盅上套上一个花冠，然后把花冠交给沼泽地里的狄俄尼索斯的神示所里的女祭司保管。在酒盅日这一天，还要举行一个庄重的仪式——首席执政官的妻子和狄俄尼索斯神的婚礼。一年中也仅仅在这一天，狄俄尼索斯的神殿才对外开放。[4]

到了第三天即瓦钵日，要举行戏剧比赛[5]，叫作 Χύτρινοι，意即"瓦钵竞赛"。这一天，狂欢活动还在继续。阿里斯托芬为我们描述了神圣的瓦钵节上喝醉的人们涌上街道的情景：

---

[1] 普卢塔克：《会饮篇》，III, 7.1.
[2] 我们在讨论塔耳格利亚节时将会考察这种献祭的意义。
[3] 普卢塔克：《会饮篇》，VIII, 3.
[4] 参见本书第 8 章对狄俄尼索斯的讨论。
[5] 参见本章末。

> 沼泽和泉水里的生灵啊,
> 聚在一起歌唱吧,
> 用你最深沉的嗓子,
> 就在船边唱吧,
> 我们围成一圈跳着。
>
> 像在利姆尼那样,我们歌唱
> 赐予我们酒的神圣的倪萨山神女,
> 当成群成群的人们举着
> 他们圣洁的酒盅,
> 围着我的祭坛摇摇晃晃地走着。①

阿里斯托芬在另一部喜剧《阿卡奈人》(*Acharnians*)中同样对这个节日进行了生动的描述。这部喜剧的评注者说,人们是在同一天庆祝酒盅日和瓦钵日的。②整个花月节的各个日子和各项活动显然并没有明显的划分,而且如果每一天是从日出算起、到日落结束,其间也很容易产生交叉。

从以上粗略的考察中我们清楚地看出,花月节是一个纪念狄俄尼索斯的葡萄酒节。此外,我们知道修昔底德明确地说过:"更古老的狄俄尼索斯节是在花月的第十二天庆祝的,地点是在沼泽地里的狄俄尼索斯神庙。"③他所说的只能是酒盅日,因此狄俄尼索斯节的名称似乎就是从酒盅日得来的。哈波克拉提恩的说法更进一步,他引述阿波洛多罗斯的话说:"整个花月,人们献祭的神只有狄俄尼索斯。"④

---

① 阿里斯托芬:《蛙》,212,吉尔伯特·默里(Gilbert Murray)先生译。
② 阿里斯托芬:《阿卡奈人》,第 1076 行的评注。
③ 修昔底德,II, 15。
④ 哈波克拉提恩的词典,Χόες 条目。

对有关的资料进行更深入的探讨就会发现，和宙斯节一样，在表面的欢乐背后，这个节日还有一个更原始的仪式，一个具有完全不同意义的仪式。任何研究希腊节日的学者都会注意到，整个花月节都弥漫着"一种悲伤的气氛"。表面上人们欢欢喜喜，但事实并非如此。对此人们作了各种不同的解释，比如有人说这是"人们在春天到来时自然而然的伤感"，最近有人说那是由于这样一种事实，即狄俄尼索斯有"冥界神灵的一面"，而且是"灵魂的主神"。我们的解释要简单得多。

从花月节最后一天（瓦钵日）举行的一个仪式中，我们能够了解到花月节的真正意义。我们得知希腊人有一句谚语，说的是有些人"任何时候都想再次得到已经得到的好处"。这句谚语是这样说的："滚出门去，你们这些刻瑞斯（Keres）！花月节已经过了！"苏伊达斯为我们留下了关于这句话的意思的记录。他说，人们说这句话，"是在暗示在花月节，鬼神在城里到处游荡"①。显然，从他这句不算完整的话可以看出，在花月节结束时，人们一定说了这种带有命令性质的话。因此，我们认为这是人们在瓦钵日所做的最后一件事，这种观点是不会错的。

苏伊达斯的话本身已经非常能够说明问题了，但在其他民族的仪式里并不缺乏类似的情况。古罗马的亡魂节（Lemuria）就是一个类似的例子。根据奥维德的记录，每逢这个节日，各家的户主都要用一种奇特而又复杂的方法驱除自家的鬼神。到了半夜万籁俱寂之时，各个户主就要起床，然后赤脚站在地上，同时用拇指和其他手指做成一个特别的手势，目的是驱除屋里的鬼神。在泉水里洗过三遍手后，户主转过身来，把黑豆放进嘴里，然后把脸转向一边，再把嘴里的黑豆吐出来，一边说道："我把这些打发走，我用这些黑豆为自己和家人赎罪。"他要这样说九遍，而且每次都不回头。人们相信，如果谁也不回头，鬼神就会捡起黑豆，跟在户主身后。接着，户主又一次把手放进水里，同时敲打铜盆，请求鬼神离开屋子。他说了九遍"各位祖先的阴魂，离开吧"之后，便回过

---

① 苏伊达斯的词典中的有关条目。

头来，因为他相信仪式已经圆满结束了。① 当然我们不能把罗马亡魂节的具体做法硬套在花月节上，但两者的实质内容是一样的，都是驱赶祖先的亡灵。亡魂节不是在春天而是在初夏的五月举行的，这是一个非常需要举行净化仪式的时节。

另一个非常相似的例子是由泰勒（Tyler）先生记录下来的。在他的著作里，他说到斯拉夫民族的一个类似的风俗："饭餐过后，祭司站了起来，然后像驱赶虱子一样驱赶死者的亡魂，一边说道：'亡灵们，你们已经吃饱喝足，赶快离开吧。'"② 奥尔登柏格博士要人们注意另一个相似的例子。印度人在祭祀死者时，要首先召唤祖先的灵魂，然后请他们离开，但要他们在一个月后再回来。③

人们在花月节末尾的习惯做法足以证明花月节是所有鬼神的节日。在此，我们终于明确知道了宙斯节的阴影是什么，也知道了花月里至少有一部分仪式是针对阴间的神灵的，还知道这些神灵主要是死者的亡魂。我们的证据当然并不局限于一句孤立的谚语，瓦钵日的其他仪式也可以充分证明这一点。人们在请求鬼神离开之前要宴请他们，而且宴请的方式有着特别的意义。

一位评注阿里斯托芬喜剧的学者在评论 τοῖς ἱεροῖσι Χύτροισι（过神圣的瓦钵节）这一短语时是这样解释这个节日的仪式的："瓦钵节是雅典人的节日；泰奥彭波斯（Theopompos）对这个节日的缘由作过解释，他写道：'他们在过这个节日时有献祭的风俗，但并不是献祭任何一个奥林波斯神，而是献祭赫耳墨斯·克托尼俄斯（Chthonios）。'在解释 Χύτρα（瓦钵）一词时，他说：'在这一天（花月第十三天），所有的市民都要用这口钵盛上食物，但祭司是不吃这钵食物的。'他还说：'参加仪式的人

---

① 奥维德：《岁时记》（Fasti），V，443。
② 参见《原始文化》（Primitive Culture），II，p.40。
③ 《吠陀教》，p.553。

都替死者安抚赫耳墨斯。'"① 这位评注者在评论阿里斯托芬戏剧的另一段落时也说了几乎相同的话，但在此同样是引用泰奥彭波斯的说法补充道，那些在洪水中得救的人还保留着代表死者用种子做饭的习俗。② 在这里加入了洪水这个因素，目的是使这种说法更符合神话的惯例。最重要的一点是，Χύτρα——那钵用种子和谷物做成的饭——不是献给某个奥林波斯神的，甚至不是献给狄俄尼索斯的——虽然这个节日表面上是为了纪念他而举行的，而是献给赫耳墨斯·克托尼俄斯的，也就是冥界里的赫耳墨斯，而且没有一个人吃这一祭品。这并不是人神共享的祭品，而是像那些燔祭品一样，全部献给那些令人恐惧的阴间神灵。在这一献祭地下神灵的观念背后，隐藏着一个更加古老的观念：这种祭品是死者们的食物，是鬼魂们的晚餐。

在结束对 Χύτρα 的讨论之前，有必要认真地考察瓦钵日这一名字。奥古斯特·莫姆森（August Mommsen）强调了一个经常被人忽视的事实，即这个节日的名称是阳性的，是 οἱ Χύτροι 而不是 αἱ χύτραι。③ 阴性词 Χύτραι 意味着这口钵是人造的，而颇为少见的阳性词 χύτροι 在平常的用语里表示天然的钵，亦即地上的坑。保萨尼阿斯在他的著作里提到德摩比利（Thermopylae）的一个天然浴场，当地人称之为"女人们的瓦钵"④，希罗多德在其著作里也用同样的词语描述过这个浴场。泰奥弗拉斯托斯在他的《植物的历史》中说到一种生长在刻菲索斯河与墨拉斯河（Melas）之间的地带的植物："人们把这个地方称为伯勒卡尼亚（Pelekania），意为沼泽地里的凹地，像钵一样的坑。"⑤ 赫西基俄斯在解释 οἱ χύτρινοι 时说，这是"地上凹陷的地方，泉水从中流淌出来"⑥。在古希腊语中，κολυμβήθρα 指的是天然池水，到了中世纪，它表示的是

---

① 评注者对《蛙》第218行的评注。
② 评注者对《阿卡奈人》第1076行的评注。
③ 《雅典城邦的节日》(*Feste der Stadt Athen*)，p.385。
④ 保萨尼阿斯，IV, 35.9。
⑤ 《植物的历史》(*History of Plants*)，IV, 11.8。
⑥ 赫西基俄斯的词典中的 οἱ χύτρινοι 条目。

盛水的容器。我们还注意到，约克郡西部的一些天然凹地依然被当地人称为"钵"。

因此，这个节日可能由利姆尼地区的天然凹坑而得名，它就是在这个地区举行的。时至今日，这里还到处可见用巨大的土罐做成的土耳其蓄水容器。这些天然凹坑有的可能曾经被用作坟墓，在希腊的许多地方，人们把它们看作是鬼神出没之处。这种地方也许就是厄耳（Er）所看到的"地上的洼地"①的原型。与此相似的是位于波特尼亚（Potniae）的得墨忒耳峡谷②，以及普尼克斯（Pnyx）附近的一些裂谷——妇女们庆祝立法女神节的地方。这种峡谷通常是该亚（Ge）和鬼神崇拜的天然的神圣场所。

很显然，瓦钵节一词的两种形式 χύτροι 和 χύτραι 相互影响和融合，很难说哪个形式首先出现。还需要注意一点，即虽然阳性形式通常用来表示天然凹坑，但它也可以用来表示人造的钵。波鲁克斯在讨论"厨师所用的器皿"时说，当德尔菲洛斯（Delphilos）说到厨房的大钵（χύτρον μέγαν）时，他显然指的是 χύτρα，而不是平底锅（χυτρόποδα）。虽然 χύτροι 最终站住了脚，但与 χύτρα（人造的钵）有关联的各种观念似乎占了上风。这些观念非常重要，因而有必要在此提及。

赫西基俄斯说，人们在说 φαρμακή 时指的是 χύτρα，亦即他们为清扫城市的人准备的东西。③ 从评注者对埃斯库罗斯的《奠酒人》（Choephoroi）的评论，我们了解到，雅典人用一种瓦钵状的香炉来净化自己的房屋："他们把这种东西扔在三岔路口，然后头也不回地离开。"④ 当然，我们在此找到了"赫卡忒（Hecate）的晚餐"的起源。原先这些晚餐并不是献给赫卡忒女神的，而是一种净化的仪式。由于活着的人不能分享这些食物，人们便认为有一个冥界的女神参加了这一仪式，瓦钵

---

① 柏拉图：《理想国》，614C。
② 保萨尼阿斯，IX，8。
③ 赫西基俄斯的词典中的有关条目。
④ 参见本书第3章。

日就是举行这种净化仪式的日子。阿里斯托芬所用的一个词 ἐγχυτρίζειν 就源于这种观念,这个词的意思是"彻底毁灭""处理掉"。评注者解释说,这指的是遗弃小孩的做法①,但苏伊达斯说的却是另一个意思。他说, ἐγχύτριστριαι 指那些"净化不干净的人的妇女,她们把祭牲的血浇在这些人的身上",还指那些"为死者奠酒的人",总之,就是那些主持安抚和净化仪式的人。②

奇怪的是,虽然克鲁修斯(Crusius)之后的大多数现代作家都把瓦钵日看作是"不祥之日",而且主要是祭奠鬼神的节日,但人们把这个日子与花月节的其他日子分离开来,而花月节的第一、二天被当作纯粹是欢宴的节日——在开坛日打开酒坛,在酒盅日纵情饮酒。有明显的文献资料证明酒盅日是什么样的节日。尽管在这一天人们举行喝酒竞赛、给酒盅套上花环、安排狄俄尼索斯的婚礼——这些都是祭祀酒神时的欢快做法,但酒盅日却是一个"不祥之日",人们在这一天要遵守驱邪时必须遵守的做法。佛提俄斯(Photius)在解释 μιαρὰ ἡμέρα(污秽之日)这个词语时说,这一天就是"花月的酒盅日,他们相信死者的灵魂在这一天会回到人间。一大早他们就会嚼一种叫王紫萁的植物,还用沥青涂抹房门"③。现代植物学家把这种植物称为泻鼠李(*Rhamnus catharticus*),这是一种具有净化作用的植物。古代雅典人和现代未开化的民族都相信这种植物具有避开恶鬼的威力,或者说具有驱除恶鬼的威力——如果恶鬼已经附在身上。咀嚼一种东西自然就是一种能彻底、有效地吸收其功效的方式。阿波罗的女祭司咀嚼月桂树叶,也许最初她这样做是为了驱除恶鬼,而不是为了从好的神灵那里获得灵感。斋戒实质上是一种预防措施,但净化要比斋戒有效得多。古人非常了解泻鼠李的预防效用。狄奥斯科里德斯(Dioscorides)在他的《药物论》里写道:"据说把这种植物的枝

---

① 关于阿里斯托芬的《马蜂》第289行的评注。
② 苏伊达斯的词典中的有关条目。
③ 佛提俄斯的词典中的有关条目。

叶挂在门上或挂在屋外可以抗拒巫师施放的邪恶法术。"[1] 也许除了咀嚼泻鼠李之外，人们在酒盅日还把泻鼠李的枝叶挂在门上，其作用和涂抹沥青相同。佛提俄斯在评论这种植物时说，由于沥青具有特别的净化作用，因此在小孩出生时——通常这是一个充满了危险的时刻——人们也用它来驱除鬼魂。[2]

很难想象，公元前5世纪有知识的雅典人（比如埃斯库罗斯笔下的人物、伯里克利统治下的人民）会为了驱走祖先的鬼魂而从早到晚嚼着王紫萁，但这种习俗有着很强的影响力。如果主人偷懒，没有嚼王紫萁，仆人就一定要确保房门至少要涂上沥青。在这种事情上，保险是最重要的，而且人们还得考虑到保守的左邻右舍的议论。尽管如此，酒盅日显然和瓦钵日一样是一个鬼神的节日。

然而，如果酒盅日的仪式明显地表示这是一个"不吉利"的节日，那我们从这个节日的名字又能了解到什么呢？这个名字确实不能告诉我们什么。酒盅无疑意味着欢乐。但是，像我们在讨论瓦钵日时所见到的情形一样，也许在两个形式相近的词之间出现过某种混淆。χoή（葬礼的奠酒）和 χoûς（酒盅）这两个词都有一个共同的词根 χoF。会不会有这样的可能：酒盅（χόες）一词的背后隐藏着奠酒（χoαi）的意思？评注阿里斯托芬《阿卡奈人》的学者似乎说过有这样的可能。在解释 χoάς 一词时，这位评注者说，它的意思是"献祭死者或为死者奠酒。有一条神谕说，他们每年必须给那些死去的埃托利亚人（Aetolians）献上奠酒（χoάς），并且庆祝这样一个奠酒节"。[3] 在这里，节日的名称 Xoάς 是一个

---

[1] 狄奥斯科里德斯：《药物论》，I，119。感谢弗雷泽博士，他使我得到这一参考资料。他注意到奥维德在《岁时记》中说，人们把白刺李放在窗口，以驱走邪气（《岁时记》，VI, 129—163）；他还把这种观念和英国人用山楂驱走女巫的观念作了比较（参见《金枝》第2版第1卷，p.124，注释3）。M. C. 哈里森（Harrison）小姐告诉我，时至今日，在阿布鲁齐（Abruzzi）的普拉托拉·佩利那（Pratola Peligna）及其他地方，人们在耶稣升天节还要吃芸香，"目的是使女巫不敢来折磨我们的孩子"。

[2] 佛提俄斯的词典中的有关条目。

[3] 关于《阿卡奈人》第961行的评注。

尾音节重读的词。虽然我们不能想当然地认为这个节日和雅典人的酒盅日是同一个节日，但看起来这两个形式相似的词有一些混淆的地方。

　　如果我们把酒盅日看作是 Χοαί，也就是说酒盅即奠酒，那么就能立即非常明显地看到，俄瑞斯忒斯（Orestes）和这个节日的联系是奇怪而且不自然的。我们从阿提尼俄斯及其他权威学者的著作中得知，在酒盅日举行的喝酒竞赛中，有一个非常奇特的风俗，那就是每个参赛者必须是独自喝酒。① 人们试图用神话来解释这一点，有一个故事说，俄瑞斯忒斯手上沾着母亲的血，在人们庆祝酒盅节时，他来到了雅典。当时的国王——有人称他为潘狄翁（Padion），有人称他为法诺德摩斯（Phanodemus）——想盛情款待他，但一些人出于宗教上的顾虑，不允许他让一个污秽的人进入神殿或者和干净的人饮酒。于是，国王命令关上神殿，每个人面前分别放上一盅酒，并叫他们喝完酒之后不要献上头顶上的花冠，因为他们和俄瑞斯忒斯同处在一个屋子里。但他命令每一个人把花冠绕在酒盅上，并把这些酒盅带到利姆尼神殿的女祭司那里。之后，他们便在神殿里举行其他的祭祀仪式。阿提尼俄斯接着说，酒盅日这一节日的名称就是这样得来的。② 《伊菲革涅亚在陶洛人里》（*Iphigenia in Tauris*）中的发疯的俄瑞斯忒斯也讲了同样的故事，并且天真地说，虽然这种做法伤了他的心，但他不敢问为什么，其实他很清楚其中的原因。③

　　很明显这完全是推源性的叙述。人们想用某种神话传说来解释酒盅日举行的喝酒竞赛，这种竞赛似乎源于葬礼上的奠酒仪式，于是人们竭力寻找这样的神话传说，最后找到了或者不如说编出了俄瑞斯忒斯这个经典的故事。人们让俄瑞斯忒斯说了一段话——即使他是一个疯子，说这样的话也显得愚不可及：

---

① 阿提尼俄斯，VII, 2, p.276。
② 阿提尼俄斯，X, 49, p.437；苏伊达斯，*Χόες* 条目。
③ 欧里庇得斯：《伊菲革涅亚在陶洛人里》，第 953 行以下。

> 听说我的不幸
> 给雅典城添了一个节日，帕拉斯的人民
> 到现在都保持着庆祝大酒盅节的习俗。

如果我们假设酒盅（χόες）原先就是奠酒（χοαί），那么，主人那些多少有点谨小慎微的做法至少就变得可以理解了。俄瑞斯忒斯犯了杀母之罪，因而是个不洁之人；他看到了阿瑞俄帕戈斯（Areopagos）附近的利姆尼①人庆祝奠酒节；在他得到净化、除去手上沾着的亲人的血之前，他不能参加这个节日：一切都那样简单明了。

如果酒盅含有奠酒的意思，那么这个节日就和厄琉西斯秘密祭典的一个仪式有着非常有趣的相似之处。阿提尼俄斯在讨论这些酒盅的各种形状时说："有一种叫作普列莫科伊（plemochoë）的酒盅是陶制容器，状如平稳的陀螺。帕姆菲勒斯（Pamphilos）说，有些人把它称为酒杯。厄琉西斯人在秘密祭典的最后一天就会使用这种酒盅，这一天的名称普列莫科伊日（Plemochoai）就是由这种酒盅而来。在这一天，他们用两个这样的酒盅装满酒，一个朝向东方，一个朝向西方，还要对着它们念一段咒语。《珀里托俄斯》（Peirithous）的作者——不管他是暴君克忒西亚斯（Ktesias）还是欧里庇得斯——提到这些酒盅时是这样说的：'我们念着吉祥的咒语把这些酒盅里的酒倒进通往阴间的地缝。'"②

至少有一点对我们的研究有着重要意义：一个节日的名称和一种用于祭祀阴间神灵的容器的名称都源自 χοή 一词的复合形式。

由此可见，瓦钵日和酒盅日显然带有一种阴抑的气氛，两个节日原先都是鬼神的节日。那么开坛日的情况又如何呢？难道这一天确实是人们纵情欢乐的日子，一切仪式都是为了纪念狄俄尼索斯吗？

---

① 有关的地形学问题，参见本人的《原始雅典》（Primitive Athens），p.83。
② 阿提尼俄斯，XI，93，p.496。

第二章　花月节——鬼神的节日　｜　47

如果仅仅依赖文献资料，我们就会无法避免地得到这样的结论。在普卢塔克关于开坛日的叙述——这是我们手头上最早、最完整的记录——中，我们只是看到人们在祭祀酒神，看不到任何有关其他崇拜的暗示，也看不到其中有任何压抑的气氛。尤斯塔修斯确实说过一个开坛节，这个节日"没有任何欢庆气氛，而是弥漫着不祥的气氛"[①]，但这是潘多拉（Pandora）的开坛节。在此我们得到一条线索，即所谓的"开坛"不一定是指打开酒坛，而可以是打开别的坛子。要不是我们见到了一个精巧的文物，这一线索的重要意义我们也就无从得知了。

图 7 是一个细颈坛上的瓶画[②]，该文物现存于耶拿（Jena）大学博物馆。在这幅瓶画上，我们看到的是一种完全不同的"开坛"，其含义要庄严得多。一个大坛子被深深地埋在地里，它曾经起到过坟墓的作用。在原始时代，有不少人像戴奥真尼斯（Diogenes）那样住在坛子里，但和戴奥真尼斯不同，他们这样做不是出于哲学上的需要，而确实是出于生活上的必要。在伯罗奔尼撒战争（Peloponnesian War）期间，城里到处挤满了难民，于是坛子就成了不错的栖身之所。一个人生前的家往往会成为其死后的坟墓。在雅典、阿菲德那（Aphidna）、科孚岛（Corfu）、托里库斯（Thoricus）的迪庇伦（Dipylon）公墓，以及其他许多墓地，人们发现了许多类似的坛子坟墓。图 7 中的坟墓坛已经被揭开了盖子，从坛中飞出两个有翼的刻瑞斯（灵魂），第三个刻瑞斯正从坛里飞出来，还有一个正俯冲着飞回坛

图 7

---
① 尤斯塔修斯关于《伊利亚特》第 24 章 526 行的评注，p.1363。
② 该瓶画最初由保罗·沙多（Paul Schadow）发表在其就职论文《阿提刻坟墓陶罐》（*Eine Attische Grablekythos*）中，笔者复制并讨论了该瓶画，见《希腊研究》，XX，p.101。

子。赫耳墨斯·普绪科蓬波斯（Psychopompos）手持魔杖，正在召出又召回那些灵魂。这幅画是花月节最有说服力的注脚，我们似乎又听到了那段话："滚出门去，你们这些刻瑞斯！花月节已经过了！"花月节的开坛日原是个原始的节日，指的是打开作为坟墓的坛子，后来便演变成了打开酒坛的节日。

当然我们不能认为图 7 中的瓶画是雅典人在花月节第一天所举行的仪式的真实再现。从内容上说，它已经更一般化了。事实上，它是所有希腊人都熟悉的观念的再现，即这种坛子是坟墓，灵魂从坛中飞出，又飞回到坛里；赫耳墨斯是普绪科蓬波斯，即"亡灵接引者"。实际上，这幅瓶画就是我们在一些雅典白色细颈坛上经常见到的瓶画的另一种表现形式，那些瓶画表现的是众灵魂在墓碑上盘旋。坟墓坛只不过是早期的坟墓，而两种瓶画中的那些长着翅膀的小精灵（刻瑞斯）都是一样的。

下文我们在讨论原始的魔鬼信仰时，将会进一步分析这些刻瑞斯的性质。眼下我们只需记住瓶画上的刻瑞斯和花月节上的刻瑞斯仅仅被人看作死者的灵魂，而从潘多拉的坛子中飞出的有翼的小幽灵才是真正的鬼神，但人们认为这些鬼神是有害的幽灵，而不是精灵，他们是疾病和死亡的根源，而不是死者的灵魂。与其说潘多拉的坛子是一个坟墓，不如说它是一个保存邪恶的仓库。希腊人很清楚，坛子不仅可以用来保存酒，还可以用来保存粮食及其他食品。希腊人的坛子的底部通常是尖头的，而且被永久地埋在地里，像土耳其人的贮水罐一样。成排安放的坛子（如最近在克诺索斯发掘出的那些坛子）既可以用作酒坛，也可以用作谷仓，还可以用作坟墓。

在图 7 这幅瓶画里，我们可以清楚地看到赫耳墨斯的标志物。他一只手拿着那根熟悉的信使杖——盘蛇杖。但这并不是我们所感兴趣的，他也并没有使用这根盘蛇杖，因为他是用左手拿的。它仅仅是作为他的标志物，它的存在只是出于一种常规。他的右手高举着用来唤回灵魂的工具，那才是他的魔棍。

我认为，这根魔棍和盘蛇杖有着明显的区别，尽管两者最终互相融合了。信使杖（盘蛇杖）实际上是国王的权杖，为国王的副官（信使）所持。那是一根手杖（$βάκτρον$），是用于支撑的工具。而赫耳墨斯手中那根魔棍只是一根棍子，甚至是一根柔韧的枝条，那不是人们用于支撑的工具，而是用来指挥别人的工具。总之，那是巫师的魔棍。

喀耳刻就是用一根魔棍把俄底修斯的同伴变成猪的，它的魔力和他们喝下的魔液的魔力相当：

> 她用手中的棍子猛抽他们，把他们关进了猪圈里。[1]

赫耳墨斯也是用这根魔棍把那些求婚者的鬼魂带到冥国的，他手里拿着

> 他那根漂亮的金色魔棍，他可以利用它
> 让任何一个人闭上眼睛；如果他要让谁从沉睡中苏醒，
> 那他使用的是训令。他唤醒鬼神，他们乖乖地前往要去的地方，
> 像蝙蝠一样吱吱喳喳地、心情压抑地前往他们要去的地方。[2]

这根魔棍成了那些支配死者的人的标志物。生命或死亡的象征是这根魔棍，而不是节杖，正如品达所说的那样：

> 冥国的国王
> 也没有忘记挥动他的棍子，
> 他用它
> 把垂死的人的灵魂

---

[1] 荷马：《奥德赛》，X，236。
[2] 荷马：《奥德赛》，XXIV，1—9。

沿着死亡之路送到坟墓。①

在成为众生的君主的节杖（πεισίβροτος）之前，这根作为魔棍的棍子是巫师用于导引死者灵魂的工具。

尤斯塔修斯在他的著作里说，盘蛇杖又被称为 πομπός，即导引杖，那是主持净化仪式的人手里拿的工具。我们会看到，他在试图追溯 διοπομπεῖν 和 ἀποδιοπομπεῖν 这两个词的词源。当古代学者试图追溯词语的词源时，我们所能做的只有极其谨慎地接受他的说法。就这一问题而言，似乎没有理由怀疑盘蛇杖被称为 πομπός 这一说法。它被毫无理由地扯了进来，对探究词语的词源也没多大用处。尤斯塔修斯是这样说的："在迈马克提斯月的月底，他们要举行一些打发的仪式，其中有搬运神奇羊毛的仪式。然后人们要把秽物扔到岔路口，手里拿着'蓬波斯'（导引杖），据说这就是盘蛇杖——赫耳墨斯的标志物。"我认为，值得注意的是人们在举行驱邪仪式时手里要拿着这根盘蛇杖（更准确地说是拐杖②），其目的很可能是驱除那些邪恶的鬼神——后文我们将会看到这些鬼神是一切不洁的根源。这是召唤鬼神的另一方面的内容，魔杖的作用是唤醒或安顿鬼神、召来好心的神灵、驱除邪恶的鬼神。

此前在另一场合③讨论花月节时，我满以为，了解了打开坟墓坛是怎么回事，就完全解决了开坛日所包含的不祥本质这一难题。在进一步考察之后，现在我觉得也许还有另一种仪式因素决定了这个节日的本质。

普卢塔克在讨论维斯太贞女（Vestal Virgins）专用的圣物的本质时说了一段非常值得我们注意的话："那些自认为对她们（维斯太贞女）有特别了解的人坚称，那里安放着两个不大的坛子，其中一个的盖子已被

---

① 品达：《奥林波斯颂》（Olympia），IX，33。
② 篇幅所限，我们不能讨论盘蛇杖的全部演变过程。盘蛇杖包含有节杖和拐杖的因素。拐杖有时像魔杖那样有杈枝，杈枝被盘绕成各种形状。有时拐杖上盘着一条蛇（阴间的标志），就像埃斯枯拉庇乌斯（Aesculapius）的拐杖上盘绕着一条蛇一样。最后，拐杖弯曲的顶端便演变成盘蛇状。到了尤斯塔修斯的时代，人们还没有明确区分盘蛇杖和拐杖。
③ 参见《希腊研究》，XX，p.101。

打开，里面空空如也，另一个装满了东西，并且已被封好，除了这些圣女，谁也不许看一眼这些坛子。但是，有的人认为事实并非如此，他们说这些圣女把她们的圣物放进了这两个坛子，然后又把它们埋在奎里努斯（Quirinus）神庙的地下，还说这个地方如今的名字（多利奥拉）就是由此而来的。"① 我们可以找到两种提到多利奥拉（Doliola）的文献。瓦罗（Varro）说："被称为多利奥拉的地方位于克洛亚卡·马休马（Cloaca Maxuma），这里严禁吐痰。之所以有这样的地名，是因为地下埋着一些坛子。关于这些坛子，有两种说法：有人说坛子里装着死者的尸骨，也有人说，努马·蓬庇利俄斯（Numa Pompilius）死后，一些圣物就被埋在坛子里。"② 费斯图斯（Festus）也作过几乎是相同的描述，但他说这些圣物是在高卢人（Gauls）入侵这座城市时埋在那里的。③

对于希腊那些装着"圣物"的坛子，我们并不了解，但是有意思的是，我们发现奥林波斯山的宙斯——许多古老仪式的继承者——也在他的门槛上放了两个坛子，一个坛子装着善，一个坛子装着恶：

>   宙斯的门槛上曾经放着两个坛子，
>   一个装着他的恶，另一个装着他的善。④

打开安放在帕拉蒂尼山（Palatine）上的圆坑的仪式肯定和开坛日的这种观念有联系。费斯图斯说，每年的 8 月 24 日、10 月 5 日、11 月 6 日，要把坑口上的石板移开。⑤ 马克罗比乌斯（Macrobius）在其著作里引用瓦罗的话说："坑盖被打开就意味着凄凉的阴间之门打开了。"⑥

---

① 普卢塔克：*Vit. Cam.*, XX。
② 瓦罗：《论拉丁语》（*Ling. Lat.*），5§157。
③ 费斯图斯的词典，doliola 条目。
④ 荷马：《伊利亚特》，XXIV，527。
⑤ 费斯图斯，154。
⑥ 马克罗比乌斯：《神农节》（*Saturnalia*），I，16.18。

从以上讨论可以看出，花月节的几个日子的仪式显然与鬼神有关，对每一个日子的名称至少可以作出与阴间有关的解释。但我们还要从整体上来考察花月节这个名称。

古人为了寻找这个词的词源可谓费尽心机，最后他们找到了一个自认为满意的答案。哈波克拉提恩引用公元前 3 世纪的伊斯特洛斯（Istros）的话说，花月是百花盛开的月份，因为这个时候"生长在地里的植物大多开满鲜花"①。《词源大典》（Etymologicon Magnum）为我们提供了一个更为随意的解释：花月和花月节之所以得名，要么因为大地上的花朵此时开始开放，要么因为人们在这个节日用鲜花作为祭品。②

当时人们并没有探究"动词词根"和"带有 $τηρ$ 的主动名词"的习惯，但是我们惊奇地发现，由伊斯特洛斯大胆提出的令人怀疑的猜测居然能长久地留传下来，而没有受到现代科学的质疑。考虑到鲜花和这个节日的仪式只不过是有一种大概的、偶然的联系，这就更让我们感到吃惊了。难道学者们真的满足于这样的词源解释：花月节是那些"献花人"的节日？

在最近发表在《希腊研究》（Hellenic Journal）上的一篇论文中，A. W. 维罗尔（Verrall）博士就探讨了这个问题，并提出了一个新的解决办法。他指出，有这样一条规则：带有 $τηριο$ 的名词通常是通过"带有 $τηρ$ 的主动名词"由动词词根形成的，这些新构成的名词的意思便由该动词所描述的动作决定，如 $σωτήριος$、$λυτήριος$、$βουλευτήριον$，花月节几个日子的名称的构成也不例外。同样，词尾为 $τηρια$ 的节日名称就描述了仪式所包含的动作，或者与仪式有关的最主要的动作。可见，$ἀνακλητήρια$ 是和 $ἀνάκλησις$ 有关的节日或仪式，而 $ἀνακαλυπτήρια$ 是和 $ἀνακάλυψις$ 有关的节日或仪式，等等。由此可见，要探究"花月节"的词源，首先应假定它的词根是一个动词。

---

① 哈波克拉提恩的词典，$Ἀνθεστ$ 条目。
② 《词源大典》，$Ἀνθεστήρια$ 条目。

"但是，我们不能认为该动词词根是 άνθεσ-。也许需要对 άνθεσ- 本身进行分析，其第一个音节明显源自介词 άν-（άνά），在诗歌中保留着许多此类的例子（如 άνθεμα = άνάθεμα）。因此，该动词词根应该是 θεσ-，事实上它就是一个动词词根，且有多种含义。也许在任何情况下人们最先想到的、眼下也是最吸引我们的含义就是那个古老的动词 θέσασθαι（祈祷）或 θέσσσασθαι（祈求）[1] 以及形容词 πολύθεστος 和 άπόθεστος 所包含的意思。对死者的祈祷和召唤通常是仪式的组成部分，死者由此被带回众生的世界。根据 άνακαλεῖν 及相关的词的意思，复合词 άναθέσσασθαι 应该有'通过祈祷唤起'或'通过祈祷唤回'的意思。因此，由 άναθέσσασθαι 派生出来的 άνθεστήρια（花月节）就是'唤回的节日'。和往常一样，这个名称意味着一种动作，这一动作是仪式所必需的，同时它也是仪式的目的。"[2]

了解了这一新的富于启发性的词语来历之后，还有一个有趣的现象需要注意：古人虽然错误地认为"花月节"源自 άνθος，但他们强调得更多的是"升起"，而不是"花"[3]。《词源大典》对 Άνθεια 的解释是"赫拉（Hera）奉献出果实时的称号"，这似乎已经接近该词的真正意思，尽管它没有提到词的形式。

维罗尔博士没有积极地坚持自己所提出的关于"花月节"的词源的看法，但另一项语文学上的讨论让我们对该词的词源增加了某种信心。R. A. 尼尔先生提出，该词在希腊语里的词根为 θεσ，在拉丁语中就是 fes

---

[1] 荷马：《奥德赛》，X，526。
[2] 《希腊研究》，XX，115。我认为词根 θεσ 最初的意思也许是"念咒召唤"而不是"祈祷"，下文我们讨论立法女神时，这一点会变得更加清楚。
[3] 武恩施（Wuensche）博士在他那本有启发性的小册子《马耳他的春节》(*Ein Frühlingsfest auf Malta*，莱比锡，1902 年) 中讨论了一个庆祝豆花开放的春天节日，他认为该节日和花月节相似，但两者的仪式各不相同。希勒·冯·加尼特灵根（Hiller von Gaertringen）博士在他的著作 *Festschrift für O. Benndorf* 中要人们注意在塞拉（Thera）发现的碑文中出现的"花月"一词，但该碑文属于公元前 2 世纪的文物，塞拉人也庆祝花月节，其实在古代，有人居住的地方都过过花月节的习俗。碑文中的"花月"一定是由我们所说的花月节而来，而不是相反。

fer。因此，我们便得到这样的等式或者对比：$άν-θεσ-τήρια$ 在拉丁语中就是 in-fer-iae。当然，inferiae 通常被认为是从 inferi、infra 等词演化来的，但没有一个拉丁语词中间会出现 f，除非其前面是一个可分离的前缀。使这一肯定的推断更具把握性的是万灵节（Feralia），这个节日从 2 月 13 日一直持续到 2 月 21 日。净化月是纪念死者的月份，简而言之，净化就是对灵魂的安抚。

这一推论既适用于希腊语也适用于拉丁语，在下文我们详细地考察人们二月举行的仪式时，这一点会更清楚地表露出来。

花月与二月

古人很清楚花月与二月之间的相似之处，也知道两者均为不吉利的月份，都是祭祀死者的时间。卢奇安的《提蒙》的评注者在评论"宙斯节"一词时说："这一天是不吉利的……在某些日子，希腊人会完全停止工作，变得无所事事，他们把这些日子称为不吉祥的日子。每逢这些日子，谁也不会跟别人搭讪，朋友之间也不会有任何来往，人们甚至不会到神庙去。这些日子都是在二月，人们习惯于在这个月祭祀地下的神灵，整个月的活动都与死者有关，所有活动都是在压抑的气氛中进行。"[①] 这位评注者显然明白，宙斯节只不过是整个祭祀死者的二月中的一个节日。

花月的含义及其仪式的意义已经被酒神和他的花冠有效地遮蔽了。但是，罗马人的类似节日不存在这种重合现象，因此也就不会出现误解。他们清楚地意识到两点：其一，二月是死者的月份；其二，这是净化的月份。普卢塔克在《罗马人的问题》（Roman Questions）中问道："为什么德西摩·布鲁图（Decimus Brutus）偏偏要在十二月祭祀死者，而其他罗马人都是在二月给死者献上奠酒和祭品？"[②] 在他提出的第二十五

---

① 关于《提蒙》，43 的评注。
② 普卢塔克：《罗马人的问题》，XXXIV。

个问题里,他讨论了以下日子不吉利的原因,即每一个月的第二日,三月、五月、七月、十月的第八日和第十六日,以及其他各月的第六日和第十四日。他还告诉我们,罗马人"通常用每年的第一个月祭祀奥林波斯神,但用第二个月祭祀地上的众神,而且在第二个月,他们往往要举行一些净化仪式,并献祭死者"①。阿提尼俄斯说:"毛里塔尼亚人朱巴(Juba)说,这第二个月(二月)是由于人们对冥界的恐惧而得名的,因此人们在冬天最寒冷的时节举行仪式驱除这些恐惧,在这个月的某些日子为死者奠酒也成了一种风俗。"②毛里塔尼亚人朱巴一定很清楚,二月并不是冬天最寒冷的时候。他正确地道出了一个事实,即人们特意在二月举行各种仪式,以驱除他们心中对阴间的恐惧。但对于人们特意选择这个月份的做法,他随意地给出了一个不可能的原因。

在我们所引用的文献资料当中,奥维德的记录是最有分量的,因为他的记录在某种程度上是无意识的。在《岁时记》第二卷的开头,在向雅努斯(Janus)祈祷后,奥维德直接讨论了罗马人在用 februum 一词时表示什么意思。他注意到这个词可以用来表示许多东西:羊毛、从松树上折下的树枝、用盐烤熟的粮食。最后他的结论是:"任何用于净化灵魂的东西都被他那些未开化的祖先称为 februum。"③

他认为,这个月的名称一定是由这些具有净化作用的东西(februa)得名的,但他又问:"是因为牧神祭司团(Luperci)用一些从祭牲身上割下的皮条来净化所有的土地,并把这种做法看作净化或赎罪,还是因为死者被安葬之后,出于安抚死者的需要,人们要有一段净化的时间?"

他知道,牧神节(Lupercalia)和万灵节(Feralia)都具有净化的性质:Februa(具有净化作用的东西)和 Feralia 拥有共同的词源。这一点有着重要的意义,但奥维德自然是猜不到的。他更不会想到,从词源学

---

① 普卢塔克:《罗马人的问题》,XXV。
② 阿提尼俄斯,III,53,p.98。
③ 奥维德:《岁时记》,II,19。

上说，February（二月）和 Anthesterion（花月）实际上是一个词。

奥维德所指的二月里的那两个重要节日当然就是万灵节和牧神节[1]，两个节日的日期分别是 2 月 21 日和 15 日。

万灵节只不过是从 2 月 13 日开始的祭祀祖先的一系列节日的高潮，这些崇拜祖先的节日被称为帕伦塔利亚节（Parentalia）。奇怪的是，尽管亡魂节（5 月 9—13 日）的日子被认为是不吉利的，但帕伦塔利亚节中没有哪个日子被认为是不吉利的。然而，从 13 日到 21 日还是禁止举行婚礼，神庙也被关闭，执政官露面时也不带随从。显然，人们心头依然残留着对没有被赶走的鬼神的恐惧。帕伦塔利亚节和万灵节一样，都是安抚鬼神的节日。

另一方面，在牧神节上，最重要的仪式是净化仪式，而不是安抚仪式。牧神节的许多细节我们已无从得知，特别是其名称的起源，但其中的一个仪式是非常明确的。人们要宰杀几只山羊和一条狗，两个年轻人把山羊皮束在腰间，他们手里拿着用祭牲皮切成的皮条。然后，他们在城市的某个区域来回奔跑，遇到妇女时，他们就用手中的皮条抽打她们。这些皮条和其他一些物品一样是具有净化作用的东西。由于具有净化的威力，它们便具有了丰产的魔力：

> 你奔跑的时候，安东尼，
> 可别忘记触碰卡尔普尔尼亚一下，因为我们的长辈们都说，
> 凡是不生育的女人，在这神圣的追逐赛中被触一下，
> 就都可以解除不孕的邪灾。[2]

---

[1] 沃德-福勒（Warde-Fowler）在《罗马人的节日》（*The Roman Festivals*, p. 310）中、曼哈尔特（Mannhardt）在《神话研究》（*Mythologische Forschungen*, p. 72）中对牧神节的各种仪式进行了非常详细的讨论。

[2] 《尤利乌斯·恺撒》（*Julius Caesar*）第一场第二幕，6。[卡尔普尔尼亚（Calpurnia），罗马贵妇，恺撒的第三个妻子，恺撒因未听从她勿去元老院的劝阻而遇刺。——译注]

举行这些抽打仪式的目的是驱赶邪恶的神灵还是激发丰产的威力？关于这个问题，人们已作过太多的无谓讨论。原始人并不会如此细致地审视和分析自己的动机。用神圣的物品（不管是用祭牲的皮切成的皮条，还是从圣树上折下的枝条）抽打，其目的就像今天未开化的土著所说的，是给抽打的对象施加"好药"。至于它是如何起作用的，是通过驱赶还是通过推动，原始人是不关心的。

当天主教徒在其食物上方做神圣的十字手势时，他会不会知道——需要不需要知道——他这样做到底是把善召来还是把恶驱除？今天乡下做母亲的揍自己的儿子，其部分目的是要唤醒孩子心中那沉睡的道德观念，但是，如果她要认真解释的话，那么揍儿子也是为了"把他身上的淘气揍掉"。在赫伦达斯（Herondas）的《滑稽戏》（Mime）第三场中，儿子是一个赌徒、笨蛋，于是儿子的母亲央求校长：

> 抽他的肩膀，直到他那可恶的灵魂
> 离开他，只盘旋在他的双唇上。

在这里，孩子的母亲正处在原始人经常遇到的两难境地：他的灵魂是坏的，但那是他的生命；除掉他的坏灵魂能救治他，但那会要他的命。

山羊皮条是具有净化作用的物品①，因而也具有丰产的魔力。由此，上文说到的"神奇的羊毛"的意义就变得不言而喻了。宰杀动物——不管是绵羊、山羊还是狗——献祭就是为了安抚鬼神或阴间的力量，这样，祭牲的皮便具有了神奇的效用：我们很容易地、几乎是不可避免地得出了这一推论。这种献祭的主要目的是安抚因而也是驱除邪恶的神灵，正是这些邪恶的神灵会对丰产造成损害：总之，净化就是对鬼神的安抚。

因此，"洁净对古代人意味着什么"这个问题几乎是还未提出便有了答案。这里的洁净不是我们所说的精神上的洁净——那对原始人的思维

---

① 塞耳维俄斯对维吉尔（Vergil）的《伊尼德》（Aeneid, VIII, 343）的评注。

习惯来说是非常陌生的，也不是身体上的洁净——有时参加仪式的人从头到脚都沾满了泥巴，但从仪式的角度来说依然是洁净的。但是，人类思维发展的轨迹就是如此奇怪，古代人心目中的洁净就是精神上的洁净（虽然其含义有着很大的不同），即不受坏神灵的困扰，摆脱了他们的邪恶影响。要摆脱这些神灵，就必须接受净化。每逢二月和花月，不管是罗马人还是希腊人，可能都唱过我们在大斋节上唱的赞歌，只不过歌词有所不同罢了：

> 基督徒，你是否看到他们
> 在圣地上，米甸① 的主人们
> 徘徊再三？
> 基督徒，起来，把他们抽打！

在新的狄俄尼索斯崇拜传入之前，希腊人的洁净观念（关于那些来自他们身外，且与他们作对的精神力量的观念）似乎并没有超出这一否定而矛盾的态度。

然而，我们依然没有回答这样一个问题："这种净化仪式为何要在春天举行？"答案很清楚。我们自己的祖先为何要在春天进行清洁大扫除？

> 冬天的雨水和破坏已经结束，
> 冰雪和罪恶的季节也已到头……
> 青青的林下灌木丛里，
> 鲜花簇簇，春天已经到来。

---

① 米甸，《圣经·创世记》所载亚伯拉罕与其妻基土拉所生众子之一。——译注

冬天是人们无所顾虑的时节，在这段时间里，人们要庆祝圣诞节和农神节（Saturnalia）。纯朴的农耕者此时无所事事，更无所畏惧。大地的果实逐渐消失，众神的破坏力发挥到了极致。但是，当死去的土地开始苏醒，奉献出嫩芽和鲜花时，鬼神们的春天也到来了，此时正是需要抚慰地下的死者的时候。安抚鬼神是为了促进丰产，包括土地的丰产和人的多产。

不错，罗马人和希腊人在二月和花月举行的原始仪式主要是为了"驱邪"。从酒瓮日和瓦钵日的仪式——咀嚼泻鼠李、涂抹沥青、请求鬼神离开——可以看出，人们畏惧鬼神，认为它们是必须消除的邪恶力量。但奇怪的是，我们有证据证明，人们认为在花月节鬼神的到来能够直接地促进丰产。阿提尼俄斯在讨论哈尔基季基（Chalkidike）的阿波罗尼亚（Apollonia）居民的一个奇特的习俗时，引用黑格桑德（Hegesander）①的评论说："在哈尔基季基的阿波罗尼亚附近有两条河——阿米特斯河（Ammites）和奥林泰亚库斯河（Olynthiacus），两者都流入博尔布湖（Bolbe）。在奥林泰亚库斯河边，有一座奥林图斯（Olynthus）——赫拉克勒斯和博尔布的儿子——的神庙。当地人说，每逢花月和厄拉费波利月（Elaphebolion），河水就会上涨，因为博尔布要把鱼派到奥林图斯那里去。在这个时节，鱼儿成群结队从湖里游到奥林泰亚库斯河。这是一条浅水河，河水仅仅没过脚踝。从湖里游出的鱼是如此之多，以至于附近的居民个个都能够捉到足够的鱼，然后把它们腌制成咸鱼，以备日后之需。非常奇特的是，这些从湖里游出的鱼儿从不游经奥林图斯的神庙。据说，阿波罗尼亚的居民原先习惯在厄拉费波利月祭祀死者，但现在他们改成在花月祭祀。正因为如此，鱼儿在人们献祭死者时才从湖里游出来。"② 在此，我们清楚地看到，死去的英雄是人们

---

① 活动时期为公元前3世纪。
② 阿提尼俄斯，VIII，11，p.334F。

财富的源泉，对英雄的献祭可以直接带来丰产。气氛压抑的驱邪仪式往往会变成欢快而又充满希望的"敬奉"仪式。

综上所述，花月节最初是万灵节，后来演变成了崇拜狄俄尼索斯的狂欢节[①]，在狂欢时，人们给自己的酒盅套上花环。然而，除了一点点模糊而又不科学的词源学上的说法，我们没有找到任何证据证明花月节是一个花的节日。阴抑的召唤鬼神的节日演变成饮酒作乐的狂欢节，这似乎很不协调，但人的本性往往能接受从斋戒到盛宴的转变，想一想我们自己如何过受难节就知道了。

安抚冥界神灵的仪式

在讨论了人们在二月和花月举行的春天的仪式之后，我们就能够进一步理解希腊人的仪式用语了，由此也就能够了解希腊人的宗教思想了。

在第一章，我们已经对两种献祭作了明白无误的区分：一种是对天上的奥林波斯神的献祭——在这种献祭中，崇拜者与神共享祭品；一种是对冥界神灵的献祭——在这种献祭中，人是不能和神共享祭品的，祭品只能全部献给祭祀的对象。第一种献祭（即对奥林波斯神的献祭）可以用两个术语来表达：$θύειν$ 和 $ἱερεύειν$。至于第二种献祭，如果要焚烧祭品，那就用三个术语来表达，一个是 $ὁλοκαυτεῖν$，另一个是我们在下文马上要看到的 $σφάζειν$，还有一个更常用的 $ἐναγίζειν$。

对于献祭奥林波斯神的术语，我们只需明确地说出其隐含的意义即可。严格地说，$θύειν$ 只适用于那些为了达到升华的目的而焚烧的祭品，焚化的祭品升到天空，可以上达众神，而 $ἱερεύειν$ 只适用于没有被焚烧的祭品。根据该词隐含的意思，这些祭品对众神来说是非常神圣的，但实际上崇拜者可以和众神一起享用这些祭品。随着焚烧祭品的做法逐渐盛行以及奥林波斯神越来越为人们所接受，$θύειν$ 一词的含义覆盖了整个献

[①] 狄俄尼索斯崇拜在稍晚的时候才传入希腊，这一点在本书第8章将会变得更清楚。

祭活动本身。在后期那些粗心的作家笔下，该词被用于表示任何一种献祭形式（不管祭品是否被焚化），他们根本没有意识到它的最初含义。

严格地说，ιερεύειν 一词仅用于表示杀牲祭祀，ιερεῖον 则表示祭牲。对荷马时代的希腊人来说，献祭和随之而来的食肉盛宴有着如此紧密的联系，以至于人们说到这两种活动中的一种时，几乎马上会联想到另一种。ιερεῖον（祭牲）是 κρεοδαισία（食肉盛宴）的原料。在荷马时代的希腊人心中，盛宴款待崇拜者的观念非常强烈，以至于盛宴有时成了献祭的唯一目的。于是我们看到俄底修斯命令其子忒勒玛科斯（Telemachus）和他的仆从：

> 你们现在马上到我的豪宅去吧，带上一头上好的猪，
> 赶紧献祭，好让我们即刻用餐。①

在此，焦点是用餐，虽然也顺便提到了献祭众神。事实不是人们在祭祀仪式上与众神庄严地交流，而是人们吃饱喝足后才虔诚地想到众神，于是焚化其中的一点点祭品，以便众神享用，并使他们大发慈悲。

荷马笔下的献祭意味着人神共享祭品，但这种祭祀活动并无任何神秘之处，根本不存在分享神的生命和躯体的问题，而仅仅是与神共享盛宴而已。在古希腊，也存在神秘的人神交流，但那是狄俄尼索斯（一个与荷马笔下的奥林波斯神截然不同的神）崇拜的一部分，后文我们将会看到这一点。

在结束对 ιερεῖον（用于献祭，然后被吃掉的动物）的讨论之前，有必要提醒大家注意一点。有人认为，与更简单的、使用谷物和果实作为祭品的献祭方式相比，使用动物献祭标志着人类已处于更晚也更奢华的社会。素食者珀斐里（Porphyry）就是这种观点的支持者。在他看来，宰

---

① 荷马：《奥德赛》，XXIV，215。

牲献祭和食肉行为是残忍、野蛮、放荡的标志。尤斯塔修斯也持同样观点。在评论人们播撒的大麦颗粒时，他说："在经历了以大麦作为祭品之后，人们才开始使用动物作为祭品，并在祭祀时吃肉，因为人们是在发现了必要的食物之后才发明大量食肉的饮食方式，并引进食物制作的各种花样。"① 作为一种一般性的概括，这种说法是不符合事实的。一个民族是先吃素食还是先吃肉食，这取决于其所处的环境。但具体到希腊人，珀斐里和尤斯塔修斯的说法是完全正确的。希腊及环地中海地区的原始居民总的来说以素食为主，辅以鱼类，而大量地吃鱼这一革新性的饮食习惯是从外地传入的。② 阿提尼俄斯在他的著作的第一卷讨论了各式各样的食物，而且还满怀惊奇地详细讨论了荷马笔下那些亚加亚（Achaea）英雄的食肉习惯。接着他引述了喜剧诗人尤布洛斯（Eubulos）提出的问题：

> 请问，荷马是何时
> 让亚加亚首领吃鱼的？他们总是吃肉，
> 而且是烤肉，而不是水煮的肉。

他写道，亚加亚首领有一点和他们北方的后代相似，那就是他们"并不喜欢拼盘、精美的菜肴这一类东西。根据荷马的描述，他们只吃烤肉，而且大多是牛肉，这种食物能让他们的身体和灵魂充满活力"③。不错，阿提尼俄斯是在讨论荷马时代的生活相对于后期希腊人的生活的简朴，但他提出的事实（即荷马史诗中的食谱主要是肉食，这与普通希腊人所吃的素食和鱼类有很大不同）是不容争辩的。既然世人吃的是肉食，

---

① 尤斯塔修斯关于《伊利亚特》I, 449 § 132 的评注。
② 里奇韦（Ridgeway）教授在其著作《希腊的早期》（Early Age of Greece）第 1 卷 p.524 中已经证明荷马史诗中的这些亚加亚人的祖先是凯尔特人（Celtic），他们来自中欧，并带来了他们的北方祖先的吃烤肉的习惯。
③ 阿提尼俄斯，I, 46, p.25。

那么用肉来祭祀以人的形象出现的神就是很自然的事了。

如此看来，θύειν 和 ιερεύειν 这两个术语用于可以看作是盛宴的献祭。以下我们还要讨论 ἐναγίζειν 这个术语。我认为，从这个术语的定义中，我们可以最全面地理解希腊宗教中一些较原始的观念。

首先，有必要明确这样一个事实：θύειν 和 ἐναγίζειν 在用法上有着明显的区别。关于这一点，保萨尼阿斯著作中有一段话有非常重要的意义。保氏在西库翁（Sicyon）参观了赫拉克勒斯的一座神庙，对此，他有以下的记录："在祭祀方面，他们习惯于以下做法。他们说，当法厄斯托斯（Phaestos）来到西库翁时，发现西库翁人用献祭英雄的祭品来献祭赫拉克勒斯。但是法厄斯托斯坚决不愿意这样做，他要用献祭神的方式来献祭赫拉克勒斯。直到现在，西库翁人在宰杀一只羊羔后，还把羊腿放在祭坛上焚烧，并吃掉其中一部分羊肉——他们把它当作了祭牲——然后他们把其余的羊肉献给英雄。"① 把这段话译成英语并不容易，因为在英语中我们找不到一个与 ἐναγίζειν 相当的词。我把它译为"献给"（devote），因为它含有完全奉献的意思——一部分祭品被崇拜者分享，即他们把赫拉克勒斯当作神，并和他共享祭品；另一部分祭品被完全献给作为英雄的赫拉克勒斯，这是死者的食物。保萨尼阿斯在使用 θύειν 一词时通常不讲究，但在这里他作了明确的区分。祭品是一只动物：一部分献给奥林波斯神——这部分是人神共享的；另一部分不是献给奥林波斯神，而是献给一个鬼神——像人们在瓦钵日所做的那样，这部分祭品人是不吃的。

保萨尼阿斯在其著作的另一段话里还作了进一步的区分。在墨加洛波利斯，保氏参观了复仇女神欧墨尼得斯的一座神庙。关于献祭她们的仪式，他是这样说的："据说，当这些女神要把俄瑞斯忒斯逼疯时，她们以黑色的形象出现在他的面前，但当他咬断自己的手指时，她们又以白

---

① 保萨尼阿斯，II, 10.1。保萨尼阿斯并不是第一个对 θύειν 和 ἐναγίζειν 作出区分的人，在他之前，希罗多德在其著作（II, 43）中同样也用了这两个词，并作了同样的区分，只不过没有这么直接、详细罢了。

色的形象出现，于是他又恢复了神智。因此，他给黑色的女神献上祭品，以平息她们的愤怒，但对于白色女神，他是宰牲献祭的。"[1]

没有什么比语言和仪式更能说明问题的了：θύειν 是献给奥林波斯神的，这是对神的充满欢乐的感恩，这些天上的神都以白色、明快的形象出现，而且个个都以慈悲为怀；ἐναγίζειν 是献给地下神灵的，他们都是黑色的，而且邪恶丑陋。θύειν 用于敬奉（θεραπεία），ἐναγίζειν 用于驱邪（ἀποτροπή）。

在明确区分了以上两种仪式之后，我们还要更详细地考察 ἐναγίζειν 一词的意思以及其所表示的仪式，即祭祀死者的仪式——在此我们必须记住，这种仪式也涉及净化。

ἐναγίζειν 一词只能表示制作或处理具有 ἄγος 性质的东西，ἄγος 有时也写作 ἅγος。对人类和语言观察入微的尤斯塔修斯无疑已经注意到这个词及其同源词 ἅγιος（神圣的）具有双重含义，即神圣之物既是洁净的也是不洁的，他说，这是"因为 ἅγος 具有双重含义"[2]。套用一个现代的说法，ἅγος 指的就是禁忌，即专门献给众神的东西，因此人是不能触摸的。这个词的意思隐含在古代祭祀仪式之中，透过这个词，我们可以了解古代人的宗教思想。它与人神交流正好相对，虽然它不相当于赎罪，但具有赎罪的色彩。

幸好我们用不着猜测 ἐναγίζειν 一词所涵盖的各种仪式的确切性质。我们知道人们在这些仪式上做了什么，但是我们找不到一个合适的英语词汇来完全表达这些行为。这一事实也许正好提醒我们，不仅这个词已经消失，而且这种观念也消失了，若要把它还原，必须花费一些工夫。在以下讨论中，我将不会把 ἐναγίζειν 翻译出来：我会直接使用这一希腊

---

[1] 保萨尼阿斯，VIII, 34.3。
[2] 尤斯塔修斯关于《伊利亚特》XXIII, 429, 1357.59 的评注。

语词，从而避免由翻译引起的误导。①

在描述各种各样的肥皂和洗漱用的盛水盆时，阿提尼俄斯非常偶然地为我们精确地记录了 ἐναγισμοί 的仪式。他说，ἀπόνιπτρον（清洗）一词可以指用水来洗手或洗脚。接着他又说，ἀπόνιμμα（污秽之水）一词虽然在形式上与其有所不同，但意思实质上是相同的，雅典人在举行某种仪式时才使用这个词。"ἀπόνιμμα 一词专门用于纪念死者的仪式，以及那些净化污秽之物的仪式。""污秽"的原文是 ἐναγεῖς，即处于一种禁忌（ἄγος）状态中。接着，他引用了一篇现已遗失的论文，该论文论述的是 ἐναγισμός 的仪式的有关细节："克雷德摩斯（Kleidemos）在他那篇论述 ἐναγισμοί 的论文里是这样说的：'在坟墓的西边挖一条壕沟，然后，顺着壕沟向西看，把水倒入其中，同时说着这样的话：这是为你准备的恰如其分的净洗礼。接着，再一次把没药（myrrh）倒进里面。'此外，多罗忒俄斯（Dorotheos）还补充了一些细节，他声称尤帕特里代人（Eupatridae）的祖先在为祈愿者举行净洗礼时有一些规定，而且以文字的方式记录了这些规定：'他自己清洗完毕，其他给祭牲开膛剖肚的人也清洗完毕之后，让他把水拿来，把接受净洗礼的祈愿者身上的血清洗干净，然后搅拌清洗后留下的水，把它倒进同一个地方。'"②

把以上两位学者的记录结合起来看，问题就非常清楚了。如果我们只看其中一位学者的记录，那么，我们对这种仪式的真正目的就会不甚了了。从克雷德摩斯的记录，我们得知这是为死者举行的仪式：坟墓旁边的壕沟、落日的西沉，还有那句仪式性的话"这是为你准备的恰如其分的净洗礼"，这一切都告诉我们这是为死者举行的仪式。最保险的做法是不要直呼死者的名字，以免激起他们的愤怒。但是，克雷德摩斯没有

---

① 如果我们满足于在不同情形下使用不同的词来表示，那么我并不否认这个词是可以翻译的。在上述讨论中，把它译成"奉献"也许是合适的，因为我们所强调的是与人神共享祭品的献祭的对照。根据不同情况，该词可以分别译为"祭祀死者""为净化而举行的献祭""为赎罪而举行的献祭"。没有一个词能够概括所有的情形。我们要还原的正是这种已经消失的、能够概括不同因素的统一性，因此我们无法为之命名。
② 阿提尼俄斯，IX, 78, p.409E 以下。

告诉我们为什么死者需要那些"污秽之水":为什么清洁之水或加了没药的水还不能达到目的?多罗忒俄斯给了我们答案——那些宰杀过祭牲的人洗掉手上的血,又用这些水为已经接受净洗礼的人清洗,然后把水搅拌一下,倒入壕沟。阴间的鬼神需要从祈愿者手上洗下来的祭牲的血:鬼神只有在喝了这些水之后才能得到安抚,人也才能得到净化。

鬼神要得到祭牲的血,这一点再自然不过了。《奥德赛》说到涅库亚(Nekuia)的鬼神们"喝了黑血",从而获得了新生。但在净化的仪式上,他们要的是不洁之水、"污秽之水",这是为什么呢?原因很清楚。祭牲代表的是不洁的祈愿者,把祭牲的血浇在他的身上,他就等同于祭牲了,这样就骗过了鬼神,鬼神也就得到了安抚。鬼神要得到血,目的不是满足物质上的渴求,而是满足精神上的渴求,即对复仇的渴求,只有那些不洁之水、祈愿者的"污秽之水"[①]才能满足这种渴求。

上述仪式中接受净洗礼的祈愿者被等同于祭牲,或者我们应该说祭牲被等同于祈愿者,办法是把祭牲的血浇在祈愿者的身上。要达到等同的目的还有其他方法。前文我们已经看到,祈愿者有时把祭牲的整块皮披在身上,有时只是把脚踏在羊毛上。另一种简便的方法是戴发带,也就是说,把一缕一缕的羊毛打结后接在一起,使羊毛更坚韧。戴这种发带的通常是祈愿者和先知:对祈愿者而言,这样做的象征意义不言而喻,而对先知而言,只需稍作考察,我们也能了解他们这样做的象征意义。先知本人并无威力,但通过把祭牲献给鬼神或英雄,他可以把死者召来,于是,他戴上祭牲的标志,即花环和发带。后来,这些东西的最初含义被人遗忘了,而仅仅演变成职位的标志。德尔斐(Delphi)的翁法罗斯石(omphalos)[②]本身就是一座具有预言作用的坟墓,上面覆盖着由羊毛发带组成的网。起初无疑是每献上一只祭牲就添上一个发带,后来这种图案被刻在石头上[③],但它一直是反复献祭的象征。

[①] 赫西基俄斯,λουτρόν 条目。
[②] 又称"脐石",古希腊人认为此石标志着世界的中心。——译注
[③] 《希腊研究通讯》,XXIV,p.258。

第二章　花月节——鬼神的节日　　67

　　图 8 中的瓶画非常清楚地展示了 ἐναγισμός 这种非常原始、野蛮、令人恐惧的仪式的情景，这是收藏在大英博物馆的一个"第勒尼安"（Tyrrhenian）双耳陶罐上的图画①。瓶画描绘的是在阿喀琉斯（Achilles）墓前宰杀波吕克塞娜（Polyxena）献祭的场面。在欧里庇得斯的《赫卡柏》（Hecuba）中，涅俄普托勒摩斯（Neoptolemos）牵着波吕克塞娜的手，把她带到坟顶，给她的父亲倒上奠酒，同时祈求父亲接受这"慰藉人心的美酒"，接着又大声说道：

　　　　请你来喝这处女的纯净的黑血吧。②

　　在图 8 的中央，有一个状如翁法罗斯石的坟墓③，但实际上那是一座

图 8

---

① 由 H. B. 沃尔特斯（Walters）发表在《希腊研究》1898 年第 18 卷 p. 281 上，即图版 XV。这类瓶画有时被称为"第勒尼安"瓶画，有时又被称为科林斯-阿提刻瓶画，全部属于同一时期，约即公元前 6 世纪中叶，显然都是产于同一作坊。
② 欧里底得斯：《赫卡柏》，535。
③ 人们建造翁法罗斯石和坟墓的目的都是一样的，参见《希腊研究》XIX, p. 225。

祭坛。献祭正是在祭坛上方进行的。涅俄普托勒摩斯作为被杀者（阿喀琉斯）的嫡亲在这里是献祭者，而作为杀人者的嫡亲的波吕克塞娜在此是献祭中的牺牲。被杀者的鬼魂喝了她的血，从而得到安抚，军队也由此得到了净化。

献给鬼魂的只有血——血就是生命——而鬼魂渴求的是复仇，不是食物。厄里尼厄斯[①]正是这样一些愤怒的鬼魂，他们在搜寻俄瑞斯忒斯时喊道：

人血的气味在露出迷人的微笑。[②]

被玷污的大地已经喝了一位母亲的血，因此他们也要

咬他的肢体，大口喝下鲜红的血。[③]

阿喀琉斯的鬼魂喝下处女的鲜血后，她的尸体将被焚化，它并不会化为一股甜味飘向天上的众神，而是要被整个焚化。这种仪式被称为 θυσία ἄδαιτος，即没有盛宴的献祭。尸体被置于安放在坟墓上的低矮的可移动的炉灶上焚烧。古代人对这种炉灶和祭坛（βωμός）有着明确的区分。评注欧里庇得斯《腓尼基妇女》（*Phoenissae*）的学者说，这种低矮的可移动的炉灶"严格地说是地上挖出的壕沟，人们就是把 ἐναγισμοί 放进里面献给那些已经到了阴间的人的，而祭坛是人们用来献祭天神的"[④]。

精通各种祭祀仪式的珀斐里也作了同样的区分："为敬奉奥林波斯神，他们建造了神庙、神龛和祭坛，但他们是用低矮的可移动的炉灶来

[①] 本书第 5 章将讨论厄里尼厄斯的形成。
[②] 埃斯库罗斯：《降福女神》（*Eumendidas*），253。
[③] 埃斯库罗斯：《降福女神》（*Eumendidas*），264。
[④] 关于欧里庇得斯《腓尼基妇女》第 284 行和第 274 行的评注。

祭祀那些地上的神灵和英雄的,而他们祭祀阴间的鬼魂时用的是壕沟和地上的天然裂缝(megara)。"①

克吕泰涅斯特拉(Clytaemnestra)就是在这种炉灶上祭祀阴间的厄里尼厄斯的。当时她大声地痛斥他们:

> 多少回你们把我手中
> 不加葡萄酒的奠酒喝干,把我那些庄重的祭品吃光;
> 你们是趁黑夜在炉灶上饮宴的,
> 任何一个神都不会像你们这样做!②

她的仪式是祭祀阴间鬼神的仪式,是奥林波斯神所厌恶的。

用于焚化整个牺牲以献祭那些地下神灵的器具是安放在地上的低矮炉灶,而用于献祭奥林波斯神的祭坛却是高高耸立。宰杀祭牲的方式也有相似的象征意义。尤斯塔修斯在评论克律塞斯(Chryses)对福玻斯·阿波罗(Phoebus Apollo)的祭祀时说:"他们把祭牲的头往回扭,根据希腊人的习俗,如果他们献祭天上的神,那么就要把祭牲的脖子往回扭,以便使祭牲的眼睛朝向天空,但如果献祭英雄或一般的死者,祭牲的眼睛就要朝向地面。"③尤斯塔修斯还说到了阿喀琉斯的祈祷:"他面向苍天,祈祷的对象非常明确,因为阿喀琉斯不是在向阴间里的宙斯祷告,而是在向天上的宙斯祷告。"④今天的基督徒虽然知道上帝无所不在,但在祷告时还是举起双手。出于类似的原因,献祭死者的祭牲为黑色,而献祭奥林波斯神的祭牲通常为白色;对死者的献祭在日落时进行,而对奥林波斯神的献祭在日出时进行。正如前面我们所见到的,有些整只焚化的祭牲是不能让太阳照到的。

---

① 珀斐里:《仙女洞》(de antr. nymph.),3。关于天然裂缝,见下文(第5章)的有关讨论。
② 埃斯库罗斯,《降福女神》,106。
③ 尤斯塔修斯关于《伊利亚特》1,459 § 134 的评注。
④ 尤斯塔修斯,§ 1057,37。

由此可见，ἐναγισμοί 的仪式属于一种净化，其做法是安抚冥界的神灵。原始人对安抚的极端需要是出于血腥屠杀过后留下的血迹。要达到净化的目的，原先只能把杀人者本人的血献上，后来人们在献祭时用祭牲代替杀人者，因而献上的是祭牲的血。

我认为，许多在我们看来包含着所谓的"宰人献祭"的神话传说所表达的只是对愤怒的鬼魂的抚慰，而不是为了取悦莫洛奇式的神而宰杀牺牲。只要原始人当中存在着相互残杀的现象，他们都会相信自己已经死去的亲人具有和他们这些活人一样的激情。

在此，有一个有趣的现象值得我们注意，那就是那些与 ἐναγισμοί 有关的仪式术语，它们和奥林波斯神的祭祀仪式的术语形成了鲜明对比。在献祭奥林波斯神时所焚烧（以便众神能够享用）的祭品被称为 θῦμα，意为"被焚化以便生烟的东西"；由崇拜者享用的被宰杀的祭牲被称为 ἱερεῖον，即"神圣之物"；用于安抚和净化的祭牲被严谨的学者用另一个名称表示，他们称之为 σφάγιον，即"被屠杀的东西"。最后这个词的意思不言自明：它不是被焚化的祭品，不是被宰杀后用于盛宴的神圣之物，而仅仅是被砍成碎片的祭牲。这样一种祭牲甚至无须剥皮，把这样一个注定要被彻底毁灭的动物的皮精心剥下有何用？欧里庇得斯的《厄勒克特拉》（Electra）里的老人是这样描述 σφάγιον 的：

> 在那坟的祭台上，我看见一只献祭的黑毛绵羊
> 流着新鲜的血。①

在此我们还要注意一个有趣的细节：σφάγιον 都是用来表示作为牺牲的人以及代替人作为牺牲的动物的。这个词适用于神话中所有著名的被

---

① 欧里庇得斯：《厄勒克特拉》，514。[对于本书中出现的欧里庇得斯戏剧的段落，译者在翻译时参考了《欧里庇得斯悲剧集》（人民文学出版社，1958年）。——译注]

当作牺牲的处女。伊翁（Ion）问克瑞乌萨（Creousa）：

> 你父亲真的把你的姐妹献祭了么？

克瑞乌萨像在仪式上那样精确地答道：

> 为了他的国土，他忍心杀了他的闺女去当牺牲了。①

波吕克塞娜就是作为 σφάγιον 被杀死在阿喀琉斯的坟上的，她的死是一种赎罪、一种抚慰，是"得救的良药"②。

σφάγια 一词和一般的 έναγιομοί 一样，也是通常适用于利用安抚的方式完成的净化。在出现危机、瘟疫、饥荒时，以及历史上的战争前夕，人们通常要举行祭祀，献上 σφάγια。人们似乎是提着这些祭牲绕着需要净化的人或物走的。阿提尼俄斯记录了一件很有意思的事。阿卡狄亚（Arcadia）有一个叫库纳俄托（Kynaetho）的村子，村民对外来的跳舞、欢宴等文明影响不屑一顾，因而变得非常野蛮且不敬神灵，除了吵架，他们从不相聚。有一次他们犯下了大屠杀罪，从那以后，每当他们的使者去到阿卡狄亚的其他任何城市，那里的居民都以公告的方式请他们离开，曼梯尼亚人（Mantineans）还在他们离开后净化自己的城市，做法是"抬着杀好的祭牲绕着一个区域转圈"③。

我们无需对用于净化的 σφάγια 作更多的评论。让我们不太明白的是，为什么人们在发誓时总是使用 σφάγια。τέμνειν σφάγια 相当于人们所熟悉的 τέμνειν ὅρκια。在欧里庇得斯的《请愿的妇女》中，雅典娜对忒修斯说：

---

① 欧里庇得斯：《伊翁》，277。
② 欧里庇得斯：《赫卡柏》，121。
③ 阿提尼俄斯，XIV，22，p. 626。

你再听我说怎样的去宰杀那牺牲。①

接着,她叫他把誓言写在一个三脚大锅的内壁上,然后割断祭牲的喉管,让血流入锅中。显然,祭牲的血在这里等同于誓言。

通常在宣誓仪式上,宣誓者实际上是站在被宰杀的祭牲的碎片上。保萨尼阿斯在从斯巴达(Sparta)到阿卡狄亚的路上,来到一个叫"马坟"的村子。②廷达瑞俄斯(Tyndareus)就是在那里宰杀了一匹马,并让海伦众多的求婚者站在马的碎块上发誓的。他们发过誓之后,他便把马埋掉。在麦西尼亚(Messenia)的斯特尼克勒鲁姆(Stenyclerum)③还有一座坟墓,叫作"野猪坟"。据说,赫拉克勒斯就是站在野猪的碎块上对涅琉斯(Neleus)的儿子们发誓的。不仅仅是神话中有站在祭牲的碎片上发誓的记录。在厄利斯(Elis)的布琉特里恩(Bouleuterion)有一座宙斯的塑像,据保萨尼阿斯说,"在所有的宙斯塑像当中,这一座是最适合于用来吓唬作恶者的"④。这尊塑像的姓氏是霍奇俄斯(Horkios),意为"誓言之神"。运动员和他们的父亲、兄弟、教练员都要在这座塑像跟前站在野猪的碎片上宣誓,发誓要像在奥林波斯竞技会上那样绝不破坏公平竞赛的规则。保萨尼阿斯后悔自己"忘记打听运动员宣誓过后他们是如何处置野猪的"。他接着说:"古代人有一个习惯,祭牲被用于宣誓之后,祭牲的肉就不能吃了。"他说:"荷马在史诗中已经清楚地说明了这一点,因为阿伽门农在野猪的碎片上发誓说,布里塞伊斯(Briseis)从来不是他的床上伴侣,然后野猪便被传令官扔进了大海:

> 说着,他用锋利的青铜剑割断了
> 野猪的喉咙,塔尔堤比俄斯(Talthybios)搬起野猪,

---

① 欧里庇得斯,《请愿的妇女》,1296。
② 保萨尼阿斯,III,20.9。
③ 保萨尼阿斯,IV,15.8。
④ 保萨尼阿斯,V,24.10。

把它扔进汹涌的大海里喂鱼了。①

在古代,这就是他们处理用于宣誓的祭牲的习惯做法。"

站在祭牲的碎片上宣誓这一习俗清楚地表明,宣誓者等同于祭牲。祭牲被砍成了碎片,因此,如果发誓的人发了假誓,他也要被砍成碎片;人们不吃祭牲,而是把它彻底毁掉,这就是"奉献",若是谁发了假誓,等待他的将是同样的命运:誓言变成了一种极其庄严的自我诅咒的方式。

更让我们感到不解的是,为什么献给风的祭品都一律用 $\sigma\varphi\acute{\alpha}\gamma\iota\alpha$ 这一形式,而不是 $\iota\varepsilon\rho\varepsilon\hat{\iota}\alpha$。乍一看,风应该属于住在天上的乌拉尼亚神的威力,然而,献给风的祭品似乎是被埋掉的,而不是被焚化的。

保萨尼阿斯在特洛曾(Troezen)的迈萨纳(Methena)看到的最令他吃惊的事是当地人举行的一种驱赶大风的仪式。"一股被称为'双唇'的大风从萨罗尼科斯湾(Saronicgulf)刮来,会把葡萄嫩苗吹得枯萎。当狂风向人们袭来时,两个男人找来一只公鸡(鸡毛必须为纯白色),把公鸡撕成两半,然后两人各拿一半,朝着相反方向围着葡萄园奔跑。两人回到原地后,便把公鸡埋在那里。这是他们发明的抗拒'双唇'大风的方法。""我本人,"他接着说,"曾经看到人们用献祭和念咒语的方式驱除冰雹。"② 上述迈萨纳人用于驱赶大风的公鸡是典型的 $\sigma\varphi\acute{\alpha}\gamma\iota\sigma\nu$:人们提着它绕圈奔跑,以达到净化的目的,大风的邪恶影响在某种程度上被它降伏——这当然只是人们的愿望——最后人们把它埋掉。确切地说,这是一种法耳玛科斯仪式(下文我们还将论及),而不是真正的献祭。我们本以为被用作 $\sigma\varphi\acute{\alpha}\gamma\iota\sigma\nu$ 的应该是黑色的,但是根据巫术的规则,在这种仪式上所用的 $\sigma\varphi\acute{\alpha}\gamma\iota\sigma\nu$ 是白色的。通常用来祭风的是黑色的祭牲。在阿里斯托芬的《蛙》(Frogs)中,当一场风暴正在埃斯库罗斯和欧里庇得斯之

---

① 荷马:《伊利亚特》,XIX,265。
② 保萨尼阿斯,II,34.3。

间酝酿而即将爆发之际,狄俄尼索斯喊道:

> 孩子们,把一只母羊牵来,要一只黑的母羊,
> 因为一场风暴就要到来了。①

　　风本是阴间的神,但变得驯服后,他们就有一种强烈而自然的倾向——成为乌拉尼亚神。给他们献上白色的祭牲,目的就是引发他们的慈悲,这有助于使他们成为乌拉尼亚神。他们和上文提到的欧墨尼得斯一样,既接受黑色祭牲,也接受白色祭牲。维吉尔说:

> 黑色绵羊献给风暴,白色绵羊献给赐人恩惠的西风。②

　　同样具有启发意义的是保萨尼阿斯对提坦那人为安抚大风而举行的仪式的描述。保氏的描述带有他惯有的模糊,因为他用来描述这些仪式的词是 θύειν,而实际上这些仪式是 ἐναγισμοί。这些仪式每年被安排在一个夜晚举行。保氏还说,为了安抚愤怒的风,祭司还要"在四个坑上举行一些神秘仪式"。据说,祭司对着四个坑不停地念美狄亚(Medea)的咒语。③ 显然,作为阴间的神灵,四个方向的风会分别住在四个坑里,对每个方向的风的献祭方式跟献祭英雄和鬼神的方式相同。也许——应该说很可能——这四个坑跟某个男英雄或女英雄有联系。人们把伊菲革涅亚(Iphigeneia)作为牺牲送上祭坛,这种仪式是 παυσάνεμος④,其目的是把风留住,在阿喀琉斯的坟墓前用波吕克塞娜献祭也有类似的作用。尽管如此,下文我们在讨论鬼魔学时将会看到,风被看作是鬼魂、呼吸,因此,对他们的崇拜必然是属于对阴间神灵的崇拜。

---

① 阿里斯托芬:《蛙》,第 847 行。
② 维吉尔:《伊尼德》,III, 120。
③ 保萨尼阿斯,II, 12.1。
④ 埃斯库罗斯:《阿伽门农》,214。

$σφάγια$ 还有一种和通常的动物祭牲（$ιερεῖα$）一样的作用。和一般的祭牲一样，$σφάγια$ 也可以用于占卜。尽管在出现危机时它们被用在净化仪式上，但出于节约的目的，它们还被用在获取神谕的仪式上。$σφάγια$ 的庄严性使人们由此得到的预言具有特别的意义。[1] 有趣的是，虽然珀斐里对用活人献祭的做法深恶痛绝，但他似乎隐隐约约地感到一种可能：人的内脏对获取预言有特殊的效果。"但必须强调的是，"他说（好像在陈述一个可能、有理的论点），"利用人的关键器官可以更清楚地预言未来。"[2]

那些熟悉仪式的严谨学者通常会区分由普通动物祭牲获得的预言和由 $σφάγια$ 得到的预言。因此，色诺芬在《远征记》里说："祭牲（$ιερεῖα$）会给我们带来有利的征兆，而 $σφάγια$ 会带来更吉祥的兆头。"[3] 打仗前利用 $σφάγια$ 来占卜似乎是普遍的做法。厄忒俄克勒斯（Eteocles）说，当妇女们悲伤哭泣的时候，男人应该

宰杀牺牲，从而在众神面前获得预言，好向敌人发起猛攻。[4]

我们认为，人们之所以经常使用 $σφαγιάζεσθαι$ 一词，很可能要归功于 $σφάγια$ 的占卜功能，$σφαγιάζεσθαι$ 的用法和 $θύειν$（焚祭）相似。$θύειν$ 和 $θύεσθαι$ 的区别是人们所熟悉的，阿摩尼俄斯（Ammonius）也清楚地说过它们的区别："那些仅仅（主动）献上祭牲的人被称为 $θύουσι$，而那些通过献上祭牲的内脏获得预言的人则被称为 $θύονται$。"[5] 这两个词的主

---

[1] 至于人们是如何从 $σφάγια$ 得到预言的，其做法令人作呕，也与我们的讨论无关。详见欧里庇得斯《腓尼基妇女》1255 行的评注；另见 P. 斯滕格尔（Stengel）：《赫耳墨斯》，1899 年，XXXIV，p. 642。

[2] 珀斐里：《论戒食肉类》，II, 51。

[3] 色诺芬：《远征记》，VI, 5.21。

[4] 埃斯库罗斯：《七将攻忒拜》(The Seven against Thebes), 230。

[5] 阿摩尼俄斯, p. 72。

动形式具有感恩的性质，而中动态①则含有祈祷和驱邪之意。σφάγια一词很少用于主动态，这是很自然的事，因为σφάγια的献祭并不包含任何感恩的成分。②

由此可见，σφάγια（宰杀）与ἐναγισμοί（净化）的仪式是基于人们对鬼神的恐惧，即害怕鬼神对活着的人的报复。祭祀的对象也许是邪恶的风，目的是消除人们所惧怕的凶兆，避免因为发假誓而遭受报复，但最主要的是为了消除对血腥的罪恶感。这种仪式的实质就是驱邪。

也许从罗得岛的阿波罗尼俄斯（Apollonius Rhodius）所描述的伊阿宋（Jason）和美狄亚对阿布绪耳托斯（Absyrtos）的谋杀中，我们可以最清楚地看到这一驱邪的本能，当时人们的这种本能还没有演变成具体的仪式。这一背信弃义的谋杀是通过在阿耳忒弥斯的神庙门槛上设下对阿布绪耳托斯的埋伏完成的：伊阿宋对他发起了猛烈的袭击，如同宰杀一头用于献祭的公牛，而美狄亚就站在一边。

> 于是他跪倒在那古老的门槛上，
> 此时的他只剩下一息生命，
> 可还是疯狂地用双手捂着伤口，
> 想要止住鲜血，但血还是奔涌而出。
> 那披着面纱的女人站在那里发抖，
> 鲜血溅在她那洁白的衣裙和洁白的面纱上。
> 她很快把目光转向一边，眼睛里了无悲悯。
> 被压制的复仇女神苏醒了，
> 她们看到了正在发生的一切，知道这是罪恶。

---

① 指一种句法结构，表示动词所进行的动作施及本人或为本人而进行。——译注
② 关于σφάγια，保罗·斯滕格尔博士在以下四篇论文里作了非常全面的讨论：Σφάγια，见《赫耳墨斯》，1886年，XXI，p.307；《杂录》，XXV，p.321；《Σφάγια的预言作用》，XXI，p.479，以及XXXIV，p.642。此外，他还对风作过论述，见《赫耳墨斯》，1900年，p.626。斯滕格尔博士的研究成果使我受益匪浅，但在我看来，根据净化仪式是晚期才从外界传入的假设，他在论文《古代宗教仪式》中所下的结论并无说服力。

埃宋的儿子把那牺牲击打得鲜血直流,
他三次用嘴大口喝入那鲜血,
又三次把那罪恶的恐惧吐出:
当人们用奸计杀人时,
都会这样平息死者的愤怒。①

在此,阿波罗尼俄斯试图把人们的恐惧本能当成一种仪式。阿布绪耳托斯的躯体被损毁,这样,愤怒的鬼魂就被肢解了;他的血被舔干,这样谋杀者就可以把血吐出,从而清除掉自己身上可怕的污秽。只有在这个时候,才可以放心地埋葬尸体。②但是已经迟了,因为阿布绪耳托斯已经把血溅到了美狄亚的身上。

克吕泰涅斯特拉在谋杀阿伽门农时,同样遵循了"驱邪"的可怕做法。索福克勒斯(Sophocles)通过厄勒克特拉的口说:

她像对付敌人一样砍断他的四肢,
还把他头上的血迹擦干,
以便献上奠酒。③

到了阿波罗尼俄斯的时代,厄里尼厄斯不再被看作鬼魂,而是作为独立的复仇之神,而且即使是原始的驱邪仪式,也被解释成某种敬奉的

---

① 罗得岛的阿波罗尼俄斯,IV,470,英译本由吉尔伯特·默里翻译。
② 我写了上述内容之后,有人让我注意 J. G. 弗雷泽博士发表在《人类学院学报》(*Journal of Anthropological Institute*,1885—1886年第15卷)上的论文《从原始的灵魂说看某些丧葬习俗》(*On Certain Burial Customs as Illustrations of the Primitive Theory of the Soul*)。在详细地考察了希腊人及其他许多民族的丧葬仪式和习俗之后,弗雷泽得出了以下令人难忘(同时在我看来也是令人欣喜)的结论:"我认为,我们大体可以得出这样一条规律:如果我们看到人们用火或水来进行所谓的净化,以去除因为接触死者而沾染的污秽,我们可以很有把握地假定,人们最初的意图是把火或水作为隔离活人和死者的障碍物,玷污和净化的观念仅仅是后来人们臆想出来用来解释某种仪式的目的的,因为这种仪式的最初意图已经被人们遗忘。"
③ 索福克勒斯:《厄勒克特拉》,445。

仪式，被砍下的四肢被看成是 ἐξάργματα，即某种献给被谋杀者的可怕祭品，而不是被看成肢解他的手段。① 但是，《厄勒克特拉》的评注者清楚地说出了这种仪式的目的。他说，这样做的目的是"剥夺死者的力量，这样死者日后就无法伤害活着的人"②。

也许有人会觉得这些例子纯粹来自神话，而且随着时间的流逝，人们对鬼魂的恐惧已完全消失了。砍断四肢这种令人恐惧的做法无疑早已被人们抛弃，但是，对鬼魂的恐惧以及只有通过直接向鬼魂吁请才能消除罪过的观念依然留在人们心里。

保萨尼阿斯的例子为我们提供了关于公元前5世纪一个受过教育的谋杀者的做法的奇特证据。据旅行家保萨尼阿斯说，这个与他同名的人要寻求黄铜殿（the Brazen House）女神的保护，但没有成功，因为他已被血腥玷污。他尝试了各种可能的手段来清除身上的污秽：他使用了种种净化的方法，还向宙斯·菲克西俄斯（Phyxios）——一个与梅利克俄斯同类的神——请愿，最后还求助于普绪卡戈吉（Psychagogi）——菲加利亚（Phigalia）的驱鬼者。③ 但这些方法似乎都失败了，普卢塔克在其著作里说，这是因为他派人去意大利请来内行的人，而这些人举行献祭之后，把神殿里的鬼魂赶走了。④

保萨尼阿斯这个真实的例子和神话中的俄瑞斯忒斯的例子何其相似。人们相信，死者的所作所为一定像他还活着时那样——要追着活人寻求复仇——于是鬼魂成了真实的、几乎是实实在在的现实。只有欧里庇得斯才能看出，这鬼魂纯粹是人们心中的恐惧，是一种无序的意识。欧里庇得斯通过剧中人墨涅拉俄斯（Menelaos）问发疯的俄瑞斯忒斯：

---

① 苏伊达斯在其词典的有关条目中所描述的细节有杜撰的嫌疑，这也许是出于词源学上的原因。
② 关于索福克勒斯《厄勒克特拉》第445行的评注。
③ 保萨尼阿斯，III, 17.7.
④ 普卢塔克：*de ser. num. vind.*, XVII.

发疯的你怎么了？什么病害了你？

俄瑞斯忒斯答道：

我的良心！我知道自己犯了大罪。①

人格化通常被认为是希腊宗教的人情味的标志，这一点使得希腊人的崇拜与一些较落后的民族的动物崇拜有着明显的区别。但是，人格化有两面性，这在鬼魂崇拜中可以清楚地看出。人并不一定有人情味。人是残忍无情的。人把鬼魂想象成具有人的形象。同时人也是愚蠢的，而且容易上当受骗，因此人便欺骗报复心切的鬼魂，让鬼魂得不到他想得到的谋杀者或其亲属的血。这样就出现了用作替代品的祭牲，同时也就有了许多关于祭品用作替代物的故事。此外，还出现了另一种因素。神（特别是鬼神）是保守的，人的思想总是走在他所造出的神的前面，而且人往往对自己曾经信心百倍的仪式产生怀疑。于是他便用欺骗的手段把自己的新观点和旧习俗调和起来。于是，曾经最能激发人的创造力的宗教便落在了后面，其所表达的只是最糟糕的东西。

苏伊达斯讲述过一个故事，很奇妙地描述了这种过渡的状态，即通过欺骗神来拯救崇拜者的良心。希腊人有一句谚语 Ἔμβαρός εἰμι，意为"我是埃姆巴罗斯（Embaros）"。据苏伊达斯说，这句谚语用来形容"机智灵敏的人"。根据一位收集谚语的学者的说法，该谚语还用来形容那些"造假象的人，即精神错乱的人"。它的来历如下：在蒙尼奇亚有一座阿耳忒弥斯的神庙。有一头熊闯进神庙，被雅典人杀死了。随后发生了一场饥荒，神传来谕示说，如果有人愿意把自己的女儿当作牺牲献给阿耳忒弥斯女神，饥荒就会结束。埃姆巴罗斯是唯一答应这样做的人，但他提出了一个条件，即他和他的家人终生享有祭司的头衔。他给自己的女

---

① 欧里庇得斯：《俄瑞斯忒斯》，395。

儿化了装,把她藏在神庙里,然后"给一只山羊穿上衣服,让它代替他的女儿作为献祭的祭牲"。[1] 显然这是一个具有溯源性质的故事,其基础是世袭的祭司制度,以及化装成女人的用作替代品的祭牲。

在作为奥林波斯神的阿耳忒弥斯——一个呵护、抚育过幼狮的女神——的背后,可能(尽管不能确定)有过对某个报复心切的鬼魂的崇拜,这个鬼魂渴求人血。在极其危急的时刻,人们对报复成性的鬼魂的信仰——这种信仰在白天被理性所抑制——会在人的脑海里激荡,并在夜里出现在人的梦中。普卢塔克在其著作中讲述过一个非常有意思的梦的故事,这是珀洛庇达斯(Pelopidas)在留克特拉(Leuctra)战役前夕做的梦。战场的附近有一个坟场,那里安葬着当地英雄斯科达索斯(Scedasos)的女儿们。这些处女被称为留克特里得斯(Leuctrides),显然是当地的仙女。战争的前夜,珀洛庇达斯睡在帐篷里,他在梦里看到的情景"让他焦虑不安"。他认为,自己在梦中看到了处女们在自己的坟前哭泣,还诅咒斯巴达人;而且他还看到她们的父亲斯科达索斯命令他,如果他想在第二天打败敌人,他就必须举行一个献祭仪式,祭品是一个有赭色头发的处女。珀洛庇达斯是一个既仁慈又虔诚的人,在他看来,这一命令既奇怪又无理。尽管如此,他还是把自己梦中所见告诉了他的军官和随军的预言家。他们当中有的人认为不能置之不理,还举出一些先例:在古代有克瑞翁(Creon)将自己的儿子墨诺叩斯(Menoiceus)献祭,赫拉克勒斯用自己的女儿玛卡里亚(Macaria)献祭;而在近代,哲学家斐瑞库德斯(Pherecydes)被斯巴达人处死,从他身上剥下的皮(无疑被当作"药")被他们的国王根据神谕保存起来;还有勒俄尼达斯(Leonidas),为了希腊,他甘愿牺牲自己;最后还有一个例子,那就是在萨拉米斯(Salamis)战役前夕,人们用活人献祭狄俄尼索斯·奥墨斯忒斯(Omestes)。所有这些献祭都无一例外地取得了预期的效果。此外,他们指出,阿吉西拉俄斯(Agesilaus)就要从奥利斯(Aulis)起航时做

---

[1] 苏伊达斯, Ἔμβαρός εἰμι 条目;另见尤斯塔修斯关于《伊利亚特》II, 732§331 的评注。

了一个梦，梦中所见与阿伽门农的相同，但阿吉西拉俄斯出于不恰当的仁慈，没有理会梦中的神谕，结果遭受了灾难。军队中那些思想更进步的人用神的父权和最高神祇的高贵本质作为反驳的论据，他们说，那种献祭只适合于献祭堤丰（Typhons）、巨人及那些低等且无威力的魔鬼。双方仍在抽象地讨论这一问题，但珀洛庇达斯越来越担心。就在这时，一匹小母马从马群中脱缰而出，向军营跑来。在场的人只是赞叹她那鲜红发亮的皮毛、高傲优雅的步态、令人兴奋的嘶叫，只有预言家忒俄克里图斯（Theocritus）心里明白这匹马的重要作用。他对珀洛庇达斯大声说道："幸福的人啊，这可是神圣的祭牲，别找什么处女了，就用神赐给你的祭牲吧！"于是他们捉住那匹小马，把它牵到处女们的坟地，祈祷过后，把花环套在它的头上，然后割断它的喉管，大家欢呼起来。珀洛庇达斯把梦中的情景以及之后的献祭通告了全军。① 普卢塔克的故事是否真实无关紧要。他一定觉得那是很可能的事，要不然他就不会讲这个故事了。

以上我特意详细论述了 έναγισμοί 黑暗的一面，即安抚鬼魂的仪式黑暗的一面，因为在流血过后，鬼魂渴望复仇，而这就隐含着净化教义的核心。但是，由于人的活动并不完全被复仇所限制，于是鬼魂们就有其他比复仇更简单的需求。对阴间神灵的献祭并不都是为了驱邪，其中也有某种敬奉的成分。

图9摹自巴黎国家图书馆收藏的一个年代相当晚的红绘陶罐上的瓶画。这是我们熟悉的画面，它描绘的是俄底修斯召回忒瑞西阿斯（Teiresias）的鬼魂的情景，就像《涅库亚》描述的那样。这个时期的瓶画往往是一种图解，而不是表达独立的概念，但有时这些画面能够生动地说明问题。俄底修斯② 已经挖好壕沟，并把蜂蜜酒、甜葡萄酒和水倒了

---

① 普卢塔克：《珀洛庇达斯传》，XXI。
② 荷马：《奥德赛》，XI，23 以下。

图 9

进去，撒上了白色的食品，还宰杀了羊，其中一只羊的头和脚还露出了壕沟，它似乎是一只黑色的公羊。他坐在那里，手持利剑，为的是不让那些不重要的鬼魂走近。他和他的伙伴正在等待忒瑞西阿斯的鬼魂出现。可以看到，壕沟里冒出了这个先知的像鬼一样的光头。显然，这个情景不是祈求鬼魂免除灾难，而是召唤鬼魂。凭借黑色公羊的鲜血，忒瑞伊西阿斯复活了。这不禁让人想起在许多英雄的坟墓前人们举行的召唤鬼魂的仪式[1]，因为——下文我们在讨论英雄崇拜时会看到——人们通常认为英雄都有预言的能力。从某种意义上说，被宰杀的祭牲是 $ιερήια$，荷马就是这样称呼它们的。它们被当作牺牲，又被吃掉，不过是被鬼魂吃掉的。与这些祭牲一起被献上的祭品是一些饮料类的祭品，但不是

---

[1] 关于召唤鬼魂的仪式，参见 W. G. 黑德勒姆（Headlam）博士：《古典评论》(Classical Review)，1902 年，p.52。

ἀπόνιμμα（污秽之水），而是作为奠酒的蜂蜜酒、葡萄酒和清洁的水。在这里，我们再次看到，鬼魂被想象成像人一样：荷马史诗中的英雄在世时喝酒，死后还要人们献上酒。在这里，祭祀死者的仪式和祭祀奥林波斯神的仪式非常接近：没有压抑的赎罪，在最糟糕的情形下是一场血腥的宴会，在最佳的情形下是一场人的盛宴，这盛宴是如此具有人情味、如此普遍，以至于无须作详细的说明。这种仪式基于人们长期以来形成的一种根深蒂固的信仰，在希腊，这种信仰盛行于卢奇安的时代。卡戎（Charon）问赫耳墨斯，为什么人们挖掘壕沟、焚烧昂贵的食品，还把葡萄酒和蜂蜜倒进壕沟里。赫耳墨斯回答说，他看不出这样做对冥国里的鬼神有什么好处，但是，"人们还是相信可以把死者从阴间召来参加盛宴，他们盘旋在烟火上，享用壕沟里的蜂蜜酒"①。在这里，我们看到鬼魂介入了后期流行的献祭奥林波斯神的仪式，但其原则是一样的。

可见，花月节是祭祀鬼魂的节日，但后来被狄俄尼索斯的狂欢节②所遮蔽。至此，我们已经看到，通过安抚的方法驱除鬼魂是古代祭祀仪式和古代人净化观念中的重要内容。但是，安抚鬼魂并不是古代祭祀的全部内容：在下章讨论的人们在初夏举行的塔耳格利亚节中，我们将会看到祭祀的另一种因素。

---

① 卢奇安：《卡戎》，22。
② 根据里奇韦教授最近提出的理论（参见《希腊研究》，XX，115），狄俄尼索斯戏剧起源于人们在本地英雄坟墓前举行的模拟舞蹈，只有羊人剧这一因素不属于狄俄尼索斯戏剧。因此，花月节以及所举行的"瓦钵竞赛"（Pot-Contests）很容易使两者融合，参见本人的《原始雅典》，p.99。M. 尼尔松博士也提出了一个与里奇韦教授的理论相同（但不是源于里氏的理论）的、关于悲剧起源的理论，参见其论文 *Totenklage und Tragodie*，刊于 *Comment. Philologae in hon. Joh. Paulson Goteborg*，1905 年；关于我本人的观点，参见我的《再论希腊宗教》，pp. 22—26。

第三章　丰收的节日

在上一章我们已经看到，在春季，人们为了净化而举行安抚鬼魂的献祭仪式。但是，对原始人来说，让他们感到焦虑的并不仅仅是春天。随着季节的更迭，一个具有更重大意义的季节到来了，这是一个更加需要净化的季节——收获的季节。在更久远的时代，它指的是收获大自然提供的各种野果，在较晚的时期则指的是收获并贮藏各种谷物。

我们这些居住在较寒冷的北方的人通常把收获和秋天联系起来，我们庆祝的丰收节日通常是在九月底。对希腊人来说，九月是收获葡萄的月份，但古代希腊人和现代希腊人一样是在塔耳格利亚月收获谷物的。塔耳格利亚月①是一个包括五月底和六月初的月份。在这个月，希腊人要庆祝三个节日：塔耳格利亚节（塔耳格利亚月由此得名）、卡林特里亚节和普林特里亚。人们讨论得最多的是塔耳格利亚节，也没有哪个节日像这个节日一样能让人借助比较人类学对其进行更好的解释。我认为，这个节日的全部意义从来没有得到清楚的阐述，原因非常简单，人们通常只是单独地考察塔耳格利亚节，而不是把它和其他两个节日联系起来。②这一章我将首先讨论这个节日中的重要因素——初果，因为该节日和该月份的名称皆由此而来；其次是法耳玛科斯的仪式，该节日因此

---

① 亦译为"获月"，相应地，塔耳格利亚节被译为"收获节"，参见《神话辞典》，"法耳玛科斯"条目，p.113。——译注
② A. 莫姆森在其著作《雅典城邦》（p.486）中把塔耳格利亚节、卡林特里亚节和普林特里亚节放在一起讨论，但并没有提到后面两个节日与第一个节日的联系；关于希腊以外的塔耳格利亚节，参见本书第1版后出版的 M. P. 尼尔松博士的《希腊的节日》。

而变得著名；第三是该节日与卡林特里亚节及普林特里亚节的联系，以及罗马人的灶神节（Vestalia）对理解这些节日的启示。最后，通过考察这些庆祝丰收的节日的意义，我们将能够进一步理解希腊人的宗教思想，特别是他们的献祭观念。

塔耳格利亚月与塔耳格利亚节

让我们感到高兴的是，对于"塔耳格利亚"一词的含义，人们并没有任何疑问。阿提尼俄斯在其研究阿提刻方言的著作中引用了克拉提斯（Krates，活动时间为公元前2世纪中叶）的一句话："'塔耳格洛斯'（Thargelos）是人们收获粮食之后做的第一个面包。"[1] 可见，面包并不是很原始的东西。可喜的是，赫西基俄斯记录了这种食物的更早，至少是更基本的形式，他说："塔耳格洛斯是一个装满种子的瓦罐。"[2] 还是从阿提尼俄斯的记录中我们了解到，一种被称为塔耳格洛斯的饼有时也被称为塔路西俄斯（thalusios）。[3] 我们对塔路西亚节（Thalusia）——庆祝得墨忒耳的初果的节日——并不陌生，因为忒俄克里图斯在他的第七首牧歌中描绘了一幅可爱的画面。朋友们见到牧羊人吕西达斯（Lycidas），对他说：

> 我们的脚下是一条丰收的路，
> 今天，我们的伙伴们要给穿着盛装的得墨忒耳
> 带来收获的第一批果实。在打谷场上，
> 她倾倒出堆积如山的大麦，这也是人们对她的恩惠的回报。[4]

---

[1] 阿提尼俄斯，III，52，p.115。
[2] 赫西基俄斯的词典中的有关条目。
[3] 见前引文献。
[4] 忒俄克里图斯：《牧歌》，VII，31。

79　　荷马讲述了埃托利亚人的田地因遭到卡吕冬（Calydon）野猪的侵扰而荒芜的事，这是因为他们的国王俄纽斯（Oineus）忘记了循例庆祝塔路西亚节。① 尤斯塔修斯对此评论说："第一批果实就是'塔路西亚'。"他补充说，有些修辞学家把"塔路西亚"称为"收获归仓的庆节"。

　　从以上讨论中我们非常清楚地看到，塔耳格利亚节主要是在收获季节用初果献祭神的节日，而塔耳格利亚月就是举行收获仪式的月份。在这些仪式当中，有一种是手拿厄瑞西俄涅（Eiresione）②的仪式。对于这个仪式，我们掌握有非常详细的资料。

　　在阿里斯托芬的《骑士》里，有这样一个场面：克勒翁（Cleon）和腊肠商贩在德谟斯（Demos）的家门口大吵大闹。德谟斯走出来，生气地问：

　　　　谁在叫嚷？还不快离开我的大门？你们把我的厄瑞西俄涅都扯烂了。

评注者解释说："在摘果节和塔耳格利亚节，雅典人要举行纪念赫利俄斯和荷赖（Horae，时序女神）的盛宴。男孩子手里拿着一些缠着羊毛的树枝，这些树枝因此而被称为厄瑞西俄涅。最后他们把树枝悬挂在门前。"③厄瑞西俄涅很可能得名于羊毛，而我们知道羊毛取自羊这一神圣的动物。但是，除了羊毛之外，这些树枝上还悬挂着许多别的东西。关于这一点，最完整的记录来自修辞学家保萨尼阿斯，尤斯塔修斯在评注《伊利亚特》时就引用了保氏的说法。尤斯塔修斯解释说，$ἀμφιθαλής$一词指的是父母

---

① 荷马：《伊利亚特》，IX，534。
② 曼哈尔特在其著作中完整地收集了关于厄瑞西俄涅的资料，并作了详细的讨论，参见《森林崇拜与田野崇拜》（*Wald-und Feldkulte*），pp. 214—248。另见弗雷泽博士的《金枝》第 2 版第 1 卷，p. 190。
③ 阿里斯托芬：《骑士》，729 及相关评注。

都健在的孩子。为了进一步说明问题,他补充说,古代人就是挑选这种孩子来装饰厄瑞西俄涅的。接着,他引用了保萨尼阿斯对这种仪式的记录:"厄瑞西俄涅是缠有羊毛的橄榄枝,上面挂有大地产出的各种果实。每逢摘果节,就由一个父母都健在的男孩拿着这根橄榄枝,最后他要把它放在阿波罗的神庙门前。"接着他讲述了一个关于忒修斯的具有溯源性质的传说,最后又记下了那些搬运或照料厄瑞西俄涅的孩子所唱的歌的歌词:

> 厄瑞西俄涅带来
> 一切好的东西,
> 美味的无花果和糕点,
> 鲜亮的油水和浓浓的蜂蜜,
> 让她吃了好入梦。①

拿着厄瑞西俄涅的男孩必须符合双亲健在的条件,因为任何与死亡的接触(即使是很久以前的接触)都是不吉利的,死去双亲的鬼魂也可能会出现。这首歌之所以有意思,是因为厄瑞西俄涅被半拟人化了。司收获的仙女就是从五朔节花柱(Maypole)演变而来的,我们在下文将会看到,女神就是这样诞生的。人们唱歌、讲故事,而讲故事本身就把人格的框架固定下来了。长期崇拜鬼怪是可能的,但是一旦人们讲故事、编神话的本能觉醒,人格化和神学便出现了。

厄瑞西俄涅上悬挂的东西无疑取决于崇拜者的财富,我们所知道的有白色的羊毛、紫色的羊毛、葡萄酒坛、无花果、一串串的橡树果实、糕点等。只要是大自然的产物,都可以挂在上面。厄瑞西俄涅一旦被挂在门上,就会留在那里,作为一种具有抗拒瘟疫和饥荒的威力的符咒,一直留到下一年,然后新的厄瑞西俄涅又被挂在门上。在雅典,这种枯

---

① 尤斯塔修斯关于《伊利亚特》第 22 章第 496 行的评注, p.1283。

萎的树枝一定是人们熟悉的一道风景。在阿里斯托芬的《财神》(*Plutus*)里,那个少年把火把靠近老婆子那满是皱纹的脸,并说了一句难听的话,老婆子喊道:

> 行行好,别把火把靠得这么近。

克瑞密罗斯(Chremylus)说道:

> 她说得对,因为假如一颗火星碰着了她,
> 她就会像一根干枯的厄瑞西俄涅一样被烧掉的。[1]

保萨尼阿斯说,厄瑞西俄涅被系在阿波罗的神庙门前。普卢塔克在他那段很蹩脚的关于奥斯科弗里亚节的溯源性叙述中,把厄瑞西俄涅与忒修斯从克里特回到雅典后对阿波罗的发誓联系起来。[2] 哈波克拉提恩说:"塔耳格利亚节是在塔耳格利亚月庆祝的节日,这个月是专门纪念阿波罗的月份。"[3]《词源大典》的作者说:"塔耳格利亚节,雅典的节日,其名由'塔耳格利亚'一词而来,'塔耳格利亚'是大地在春天奉献出的全部果实。这是在塔耳格利亚月举行的纪念阿耳忒弥斯和阿波罗的节日。"[4] 从苏伊达斯的词典中,我们得知,在塔耳格利亚节上,人们举行音乐竞赛,演员把奖品——三脚鼎献给阿波罗神庙。[5]

所有这一切都清楚地表明,塔耳格利亚节曾经在某个时期和阿波罗这个奥林波斯神有联系,和他的孪生姐姐阿耳忒弥斯也有一种模糊的

---

[1] 阿里斯托芬:《财神》,第 1054 行及有关评注。
[2] 普卢塔克:《忒修斯传》,XVIII。普卢塔克的记录和他的同代人、修辞学家保萨尼阿斯的记录实质上是一样的,两者似乎都使用了同一个资料来源,可能是克拉提斯的著作。详见曼哈尔特:《森林崇拜与田野崇拜》,p.219。
[3] 哈波克拉提恩的词典中的有关条目。
[4] 《词源大典》中的有关条目。
[5] 苏伊达斯的词典,Πύθιον 条目。

联系。但是，这种联系显然并不紧密，而且出现较晚。厄瑞西俄涅不仅被悬挂在阿波罗神庙的门上，而且被挂在雅典家家户户的门上：德谟斯的家并不是阿波罗神庙。此外，评注者在评论阿里斯托芬的《财神》时说——他的说法让我们大吃一惊——人们在塔耳格利亚节和摘果节上手拿厄瑞西俄涅，又把它悬挂在门上，这样做不是纪念阿波罗和阿耳忒弥斯，而是纪念"赫利俄斯和荷赖"。① 虽然珀斐里没有明确地提到厄瑞西俄涅，但是在谈到他那个时代雅典人举行的纪念赫利俄斯和荷赖的游行时，他显然间接地提到了厄瑞西俄涅。他说，有证据表明，众神并不希望人们用动物献祭，而是希望他们用刚收获的第一批果实献祭。"在这种游行中，他们拿着各种野草，以及豆类、橡果、大麦、小麦、用干无花果做成的饼、用小麦和大麦做成的糕点，还有一只瓦罐。"②

很显然，厄瑞西俄涅只是标志着收获归仓，意味着人们要献上收获的第一批果实，其目的仅此而已。但是，人们很容易把它和某个居主导地位的神联系起来。上文我们说到，由于俄纽斯没有把初果献给阿耳忒弥斯——宙斯高贵的女儿，而其他各神都得到了慷慨的献祭，于是俄纽斯遇到了麻烦。我们可以推测，俄纽斯是一个保守的人，他忠实地崇拜早期的神灵，而雅典人要比他聪明，他们用某种方式把古代传下来的对原始的赫利俄斯和荷赖的献祭，与对奥林波斯神的献祭联系了起来。

我们还要弄清楚献上初果的原始意义是什么。乍一看，这个问题似乎显得多余。无疑，我们在此看到的是最简单的"敬奉"（θεραπεία）仪式，这种原始献祭体现了一种"献出以便获得回报"的观念。人们把祭品献给神，好让他"脸上有光"，这必然说明人们假定有神的存在。

亚里士多德似乎就是持这种观念的。他用一种典型的希腊人的口吻说："他们举行献祭及相关的集会，举办崇拜众神的各种仪式，同时也给

---

① 关于《财神》第 1054 行的评注。
② 珀斐里：《论戒食肉类》，II, 7。

自己创造休息和娱乐的机会。最古老的献祭和集会似乎是人们在收获过后用初果作为祭品的献祭,因为在古代,每年的这种时候,人们是最空闲的。"① 很明显,亚里士多德所持的献祭的观点与以上讨论的观点相同,即献祭主要是为人们提供娱乐的机会,是人们空闲的结果。但是,他所提到的献祭与初果的联系有着更深层的含义,而这是他所不知道的。我们已经说过,既然初果被当作一种祭品,那必然存在这样一个前提:这种祭品是献给某个神灵的,而且这个神有着人的感情。但是,我们必须记住,我们在这种观点上作了一个很大的假设,即假设这种神的存在。能够给我们带来启发的是其他原始民族所举行的一些仪式,这些仪式显然不是针对某个神灵的,然而它们似乎包含着某种献祭观念的萌芽。

澳大利亚的土著阿伦塔人(Arunta)所举行的就是这种仪式。斯宾塞(Spencer)和吉伦(Gillen)两位先生对这些仪式进行了详细的考察和记录。② 这些仪式被称为"印提丘玛"(Intichiuma),其中包括长时间的、精心的哑剧表演。仪式的目的似乎是为了确保某种动物或植物的增产,而这种动物或植物通常就是他们的图腾。在这里,哑剧表演似乎具有巫术的性质,其中穿插有一些吟唱,内容是祈求某种植物或动物的丰产。特别值得我们注意的是,这些仪式与某些关于食物的禁忌有着密切的联系。兰(Lang)先生认为,在举行印提丘玛时解除禁忌也许表明特定的"封闭期"已经结束。在这里,人们之所以实行禁忌,并不是出于任何原始的道德观,而只是出于一种非常实际的需求:确保某种动物或植物不会灭绝。在经过一段适当的时间后解除禁忌同样也是实际而必需的——如果人本身没有灭绝的话。这种禁忌实际上是一种原始的"渔猎规则"。③ 斐洛科罗斯(Philochoros)举过一个例子。"在雅典,"他说,"颁布了一个命令:如果绵羊没有产仔,就不许吃未剪过毛的羊羔。"④ 如果说,在

---

① 亚里士多德:《尼各马科伦理学》(*Nicomachean Ethics*),1160。
② 斯宾塞和吉伦:《澳大利亚中部的土著部落》(*Native Tribes of Central Australia*),p.167 以下。
③ A. 兰:《宗教与巫术》(*Religion and Magic*),p.265。
④ 斐洛科罗斯,I, 16, p.9。

封闭期结束时,人们按照习惯要吃一点来自某种植物或动物的食物——当然这要伴以某些庄严的仪式——那么,这种食物很容易被人们认为是非常神圣的,而且具有圣餐的性质,人们进而认为它是献给某些神灵的。在某种程度上,这可能就是人们献上初果的根源。

当然,解除禁忌和对某个神的崇拜并不是一回事,但是我们可以清楚地看到,前者会向后者转变。人们普遍认为,果实在成熟之前是有禁忌的:这些果实是神圣的,是不许吃的,因而是危险的。为什么?一旦原始人根据自己的形象把神造出来,答案就很明显了:"你们的神是一个妒忌的神。"原始人非常倾向于把神拟人化,因此在我看来,认为禁忌的观念先于献祭的观念是草率的。澳大利亚中部的土著居民似乎有禁忌的观念,但没有献祭的观念,即没有献祭某个神的观念;别的民族也许有安抚神灵的观念,但没有禁忌的观念;也有可能两种观念复杂地交织在一起,只是我们现代人冷冰冰的分析习惯把两者分开了。

晚期研究仪式的学者——也只有到了晚期才出现这样的学者——通常把禁忌解释为献祭而不是禁止。费斯图斯说:"他们把葡萄汁称为圣酒,因为他们把它献给酿酒神利柏耳(Liber),目的是使葡萄园、酒坛和葡萄酒得到保护,就像他们把收获的第一批收成献给刻瑞斯一样。"① 这里所说的"圣酒"显然是用于献祭奥林波斯神的祭品,但是在我们讨论过的开坛日的仪式上,我们看到的是更原始的解除禁忌的观念和驱邪的观念。"人们把新酒作为奠酒献上,这样,饮用这些神奇的东西不仅变得安全,而且于人无害。"② 我们找不到明确的资料来证明人们在塔耳格利亚节上举行过与吃有关的庄严仪式,也无法证明人们是否献上初果,但是,下文我们在讨论一个盛大的庆祝丰收的节日——厄琉西斯的秘密祭典时,将会看到这种因素。

---

① 费斯图斯,§318。
② 普卢塔克:《会饮篇》,III, 7.1。

在此还要说一下用作祭品的原料。总的原则简单明了：神的饮食跟人的一样。珀斐里在讨论各种用于献祭的动物时说过一句很具常识性的话："没有一个希腊人会把骆驼或大象献给神，因为希腊并不出产骆驼和大象。"①

也许没有必要阐明这样一个显而易见的事实，但是研究仪式的学者似乎经常被这样一种观念影响：某些动物被当作祭品献给某些神，因为在某种神秘的意义上，这些动物"对他们来说是神圣的"。这种观念引发了许多不必要的麻烦。不错，我们在一些地方发现人们对用何种动物献祭有禁忌，其原因不明。但是，这些禁忌带有地方色彩，根本没有普遍性。此外，对某个神来说是神圣的动物也并不见得总是被当作祭品。猫头鹰是雅典娜女神的圣鸟（下文我们将讨论其中的原因），但我们从没听说猫头鹰被用作祭品。因此，如上所述，从普遍的意义而言，祭品的原料并不取决于神的性格，而是受到崇拜者条件的限制。

然而，除了神和人有着相同的饮食习惯这一原则外，还有一条原则：有时神比人吃得还差。研究仪式的学者（如珀斐里②和尤斯塔修斯③）注意到了这一点。他们把这种现象解释为朴素的黄金时代的某种遗迹，说明了神的保守。当然，神的保守影射出神的崇拜者的自然而胆怯的保守。起初崇拜者只是把自己吃的东西献给神，而由于这些食物曾经是神的祭品，他们便赋予自己的食物以特殊的神圣性。后来，崇拜者的文明程度提高了，他们自己的食物越来越精致、复杂，但他们并不敢在神的食谱上作任何改变。他们学会了烤制、食用发酵的面包，但神吃的仍然是大麦粒煮成的饭和粥。珀斐里把祭品的演变过程简化为一个规则的素食主义的进程。首先，人们用拔来的青草做祭品，因为青草就像大地"柔软的绒毛"；然后是从树上摘下的果实和树叶、橡果和坚果；接着，大麦

---

① 珀斐里：《论戒食肉类》，I, 14。
② 珀斐里：《论戒食肉类》，II, 56。珀斐里关于献祭的论述主要是以在他之前的泰奥弗拉斯托斯的论述为基础的。
③ 尤斯塔修斯关于《伊利亚特》第 1 章第 449 行 §132 的评注。

成为人们首先种植的粮食,于是大麦粒便成了祭品;之后他们又把大麦粉碎,并做成各种糕点。同样,他们最先用作奠酒的是水,之后是蜂蜜——蜜蜂酿造的天然饮料,接着是油,最后才是酒。但是,在每一次进步之后,古老的祭祀方式依然保留在"古代生活方式的记忆里"。最后,受到各种无知和恐惧的影响,"奢侈的食肉方式和外来的饮食方式"出现了。①

上文已经说过,奢侈的食肉方式的传入并不是由于无知和恐惧,而是由于有食肉习惯的北方民族的入侵,而他们那健壮的体格和非凡的体力并不见得是珀斐里所喜欢的。他们也并不全是食肉者,因此,上文我们看到,他们也用大麦粒(ούλοχύται)作为祭品,而且在他们已经吃上某种精制的面包时依然用大麦做祭品。我认为,这种仪式的原始特点体现在各个步骤的先后顺序上。人们常常把ούλοχύται(抛撒大麦粒)解释为把饭菜撒在祭牲的头上,与罗马人抛撒拌了盐的饭菜相似。但尤斯塔修斯很可能是对的,他在评论涅斯托耳(Nestor)的祭祀时说:"抛撒谷物颗粒是为了纪念古代的食物,这种食物就是大麦。""因此,"他补充说,"古代有一位评论者把人们抛撒的颗粒解释成大麦粒。"② ούλοχύται 指的就是大麦粒,这一事实也为斯特拉托(Strato)的一段记录所证实。有一个厨子被他的主人认为更像是一个男性的斯芬克司,而不像一个厨子,显然这是因为他喜欢使用一些古旧的词语。有一次他让别人给他拿 ούλοχύται,

  ούλοχύται——这究竟是什么呀?

回答是:

---

① 珀斐里:《论戒食肉类》,II,20。
② 尤斯塔修斯关于《奥德赛》第3章第440行的评注。

就是大麦粒呀。①

荷马史诗所描述的献祭的第一个步骤无一例外都是祈祷和抛撒麦粒②。值得注意的是,尤斯塔修斯明白无误地把这一步称为献祭的前奏($πρόθυμα$)。他说,$ούλοχύται$ 就是献祭仪式开始前倒在祭坛上的拌了盐的大麦粒。③尤斯塔修斯所说的"献祭仪式"指的是宰杀动物祭牲。值得注意的重要的一点是:大麦被倒在祭坛上,因此大麦本身就是祭品,正如也有记录说大麦只是被撒在祭牲的头上。尤斯塔修斯的说法被欧里庇得斯戏剧中的一个有关献祭的段落所证实,这是埃癸斯忒斯(Aegisthus)对仙女们的献祭。在这里,我们看到,和荷马的描述一样,在宰杀公牛之前,要撒上大麦,而且是撒在祭坛上。报信人对厄勒克特拉说,当一切准备就绪时,埃癸斯忒斯

拿起大麦粒,撒在祭坛上,一边说着话。④

如果阿提尼俄斯的说法可信,那么抛撒拌了盐的饭菜就是晚期的一项革新。他借用阿忒尼恩的权威观点清楚地告诉我们,盐作为调料的功用是人们在稍晚时才发现的,因此不可能用于献祭神的某些祭品上:

因此,即使是现在,他们还记得古老的时候,
他们用火来烤献给众神的祭牲的内脏,
但并不加盐,
因为最初他们还不懂得使用盐。
即使到了他们懂得使用盐并喜欢盐的味道之时,

---

① 斯特拉托,IX,29,p.382。
② 关于 $ούλαι$ 和 $ούλοχύται$ 的讨论,详见 H. 冯·弗里茨的《赫耳墨斯》,1897 年,p.236。
③ 尤斯塔修斯关于《伊利亚特》第 1 章第 449 行的评注。
④ 欧里庇得斯:《厄勒克特拉》,第 804 行。

他们还是遵守祖先们写下来的神圣规定。①

在荷马史诗中，只要有杀牲献祭的场面，就一定有抛撒大麦及祈祷作为前奏。但是，祈祷和抛撒大麦的仪式也可以在没有杀牲的情况下进行，如珀涅罗珀（Penelope）的祈祷②。看起来，杀牲献祭与其说是不可或缺的高潮，不如说是后来才出现的一个补充性的步骤。后来，当动物祭品得到普及并成为必须遵守的规定后，预先抛撒大麦的真正的献祭意义自然就变得模糊起来，而人们通过把大麦撒在祭牲的头上，就把这种做法和动物祭品联系起来了。

到了普卢塔克的时代，抛撒大麦的做法被看成一种具有考古意义的事。普卢塔克在《希腊人的问题》中问道："在奥普恩提亚人（Opuntians）当中，那个被称为'大麦收集者'的人是谁？"回答是："多数希腊人在献上初果时利用大麦作为他们古老的祭品，而主持仪式并收集这些初果的人就被称为'大麦收集者'。"他还补充了一个古怪的细节来说明这种崇拜具有双重性："他们有两个祭司，一个负责管理神圣的东西，一个负责管理邪恶的东西。"③当庇斯忒泰洛斯（Pisthetairos）开始介绍飞鸟管治是多么简单时，他说到了古代抛撒大麦粒的习俗：

> 噢，崇拜会唱歌、飞翔的鸟儿
> 比崇拜天上的宙斯强。
> 咱们用不着给鸟儿们盖什么大理石的庙，
> 修什么金的门。
> 它们就住在树林子里，
> 橄榄树就是鸟的圣庙。
> 咱们也不用到德尔斐、阿蒙去献祭了，

---

① 阿提尼俄斯，XIV，81，p.661。
② 荷马：《奥德赛》，IV，761。
③ 普卢塔克：《希腊人的问题》，VI。

> 只要站在橄榄树、杨梅树跟前，
> 拿着麦粒、举着手祷告就得啦，
> 只用一点麦粒就得到这些好处啦。①

抛撒大麦是献祭奥林波斯神的仪式的一部分，但是在以下将要讨论的古代遗留下来的两种仪式中，大麦几乎仅仅用于低层次的崇拜，也就是对鬼魂、精灵和阴间神灵的崇拜，它的使用是这种崇拜的特征。

在学会使用大地上的天然果实作为祭品后，人们又开始使用人工制作的最原始的食物作为祭品，这种食物叫作"珀拉诺斯"（pelanos），即一种类似粥的食物。

我们常常说面包和酒是圣餐食品，但两者远不是最基本的食物。发酵面包——希腊人称之为 ἄρτος——是文明进步的产物。出于保守的宗教观念，罗马天主教至今依然规定使用没有发酵过的面包。阿提尼俄斯引用一部名为《乞丐》的戏剧里的话说，雅典人在公共会堂为狄俄斯库里兄弟（Dioscuri）准备饭餐时，他们摆在饭桌上的饭菜有奶酪、大麦粥、切碎的橄榄和韭葱，这些食物让人联想到古代的生活方式。②梭伦（Solon）命令雅典人为那些在公共会堂免费吃饭的人提供大麦饼，但在宴席上还要加上面包，这种做法是仿效荷马史诗中的有关说法。在描述各首领和阿伽门农聚在一起的情景时，荷马说："他们把饭搅拌了一下。"在《乞丐》里，我们没有见到"他们把饭搅拌了一下"这句话，但作者所说的显然是荷马史诗中通常说到的饭，这就把我们直接带回到"珀拉诺斯"的原始含义。在阿喀琉斯的盾牌上，我们看到一幅描绘庆丰盛宴的画面：

> 报信人在一棵茂密的橡树下摆好了宴席，

---

① 阿里斯托芬：《鸟》，第 622 行。
② 阿提尼俄斯，IV, 14, p.137。

他们宰了牛，妇女们做了许多白色的大麦饭，
这是给仆人准备的饭。①

主人和他的伙伴吃的是肉食，而下人只能吃简单的大麦粥。可见评注家汤利（Townley）是非常清楚这个段落的含义的，他评述道："他们做②大麦饭，是说他们把大麦粉揉成一团。"（πάλυνον, ἔμασσον ἢ ἔφυρον）值得注意的是，他用了一个精确的词 ἔφυρον，阿提尼俄斯也从荷马史诗中引用了这个词。③ 如果把这个段落解释成"撒在祭牲的头上或者烤肉上面"，就没有弄清主人和仆人的区别。对原始的事实有着敏锐观察力的尤斯塔修斯看出了荷马史诗所描述的事实，显然他也清楚他那个时代的穷人也在吃同样的食物。他说："做大麦饭并不意味着做面包，而只是一种面糊，这种食物在古代非常普遍。"④ 对任何一个见过煮粥的人来说，从 παλύνειν（撒）到 φύρειν（搅）和 μάσσειν（揉），这个过程是很自然、必要的。首先，你得把面粉撒在水上，然后搅拌，这样粥就煮好了。如果你要粥变得更稠一些，就还得揉一下，最后就做成了大麦饼。人们常常说到"珀拉诺斯"可能是流体也可能是固体，其中缘由就在于此。如果"珀拉诺斯"是稠的，并放到火上烤，它就变成了"珀玛"（pemma）——一种普通的饼，它和拉丁语中的"饼"（libum）⑤是严格意义上的同义词。libum 最初是一种可以倾倒出来的东西，和奠酒相似，后来演变成了一种

---

① 荷马：《伊利亚特》，XVIII，560。
② 原文用 sprinkle 一词，既有"抛撒"又有"洒水于……之上"之意，因此出现了作者所说的理解上的分歧。——译注
③ 本多夫（Benndorf）教授在其著作（*Eranos Vindobensis*，p.374）中详细讨论了原始的制作面包的过程，我在这里提出的观点就是受到了他的启发。我记得，在约克郡，在圣诞前夜，人们在开始吃正式的节日晚餐之前，通常要吃一种非常难吃的用面团、牛奶和醋栗熬成的东西，那是一种汤，被称为"麦汤"。
④ 尤斯塔修斯关于《伊利亚特》第 18 章第 563 行的评注。
⑤ 瓦罗：《论拉丁语》（*De Lingua Latina*），V，106。拉丁语中的 puls 和 polenta 二词与希腊语的 πέλανος 都源自同一个词根。普林尼（Pliny）在《博物志》（*Historia Naturalis*，XVIII，19）中说，直至他所生活的时代，人们在举行一些古老仪式以及过生日时，豆子也是不可缺少的。

煮好的、用来吃的食物。

可见,"珀拉诺斯"原先是跟大麦饭一样的食物。人们所吃的食物也就是神所吃的,但在献祭仪式上,所用的词语很早就变得专门化了。我相信,在日常生活中,没有谁会吃"珀拉诺斯"这种食物。实际上,吃这种东西的只有大地和阴间的神灵、代表这些神灵的蛇以及其他被人憎恶的神灵。[①] 喜剧诗人萨尼里恩(Sannyrion)是这样说的:

> 我们众神把它叫作珀拉诺斯,
> 你们虚荣的凡人把它叫作大麦饭。[②]

在我们看来,爱虚荣的是众神。

正如人们曾经吃过无酵的面包、吃过煮过或没煮过的粥一样,在学会酿造葡萄酒之前,人们喝的是用蜂蜜调制的饮料。也正如在人们吃上发酵的面包很久之后,保守的众神依然忠实地吃他们的粥一样,在人们喝上葡萄酒很久之后,他们依然把"没有酒的奠酒"(nephalia)[③] 献给众神,因为在葡萄酒出现之前神就已经存在了。

献祭阴间神灵的仪式在许多方面与献祭鬼魂的仪式相同(这些神灵就是从鬼魂演变而来的),但有以下区别:鬼魂不像已经发展成熟的神那样保守,鬼魂的习惯与趣味和崇拜他们的人更接近。很显然,人似乎是把自己非常喜欢的酒献给了鬼魂。

---

① 埃斯库罗斯:《波斯人》,204 和 523。
② 萨尼里恩:残篇。
③ H. 冯·弗里茨博士较完整地收集了这方面的资料,并进行了详细的讨论,参见其著作《古希腊人的奠酒》(*De Libatione veterum Graecorum*);另见斯滕格尔《赫耳墨斯》(XXII,p.645)及《弗里德伦德尔纪念文集》(*Festschrift für Friedländer*,p.418)中的《冥神与死者崇拜》(*Chthonische und Totenkult*);W. 巴尔特(Barth)发表在《古典研究年鉴》(*Neue Jahrbücher für klass. Altertüm*, 1900, p.177)上的文章《古希腊人的葬礼》(*Bestattungsspende bei den Griechen*)。巴尔特先生对死者崇拜和冥神崇拜作了区分,但我认为要对两者进行明确的区分是很难的。

阿托萨（Atossa）献给达里俄斯（Darius）的是"珀拉诺斯"，这种做法是很合适的。她还献上各种"安慰的礼品"，但她也倒上了酒：

> 从神圣的小母牛身上挤下的奶——可口的白色饮料，
> 蜜蜂酿造的鲜亮的蜜汁，
> 从圣泉中取来的甘甜的水，
> 古老的野生葡萄酿成的甘醇可口的酒，
> 还有闪光的橄榄果，
> 这些都是大地母亲的产儿。①

死者和活人都吃同样的东西：除了牛奶、蜂蜜、橄榄油和水，还有酒。但是作为一种革新的酒在这里并没有被明确说出来——这也许有着特别的意义。阿托萨似乎也非常有意识地强调这些祭品是野生、原始、古老的，因而是可以用作祭品的。这让我们想起罗马人把酒引进他们的日常生活及随后引进他们的仪式之后所经历的宗教上的转变。普卢塔克在他的《罗马人的问题》里说："当妇女们用葡萄酒作为奠酒献给玻娜女神（Bona Dea）时，她们把它称为牛奶。"② 马克罗比乌斯说："酒不能名正言顺地用作祭品，但可以把用作祭品的酒称为牛奶，把酒坛称为蜂蜜罐。"③

死者的鬼魂认同甚至欢迎人们在祭品中加上酒，但冥界的神灵更挑剔。当俄狄浦斯来到塞姆那俄（Semnae）的神庙时，歌队命令他赎罪，因为他破坏了神庙的规矩，尽管是出于无意。他询问到底他需要举行什么样的仪式。虽然我们对他得到的答案已非常熟悉，但由于其对理解献祭冥界神灵的仪式是如此重要，因此有必要将原文引述如下：

---

① 埃斯库罗斯：《波斯人》，607。
② 普卢塔克：《罗马人的问题》，XX。
③ 马克罗比乌斯，I, 12.25。

俄：那要什么仪式？噢，陌生人，告诉我吧。

歌：首先，从一股清泉中取来水，
　　用干净的手捧来这神圣的饮料。

俄：我把圣水带来后要怎样做呢？

歌：把碗摆上，这可是聪明的匠人才能干的活，
　　把花环套在碗口上，只能拿碗的边缘。

俄：用树枝、羊毛织成的网，还是别的东西？

歌：用从小母羊身上刚刚剪下的羊毛。

俄：这样做后，接着我还要做什么？

歌：倒出你要献上的饮料，脸朝东方。

俄：我要用这些碗来倒这饮料吗？

歌：是的，要倒三回，最后一回全部倒完。

俄：告诉我，这最后一回要倒上什么呀？

歌：水和蜂蜜——不能用酒。

俄：当被遮住的土地喝完这些之后呢？

歌：用双手在上面插上九根橄榄树枝，一边祷告。

俄：祈祷什么呀？求你们告诉我，这很重要啊。

歌：你要向那些所谓的仁慈者祈祷，
　　祈求他们以仁慈之心接受你的献祭，给你保佑。
　　你自己还有你身边为你祈祷的人必须这样祷告。
　　只能小声地祷告，不能高声。
　　然后离开，不能回头，一切就都会好的。[①]

尽管这些仁慈者（Kindly Ones）并没有名字，但他们已经演变成了神灵。他们不再是鬼魂，人们再也不能用古老的祭祀方式糊弄他们。

与此相似的神灵还有那些可怕的欧墨尼得斯和厄里尼厄斯，人们同

---

① 索福克勒斯：《俄狄浦斯在科罗诺斯》，468。

样是用无酒的祭品献祭她们——克吕泰涅斯特拉的责备就可以证明这一点。厄里尼厄斯虽然冷落了她，但她还是按她们的要求献祭她们：

> 我可是经常给你们献上
> 足够的无酒的奠酒和平息愤怒的油膏啊。①

用酒做祭品是阿波罗这个暴发户破坏古老的献祭传统的结果，由此引来了强烈的不满：

> 你已经使习惯了旧风俗的人们不知所措，
> 这酒让古老的女神们心烦意乱。②

《俄狄浦斯在科罗诺斯》里提到用无酒的祭品献祭欧墨尼得斯，这当然不是诗人的臆想。在西库翁附近的提坦那，保萨尼阿斯见到了一片常绿的橡树林，那里有一座供奉女神的神庙。据他说，雅典人把这些女神叫作塞姆那俄，但西库翁人把她们称为欧墨尼得斯。每年的某个日子，他们都要庆祝一个节日以纪念这些女神，"用小绵羊做祭牲、用水和蜂蜜做奠酒献祭她们"。③

《俄狄浦斯在科罗诺斯》的评注者列了一个名单，在雅典，人们在献祭名单上的神灵时使用的都是无酒的祭品。这位评注者引用了波勒蒙的有关记录来证明自己的观点："雅典人在这些事情上非常讲究，对那些与神有关的事，他们既细心又虔诚。他们用无酒的祭品献祭缪斯女神谟涅摩绪涅（Mnemosyne the Muse）、厄俄斯（Eos）、赫利俄斯、塞勒涅（Selene）、仙女和奥林波斯神阿佛洛狄忒·乌拉尼亚（Aphrodite

---

① 埃斯库罗斯：《降福女神》，104。
② 埃斯库罗斯：《降福女神》，727。
③ 保萨尼阿斯，II，11.3。本书第5章将讨论塞姆那俄和欧墨尼得斯之间的关系，以及与欧墨尼得斯的仪式相同的塞姆那俄的仪式。

Ourania)。"① 乍一看，这里头所提到的神灵让我们吃惊。我们以为无酒的祭品只和冥神有联系，但在这里我们看得很清楚，在原始时代，人们既崇拜天神，同时也崇拜地神，但他们只是作为黎明神、太阳神和月亮神，还不是成熟的人格化的奥林波斯神。下文我们将会看到，谟涅摩绪涅自己拥有一泓生命之水，她并不需要酒。② 作为天神的阿佛洛狄忒出现在名单上更让我们感到吃惊，但人们用蜂蜜作为奠酒献祭她，这一点在恩培多克勒（Empedokles）的记录中得到了进一步证实。他谈到了远古的时候，当时还没有阿瑞斯神，也没有宙斯王、克洛诺斯、波塞冬，只有

> 女王库浦里斯，
> 在这里，他们用塑像虔诚地供奉着她，
> 给她献上画有图画的祭牲，用香气四溢的香火、
> 芬芳的乳香、名贵的没药供奉她，
> 他们还把黄蜜蜂酿造的蜂蜜当作奠酒
> 倒在地上献给她。③

虽然偶尔有某个非常早期的"天神"要求人们用蜂蜜献祭他，但多数情况下，蜂蜜是祭祀死者时使用的祭品。珀斐里知道蜂蜜被用来处理死者的遗体，因为它具有防腐作用。蜂蜜用于丧葬的风俗反映在有关格劳科斯（Glaukos）蜂蜜坛的神话里。其甜无比的蜂蜜非常适于用来表达安抚的意愿——"把蜜献给亲爱的人"，更确切地说，对讲求实际的原始人来说，是"把蜜献给神灵，以获得他们的好感"。因此人们把蜂蜜献给需要安抚的梅利克俄斯、鬼魂和英雄。④

---

① 关于《俄狄浦斯在科罗诺斯》第100行的评注。
② 珀斐里：《仙女洞》，7。
③ 恩培多克勒：残篇。
④ 下文在讨论厄琉西斯农庆（第4章）和俄耳甫斯教的秘密祭典（第10章）时，我们还会提到"无酒的祭品"。

我们还需要讨论古代仪式中的另一个因素——无火的祭品。

上文说到，在荷马史诗里，火被用来焚化祭品，以使祭品直达天神。尤斯塔修斯在谈到北方各民族的火葬习俗时说："火就像战车一样可以把神圣的东西送上高空，这样它们就可以和天上的神灵在一起。"[①] 同样，我们可以想象祭牲被焚烧后，污秽的成分被清除了，化成了纯净的烟雾升腾到天上的众神那里。这也是珀斐里所说的意思，他说，人们之所以焚化祭品，"是想用火把众神应得的东西变得永生"[②]。我们已经看到，人们在献祭冥神时也使用了火，目的是要把祭牲整个焚化，但是在举行某些献祭仪式时明确规定祭品不能焚化，即必须使用无火的祭品，也许那是在人们懂得用火之前。戴奥真尼斯·拉俄修斯（Diogenes Laertius）在其著作里有这样一段描述：根据传统，毕达哥拉斯只能在德洛斯（Delos）的一个祭坛上祭神，这就是"祖先阿波罗的祭坛"，它就在巨大的"牛角祭坛"的后面，因为人们在这个祭坛上献祭时所用的祭品只能是大麦饼和小麦饼，祭品不能焚化，也不能用祭牲[③]——亚里士多德在他的《德洛斯人的宪法》(Constitution of the Delians)中也是这样说的。这个祭坛又被称为虔诚者的祭坛。在德洛斯，那个巨大的沾满了血迹的"牛角祭坛"的基座也许仍然存在，而那个原始的"祖先祭坛"已经了无踪影了，但从前辛图斯山（Cynthus）上似乎回荡着一个声音："你们不能伤害，更不能毁坏我那圣山上的一切。"

我们无从知道阿波罗是如何把德洛斯人对某个"祖先"的古老崇拜占为己有的，但是在边远的阿卡狄亚，一种特别朴素的无火献祭一直延续至保萨尼阿斯的时代，这种献祭是为纪念本土的得墨忒耳女神而举行的。在菲加利亚，保萨尼阿斯参观了黑色的得墨忒耳（the Black

---

① 尤斯塔修斯关于《伊利亚特》第1章第52行的评注。有关火葬的详细讨论，参见里奇韦教授《希腊的早期》，I，p.540。
② 珀斐里：《论戒食肉类》，II，5。
③ 戴奥真尼斯·拉俄修斯，VIII，13。

Demeter）的石洞神庙。事实上，保氏虔诚地说，他是为参拜得墨忒耳才到菲加利亚去的。他还说："我没有给女神献上祭牲，因为这是当地人的风俗。他们献给她的祭品是自己出产的葡萄和其他水果，还有蜜蜂巢和刚剪下的还沾满油脂的羊毛。他们把这些祭品放在洞口前搭起的祭坛上，然后把橄榄油浇在上面。菲加利亚人平时个人献祭、集体一年一度献祭得墨忒耳时用的就是这种方式。"① 这里规定用的所有祭品都是最天然的东西：用葡萄而不用葡萄酒，用蜜蜂巢而不用蜂蜜，用没有加工过的羊毛而不用编织好的羊毛带子，而且献祭时也不用火。即使是毕达哥拉斯也对这种献祭方式感到满意。

在史前某个时候，早期的无火献祭和献祭奥林波斯神时焚化祭品的做法曾经产生过竞争，并有过利益上的冲突，从罗得岛人祭祀赫利阿得斯姐妹（Heliadae）的传统中可以清楚地看到这一点。品达在他的诗中说：

> 他们来到山上，
> 可是他们手中
> 并没有燃烧的火种，
> 他们只好用无火的仪式
> 为罗得大地上的城堡
> 装点一片小树林。

对此，评注者是这样评论的："罗得岛人来到雅典卫城祭祀雅典娜女神，但忘记带上焚烧祭品的火，因此只能进行无火献祭。于是便有这样的传说：由于雅典是最先用火献祭的，因此雅典娜认为和他们一起居住是最好的。"② 雅典娜女神一贯小心谨慎，总是随波逐流。她"一切

---

① 保萨尼阿斯，VIII, 42.5。
② 品达：《奥林波斯颂》，VII, 47 及相关评论。

为了父亲",一切为了奥林波斯神,最后得到了回报。菲洛斯特拉托斯(Philostratos)在其著作中也有同样的记录,并对这一点作了进一步的强调。他将雅典卫城和罗得岛的卫城作了比较:罗得岛人在祭祀女神时献上的只是无火的简单祭品,雅典人在祭祀女神时焚烧祭品,因此女神能享受到它的美味,于是女神决定和他们住在一起,因为"在同代人当中,他们比别人更聪明、更善于献祭"。[1]我们从迪奥多罗斯(Diodorus)的记录中得知,在雅典,最先在祭祀中用火的是刻克洛普斯(Cecrops)。文明生活的许多革新都是刻克洛普斯发起的,婚姻制度就是其中之一。他处在新旧交替的连接点,因此他的形象一半为文明人,一半是蛇。[2]保萨尼阿斯意味深长地说,刻克洛普斯是最先把宙斯称为至高无上的神的。[3]他也是一切为了奥林波斯神的人。

我们用了较长的篇幅讨论了各种原始的献祭方式——使用珀拉诺斯、大麦饭、无酒的祭品以及无火的献祭,这是因为,虽然在某种程度上这些做法后来也演变成了奥林波斯神的献祭方式,但广义地说,这些朴素的祭祀方式都依然具有低层次的冥神崇拜特征。更重要的是,我们在下文将会看到,正是这些原始仪式后来被俄耳甫斯教所继承并神秘化。

接下来我们要讨论塔耳格利亚节这个庆祝丰收的节日中的第二个也是最重要的一个仪式,即法耳玛科斯(Pharmakos)仪式。

法耳玛科斯

把"法耳玛科斯"带出城外是塔耳格利亚节的一部分,这一点我们是从哈波克拉提恩的著作中得知的。他在评论这个词时说:"在雅典,每逢塔耳格利亚节,他们为了净化城市而把两个男子带出城外,其中一个

---

[1] 菲洛斯特拉托斯:*Eik.*, II, 27§ 852。
[2] 迪奥多罗斯,V, 56。
[3] 保萨尼阿斯,VIII, 2.2。

是为了男人得到净化，另一个是为了女人得到净化。"① 这两个男子（法耳玛科斯）的作用是净化城市，我们在下文将会看到，他们在多数情况下是被处死的。但哈波克拉提恩的说法非常值得注意：他们是被带出城外的。仪式的目的不是把他们处死，而是驱逐他们。如果出现处死的情形，那也不是仪式的主要目的。

几乎可以肯定，驱逐的仪式是在塔耳格利亚月的第六天举行的，这个节日不会轻易被人忘记，因为这天是苏格拉底的生日。戴奥真尼斯·拉俄修斯在他撰写的苏格拉底的传记中说："他在塔耳格利亚月的第六天出生，这是雅典人净化城市的日子。"② 这里没有明确提到法耳玛科斯，但在下文我们会看到，用驱逐法耳玛科斯的方式净化城市被认为是全年最典型的净化仪式。在考察这些仪式的本质之后，我们还要讨论"法耳玛科斯"一词的词源。③

法耳玛科斯仪式一直受到人们的讨论，但我认为这种仪式的本质通常被人们误解了。这种仪式似乎首先涉及的是我们现代人所说的"用活人祭祀"。如果我们被告知在公元前5世纪，文明的雅典还在延续这种做法，我们原有的关于当时的雅典人很可能在做什么或承受什么痛苦的观点，将会受到很大的冲击。其结果是，我们会倾向于用以下两种方法中的一种来摆脱这种困境：要么试图证明法耳玛科斯仪式仅仅是史前的一种传统，要么修改、美化这种仪式的内容，使其毫无意义。

摆在我们面前的问题有两个方面，绝不能把这两个方面混为一谈。我们首先要明确法耳玛科斯仪式到底是什么，其次要弄清楚这种仪式是否延续到了有历史记载的时代。

我本人的观点可以扼要概括如下：我们没有确切的证据证明这种仪

---

① 哈波克拉提恩的词典，$\varphi\alpha\rho\mu\alpha\kappa\delta\varsigma$ 条目。
② 戴奥真尼斯·拉俄修斯，II, 4。
③ 曼哈尔特在他的著作《神话研究》（p.123, p.133）中收集了关于法耳玛科斯的经典文献。关于法耳玛科斯的仪式与其他原始仪式的比较，参见弗雷泽的《金枝》第2版第3卷，p.93，我从中引用了有关例子。

式延续到了公元前5世纪,但是,如果我们正确地理解了这种仪式的目的,那么上述的法耳玛科斯仪式持续时间的问题便不复存在。这个问题被排除之后,我们就可以接受一种非常大的可能性:关于历史上的法耳玛科斯的证据和关于花月节上人们咀嚼王紫萁的证据并无两样。

首先要注意的是,虽然在我们看来,法耳玛科斯(也就是作为替罪羊的人)是一种怪异而可怕的观念,但希腊人对其是如此熟悉,以至于在希腊文学中它已成为众所周知的词语。阿里斯托芬在其一部作品中想对旧的国家造币厂的官员和新的民主的造币厂的官员进行比较。他说,如今我们选拔官员时,

> 随意性太大,想用谁就用谁。
> 要是在旧时,这些被选拔的官员
> 连当法耳玛科斯的资格都没有。
> 我们挑选的、使用的就是这样的人,
> 完全是渣滓、废物。[1]

在一个残篇里,他又说:

> 你的亲人!那是从哪来的法耳玛科斯啊。[2]

在《骑士》中,德谟斯对阿戈剌克里托斯(Agoracritos)说:

> 我要你到城市会堂去,
> 坐在先前法耳玛科斯
> 坐过的位子上。[3]

---

[1] 阿里斯托芬:*Ran.*, 734。
[2] 阿里斯托芬:残篇,532。
[3] 阿里斯托芬:《骑士》,1405。

实际上，法耳玛科斯就像跟它相当的"废物"一样，是当时人们用来表示完全的侮辱、厌恶和蔑视的代名词。

此外，这种仪式的含义人们再熟悉不过了。利西阿斯（Lysias）在他那篇攻击安多喀德斯（Andokides）的演说中直截了当地说："我们必须坚持这样的观点：为了报仇，为了把安多喀德斯从我们身边清除出去，我们要净化城市，要举行驱邪仪式，把这个法耳玛科斯驱赶出城，把这个罪犯从我们身边清除掉，因为他就是这样的家伙。"①

对于这种骇人的仪式的最详细的描述要归功于一位年代较晚的作家。特泽特泽斯（Tzetzes，1150年）在他的《历史》（*Thousand Histories*）中是这样描述这种仪式的："法耳玛科斯用于古时这一类净化仪式：如果由于神的发怒而使城市遭受灾害——不管是饥荒、瘟疫还是别的灾难，人们就挑选出一个相貌最丑陋的人，把他带出城外，就像是把他带到祭坛上一样，作为解救、净化城市的祭品。他们把这个用作祭品的活人带到指定地点后，给他捧上一些奶酪、一块大麦饼和一些无花果，然后用韭葱、野生无花果及其他野生植物抽打他，一共抽打七次。最后，他们用野生树木做柴火把他烧掉，之后把灰烬撒向大海、抛向空中，目的是我前面所说的净化受难的城市。我想，那情形和吕科弗伦所描述的罗克里斯少女被火化的情形是一样的。我已记不清他那首诗的确切诗句了，大意是：'在特拉伦山（Traron）上，这些少女被人们用无果的树枝生的火烧掉，然后她们的骨灰被撒到大海里。'"②

特泽特泽斯并没有杜撰这些仪式，接着，他用他那种笨拙、混乱的方式说出了自己所引用的资料的来源——善于写抑扬格诗歌的希波那克斯（Hipponax）："我们从希波那克斯的诗歌中得到了对这一风俗的最完整的描述，他说：'净化城市，并用树枝抽打（法耳玛科斯）。'在他这第一首抑扬格诗歌的另一节，他说：'在草地上抽打他，用树枝和韭葱抽

---

① 利西阿斯：《驳安多喀德斯》，108.4。
② 特泽特泽斯整理的希波那克斯（公元前6世纪）的残篇，参见《历史》，23.726—756。

打他,像抽打法耳玛科斯一样。'在别的诗节,他是这样说的:'我们要把他变成法耳玛科斯。'还说:'给他吃一些无花果、奶酪和一块大麦饼,法耳玛科斯也是吃这样的东西。'另外,'他们已经长时间地张大着嘴等待这些东西,手里拿着树枝,像法耳玛科斯一样'。在同一首抑扬格诗歌里,他又说:'但愿他饥渴难耐,这样(他们)在愤怒之下,就会把他带走——就像把法耳玛科斯带走一样——然后抽打他七次。'"

在这里,我们看到的只是特泽特泽斯零碎地引用了希波那克斯的描述,而希波那克斯的话在每一个细节上都和他本人的描述如此吻合,以至于我们有理由假设他对这个仪式的结尾阶段——火化并抛撒骨灰——的描述也是引用别人的,但他没有说这是来自希波那克斯的诗歌。

很显然,希波那克斯那样说并不是出于对仪式的抽象的兴趣,而是作为他对其对手布帕洛斯(Boupalos)的侮辱的一部分。希波那克斯的另一个残篇使我们几乎可以肯定这一点,因为他在这个残篇中说:"他们诅咒那可恶的布帕洛斯。"[1] 这些残篇很明显是属于同一首或几首抑扬格诗歌,希波那克斯在诗中表达了这样的愿望:布帕洛斯将遭受和法耳玛科斯一样的命运——受到侮辱、抽打,被驱逐出城,最后还可能被处死。希波那克斯并不是在描述一个真实的仪式,而是为了清楚地表达自己对布帕罗斯的侮辱,于是他便提到了这样一个他公元前6世纪的读者再熟悉不过的仪式。

佛提俄斯引用拜占庭的赫拉狄俄斯(Helladius the Byzantine)的话说:"雅典人有一个风俗:为了达到净化的目的,他们列队把两个法耳玛科斯带出城外,其中一个是为了男人的净化,另一个是为了女人的净化。为男人的法耳玛科斯的脖子上挂着黑色无花果,另一个则挂着白色的无花果。他说这两个人被称为 συβάκχοι。" 赫拉狄俄斯还说:"这是一种属于驱邪性质的仪式,目的是驱除疾病。它是由克里特人安德洛革俄斯(Androgeôs)创立的,当时雅典人非常反常地遭受了一种瘟疫,从此

---

[1] 希波那克斯:残篇,11(4)。

人们经常用法耳玛科斯来净化城市，这种做法便形成了惯例。"①

  法耳玛科斯的脖子上挂着或黑或白的无花果，并分别代表男女，这些都是细节上的差别。在我们所掌握的资料中，赫拉狄俄斯是唯一提到法耳玛科斯也被称为 συβάκχοι 的。我们不能确定这个词的意思，它可能是"酒神崇拜者"的意思。后文我们会看到，酒神崇拜者是那些神圣的、经过特别净化的、具有魔力的人。赫拉狄俄斯用这个词，也许是要表明这些人和酒神崇拜者相似。克里特是净化仪式的发源地。

  哈波克拉提恩在我们上文所引述的文献中证实了在这种仪式中有两个法耳玛科斯，但他说这两人都是男性：一个代表男人，另一个代表女人。这个区分并不十分严格。如果需要，完全可以男扮女装，甚至给其中一个挂上一串白色的无花果就足以指明他所代表的性别。在原始仪式中，男扮女装是一种被普遍接受的做法。

  抽打法耳玛科斯具有至关重要的意义。这是仪式性的行为，而且是和着笛声完成的。赫西基俄斯说："法耳玛科斯被驱逐出城后，人们便按照笛子的节奏用无花果树枝和其他树枝抽打他们，事实上人们把法耳玛科斯称为'挨树枝鞭子的'。"② 抽打被看成是具有驱邪意义的行为，这一定是一种非常古老的观念。如果你抽打灌木丛，丛中的鸟就会飞走；如果拍打衣服，上面的灰尘就会被打掉；如果你抽打的是一个人，那么他身上的邪恶——不管是什么样的邪恶——就会从他身上跑出来。我们常把打人和道德联系在一起，但打人首先使人联想到的显然是其具有的驱邪作用。

  很可能人们早就想到了赋予抽打或扬善或除恶的含义，这一点可以从以下事实推断出来：人们所使用的鞭子是用某种特别的植物或树木做成的，特别值得注意的是用韭葱和无花果树。有着浓烈气味的植物以及

---

① 佛提俄斯：*Bibl.*, C, 279, p.534。
② 赫西基俄斯的词典，κραδίης νόμος 条目。

吃了能够达到净化目的的植物很自然地被人们看作"良药",具有驱邪的作用,因此也具有扬善的作用。

毕达哥拉斯告诉人们说,把韭葱挂在门上能够阻止邪气进门,狄奥斯科里德斯在其著作里也有关于这一信仰的记录。卢奇安在其著作中让墨尼波斯(Menippus)叙述了自己在获准请求死者为他预言前,"别人用韭葱和火把为他举行净化和祝圣的仪式"。

关于用韭葱抽打人的传说,最著名的当然要数潘神(Pan)被他的阿卡狄亚崇拜者抽打的故事。忒俄克里图斯让西米喀达斯唱道:

> 亲爱的潘神,如果我的祈求得到满足,
> 那么从今以后,当我们找不到什么肉献给你的时候,
> 阿卡狄亚的孩子们
> 再也不会用韭葱抽打你的身体,
> 他们的抽打让你疼痛难忍;
> 如果我的祈求得不到满足,
> 他们会用指甲撕破你的皮,
> 你要整晚躺在荨麻上,一直到天明。

对此,评注者评论道:"据说阿卡狄亚人有这样一个节日:如果官员们只用一头很小的祭牲献祭,还不够崇拜者吃的,年轻人就会抽打潘神。或者如果他们在打猎时猎物颇丰的话,他们就献祭潘神;如果是相反,他们就用韭葱虐待他,因为作为一个山神,他具有影响打猎收成的威力。"[①] 第一种解释混淆了因果,第二种解释无疑才是正确的。潘神之所以被抽打,是因为作为职司打猎的神,他没有尽好自己的本分。

有的人说,人们抽打潘神、抽打法耳玛科斯,目的是"激起他们的丰产力"。从某种意义上说,这种说法基本上是正确的,但这种说法错误

---

① 忒俄克里图斯:《田园诗》,VII, 104 的相关评注。

地强调了某个方面，会引起人们的误解。抽打潘神的塑像和法耳玛科斯，一方面是为了驱除邪恶，另一方面是为了缓解抽打者的情绪——这是我们不该忘记的。通过抽打，邪恶被除掉之后，神下一次无疑会做得更好。但是，也只有从这个意义上才能说神的丰产力被激发了。法耳玛科斯没有下一次机会。他完全是污秽的，因此净化的威力越大、他被施予的"良药"越多，效果就会越好。但他注定要死，没有自新的机会。上一章我们在讨论牧神节时说到，人们用 februum 抽打妇女，因为这种具有净化作用的东西同样也有丰产的魔力。但是即使如此，这样做的首要目的一定是驱除邪恶的影响。

和法耳玛科斯一样，这种抽打也变成了众所周知的行为。阿里斯托芬在他的一部喜剧里让埃阿科斯（Aeacus）问别人自己该如何折磨想象中的克珊提亚斯（Xanthias），真实的克珊提亚斯回答说：

噢，用平常的方法，但是你打他的时候，
千万不要用韭葱或嫩洋葱。①

毫无疑问，这句话的意思是："不要让这种惩罚变成只是仪式性的抽打、一种宗教的表演。"这里还隐含着另一个意思：那个被想象为奴隶的克珊提亚斯是一个真正的神，但人们对待他比对待法耳玛科斯还糟。卢奇安说，他敢肯定，缪斯女神们绝不会屈尊走近他那个粗俗的买书人，她们不会送给他一顶香桃木花冠，而会用没药树枝和棉葵树枝抽他，把他赶走，这样他就不能玷污她们那些圣洁的泉水了。② 很显然，这个粗俗的买书人是一个法耳玛科斯。

可见，我们有大量证据证明法耳玛科斯被抽打了。那么，他最后被

---

① 阿里斯托芬：*Ran.*, 620。
② 卢奇安：*Indoct.*, 1。

处死了吗？上文说到，特泽特泽斯说，法耳玛科斯被人们用一些不结果的树木点火烧掉了，然后他的骨灰被撒向大海、抛向空中。评注阿里斯托芬的《骑士》的人也直截了当地说，δημόσιοι（即用集体的钱财养着并关着的人）一词指的是"那些被称为法耳玛科斯的人，杀掉他们可以净化城市"①。在此我们无须推断就知道他说的是雅典人，但他接着又说："雅典人关着一些卑贱无用的人，每当灾难降临城市——我指的是瘟疫或类似的灾害——他们就用这些人献祭，以达到净化的目的。他们把这些人叫作有净化作用的人（καθάρματα）。"特泽特泽斯说，法耳玛科斯是极其粗俗的人（ἀμορφότερον）；评注者说，他们是毫无价值、毫无用处的人。

当然这是一位晚近的评注者，他的观点也是令人怀疑的。如果人们只是根据他和特泽特泽斯的说法就推断法耳玛科斯最后是被处死的，我们也许会对此提出疑问。哈波克拉提恩为我们留下了更令人信服的记录，他说："伊斯特洛斯（约公元前230年）在他那部描述阿波罗神显灵的著作的第一卷中说，法耳玛科斯是一个人的名字，还说法耳玛科斯偷了属于阿波罗的圣瓶，被阿喀琉斯手下的人抓住并被乱石打死，塔耳格利亚节上举行的仪式就是模仿、再现这些事情。"②伊斯特洛斯的溯源性叙述当然是错误的，但很明显他相信塔耳格利亚节的仪式包括用石头把一个人打死这样的内容。

在原始的法耳玛科斯仪式中，作为活人的法耳玛科斯确实被处死了，这几乎是不容置疑的。从伊斯特洛斯的溯源性叙述中，我们可以推断他认为人们在塔耳格利亚节上举行这样的仪式来纪念阿波罗。一些人心里依然觉得，公元前5世纪的雅典已经是一个非常文明的地方，不可能忍受用活人献祭这样的事，也不可能把这种献祭当作国家公共祭典的一部分。正如我们在本节开始时所说的那样，这种困惑主要源于对这一仪式

---

① 关于阿里斯托芬《骑士》第1136行的评注。
② 哈波克拉提恩的词典，φαρμακός条目。

目的的误解。特泽特泽斯根据他那个时代的说法把它称为 θνσία，即被焚化的祭品。但是，它确实不是我们现代意义上的祭品，虽然我们在下文将会看到，许多不同的概念促使古代人形成献祭的观念，而它就是其中之一。

法耳玛科斯并不是用来安抚愤怒的神的祭品。阿波罗继承了塔耳格利亚节的仪式后，法耳玛科斯就和他联系在一起了。但是，最初它并不是用来取悦或安抚任何神灵的。正如古代学者一再坚持的那样，这是一种净化仪式（καθαρμός）。这种仪式的本质不是赎罪——因为没有谁需要赎罪——而是驱邪，即人为地制造污秽以便把所有污秽除掉。有一种观念对有着科学的思维习惯的现代人来说可谓匪夷所思，但古代人对这种观念却是非常熟悉：各种各样的邪恶确实都是可以传染的东西，它们可以四处传播，具有很强的传染性。于是，有的原始人看到这种观念可以用于模拟性的驱邪。迪雅克人（Dyaks）把自家的不幸清扫出家门，并把这些不幸放进一个竹子做的玩具小屋里，然后把小屋放到河上，让它漂走。在皮图里亚（Pithuria），一旦爆发流感，"有人就根据自己的设想请人制作一架小木车，然后把两只替罪羊套到车上，赶着它们把车子拉到较远的一片树林里，到了那里它们就被放掉了。从那时起，城里的流感就完全消失了。那两只羊再也不会回来，要是它们回来，疾病也一定会和它们一起回来"①。在此，我们无须列举聪明的原始人发明的无数类似的替罪羊、小木车、公鸡、小船等。以上所举的例子已经非常清楚地表明，由于仪式的目的是驱邪，因此最关键的是替罪羊（不管以何种形式出现）再也不能回来。

在这种仪式上必须彻底摧毁邪恶，这一点非常清楚地反映在埃及人对待他们的替罪羊的方式上。普卢塔克在他对伊西斯（Isis）和奥西里斯（Osiris）的讨论中说，根据曼内托（Manetho）的记载，在酷热的三伏天，人们曾经把那些被称为堤丰尼亚（Typhonian）的人活活烧死，然

---

① 有关现代未开化民族的此类仪式的比较，参见弗雷泽：《金枝》第 2 版第 3 卷，p.93。

后用簸箕把他们的骨灰簸出,再把骨灰撒掉。① 按照亚历山大的克雷芒(Clement of Alexandria)的观点,簸箕是用来簸谷物的,通过这种工具,无用的东西被彻底清除掉,因此它是彻底摧毁的象征。他反对信奉多神教的人们所遵循的习俗,认为这些习俗具有毁灭性的力量。他说:"让我们远离习俗,因为它使人窒息,让人偏离真理,让人脱离生活。习俗是绞索,是刑场,是深渊,是簸箕。习俗就是毁灭。"②

可见法耳玛科斯是被杀掉了,这不是因为他可以作为一种起替代作用的祭品,而是因为他被看作污秽之物,并被列为禁忌,因而他要继续生存下去几乎是不可能的。没有文化的人(他们当中必然有人要充当法耳玛科斯)认为他是一个令人恐怖的传染源;有文化的人虽然不相信这种谬论,但也认为最仁慈的方法就是让这种生不如死的人去死。此外,至今几乎每一个文明的国家都以处死罪犯的形式用"活人祭品"献祭。为什么不把宗教传统和司法需要结合起来考虑呢?文明的雅典有自己的制度,为什么它就不会每年都利用两个堕落且已被判刑的罪犯来"净化城市"呢?

对我们的研究而言,法耳玛科斯是否确实被处死严格地说只是一个次要的问题。我们对此进行了详细的讨论,只是因为我们认为这个问题的答案在很大程度上取决于我们在多大程度上理解了法耳玛科斯的最初目的,也就是取决于两种观念:其一,邪恶的现实存在;其二,传染与传播的可能性。

我们现代人对替罪人(scape-man)的全部概念过分地受到了希伯来(Hebrew)的替罪羊(scape-goat)这一熟悉的例子的影响。我们清楚地记得:

---

① 普卢塔克:《伊西斯与奥西里斯》,LXXII。
② 亚历山大的克雷芒:*Protr.*, XII, 118。

> 骨瘦如柴的替罪羊站在那里，
> 然而他要承受人们的——而不是他的——
> 道德重负。

替罪羊的传说时时萦绕在我们的心里，它使我们无法认识到确实存在过更原始的禁忌。有趣的是，即使是在希伯来这个道德化的概念里，替罪羊也不是真正意义上的祭品，在把它打发走之前已经举行了献祭。祭司"每年都要为以色列人举行一次赎罪仪式，以去除他们的罪孽"。在宰杀了小牛犊和山羊、点燃香火、洒上牲血之后，也只有在完成这些仪式之后，人们才把那只活山羊献给上帝。[①] 希伯来人的《圣经》强调，这只替罪羊承担的不仅仅是现实的邪恶（如瘟疫和饥荒），而更多的是道德上的罪过。"亚伦两手按在羊头上，承认以色列人诸般罪孽、过错，就是他们一切的罪愆，把这罪都归在羊的头上，借着所派之人的手，送到旷野去。要把这羊放在旷野，这羊要担当他们一切的罪孽，带到无人之地。"

但是，道德与现实存在有着如此密切的联系，以至于即使是在这里，人们也只是把道德上的罪归在替罪羊的头上。但依然存在着传染的危险，于是，这只山羊被赶到无人居住的地方，而且很明显人们希望它再也不要回来。我们看不到雅典人承认罪过，被恐怖笼罩的城市要驱除的是饥荒和瘟疫。

喀俄罗涅亚（Chaeronea）有一种一年一度的仪式，这种仪式更加清楚地反映出罪过的现实存在。普卢塔克在担任执政官期间就曾主持过这种仪式，并留下了有关的记录。人们选出一个家奴，同样是仪式性地用一种有净化作用的植物做成的鞭子抽打他，然后把他逐出家门，同时人们还要说："滚吧，饥饿！来吧，财富和健康！"这种仪式被称为"驱除

[①] 《圣经·利未记》第16章第21节。关于埃及人的替罪动物，参见希罗多德，II, 39。[本节中的圣经引文的翻译参考了《新旧约全书》（和合本）。——译注]

饥饿",普卢塔克说这是"祖先流传下来的仪式"。每一个户主都要为自己的家举行这样的仪式,而执政官也要为整个城市举行这种仪式。据普卢塔克说,他在担任执政官时,每逢这种仪式都有许许多多的人参加。[①]这一"仪式"的名称很有启发性,叫作"驱邪"($εξέλασις$),而法耳玛科斯仪式是净化($καθαρμός$)。两种仪式都被称为献祭($θυσίαι$),之所以有这样的名称,是因为公众均认可每一种宗教仪式都包含焚化祭品的成分。法耳玛科斯仪式后来为阿波罗所继承,但在喀俄罗涅亚的"驱邪"仪式上,人们并不认为这种仪式是为崇拜哪个神而举行的,这种仪式的目的依然是巫术性的。

在喀俄罗涅亚,法耳玛科斯仪式上的奴隶只是被象征性地抽打并驱逐;在德尔斐,法耳玛科斯仪式以一种更温和的方式进行,这里的法耳玛科斯仅仅是一只木偶。

在《希腊人的问题》的第十二个问题里,普卢塔克问道:"德尔斐人是怎么过卡里拉节(Charila)的?"他的回答如下:"关于卡里拉节,他们有这样一个传说:一次,在大旱之后,德尔斐人遭受了饥荒。他们带着自己的妻儿来到国王的王宫大门前请愿,但国王只是给他们当中最高贵的人分发了谷物和豆子,因为没有足够的粮食分发给所有的人。当时,一个父母双亡的小女孩也来请愿了,但国王却用自己的鞋子打她,还把鞋子猛力地扔到她的脸上。小女孩虽然穷苦无助,但却有着一颗高贵的心。她离开了请愿的人群,解下自己的腰带,上吊自杀了。饥荒继续蔓延,瘟疫也爆发了,皮提亚(Pythia)给国王带来神谕:他必须安抚卡里拉——一个用自己的手结束自己生命的处女。几经周折他们才查明,原来卡里拉就是那个被国王打过的女孩的名字。于是,他们举行了一种献祭仪式,其中包含有净化的仪式。至今他们都举行这种九年一度的仪式。"

当然,这个关于卡里拉节的故事纯粹是溯源性的,目的是解释这一

[①] 普卢塔克:《会饮篇》,VI,8。

由来已久的仪式的一些特征。普卢塔克所用的词语——一种"包含有净化仪式的献祭"（μεμνγμένην τινὰ καθαρμοῦ θυσίαν）——非常值得我们注意，因为它表明，虽然到了他那个时代，几乎所有的宗教仪式都被称为 θυσία，但他依然觉得卡里拉节的仪式实际上是一种净化仪式。如果他说那是一种"包含有某种献祭成分的净化仪式"，那么就切合实际了。

接着，普卢塔克对仪式本身进行了描述："国王坐着抛撒豆子和谷物，他把这些东西分发给所有的人——不管是市民还是陌生人——然后人们把小女孩卡里拉的塑像抬了上来。大家都得到粮食后，国王用鞋子抽打塑像，接着提伊阿得斯（Thyiades）的领头人把塑像拿走，把它送到一个洞穴，在那里，她们（用绳子）绑住塑像的脖子，把它埋在原先埋葬自缢身亡的卡里拉的地方。"

欢乐、优雅的卡里拉节和塔耳格利亚节一样，也是庆祝丰收的节日，包含有法耳玛科斯仪式，只不过法耳玛科斯在这里只是一个偶像。卡里拉是被一只鞋抽打的：时至今日，人们依然认为皮革具有驱邪的魔力，虽然现在人们已经用白色的绸缎衣服来代替它。雅典国家博物馆收藏有一只奇特的花瓶[①]，花瓶上有一幅描绘婚礼场面的画，从中我们可以看到一个男子在扔一只鞋子。直到今天，人们依然认为应该打一下新娘和新郎，以驱除他们身上的邪气，而抛撒丰产的谷子是达到这一目的的更好办法。卡里拉的偶像被埋掉而不是被烧掉，也许这是一种摧毁邪恶的更原始的方式。这个仪式的源头可以追溯到国王充当祭司的时代，但实际上真正主持仪式的是妇女。

我们从马赛（Marseilles）曾经有过的法耳玛科斯仪式中可以知道更

[①] 我是看了 M. 佩尔德里泽特（Perdrizet）的著作《历书考古》（*Ephemeris Arch.*，1905 年，图版 6、7）和 E. 萨姆特（Samter）的论文《*Hochzeitsbräuche*，刊于《古典研究年鉴》1907 年第 19 卷，p.131）之后才注意到这个花瓶的。苏伊达斯在其著作（见 *εἴδωλον* 条目）中似乎也提到了卡里拉节。人们在琉科忒亚（Leucothea）神庙里抽打女奴隶的做法似乎是基于一种种族禁忌，但这种做法的背后也许隐含着法耳玛科斯仪式的内容。

多有关的具有启发意义的细节。塞耳维俄斯在评论 auri sacra fames（该诅咒的黄金欲）这一词语时说，sacer 既有"该诅咒的"也有"神圣"的意思，他似乎已经模糊地意识到在这两个意思之间还有一个词，即"致力于"。他说，这个词的使用源于高卢人的一个风俗："每当马赛人遭受瘟疫的时候，就会有一个出身穷苦的人自愿让人们把自己关起来，由集体的钱供养，吃的是非常单一的食物。之后，人们给他穿上神圣的衣服，并装点上圣树枝。接着，人们牵着他走遍整个城市——当然要有音乐伴奏——这样做的目的是让整个城市的罪过都降落在他身上。最后人们把他一头扔进河里。"①

在这里，我们了解到另一个有趣的细节，即不洁的载体（那个穷人）被净化了。在我们现代人看来，纯洁与不洁处在两个极端。如果我们利用一只替罪羊，我们当然不会在乎这个替罪羊事先是否被净化过。但是，正如塞耳维俄斯隐隐约约感到的那样，古代人懂得一种把两个极端结合起来的状态，未开化的土著把这种状态称为"禁忌"。罗马人用 sacer 一词表示这一状态，而我们已经看到，希腊人用的是 ἄγος。由于我们现代人有条分缕析的思维习惯，因此我们就不可能理解诸如 sacer 和 ἄγος 这些复杂的原始观念的全部含义。

由此可见，把法耳玛科斯赶出城外纯粹是一种出于无知和恐惧的巫术仪式。这种仪式并不是用活人献祭阿波罗或其他任何神甚至鬼魂，而是一种驱邪仪式。令我们欣慰的是，这个词的词源②也证实了我们的观点：φαρμακός 也就是"巫师"的意思。立陶宛语（Lithuanian）中与该词同源的词是 burīn，意为"巫术"；在拉丁语中，它的同源词是 forma，意

---

① 塞耳维俄斯关于维吉尔《伊尼德》第 3 章第 75 行的评注。
② 关于 φαρμακός 的词源和词义，奥斯托夫（Osthoff）作了全面而有趣的讨论，见其论文《各种巫术用语探源》(Allerhand Zauber etymologisch beleuchtet)，刊于《论文集》(Beiträge)，XXIV, p.109。至于 φαρμακός 一词的重音，尤斯塔修斯说，"爱奥尼亚人"(Ionians) 读这个词时，重音是在倒数第三个音节。

思是"咒语";英语中的 formulary(仪式用语)依然残留有其原始的含义。希腊语中的 $φάρμακον$ 的意思是灵药、毒药、染料,这些东西无论是好是坏都有其神奇性。我们的英语已经没有能够表达这个意思的词,那些未开化的土著居民所用的一个具有两面性的词"药"却可以表达这个意思。塔耳格利亚节的法耳玛科斯使我们认识到这样一种现象:人既不是敬奉也不是驱除神[①]或鬼魂,而是通过自己制造的"药",试图为他自己进行一次春天的或者圣灵降临周(Whitsuntide)的"大扫除"。从某种意义上说,法耳玛科斯仪式衍生了古希腊人和现代人的献祭观念,但这个词本身还含有其他一些也许是更原始的内涵。

特泽特泽斯在回顾驱逐法耳玛科斯的仪式时把它称为献祭,但我们不必像他那样对新旧观念含糊不清。塔耳格利亚节的仪式是一个驱邪仪式,有时这种仪式似乎也牵涉到某一个人的死亡。在两种情形下,所牵涉的那个人的结果都是一样的。但是,献祭和驱邪这两种仪式所表达的是崇拜者两种完全不同的思想状态和两种完全不同的情感。

我们能否找到希腊人——即使是神话时代的希腊人——举行过我们所说的"用活人献祭"的确切证据,这一点的确值得怀疑。许多被悲剧家认为属于此类献祭的例子都变成了家族世仇的例子,如伊菲革涅亚和波吕克塞娜的例子,这些献祭的目的实际上是安抚鬼魂,而不是献祭某个奥林波斯神。也许更多的例子最初并不是献祭,而是驱邪、净化仪式。隐藏在这些仪式背后的基本事实是:人们利用活人充当法耳玛科斯,后来,当其真正意义消失之后,人们便杜撰出各种各样溯源性质的神话,其中加入了某个奥林波斯神被冒犯的内容。

人们所说的阿塔玛斯(Athamas)的"活人献祭"既有助于我们了解

[①] 至于人们在塔耳格利亚节上所崇拜的神,在众神形成的过程中,得墨忒耳·克洛伊(Chloe)很可能比阿波罗出现得早。戴奥真尼斯·拉俄修斯(II,44)说,在塔耳格利亚节的第六天,当雅典人净化他们的城市时,要献祭得墨忒耳·克洛伊。像在别的地方一样,阿波罗在这里也继承了人们对大地女神的崇拜。

这种献祭的最初内容，也有助于认识人们对这种祭祀的情感演变。希罗多德（Herodotus）说，当薛西斯（Xerxes）来到亚加亚的阿洛斯（Alos）时，他的向导们迫不及待地要让他知道当地所有的奇特风俗。他们跟他说了关于宙斯·拉菲斯提俄斯（Laphystios）神庙的传统："阿塔玛斯家族中年纪最大的人不可进入亚加亚人的城市公共会堂，他们把会堂称为'莱伊通'（Leïton），假如他进去了，出来后就会被用作祭品献祭。"这些向导还说，一些人由于害怕遭受这种命运而逃离这个国家，当这些人回来并进入城市会堂时，人们把缎带装点在他们身上，并列队游行把他们带去献祭。①在这里，我们可以看出一个明显的破绽：为躲避死亡而逃离家园的人重新回来后，绝不可能愚蠢到擅自踏入禁区的程度。问题很清楚：这里强调的是人们举行的列队游行——王室的后裔成了替罪羊。希罗多德把这一点说得很清楚。阿塔玛斯被当作牺牲，因为亚加亚人当时正在净化自己的家园。希罗多德为这一原始且非常清楚的风俗给出了各种相互矛盾的理由，而这恰好反映出善于思考的希腊人在各个阶段曾经有过的各种想法。我们首先看到的是真正的原因——阿塔玛斯被作为替罪羊。然后，公众的良心开始不安，于是我们便看到这样一个传说："献祭"在其达到最完善的时候被赫拉克勒斯（根据索福克勒斯在他那部已经佚失的《阿塔玛斯》中的说法）或者被库提索罗斯（Kytissoros）中断了。献祭是错误的，因此献祭被中止了，但中止献祭也是错误的，因此库提索罗斯的后裔受到了惩罚。人们感觉到献祭要继续，但那是一件可怕的事，是 ἄγος，于是，作为祭品的牺牲得到了逃脱的机会。最后，在同一个复杂的传说里，我们看到人们用公羊替代本该作为祭品的佛里克索斯（Phrixos，阿塔玛斯的儿子）。

顺便提一下，我们有时看到其他民族采取了一种雅典人也许也感到

---

① 希罗多德, VII, 197.[薛西斯（前519？—前465），波斯国王（前485—前465），镇压埃及叛乱（公元前484年），率大军入侵希腊，洗劫雅典，在萨拉米斯大海战中惨败（公元前480年），晚年深居简出，在宫廷阴谋中被杀害。另，阿塔玛斯为弥尼埃人的国王，详见《神话辞典》，p.33。——译注]

满意的献祭方法：他们利用一个已经被判刑的人充当法耳玛科斯。于是，为谴责人类的无知和恐怖，珀斐里列举了一个"活人祭品"的长长的名单。他提到，在墨塔吉特尼亚月（Metageitnion）的第六天，人们用一个男子献祭克洛诺斯。他说，这一习俗历久不变。这个男子已经被公开宣判死刑，但要把他关养到克洛尼亚节这一天。到了克洛尼亚节这一天，人们把他押出城外，来到阿里斯托布勒的塑像跟前，先给他酒喝，再把他杀死。① 这个牺牲已经被判了死刑，而在他被宰杀之前，人们似乎要让他喝醉。

在讨论用动物代替活人作为祭品这一问题时，有一点非常值得我们注意。在我们看来，用动物代替活人，这是具有重大意义的一步，因为在我们看来，人的生命是神圣的。但对原始人来说，动物与人之间的差别并不像我们想象的那样大。较大的动物，以及一些由于各种原因受到人们特别尊崇的动物，在原始时代也被认为是神圣的，对它们的宰杀是一种谋杀，因此需要举行净化仪式来为此赎罪。

这种观念非常清楚地反映在布浮尼亚节（Bouphonia）②——有时人们也称它为迪波利亚节（Dipolia）③——这个宰杀公牛献祭的仪式上。到了阿里斯托芬的时代，布浮尼亚节已成为古旧、过时的标志。在阿里斯托芬的喜剧《云》中，在"正直的逻辑"（Just Logos）描述了古代雅典严

---

① 珀斐里：《论戒食肉类》，II, 53—56。
② 我对布浮尼亚节的描述取自弗雷泽博士的综述，而这一综述的基础正是珀斐里根据泰奥弗拉斯托斯的记录所作的描述（珀斐里：《论戒食肉类》，II, 29 以下）和埃利安（Aelian）的有关描述（V. H., VII, 3）。我基本同意弗雷泽在其著作（《金枝》第 2 版第 2 卷，p.295）中所作的透彻评论，只是我并不认为仪式上宰杀的那头牛代表玉米神。最先把布浮尼亚节正确地解释为宰牛节的是罗伯逊·史密斯（Robertson Smith）。此前，我在《古代雅典的神话与遗迹》（*Mythology and Monuments of Ancient Athens*, p. 424 以下）中曾对此进行过讨论。另见保罗·斯滕格尔（*Rhein. Mus.*, 1897, p.187）。至于冯·普罗特（von Prott）博士认为人们在这个献祭仪式中的罪过源于牛被看作代替活人的祭牲（*Rhein. Mus.*, 1897, p.187），这个观点我是完全不能同意的。
③ 从词源上来说，迪波利亚节可能不是宙斯·波利俄斯的节日，而是一个与耕种有关的诅咒的节日，参见本书第 1 章。

酷的教育制度后,"歪曲的逻辑"(Unjust Logos)说道:

> 那是古老的迪波利亚节的时代、充满了金蝉的时代、布浮尼亚节的时代的风气。①

对此,评注者说:"迪波利亚节是雅典人的节日,时间是祭月的第十四天,人们在这一天献祭宙斯·波利俄斯(Polieus)。在仪式上,人们用糕点和母牛②来模拟再现一些情景。"仪式的经过是这样的:"把大麦和小麦混在一起,然后把这些麦子(或者用这些麦子做成的糕点)放在位于卫城的宙斯·波利俄斯的青铜祭坛上。人们赶来一群牛,让它们绕着祭坛走,那头走近祭坛并把祭品吃掉的牛将被宰杀。用来宰牲的刀和斧事先已经用水磨得锋利,这些水由一些被称为'挑水人'的处女挑来。磨好的刀斧被交给屠夫,其中一个屠夫用斧子把牛砍倒,另一个用刀子把牛的喉管割断。那位手持斧子的屠夫把牛砍倒后立刻跑开,割断牛的喉管的屠夫当然也和前面那位一样跑了。同时,牛被剥了皮之后,所有在场的人分享了牛肉。然后人们把稻草塞进牛皮里,并把它缝好;之后,这头装满了稻草的牛被立了起来,并被套上轭,就像在犁地一样。接着,人们模仿古代法庭举行一个审判,由国王(人们就是这样称呼他的)主持,目的是判定是谁杀了牛。那些挑水的处女说是磨刀斧的人杀的,磨刀斧的人说是把刀斧交给屠夫的人干的,把刀斧交给屠夫的人说是屠夫杀的,但屠夫们则怪罪于刀斧,于是刀斧被判有罪,并被扔进大海。"

这足以证明"歪曲的逻辑"所说的话的正确性。人们在文明的雅典的心脏地带煞有介事地举行这种像小孩过家家一样的原始仪式,这就足

---

① 阿里斯托芬:《云》,984。
② 据我所知,这是唯一认为仪式上的牛是阴性的评注者。这种仪式最初有可能是献祭一个大地女神,因而仪式上的动物为阴性。奇怪的是,类似的还有克托尼亚节(Chthonia)的仪式:人们宰杀母牛献祭克托尼亚,仪式由老年妇女主持,但她们并不亲手宰杀祭牲,而且本地或外地的男子不得参加这一仪式。

以反映宗教保守主义的本质及其影响力。但是，这种仪式曾经有着非常庄严的意义，并被认为是令人恐惧的驱邪仪式的核心。那头牛必须被杀掉，人们要用牛的肉来欢宴，但杀掉它是一件可怕的事，和杀人一样可怕——也许比杀人还可怕。牛的鬼魂和所有复仇心切的鬼魂一样，通常都能受到人们不惜代价的欺骗或安抚。人们如此恐惧，以至于没有哪一种方法足以消除这种恐惧。于是人们假装牛并没有真正死亡，或者至少它已经复活了。如果这还不够，你就借口说它有过错——它吃了那些神圣的糕点，不是出于强迫，而是出于它本身自由、残忍的意志。最后，你假装不是你杀的，而是别人杀的——不，不是别的什么人，而是别的什么东西。最后，这个东西被处理掉了，这个污秽的东西（$ἄγος$）被扔进了大海。

这个仪式上最值得我们注意的是那头牛，尽管它并不是代替活人作为祭牲的，但它就和人一样，它就是人。它被杀后变成的鬼魂，至少是由于它被杀而引起的污秽必须得到安抚和净化。我们注意到，如果你本人在杀了一头牛后要得到净化，一头牛（甚至是一头青铜做成的牛）必须因为杀了你而受到净化。保萨尼阿斯说过这样一个关于青铜牛的故事，这是科库瑞亚人（Corcyreans）在奥林波斯铸造的青铜牛。一个小男孩正在青铜牛下玩耍，突然，他抬起头，但碰到了青铜牛上。过了几天，受了伤的他死了。厄琉斯人（Eleans）担心这是牛犯下的血案，于是问德尔斐神示所他们要不要把这尊铜牛移出阿尔提斯（Altis），但是在处理贵重财产的问题上一贯保守的德尔斐神示所发布的神谕说："他们不用搬走铜牛，但要按照希腊人的习惯做法，为这一非故意杀人事件举行一个仪式。"[①]

我们还是回到布浮尼亚节这一话题上。在所有所谓的"逃跑的仪式"（Flight-ceremonies）中反映出这样一种矛盾的观念，即人们必须做某件事，但做过之后又会引发污秽。从迪奥多罗斯所记录的埃及人的尸体防

---

① 保萨尼阿斯，V，27.6。

腐仪式中，我们可以清楚地看到这种仪式的目的。他说："一个被称为'开膛者'的人手持一块埃提俄皮亚石，他按照规定用手中的石剖开尸体，然后即刻离开。人们追着他，向他投掷石头，还不停地咒骂他，似乎要把污秽的责任转移到他头上。"①

普卢塔克所记录的"逃跑的仪式"特别有启发性，因此要详细地加以讨论。由于它跟打谷场的仪式有联系，就更值得我们注意。在《希腊人的问题》中的第十二个问题里，普卢塔克说，德尔斐人每八年举行的三个重大节日中有一个叫作斯忒普特里恩节（Stepterion）②。在另一部著作（De defect. orac., XIV）里，他对这种仪式进行了描述。虽然他在其中掺杂了许多溯源性的神话，以至于我们很难从中厘出事实，但以下事实是清楚的：每八年，人们要在德尔斐的打谷场周围搭起一间小屋（καλιάς）。据普卢塔克说，这间小屋更像一个王宫，而不像蛇的洞穴，因此我们可以有把握地推断，它是搭来给一条蛇住的。人们按照某种规定领来一个父母双双健在的手持火把的男孩儿③，然后，小屋被放火烧掉，参加仪式的人头也不回地纷纷逃跑。之后，男孩儿来到滕比河（Tempe），在那里斋戒。最后人们给他戴上月桂花冠，列好队隆重地把他带回。普卢塔克并没说到这个男孩儿杀掉了蛇，但是由于人们认为这个仪式模仿的是斩杀巨蛇皮同（Python）和放逐阿波罗的情景，因此可以推断他杀了蛇。当然，按常理，普卢塔克对阿波罗需要净化的说法一定感到吃惊，而且面对这种奇怪的仪式也会不知所措，但是他说了一句

---

① 迪奥多罗斯，I，91。
② 我在别的地方（《希腊研究》，XIV，1899年，p.223）说过，我认为"斯忒普特里恩"一词不能译为"加冕节"（Festival of Crowning），这一解释的唯一依据是埃利安的著作（《编年史》，XII，34）。此外，这些仪式的主要目的是净化，而不是加冕。我怀疑，"斯忒普特里恩"这个名字与两个令人费解的词 στέφη 和 στέφειν 有联系，这两个词出现在埃斯库罗斯《奠酒人》第94行及索福克勒斯《安提戈涅》第431行、《厄勒克特拉》第52行和第458行。在某种程度上说，"斯忒普特里恩"有净化的意思，参见尼尔松《古希腊的节日》，p.151。
③ 在埃利安的著作（《编年史》，VII，34）和菲洛斯特拉托斯的著作（Im., II, 24.850）中也有类似的描述。关于罗马类似的节日，参见沃德-福勒《古罗马的节日》p.327及p.174。关于未开化的土著部落的类似节日，参见弗雷泽博士《保萨尼阿斯》第3卷，p.53。

非常准确的话:"可见,那个男孩儿被从打谷场带到河边,在那里受到人们的供奉和净化,这让人怀疑他做了某件大胆的、引起污秽的事。"① 这句话说到了点子上:圣蛇被斩杀了,杀蛇者引发了污秽,因此他必须得到净化。这一杀蛇行为很可能是形式上的,带有仪式性质,因为他被庄严地带到小屋跟前,而且他是被精心挑选出来的。但是,那个大胆的行为是一种污秽,因此完事后他必须离开。不管是圣蛇、圣牛抑或作为祭品的活人,在这种仪式上,人们的做法都是一样的。

综上所述,我们对法耳玛科斯仪式的讨论可以扼要概括如下:法耳玛科斯仪式的主要目的是净化;这种观念(有时掺杂着安抚鬼魂的观念)隐藏在我们通常所说的希腊人的"用活人献祭"观念的背后。此外,还需要补充一点:在文明的原始阶段,活人牺牲与动物牺牲之间并没有明显的界线。

卡林特里亚节与普林特里亚节

普卢塔克在其著作中说,亚西比德(Alcibiades)返回雅典的那天是一个充满凶兆的日子:"在他回来的那天,他们正举行隆重的普林特里亚仪式来献祭女神。因为在塔耳格利亚月下旬的第六天,普拉西耶吉德人(Praxiergidae)要隆重地举行一些不能让外人知道的仪式:他们把塑像上的饰物取下,然后把塑像遮住。因此,雅典人认为这一天是最不吉利的,因而这一天他们什么活也不干。女神似乎并不是以一种友善的方式欢迎他的归来,因为她不让他看到自己的脸,似乎是不让他看到她。"② 波鲁克斯说,每逢普林特里亚节,像其他"不吉利"的节日一样,人们要用绳子把各个神庙围起来。这样做的部分目的是不让牲畜走近神庙,也许最

---

① 普卢塔克:*De defect. orac.*, XIV。这篇文献有的地方出现了讹误。
② 普卢塔克:《亚西比德传》,XXXIV。

初是为了"驱除"邪气。①

佛提俄斯在他的著作中把卡林特里亚节和普林特里亚节放在一起讨论,并把卡林特里亚节放在普林特里亚节的前面。②在许多评注者的心目中,这两个节日总是被相提并论,他们认为它们的内容实质上是一样的。按照通常的说法,普林特里亚节是一个沐浴的节日。人们排着队庄严地把帕拉斯(Pallas)的塑像抬到海边,脱下塑像上的衣物,但要把它遮住,不能让粗俗的人看到,然后把它放在海水里沐浴,最后带回。到了卡林特里亚节,人们重新给它穿上衣服、戴上饰物,对它进行"美容"。从这一关于仪式顺序的简单解释中,我们可以看出一个不起眼的问题。佛提俄斯清楚地说,卡林特里亚节是在普林特里亚节之前,卡林特里亚节在塔耳格利亚月的第十九天,普林特里亚节在这个月的第二十八天。③如果人们首先对塑像进行"美容",然后再为它沐浴,那就让人感到奇怪了。当然,要解释这一有悖情理的做法并不困难。καλλύνειν 一词不仅有"美容"的意思,还有"刷掉、清扫、上光"的意思。希腊语中表示扫帚的是 καλλύντριον,在赫西基俄斯的词典的 σαρόν 条目中也用 καλ < λ > υντρόν 表示。如果我们相信赫西基俄斯的说法,那么 καλλύσματα 就是"扫除"的意思。④ 总之,卡林特里亚节是罗马人所说的"做扫除工作的人"的节日(everruncatio)。他们清扫神圣的场所,把这些地方变得像我们今天所说的那样"整洁漂亮"。像能干的主妇一样,他们清扫完毕、把房子弄干净之后,就接着清洗塑像,然后把洁净如新的塑像放回原地。

当看到有关清扫神庙、清洗塑像的描述时,我们可以肯定人们的宗教已经进入这样的阶段:人们崇拜某个特定的神,而且这个神已经被人格化。在卡林特里亚节或普林特里亚节之前,塔耳格利亚节的仪式(包括法耳玛科斯,亦即驱邪仪式)也许已经存在了。尽管如此,卡林特里

---

① 波鲁克斯:*On.*, VII, 141。
② 佛提俄斯的词典,Καλλυντήρια 条目。
③ 普卢塔克和佛提俄斯的说法不可能都是正确的,很可能是佛提俄斯把顺序搞错了。
④ 赫西基俄斯的词典,σάρματα 条目。

亚节和普林特里亚节使我们进一步了解了法耳玛科斯仪式的目的，并强调了这样的事实：所有的清洁工作，不管是与塑像有关，还是与神庙、人有关，都只不过是为收获初果而做的准备工作。

了解了初果与净化之间的这一联系，就能够理解普林特里亚节的一个特点，否则我们无法明白这一特点的意义。赫西基俄斯说，在普林特里亚节的游行——很可能（虽然不太确定）是人们列队把塑像抬到海边的游行——中，人们拿着一块无花果做成的饼或一把干无花果，这被称为"赫格特里亚"（Hegeteria）。① 关于这个奇怪的名字，赫西基俄斯的解释可不含糊。无花果是人类能够享用的第一种种植出来的水果。无花果做成的饼被称为赫格特里亚，因为在饭餐中它是"领路的"（指人们先吃的食物。——译注）！

也许我们可以提出另一种解释方法。虽然这个词的元音是个长元音，但无花果饼很可能跟 ἅγος 有联系，而不是跟 ἄγω 有联系。无花果曾被用于净化。赫格特里亚难道不是用于净化的无花果饼？法耳玛科斯的脖子上挂着一块无花果饼，一些神的塑像上也有类似的饰物。原始人往往分不清因果，他举行净化仪式来保护他的初果，于是便认为献上初果这一行为本身就是净化仪式。

通常来说，如果我们考察类似的罗马节日，希腊人举行的那些仪式的意义就会变得更加明显。普卢塔克在他的《罗马人的问题》中问："为什么罗马人不在五月结婚？"接下来他一语中的："是不是因为他们要在这个月举行最大的净化仪式？"他直截了当地告诉了我们这些净化仪式是什么："如今人们从桥上把塑像扔进河里，但在古时候，人们扔的是活人。"② 在此，我们要严格区分普卢塔克所说的事实——他那个时代的人举行的仪式——和他对过去的猜测。如果我们知道塑像、偶像被从桥上

---

① 赫西基俄斯的词典，ἡγητηρία 条目。
② 普卢塔克：《罗马人的问题》，LXXXVI。

扔进河里，我们就会像普卢塔克那样猜想这些东西代替的是活人祭品。但是，我们必须明白，这纯粹是一种猜测。普卢塔克在他的《罗马人的问题》的另一个问题里证实了这一事实，并加上了木偶这一名称。他问："为什么他们要在五月把那些被称为'阿耳戈依'（Argei）的人的偶像从木桥上扔到河里？"[①] 奥维德说得更具体："到那时（5月15日），供奉维斯塔女神的贞尼[②]通常要从橡木桥上把一些用灯芯草做成的古人的塑像投进河里。"他还说，之所以这样做，是因为这是神谕所要求的："你们这些民族，要把两个人当作牺牲献给那个手持镰刀的古老的神，要把这两个人扔进图斯卡河（Tuscan）里。"[③] 很明显，奥维德和普卢塔克都认为用灯芯草做成的阿耳戈依是代替活人的祭品。另一方面，有关用活人献祭的神话有可能源于戏剧性的驱邪仪式。唯一可以肯定的是，阿耳戈依[④]就是法耳玛科斯，是 $καθάρματα$。

举行阿耳戈依仪式的时节——确切地说，6月13日之前的一整个月——都是不吉利的日子，佛拉米尼卡女祭司（Flaminica）的行为充分地证明了这一点。普卢塔克接着说，佛拉米尼卡在这段时间神情忧郁，她不洗漱也不打扮。[⑤] 奥维德还说到这种哀悼仪式的细节。他说，他曾就女儿的婚事向佛拉米尼卡·迪亚利斯（Dialis）请教，女祭司告诉他，在6月13日前，谁当新娘新郎都没有好运："迪亚利斯的神圣新娘这样对我说：'在宁静的台伯河（Tiber）把净化伊利安·维斯塔（Ilian Vesta）得来的黄褐色河水送到大海之前，我不得用杨木梳子梳头，不得用铁器修剪指甲，也不得碰我的丈夫，虽然他是朱庇特（Jove）的祭司……别焦

---

① 普卢塔克:《罗马人的问题》，XXXII。
② 关于供奉维斯塔女神的贞尼，参见《神话辞典》，p.128。——译注
③ 奥维德:《岁时记》，V，621。
④ 沃德-福勒在其著作《古罗马的节日》，p.111）中对阿耳戈依的仪式进行了全面的讨论。曼哈尔特在他的著作《树木崇拜》，pp.155，411，416，及《古代树木崇拜与田野崇拜》，p.276）里收集了古代大量类似的节日。关于"阿耳戈依"的词源，参见 A. B. 库克先生的论文，刊于《古典评论》1903年第17期，p.269。
⑤ 普卢塔克:《罗马人的问题》，LXXXVI。

急，最好等到被净化的炉灶里燃起维斯塔之火时再让你女儿结婚。'"①

罗马的灶神节②比卡林特里亚节和普林特里亚节稍晚一点，但这些节日的内容都是一样的。在此我借用了沃德-福勒关于灶神节的描述。每年6月7日，维斯塔神庙的内室向所有的主妇开放，而它在平时都是关闭的，只有大祭司长有权进入。在接下来的七天时间里，主妇们打着赤脚涌进神庙，这样做的目的可能是为自己的家庭祈福。到神庙来的人们带来了古朴的祭品：供奉维斯塔女神的贞尼献上的是用收获的第一批玉米做成的圣饼，我们在上文看到这些玉米是在五月初摘取的；面包师和磨工都要放假，所有的磨粉机都被装饰上花环，驴也被戴上花冠、挂上糕点。到了6月15日，要清扫神庙，垃圾要搬走——要么扔进台伯河，要么搬到一个地方放好。于是，不吉利的日子就结束了。清扫工作一结束，6月15日这一天就变成一个吉日了，因为"垃圾已经被搬走了"。③

弗雷泽博士收集了许多与灶神节相似的土著部落的节日。其中最有名的就是北美克里克（Creek）印第安人的初果节，这个节日是在七、八月玉米成熟的时候举行的。在过这个节日之前，印第安人是不许吃，甚至不许接触新玉米的。在为这个节日做准备时，他们要购置新衣和家用器具，旧衣服、各种无用之物以及剩余的旧玉米都要被烧掉。村里的火都要灭掉，灰烬要打扫干净，特别是要挖好神庙的炉灶和祭坛，并清理干净。公共晒场要精心打扫干净，"以免玷污那些当作祭品的玉米"。在举行吃新玉米的圣餐仪式之前，人们要进行严格的斋戒，要喝一种具有强烈净化作用的饮料（可见土著居民的准备措施是彻底而富有逻辑性的）。人们除了可以分得新玉米外，还可得到刚刚点燃的火种。然后，祭司宣布，新的神火已经把过去一年的罪过清除掉了。新玉米是一种威力强大的药，因此男人们把新玉米放在两手间揉搓，然后又放在脸上、胸

---

① 奥维德：《岁时记》，VI, 219—234。
② 有关灶神节与维斯塔的关系，参见《神话辞典》，p.304。——译注
③ 沃德-福勒：《古罗马的节日》，p.148。

上揉搓。①

综上所述，我们看到花月节上的献祭的目的是净化，净化的方式是对神的安抚。在塔耳格利亚节上，净化依然是献祭的最终目的。虽然这种净化会涉及杀死某一个人，但它的本质只是一种巫术性的清扫，目的是为即将到来的收获作准备。

下一章我们将考察秋天的播种节日——立法女神节。

注：在我撰写了关于塔耳格利亚节的内容之后，W. R. 佩顿（Paton）先生给我寄来了他发表在《考古评论》（*Revue Archéologique*）上的一篇评论《法耳玛科斯与堕落的故事》（*The Pharmakos and the Story of the Fall*）的文章。佩顿先生的观点是，法耳玛科斯仪式的目的是促使无花果的传粉成功进行。我认为这一理论有助于解释法耳玛科斯仪式，因而有着极其重要的意义。它能帮助我们理解仪式上出现的黑、白无花果，雌、雄性祭牲，特别是仪式上出现的抽打情景。此外，这一理论为关于人类"堕落"的神话的起源提供了一种理性的，因而是非常值得欢迎的假设。

莫利（Moley）先生在《民俗》（*Folk-Lore*，1916 年第 27 期，第 218 页）中提出了一种关于法耳玛科斯的土耳其语词的派生形式，其意思为"抽打"。可见，法耳玛科斯就是"被人们用抽打的方式驱逐的无赖"。

---

① 弗雷泽：《金枝》第 2 版第 2 卷，p.329。

第四章　妇女的节日

立法女神节

本章我们将讨论一类有着特别意义的节日，立法女神节[1]就是其中之一。参加这些节日仪式的只有妇女，其年代非常久远，具体时间已无从查考。虽然我们是在讨论花月节之后才讨论这些节日的（原因我们在开始时已经说过），但是它们比花月节更原始。此外，由于妇女本身的保守性以及男人对这些仪式所抱的蔑视和迷信的态度，这些节日被原原本本地保留下来，直至较晚的年代。和宙斯节、花月节、塔耳格利亚节不同，这些仪式没有被奥林波斯教所借用，因此未受其影响。而且至关重要的是，在新的宗教信仰的影响下，这些仪式最终出现在希腊所有仪式中影响最广泛的厄琉西斯秘密祭典上。

关于这些节日的原始性及种族起源，希罗多德的记录可以为证，虽然出于宗教上的虔诚，他没有透露其中的细节。他说："关于得墨忒耳的节日——希腊人称之为立法女神节，为了我的福祉，我必须保持沉默，只能说说大家都了解的情况。是道努斯（Danaus）的女儿们从埃及引进了这一节日，又把这个节日传给佩拉斯吉（Pelasgian）妇女。但是，多利安人（Dorians）征服整个伯罗奔尼撒半岛之后，这个节日便彻底消失

---

[1] J. G. 弗雷泽博士在《大英百科全书·艺术卷》"立法女神节"条目中收集了有关立法女神节的资料，并进行了讨论。[关于立法女神节，参见《神话辞典》，p. 184。也有人把"立法女神节"译为"地母节"，罗念生先生就把阿里斯托芬那部著名喜剧的题目译为"地母节妇女"（参见《阿里斯托芬喜剧二种》，湖南人民出版社，1981年）。——译注]

了，保持这个节日传统的只有那些幸存下来的伯罗奔尼撒人和那些没有离开故土的阿卡狄亚人。"①奇怪的是，希罗多德没有提到雅典人，他们和阿卡狄亚人一样并没有受到影响。但他这段话很有价值，因为它能帮助我们确定一点：这个节日在多利安人到来之前就存在了。希罗多德明白这是一个远古流传下来的节日，便照例认为它源于埃及人。下文我们将会看到，他的猜测很可能是有道理的。

和花月节一样，立法女神节也是一个持续三天的节日，具体日期为摘果月（十月至十一月）的第十一至十三天。节日的第一天（即摘果月的第十一天）被称为"卡托多斯"（Kathodos）和"阿诺多斯"（Anodos），意思分别为"下落"和"上升"；第二天为"涅斯泰亚"（Nesteia），意为"斋戒"；第三天为"卡利格涅亚"（Kalligeneia），意为"顺利地生长"。②关于立法女神节这一名称的含义以及这几个日子的意义，后文将会论及，在此我们只需明白整个立法女神节是晚秋的节日，而且肯定与播种有关。科努图斯（Comutus）说："在播种的季节庆祝得墨忒耳的节日时，他们通过斋戒来纪念她。"③卢奇安的《妓女的对话》（*Dialogui Meretricii*）的评注者为我们留下了关于立法女神节一部分仪式的非常详细的记录。由于这段记录对我们了解整个节日有着至关重要的作用，因此有必要首先对其进行详细的讨论。在卢奇安的对话中，密尔托（Myrto）责怪帕姆菲勒斯抛弃了她。她说："你就要娶的姑娘并不漂亮。在庆祝立法女神节时，我在近处看到了她，当时她和她母亲在一起。"这段话之所以重要，是因为人们一直认为立法女神节是一个只有已婚妇女才能参加的节日，但在卢奇安的时代，事实并非如此。

评注者关于这段话的评论如下——没有哪一位古代评注者给我们留

---

① 希罗多德：《历史》，II, 171. 另见弗雷泽：《保萨尼阿斯》第 5 卷，p.29；赫丽生和维罗尔：《古代雅典的神话与遗迹》，p. xxxiv、pp.102—105 及 p.482；A. 兰：《荷马颂歌》（*Homeric Hymns*），"导言"和"得墨忒耳颂"；尼尔松：《古希腊的节日》，p.313。
② 参见关于阿里斯托芬《立法女神节妇女》第 78、585 行的评注以及佛提俄斯的词典中的有关条目。
③ 科努图斯：《希腊神学纲要》（*Theologi Groecoe*），28。

下了如此富于启发性的评论:"立法女神节是希腊人的节日,它包括一些秘密祭典,这些祭典又被称为斯奇罗弗里亚节。根据神话传说,人们庆祝这个节日是因为科瑞(Kore)在采花时被普路同(Plouton)劫走了。当时,一个名叫欧部琉斯(Eubouleus)的牧猪人正在那里牧放猪群,欧部琉斯和他的猪群还有科瑞一起落进了地缝里。因此,为了纪念欧部琉斯,人们把猪投入得墨忒耳和科瑞的深渊。一些被净化了三天①的妇女(她们又被称为'把东西取上来的人')把地缝里已经腐烂的猪取了上来。然后,她们走进神庙的内室,并把取回来的死猪肉放在祭坛上。她们说,谁要是把祭坛上的死猪肉拿走,并把它和种子拌在一起,谁就会获得好收成。据说,在地缝里及地缝周围有许多蛇,被扔进去的猪大部分都是它们吃掉的。因此,当妇女们从地缝中把死猪取出并用那些有名的塑像代替死猪时,要制造出喧闹的响声,以便驱赶那些被她们认为是神庙的保护神的蛇。

"还有一种同样的仪式被称为阿瑞托弗里亚(Arretophoria,意为'搬运无名的东西'),举行这些仪式的目的同样是与庄稼的成长和人的繁衍有关。在阿瑞托弗里亚仪式上,人们也要抬着一些不能说出名称的、用面团捏成的圣物,也就是一些蛇和人的塑像。他们还把一些冷杉球果扔进那些被称为'墨加拉'(megara)的圣所里——因为冷杉是一种丰产的树。被扔进去的还有象征果实的成长和人类的繁衍的猪——这一点我们已经说过,这同样是由于猪的丰产特点。这是用来感谢得墨忒耳的祭品,因为是她给人带来了用她的名字命名的粮食,教化了人类。以上关于这个节日的解释的根据是神话,但我们现在给出的解释是真实的。这个节日被称为立法女神节,是因为得墨忒耳的称号是'忒斯摩福罗斯'(Thesmophoros)。是她创立了法律,人们要想获得食物,就必须遵守这一法律。"②

---

① 净化仪式包括严格的禁欲,其目的是保持体力,参见弗雷泽博士:《金枝》第2版第2卷,p.210。
② 关于卢奇安《妓女的对话》第2章第1节的评注。

尽管评注者的描述有点语焉不详，但这个节日的主要轮廓是清楚的。在立法女神节期间某个不确定的时候，妇女们在经过专门的净化之后，把一些猪赶进一些被称为 μέγαρα 的地缝或者深渊里，或者赶到神庙里。在另一个不是非常确定的时候，她们下到墨加拉，把腐烂的猪肉取上来，并放在一些祭坛上，然后腐烂的猪肉被从祭坛上取下来，和种子拌在一起，以便让种子丰产。由于节日的第一天既被称为卡托多斯又被称为阿诺多斯，因此很可能妇女们是在同一天下到墨加拉，并从墨加拉走上来的。但是，由于猪肉已经腐烂，因此中间一定经历了一段时间。那么，我们可以推测，猪被留在那里一整年以便使其腐烂，妇女们在节日的第一天把新的猪赶进墨加拉，并取回上一年那些已经腐烂的猪肉。

猪被留在那里多长时间（以便使其腐烂），这一点并不影响这个节日的整体内容。更值得我们注意的是，这些猪肉似乎被认为是献给大地神灵（由作为保护神的蛇代表）的某种供品。人们需要这种猪肉作为丰产的符咒，但他们觉得蛇也许需要一部分。人们把这些蛇吓跑，作为给蛇所受的损失的一种补偿，人们要把那些用面团做成的替代品送下去。这些用面团做成的替代品的形象是一些非常丰产的东西。我们不太清楚在立法女神节和阿瑞福拉节，人们是把冷杉球果等东西扔进墨加拉，还是只把猪投进去，但既然评注者坚持认为这两个节日非常相似，那么这一点似乎是可能的：这些神圣的祭品具体是什么并不重要，它们都是促进丰产的符咒。

评注者关于这个节日的两种解释有着特别的启发意义。到这个时候，确切地说在这之前，有知识的人已经不再相信把一种丰产的动物或一个冷杉球果埋在土里可以使土地丰产，他们已经超越了"感应巫术"（sympathetic magic）这种原始的逻辑。但是，立法女神节依然被保守的妇女保存了下来：

> 她们像自己的一贯所为一样保持着过立法女神节的习惯。

我们需要一种在有常识的人看来不太原始、不太让人反感的解释方法来解释它的起源,而从神话①中就可以找到这样的方法。科瑞被普路同劫到了地缝里,因此在她的记忆里,妇女们走下了地缝又从那里上来了。同时猪群也落进了地缝,因此她们上去时要把猪带走。虽说这种神话解释有点荒谬,但也是值得重视的。珀耳塞福涅(Persephone)被劫的神话当然确实是源于仪式,而不是仪式源于神话。评注者心里明白,这个仪式的内容是"真实的"。但是,即使是在他说出真实的内容之后,他对这个节日与当代的一些联系依然是迷惑不解。他说,这个节日是为"感谢"得墨忒耳而举行的。但是,在立法女神节的感应巫术里,人直接感应大自然,他不承认在他与大自然之间有一个媒介,他用不着感谢神——也没有神为他做了什么。用于感恩的祭品后于祈祷出现,在立法女神节的时代,祈祷甚至还没出现。如果仔细观察人们从举行直接感应的仪式转变为祈求的仪式,最后转变为感恩的仪式的过程,就像是在阅读一部完整的原始人的宗教史。

在此还要说一下立法女神节仪式的一些细节。虽然我们从阿里斯托芬的喜剧中知道立法女神节盛行于雅典,但它还流行于希腊全境。在皮奥夏的波特尼亚,人们也举行用猪献祭的仪式。非常可惜的是,保萨尼阿斯的有关记录充满了讹误,但我们从中知道了一个明确的细节:人们所用的猪是刚出生的、还在吃奶的小猪。②一些比希腊人更原始的土著部落就用真正的科瑞代替希腊人的小猪,或者说用她来加强那些猪的威力。安德鲁·兰在其著作中指出,印度中部的冈德人(Khonds)就是用一些猪和一名妇女来献祭,目的是让这些牺牲的血促进土地的丰产;北美的波尼人(Pawnees)直到十九世纪中叶还用一个女孩作为牺牲,这个女孩是从敌对的苏人(Sioux)部落获得的。但没有证据表明,猪是希腊人用

---

① 模拟性的仪式对神话发展的影响将在后文论及,见第6章。
② 保萨尼阿斯,IX, 8.1。

来替代活人的牺牲。①

墨加拉也值得我们注意,这一名称还遗留在当代希腊语中。墨加拉似乎是一些天然的地缝,后来是人工造出的地缝。最初,这些天然的地方是人们献祭大地的场所,后来,它们就成为大地神灵的圣所。根据兰先生的记载,在美洲,吉普赛人、波尼人和肖尼人(Shawnees)把他们献给大地女神的祭品埋在土地、天然的裂缝或人工挖出的地窖里。在尼多斯(Cnidos)的得墨忒耳神庙,查尔斯·牛顿(Charles Newton)爵士发现了一个地窖,地窖本来为圆形,但后来发生地震,受到了挤压。地窖里的物品有猪和其他动物的骨头。在尼多斯的得墨忒耳塑像旁还有一些大理石的猪雕像,现收藏在大英博物馆。②值得一提的是,珀斐里在他的《仙女洞》(Cave of the Nymphs)中说,人们为奥林波斯神建造神庙、塑像和祭坛,为土地之神和英雄建造炉灶,而那些地下的神灵有壕沟和墨加拉。③菲洛斯特拉托斯在他的《阿波罗尼俄斯传》中说:"下界神祇喜欢壕沟,喜欢在凹陷的地方举行的仪式。"④

尤斯塔修斯说,墨加拉是"两位女神在地下的住所",这两位女神就是得墨忒耳和珀耳塞福涅。他还说:"埃利安说,这个词的拼法是 μάγαρον 而不是 μέγαρον,并说那是放置神秘圣物的地方。"⑤除非我们接受这种说法,否则这个词的词源依然模糊不清。⑥这个词最初的意思是洞穴住所,后来演变为王宫的正殿(megaron)和奥林波斯神的神庙。词义上的转变标志着人们的仪式从献祭地下的神灵变成献祭天上的神灵。

我们在美术作品中找不到描绘立法女神节的场面的作品,但在雅典

---

① 《十九世纪》(Nineteenth Century)1887年4月号。
② C. T. 牛顿:《在哈利卡那索斯的发现》(Discoveries at Halicarnassus)第2卷,p.383,以及《黎凡特之旅及发现》(Travels and Discoveries in the Levant),II,p.180。
③ 珀斐里:《仙女洞》,VI。
④ 《阿波罗尼俄斯传》,VI,11.18。
⑤ 尤斯塔修斯,§1387。
⑥ 弗雷泽博士提醒我,罗伯逊·史密斯先生在其著作(《闪米特人的宗教》,p.183)中说,μέγαρον 源自腓尼基语词 meghar 和希伯来语词 meghara,意为"洞穴"。埃利安所用的拼法 μάγαρον 也证明了这一观点。试比较:佛提俄斯的词典的 μάγαρον 条目。

国家博物馆收藏的一只细颈花瓶上有一幅漂亮的瓶画[①]（图 10），画中的女人正在献上一头小猪。显然，小猪的下方是一条壕沟，而那三根竖立的火把表示这是献祭地下神灵的仪式。女人的左手拿着一只篮子，里面无疑装有圣物。这似乎是立法女神节的仪式，但我们不能明确地说出这幅画的实际含义。

图 10

可以肯定，把猪埋葬、挖出的仪式是在立法女神节的第一天举行的，这一天被称为卡托多斯或阿诺多斯。而且，从"卡利格涅亚"（意为"顺利地生长"）这一名称可以推断，人们在第三天把腐烂的猪肉撒在田地上。第二天又被称为 μέση，意为"中间的日子"，是一个庄严的斋戒之日，很可能在这一天妇女们要把那些神奇的圣物摆在祭坛上。这种斋戒的严格程度是众所周知的。在这一天，囚犯获得释放，法院不开门，议

[①] 海德曼（Heydemann）：《古希腊瓶画》，II, 3。类似的画面参见《大英博物馆藏品目录》，编号 E819。

事会议不能召开。① 阿提尼俄斯在讨论鱼的不同种类时提到过这种斋戒。犬儒学派（Cynic）的一名成员走进来，说道："我的朋友们也在斋戒，仿佛今天就是立法女神节的第二天，因为我们吃的像是素食者的饭菜。"

　　妇女们坐在地上斋戒，这也正是那个推源性神话的起源：得墨忒耳这个孤苦的母亲坐在"没有笑容的石头"上斋戒。阿波洛多罗斯在描述得墨忒耳的悲伤时说："起初她在一块石头上坐下，那块石头由她而得名，叫作'没有笑容的石头'，位于'跳舞泉'的旁边。"② 我们已经知道"跳舞泉"在厄琉西斯。在那里，人们还找到了一个奇特的文物，该文物表明厄琉西斯人把得墨忒耳女神塑造成了一个具有和他们一样的形象的神。在图11里，我们看到的是一幅普通的还愿浮雕：崇拜者们排着队把手中的祭品献给一个坐着的女神。但是，这个女神并不像别的女神一样坐在宝座上。她是大神母，像妇女们蹲坐在她的土地上斋戒一样，她也是蹲坐在那里。

图 11

---

① 阿里斯托芬：《立法女神节妇女》，第 80 行。弗雷泽博士对我说，人们在立法女神节上释放囚犯的风俗也许可以解释为一种预防措施，以防绳结、镣铐等具有神奇作用的东西影响宗教活动的进行。试比较：《金枝》第 2 版第 1 卷，p.392 以下。
② 阿波洛多罗斯，I, 5.1。

普卢塔克有一段话说到妇女的斋戒，这段话对理解立法女神节的目的有着重要的意义。在讨论伊西斯和奥西里斯时，埃及和希腊的某些农耕仪式的共同之处让他感到惊讶，因此说出了以下这段具有启发意义的话："如果在举行这种忧郁悲伤的献祭时既不能忽视传统的仪式，又不能改变我们对众神的观点，也不能用荒谬的推测混淆他们，那么我们该怎么办呢？每年埃及人都要举行他们的神圣仪式，希腊人大约也在同一时间举行许多这样的仪式。比如，在雅典，每逢立法女神节，妇女们要坐在地上斋戒，皮奥夏人在亚加亚的地缝边举行仪式，他们把这种节日称为悲伤的节日，因为得墨忒耳在女儿掉进地缝后悲伤不已。普勒阿得斯姐妹星（Pleiades）升起前后的那一个月是播种的月份，埃及人称之为阿托耳月（Athor），雅典人称之为摘果月，皮奥夏人则把它叫作达玛特里恩月（Damatrion），泰奥彭波斯在他的书里说，那些居住在西方的人把冬天称为克洛诺斯，把夏天称为阿佛洛狄忒，把春天叫作珀耳塞福涅，万物的出生都有赖于克洛诺斯和阿佛洛狄忒。弗里吉亚人（Phrygians）认为，神到了冬天是要休眠的，到了夏天他便醒了。于是，人们为他举行狂欢活动：冬天举行'入睡'的仪式，夏天举行'觉醒'仪式。帕弗拉戈尼亚人（Paphlagonians）宣称，到了冬天神就被绑起来，关在监狱里，到了春天就被人们唤醒，并被释放。"①

不管"亚加亚"（Achaia）②这个令人费解的词的意思是什么，普卢塔克所记录的都是真实的情况。当时居住在爱琴海（Aegean）沿岸的各个民族普遍都举行这种仪式——其实普卢塔克也许不知道，许多原始民族都是如此，仪式的目的就是模仿大自然变化的过程，总之这是一种"感应巫术"的仪式。妇女们坐在地上斋戒，因为土地处于荒芜状态。然后

---

① 普卢塔克：《伊西斯和奥西里斯》，LXIX。
② 关于 Ἀχαία 这个令人费解的称号的词源，最令人满意的就是由拉格尔克兰茨（Lagercrantz）提出的解释，他把 Ἀχαία 和 ὀχή（食物）联系起来。这也许也可以解释阿提尼俄斯（III, 74, p.109）提到的被称为 ἀχαῖναι 的条状食物，他引述的是塞莫斯（Semos）的说法；德洛斯人在立法女神节用这种食物。参见尼尔松：《古希腊的节日》，1906年，p.325。

她们结束斋戒，举行各种狂欢活动。她们在地缝旁边举行仪式，模仿春天里大自然的骚动。后来，当她们不知道自己为什么做这些事的时候，便把一个女神当作她们的原型。

普卢塔克根据自己的形象塑造出了他心目中"理想的"希腊神祇：安详、欢乐、仁慈。但是他对事实观察入微，因此他看到有一些仪式是"悲伤的""忧郁的""没有笑容的"——他后来把这种仪式叫作"献祭"。① 有两种可能：要么他对众所周知的仪式熟视无睹——这一点他是做不到的，他也不会这样做，因为他是一个诚实的人；要么他一定是混淆了自己关于神祇的概念。在这种困惑的处境中，他试图从比较人类学的角度来解决问题，于是注意到了一些邻近的更原始的民族也有类似的仪式。

从一些词典中，我们可以找到关于立法女神节的其他两个因素的简短描述。赫西基俄斯是这样解释 $δίωγμα$（追求）一词的："雅典人的一种献祭，由妇女在立法女神节秘密举行，同样的仪式后来被称为 $ἀποδίωγμα$。"② 从苏伊达斯编纂的词典中我们了解到，这种仪式也被称为 $Χαλκιδικὸν\ δίωγμα$，即"哈尔基斯人（Chalcidian）的追求"。③ 当然，苏伊达斯给出的是一种与历史有关的解释。只有一点是清楚的，即这种仪式一定是属于那种通常的"追求"仪式，对此，我们在考察塔耳格利亚节时已进行了讨论。

我们只能从赫西基俄斯的词典中了解到最后一种仪式。他说："$ζημία$（处罚）是一种因为在立法女神节上所做的事而献上的祭品。"④

至于在厄瑞特里亚（Eretria）举行的立法女神节，我们可以从普卢塔克的著作中了解到它的两个特点。普卢塔克在他的《希腊人的问题》

---

① 普卢塔克，见前引文献。关于"播种仪式的悲伤特点"，见弗雷泽博士：《阿多尼斯，阿提斯，奥西里斯》（*Adonis Attis Osiris*），p. 232。
② 赫西基俄斯的词典，$δίωγμα$ 条目。
③ 苏伊达斯的词典中的有关条目。
④ 赫西基俄斯的词典，$ζημία$ 条目。

里问道:"为什么厄瑞特里亚妇女到了立法女神节不是用火而是用太阳煮肉?为什么她们不召唤卡利格涅亚?"①普卢塔克对这些问题的回答并不令人愉快。用太阳而不是用火煮肉很可能是原始时代留下的做法。在今天的希腊,借助中午的骄阳,用一块石头烤一片可口的肉并不是一件困难的事。在古代,这种做法很可能是非常普遍的,因此它就轻易地保留在古老的仪式中了。"卡利格涅亚"对我们来说也不是什么难题,这个词的意思是"顺利地生长"。也许可以作这样的推测:它最初指的是借助腐烂的猪肉成长起来的好庄稼。随着人格化的神的出现,"好庄稼"便演变成了科瑞——大地的女儿。关于这一演变过程,我们在讨论"女神的形成"时还将作进一步的说明。像瑞特里亚人这样的保守民族在接受人格化的神这一方面似乎要慢一些。

立法女神节的另一个特点我们是从埃利安的《动物史》(History of Animals)中得知的。在说到一种植物 Agnus castus 时,埃利安说:"每逢立法女神节,阿提刻妇女通常把它撒在床上,因为据说爬虫害怕这种植物。"他接着说,这种植物最初是用来驱蛇的,因为妇女们住在临时小屋时非常容易受到蛇的攻击。②由于这种植物被人们作为预防蛇咬的药物,它便成为一种巫术性的净化剂,它的名字也由此而来。

和婚礼一样,家里要是死了人,由此而来的污秽足以使家里的女人失去参加立法女神节的资格。阿提尼俄斯在他的书里说,阿布德拉(Abdera)的德摩克里图斯(Democritus)由于自己年迈体衰而产生弃世的念头,想通过绝食来结束自己的生命。但家里的女眷哀求他一定要活到立法女神节,以便她们能够过这个节日,因此他不得不靠一罐蜂蜜来延长生命。③

从伊萨俄斯(Isaeus)那篇名为《关于皮洛斯(Pyrrhos)的房产》的演说词中,我们还可以了解到立法女神节的一个重要且容易理解的细节。

---

① 普卢塔克:《希腊人的问题》,XXXI。
② 埃利安,IX,26。
③ 阿提尼俄斯,II,26,p.46。

他在演说开头问道:"皮洛斯是合法结婚的吗?"接着又问:"假如他结婚了,难道他没有责任代表他的合法妻子在立法女神节设宴款待妇女们,并且按照惯例以其妻子的名义在他所在的居民点举行各种必要的仪式吗?"①这就是所谓只有已婚妇女才能参加立法女神节仪式的理论基础之一。它确实也说明了另一个问题:当一个男人结婚后获得支配一个女人的绝对权力时,他便违反了古老的母权社会的惯例,因此就必须出资举办立法女神节宴会,以此来修补他与周围的人的关系。

下面我们在讨论立法女神节一词的词源及其确切含义之前,还要简要地考察其他几个妇女的节日,即阿瑞福拉节或称阿瑞托弗里亚节、斯奇罗弗里亚节或称斯奇拉节(Skira)和斯特尼亚节(Stenia)。

阿瑞福拉节、斯奇罗弗里亚节、斯特尼亚节

我们在上文看到,卢奇安著作的评注者清楚地说,阿瑞福拉节和斯奇罗弗里亚节在内容上跟立法女神节是相似的。以冷静观察著称的亚历山大的克雷芒证实了这一观点。他在书中是这样说的:"你想让我讲述那个故事吗?它说的是费瑞法塔(Pherephatta)提着花篮采花,后来被埃多涅俄斯(Aïdoneus)劫走,地上出现了裂缝,欧部琉斯的猪和女神一起落进地缝里。正因为如此,每逢立法女神节,人们都要把活猪投进地缝里。城里的妇女在她们的节日里用各种方式来纪念这段神话传说,她们在立法女神节、斯奇罗弗里亚节和阿瑞托弗里亚节上用不同方式再现费瑞法塔被劫的情景。"②

阿瑞托弗里亚节或称阿瑞福拉节显然是未婚女子的立法女神节。从保萨尼阿斯的描述中,我们可以清楚地了解到这个节日的仪式。在考察了雅典卫城上的雅典娜·波利阿斯(Polias)的神庙后,保萨尼阿斯来到

---

① 伊萨俄斯:《皮洛斯》,80。
② 亚历山大的克雷芒:《规劝书》(*Protrepticon*),II, 17, p.14。

潘德洛索斯（Pandrosos）女神的神庙，"她和她的姐妹受人之托，但唯有她不负重托"。保氏接着说："这事使我非常吃惊，但它并不为众人所知，以下我将如实描述。两个处女住在离波利阿斯神庙不远的地方，雅典人把她们称为阿瑞福拉。她们要和女神住一段时间，但临近节日的时候，她们要在晚上举行下面的仪式：雅典娜的女祭司会交给她们一些东西，让她们顶在头上，但至于那是什么东西，给的人不知道，拿的人也不知道。在城里离阿佛洛狄忒（'花园里的阿佛洛狄忒'）的神庙不远的地方有一个被围起来的地方，那里有一个天然的地洞。这两个少女头顶着东西进入这个地洞。到了里面，她们放下头上的东西，在那里找到另一个被裹好的东西，之后便原路返回。最后，她们就可以回家了，但另外两个少女要到卫城来接替她们。"①

我们还可以从其他文献了解到这个节日的其他细节，但大都无关紧要。这些少女都是出身于上等人家，她们一共有四个人，年龄必须在七至十一岁之间，由大执政官负责挑选。她们穿着白色衣裙，戴着金饰。她们当中的两人被安排去纺织雅典娜的长披肩，人们要为她们准备一种叫 ἀνάστατοι 的特殊糕点，但不清楚是用来吃还是作为圣物拿在手上。更值得我们注意的是，并不仅仅是雅典娜和潘德洛索斯有阿瑞福拉侍奉。② 得墨忒耳和普洛塞庇娜（Proserpine）有厄瑞佛罗斯（Errephoros）侍奉，"被称为忒弥斯（Themis）的大地女神"和"阿格拉俄（Agràe）的埃雷提伊亚（Eileithyia）"有赫耳塞福拉（Hersephoroi）侍奉。也许任何一个原始的女神都有自己的阿瑞福拉。

---

① 保萨尼阿斯，I, 27.3，由 J. G. 弗雷泽翻译。弗雷泽博士在评点这段话时（第 2 卷，p.344）列举了其他有关阿瑞福拉的文献。另见赫丽生和维罗尔：《古代雅典的神话与遗迹》，p. xxxii 及 p.512。
② 弗雷泽博士提醒我注意拉努维乌姆（Lanuvium）的一个与阿瑞福拉节非常相似的节日，这个节日的仪式是在阿尔戈斯的赫拉（Argive Hera）神庙附近的小树林里举行的，埃利安（《动物史》，XI, 16）和普洛佩提乌斯（Propertius, IV, 8.3 以下）在他们的著作中都有对这个节日的描述。每年的某个时候，圣女们蒙着眼睛下到一个蛇洞里，把大麦饼献给蛇。如果蛇吃了大麦饼，人们就会欢天喜地，认为那表明了那些少女是贞洁的，而且这一年会有好收成。

保萨尼阿斯的叙述中有许多模糊的地方。我们不知道少女们所去的是一个什么样的地方，也不知道在哪里。有可能保萨尼阿斯把后来的（花园里的）阿佛洛狄忒的神庙和位于卫城入口附近的早期女神神庙混淆了。但是，有一点是非常清楚的：这个仪式的主要内容是少女们头上顶着那些不为人所知的圣物。在这一点上，我们有理由同意克雷芒的观点：在斯奇罗福里翁月（六、七月间）举行的阿瑞福拉节是类似于立法女神节的节日。

我认为，我们还可以更进一步。一种仪式往往有助于我们理解为解释这一仪式而编造出来的神话。有时仪式本身可以从它所催生出的神话得到解释。那些头顶着圣物箱的少女太年轻，她们不可能知道圣箱里装的是什么，但她们也许会好奇。因此，为了保护这些圣物，人们就编造出一个吓人的故事，故事里的姐妹不听劝告，打开了箱子，当她们看到箱里的巨蛇时便惊恐万分，于是从卫城上一头跳下了悬崖。大英博物馆收藏的一个花罐①上的瓶画（见图12）栩栩如生地再现了这一情景。圣箱被放在一堆粗糙的石头上，这代表卫城上的石头；箱里的孩子举着手，旁边的雅典娜在无奈而又愤怒地看着，而那两个坏心眼的姐妹在匆匆离开。在这里，厄里克托尼俄斯（Erichthonios）是一个小孩，两条巨蛇是他的保护神，但那两个姐妹真正看到的、那些少女头上顶的却是一条蛇或者像蛇一样的东西。在原始人的心目中，蛇和小孩有着紧密的联系。如今希腊的农民在小孩出生后便赶紧给他举行洗礼，因为在接受洗礼之前，小孩随时都会变成一条蛇溜掉。后文我们会看到，英雄出现时的形象很自然地就是蛇。

那些作为阿瑞福拉的少女毫不知情地顶着圣物——不知情对这种年龄的女孩来说是很自然的。与此相似，立法女神节上的那些成年妇女也拿着圣物。这两个节日的相似之处还体现在人们精心采取的预防措施上。

---

① 《大英博物馆藏品目录》，编号 E418。另见《古代雅典的神话与遗迹》，p. xxxii。

图 12

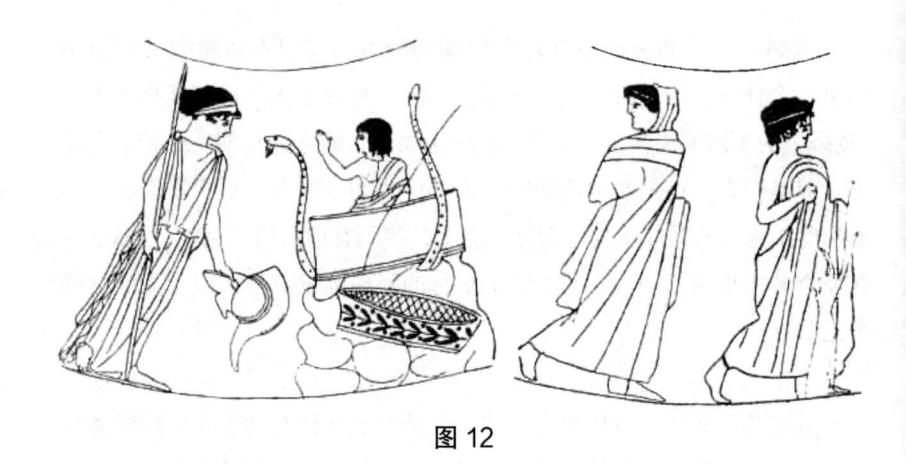

女神形成后,圣物就不仅作为巫术性的符咒,而且被当作祭品了,这种祭品适于献给该亚、忒弥斯、阿佛洛狄忒、埃雷提伊亚。但是,通常情况下,搬运圣物是一种表示崇敬的"神秘仪式"。

理解斯奇拉节或称斯奇罗弗里亚节要困难得多。这个节日跟立法女神节有着特别紧密的关系,很可能是立法女神节的一部分。阿里斯托芬的喜剧《立法女神节的妇女》中的歌队说:"如果我们当中有谁生了一个对城邦有益的儿子——一个队长或者一个将军,她就该受到尊敬,就该在斯特尼亚节、斯奇拉节以及我们所庆祝的其他节日里坐前排座位。"评注者对此评论说:"两个节日都是妇女的节日。斯特尼亚节是在立法女神节的前两天,即摘果月的第七天。据有些人说,斯奇拉节是人们在这个节日(即立法女神节)上举行的纪念得墨忒耳和科瑞的神圣仪式。但也有人说,这些献祭仪式是为纪念雅典娜而举行的。"另一方面,根据一篇碑文(这通常是最可靠的文献资料)的记载,这两个节日是相互独立的,虽然两者显然有相似之处。这块石碑的年代为公元前4世纪,上面刻着一些规定,"在庆祝立法女神节、普勒罗西节(Plerosia)、卡拉马亚节(Kalamaia)和斯奇拉节的时候,或者当妇女们根据古老的传统集中庆祝她们的其他节日的时候",人们必须遵守这些规定。

古代人也提出了斯奇拉节到底是属于雅典娜的节日还是属于得墨忒耳和科瑞的节日这样一个问题，这个问题与我们的研究并无多大关系。后文我们在讨论"女神的形成"时会看到，雅典娜其实就是雅典的少女，而任何一个纪念科瑞（处女神）的节日最初总是和她有联系。

更重要的是以下问题：σκίρα 是什么意思？阿里斯托芬的喜剧《公民大会妇女》(Ecclesiazus) 的评注者说，σκίρον 和 σκιάδειον（伞）的意思是一样的，这个节日及其所在月份名称的来历是这样的：在斯奇罗福里翁月的第十二日庆祝的纪念得墨忒耳和科瑞的节日上，厄瑞克透斯的祭司手里拿着一把白伞。① 把一把白伞看作一个节日的根据，这种说法未免牵强，但白色这一因素却可以作为一种根据。阿里斯托芬的喜剧《马蜂》的评注者在评论 σκίρον 一词时的想法更易令人接受。他说有一种像石膏一样的白色泥土就叫作 σκιρράς，而雅典娜被称为 Σκιρράς，是因为她脸上涂着白色的东西——两个名字很相似。②

在《词源大典》的"斯奇罗福里翁月"条目中我们也可以看到有关白色泥土的说法："这是雅典人的一个月份，其名称源于以下事实：在这个月，忒修斯要拿着一种叫 σκίραν 的东西，σκίραν 的意思是石膏。因为来自米诺托（Minotaur）的忒修斯用石膏做了一个雅典娜的塑像并把它拿在手上，而且由于他是在这个月做成的石膏像，所以这个月就叫作斯奇罗福里翁月。"

但是，我们会问，如果斯奇拉指的就是石膏做成的东西，斯奇罗弗里亚就是拿着这些东西，那么，从常识的角度看，这跟一个妇女的节日（而且是和立法女神节相似的节日）有何关系？ A. 莫姆森博士是最先强调这个词的词源的，他提出，那些白色的泥土被用作肥料。③ 虽然这一说法是可能的而且是创见性的，但似乎也并不能让人满意。在此我要提出

---

① 阿里斯托芬：《公民大会妇女》，第 18 行。
② 阿里斯托芬：《马蜂》，第 925 行。
③ A. 莫姆森：《阿提刻的斯奇拉的用法》(Die Attischen Skira-Gebräuche)，刊于《语文学家》第 50 期，p. 123。

另一种观点。卢奇安的著作的评注者说，那些放在地缝里的替代性祭品是用面团做成的。有没有这样的可能：Σκίρα 就是这一类单纯用石膏或石膏和面糊的混合物做成的替代性祭品？我们从普林尼的记载中得知，人们曾经用这种混合物做成食物。① 在讨论人们用斯佩耳特小麦（spelt）做成的一种叫 alica 的食物时，普林尼说："简直让人吃惊，那是掺了白垩粉的食物。"非洲有些部落也有用这种小麦做成的类似食物，其混合的比例是四分之三的麦粉加上四分之一的石膏。如果这种观点正确，那么斯奇罗弗里亚节就是夏天的立法女神节。

如果说现有的关于斯奇罗弗里亚节的讨论都还只是猜测，那么斯特尼亚节的主要目的则是清楚的，古代人对此是理解的。佛提俄斯这样论述斯特尼亚节："这是雅典的一个节日，人们认为得墨忒耳在这一天从冥国回到大地。据尤布洛斯说，每逢这个节日，妇女们到了夜晚就互相谩骂。"赫西基俄斯也作了类似的解释，并补充说，στηνιῶσαι 意为"使用污秽的语言""谩骂"。② 根据他的说法，妇女们不仅互相谩骂，而且"用污言秽语开玩笑"。我们从阿里斯托芬的喜剧中得知，这种谩骂是妇女们在立法女神节上无所顾忌的体现之一。③ 厄琉西斯秘密祭典中的桥头笑话（Gephyrismoi）每个人都会遭遇到，在内容上相似的还有达米亚（Damia）和奥塞西亚（Auxesia）的互掷石头的游戏。

一个有趣的现象值得我们注意：在罗马人的古老节日上，也有这种互相谩骂的游戏。普卢塔克说，在一个古老的节日 Nonae Capratinae 上，"妇女们在田地上的用无花果树枝搭建的小屋里庆祝她们的节日；女仆们在田里奔跑、戏闹，最后她们互相打了起来，还用石头互相投掷"。在此，和别的地方一样，女仆代表着原始的臣民，每逢这个节日，她们就和立法女神节的妇女一样住在小屋里。我们尚无法完全弄清这种打闹和谩骂到底是如何达到促进丰产的目的的，但是，投掷石头、打架等所有

---

① 普林尼：《博物志》，XVII, 29.2。
② 赫西基俄斯的词典中的有关条目。
③ 阿里斯托芬：《立法女神节妇女》，533。

这些行为看起来是为了驱邪。谩骂以及一些在我们现代人看来不合适的行为则具有感应巫术的性质,其目的在哈罗阿节上表露无遗。我们要把哈罗阿节留到最后再进行讨论。

下面我们来讨论一个极其有趣的问题:"立法女神节"这个节日的名称和"忒斯摩福罗斯"这个称号从何而来,即其最初含义是什么?对立法女神节的正统解释是:这是得墨忒耳·忒斯摩福罗斯的节日,忒斯摩福罗斯的意思是"法律持有者"或"法律制定者"。据说,是得墨忒耳带来了农业、定居的生活方式、婚姻制度和文明法制。忒俄克里图斯的评注者就是持这种观点的。在评论各种能够促进贞洁的神圣植物时,他说:"雅典人有一条法律规定他们每年必须庆祝立法女神节。具体做法如下:参加仪式的妇女必须是处女,她们一直过着神圣的生活;到了节日这一天,她们把一些圣书放在头上,然后前往厄琉西斯,似乎是去礼拜。"①

评注者提到了厄琉西斯,这使我们知道他的说法是有问题的。他混淆了两个节日,但这能给我们带来启示。显然他是根据节日的名称来重新还原节日的面目的。幸运的是,我们从另一位学识更渊博的评注者的评点中得知,妇女们在立法女神节上拿的不是书而是猪。那么,猪和别的圣物如何成了法律呢?弗雷泽为我们提供了一个答案。他指出,圣物(包括猪)在希腊语中被称为 $\theta\varepsilon\sigma\mu o i$,因为这些东西都是"献出的东西"。那些妇女被称为忒斯摩福罗斯,因为她们拿着"献出的东西"。女神也因那些侍奉她的人而得名。

这种解释对忒斯摩福罗斯(法律制定者)一词的派生关系来说是一大进步。Thesmophoros 一词并不见得是"法律制定者"的自然形式,"法律制定者"在希腊语中的一般拼法是 Thesmothetes。况且,Thesmophoros 这个形式一定跟"拿"这一动作有联系,因此也就跟妇女们在立法女神节上拿的东西有联系。但是,在希腊语中,Thesmoi 确实是"法律"的意思,而

---

① 关于忒俄克里图斯《田园诗》第 5 卷第 25 首的评注。

按照普通的说法，得墨忒耳·忒斯摩福罗斯就是法律制定者的意思。我们要的是一个结合了两种因素（法律的观念和拿着猪这一动作）的派生词。

根据前文（第二章）我们提到的维罗尔对花月节的新的解释方法，这样的一个派生词是可以找到的。如果花月节是一个通过巫术唤醒灵魂的节日，那么立法女神节为什么不能是拿着这种巫术性圣物的节日呢？把 $\theta\varepsilon\sigma\mu o\iota$——不管其意思是猪还是法律——只看作是"献出来的东西"（其根据是该词源于词根 $\theta\varepsilon$），这在我看来总是有点牵强。但如果我们认为这个词的词根是 $\theta\varepsilon\sigma$，那就自然得多，因为该词根本质上更生动、更具宗教特色或者说更具巫术色彩。虽然当人和他们所崇拜的神之间形成了一种有秩序的文明关系后，这个词根演变成了"祈祷"的意思，但在更早的时代，它的含义要广得多，我认为在那个时候它含有举行任何一种巫术仪式的意思。$\theta\acute{\varepsilon}\sigma\kappa\varepsilon\lambda o\varsigma$ 难道不是充满了巫术的意味吗？

诅咒与法律

但是，法律——严肃的法律——和巫术有什么关系呢？对原始人来说，两者之间似乎有着密切的关系。巫术的目的是诅咒或保佑，而根据原始人的传统，似乎没有诅咒就没有法令，法律的本质就是诅咒，违法者要接受某种诅咒。"孝敬父母"是人们必须遵守的第一条法令，事实上，在教会与国家权力分裂之前，甚至在宗教与道德分裂之前，法律就早已存在了。因此，并没有所谓的民法。法律开始于混沌的时候，当时巫术还没有演变成宗教，人们还不懂得唤起正义之神的愤怒，但是他们懂得了"诅咒"某个人，懂得用巫术和符咒约束他去做应做的事。

既然原始人认为把具有肥力的东西埋在土里（即通过"感应巫术"）可以使土地肥沃，那么他们一定认为可以用类似的办法来影响自己的同类。我们已经看到存放在坟墓和神庙里的许许多多记录有诅咒内容的简札。但是，在学会用文字记录诅咒之前，人类已有了一种更简单、更有把握的做法。在阿提刻出土的一个小铅俑①就很能说明问题。这个小铅俑过于丑陋，因此无须在此把它复制出来，但通过它确实能够了解到古代人的诅咒巫术。铅俑的头已经被拧断，两手被紧紧地反绑在背后，两腿也被捆住了，身体的正中部位被打进了一根巨大的钉子。冯施（Wünsch）博士在发表这个铅俑时把它和一个名叫圣泰奥菲洛斯的圣人（St Theophilos）的故事作了比较："这个圣人被巫术捆住了手和脚。"圣人极力摆脱，可毫无效果。后来，他在梦中被告知，他必须跟渔夫们一起去捕鱼，渔夫捕获的东西能够治愈他的病。他们撒下了渔网，捞上一个铜俑，铜俑的手脚都被捆住了，手上还被打进一颗钉子。他们拔出这颗钉子后，圣人的病立刻就好了。②

关于古代巫术与符咒的最权威的文献当然要数忒俄克里图斯的第二首田园诗，其内容与巫师西墨塔（Simaetha）有关。在此，我们可以引用她的一部分咒语，因为诗人已经领悟到这些充满无知和恐惧的仪式所包含的奇特而令人神往的美。这些仪式和促成这些仪式的激情一样毫无掩饰、不顾一切，而且没有一丁点儿道德说教的成分。

  德尔斐抛弃了西墨塔。在月光下的海边，她在准备自己的巫术用具：
  看呐！大麦在火焰中燃烧。
  可恶的忒斯提利斯！你在胡思乱想！
  难道我是你的笑柄，任你羞辱？
  听着，播撒大麦呀，我们一边唱：

---

① 最近，在古代帕莱斯特里纳（Palestrina）遗址发现了 16 个类似的铅俑，它们的手脚都被紧紧捆着，有些铅俑的手臂上打着钉子，详见《埃及研究基金季刊》（*Egypt Exploration Fund Quarterly Statement*），p.332。
② R. 冯施：《古代用于表示复仇的木偶》（*Eine antike Rachepuppe*），刊于《语文学家》1902 年第 61 期，p.26。

"我抛撒的是德尔斐的骨头。"
鸟儿①，魔鸟，给我把那个人带回家。

既然德尔斐让我烦恼悲伤，那么
我就对着德尔斐焚烧这月桂花冠。
它哔剥作响，然后又戛然而止，
让德尔斐的骨头都化作水吧。
轮子，魔轮，给我把那个人带回家。

然后我要把蜡焚烧，神在帮着我，
让德尔斐的心脏熔化掉吧。
我飞快地旋着这黄铜轮子，像以往
它在我家的门前不停地旋转一样。
鸟儿，魔鸟，给我把那个人带回家。

然后我要把这些麦麸烧掉。噢，阿耳忒弥斯，
有着砸碎地狱磐石的威力，
砸碎一切顽固的东西。听着！忒斯提利斯，
赫卡忒的狗在城里到处吠叫，
女神在十字路口，铜锣敲得震响。
* * * * * *
看吧，大海已经沉寂，风也已静止。

---

① 这只鸟（ἴυγξ）被认为是歪脖鸟伊印克斯（lynx），通常被绑在轮子上，作为爱情的符咒。它和塞壬（Siren）一样是个鸟精灵，因为塞壬是一个能够诱惑人的魔女。这些半人半鸟、能够诱惑人的精灵还有克勒多涅斯（Keledones），试比较：阿提尼俄斯，VII, p. 290。人们在作比喻的时候，常把塞壬和伊印克斯等同起来，试比较：色诺芬的《回忆苏格拉底》（*Memorablilia*），III, 11.18；及戴奥真尼斯·拉俄修斯，VI, 2.76。关于表示月亮的 *ἴυγξ*，见伯里（Bury）教授的论文，刊于《希腊研究》1886 年第 7 期，p. 157。

我心中的痛楚却永不停息。①

当然，西墨塔的这种诅咒仪式只是出于个人的目的。在忒俄克里图斯那个衰落的时代之前很久就已经有了这种仪式，这从以下事实可以清楚地看到：柏拉图在他的《法律篇》中认为，在他的理想国里，应该制定法律以惩罚那些企图用巫术杀死或伤害别人的人——就像惩罚那些确实造成了损害的人那样——制定这样的法律既是公正的也是必需的。他对两种作恶方式的讨论既奇特又富有启发性，既表明他那个时代巫术的盛行，同时也反映出他对这种做法所持的相当怀疑的态度。"人们通常使用两种伤害别人的方式，两者的本质使我们无法将它们区分开来。我们前面讲了其中一种方式，就是一个人用自然的手段伤害另一个人的身体。而另一种方式是用通常所说的巫术、咒语、符咒来伤害别人，这种做法能够让作恶者最大限度地伤害受害者，并且使受害者懂得，这种巫术的威力给他们造成的损害甚于其他任何人遭受过的损害。要了解这种事情的全部真相并不是容易的事，即使有人了解这种事，他也不可能轻易地说服别人。因此，当人们看到竖立在门前、十字路口或父母坟前的蜡像而在内心里相互猜疑的时候，告诉他们不看重这种东西是没有用的，因为他们对这种东西并不了解。"②显然，柏拉图对巫术是否有道理并无把握，因为接着他承认，预言家或先知也许真的知道这种秘密的法术。不管怎么说，柏拉图很清楚这种东西是有害的，因此如果可能的话，必须把它们清除掉。同理，如果有人利用符咒、巫术感应、咒语或者巫术的任何形式伤害别人，那么这个人理应被处死。

上述忒俄克里图斯的田园诗的评注者知道，西墨塔的巫术仪式中至少有一种也是公共仪式的一部分：

---

① 忒俄克里图斯：《田园诗》，第2首，18行以下。
② 柏拉图：《法律篇》，933。

> 女神在十字路口，铜锣敲得震响。

在仪式中，赫卡忒被召来了，但她的到来使人恐惧。铜锣的震响具有驱邪的作用。评注者说："每逢月蚀，他们就敲响铜锣……因为锣声具有净化和驱邪的威力。因此，正如阿波洛多罗斯在他的论文《关于众神》(Concerning the Gods) 中所说的，铜被用于一切献祭和净化的仪式。"① 阿波洛多罗斯也说："在雅典，被称为科瑞的雅典娜的祭司敲响一种叫锣的东西。"还有这样的风俗："当斯巴达人的国王去世时，人们要敲响大鼎。"我们说过的所有跟月蚀、科瑞、斯巴达国王的死亡有关的仪式都是公共仪式，都是针对鬼魂和幽灵的驱邪仪式。在远古时代，金属是一种新奇的东西，因此被认为具有神奇的功效。妇女们拿着圣物走下地洞时，不管是她们鼓掌还是敲打金属发出的响声都具有同样的作用。人们害怕洞里的蛇，就像害怕那些充满敌意的恶魔一样。这些驱邪仪式不是针对奥林波斯神（宙斯、阿波罗）而举行的，而是针对地下的幽灵、鬼魂和神灵，针对科瑞和赫卡忒而举行的。人们最初惧怕这些地下的神灵，因此设法驱除他们。但随着一种更温和的神学为更多的人所接受，人们对自己所崇拜的神有了更多的好感，因而不再把他们当作恶魔来驱除，而是把他们列为一种"司诅咒的神灵"。波鲁克斯曾经简短地提到过这类神灵，他说："那些解除符咒的神被称为保护神（使人免受恶神的伤害）、驱除打发恶神的神、给人松绑的神、助人逃脱的神，而那些施予符咒的被称为复仇之神或复仇女神、吁请之神、强索之神。"② 这些称号中具有修饰作用的形容词都只不过是用来说明复仇心切的鬼魂的特征罢了。

"具有约束力的符咒"（κατάδεσμος）这个词使我们了解到促使古代

---

① 关于忒俄克里图斯《田园诗》第 2 首第 10 行的评注。
② 波鲁克斯：On., V, 131。

献祭观念形成的另一因素。在诅咒时，人们有时会说"我要让某人受到某种约束"（καταδῶ），但有时也会说"我要托付"（παραδίδωμι）。从某种意义上说，那个受到诅咒或约束的人就是献给那些冥界的诅咒之神的礼物或祭品：沾染了血污的人是献给复仇女神厄里尼厄斯的"神圣之物"。在尼多斯的得墨忒耳小神庙①里，诅咒的形式更具宗教色彩。崇拜的人（或男或女）献上还愿祭品，最后便有了圣保罗（St Paul）的还愿祭品的故事。在此，诅咒献祭、巫术的仪式和冥界的仪式都是通往"敬奉"仪式——对奥林波斯神的敬奉——的必经之路。现在我们明白了为什么在晚期作家的笔下，法耳玛科斯仪式和其他"净化"仪式被称为 θυσίαι。对有着宗教观念的人来说，这是他们所熟悉的许多转变之一，虽然这种转变并不是令人愉快的。人想要达到自己的目的、满足自己的邪恶激情，但又想一石二鸟。当人根据自己的形象把神造出来后，要达到这样的目的就没什么困难了。后来，随着人变得更温和，他便学会了在祈祷时只说好话。②

诅咒的宗教的一面后来演变成了誓约和祈祷，而它的社会的一面便演变成了法令，最终演变成严密的法律。因此在早期的惯常的法律用语中，人们依然认为诅咒的约束力是必需的，而且是不可缺少的。此时法律惯用语不是"要这样做"或"不要那样做"，而是"因为他这样做或不那样做，所以受到诅咒"。

在此我们可以选出一个例子，那就是被称为《忒俄斯的狄赖》（Dirae of Teos）③的别具一格的碑文。碑文的全文太长，不可能全部照录，在此摘录其中几句就足够了：

谁要是制造毒药来毒害忒俄斯人，不管是针对个别人还是全体忒俄

---

① C. T. 牛顿：《在尼多斯和哈利卡那索斯的发现》。
② 加图（Cato）：《农书》（de agr. cult），134.3。
③ 罗尔（Röhl）：I.G.A., 497。齐巴特（Ziebart）博士对法律中的咒语进行了详细的讨论，详见其论文《古希腊法律中的咒语》（Der Fluch im Griechischen Rrecht，刊于《赫耳墨斯》，XXX，p.57)，我本人引用了他的许多材料。此外，齐巴特还撰写了论文《阿提刻诅咒碑文》（Neue Attische Fluchtafeln），还有 R. 冯施的论文《诅咒碑文》（Neue Fluchtafeln）。

斯人：

> 愿他遭受灭顶之灾，包括他和他的子孙。
> 谁要是阻止小麦进入忒俄斯人的土地，不管是利用法术还是计谋，
> 也不管是从陆路还是从海上阻止小麦进入忒俄斯，
> 谁要是把已经运进小麦的人赶走：
> 愿他遭受灭顶之灾，包括他和他的子孙。

这句诅咒的话语被一再重复，就像钟声被一再敲响。最后，似乎这样做还不够，碑文上还规定，不诅咒的地方官员必受诅咒：

> 担任职务的人在主持花月节、赫拉克勒斯节（Herakleia）和狄亚女神节（Dia）的竞赛时要是不按规定诅咒，让他遭受重咒的折磨；谁要是毁坏刻有咒语的石碑，或者刮去碑上的文字，使文字模糊不清：
> 愿他遭受灭顶之灾，包括他和他的子孙。

有趣的是，我们发现，人们在花月节——鬼魂的节日上、在赫拉克勒斯节——英雄的节日上、在狄亚女神节上都要念咒语。狄亚女神节显然和宙斯节一样是一个驱邪的节日。

《忒俄斯的狄赖》是在原始的公共节日上宣读的，有鉴于此，我们也许有理由推测，在立法女神节上，人们会宣读某种形式的法律或咒语，并把它拿在手上。当我们考察了在帕加马（Pergamos）发现的一篇重要碑文[①]后，这种推测几乎成了无可置疑的事实。碑文的内容是密细亚（Mysia）的甘布瑞翁城（Gambreion）关于丧葬的规定。古代人的丧葬法

---

① 迪登伯格（Dittenberger）：*Syll. Inscr.*, 879。

规对妇女的要求比对男子的要求要严厉得多，其原因不是妇女容易悲伤，甚至也不是人们所说的她们有着更强的传统观念，而是早期的母权制度造成的，因为在母权制度下，人们的亲缘关系自然地取决于母亲，而不是取决于父亲。这部丧葬法律规定，妇女必须穿着黑色衣服，男子如果"不愿意这样做"，可以穿白色衣服，而且妇女服丧的时间比男子长。接着是一条重要的规定："在立法女神节前由人们选出的管理妇女事务的官员要请求神保佑遵守这项法律的男子和服从这项法律的妇女，保佑他们幸福地享受他们拥有的财产。但是，对于那些不遵守这项法律的男子和女子，这个官员请求神对他们的处置恰好相反：这种女子被认为是不虔诚的，因此在此后的十年时间里，她们没有资格参加任何祭神活动。而且这个官员还要把这项法律刻在两块石碑上，一块竖立在立法女神庙的门前，另一块竖立在阿耳忒弥斯·洛奇亚（Lochia）的神庙前。"

在阿里斯托芬的喜剧《立法女神节妇女》中，我们几乎找不到关于立法女神节的描述，只知道这个节日是在半圆形公共会场①庆祝的。但是，女传令员的祈祷方式值得我们注意，她的讲话是从真正的祷告开始的：

　　你们向奥林波斯的众神、众女神，
　　向皮托的众神、众女神，
　　向德洛斯的众神、众女神，以及其他的神祷告吧。

但是，当说到她真正关心的事时，她便使用一种古老的用于诅咒的习惯用语：

　　如果有人阴谋陷害妇女，
　　或者同欧里庇得斯和米堤亚人议和，
　　或者阴谋恢复专制制度，

---

① 《古代雅典的神话与遗迹》，p.104。

如果有女奴隶凑近主人告密，
如果有酒店的男女老板
把法定的容器改小，
你们就诅咒他本人和他一家人不得好死，
你们同时祈求众神把许多福利赐给你们每一个妇女。①

有趣的是，我们发现，官方的诅咒不仅竖立在立法女神庙的门前，而且在锡拉库扎（Syracuse），那里的人们还举行一种特别的"庄严的发誓"仪式。据普卢塔克说，当卡利波斯（Callippus）密谋反对他的朋友迪戎（Dion）时，被迪戎的妻子和妹妹察觉。为了消除她们的怀疑，卡利波斯愿意按她们的要求立下表白自己忠诚的誓言。她们要求他进行"庄严的发誓"。"这种发誓仪式是这样进行的：起誓的人必须到锡拉库扎的忒斯摩福罗斯神庙去，在举行一些神圣的仪式之后，他要把女神那件紫色衣袍穿在身上；然后，他手拿熊熊燃烧的火把，否认自己对誓言的责任。"② 很明显，这种"庄严的发誓"是对起誓者的某种形式的诅咒。他穿上女神的衣袍，表明如果他发的是假誓，那么他就要将自己献给冥界的女神。这个女神就是科瑞，这一点我们从以下事实中可以得知：最终卡利波斯在一个节日上献上了他的牺牲，亵渎了神灵，发了假誓，这个节日就是科瑞节，"他就是以科瑞的名义起誓的"。诅咒就是奉献出别人，而誓言和它更具体的形式——煎熬——一样，奉献出的是发誓者自己。

原始法律和农业的联系似乎是非常密切的。最早的有记录的法律——与其说是真正意义上的法律，不如说是一些戒律——就被称为"庄稼汉的咒语"，这个名称就很能说明问题。有一些"庄稼汉的咒语"的记录被保留了下来。一位"谚语作家"告诉我们："在雅典，主持神圣

---

① 阿里斯托芬：《立法女神节妇女》，331。
② 普卢塔克：《迪戎传》（*Vit. Dion*），56。

的犁地仪式的布济格斯（Bouzyges）还念许多别的咒语，他也诅咒那些不和别人分享赖以为生的水和火的人，诅咒那些不为迷路者指路的人。"其他类似的戒律无疑也被类似的诅咒所约束，我们现在看到的就有以把土地翻耕三次的农神特里普托勒摩斯（Triptolemos）的名字命名的戒律，他也是雅典法律的首创者，他要求人们"孝敬父母，把大地的果实献给众神，让众神高兴，而且不得伤害动物"。也许这些就是希腊人为了自己的福祉而接受的最早的戒律。

这些都是在农耕社会中发展起来的原始戒律，此时农业已经开始与文明生活的各种关系结合在一起。在咒语被刻在石头上之前，也许在这之后的很长时间里，当人们聚在一起播种或收获时，他们非常可能要宣读这些有益的咒语。这些已经逝去的强大而原始的咒语不禁让我们高兴地想起，在我们自己的英国圣公会每年举行的天谴仪式（Commination Service）中，人们也要宣读一系列的神圣咒语：

他们像往常一样每年都庆祝立法女神节。

哈罗阿节

我特意把哈罗阿节留在最后讨论是基于以下的原因：参加立法女神节、斯奇罗弗里亚节和阿瑞福拉节的仪式的都是妇女；当这些节日开始和一些神祇产生联系时，人们把它们看作"纪念"得墨忒耳和科瑞的节日，或者是"纪念"一些类似的女神——该亚、阿佛洛狄忒、埃雷提伊亚和雅典娜——的节日。此外，妇女们拿的圣物都是一些糕点和不含酒的饮料。然而，虽然哈罗阿节的仪式主要也是由妇女主持的，在某种程度上也是纪念得墨忒耳的，但是这些仪式包含了一种新的因素，那就是酒，因此在神话时代就被认为不仅是得墨忒耳的节日，也是狄俄尼索斯的节日。

关于这一点，卢奇安的著作中有一段评点说得很清楚。哈罗阿节是

"雅典人的节日，它包含有一些纪念得墨忒耳、科瑞和狄俄尼索斯的秘密祭典，时间是人们收获葡萄、品尝葡萄酒的时候"[①]。尤斯塔修斯的评注中也有同样的记录："据保萨尼阿斯说，人们为纪念得墨忒耳和狄俄尼索斯而庆祝一个叫哈罗阿节的节日。"[②] 在解释这个节日的名称时，他说，每逢这个节日，人们通常把收获的第一批果实从雅典拿到厄琉西斯，在晒谷场上举行竞技活动，而且还要列队游行纪念波塞冬。在厄琉西斯，波塞冬不仅被看作是海神，他还是"皮塔尔米俄斯"（Pythalmios）——植物神。后文（第八章）我们会看到，正是在他作为植物神时，人们对他的崇拜和对狄俄尼索斯的崇拜常常有着密切的联系。

谷物女神崇拜和酒神崇拜的联系最值得我们注意。狄俄尼索斯的到来给希腊宗教带来了新的精神上的推动力（下文我们还将全面地讨论这种推动力的本质），厄琉西斯的秘密祭典正是得益于这种新的推动力。当然其中也有政治上的考虑，即这些秘密祭典的最终目的，但这不是我们的关注所在。我认为，哈罗阿节就是这些秘密祭典的最初原型。

至于哈罗阿节的原始内容，我们对此毫无疑问，节日的名称[③]就足以说明问题。哈波克拉提恩对这个节日的解释是正确的："根据斐洛科罗斯的说法，哈罗阿节的名称源于人们在打谷场上举行竞技活动这一事实。他说，这个节日是在波塞冬月举行的。"[④] 当然，竞技活动只是打麦这种生产劳动的业余活动，但是，正是这些体育活动构成了这个节日的内容。时至今日，大多数希腊村庄里宽大的圆形打谷场依然是庆祝收获的场所。打谷场的旁边都搭建有一个小屋，表演哑剧舞蹈的演员在表演的间歇就是在这小屋里休息、吃东西、喝饮料的。

庆祝哈罗阿节的时间是在波塞冬月（十二月至一月），这一点既让我

---

① 关于卢奇安《妓女的对话》（VII, 4）的评注。
② 尤斯塔修斯关于《伊利亚特》（IX, 530, 772）的评注。
③ Halo 在拉丁语和希腊语中都有"圆形"的意思，故该节日的名称应与庆祝节日的场所有关。为行文上的方便，译者在此用的是音译。——译注
④ 哈波克拉提恩的词典，Ἀλῶα 条目。

们感到吃惊，同时也是非常能说明问题的。一个庆祝打谷的节日跟粮食已经安全归仓的仲冬有何关系？通常说来，古今做法相似，谷物收割之后紧接着就应该是打谷，之后人们在空旷的打谷场上扬谷，而即使是在希腊，仲冬也不是户外活动的合适时间。

答案很简单。这个节日日期上的改变是由于狄俄尼索斯。与得墨忒耳有竞争关系的狄俄尼索斯的节日都是在仲冬。他强占了得墨忒耳的节日，抢了她的打谷场，这样便有了这样一个不合时宜的冬天的打谷节。适于举行真正意义上的打谷节的最迟时间是摘果月，但是到了波塞冬月，可能庆祝的节日也许就是提前了的开坛日了，这时人们可以和狄俄尼索斯一起狂欢。没有什么比这更能证明这个外来神的威力了。

关于哈罗阿节的性质，我们从狄摩西尼（Demosthenes）的著作中了解到两个重要的事实：在这个节日上，敬献祭品的是女祭司而不是男祭司，因此这是一个由妇女主持的节日；这些祭品是无血的，动物祭牲是不得用作这个节日的祭品的。狄摩西尼记录了这样一件事：一个名叫阿耳喀亚斯（Archias）的祭司长"受到了诅咒，因为在庆祝哈罗阿节时，他把妓女西诺普（Sinope）带来的祭牲摆上了厄琉西斯王宫的祭坛，并将其焚化"。他之所以遭到诅咒，原因有两个："在这一天献上动物祭牲是不合法的，而且这一天不能由他主持献祭，而是由女祭司主持。"[①] 在厄琉西斯，十八至二十岁的男青年要献上公牛，似乎还要举行某种"斗牛比赛"，但这个活动一定是为了纪念狄俄尼索斯或纪念在他之前的波塞冬的，用来献祭这两个神祇的牺牲都是公牛。在哈罗阿节上，执政官宣布，是得墨忒耳给人带来了"温柔的食物"。

最能让我们全面了解哈罗阿节的是刚刚被发现的关于卢奇安著作的一段评注，而我们对立法女神节的全面了解也得益于同一文献。从评注者的描述中，我们可以清楚地看到，到了他那个时代，人们认为这个节

---

① 狄摩西尼的著作，59.116。（狄摩西尼，前384—前322，古代雅典雄辩家，民主派政治家，反对马其顿入侵希腊，发表《斥腓力》等演说，后因雅典战败而服毒自杀。——译注）

日跟狄俄尼索斯和得墨忒耳有着同样的联系，也许与狄俄尼索斯的联系甚于与得墨忒耳的联系。他明确指出，人们创立这个节日是为了纪念伊卡里俄斯（Ikarios），因为他把葡萄引进阿提刻之后就去世了。他说，妇女们单独庆祝这个节日，这样她们在节日上就可以有完全的言论自由。她们手里拿着两种性别的神圣象征，女祭司们偷偷地对着在场的妇女的耳朵说些不能大声说出的话，而妇女们也会说各种各样在男人看来不得体的俏皮话。很显然，她们拿的圣物和立法女神节上的圣物一样，使用、展示这些圣物必须在精心的保护下进行，男子被排除在仪式之外这一事实就充分说明了这一点。这个节日的高潮似乎是一场盛宴。"宴席上摆着许多葡萄酒，还摆满了地里和海里产出的各种各样的食物，但那些在秘密祭典上禁止食用的食物除外，我指的是石榴、苹果、各种家禽、蛋、红鲻鱼、幼鳟、螯虾和鲨鱼。执政官们准备好筵席后便请妇女们入席，他们则退出，留在外面，同时向在场的来访者宣布，'温柔的食物'是由他们（厄琉西斯人）发现的，他们要和天下所有的人分享这些食物。宴席上还摆放着形状如性别标志的糕点。这个节日被叫作哈罗阿节，因为葡萄——狄俄尼索斯的果实——的成长被叫作阿罗埃（Aloai）。"①

　　妇女们在这场盛宴上吃的食物是很值得我们注意的。菜谱上规定的有谷类、鱼，可能也有家禽，但显然没有畜肉。在食肉的亚加亚人到来之前，这就是古老的佩拉斯吉人的饮食习惯。另外值得我们注意的一点就是，菜谱上规定了各种原始的禁忌。关于石榴、红鲻鱼等食物的禁忌的确切由来，我们已无从查考，但一些特别的禁忌值得我们探究，因为它们和厄琉西斯秘密祭典的禁忌非常相似。石榴在厄琉西斯秘密祭典上属于"禁忌"，其原因可以从荷马的《得墨忒耳颂》的推源论神话中清楚地看到。哈得斯同意让珀耳塞福涅回到天上：

　　　　他这样说后，细心的珀耳塞福涅站了起来，

---

① 卢奇安：《妓女的对话》，VII, 4.

> 她满心欢喜,想很快离开。但诡计多端的他
> 看了看四周,把一颗甜石榴种子
> 偷偷给了她吃,这是她和得墨忒耳在一起的日子里
> 从来没有吃过的。①

石榴是死人的食物,珀耳塞福涅一旦吃了,就被拉回到冥界。得墨忒耳也说这是真的,她对珀耳塞福涅说:

> 如果你吃了冥界的食物,你就不能住在这里了,
> 每年的最后四个月你必须到冥界居住。②

　　珀斐里在他的著作《论戒食肉类》(*Abstinence from Animal Food*)中谈到了厄琉西斯秘密祭典的禁忌的由来及其严格的制度。他说,得墨忒耳是冥界的女神,因此他们用公鸡献祭她。他所用的词 $αφιέρωσαν$ 含有"禁忌"的意思。我们通常把公鸡和阳光与鸡在早晨的啼叫联系在一起,但是,希腊人不知出于什么原因认为公鸡是属于冥界的。苏格拉底回忆说,他应该把公鸡献给阿斯克勒庇俄斯。下文我们在讨论英雄崇拜时会看到,阿斯克勒庇俄斯只不过是一个没有完全神化的英雄。公鸡被看作一种禁忌,用于专门的目的,最后又被看作祭品。珀斐里接着说:"正因为如此,神秘主义者是不吃家禽肉的。厄琉西斯的公告要求人们不得吃禽肉、鱼、豆类、石榴和苹果,谁要是吃了这些属于污秽的食物,谁就会像接触坐月子的妇女和死尸一样倒霉。"③厄琉西斯的各种规定和哈罗阿节的菜谱恰好相似。

---

① 《荷马颂歌集》,第370首。
② 《荷马颂歌集》,第399首。
③ 珀斐里:《论戒食肉类》,IV,16。

厄琉西斯秘密祭典

人们在讨论厄琉西斯秘密祭典[①]时通常将其单独看待，以为那是一种非常隆重庄严的仪式，跟希腊的其他仪式没有任何关系。如果我的观点没有错的话，厄琉西斯秘密祭典最初只不过是厄琉西斯的哈罗阿节，它的最终辉煌以及它在宗教和社会上的崇高地位源于两个方面：其一，雅典人出于政治上的考虑将它转化为自己的节日；其二，在我们已无法知晓的某个时候，厄琉西斯秘密祭典和狄俄尼索斯的秘密祭典合流了。是雅典人使得厄琉西斯秘密祭典具有了宏大的场面，而它的深刻内涵则得益于狄俄尼索斯和俄耳甫斯。其宏大的场面并无宗教意义，因此不是我们所关心的，而其深刻内涵，即对永生的希望等则是最重要的东西，但我们将把这方面的讨论留到后面的章节，即在我们对狄俄尼索斯的到来进行了讨论之后。眼下我们所要做的是撇开古今的作者们各自在赋予厄琉西斯秘密祭典以意义和精神影响时所持的模糊说法和见解，对遗留下来的与这种仪式有关的事实进行仔细的考察。

秘密祭典并不仅仅局限于对得墨忒耳和科瑞的崇拜，在对以下神祇的崇拜中也有秘密祭典：赫耳墨斯、伊阿西翁（Iasion）、伊诺（Ino）、阿尔刻莫罗斯（Archemoros）、阿格劳洛斯（Agraulos）和赫卡忒。一般来说，秘密祭典似乎更多地出现在人们对女性神祇[②]、女英雄和大地女神

[①] 洛贝克（Lobeck）的《阿格劳法摩斯》（*Aglaophamus*）收集了有关厄琉西斯秘密祭典的文献资料。达伦伯格和萨格利奥在他们的《文物辞典》（*Dictionnaire des Antiquités*）的有关条目中提到了在洛贝克的著作发表后所发现的碑文。在英语文献方面，最全面的描述是拉姆齐（Ramsay）教授在《大不列颠百科全书》中所撰写的有关条目；在法语文献方面，有两篇刊于《碑文与文学论文集》（*Mémoires de l'Académiedes Inscriptions et Belles Lettres*，1895年第35卷和1900年第37卷）的文章，分别题为《厄琉西斯秘密祭典的起源与本质》（*Recherches sur l'origine et la nature des Mystères d'Eleusis*）和《厄琉西斯秘密祭典：人员与仪式》（*Les Grands Mystères d'Eleusis, Personnel, Cérèmonies*）。某些细节参见H. G. 普林施姆（Pringsheim）的《厄琉西斯崇拜仪式发展史：考古论文集》（*Archäologische Beiträge zur Geschichte d. eleusinischen Kults*），1905年。

[②] 厄琉西斯秘密祭典最初很可能只限于妇女参加。哈利卡那索斯（Halicarnassos）的狄俄尼西俄斯（Dionysios）在谈到阿卡狄亚的得墨忒耳崇拜时就提到了这一点。

的崇拜中，荷马史诗中人们对奥林波斯神的崇拜显然是没有这种秘密祭典的。通常情况下，秘密祭典指的是这样一种仪式：在仪式上要摆放某些圣物，但是没有接受某种净礼的崇拜者是不能看这些圣物的。

很幸运，我们可以明确知道厄琉西斯秘密祭典的具体日期。这些仪式是从波德洛米亚月的第十三日开始的，即大约在九月底。这种时候适于举行庆祝收获的节日，因为此时比较迟收的果实特别是葡萄也已经收获了。我们判断这个日期的证据是罗马帝国的一篇碑文，但是碑文明确指出其中的规定都是"根据古代的传统行事的"："人们已经决定按照古老的传统命令十八至二十岁的男青年中的科斯墨忒尔（Kosmeter），派他们在波德洛米亚月的第十三日穿着传统服装到厄琉西斯去。他们要列队陪伴圣物，第二天他们要把圣物护送到卫城脚下的厄琉西斯神庙。还要命令十八至二十岁的男青年中的科斯墨忒尔在第十九日穿着同样的服装护送圣物到厄琉西斯去。"这一碑文非常重要，因为它证明了圣物是这个仪式的组成部分。但我们无法知道这些圣物到底是什么，很可能它们和人们在立法女神节上所用的东西类似。人们在厄琉西斯和雅典之间的来回纯粹是政治性的。圣物确实是放在厄琉西斯的，但雅典人总是认为是雅典娜把圣物带到厄琉西斯的。虽然碑文说是由男青年护送的圣物，但实际上是由女祭司们照看圣物的，真正拿圣物的也是女祭司。

在波德洛米亚月的第十五日要举行入会仪式。由祭司宣读的公告规定，禁止双手污秽的人和吐字不清的人参加入会仪式。在所有的秘密祭典得以举行之前，人们很可能就要遵守这种禁令了。阿里斯托芬在他的《蛙》里所揶揄的正是这种现象，实际上他是通过祭司的口来达到他讽刺的目的的。①

到了波德洛米亚月的第十六日，人们要完成一项最重要的仪式。这一天通常被称为 ἅλαδε μύσται，意为"到海边去，你们这些祭徒"，这名称是由净礼前人们的呼喊而来的。赫西基俄斯在评论这个词语时说：

---

① 阿里斯托芬：《蛙》，第354行。

"这是雅典秘密祭典中的某一天。"① 波吕阿俄努斯（Polyaenus）关于这个日期的说法非常精确。他说："卡布里亚斯（Chabrias）在波德洛米亚月的第十六日在那克索斯岛（Naxos）赢得了海战。他觉得这一天是打仗的吉日，因为这也是秘密大祭典的日子之一。忒弥斯托克勒斯（Themistocles）在萨拉米斯和波斯人打仗时同样也是在这一天取得了胜利。但是，忒弥斯托克勒斯和他的部队在欢呼胜利时喊的是'伊阿科斯'（Iacchos），而卡布里亚斯和他的部队喊的是'到海边去，你们这些祭徒'。"我们从普卢塔克的著作中得知，卡布里亚斯是在月圆夜取得战争胜利的，因此秘密祭典也就是在月圆夜举行的。②

到海边去的列队游行被安上一个有点奇特的名字，叫 Ἐλασις，意为"驱赶"或"放逐"，这个词是很有启发性的。这不是单纯的游行，而是一种驱赶、一种放逐。希腊语词 πομπή③ 似乎也含有这一原始的意义，该词在原始时代似乎主要表示把邪恶带走、送走。在海水里沐浴是一种净礼，因为沐浴可以把邪恶带走、赶走。而且每一个人都拿着自己的法耳玛科斯——一头小猪，这里所说的 Ἐλασις 也许就是指把猪赶走。这一定是一件费时、费劲的事，因为目的地是在六英里之外。到达海边后，每个人便和自己的小猪一起沐浴——净礼上的小猪也得到了净化。在福基翁（Phocion）的时代，当雅典人被迫接受马其顿人的占领时，可怕的征兆出现了。当人们要染那些用来捆绑祭徒的床的缎带时，被染上的不是紫色，而是死尸般的灰黄色。更离奇的是，如果被染的缎带是私人的，那么染出的则是正常的颜色。还有更具凶兆的事："当一名祭徒在坎塔罗斯港（Kantharos）给他的猪沐浴时，一只海怪把他的下身吃掉了，这表明神在事先告诉他们，他们将失去城市中靠近海边的地势低的部分，但

---

① 赫西基俄斯的词典中的有关条目。
② 普卢塔克：《论雅典的光荣》（de glor. Ath.），VII。
③ R. A. 尼尔先生认为，pontifx（πομπα 的制造者）这个来历不明的词也来自同一词根，并含有同样意思。该词与"桥"的联系是后来才出现的有趣现象。（pontifex 有"大祭司"之意，原义为"造桥人"。——译注）

可以保全地势高的部分。"①

　　这种用于净化仪式的猪是仪式不可或缺的部分，它是如此重要，以至于当厄琉西斯被允许发行自己的硬币②时（前350—前327），猪被选为代表厄琉西斯秘密祭典的标志。从图 13 的铜币图案中我们看到，一头猪站在火把上，硬币的空白处有藤状雕饰。猪是最便宜、最常见的用于献祭的动物，也是每一个市民都能够买得起的祭品。在《理想国》里，苏格拉底说："即使人们听到有关不敬神的可怕故事，这种情况也是非常少见的，只有秘密祭典上的少数经过挑选的人会听到。这时候他们必须用某种大型的、不可轻易得到的牺牲来献祭，而不（仅仅）是用猪献祭。"③

图 13

　　很明显，净化是秘密祭典的主要特点。这样，我们就来考察一下"秘密祭典"一词的含义。通常认为这个词源自 $μύω$。据认为，祭徒（mystes）要宣誓保守自己没有看到的秘密，也不能泄露自己看到的东西。这样，他就跟看到秘密的人（epoptes）有了区别，但这种人同样不能泄露秘密。这两个词表明了入会的两个不同的阶段。后文（第十章）我们将会看到，在俄耳甫斯教的秘密祭典中，祭徒指的是在仪式上吃过生牛肉的人，但并没有说明这个人是否看到了秘密。我们还会看到，在克里特岛——很可能是秘密祭典的发源地——秘密祭典是对所有人公开的，并无秘密可言。认为"秘密祭典"一词源于 $μύω$，这种观点虽然是

---

① 普卢塔克：《福基翁传》，XXVII。[福基翁（前 402—前 318），雅典政治家、将军、实际统治者（前 322—前 318），民主制度恢复后被废黜，后遭诬告，以叛国罪被处决。——译注]
② 黑德：《钱币史》（*Hist. Num.*），p.328。硬币的反面图案是坐在有翼车里的特里普托勒摩斯。
③ 柏拉图：《理想国》，II，378A。

可能的，但并不能令人满意。在此，我将提出关于这个词的词源的另一种更简单的观点。

把秘密祭典和 μύω 联系在一起，对这一观点古代人自己也不是很满意。他们知道也感到了"秘密"并不是秘密祭典的主要内容：这种祭典的核心首先是净化，以便接受净礼的人可以安全地吃或处置某种圣物。在祭典上并无秘密可展示，也无秘密可守，人们要做的只是对一种神秘的禁忌做好准备，并且最终消除这种禁忌。也许这是对吃初果的禁忌，也许是有关处置那种神奇的圣物的禁忌。在立法女神节上，妇女们在触摸圣物前要斋戒；在厄琉西斯秘密祭典上，人们在献上初果并分享初果前要用猪献祭。这里的全部目的都是净化。克雷芒的话意味深长："雅典人在举行秘密祭典时，净化仪式占据首要地位——就像沐浴对野蛮人来说至关重要一样——这并不是没有道理的。"[1] 虽然克雷芒只是用他不负责的谩骂方式作了一个侮辱性的猜测，但我认为我们可以从中了解到"秘密祭典"一词的真正来源。他说："我认为，你们这些狂欢活动和秘密祭典的起源应该是这样的：一个是源于得墨忒耳对宙斯的愤怒（ὀργή），另一个是源于与狄俄尼索斯有关的污秽（μύσος）。"[2] 当然，克雷芒的说法是非常错误的，但是，他这段话可能触及了秘密祭典的根源，即这种活动与某种"污秽"有关，因此主要地是一种消除污秽的净化仪式。吕都斯（Lydus）也提出了同样的见解。"秘密祭典，"他说，"源于对污秽的隔离，和净化仪式相当。"[3]

和猪一起沐浴并不是秘密祭典唯一的净化仪式，虽然这是我们了解得最详细的仪式。从有关荷马的《得墨忒耳颂歌》的推源论[4]中，我们可

---

[1] 亚历山大的克雷芒：《斯特洛马式》（*Stromata*），V，689。
[2] 亚历山大的克雷芒：《规劝书》（*Protrepticon*），II。
[3] 吕都斯：de mens., IV，38。在形式上，μύστης 也许源自 μύω（试比较：ἀμυστί），但吉尔伯特·默里先生提醒我注意 μυστήριον 的一些用法，这些用法指的都是 μύσος，比如欧里庇得斯的《请愿的妇女》的第 470 行及《厄勒克特拉》的第 87 行。
[4] F. B. 杰文斯（Jevons）在他的著作《宗教史概论》（*Introd. to History of Religion*）第 25 章附录中对这首颂歌的起源以及促生该颂歌的各种仪式作了详细的解释。

以推测，至少还有为孩子举行的把孩子抱过火堆的净化仪式，还有模拟性的打仗或投掷石头的仪式。所有这些仪式都有同样的目的，我们在此就不必对其进行详细的讨论了。

在波德洛米亚月的第十九日①的晚上，接受了净礼的祭徒列队抬着伊阿科斯的塑像离开雅典前往厄琉西斯，此后的各种入会仪式的具体顺序我们就无从知道了。其实，具体的顺序无关紧要。我们已经记录了更为重要的祭典的通常用语，祭徒们用这些常用语承认自己所参加的仪式。我们一定会认为这些仪式就是原始的入会仪式。

在讨论这些仪式用语之前，有必要明确说出其中包含的一个事实，即在秘密祭典上，人们要献上初果，因此厄琉西斯秘密祭典实际上就是厄琉西斯的塔耳格利亚节。在厄琉西斯发现的公元前5世纪的一篇碑文就是我们的最好证据："让大祭司和持火把的头领命令希腊人，要求他们在秘密祭典上按古老的习俗献上他们收获的第一批果实……遵守这些做法的人将会获得许多好处，他们的庄稼会又好又丰收，他们谁都不会伤害雅典人，不会伤害雅典城，也不会伤害雅典的两个女神。"②其中的先后顺序既有趣又别具一格。在这里，我们看到的是一种带有誓约性的戒律。

克雷芒保留下来的祭徒在仪式上表白③时的用语内容如下："我已斋戒，我喝了圣水，我从箱子里拿了东西，我把它放回了篮子，又把它从篮子里放进箱子。"④这里说到的除了事先的斋戒外，主要有两个动作，即喝圣水和搬运某种没有点明的圣物。

从这段话我们可以了解到希腊宗教对表白的全部态度：表白不是对

---

① 在此我省去了第17至18日举行的仪式，即厄庇多里亚（Epidauria）仪式，因为这些仪式明显是后来才添上的。雅典人对厄庇道罗斯（Epidauros）的阿斯克勒庇俄斯的崇拜是在公元前421年正式开始的。
② 迪登伯格：*Syllog. Incript.*, 13。
③ 原文为 confession，该词通常有"忏悔"的意思，但在此理解为"表白"似乎更合适。当然，作者在下文也有将它与现代宗教的"忏悔"作比较的意思。——译注
④ 亚历山大的克雷芒：《规劝书》，II, 18。

教义的承认，甚至不是对信仰的承认，而是对所进行的仪式动作的公开承认。这就是古代宗教和现代宗教的巨大分歧所在。智慧超人的希腊人明白，仪式中的一致性是可取且可行的。在思想上，他们给人以彻底的自由，因为唯有在这方面，自由是最重要的。只要你斋戒了，喝了圣水，拿了圣物，谁也不会询问你在做这些动作时的看法和感觉。你可以随自己的意愿在每一项圣事中找到你要找的东西——你拿来的东西。根据我们现在的宗教教义，我们在表白时主要是说出由少数人为多数人制定的教义，但这种做法依然保留着古老的表白观念，即公开承认所进行的仪式动作。

多数原始民族都有先斋戒后吃神圣之物的做法，这是与净化恰恰相反的最简单的方式：那些更有逻辑头脑的土著除了斋戒之外，还要服用一种催吐剂。在此需要对上述"圣水"（kykeon）一词作一解释。在厄琉西斯，初果被称为 pelanos。关于 pelanos，我们在前文已经作过讨论，并了解到这个词仅仅用来指献给众神的一种半流体的混合物。相应的，给人吃的混合物则被称为 alphita 或 kykeon。尤斯塔修斯在评论赫卡墨得（Hekamede）为涅斯托耳准备的饮料（那是一种用大麦、乳酪、淡蜂蜜、洋葱和葡萄酒做成的饮料）时说，kykeon 的意思介乎肉和饮料之间，但通常更像一种可以啜饮的汤。在一首荷马颂歌里，墨塔涅拉（Metaneira）为得墨忒耳准备的正是这种饮料，只是当中没有酒，因为得墨忒耳作为冥界的女神"是不能喝红酒的"。摆在祭徒面前的正是这种不含酒的饮料——非常可能是用 pelanos 做成的，只是名称有所不同罢了。

图 14 中的瓶画展示的就是喝圣水的某种仪式。图中两个崇拜者——一男一女——并排坐着，他们面前的桌子上摆满了食物，桌子下的篮子装满了条状的面包。图中的文字表明他们是祭徒（Μυστα）。站在小神龛旁边的祭司左手拿着嫩树枝，他正把一个盛有某种饮料的浅杯递给那两个崇拜者。图中的小神龛使得一些评论者认为这个祭司是一个到处游荡的冒牌祭司，但是，在厄琉西斯秘密祭典上，人们拿的很可能就是这种装有圣物的神龛。不管怎么说，这个场面与厄琉西斯秘密祭典有相似之处。

我们无法知道在祭典上入会的成员从箱子里拿出、放进篮子,又重新放回箱子的圣物到底是什么东西。立法女神节上的圣物已为人所知,狄俄尼索斯秘密祭典的圣物并无特别之处——一个球、一面镜子、一个球果以及类似的东西。没有理由认为厄琉西斯秘密祭典的圣物有着更重大的内在意义。

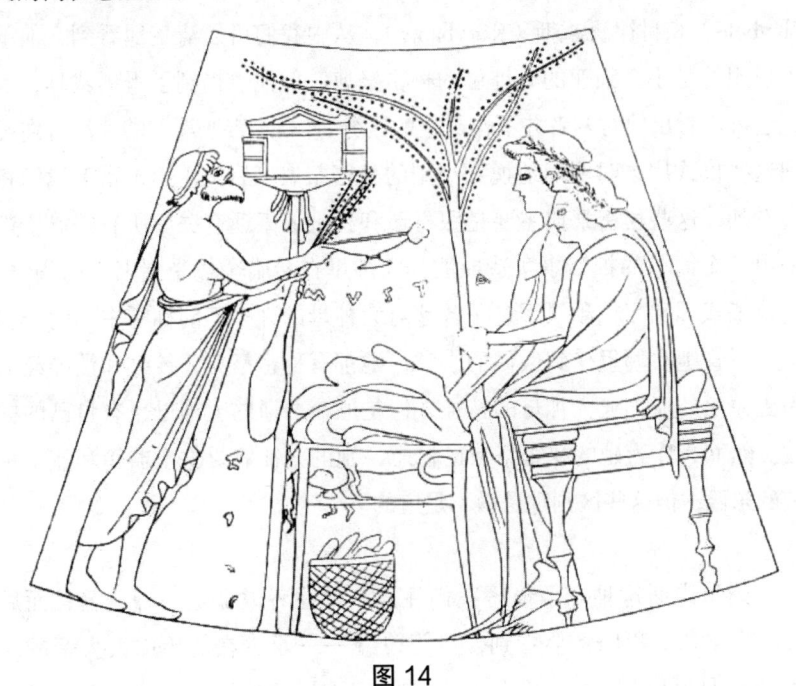

图 14

我们在上文引用了克雷芒记录的一段祭徒用语,在这一段落之前,他还记录了另一段用语,内容稍有不同。他说:"作为入会的标志,入会者所说的话是:我吃了铃鼓里的东西,我喝了钹里的东西,我扛过刻尔诺斯(kernos),我已从帕斯托斯(pastos)之下穿过。"① 柏拉图的《高尔吉亚篇》(*Gorgias*)的评注者也有类似的说法。他说:"在一些小型的秘密祭典上,人们要做许多不体面的事,被接纳入会的人要说这样的话:

---

① 亚历山大的克雷芒:《规劝书》,I, 2.13。

我吃了铃鼓里的东西，我喝了钹里的东西，我拿过刻尔诺斯。"① 作为一种解释，他补充道："刻尔诺斯是利克农（liknon）或者普图翁（ptuon）。"也就是一种簸箕。

至于这种用语是不是属于厄琉西斯秘密祭典，人们有许多争论，我认为这些争论是没有必要的。克雷芒在这段话之前提到阿提斯、库柏勒（Kybele）和科律班忒斯（Korybants），从中我们可以清楚地看到，他脑子里想的是小亚细亚的大神母的秘密祭典。但他也提到了得墨忒耳，因此也可以看出他对两者并不作严格的区分。《高尔吉亚篇》的评注者在提到这些仪式用语时明确地说到小型的秘密祭典。后文（第十章）我们将会看到，这些秘密祭典主要是跟科瑞和狄俄尼索斯有关。所有的混淆都是由一个简单的神话事实造成的：大神母在希腊全境受到人们的崇拜，而得墨忒耳和库柏勒只不过是各地对大神母的许多不同称呼中的两个罢了。不管她在哪里受到人们的崇拜，她都有秘密祭典，铃鼓和钹已经成为更原始的亚细亚大神母的特征，但是厄琉西斯的大神母也有自己的铜钹。然而，作为她的秘密祭典的标志，她的祭徒们要吃圣器箱和篮子里装的东西，但这些区别都是微不足道的。

刻尔诺斯这种东西值得我们注意。评注者说那是一种簸箕，而后文（第十章）我们将会看到，簸箕曾经——至少在亚历山大大帝的时代——是厄琉西斯秘密祭典上的用具。这是一种简单的农业工具，但被狄俄尼索斯崇拜者利用并加以神秘化。但是，从阿提尼俄斯的著作中我们还可以了解到另一种刻尔诺斯。在讨论各种杯子及其用途时，阿提尼俄斯说："刻尔诺斯是一种用陶土做成的器皿，上面系着许多小杯子，各个小杯分别装着白色罂粟花、小麦、大麦、豆子、巢菜、滨豆等。捧这种用具的人像捧利克农一样，他要品尝这里面的所有东西，正如阿摩尼

---

① 关于柏拉图《高尔吉亚篇》（p.123）的评注。最后一句是厄琉西斯秘密祭典中所没有的，这一点我们将在后文（第10章）进行解释。

俄斯在他的《论祭坛与献祭》第三卷中所描述的那样。"① 阿提尼俄斯稍后还是在讨论杯子（kotylos）时再次而且是更详细地提到刻尔诺斯："波勒蒙在他的论文《论狄安娜的金羊毛》（*On the Dian Fleece*）中说：'之后，他做了一个仪式，然后从卧室里把它拿出来，并把它分给那些头顶着刻尔诺斯的人。'"② 接着，他具体地列举了刻尔诺斯所装的东西，我给增加的部分加了着重号："鼠尾草、白色罂粟花、小麦、大麦、豆子、巢菜、滨豆、蚕豆、斯佩耳特小麦、燕麦、一块饼、蜂蜜、橄榄油、葡萄酒、牛奶、没有清洗过的羊毛。"

以上列举的用于献祭的各种果实和天然食物当中，有些是很原始的祭品，看到"没有清洗过的羊毛"就使我们想起保萨尼阿斯在菲加利亚的得墨忒耳山洞献祭时所用的简单的祭品。但其中有些祭品是后来增加的，如加工后才得到的橄榄油和葡萄酒，早期的得墨忒耳是绝对不会接受葡萄酒这种祭品的。在米洛斯岛（Melos）和克里特岛，人们已经发现了许多与阿提尼俄斯的描述完全一致的器皿，在厄琉西斯的神庙也发现了一些年代较晚的器皿，这两种器皿都是日常用品，其他的器皿显然是用于还愿。在公元前408年到公元前407年厄琉西斯的官员所作的记录中提到了一种叫 κέρχνος 的器皿，很可能与阿提尼俄斯所说的刻尔诺斯相一致。图15中

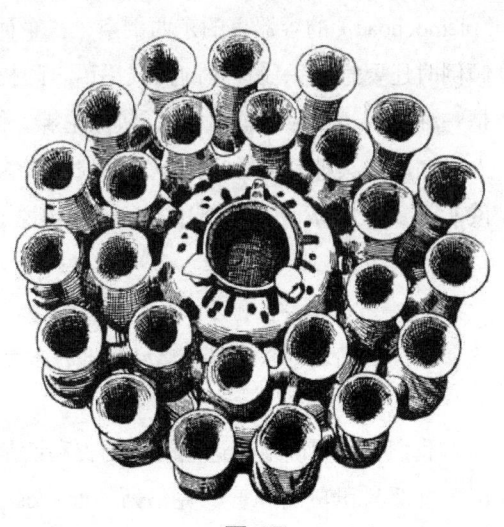

图 15

---

① 阿提尼俄斯，XI, 52, p.476。
② 阿提尼俄斯，XI, 56, p.478。我把 ἄνω 这个令人费解的词译为"在头顶上"（aloft），因为我认为这里说的是把刻尔诺斯顶在头上。

的器皿①清楚地展示了在米洛斯岛发现的早期此类器皿的形状及用途。这种器皿也许可以称为"分类容器",其中的每一个小杯都可以盛不同的谷物和产品。看了这个器皿,我们就可以明白评注者为何把它称为"利克农"。利克农是一种用于簸谷物的工具,就是把谷壳从谷子中分离出来。而刻尔诺斯这种容器则可以把各种不同的谷物分隔开。刻尔诺福里亚(Kernophoria)实际上就是晚期更为讲究的用初果献祭的形式。至此,我们已经了解到原始简朴的秘密祭典中的两种不可或缺的因素:呈献和品尝初果以及搬运圣物。至于晚期增添的因素,我们在讨论俄耳甫斯教的秘密祭典时将进行讨论。

前文在讨论花月节时(第二章)已经提到一种仪式,根据阿提尼俄斯的记录,这种仪式是在秘密祭典的最后一天举行的。在这一天(其名称就是由这一仪式而来的),人们要把两个叫作"普勒摩科伊"(plemochoae)的容器里的东西倒空,一个面向东方,一个面向西方,在倾倒时还要宣读一段神秘的仪式用语。阿提尼俄斯解释说,普勒摩科伊是一种用陶土做成的器皿,"形状像陀螺,但能平稳地直立"。似乎这是人们在献祭冥神时通常用的一种器皿,因为他所引用的一部叫《珀里托俄斯》(Peirithous)的戏剧中有一个人物说了这样的话:

> 说了这些吉利话,
> 我们就可以把普勒摩科伊里的东西倒进阴间里的深渊去。②

我们不能明确地说这些神秘的吉利话是什么,但我们不禁要把人们用普勒摩科伊奠酒和普罗克洛斯(Proclos)记录的仪式用语联系起来。

---

① 收藏于大英博物馆,参见《雅典不列颠学院年鉴》(*Annual of British School at Athens*)第3卷,p.57,图版Ⅳ。博赞基特(Bosanquet)教授对我说,厄琉西斯的刻尔诺斯很可能是从克里特的秘密祭典引进的。

② 阿提尼俄斯,Ⅺ,93,p.496。

他说:"在厄琉西斯秘密祭典上,他们时而仰望天空,一边高呼'下雨吧';时而低头面向土地,一边高呼'丰收吧'。"① 这种庄严而又简短朴素的祷告无法用英语完全表达出来,它本身近乎原始的仪式。

如果赫西基俄斯的说法可信,那么在仪式的最后,人们还要对着那些被接纳入会的人说一个神秘的词语:Κὸγξ ὄμπαξ。②

在此,我们要总结一下这四章的讨论结果。在对雅典的四大节日——宙斯节、花月节、塔耳格利亚节和立法女神节——进行了考察之后,我们看到,不管是这些节日的名称还是它们的仪式,和奥林波斯神崇拜都没有任何关系,尽管表面上这些是纪念奥林波斯神的节日。在考察了这些节日的本质之后,我们看到,在这些节日上举行的献祭不是祭祀奥林波斯神,因为奥林波斯神的献祭的本质是"敬奉",这种献祭基于"献出以便获得回报"的观念。这些节日上的仪式是人们由于无知和恐惧而举行的驱邪仪式,这种祭祀基于一种"献出以便免除灾害"的观念。花月节上那些被称为 ἐναγισμοί 的仪式其实是净化仪式,这里的净化就是对刻瑞斯、鬼魂和幽灵进行安抚。在塔耳格利亚节上,法耳玛科斯仪式也是一种净化仪式,但其目的不是安抚或驱除鬼魂和幽灵,而是一种巫术性的对邪恶的清除。在立法女神节上,在举行用猪献祭的仪式之前要举行净化仪式,而这种献祭本身也有巫术的目的。此外,我们看到,后来的祝圣观念就源于原先的诅咒和奉献。除了这三个分别在农耕年份的三个季节举行的节日之外,我们刚才又讨论了厄琉西斯秘密祭典,我们了解到这种仪式的内容是净化,而这里的净化是作为接触神奇的圣物、分享初果的必要准备。

理解一个民族的宗教观念的唯一正确的办法是考察该民族的语言中的有关用语。我们现代人对古代宗教的想法在很大程度上都可以用"献祭"一词来概括。由于思维上的惯性,我们往往不会问这样的问题:"希

---

① 普罗克洛斯关于柏拉图《蒂迈欧篇》(*Timaeus*) 的评注,p.293。
② 赫西基俄斯的词典,Κὸγξ ὄμπαξ 条目。F. M. 康福德先生提出,这个词的最初拼法可能是 Κόγξον πάξ,意为"吹响螺号"。另见洛贝克:《阿格劳法摩斯》,775。

腊人的献祭的本质是什么？"如果我们跟随希腊人的语言所提供的线索，而不是把我们自己的语言强加在他们头上，我们会清楚地认识到，他们的献祭并不含有我们现代人赋予献祭的各种赎罪和神秘的人神交流的内涵。我们已经讨论过的所有古代仪式所表达的是一种更简单的思想，但这种思想并不见得更丑陋，也不见得缺乏深刻的宗教性，这种思想就是净化。这种几乎不为奥林波斯神崇拜所知的净化观念正是较低层次的宗教崇拜的基调。

在此，把这一点清楚明确地指出来是至关重要的，这样我们就可以更好地理解随之而来的结果。当那种跟狄俄尼索斯和俄耳甫斯这两个名字有关的新的宗教进入希腊时，它便把影响巨大的"献出以便获得回报"的奥林波斯教的观念抛在一边。而且，出于一种真实的本能，它把一种承认罪恶（尽管主要是在形式上）且致力于净化的宗教和这样一种因素紧密地联系起来：虽说在某些方面这种因素更低级，但它更接近事实，而且包含着更高的可能性。

下文我们将会看到，那种新的宗教的核心就是相信人可以变成神。它把新的特点引入宗教仪式，即通过吃神的肉体达到神秘的人神交流的目的，这种特点是旧的不吃祭品的"献祭"所全然没有的。但是，人并不是永生的，因此要把人的这种特点清除掉。这样，人们又回复到古老的净化仪式，虽然这种净化已经被赋予新的信仰和希望。

这些都是后话。在我们对那种新的宗教进行研究之前，有必要把节日仪式放在一边，而把注意力转到神学（实际上就是神话）上。在我们对节日仪式[1]进行了讨论之后，在以下的三章里，我们将讨论人们所崇拜的对象——最初只是像鬼魂和幽灵一样的模糊而变化不定的轮廓，后来便演变为形象清晰的女性神和男性神。

---

[1] 关于收获的节日，参见 F. M. 康福德的《$ἀπαρχαί$ 与厄琉西斯神秘祭典》（The $ἀπαρχαί$ and The Eleusinian Mysteries）；关于阿诺多斯仪式和立法女神节，参见本人的论文《索福克勒斯的足迹》（Sophokles Ichneutae）及《库勒涅和萨梯的 $δρώμενον$》（The $δρώμενον$ of Kyllene and the Satyrs），两篇文章均刊于里奇韦的《论文与研究》（1913 年）。

第五章 鬼魂、幽灵和妖怪

在以上的章节里,我们对希腊的宗教仪式进行了讨论。我们得出的主要结论是,这种仪式在早期的主要特点是具有一种希腊人所说的 ἀποτροπή(即驱邪)倾向。然而,与我们现代人所说的崇拜更接近的宗教动力也有这种倾向,这种动力就是 θεραπεία,即诱发、培育对人有利的影响。

这里需要说明一点:我们当然已经在某种程度上了解了希腊人的崇拜对象的本质。我们在讨论仪式时已经模模糊糊地看到幽灵、鬼魂和冥界神灵的模样。现在我们要做的就是更清楚地追寻这些模糊的神学的、鬼魔学的或者是神话的发展线索,以判定这些崇拜对象的本质以及他们的演变顺序。

与仪式相比,神学上的事实更难追寻,也就更难做出结论。仪式(即人们所做的)要么为人所知,要么不为人所知,但人们所做的有何意义——这是联系仪式和神学的环节——有时可以被我们明确地知道,在更多的情况下,那只是不可靠的推断。更不可靠的是企图断定人对他所崇拜并为之举行仪式的神的想法,即人的神学(或者说神话——如果我们更喜欢这个术语的话)是什么样的。

首先有必要提醒大家注意一点:我们的思维深深地受到时下流行的古典神话的影响,我们的想象里充满栩栩如生、已经被人格化的形象分明的奥林波斯神。只有在思维上作一个较大的转弯,我们才可能认识到一个对我们的研究至关重要的事实:起初根本没有神,我们要考察的与其说是许多曾经存在过的事实,不如说只是人们头脑中的观念,而在不同的人的头脑里，这些观念的色彩也是变化不定的。塑造形象的美术作品、把特点和作用形象化的文学作品捕捉到了这幅变化多端的图景并将其固定下来。但是，在美术和文学出现之前——在某种程度上是在美术和文学出现之后——神学的"一切都在流动之中"。

此外，我们面对的不仅仅是人类头脑中的观念，而且是那些与我们的思维方式截然不同的人的头脑中的观念。阻碍我们了解神话的最大障碍[①]莫过于我们现代人条分缕析的思维方式，而了解神话是理解神话的先决条件。我们在表达时所用的通常是那些具有过分的区分作用的词语。因此，我们首先必须要做的就是让我们的思维从已经被我们分得过于精细的"多"回复到模糊、原始的"一"。

我们不应把这种人类思维的晨霭看成一种有害的思想迷雾，一种无序、软弱、摇摆不定的标志。它不是混乱，甚至不是综合，相反，它具有细胞质般的全面和力量，只是它还没有最终长成，还不具备各种清晰明确的形状。也许，就像奥林波斯神一样，一旦它发展成型，并有了明确的区分，那就意味着没落的开始。正如梅特林克（Maeterlinck）所说的那样："通常情况下，彻底的清晰难道不是思想厌倦的标志？"[②]

我们之所以必须记住思想的这种最初的融合（而不是混乱）是出于一个实际的原因。神学在把整体（"一"）明确地分成不同的"多"之后，在经历了具有排他性和坚决性的区分之后，在区分出许多各司其职的神灵之后，往往又会回复到原先的一神论，也就是说，从"多"回复到"一"。因此，下文我们会经常看到，在稍作处理之后，一个晚期的哲学家的文献对解释某种原始的概念往往有着重大的作用：俄耳甫斯教的颂歌中的多面神比荷马笔下的形象分明的奥林波斯神更接近原始的思维。

[①] 很久以前，我在一篇文章中已经清楚地阐明了我在这一问题上的立场，参见《希腊研究》1899年第20期，p.211，244。

[②] 梅特林克：《智慧与命运》（*Sagesse et Destinée*），p.76。［梅特林克（1862—1949），比利时法语诗人和剧作家、象征派戏剧的代表作家，1911年获诺贝尔文学奖。——译注］

前面我们在讨论雅典的节日时已经看到,隐藏在宙斯节背后的是人们对蛇的崇拜,而隐藏在花月节背后的则是人们对鬼魂的召唤。至于立法女神节,我们发现那些为促进丰产而举行的巫术性仪式似乎是直接针对大地的,而塔耳格利亚节上的净化仪式最初并不针对任何对象。我们掌握的证据表明,只有在宙斯节和花月节上,人们才有某种明确的崇拜对象。在后文(第七章)的讨论中我们会看到人们对蛇的崇拜的意义,眼下我们只能集中讨论人们在花月节崇拜的对象——刻瑞斯,即鬼魂或幽灵,以及这些刻瑞斯在后来的神学中的演变和分化。

作为鬼魂和幽灵的刻瑞斯

人们在花月节上要对付的——在这里用"崇拜"这个现代词语当然是不合适的——最初是一些鬼魂,从上文(第二章)列举的证据可以看出,这一点是毫无疑义的。图 7 中的瓶画清楚地显示,在公元前 5 世纪,人们认为那是一些有翼的小精灵。除此之外,在无数的雅典白色花瓶的瓶画上,我们也看到在坟墓周围振翅飞翔的鬼魂。但是,对古代人来说,"刻瑞斯"一词的内涵比我们现代人所说的"鬼魂"要广得多、模糊得多。如果我们要理解这个词后来的发展,就必须把握这一广泛的内涵。

从花月节上人们所采取的驱邪的预防措施中,这些刻瑞斯的某些本质就已经表露出来。人们把沥青涂在门上,为的是把他们粘住;人们嚼具有净化功效的王紫萁,目的是把他们赶走;人们认为他们是恶的根源,因而畏惧他们。如果说他们不是邪恶的精灵,那就无疑是能够把邪恶带来的精灵,要不然,人们何以采取这些预防措施?柏拉图心里就是这样想的。他说:"在凡人的生命里有许多美好的东西,但是他们当中多数都被刻瑞斯黏附着,刻瑞斯给他们带来污秽,损害他们的容貌。"[1] 在这里,我们看到的不仅仅是一个哲学观念,即美好的东西包含着邪恶的灵

---

[1] 柏拉图:《法律篇》,XI, p.937D。

魂，同时它也让我们知道当时人们确实存在着一种普遍的观念：刻瑞斯就像一种人格化的病菌，会造成腐化和污秽。① 凡世的一切东西都受到这种邪恶的影响。在讲述关于俄耳甫斯那奇迹般的头颅（第九章）的故事时，科农（Conon）说，这颗头颅被渔夫发现时，"它还在唱歌，海水并没有使它产生任何变化，人身上的刻瑞斯对死尸通常造成的损害也没有出现在这颗头颅上。相反，它依然栩栩如生，依然滴着鲜血"②。当然，科农是晚期的一名作家，在他的作品中随处可见他引用的前人的诗句，但他这里所说的"人身上的刻瑞斯"（ἀνθρώπιναι κῆρες）并不等同于"人的命运"，确切地说，它指的是人们内在的腐败的根源。

我们在图 7 中看到了一些于人无害的刻瑞斯，那是刚从坟罐中飞出的灵魂。幸好我们也找到了古代的美术作品中刻画邪恶的刻瑞斯的画面。

图 16 摹自一个出土于提斯柏（Thisbe）、现藏于柏林博物馆的花瓶上的瓶画。从画中人披的那块狮子皮和佩带的箭囊可以看出，他是赫拉克勒斯。他左手紧紧抓着一个形象干瘪、面容丑陋、长着翅膀的像人一样的东西，右手挥舞着一根粗糙的木棒。要不是《俄耳甫斯颂歌》中的《赫拉克勒斯颂》给我们带来启发，我们本来无法说

图 16

---

① 感谢奥托·克鲁修斯博士，因为我是从他那篇论述刻瑞斯的文章（见罗斯切尔的《词典》）看到这种说法以及许多重要的有关文献的。克鲁修斯博士对刻瑞斯的本质的讨论有着令人钦佩的独到之处，但其中也有一点不足，即他觉得自己的讨论应该从年代较晚的荷马的文学观念开始。

② 科农：*Narr.*, XLV。

出赫拉克勒斯面前这个令人厌恶但又非常脆弱的对手的名字。这首颂歌的结尾部分是一段祈祷：

> 来吧，神圣的英雄，把一切疾病都消除掉吧。
> 挥舞你的木棒，
> 驱除凶恶的命运；用沾上毒药的矛和箭，
> 赶跑可恶的刻瑞斯。①

原始的希腊人用他的宗教想象道出了一个真理——一个科学用了几个世纪才能够证明的真理：疾病是由微小的生物导致的。我们将这种生物称为病菌，而他称之为刻瑞斯。早期的喜剧诗人索福伦（Sophron）留下的一个残篇说到赫拉克勒斯掐着赫庇阿勒斯（Hepiales）的脖子。赫庇阿勒斯一定是司噩梦的魔鬼，我们在其他文献中也能找到关于他的描述，他有着各式各样混淆不清的名字：厄菲阿尔忒斯（Ephialtes）、厄庇阿勒斯（Epiales）、赫庇阿洛斯（Hepialos）。《词源大典》把"赫庇阿洛斯"解释为一种高烧、"一种趁人熟睡时附在人身上的魔鬼"②。有人提出，被赫拉克勒斯掐着脖子的有翼的东西是赫庇阿勒斯——司噩梦的魔鬼，而不是刻瑞斯。③虽然问题远没有解决，但得到的答案和留下的疑问同样有启发性：赫庇阿勒斯是由刻瑞斯引发的一种疾病，也就是说，它是一种特别的刻瑞斯，是导致人做噩梦的病菌。刻瑞斯也会引发失明，还会导致疯狂，因此就有了"用黑色的刻瑞斯捂着他们的眼睛"④这一说法。人们对瞎和狂——眼睛上的失明和精神上的盲目⑤——通常是不加以区分的，就像俄狄浦斯的失明和他的盲目一样，而这两者都源自刻瑞斯-厄里

---

① 《俄耳甫斯颂歌》（*Orphic Hymn*），XII。
② 《词源大典》中的 ῥιγοπύρετον 条目。
③ 罗斯切尔（Roscher）：《词典》，Nosoi 条目，p.459。
④ 欧里庇得斯：《腓尼基妇女》，950。
⑤ 在我撰写了上述内容之后，F. M. 康福德先生发表了他的《修昔底德的神话历史》（*Thucydides Mythistoricus*），该书的第 13 章对原始的鬼魔论的起源进行了详细的讨论。

尼厄斯。

对原始人来说，一切疾病都是由恶鬼引发的，或者更确切地说，一切疾病都是恶鬼。珀斐里说，我们有的人皮肤上长水疱，那是由邪恶的幽灵引发的，他们是在我们吃某种食物时来到我们身上并在我们体内驻留下来的。他接着说，正因为如此，人们才举行净化仪式，这些仪式的目的不是要把众神召来，而是要把这些可恶的东西赶走。他这段话恰恰说出了古代宗教中"驱邪"仪式的本质。也许他还会加上一句：正是由于这些邪恶的幽灵，我们才进行斋戒的。实际上，他所用的词 ἁγνεία 既含有"纯净"也含有"斋戒"的意思。吃东西是非常危险的，因为你张开嘴巴的时候，刻瑞斯就会趁机而入。如果你就要分享特别神圣的食物时，刻瑞斯进入你的体内，那自然是非常麻烦的。土著居民就有这样的说法。作为一个素食者，珀斐里说，这些邪恶的幽灵通常特别喜爱血和不洁之物，因此，"当有人拨弄这些东西时，他们就进入这些人的体内"。如果你在自己的周围摆上一些具有强香和净化效用的神圣的植物，如芸香和王紫萁，你就可以把刻瑞斯赶走。即使他们进入了你的体内，你也可以快速、安全地把他们赶出去。

刻瑞斯的特征，即他们与"肉欲"的联系在一首奇怪的说教诗中非常清楚地体现了出来。这首诗是由斯托拜俄斯（Stobaeus）保留下来的，由林诺斯（Linos）所作。诗的内容是关于刻瑞斯的危险以及在面对刻瑞斯时"净化"的必要性的。由于这首诗流露出禁欲思想，并被认为是林诺斯的作品，因此它很可能与俄耳甫斯教的起源有关。全诗如下：

> 听我说啊，让我知道你在热情地听
> 这个万物的简单真理。把造成灾难的刻瑞斯
> 赶跑，他们会毁坏百姓的羊群，还用多重的诅咒
> 束缚周围的万物。他们还化作许多可怕的
> 形象来欺骗人们。千万不要让他们靠近你的灵魂，
> 要时刻留意。这是净礼，

> 能够把污秽清除，真正让你净化
> （但是你必须真正痛恨那些邪恶的刻瑞斯），
> 最重要的是净化你的肚子——一切可耻之物的根源，
> 因为欲望是为她驾车的人，她就这样疯狂地奔驰。①

人们常说疾病被希腊人"拟人化"了，这种说法颠倒了原始人的思维顺序。实际上，不是疾病被看作一种威力，然后被想象成一个人，而是原始人似乎想象不出什么东西具有这种能力，他只知道那是源自某个人、某个存在物、某个幽灵，总之是某个跟他相似的东西。这就是现代的希腊农民在书写 Χολέρα 这个以大写字母开头的词时的心态。饥饿、瘟疫、癫狂、噩梦的背后都有一个幽灵，它们都是幽灵。

当然，正如赫西奥德所说，古代也有过不让这些幽灵肆虐的黄金时代，当时他们被牢牢地关在一个大坛子里，而且

> 远古时代，地球上的一切部落的人
> 过着没有疾病的生活，也无须艰难地劳作，
> 不用担心染上刻瑞斯给人带来的瘟疫。②

但是，哎呀！

> 那个女人用双手搬开了大坛盖，
> 把刻瑞斯放了出来，
> 于是人们就有了操心的事。只有希望
> 还留在里面，她飞不出来，

---

① 斯托拜俄斯，V，22。
② 赫西奥德：《工作与时日》，90。我更倾向于把最后一句理解为"刻瑞斯给人带来的可怕疾病"，但我还是照原文翻译了，因为虽然赫西奥德清楚 νόσοι 和 κῆρες 之间的联系，但他也许是颠倒了因果。我在《希腊研究》1900 年第 20 期第 104 页讨论过这个问题。

因为撞到了坛盖上。①

这个女人是谁,她又为什么搬开坛盖,我们在后文将作论述(第六章)。在这里,我们只需要注意是什么样的东西从坛子中出来了。赫西奥德接下来的描述奇怪而又有意思。等那女人把盖子盖上时已经迟了:

因为无数个恶鬼已经从坛子里飞出来,
向人们飞去,大地上到处是这些恶鬼,海上随处可见他们的身影。
疾病没日没夜地飘荡,
给人们带来病痛。他们靠自己的力量飘浮在空中,
后来,他们变得沉寂了,因为众神之王宙斯剥夺了
他们说话的能力。②

普罗克洛斯知道这些沉默的邪恶幽灵是刻瑞斯,虽然他赋予了他们某些现代的特征。在评论赫西奥德的这段描述时,他说:"赫西奥德赋予他们(即疾病)形体,让他们无声无息地靠近人们,并表明幽灵是这些东西的保护神,他们按照命运的吩咐散播疾病,把坛子里的刻瑞斯放出来。"与他同代的人们所想的一样,他认为刻瑞斯是由幽灵主宰的,是幽灵散播的疾病,但原始人认为刻瑞斯就是幽灵、就是疾病。赫西奥德自己可能也不是很清楚那个大坛子就是大神母潘多拉那巨大的坟墓坛(参见第六章),也不知道那些刻瑞斯就是鬼魂。赫西奥德说:"大地上到处是这些恶鬼,海上随处可见他们的身影。"奇怪的是,一位佚名的诗人留下的残篇里也强调了刻瑞斯的拥挤情景:

---

① 赫西奥德:《工作与时日》,94。关于作为一种邪恶的刻瑞斯的"希望",参见 F. M. 康福德的《修昔底德的神话历史》,p.224。
② 赫西奥德:《工作与时日》,102。

> 我们凡人的处境就是这样,到处是疾病,
> 我们的周围还到处拥挤着刻瑞斯,
> 他们进门时悄无声息。

成群结队看不见摸不着的恶鬼在人的周围游荡——这种观念时时萦绕在许多抒情诗人的脑子里,使得他们的作品中那模糊、哀伤的悲观主义又增添了某种原始的东西。阿莫尔戈斯岛(Amorgos)的西摩尼得斯(Simonides)和赫西奥德几乎是异口同声,他说:"希望抚育着所有的人。"但是希望终究无用,因为恶魔随时会到来,他们会给人带来破坏,带来疾病、死亡、战争、沉船和自杀。

> 病痛并不少见,成千上万的刻瑞斯
> 侵扰着人们,没有人能够躲过
> 他们带来的痛苦和灾害。[①]

在这里,如果把刻瑞斯理解为命运,那就等于过早地把它抽象化了。刻瑞斯还只是实实在在的东西,也不是什么东西的化身。因此,埃斯库罗斯让他笔下的达那伊得(Danaid)妇女说出这段祈祷:

> 愿疾病——可恶的一群——
> 不要降临在我们的头上,
> 愿他们不要伤害我们的市民。[②]

这段祈祷中的"可恶的一群"并不仅仅是"诗意"的形象,而是真实地反映出了在原始人心目中,他们是有害的生物。

[①] 阿莫尔戈斯岛的西摩尼得斯的著作,I,20。
[②] 埃斯库罗斯:《请愿的妇女》,684。

人们在提到这些像小昆虫一样的疾病时,大多数情况下自然而然地将他们看作复数。但是,在索福克勒斯的《菲罗克忒忒斯》(*Philoctetes*)中,主人公那疼痛难忍的脓疮被称为"古老的刻瑞斯"①。这也是一种原始的说法,而不是诗歌特有的语言。既然已经把刻瑞斯看作"附在人身上的小害虫",我们在看到泰奥格尼斯(Theognis)的说法时就不会感到吃惊了:

> 两个刻瑞斯为不幸的人拿着葡萄酒——
> 一个是使人四肢乏力的饥渴,一个是鲁莽的醉鬼。②

受到这些邪恶的幽灵侵扰的不仅仅是人类。在那个古代迷信大全——俄耳甫斯教的《利提卡》(*Lithica*)中,我们看到关于刻瑞斯袭击田地的描述。对付他们的最好的武器是利克尼斯(Lichnis)石头,这种石头也可以抵挡冰雹。

> 利克尼斯,既然你可以为我们抵挡疯狂降落的冰雹,
> 那么帮我们把刻瑞斯赶走吧。③

泰奥弗拉斯托斯在他的著作里说,每个地方都有一些能够给植物带来危险的刻瑞斯,有的刻瑞斯来自地面,有的来自空中,还有的同时来自地面和空中。④ 火似乎也会受到刻瑞斯的侵扰。斐洛(Philo)著作的评注者说,重要的是不能让俗火(即日常使用的火)接触到祭坛,以免沾染上无

---

① 索福克勒斯:《菲罗克忒忒斯》,4。
② 泰奥格尼斯的著作,837。
③ 俄耳甫斯教的《利提卡》,268。
④ 泰奥弗拉斯托斯:*De caus. pl.*, 5.10.4。

数的刻瑞斯。[①] 同样能够给我们带来启发的是斯特西科罗斯（Stesichorus）的话，他按照传统，"把刻瑞斯称为忒尔喀涅斯（Telchines）"[②]。尤斯塔修斯在引用斯特西科罗斯的说法时加了一个词语 τὰς σκοτώσεις，作为对刻瑞斯的一种解释。σκοτώσεις 是晚期才出现的一个词，很可能是用于对刻瑞斯的注释，意思是变暗、杀戮、身体和精神上的暗淡。且不管这个注释，单是把刻瑞斯和忒尔喀涅斯联系起来，这本身就非常吸引我们的注意力，它把我们带回到古代的巫术世界。忒尔喀涅斯是古代典型的巫师，斯特拉博说，他们做的巫术之一就是"用斯堤克斯水和加了斯堤克斯水的硫黄遍洒在动物和植物之上，目的是把他们杀死"[③]。

由此可见，刻瑞斯本来只是人和事物一些内在的、几乎是自身固有的坏的东西，但最后其地位被拔高，从而被人格化，成了巫师。从尤斯塔修斯引述斯特西科罗斯的话的那段文字中，我们可以看到这一切是如何发生的。在这段文字里，尤斯塔修斯在评论枯瑞忒斯（Kouretes）这个古老的部落时说，这些枯瑞忒斯是克里特人，人们也称他们为忒尔吉涅斯（Thelgines），他们是一些术士、巫师。"他们分为两类，一类是精于手工的匠人，另一类是危害一切美好事物的人。这后一类人本性凶残，据说是狂风的根源，他们手中有一个杯子，用来把一些植物的根部泡制成神奇的药水。他们（第一类）发明了雕像，还发现了金属。他们既可以在陆地上也可以在水中生活，而且相貌古怪，各不一样，有的像魔鬼，有的像人，有的像鱼，有的像蛇。传说他们当中有些没有手，有些没有脚，有些像鹅一样手指之间有蹼。有人说他们的眼睛是蓝色的，尾巴是黑色的。"尤斯塔修斯的最后一句话意味深长："只要宙斯发出雷声或者

---

① 这是布达俄斯（Budaeus）在评注斐洛的《莫西斯传》（*Vita Mosis*）时说的话，我是从斯特法诺斯（Stephanos）的词典中发现并借用这一文献资料的。把刻瑞斯跟火及炉灶联系起来的观念在今天依然没有消失。我的一位爱尔兰佣人在生火失败之后，坚决不愿再生一次，理由是她认为"炉棚里有小精灵"。在这里，刻瑞斯其实就是把火吹灭的一阵充满恶意的风——古代人也常这样认为。
② 残篇，关于尤斯塔修斯著作的评注，772.3。
③ 斯特拉博：《地物志》（*Geographus*），XIV，2.652。

阿波罗射出利箭，他们就会消失。"旧的秩序被新的秩序摧毁。在征服者的想象中，被征服者既是野蛮人又是巫师，既是匠人又是魔鬼，可恨又可怕，总之，他们是刻瑞斯-忒尔喀涅斯。[1]当我们看到刻瑞斯善良、多产、仁慈的那一面被冲淡、遗忘时，我们必须时时记住，那是我们透过征服者的文明来观察他们的结果。[2]

作为衰老和死亡的刻瑞斯

前面我们说过，人们用各种方式（体面的或不体面的）——咀嚼王紫萁、把铜锣敲得震天响、塑造可笑的雕像——来对付刻瑞斯，因此多数刻瑞斯在人们的控制之下。但是，有两个刻瑞斯等得非常不耐烦，因为人们不想把他们赶走，他们就是"衰老"和"死亡"。这两个刻瑞斯正在等待——正是这种想法让充满光明的生命遮上了阴影，抒情诗人尤其这样认为。泰奥格尼斯祈求宙斯：

> 不要让邪恶的刻瑞斯靠近，别让我受到
> 衰老的威胁，让最终的死亡远离我。[3]

这些时时威胁着人们的作为疾病、灾害、衰老和死亡的刻瑞斯也是米姆奈尔摩斯（Mimnermus）所永远不能忘怀的：

> 我们像春天里萌发的绿叶一样生机勃勃，
> 太阳何时开始熊熊燃烧，

---

[1] 参见里奇韦教授：《希腊的早期》，I，p.177。
[2] 刻瑞斯的坏名声的证据之一是吉尔伯特·默里先生让我注意的欧里庇得斯《特洛伊妇女》第424行中的一个双关语，但评注者似乎并没有注意到它："他们叫什么名字啊？那是个令人憎恶的（Kerish）名字。"
[3] 泰奥格尼斯，707。

众神让我们知道,快乐的青春
短暂易逝,既不美好也不凶恶,
但是黑色的刻瑞斯总是站在尽头,
她一手拿着衰老,一手拿着死亡。

于是,当光阴逝去,青春的
一切果实都凋零了,死去、
不再活着是最好的,因为在灵魂里
无数的邪恶在滋生。而贫困
让一个家庭节衣缩食,
人失去了自己的孩子,
他不得不带着人间这种渴望去到
阴间。在他的命运里,另一个
侵蚀着他的灵魂的是可怕的疾病。
只有宙斯在用许多禁令诅咒。①

在这里,我们同样看到了阴抑的原始信仰,或者说恐惧。一切事物都受到刻瑞斯的侵扰,所有的刻瑞斯都是邪恶的。米姆奈尔摩斯的诗之所以在此被我们提起,是因为这首诗让我们看到了两个最可怕的刻瑞斯:衰老和死亡。其他的都是些微不足道的病痛,贫困、疾病和孤独不再被明确刻画为刻瑞斯。

一幅瓶画的作者用一种更直接的方式显示了这一事实。图17是卢浮宫收藏的一只红绘土罐上的图案。画中的赫拉克勒斯正举着手中的木棒,要杀死一个挂着拐杖的丑陋干瘪的小人——显然这是个年迈的老头。幸好画中刻着 γῆρας 字样,说明这不是一个老头,而是"衰老"——令人恐惧的刻瑞斯。这幅画和图16所描绘的赫拉克勒斯要杀死刻瑞斯的情景非

---

① 米姆奈尔摩斯,2。

常相似。作为"衰老"的刻瑞斯没有双翼,这幅瓶画的作者认为翅膀对作为"衰老"的刻瑞斯是不合适的。事实上,这是已经向前迈出一步、人格化了的刻瑞斯。可以比较有把握地推测,这个花瓶的年代大约为公元前5世纪中叶。这个花瓶和大英博物馆收藏的一个刻有卡尔米德斯(Charmides)这个名字的花瓶在风格和题材上都有相似之处。

图 17

渐渐地,刻瑞斯的各种含义都归于一种,即罪恶、死亡和死亡的命运,但同时它又使人时时想起世间万物都有过自己的刻瑞斯。这一点是我们最熟悉的,因为这是荷马在使用这个词时的意思。荷马在其史诗中的措辞很少用到原始词汇——更多的是一些陈腐僵化的词语——而那个频频出现的"死亡的刻瑞斯"[①]就是远古留下的说法。我们在荷马史诗中看到的"刻瑞斯"一词正处在转变之中,它既有"死亡"又有"死亡的幽灵"的意思。俄底修斯说:

躲过死亡和刻瑞斯,我们就能逃脱。[②]

在这里,"死亡"和"刻瑞斯"两个词只不过是同一个意思的不同说法而已:死亡和死亡的幽灵,或者用我们现在的话说是死亡和死亡的天使。

---

① 荷马:《奥德赛》,XI,398。
② 荷马:《奥德赛》,XII,158。

荷马的观念一直在左右着我们的思维，以至于我们都形成了一种习惯：把刻瑞斯理解为命运。这种习惯已经造成思想上的许多混乱。

关于荷马对这个词的使用，我们需要记住两点。第一，正如我们可以料到的，比起我们已经见到的用法，荷马在使用"刻瑞斯"这个词时更多的是赋予其抽象的、文学上的意义。我们不可能说，荷马在用这个词时心里会联想到一种微小的有翅膀的病菌。第二，在荷马的作品里，"刻瑞斯"几乎总是被形容词"死亡的"所修饰和限定，在这种用法的背后似乎隐藏着一种几乎是无意识的观念，即除了"死亡"这种刻瑞斯之外，还有其他的刻瑞斯。刻瑞斯本身不是死亡，但两者几乎已经变得不可分离。

人们认为刻瑞斯具有两种属性——善良和邪恶，这种观念似乎还遗留在"两个刻瑞斯"（$\delta\iota\chi\theta\acute{\alpha}\delta\iota\alpha\iota\ K\hat{\eta}\rho\varepsilon\varsigma$）这一词语中。阿喀琉斯说：

> 我那作为女神的母亲、脚上裹着白银的忒提斯说，
> 两个刻瑞斯要把我
> 推向死亡。①

不错，这两个刻瑞斯正把他带上死亡之路，但是这里也包含了一个强烈的意思，即命运的多舛。从这个意义上说，英语中绝对找不到一个和"刻瑞斯"相当的词语，因为英语中没有一个词具有类似的联想意义。

以人的形象出现的刻瑞斯仅仅在《伊利亚特》中出现过一次，也就是出现在那段关于阿喀琉斯的盾牌的描述中，那是在战场上：

> 在激烈的战场上，双方鏖战正酣，
> 杀声震天。还可以看到可恶的刻瑞斯，

---

① 荷马：《伊利亚特》，IX，410。

> 她抓着一个伤口正在淌血的士兵，
> 另外还抓着一个没有受伤的士兵，
> 还拖着一个阵亡士兵的双脚，穿行在混乱的人群中，
> 士兵的鲜血染红了她的衣衫。①

必须记住，这是文学艺术上的描述，它给人的感觉更像是赫西奥德笔下的历史，而不是荷马的史诗。在这里，刻瑞斯不是命运，而是一个可怕的杀人不眨眼的女妖。

作为哈耳庇和风魔的刻瑞斯

在荷马史诗里，刻瑞斯无疑主要是指死亡的幽灵。但是，刻瑞斯还有另外一种职能：他们还负责把灵魂运送到冥国。俄底修斯说：

> 尽管如此，死亡刻瑞斯还是把他送到
> 哈得斯掌管的冥国。

这里不可能把刻瑞斯理解为"命运"，这个词过于抽象。刻瑞斯是 πρόσπολοι，也就是天使、报信者、死亡的魔鬼、送走灵魂的灵魂。

下面我们来讨论一种跟刻瑞斯相似的幽灵——哈耳庇（Harpy）。从这种幽灵的名字可以清楚地看出她们的本质，这个名字的全称是 Ἀρεπνία，这在图 18 的瓶画中可以看到。这些幽灵被称为"劫掠者"（Snatcher），是长着翅膀的女魔，像风暴一样来去匆匆，把万物带上毁灭之路。图 18 摹自柏林博物馆收藏的一个巨大的黑绘陶罐上的图案。这个画面具有特别的启发意义，这是因为，尽管这些有翼的魔怪被称为哈

---

① 荷马：《伊利亚特》，XVIII，535。

耳庇，但是这个场面（本图只是整个场面的一部分）——杀害墨杜萨（Medusa）——清楚地表明，她们是戈耳工（Gorgon）。哈耳庇和戈耳工有着很近的亲缘关系，两者变化不定，常被人们混同。在另一个同样藏于柏林博物馆的花瓶（图19）上，我们看到一个真正的戈耳工，她有着

图 18

图 19

一个典型的戈耳工的头颅和伸出的长长的舌头，但她执行的是哈耳庇的职能，也就是作为一个劫掠者。我们说她是"真正的戈耳工"，但她不是有着通常形状的戈耳工，而是长着戈耳工头颅的半人半鸟的女人（bird-woman）。人们通常把这种以鸟的形象出现的女性和塞壬联系在一起（下文我们还将对塞壬进行讨论），尽管在荷马史诗中她们被描写成邪恶且善于诱惑的女妖，但雅典人渐渐地把她们想象成哀伤的死亡天使。

在吕基亚（Lycia）一座所谓的"哈耳庇墓"中出土的、现藏于大英博物馆的一件文物上有一个温柔的半人半鸟的女人形象（见图20）。同样，这个半人半鸟的女子也执行着哈耳庇的职能，但要温柔得多。至少，她们和雅典坟墓上的那些哀伤的塞壬有着很近的亲缘关系。我们几乎不可能把"劫掠者"这个恶名套在她们身上。然而，尽管这个"哈耳庇墓"位于吕基亚，但它也许是一些神话观念的产物，这些神话观念和人们熟悉的吕基亚的潘达瑞俄斯（Pandareos）的女儿们的故事并无二致。孤寂中的珀涅罗珀大声喊道：

> 但愿风暴顺着它那昏暗的通道把我掳走，
> 再把我抛弃在海水退潮时浪花四溅的大海边，
> 就像风暴把潘达瑞俄斯的女儿们卷走时的情景一样。[①]

接着，在平静下来后，她讲述了在古代吕基亚那几个公主得到抚养的美丽故事，讲到阿佛洛狄忒去往高高的奥林波斯山，为她们筹划美满的婚姻。但是，众神喜爱的年轻公主却夭折了：

> 同时，哈耳庇们掠走了那些美丽的公主，把她们交给了
> 可恶的厄里尼厄斯，从此她们就伺候厄里尼厄斯。[②]

[①] 荷马：《奥德赛》，XX，66。
[②] 同上，XX，77。

原始的希腊人把人的夭折理解为被邪恶的死亡恶魔、司风暴的鬼魂掠走了。他们把这些劫掠者称为哈耳庇，现代希腊人把她们称为海中神女（Nereid）。在荷马史诗中，我们似乎可以把他笔下的风理解为劫掠者，她们正处在转变为完全人格化的哈耳庇的过程中。把她们的名称看作专有名词（以大写字母开头的名词）是过早地把她们的人格具体化了。即使在她们彻底人格化之后，其名称在希腊人看来依然具有形容词的意思，只是我们已无从知道罢了。

图 20

哈耳庇执行的另一种职能把她们和刻瑞斯非常紧密地联系在一起，这种职能反映了古代人的泛灵论的思维习惯，这一点很奇怪，但能给我们带来启发。哈耳庇不仅把人的灵魂掳走，把人带上死亡之路，她们还能够给予生命，催生新的事物。一个哈耳庇和仄费洛斯（Zephyros）生下了阿喀琉斯的神马。① 从某种意义上说，这些神马的父母都是风神，只不过作为哈耳庇的风神会在马和妇女之间停留下来。维吉尔说，是风使母马怀上了胎。②

在一个奇特的皮奥夏花瓶图案中的墨杜萨（图 21）就是这样一个哈耳庇，其形象一半是马，一半是女戈耳工。这个古风浓厚的花瓶③现藏于卢浮宫。这个画面很有启发性，它让我们知道，不管是在文学还是在美术作品中，戈耳工和哈耳庇都曾经处于变动之中，这可能是某个艺术家突发奇想的结果。但是这个人头马身的墨杜萨显然不是一个成功的形象，

---

① 荷马：《伊利亚特》，XVI，150。
② 《农事诗》（*Georgica*），III，274。
③ 《希腊研究通讯》1898 年第 22 期，图版 V。

因为她并没有能够在艺术作品中生存下来。

我们很容易理解风为何被看作是劫掠者、死亡的恶魔，但是，他们为什么能够让别的东西受孕、赋予新的生命？人们在说到微风时，常说他们"催生新的生命"、"抚育灵魂"，我认为，这不仅仅是修辞性的说法。这不是因为他们像我们说的那样不仅具有破坏性，而且能够带来新的生命，这种表象的背后还隐藏着更深刻的东西。只有生命才能够赋予新的生命，也只有灵魂才能够催生新的灵魂。风既是呼吸（πνεύατα）又是灵魂。我们可以从古代雅典的一种崇拜仪式中（就像我们经常做的那样）了解到其中的奥妙。据苏伊达斯说，当雅典人即将结婚的时候，他要献祭特里托帕托瑞斯（Tritopatores），祈求他的保佑。① 这种说法引自法诺德摩斯的著作《阿提刻纪事》（Attic Matters）。苏伊达斯还告诉了我们特里托帕托瑞斯是什么样的人。从他们的名字我们也许能猜出，他们是上三代的祖先，是鬼魂，而德蒙（Dêmon）在他的《阿提斯》（Atthis）中说，他们是风。我们在上文（第二章）已经看到，人们用赎罪性的祭品献祭风，献祭冥神时用的也是这种祭品。特里托帕托瑞斯既是风又是鬼魂，这种观念从来没有消失过。在佛提俄斯和苏伊达斯看来，特里托帕托瑞斯都是"风神"。俄耳甫斯教徒把他们看成是"门神和风的保护神"。希波克拉底说，养分、成长和种子都是风带来的②；《农事诗》的作者维吉尔说，风不仅给植物而且还给万物带来生命③。风被分为仁慈之神和邪恶之神，这是再自然不过

---

① 苏伊达斯的词典，"特里托帕托瑞斯"条目。
② 希波克拉底：Περὶ ἐνυπν., II, p. 14。
③ 《农事诗》，IX, 3。

的事，因为在你居住的地方，从某个方向吹来的风也许会给你带来好处，也许会带来坏处。

图 22 是一个黑绘花瓶上的图案。该花瓶是在诺克拉提斯（Naukratis）发现的，现为大英博物馆的藏品。图中描绘的是当地的一个处女神。我们能够看到的只是她的下半身、裙褶、长发的下端，还有她的两只脚。但是，她一定是阿波罗所爱的库瑞涅（Cyrene），因为在她的身边有一根巨大的树枝——很可能是拿在她的手里。在她的右边是一些长着翅膀的魔怪，或许在侍候她，或许在崇拜她。这是一个把许多内容合而为一的画面：敬奉、侍候、照料、崇拜。在这里，魔怪照料的处女神就是土地，他们照料的就是土地和土地出产的东西。右边的魔怪留着胡须，几乎可以肯定地说，他们就是北风之神玻瑞阿代兄弟（Boreadae），那是从海上吹到干旱的非洲的凉爽有益的风。如果他们是玻瑞阿代兄弟，而他们对面的那些妖怪并无胡须，因此几乎可以肯定是女性，那么她们就是哈耳庇——南风之神，她们跨越沙漠，把燥热、枯萎病和瘟疫带到非洲。①

以上这些说法似乎过于大胆，但是可以证明这些说法的还有一个桶状花瓶上的图案（图 23）。这个花瓶出自埃及的达夫

图 22

---

① 关于这个库瑞涅花瓶的全面解读，参见塞西尔·史密斯（Cecil Smith）刊登在《希腊研究》（p.103）上的文章《希腊艺术中的哈耳庇》（*Harpies in Greek Art*）。斯图德尼兹卡（Studniczka）博士在他的《库瑞涅》（*Kyrene*, p.18）中摹画了这个花瓶并对其进行了讨论，但他的讨论并不全面。

图 23　　　　　　　　图 24

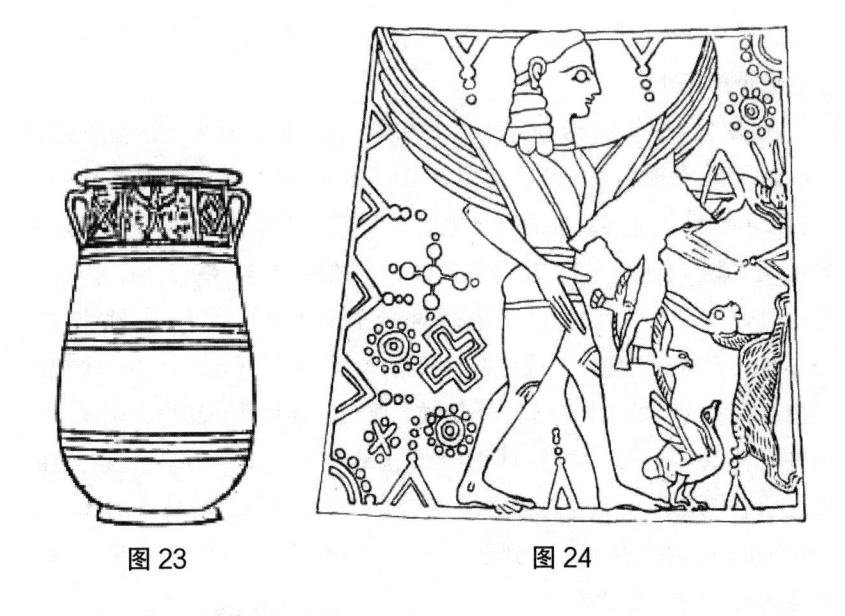

尼（Daphnae），现同样为大英博物馆所收藏，这给我们的比较带来很大的方便。在花瓶图案的一侧（不在本图中）是一个有翅膀、有胡须、长着蛇尾的形象，很可能是玻瑞阿斯（Boreas）。保萨尼阿斯在库普塞洛斯（Cypselus）的箱子上看到的就是这样一个长着蛇尾巴的玻瑞阿斯。[1] 玻瑞阿斯的蛇尾并没有什么不和谐的地方，因为正如我们在上文（第二章）所说，风被认为是大地所生。玻瑞阿斯的身后是一棵从地上长出的正开着花的植物——受到北风滋养的植物的标志。花瓶另一面的图案（图 24）中有一个长着翅膀的形象，跟图 22 中位于库瑞涅左边的魔怪相似，它驱赶着面前那些具有破坏力的动物：蝗虫——南方的害虫、两只袭扰兔子的鸟，还有一只显然是兀鹫。把这两幅瓶画放在一起对照就可以证明，图 22 中左边的魔怪是属于破坏性的。如果再加上另一幅瓶画——著名的菲纽斯（Phineus）陶杯，我们就更有理由把这些具有破坏力的风神称为哈耳庇了。在这幅瓶画（图 46）上，我们看到了仄忒斯（Zetes）和卡拉伊

---

[1] 保萨尼阿斯，V, 19.1。

图 25

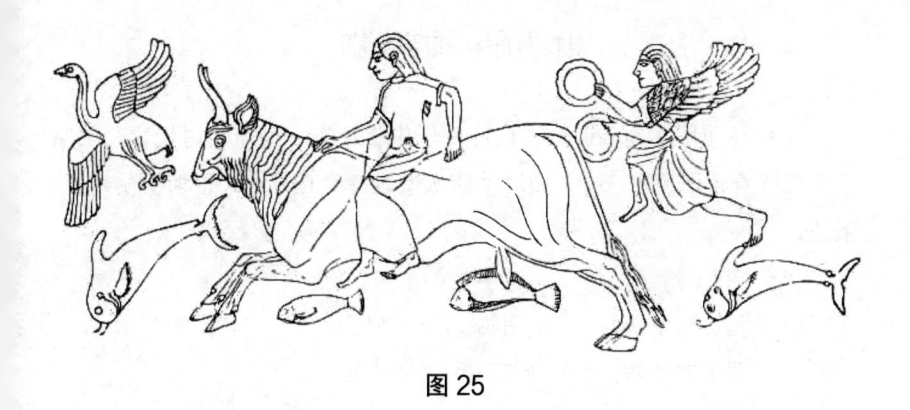

斯（Kalais）这两个玻瑞阿代兄弟所表现出来的敌意。由于哈耳庇是传播疾病的风，她们污损了菲纽斯的食物，因而受到这两个爱清洁的北风之子的驱赶。在流传下来的古代艺术品中很少有如此清楚地显示了事物的双重性的。

在一些黑绘花瓶的瓶画上，有翅膀的小精灵并不少见，但要给他们安上名称却并非易事。在图 25 中我们就看到这样一个场面：欧罗巴（Europa）骑着公牛在大海上狂奔——从图中那些鱼儿和海豚我们可以知道这一点。在她的面前有一只像兀鹫一样的鸟在飞翔，在她的身后是一个有翼的精灵，两手各拿着一个花环。① 她是给恋爱的人带来胜利的尼刻（Nike），还是让欧罗巴奔跑得更快的顺风？我倾向于认为这幅瓶画的作者对此并不作清楚的区分。她是某种善良的刻瑞斯，能够带来好的作用。我们必须记住，尽管我们现代人认为区分道德上和肉体上的影响是很自然的事，但是古人对以上列举的这些精灵并不作这种区分。

我们还是回到刻瑞斯的话题上，风神们就是由刻瑞斯演变而来的。

---

① 塞西尔·史密斯的论文，《希腊研究》第 13 期，p. 112，图 2。

作为命运的刻瑞斯

在荷马使用"刻瑞斯"一词的例子中,还有一个需要讨论。当阿喀琉斯围绕着特洛伊(Troy)城墙第四次追赶赫克托耳时,宙斯不耐烦了,于是,

> 他支起金色的天平,并往天平上加了
> 两个刻瑞斯,那可是置人于死地的死亡命运。[1]

这是在称刻瑞斯的重量——刻罗斯塔西亚(Kerostasia),也就是称死亡命运的重量。有趣的是,这种对刻瑞斯称重的做法在另一地方则被称为普绪科斯塔西亚(Psychostasia),也就是称灵魂的重量。我们从普卢塔克的著作中得知,埃斯库罗斯写过一部题为《普绪科斯塔西亚》的戏剧,但在剧中放在天平上称的不是赫克托耳和阿喀琉斯的灵魂或生命,而是阿喀琉斯和门农(Memnon)。这一点是肯定的,因为普卢塔克说,在天平的两端,两个母亲——忒提斯和厄俄斯——在为自己的儿子祈祷。[2] 波鲁克斯的说法可以作为补充,他说,宙斯和他的侍从被吊在一个支架上。[3] 在昆图斯·斯姆尔纳俄斯(Quintus Smyrnaeus)描写的一个刻罗斯塔西亚的场面[4]——其年代很可能要追溯到更早的"阿尔提诺斯"传统——中,我们注意到失败者门农得到一个黑不溜秋的刻瑞斯,而胜利者阿喀琉斯得到的是一个色彩明快的刻瑞斯,他们似乎就是后来的白色

---

[1] 荷马:《伊利亚特》,XXII,208。
[2] 普卢塔克:《道德论丛》(*Moralia*),p.17a。
[3] 波鲁克斯:*Onomast.*, IV, 130。
[4] 《续荷马史诗》(*Post-Homerica*),II,509。T. R. 格洛弗(Glover)先生在他的著作《公元4世纪的生活与文学》(*Life and Letters in the Fourth Century*)中有一章是论述昆图斯·斯姆尔纳俄斯的。他指出,在昆图斯的诗中,刻瑞斯已经取得至高无上的地位,这是荷马史诗中没有提到的。他们是 ἄφυκτοι,即使是众神也奈何不了他们。他们是另一种形式的阿伊萨(Aisa)和摩伊赖(Moira)。

厄里尼厄斯和黑色厄里尼厄斯。

　　刻罗斯塔西亚或普绪科斯塔西亚的情景出现在几幅瓶画上。图 26 就是其中一幅，它摹自大英博物馆收藏的一个花瓶①。图中的赫耳墨斯拿着天平，天平的两边分别放着一个战士的刻瑞斯或精灵。花瓶是黑绘风格的，是我们所见到的最早描绘刻罗斯塔西亚的瓶画。刻瑞斯被刻画成微小的人形。在这里，被赫耳墨斯称的是生命而不是命运，可见观念改变了。

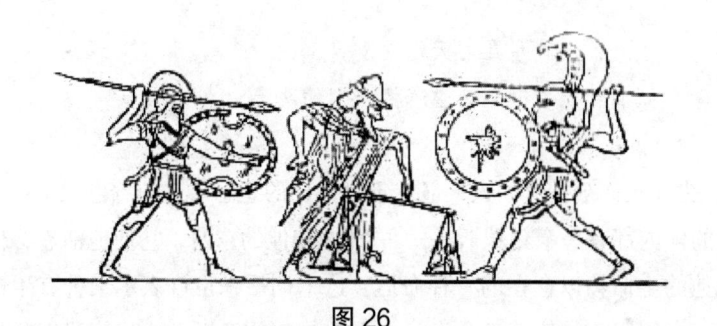

图 26

　　我们在上文已经看到，在赫西奥德的著作里，刻瑞斯更原始、真实。从某种意义上说，她们就是命运之神，但她们也是有翅膀的小精灵。然而，赫西奥德深受荷马的影响，因此我们从他的著作中看到"黑色的刻瑞斯"，即塔那托斯（Thanatos）、可恨的摩罗斯（Moros）、睡神和众梦神的姐妹。② 我们还看到厄里尼厄斯——复仇之神——即将出现，尽管赫西奥德的话看起来像是附带说的：

　　　　黑夜把复仇者和毫无慈悲之心的刻瑞斯生下来了。③

---

① 编号 B 639。参见默里：《希腊雕刻史》（History of Greek Sculture）第 2 卷，p.28。默里博士在书中引用这幅瓶画来说明原始的思维方式。在图中，赫耳墨斯处在一个不可能的位置上——实际上站在两个冲向对方的战士之间——而人们认为赫耳墨斯的位置应该是在背景里。
② 赫西奥德：《神谱》，211。
③ 赫西奥德：《神谱》，217 以下。

赫西奥德接着列举了一些通常与命运有关的名字——克罗托（Klotho）、拉刻西斯（Lachesis）、阿特洛波斯（Atropos），并说他们"在凡人出生时就赋予其善良和邪恶"。不管这段话是不是附带说的，它确实意义重大，既是因为它把荷马赋予厄里尼厄斯的职能赋予了刻瑞斯，还因为它把刻瑞斯当作善良和邪恶的根源——这使我们联想到更早期的思维方式。这种观念很可能隐藏在赫西奥德使用的一个词语 Κηριτρεφής 的背后，这是《工作与时日》中出现的词语：

> 于是，天狼星在白天熠熠发光，
> 短暂地照在刻瑞斯滋养的人们的头上。①

"为死亡而被抚养的人"显然不是该词的意思。它的意思似乎是每一个人的体内都有一个刻瑞斯——一种滋养他的东西，它使他活着，似乎这是他的生命赖以存在的一种命运。这个词后来也许表示某种有生命的东西，它屈服于、依赖于命运。如果这是它的意思，这就使我们联想到事情的早期阶段，其时刻瑞斯还没被用来表示死亡，还不是完全"黑色的"。与其说它指的是人的命运，不如说是指人的运气，或者说某种萌芽中的精灵。

既然 Κηριτρεφής 表示"由刻瑞斯滋养的"，那么，与该词相对的 Κηρίφατος 就是"被刻瑞斯杀死的"。赫西基俄斯把后者解释为那些死于疾病的人②，这可以追溯到原始时代，这个时候的刻瑞斯执行着双重职能，

---

① 赫西奥德：《工作与时日》，416。这个令人费解的词只出现过两次，另一次是出现在摩那塞阿斯（Mnaseas，公元前3世纪）收集的一篇神谕里，保存在评注者对欧里庇得斯《腓尼基妇女》第638行的评论里：在这一段，卡德摩斯（Kadmos）被告知一直走到"刻瑞斯滋养的珀拉贡（Pelagon）的牛群旁边"。在这里，这个词语似乎表示富裕。关于得到刻瑞斯的滋养、照顾和爱护的人，参见罗斯切尔的词典，"卡德摩斯"条目，p.834，及"刻瑞斯"条目，p.1139。但是，也有可能像康福德先生所提出的那样，这个词是赫西奥德为了模仿荷马所用的词 Διοτρεφής 而炮制出来的。

② 赫西基俄斯的词典，ὅσοι νόσῳ τεθνήκασιν 条目。

是万能的恶魔。像摩伊赖控制着人类的一切祸福一样,刻瑞斯执行了塞姆那俄原来执行的职能——尽管这一职能很模糊,但对他们来说却是合适的:

> 作为对他们的报偿,他们支配着
> 有生命的事物。①

神学的车轮就这样循环往复着。

但是,对原始人来说,事物的黑暗面似乎总是给他们留下最深的印象。既然刻瑞斯是死亡的命运——几乎是人格化的死亡之神——那么,在人们的心中她们变得越来越恐怖是很自然的。作为《赫拉克勒斯之盾》的作者,有着粗犷原始的想象力的赫西奥德就把这种情景生动地描写了出来。住在潘多拉的坛子里的刻瑞斯绝对是原始的,因此人们自然根本不会想到她们会走出来。《赫拉克勒斯之盾》里的刻瑞斯是文学创作的结果,是一些非常令人恐惧的东西。成群的老人举着双手为他们那些正在作战的孩子们祈祷,在他们的背后,

> 蓝眼睛的刻瑞斯站着,雪白的牙齿咬得嘎嘎作响。
> 她们瞪着令人恐惧的眼睛,一副血腥、贪婪的样子。
> 她们飞快地走向那些倒下的战士,贪婪地吮吸
> 他们的黑血。只要发现哪个刚刚受伤倒下,
> 刻瑞斯就会把自己长长的爪子扎进他的肌肉里,
> 他的灵魂就会被送到冥国,送到塔耳塔洛斯那寒冷阴森的地狱。②

保萨尼阿斯在描述库普塞洛斯的箱子时说到箱子上画着一个刻瑞斯,

---

① 埃斯库罗斯:《降福女神》,930。
② 赫西奥德:《赫拉克勒斯之盾》,249。

其特点跟赫西奥德笔下的刻瑞斯一模一样。那是厄忒俄克勒斯和波吕尼刻斯（Polyneikes）争斗的情景。波吕尼刻斯已经跪在地上，而厄忒俄克勒斯还是向他猛冲过去。"波吕尼刻斯的背后有一个女人，她那副牙齿像是野蛮的锋利獠牙，指甲长而弯曲。她的旁边刻着一个铭文，说明她是一个刻瑞斯，似乎波吕尼刻斯是被命运之神带走的，而且厄忒俄克勒斯的结局是符合公平的原则的。"① 保萨尼阿斯认为"刻瑞斯"一词相当于"命运"，但我们不能把这样一个抽象的概念强加给那个在箱子上作画的原始时代的艺人。

我们的话题已经远离那些飞翔的鬼魂——有翅膀的病菌，但是，他们和涅库亚的吸黑血的鬼魂有着某种亲缘关系，而且"深蓝色"②的刻瑞斯（厄里尼厄斯的前身）和波吕格诺图斯（Polygnotus）在德尔斐的莱斯刻（Lesche）神庙墙壁上画的可怕的冥国魔鬼有着很亲近的关系。保萨尼阿斯说："欧律诺摩斯（Eurynomos）就在我上面提到的那些人物（那个亵渎神灵的人，等等）的上方。德尔斐的向导说，欧律诺摩斯是冥国的魔鬼之一，他吞食冥国死尸的肉，只留下骨头。荷马在他那首关于俄底修斯的诗歌以及那些题为《弥倪阿斯》（Minyas）和《诺斯托伊》（Nostoi）的诗歌里，尽管都提到了冥国及其恐怖，但根本没有提到欧律诺摩斯。因此，我能说的就是这些，但我还要说说欧律诺摩斯是什么样的人，以及他在绘画中是以什么形象出现的。他浑身的颜色是深蓝色，就像趴在肉上的苍蝇的颜色。他坐在兀鹫的皮上，嘴里露出獠牙。"③《赫拉克勒斯之盾》中的刻瑞斯是以人的形象出现的兀鹫，欧律诺摩斯是石棺的化身，是阴间巨大的食尸兀鹫，是奇异地转变为幽灵世界一员的食肉者，把他描绘成坐在一张兀鹫的皮上是非常恰当的。保萨尼阿斯说得非常正确，这样的形象是绝不会出现在温文尔雅的史诗里的。但是，粗

---

① 保萨尼阿斯，V，19.6。
② 传统上，深蓝色一直是代表阴间的颜色，欧里庇得斯在《阿尔刻提斯》（Alcestis）第262行里就有这样的说法。
③ 保萨尼阿斯，X，28.4。

犷的原始人看到一具骷髅就会问是谁吃掉了死尸上的肉，答案则是"刻瑞斯"。在这里，我们的讨论涉及的只是原始的幽灵、妖怪，那是戈耳工、恩浦萨（Empusa）、拉弥亚（Lamia）和斯芬克斯（Sphinx）的世界，同时也是塞壬的世界，尽管这似乎有点奇怪。

如果要对这些幽灵一一进行考察，那会使我们的讨论离题太远。但是，戈耳工、塞壬和斯芬克斯这几种刻瑞斯在美术和文学中的演变过程给我们带来很大的启发，因此，尽管有离题的危险，但依然有必要对其进行比较详细的考察。

作为戈耳工的刻瑞斯

在现代人的心目中，女妖戈耳工指的是三姐妹，其中最邪恶的墨杜萨被珀耳修斯（Perseus）所杀，她那可爱而又可怕的容貌威力巨大，能够把男人变成石头。

这三个戈耳工并不是原始的形象，这个例子只是说明了一种总体倾向（下文我们还要对此进行讨论），即许多女神都是三位一体的神祇，比如荷赖女神、美惠女神、塞姆涅俄女神，以及其他三位一体的女神。我们可以很清楚地看到，这三个戈耳工实际上并不是"3"，而是"1 + 2"，那两个没有被杀的姐妹只是后人受传统的影响而硬加上的，真正的戈耳工就是墨杜萨。同样清楚的是，墨杜萨实际上只有一个头部，根本没有其他部位。只有在她的头颅被分离出来后，她才能发挥出自己的威力，她的威力就在头颅里。总之，她是一个面具，躯体是后来才加上去的。原始的希腊人知道，在他们的仪式中，有一种叫戈耳工面具的令人恐惧的东西，面具上的眼睛令人生畏，獠牙凸出，长长的舌头吊在嘴巴外面。这种戈耳工面具是如何产生的？传说一个英雄杀了一头名叫戈耳工的野兽，而戈耳工就是野兽的头部。虽然关于这个面具还有许多传说，但它最初是一种用于崇拜的东西，也就是被人误解了的仪式面具。最先出现的是仪式面具，接着人们编造出一个用来解释这一面具的魔怪，然后又编造出一个杀死这个魔怪的英雄。

仪式面具是多数原始崇拜的用具之一。这些面具很自然地成了与恐惧和"驱邪"有关的宗教的一种媒介。在多数人类文化博物馆里收藏着一些未开化的土著依然在使用的"戈耳工面具"样品，这些面具都有愤怒的眼睛、悬吊在外的舌头和长长的獠牙，和墨杜萨的头颅一模一样。①这些面具的作用永远是"做出难看的鬼脸"对你进行警告，如果你做了坏事、不守诺言、抢了邻居的财物、和邻居打了起来。但如果你所做的事是对的，那么它们的作用就是支持你。

我们从零星的文献资料中得知，面具是希腊人那种让人产生恐惧的宗教用具的一部分。从一些词典中我们得知，有一个叫普拉克西迪刻（Praxidike）的复仇女神，她的形象就是一个头颅，献给她的祭品也同样是动物的头颅。②到了保萨尼阿斯的时代，这个头颅或面具女神和厄里尼厄斯一样已经分化演变成多个女神，很可能是三位一体的女神。在皮奥夏的哈利阿尔托斯（Haliartos），保氏在野外看到"一座女神的神庙，他们把她叫作普拉克西迪刻。哈利阿尔托斯人就在这神庙里起誓，但所起的誓不是可以随便对待的"③。同样，在古代费纽斯（Pheneus），有一种叫佩特罗玛（Petroma）④的东西，里面有阿耳忒弥斯的面具，不过她在这里有一个姓——奇达里亚（Kidaria）。每逢重大事项，费纽斯的大多数人就是凭着佩特罗玛起誓的。如果面具像它的盖子一样是用石头做成的，那么这种石头面具一定曾经对墨杜萨的传说起过推动作用。这个放在佩特罗玛中的面具是墨杜萨女神的象征，祭司就是戴着它主持一种用棍子抽打阴间神灵的仪式的。

在正规的仪式上使用面具，这可能已经不再多见，只有边远地区才

---

① 柏林的人类文化博物馆收藏有一些令人叹为观止的土著居民的舞蹈面具，其舌头和獠牙跟墨杜萨的非常相似。
② 赫西基俄斯和佛提俄斯的词典中的有关条目。
③ 保萨尼阿斯，VIII, 15.3。
④ 保萨尼阿斯，VIII, 15.3。

保持着这种做法。但是，普通人依然相信"鬼脸"的驱邪作用。火自然是令原始人恐惧的东西，而一切烤制工作都可能受到刻瑞斯的侵扰。因此，原始人觉得在炉灶上嵌上一个戈耳工面具是很必要的。图27是现藏于雅典博物馆的一个轻便炉灶①，面具被嵌在炉外，守护着炉口。图28是一个类似的炉灶的上部，炉灶内侧烧火的地方嵌着三个面具。这些炉

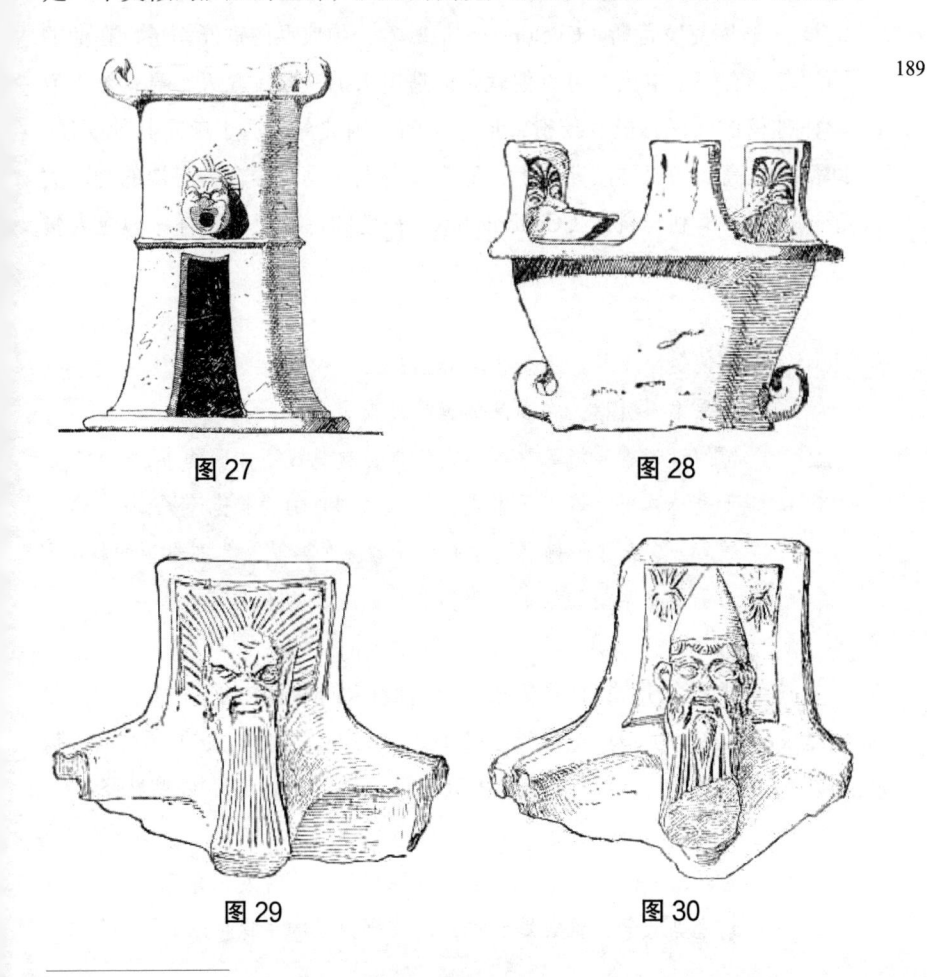

图 27

图 28

图 29

图 30

---

① 关于这些炉灶，参见康兹（Conze）的《古希腊的火炉》(*Griechische Kohlenbecken*)，刊于 *Jahrbuch d. Inst.*（1890年），以及富特文勒（Furtwängler）发表在同一刊物上的文章（1891年，p.110）。

灶年代并不久远，但从本质上说，它们是原始的。面具的形象不一定是我们所说的戈耳工。在图 29 中，我们看到一个形象为萨梯（Satyr）的面具，他长着胡须，耳朵和头发直竖着，非常引人注目。设置这个可怕的形象的目的是威吓那些可怕的事物。也许这是福玻斯的形象。在图 30 中，我们看到的既不是戈耳工，也不是萨梯，而是一个典型的受人崇拜的神——库克罗普斯（Cyclops）。他戴着一顶典型的铁匠帽子，在他的两边分别有一个电火，可见他就是锻造电火的铁匠。匠人本身就被人们看作神秘的妖怪，极其狡猾，形象扭曲，因此，最适于威吓其他妖怪。即使是在高高的奥林波斯山上，库克罗普斯也是一个令人恐惧的神。关于这一点，卡利马科斯（Callimachus）在他的诗歌里有这样一段令人赞叹的描述：

> 即使是小女神们也是极其恐惧；
> 如果谁不听话，在高高的奥林波斯山上，
> 她的母亲就会把库克罗普斯叫来，这是极不体面的事，
> 于是赫耳墨斯取来了木炭，把自己那可怕的脸庞涂黑，
> 顺着烟囱来了。她便急忙跑到她母亲的身边，坐在母亲的膝上，
> 双手捂着紧闭的眼睛，害怕有什么可怕的不幸突然降临。[①]

这种对妖怪的恐惧困扰着陶匠，困扰着人们生活中的每一个行为，即使是最简单的行为。这一点非常清楚地反映在那首题为《火炉》（又名《制陶匠》）的颂歌里。这首诗明确地告诉我们"鬼脸"可以对付哪些妖怪：

> 陶匠，如果你付给我报偿，我愿用歌声为你发出命令。
> 到这里来吧，雅典娜女神，用你那慈爱的手保佑

[①] 卡利马科斯：《戴安娜颂》（*Hymn to Diana*），67；另见《奥德赛神话》（*Myths of the Odyssey*），p.26。

火炉、陶匠和陶罐,让他们顺利地制作陶罐、顺利地烤制食物;
保佑它们能漂漂亮亮地摆在大街和市场上,而且很快被卖掉,
换取丰厚的收入。但是,要是你这个天生的骗子胆敢在价钱上
欺骗我,
我就会即刻把所有的天生善于恶作剧的精灵叫到你的炉边,
他们名叫捣碎鬼、撞击鬼、破碎鬼、半生不熟鬼,
还有能够让火熊熊燃烧、无法熄灭的妖怪,
他们会把屋子和炉子烧得热不可当,最后全都化为乌有。
陶匠们定会号啕不止,炉子将会冒着烈焰,就像疲惫的马匹呼哧呼哧地喘着粗气。[1]

柏林博物馆收藏有早期科林斯的一块陶器碎片[2](图 31),从中我们可以看到古人笃信这种邪恶幽灵的存在,他们也相信通过一些具有驱邪作用的形象可以把他们驱除。我们看到的是一个巨大的火炉的局部,陶匠在卖力地干活,但是他的内心充满着畏惧,他害怕捣碎鬼、破碎鬼和别的妖怪。他已尽其所能地采取措施:一只硕大的猫头鹰站在火炉上,保护着火炉;在火炉的跟前,他摆放了一个模样丑陋的小人像,作为驱除恶魔的符咒,也许他放的是一个萨梯头像,或

图 31

---

[1] 荷马:《颂歌集》,XIV。
[2] 佩尔尼斯(Pernice):《本多夫纪念文集》(*Festschrift für Benndorf*),p.75。他对陶片上的铭文所作的解释并不能令人满意。

者是一个戈耳工头像，通常他会两样东西都放上，但目的都是一样的。波鲁克斯说，放置这种小丑人像是工匠铸造前的一种习俗，这些小丑人像要么被吊起，要么被铸在熔炉上，其作用就是"驱除邪恶"。① 这些小人像也被称为 Βασκάνια，没有文化的人把它们叫作 προβασκάνια，意思是"对抗邪恶眼睛的符咒"。如果阿里斯托芬作品的评注者没有说错的话，这些小人像是多数雅典人摆在壁炉边上的家具的一部分。② 戈耳工面具就是这种驱邪符咒的一个品种，也许是最常见的品种。

在文学作品中，我们最先看到的戈耳工是戈耳工面具，这个戈耳工面具是冥国的妖怪。住在冥国的俄底修斯本想跟死去的英雄多说几句话，可是，

> 还没来得及和他们说话，成千上万的鬼魂就已经聚拢在我的周围，
> 他们发出震耳欲聋、不可思议的喧闹声，我心里满是恐惧，
> 怕的是由于我的胆大妄为，可怕的珀耳塞福涅
> 会把一个令人畏惧的魔怪的花白头颅从阴间送到人间。③

荷马并没有明确地说明这个可怕的魔怪是谁、是什么模样，但是，非常清楚的是，这个头颅足以使人畏惧，因为那是能够把人吓跑的妖怪。我们不能肯定荷马是否知道有一个叫戈耳工的魔怪。这个无名的令人恐惧的怪物可能是一个人或一种动物的头部，或者是人兽合一的妖怪。

说到这里，有必要指出，任何野兽的头颅都可以作为起保护作用的符咒，虽然我们看到的通常是以人头形象出现的墨杜萨。里奇韦教授通过研究已经得出这样的结论：雅典娜的羊皮盾上的戈耳工面具其实是被宰杀的野兽的头颅，而这头野兽的皮被用作这个原始女神的衣服；这个

---

① 波鲁克斯：*On.*, VII, 108。
② 关于阿里斯托芬的剧本（*Nub.*, 436）的评注。
③ 荷马：《奥德赛》，XI, 633。

头颅被挂在胸前,其作用是保护佩戴它的人,并把敌人吓跑;这是一种原始的带有巫术性质的盾牌。[①] 这种头颅后来慢慢演变成了人们编造出来的妖怪。

对于装饰着戈耳工头像的盾牌、坟墓、花瓶,我们并不陌生。图 32 是一座雕像的底座[②],我们看到的只是雕像的两只精致的脚。底座上有戈耳工头像的浮雕,它的作用显然是守护这座雕像。在这个三角形的底座的两侧各有一个戈耳工头像,第三面则是一个羊头浮雕,

图 32

同样是起到保护的作用。这座雕像被安置在德洛斯的阿波罗神庙内,很可能就是阿波罗神的塑像。但是,我们不必追寻戈耳工、公羊和阿波罗之间的关系,戈耳工头像和公羊都只是起到防护的作用。这个底座还有一个令人感兴趣的地方,那就是上面的铭文能比较清楚地表明这种戈耳工制作的年代。这些字母的字体表明,这是公元 6 世纪初那克索斯岛上某位艺术家的作品。

图 33 是大英博物馆收藏的一只出土于罗得岛的盆子[③]。盆子图案上的戈耳工有自己的躯体,上面还装饰着翅膀。但是,那个像面具一样的头部依然占据着最重要的位置。这个形象刻画的是"大自然的女主人",其设计具有典型的纹章学的风格。实际上,她是丑陋的幽灵,是大神母丑

---

① 《希腊研究》1900 年第 20 期,p. xliv。在大英博物馆收藏的一件文物(编号 G80)上有一个戈耳工的浮雕,戈耳工的头上有一双角,还有一对动物的耳朵。头部在上,但却是和那别具一格的躯体分离的。

② Th. 霍莫尔(Homolle)的论文,《希腊研究通讯》1888 年第 12 期,p.464。

③ 《希腊研究》,1885 年,图版 LIX。

陋的一面，但她是有威力的女神，而不像晚期的人们所刻画的那种被英雄杀死的妖魔。与恐惧及驱邪有关的宗教中地位最高的神灵变成了以"敬奉"为主的崇拜中的有害的魔怪。奥林波斯神最终也成了基督教中的恶魔。

埃斯库罗斯把戈耳工三姐妹和格赖埃三姐妹（Graiae）放在一起描述，这种做法带给我们许多启发。事实上，她们只不过是对方的另一种形象罢了。普罗米修斯（Prometheus）事先告诉伊俄（Io），她将要在幽灵的虚无之国长期流浪：

> 穿越波涛汹涌的大海，最后你踏上
> 喀斯忒涅可怕的平原，这就是福耳喀德斯姐妹
> 居住的地方。这古老的三姐妹长得像天鹅，
> 她们共用一只眼睛、一颗牙齿。
> 东升的太阳从来不喜欢她们，夜里的月亮也是这样。
> 在她们的旁边还有戈耳工三姐妹，
> 都长着翅膀，满头蛇发。她们受到凡人的憎恨，
> 谁也不可看到、忍受她们那毒性的呼吸。①

这些福耳库斯（Phorkys）的女儿——赫西奥德把她们称为"白发

图 33

---

① 埃斯库罗斯：《被缚的普罗米修斯》，793。

人""老年的化身格赖埃"①——相貌漂亮,尽管她们一共只有一只眼睛和一颗牙齿。但是,恰恰是对她们共用一只眼睛、一颗牙齿的强调,表明了她们的威力来自牙齿和眼睛,并说明了她们是戈耳工的同胞姐妹。

据我所知,格赖埃姐妹只出现在一幅瓶画上,那是雅典中央博物馆收藏的一个瓶盖上的图案(图34)。根据图中的海豚我们可以断定,她们是一些海中神女。她们的父亲老福耳库斯就坐在她们旁边。波塞冬和雅典娜也出现在图中,他们的形象是典型的雅典风格。赫耳墨斯把珀耳修斯带来了,而珀耳修斯正在等待机会夺取传递中的那只眼睛。可以清楚地看到,那只眼睛就放在珀耳修斯头顶上那

图 34

只伸出的手中。一个没有眼睛的姐妹正在把它传给另一个姐妹。第三个姐妹手里拿的是那颗獠牙。画这幅瓶画的人并没有把格赖埃姐妹刻画成令人厌恶的衰老状,她们个个都是可爱的处女,尽管他知道她们生来就满头白发。

埃斯库罗斯对戈耳工的描写可以帮助我们了解她们的本质:

谁也不可看到、忍受她们那毒性的呼吸。②

---

① 赫西奥德:《神谱》,270。
② 埃斯库罗斯:《被缚的普罗米修斯》,800。这句话通常被理解为"看见她们的人没有一个能够活下来",但是,根据阿提尼俄斯的说法,这句话中有一个词($πνοαi$)的意思是"令人无法忍受的呼气",而不是"生命的气息"。

她们就是用从自己身上发出的毒气置人于死地的，传说这种毒气是从她们的眼睛里发出的。根据阿提尼俄斯引述的亚历山大（Alexander the Myndian）的说法，确实有过能够用自己的眼睛把人变成石头的动物。有人说，被利比亚人称为戈耳工的野兽像一只野羊，还有人说像牛犊。这种野兽的眼睛上方长有非常浓密的鬃毛，因此走起路来只能费劲地把鬃毛摇摆到头的一侧。谁要是看它一眼，它就会把这个人置于死地，但不是用它呼出的气，而是用它的眼睛发出的一种毁灭性的毒气。①

这是什么动物，这个传说又如何产生，我们都无从得知，但有一点很清楚：戈耳工被认为是某种"邪恶的眼睛"的化身。这种魔怪被想象成嘴长獠牙、头覆蛇发，但它是用眼睛杀人的，也就是说，它能用自己的眼睛诱惑人。

"邪恶的眼睛"在文物中并不多见。作为一种更完全、装饰也更精致的恐怖之物，戈耳工头像流传得更为广泛。但是，那只起防护作用的眼睛——与"邪恶之眼"对峙的眼睛——倒是经常出现在瓶画、盾牌和船首上（见图37）。图35是卡利亚山（Caelian hill）出土的一块古罗马马赛克的图案②。这是一间门厅的地板砖，门厅通向一间长方形廊柱大厅，大厅由一个名叫希拉里乌斯（Hilarius）的珠宝商所建，他是登德罗福罗伊（Dendrophoroi）学院的院长，学院是为纪念众神之母而建的。图案中的铭文是一句祈祷语："愿神把吉祥带给那些走进这里、走进希拉里乌斯的大厅的人们。"为确保真正得到神的恩惠，铭文下方是一幅描绘"邪恶之眼"被彻底摧毁的图画。可以看到，这只邪恶之眼的毁灭是非常彻底

---

① 阿提尼俄斯，V，64，p.221。埃利安的《动物史》（VII，5）和尤斯塔修斯（§1704）关于《奥德赛》（XI，633）的评注中都有同样的说法。
② 在我撰写完这一节后，G. 韦克（Weicker）博士便发表了他的专著《灵魂鸟》（Der Seelenvogel）。他此前已在一篇论文中提出塞壬源于灵魂的观点，并一直期待看到我的观点。我为自己独立提出的理论得到证实而感到欣慰。其实，任何研究塞壬的艺术形象的人都会想出这一理论。让我感到遗憾的是，我没能及时读到他的著作，因此也就没有机会引用他所收集的大量证据。

的：野兽、猛禽、毒蛇在向它发起攻击，它的正中被插上了长矛，而起保护作用的眉毛上站着雅典娜的圣鸟——小猫头鹰。希拉里乌斯表面上是在向仁慈的神祈祷，可内心深处却埋藏着一种古老、原始的恐惧。①

戈耳工比任何别的刻瑞斯都更恐怖、更野蛮。在诗歌中很少有提到戈耳工头像的，但现在在美术作品中经常可以见到。它是一种阴间的妖怪，但还不具备彻底的人的形象，因而不是鬼魂。它完全没有刻瑞斯那温柔的一面——这也是我们对其进行讨论的原因。但是，后文我们将会看到，艺术作品中的戈耳工使我们了解到它身上具有的厄里尼厄斯的某些特点，特别是在杀人时所用的特殊方式：

图 35

> 从她们的眼中涌出一股令人憎恶的黏液。②

作为塞壬的刻瑞斯 ③

在现代人的心目中，海妖塞壬是一些美人鱼。有时她们被想象成具有人的形象，有时则被想象成长有鱼的尾巴，有时被认为是邪恶的妖怪，

---

① 关于古希腊的"邪恶之眼"，参见 O. 雅思（Jahn）的著作 *Berichte d. k. sachs. Ges. d. Wissenschagten*，1855 年；以及 P. 佩尔德里泽特（Perdrizet）的文章，刊于《希腊研究通讯》，1900 年，p.292。关于"邪恶之眼"对现代人的影响，参见图施曼（Tuchmann）：*Melusine*，1885 年。
② 埃斯库罗斯：《降福女神》，54。按照维罗尔博士的建议，我是根据手稿来理解这句话的。
③ 荷马：《奥德赛》，XII，39。

但总是有着漂亮的容貌。

> 在密尔顿（Milton）的笔下，海浪里的塞布丽娜（Sabrina）
> 被塞壬优美动听的歌声招来，
> 在帕耳忒诺珀的坟墓边，
> 她坐在坚硬的岩石上，
> 用利格伊阿那把金色的梳子
> 精心地梳理着自己那诱人的秀发。

在荷马那充满着魔力的诗歌里，塞壬一下子便摆脱了原本属于她们的妖魔境界。但是，只要细心地观察，特别是观察她们的艺术形式，就会清楚地找到一些痕迹，表明她们原本的形象是原始、粗野的。

喀耳刻（Circe）是这样警告俄底修斯的：

> 你的船首先要向塞壬居住的岛屿驶去，那些无意中驶近她们的人，
> 没有一个不被她们的诡计诱惑。
> 她们用自己那美妙的歌声引诱过路人，听到歌声的人谁也回不了家，
> 看不到自己亲爱的妻儿，妻儿也盼不到自己的亲人，
> 因为这些躲在水草丛中的海妖塞壬用甜美的吟唱
> 迷住了过路人。在她们的周围，堆满了
> 被她们诱惑致死的人的尸体，他们的皮肉已经腐烂，留下的只有白骨。[1]

接受了忠告的俄底修斯和他的同伴起航了：

---

[1] 荷马：《奥德赛》，XII，166。

于是他们那漂亮的大船径直向塞壬的岛屿驶去,
很快便驶近了小岛,因为一股顺风一直吹着。
突然,风静止了,汹涌的海浪也变得静止不动了,
因为奔腾的海涛被一个什么神哄得沉睡了。①

这时,传来了塞壬的歌声:

来呀,声名远扬的俄底修斯,快来呀,
你是所有亚加亚人的骄傲,把你的船停泊在我们的岸边,
倾听我们的歌声啊。从来没有一个英雄停留在
自己那黑暗的船舱,他们都愿意倾听
我们甜美悠扬的歌声,从歌声中他们能够
懂得许许多多的东西,然后又拔锚起航。
这是因为我们知道特洛伊大地上发生了什么,
还知道丰收的大地将会发生什么。

荷马居然求助于灵魂,而不是求助于肉体,这很奇怪,但很优美。对原始人——不管是希腊人还是闪米特人——来说,求知——和神一样无所不知——的欲望是致命的欲望。

荷马觉得他笔下的塞壬是人们所熟悉的,显然他取材于流传广泛的传说。他一点也没有提到她们的模样,也没有暗示她们的父母是谁:他并不想把她们描写成神秘的东西。但是,幸好在不知不觉中,他笔下的塞壬已经笼罩在一种神秘之中,那就是大海隐藏的威力,还有中午时分笼罩在她们周围的浓浓的阴霾、她们用歌声精心设下的圈套——知晓万物而又不为人所知。让现代许多诗人着迷的正是塞壬的这种神秘,也正是这种神秘使她们身上体现的原始、简朴的意义几乎变得模糊不清:

---

① 荷马:《奥德赛》,XII, 184。

> 随着岁月变迁，
> 她们的话不再为人们正确地理解，
> 在海上航行得疲惫不堪的人
> 再也看不到这些在海上唱歌的女人。

关于荷马讲述的故事，有四点是必须记住的：虽然塞壬是对在海上航行的人唱歌，但她们不是海中神女；她们住在岛上茂密的草丛里；跟斯芬克斯一样，她们也能够预言，她们和斯芬克斯有许多共同之处——既知道过去，又能预卜未来；她们的歌声只有在风平浪静的中午才会发挥效用，歌声的结束就意味着死亡。我们只能通过喀耳刻的警告了解到塞壬身边有一堆死人留下的白骨——恐惧被隐藏在了背景里，而诱惑却被推到了前景处。

我们必须凭借美术作品来认识塞壬的真正本质。和古代文学一样，古代美术中根本没有表现有着鱼尾巴的美人鱼。在美术作品中，塞壬的形象无一例外地是具有鸟的体形特征的女人。在塞壬的形体中，鸟所占的比例各不相同，但总会有鸟的某些特征。有趣的是，虽然在现代美术作品中，半人半鸟的塞壬渐渐为有着鱼尾的美人鱼所取代，但在中世纪的作品中，她们依然保留着鸟的因素。[①] 在修女赫拉德（Herrad，约公元1160年）的《霍图斯·德利喀亚鲁姆》(*Hortus Deliciarum*) 中，塞壬被描写成长着鸟脚、穿着褶裥打扮得很讲究的衣裳的女人，她们长有人的双手，用来演奏一种叫里拉的乐器。

即使是古代人对塞壬身上的鸟的特征也感到迷惑不解。奥维德问：

> 你们有着漂亮女郎的容貌，可你们身上为何长着羽毛和鸟脚啊？[②]

---

① 我在《奥德赛的神话》（p. 172）中对中世纪的塞壬作了更为全面的讨论。
② 《变形记》，V，552。罗波岛的阿波罗尼俄斯也认为塞壬身上鸟的特征是变形的结果，见《阿耳戈英雄传》，IV，898。

当然，奥维德的推源论并没有说到点子上。要回答他的问题非常简单。塞壬跟斯芬克斯、哈耳庇一样属于同一类妖怪，其可怕的形象体现出其妖魔的本质。她们是食肉猛禽，却能够用歌声来诱惑人们。在哈耳庇身上，人们强调、发展的是其抢掠的特性；对于斯芬克斯，人们强调的是一切神秘之物的预言能力；而对于塞壬，人们强调的是她们的歌声所具有的诱惑力。尽管斯芬克斯主要是一个预言家，但她也有着哈耳庇的特点。她掳走了底比斯的青年：她其实就是"抓人的刻瑞斯"[1]。同样，虽然塞壬主要是一个能诱惑人的歌手，但从本质上说，她是一个哈耳庇，因为她是一种食肉猛禽。

这非常清楚地反映在一些瓶画上。图36是一个具有科林斯风格的黑绘短颈单柄球形罐上的图案[2]，该文物现藏于波士顿美术馆，这是我们能够找到的表现塞壬神话的最早的文物。在图上，我们看到被绑在桅杆上的俄底修斯已经接近小岛，岛上站着"塞壬两姐妹"。船的上方盘旋着两只巨大的黑色食肉猛禽，它们正在向船上的人发起进攻。这两只巨鸟不可能只是作为画面的装饰，从某种意义上说，它们就是塞壬的变体。这幅瓶画的作者知道她们是坐在岛上唱歌的恶魔，虽然他手上并没有拿着荷马的作品来逐一对照其中有关的描述，但是，荷马讲述的故事一定萦绕在他的脑海里。他还知道，在人们熟知的传说中，塞壬是食肉猛禽，于是，画面上便出现了那两只巨鸟。在塞壬姐妹的右边，还有一个人物蹲坐在岛上，她完全是一个人，而不是另一个塞壬。她很可能——几乎可以肯定——就是塞壬的母亲，即克同（Chthon, 大地女神）。在欧里庇得斯的戏剧里，痛苦万分的海伦发出了这样的呼唤：

---

[1] 埃斯库罗斯：《七将攻忒拜》，776。后文将详细讨论斯芬克斯作为大地魔鬼的预言能力。
[2] H. 布尔（Bulle）在其著作（*Strena Helbgiana*, p.31）中首次刊出了这幅瓶画，并对其进行了讨论。最近，该文物为波士顿美术馆所得，参见《波士顿美术馆第26个年度报告》，1901年12月31日，p.35。

图 36

> 有翅膀的少女们，处女们，大地的女儿，塞壬们啊！①

她是在请求她们用哀伤的歌声来唱和她的悲叹。这里提到了塞壬的母亲，这一点意义重大。塞壬不是海里的女妖，甚至不是陆地上的女妖，而是冥国的魔怪。实际上，她们是另一种形式的刻瑞斯，是灵魂。

把幽灵想象成人头鸟身的形象，这在埃及的美术作品中是很常见的，但在希腊的美术作品中并不多见。据我所知，唯一可以确定的例子是收藏在大英博物馆里的一个花瓶上的瓶画②，瓶画描绘的是普洛克里斯（Procris）被杀死的情景。普洛克里斯正倒下死去，在她的上方盘旋着一个有翅膀的半人半鸟的女人。我以为，这个女人一定是普洛克里斯的灵魂。许多民族都有这样一种自然而又美妙的想象，那就是把灵魂想象成一只鸟，从人的嘴里飞出。在凯尔特人的神话里，梅尔敦（Maildun）——爱尔兰的俄底修斯——来到一个树林茂密的岛屿，林子里住着许多鸟儿。岛上一个上了年纪的老头告诉他："这些都是我的孩子们的灵魂，他们有男有女。只

---

① 欧里庇得斯：《海伦》，167。
② 编号 E477。这是个有柄的花瓶，年代较晚。此前在讨论这幅瓶画时（参见《奥德赛的神话》，p.158，图版 40，及《古代雅典的神话与遗迹》，p. lxix，图 14），我不敢肯定这个半人半鸟的女人是哈耳庇、塞壬还是灵魂。现在我确信，画家想用她代表灵魂，而且相信鸟的形状很可能是从埃及引进的，参见《死者之书》（*Book of the Dead*），插图第 91。

要他们是在爱尔兰死去的,就会被送到这个小岛来和我做伴。"① 时至今日,水手们依然认为海鸥就是那些溺水身亡的同伴的灵魂。安托尼努斯·利柏拉利斯(Antoninus Liberalis)在其著作中说,由于克忒苏拉(Ktesulla)的父亲不守诺言,克忒苏拉在分娩时便死去了,"他们把她的尸体抬出去埋葬时,从棺材里飞出一只鸽子,而克忒苏拉的尸体不见了"②。

热衷于把神灵人格化的希腊人除掉了灵魂鸟的许多特征,只留下它的一双翅膀。在美术作品中,经常可以见到人形、有翅的精灵。那个半人半鸟的女人演变成了死亡的魔鬼,一个被派去索取另一个灵魂的灵魂,一个诱惑灵魂的刻瑞斯,一个塞壬。

图 37 是一幅在年代上较晚、构思上也有所不同的瓶画,是一个红绘贮酒罐上的图案,该文物现为大英博物馆的藏品③。这个作品的画家显然想追求一种平衡的效果,于是便画了两个岛,每个岛上站着一个塞壬,在其中一个塞壬的头上标有铭文"嗓音优美"[ʽΙμε(ρ)οπα]。另一个塞壬正在飞翔,更确切地说,正一头掉到船上。这个塞壬的眼睛值得我们注意。画家只画了两笔来表示她的眼睛,没有画上瞳孔。这种画法通常是表示眼睛没有视力,也就是说,是死者的眼睛、瞎子的眼睛或者表示已经睡着了。这第三个塞壬就要死去,由于俄底修斯意志坚强,她从悬崖边绝望地朝海里跳去。显然,这正是画家要表达的意思,但是,也许他的脑子里也想到了食肉猛禽袭击航船的传说。他也接受了有三个塞壬这样的说法,在他那个时代,人们都持这种观点。画家让第三个塞壬在其他两个之间一头扎进大海,通过这一构思,他干脆利落地解决了构图上的一个难题。这个花瓶的另一面的图案上有三个爱神,后文(第十二章)

---

① 参见《奥德赛的神话》,p.180。
② 安托尼努斯·利柏拉利斯,I。我是从萨姆·怀德(Sam Wide)教授的论文(见 *A. Mitt.* 1901 年第 26 期,p.155)中获得这一参考资料的。在演奇迹剧时有这样一种习惯做法:一旦某人死去,人们便放飞一只鸟,如果死者是不知悔改的小偷,就放飞一只乌鸦;如果是悔悟的小偷,那么被放飞的就是一只白鸽。参见休·斯图尔特(Hugh Stewart):《波伊提乌》(*Boethius*),p.187。
③ 编号 E440。

图 37

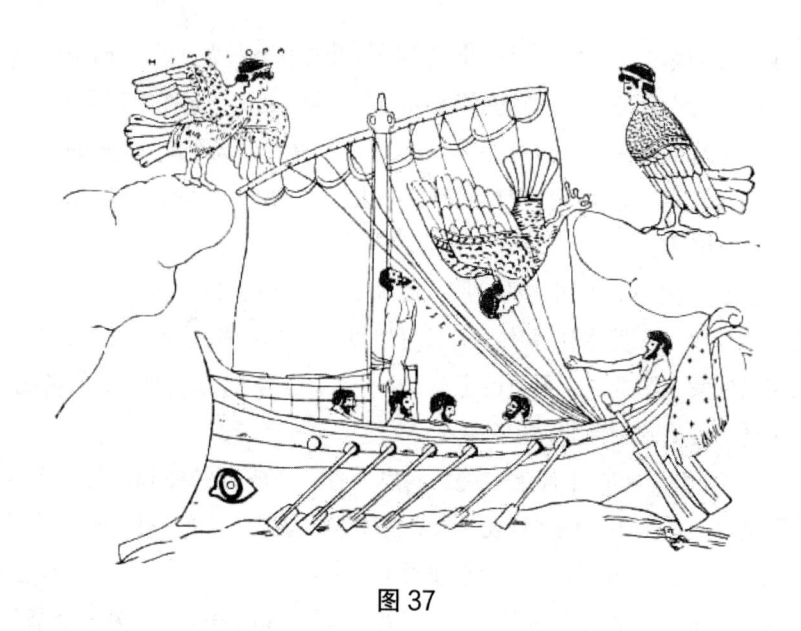

我们将对此进行讨论。如果认为瓶画的正面和反面图案的题材有联系，那是没有根据的说法。然而，由于画面上的爱神是在海上飞翔的，因此就存在这样的可能：瓶画作者的意图是强调他笔下的塞壬所具有的爱的诱惑力。

图 38 是一幅希腊浮雕①，它清楚地显示出塞壬是属于较低层次的神灵。当然，这个文物年代较晚，比上述瓶画至少晚两个世纪，但它反映了一种原始的思维，更重要的是，这种思维完全摆脱了荷马的影响。浮雕描绘的是一个乡村的场面。右上角有一根有赫耳墨斯头像的方碑，它的前面有一个祭坛，旁边有一棵树，上面挂着一个用于还愿的排箫。一

---

① 刊于施雷伯（Schreiber）的著作《古希腊浮雕艺术》(Hellenistische Reliefbilder)。至于浮雕现藏何处，我们无从得知。奥托·克鲁修斯（Otto Crusius）博士对该浮雕作过全面的讨论，见其刊登在 Philologos（N. F. IV, p.93）上的文章《艺术作品中的塞壬》(Die Epiphanie der Sirene)。克鲁修斯博士指出，人们对这幅浮雕有误解。他认为浮雕表现的是 ἔφοδος 的场面，而不是 σύμπλεγμα 的场面，躺在地上的是一个凡人，而不是塞壬。他的观点是很有见地的。

个农民（也可能是一个旅行者）躺在地上睡着了。俯在他身上的是一个有翅膀、长着一双鸟脚的女人。这里表现的是人在着迷、夜间做噩梦或者正午做噩梦时的情景。那个女人不是别人，正是邪恶的塞壬。假如这件作品由一个早期的作者完成，他一定会因为她是邪恶的塞壬而把她刻画成一个丑陋的形象。但是，到了希腊化时期，塞壬已经演变成了漂亮的女子，具有了人的形象，只是还有翅膀，有时有一双鸟脚。

图 38

承受着烈日炙烤的希腊人深知午间睡眠的恐怖。对他们来说，夜间的梦魇和白日的噩梦没什么两样。这种可怕的经历再加上偶尔遭受的中暑当然就使人常常想到这是恶魔在作怪。[1] 即使只是做了一个令人烦恼的噩梦，人们也认为那是塞壬捣的鬼。人在睡觉的时候，意志和理智都已变得平静，而激情则变得无拘无束。从荷马史诗有关无风的静止和炎炎的烈日的描述可以清楚地看出，人们在正午睡觉时所做的梦魇使他们编造出了塞壬这种恶魔。一切可怕的结局——死亡、没有结果的陶醉、丧妻失子——也都会使人产生同样的想法。荷马也许是受到了北方美人鱼传说的影响，才把他笔下的塞壬安排在海边，从而荡涤了她们身上的污

---

[1] 普林尼在他的《博物志》中引述迪农（Dinon）的话说，印度人也有类似的迷信。试比较：埃利安的《动物史》，XVIII，22，23。在七十子希腊文本圣经（Septuagint）中，"塞壬"一词表示沙漠的妖怪，我们则把它译为"恶龙"。《圣经·约伯记》第 30 章第 30 行上说："我与恶龙为弟兄，与猫头鹰为同伴。"（《圣经》和合本的译文为"我与野狗为弟兄，与鸵鸟为同伴"。——译注）《圣经·弥加书》第 1 章第 8 行上说："我将像恶龙一样哀号，像猫头鹰一样哀鸣。"（和合本译为"我必大声哀号，赤脚露体而行。又要呼号如野狗，哀鸣如鸵鸟"。——译注）"塞壬"一词的不同译法可能是由于希伯来文中"豺"和"海怪"二词的复数形式造成的混乱。

秽。但是，后来的传说把塞壬描绘成了高等妓女，她们抛弃了阿佛洛狄忒的礼物，因而这种传说保存了关于塞壬的某些可怕的原始因素。

以下我们还要谈谈塞壬的另一个特征。她们的雕像常作为坟墓的装饰，有时被当作哀悼者。在这里，她们身上的性欲因素已全然不见了踪影，她们成了实质上的死亡刻瑞斯、哈耳庇，虽然她们首先代表的是灵魂。上文我们说到哈耳庇墓上那个半人半鸟的女子——温柔的死亡天使。图 39 是一个黑绘花瓶[①]上的图案，该文物现藏于大英博物馆。图中的塞壬有着特别的意义。她站在一块墓碑上，正在演奏她那硕大的里拉，两个留着胡须的男子和他们各自的狗似乎在聚精会神地听着。她表情严肃，容貌漂亮，不带有一丝诱惑。很可能塞壬的形象最初是作为某种符咒、一种驱除其他灵魂的灵魂被安置在坟墓上的。在讨论驱邪仪式时，我们已经看到符咒本身可以用来对抗别的符咒。因此，令人恐惧的代表死亡的刻瑞斯便被安置在墓上，以守护坟墓。由此我们还会产生别的联想。塞壬是歌手，在葬礼上她也许会唱挽歌，也许是歌颂死者的挽歌。

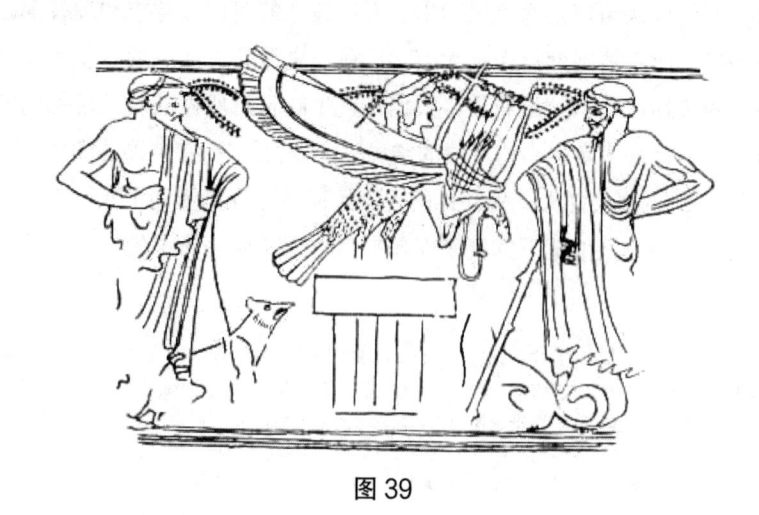

图 39

---

① 编号 B651。参见简·艾·赫丽生：《奥德赛的神话》，图版 39。

厄里娜（Erinna）为她的女友包喀斯（Baukis）撰写的墓志铭的开头是这样写的：

> 柱子、我的塞壬和骨灰瓮。①

在晚期的坟墓装饰品上，塞壬多数情况下以哀悼者的形象出现。她们撕扯着自己的头发，一副悲痛欲绝的模样。她们的驱邪作用已经全然被人们遗忘。如果哪个地方需要驱邪的魔怪，取代塞壬的是一只猫头鹰或斯芬克斯。

即使是在坟墓装饰物上，塞壬作为灵魂或死亡天使的职能也变得越来越模糊，这是由于她有着美妙动听的歌喉。然而，一旦她在哲学上出现，人们至少会想到她是一个为别的灵魂歌唱的灵魂。柏拉图在《理想国》的结尾谈到宇宙的结构时是这样说的："阿南刻（Ananke）膝盖上的轴在转动着，每一个星球的表面都栖着一个塞壬，她唱着单一的调子，和星球一起转动。八个塞壬的声调合成一个和谐的合唱。"② 评注者们解释说，之所以选择了塞壬，是因为她们的歌声优美动听。但是，如果音乐在这里至关重要，那为什么唱歌的是邪恶的塞壬，而不是能够歌唱天籁之音的善良的缪斯女神？普卢塔克也认识到了这个问题。他在《会饮篇》中借一个客人的口说："柏拉图把转动星球的永恒而又神圣的任务交给塞壬而不是缪斯，这很奇怪呀，塞壬这些恶魔既不仁慈也不善良啊。"另一位叫阿摩尼俄斯的客人试图为柏拉图选择塞壬的做法辩护，指出她们的歌声在荷马史诗中就被赋予了一种神秘的意义。他说："即使在荷马的笔下，她们的歌声也不会给人带来危险和破坏，而是具有一种激发灵魂的力量。她们要让死后的灵魂到处游荡，让他们热爱天上神

---

① 厄里娜：残篇，5。
② 柏拉图：《理想国》，617B。

圣的东西，忘记凡世的一切，于是她们就用歌声把他们吸引住。"他接着说："即使在这里，我们也能听到一种微弱模糊的歌声，它勾起我们的遐想。"①

我们绝不能认为荷马笔下的塞壬真的具有这种神秘的内涵。但是，她们确实有着代表灵魂的鸟的形状，而且她们"知晓万物"，有着美妙的歌喉，居住在冥国，因此，她们很容易被神秘主义者利用。普罗克洛斯在评点《理想国》时说："塞壬是灵魂，但却过着妖怪般的生活。"② 他道出了也许连他自己也没有意识到的真理。他的解释并不仅仅是一种奇思异想，而是包含了与神秘哲学相融合的原始传统。

俄耳甫斯教徒相信，获得净化的灵魂可以飞上星星——不，甚至可以变成星星——这种信仰大大提升了塞壬的地位。在阿里斯托芬的《和平》里，仆人问特律该俄斯（Trygaeus）：

> 他们说人死后就会变成天空上的一颗星，
> 可见这说法是真的了？③

在诗人看来，灵魂是一只鸟，因为它渴望自由：

> 我愿意躲藏在险峻的岩窟底下，
> 那是太阳很少光顾的地方，
> 云彩为我挪出栖息之所，
> 我愿成为神的飞鸟，住在有翼的族类里。④

---

① 普卢塔克：《会饮篇》，IX，14.6。
② 普罗克洛斯关于柏拉图《理想国》的评注。
③ 阿里斯托芬：《和平》，832。关于俄耳甫斯教的有关教义，参见罗德（Rohde）：《普绪刻》（Psyche），II，p.423，注4；另见迪特里希（Dieterich）：《涅库亚》，p.104以下。
④ 欧里庇得斯：《希波吕托斯》，732。

在高空中飞往神圣的地方就像塞壬的飞翔:

> 装上金色翅膀的我飞向云霄,
> 塞壬把她们那神速的翼和脚给了我;
> 飞上苍穹极顶的我一定会看到天外的宙斯,
> 我要和他融为一体。①

然而,虽然柏拉图、诗人、神秘主义者歌颂塞壬,说她们是"天使般的飞鸟",有着无穷的威力,但是,在普通大众的心目中,如果说她们不是完全邪恶的,那多半也是令人恐惧因而必须躲避的东西。这一点从关于她们跟缪斯女神竞争的神话②中可以看出。在这一神话里,她们是一些醉酒的幽灵,在瓶画上她们就是被刻画成这样的形象,跟她们在一起还有那些跟狄俄尼索斯一起狂欢的各式各样的马人和萨梯。不管是在古代人还是现代人的心目中,她们似乎代表着人生的各种冲动、不受道德约束的不顾一切的欲望和痴迷——也许是爱情上的、艺术上的或者哲学上的——代表着从人的"心灵欲望之境"发出的对人的神奇召唤。如果他听从这种召唤,也许他永远也无法归来。这种召唤依然在继续,不管人是置之不理、继续航行,还是停船倾听。

天才的荷马把半人半鸟的塞壬刻画成了一个用甜美的歌声诱惑人们的恶魔,这种形象似乎跟刻瑞斯相距甚远,但塞壬却是特殊形式的刻瑞斯。卢浮宫收藏的一只黑绘花瓶上的奇妙图案③(图40)清楚地告诉我们,她们之间有着多么紧密的联系。这幅瓶画表现的是一场盛宴:五个男子正靠在沙发上,在其中的两个男子之间放着一个酒坛,一个仆人刚用酒杯从里面舀了酒。有两个男子的头上各盘旋着一个有翼的精灵,每一个

---

① 欧里庇得斯:残篇,911。
② 参见《奥德赛的神话》,p.166。
③ 《希腊研究通讯》,1898年,p.238,图6。

精灵都拿着一顶桂冠和一条小花枝；另外两个男子的头上则各盘旋着一个半人半鸟的女子，同样也是各拿着一顶桂冠和一条小花枝。我们应该把这些伺候人的女子叫作什么？瓶画的作者又把她们叫作什么呢？那两个有着人的形象、长着翅膀的女子是不是爱神？半人半鸟的女子是不是塞壬？我们找不到关于这幅画的背景资料，因此也就无法做出肯定的结论。但是，我们可以确定的是，这两种形象都是盛宴上受欢迎的精灵——这一点对我们来说至关重要：那两个半人半鸟的女子（不管她们是否塞壬）和那两个有翅膀的女子（不管她们是否爱神）都执行着同样的职能。后文（第十二章）我们将讨论刻瑞斯是如何演变成爱神厄洛斯（Eros）的。眼下，最好的办法是把这些半人半鸟的女子和有翅膀的精灵看作刻瑞斯，此时她们还执行着同样的职能。

图40

作为斯芬克斯的刻瑞斯

斯芬克斯有两个非常特殊的特点：其一，她是哈耳庇——瘟疫的化身，把人们带上毁灭之路；其二，她是预言者，有一个坏习惯，即给人出谜语，也说出谜底。尽管这两种职能看起来互不相干，但却都是冥界妖怪的特点。热衷于神话的人把这两者放在一起，并以此为根据编出了这样的故事：谁要是猜不出她的谜语，就会被她害死。

图 41 是梵蒂冈格列高利博物馆收藏的一只陶杯[①]上的图案。这是一幅美妙的画面,坐在神示所前面的俄狄浦斯——在这里他的名字被写成 Oidipodes——正苦思冥想地猜着斯芬克斯的谜语。蹲在柱子上的斯芬克斯似乎是一种装饰,又似乎具有人格。她显然是一个具有人的形象的魔怪,身体是狮子的躯体,但头部却是一个聚精会神的可爱少女。从她的嘴里发出的字母是 καιτρι,意思也许是"三"或"三条(腿)"。图案的一侧有一条精致的用于装饰的小花枝。在瓶画上,这种花枝通常用来表示画家的个性。在这幅画上,这条花枝似乎代表的是某个工匠的签名。[②]

图 41 中的斯芬克斯是在传达某种神谕。但是在同时代的一些瓶画上,有时她也以"掳掠人的刻瑞斯"的形象出现。这时她会离开基座,把一个底比斯青年劫走。公元 5 世纪的瓶画家坚决地用一种委婉的方式来表达他的思想,因此即使是在描绘她把自己的猎物掳走时,也要让她带着某种阿提刻式的温柔,使她看起来更像死亡精灵塞壬,而不像哈耳庇。埃斯库罗斯在《七将攻忒拜》中把她描绘成一个魔怪——她原本就是魔怪。帕耳忒诺派俄斯(Parthenopaeus)的盾牌上的斯芬克斯是一个可怕的妖怪,是"国家的耻辱",她有一副锋利的牙齿,是食生肉的妖魔,谁要是把她

图 41

[①] 格列高利博物馆,编号 186。参见哈特维希(Hartwig):*Meisterschalen*,图 73。
[②] 哈特维希在其著作中收集了这些瓶画,并作了讨论,他把这些瓶画的作者称为"Meister mit dem Ranke"。

当作自己的标志，她就会给谁带来厄运。①

图 42 是那不勒斯博物馆收藏的在意大利南部出土的一个年代较晚的巨爵上的图案。这个画面非常奇特，图中的斯芬克斯完全是在传达一种神谕。在这里，她一定是在说出谜底，而不是在出谜语。斯芬克斯坐在一堆岩石上，旁边有一条直起身子的蛇。我以为，这条蛇是有其特别的意思的：它传达神谕，内容是神对大地做出的预言。来请教神示的西勒诺斯手里拿着一只小鸟。要不是因为一则寓言，也许我们永远也无法解读这个画面。人们普遍认为这是伊索（Aesop）的一则寓言，其内容完全可能作为这个画面的注解："有一个坏人跟别人定下一个协议，要证明德尔斐的神谕是假的。当他们约定的日子到来时，他手里拿着一只鸟儿，用衣服盖着，来到了神示所。他站在神示所前向神发问，他手里拿的东西是活的还是死的。他已经打定主意，如果神示说他手里的东西是死的，他就露出那只活麻雀；如果神示说是活的，那他就先把麻雀扼死，然后再把它亮出。但是，神已经看出他那残忍的计谋，便对他说：'别耍花招了吧，你手上的东西是死是活都取决于你呀。'这个故事清楚地告诉我们，千万不要轻易去试探神。"②

图 42

如果把这个故事和图 42 中的瓶画结合起来，就可以看出另外一个道

---

① 埃斯库罗斯：《七将攻忒拜》，539。
② 伊索：《寓言》，55。

理。斯芬克斯原本主要是底比斯当地的妖怪，但在这里她成了神谕的象征。在德尔斐，有一座由蛇守护的大地神示所。为表示对神示所的尊敬，那克索斯人造了一个巨大的斯芬克斯像[①]，并把它安放在大地女神该亚的神庙里。随着时间的流逝，斯芬克斯的"掳掠人"的野蛮特性渐渐被人遗忘，仅残留在当地的传说里，而她传达神谕的职能得到了强化。但是，对我们来说，和别的例子一样，当地的传说通常能给我们带来更多的启发。

接下来我们要讨论的斯芬克斯有着特殊的意义。这是一个酒坛的残片上的图案（图43），该文物现藏柏林博物馆。图中的妖怪被标上了名字，但不是我们用来称呼她的"斯芬克斯"，而是"卡斯米亚"（Kassmia），意为"卡德摩斯的妖怪"。那个长着胡须，有翅膀、爪子，头部像狗的魔怪已经失去了她那正统的狮身，也许那原本属于她的狮身已经移到了站在她面前的俄狄浦斯的身上。当然，这个画面纯粹是喜剧性的，它表明，在希腊人的心目中，可怕与怪诞、人们所惧怕的东西与所嘲弄的东西是多么的接近。也许是在和卡德摩斯一起从东方传入时，卡斯米亚（卡德摩斯的妖怪）也从东方带来了她的狮身。但是，这种猜想是没有必要的——尽管非常可能。传统上，喀泰戎山（Cithaeron）常常有狮子出没。[②] 斯芬克斯体形上的某些特征很可能就是来自一只经常

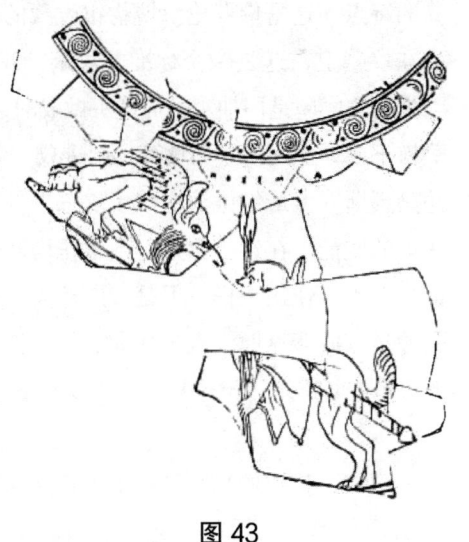

图 43

[①] 出土于德尔斐，参见霍莫尔：《德尔斐的文物发掘》（*Fouilles de Delphes*），1902年，II，图版14。

[②] 保萨尼阿斯，I, 41.4。

光顾坟墓的真正的狮子。

关于这一点，值得我们注意的是，赫西奥德把这个妖怪称为菲克斯（Phix），而不是斯芬克斯：

> 在俄耳提俄斯的重压下，她（厄喀德那）生下了
> 将会给人带来灾难的菲克斯——卡德摩斯的子孙的灾星。[1]

对此，评注者说："她居住的菲喀翁山（Phikion）就是由她而得名的。"但是，很可能恰恰相反。菲克斯是菲喀翁本地的妖怪。科佩斯湖东南角高耸的石山现在依然被当地人称为法加山（Phaga）。[2] 只需稍作改动，菲克斯就很容易变成斯菲克斯（Sphix）或斯芬克斯，意为"扼杀者"——这样命名一个极具破坏力的妖怪是再合适不过了。

最后一幅关于斯芬克斯的瓶画（图44）使我们看到了她经常光顾坟墓的特点。这是佛罗伦萨博物馆收藏的一尊巨爵上面的图案。斯芬克斯坐在坟墓上，这是一个标准的坟墓。我们可以肯定地说这是一座坟墓，因为它的底座是用加工过的石头做成的，石头上还穿了一些小洞[3]。两个萨梯正放肆地用镐子向坟墓发起进攻。斯芬克斯是经常光顾坟墓的妖怪，是刻瑞斯，但最终她演变成了坟墓上的装饰物，也许还被人们赋予某种防护的职能。在这一点上，她跟作为塞壬的刻瑞斯非常相似，正如她们都具有预言作用一样。但是，斯芬克斯的预言作用是首要的。和塞壬不同的是，斯芬克斯没有演变成三位一体，虽然在被当作装饰品时，她的形象也成对出现，但这只是出于纹章学上的考虑。

现在，让我们来总结一下"刻瑞斯"一词所包含的各种变化不定的

---

[1] 赫西奥德：《神谱》，326，另见柏拉图：《克利梯阿斯篇》（Cratylus），414D。
[2] 弗雷泽关于保萨尼阿斯著作（IX，26.2）的评注。
[3] 在雅典的瓶画上，经常看到画中的坟墓上有这样的小洞。据我了解，人们还没有弄清这些小洞的作用。

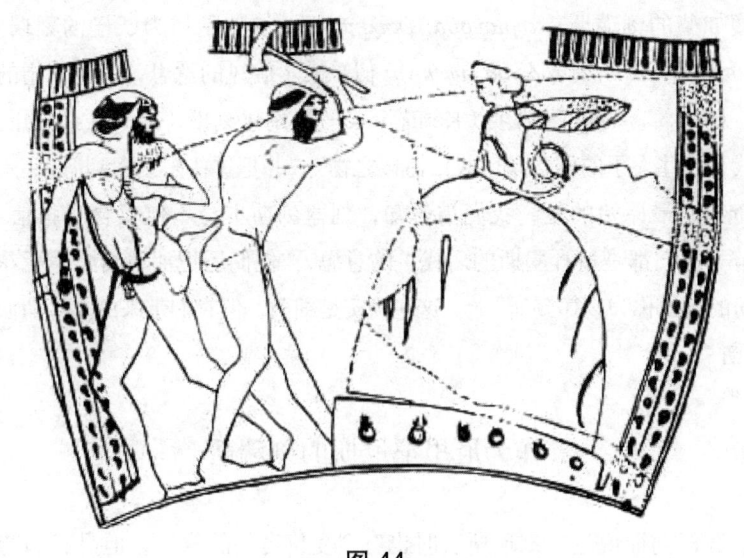

图 44

意思，也许这是希腊语中最难翻译的一个词。在这个词的演变过程中，它有过以下的意思：鬼魂、细菌、疾病、死亡天使、死亡的命运、命运、妖怪、巫师。其意思是如此的变化莫测，以至于我们很难说出哪个意思是最原始的，哪个是演变而来的。但是，隐藏在这些意思的最深处的是人们心中的两种有着亲缘关系的观念：鬼魂和病菌。只有最大限度地发挥想象力，我们才能想象得到原始人混沌的思维状态，进而了解刻瑞斯的所有内涵。

当词典编纂者试图解释这个词的时候，他们可碰上了难题。他们作了各种努力（如果说他们并不是非常聪明，至少他们是很诚实的），这些努力对我们是很有启发意义的。可喜的是，他们并不试图对该词的意思做出什么规定，只是如实地记录了有关这个词的事实。赫西基俄斯是这样解释这个词的："$k\eta\rho$，作中性词并带音调符号时，意为'灵魂'；作阴性词并且尾音重读时，意为'死亡、死亡之命运'。"此外，他还对相关词语进行了解释：$\kappa\eta\rho\alpha\varsigma\ \dot{\alpha}\kappa\alpha\theta\alpha\rho\sigma\iota\alpha\varsigma$、$\mu o\lambda\upsilon\sigma\mu\alpha\tau\alpha$、$\beta\lambda\dot{\alpha}\beta\alpha\varsigma$ 含有不洁的病菌的意思；$\kappa\eta\rho\dot{o}\nu\ \lambda\epsilon\pi\tau\dot{o}\nu\ \nu o\sigma\eta\rho\dot{o}\nu$ 使我们想起瓶画（图 16）上那个邪恶的骨瘦如柴的刻瑞斯；κηριοῦσθαι ἐκπλήττεσθαι 说的是作为妖怪的刻瑞斯；κηριωθῆναι· ὑπὸ σκοτοδινοῦ ληφθῆναι 似乎表示旋风的意思，但也许指的是死亡的眩晕。刻鲁喀那俄（Kerukainae）是刻律刻斯（Kerykes）的阴性形式，这些女子的职责是"收拾污秽之物"，并把这些东西搬到海里去。①最奇特、最原始的是，我们被告知，刻律刻斯本身不仅仅含有报信人、使节（他们都是赫耳墨斯的后代）的意思，"他们还把那些给野生无花果授粉的昆虫称为刻律刻斯"②。这些确实是细菌，但它们带来的是生命而不是死亡。

作为厄里尼厄斯的刻瑞斯

213　　我们前面说过，刻瑞斯有时也有"复仇者"的意思，但是我们特意把这一方面的内容留到现在才讨论，因为它能够帮助我们直接了解厄里尼厄斯的含义。

　　保萨尼阿斯在说到墨伽拉（Megara）的科罗伊波斯（Koroibos）的坟墓时讲述了一个故事。在这个故事里，刻瑞斯实际上就是厄里尼厄斯，兼有斯芬克斯和代表死亡的塞壬的某些特征。普萨玛忒（Psamathe）——阿耳戈斯（Argos）国王克罗托波斯（Krotopos）的女儿——和阿波罗生了一个孩子。由于担心父亲的责难，她把孩子遗弃了。孩子被克罗托波斯的牧羊犬找到并咬死。阿波罗把波伊涅（Poine，意为"惩罚、复仇"）派到阿耳戈斯人的城市去。据说，波伊涅抢走了母亲们身边的孩子。后来，为了取悦阿耳戈斯人，科罗伊波斯把波伊涅杀死了。但他把她杀死后，城里爆发了一场瘟疫，并且持续不断。科罗伊波斯不得不到德尔斐去洗清自己的罪孽。神命令他建造一座阿波罗神庙，地点就选在他安放从德尔斐带来的三足鼎的地方。当然，他所建的是特里波迪西城

---

① 苏伊达斯的词典中的有关条目。
② 赫西基俄斯的词典中的有关条目。

(Tripodisci)。墨伽拉的科罗伊波斯的坟墓上安放着保萨尼阿斯所见到的最古老的石头雕像,表现的是科罗伊波斯斩杀波伊涅的情景。石雕上刻有挽诗,叙述普萨玛忒和科罗伊波斯的故事。在这里,保萨尼阿斯没有提到刻瑞斯,而是提到了波伊涅。不过,编纂保氏著作的人把挽诗保留了下来,即使这不是原先刻在石雕上的那首挽诗,至少也与它有关。诗中最引人注意的句子是:

> 我是被科罗伊波斯杀害的刻瑞斯,我住在他的坟墓上,
> 他就躺在我的脚下,是那只三足鼎要了他的命。①

显然,波伊涅就是普萨玛忒的孩子变成的复仇鬼魂,这个有害的鬼魂要把母亲们身边的婴儿抢走。波伊涅就是刻瑞斯,是以厄里尼厄斯的形象出现的刻瑞斯。

下面这个简单的道理非常清楚,几乎是不言自明,然而却常常被人们忽视:刻瑞斯-厄里尼厄斯就是这个词所指的"愤怒的刻瑞斯"。我们没有理由怀疑保萨尼阿斯所说的话:阿卡狄亚人——除此之外也许还有所有其他原始时代的希腊人——把"愤怒"称为 ἐρινύειν。② 忒尔普萨(Thelpusa)的得墨忒耳有两个姓,甚至有两座雕像。当她发怒时,人们称她为厄里尼厄斯③;在她温和、慈悲和沐浴的时候,他们就叫她卢西亚(Lousia)。保萨尼阿斯认为得墨忒耳有一个姓叫作厄里尼厄斯的根据是,安提马科斯(Antimachus)在他那部于公元前4世纪完成的关于阿耳戈斯人进攻底比斯人的著作中就有这样的说法。

由此看来,厄里尼厄斯只不过是无数个神灵共用的一个用于修饰名字的附加成分,其本身并不是一个独立的姓名。除了得墨忒耳有这个姓之外,带有这个姓的还有:慈祥之神欧墨尼得斯、恐怖之神波特尼亚、

---

① 保萨尼阿斯,I,43.7。
② 保萨尼阿斯,VIII,25.4。
③ 现代语文学已经证实,可以把"厄里尼厄斯"解释为"发怒者"。

疯狂之神玛尼亚（Maniae）、复仇之神普拉克西迪刻。出于某种微妙的羞涩，也可能是由于一种非常实际的恐惧，原始人对自己的神是不会直呼其名的。他们往往在神的名字前加上一个优雅的修饰语，这也能起到给神分类的作用。如今依然有人用这种方式称呼别人，特别是凯尔特人，他们往往不会直接称呼别人的姓名。在称呼朋友时，他们通常用一种非常原始的方式，如称某人为"老人""善良人""最黑的人"等。

很明显，既然可以给名字加上修饰语，那么神的种类就会像崇拜者的情感一样多种多样，也就是说，他关于自己的神的想法是多种多样的。如果他是善良的，那么他的神就被称为慈祥之神；如果他要复仇，那么他的神就是复仇之神。

这样，问题就产生了：为什么刻瑞斯的愤怒的一面（也就是厄里尼厄斯）演变得如此重要、如此自足，以至于在荷马史诗中她们已经跟刻瑞斯区别开来，执行着明确的职能——如果说在形象上无甚区别的话——而不会引起混淆？能够让她们与众不同的恰恰是这些职能。前面我们已经说过，有善良的刻瑞斯，也有邪恶的刻瑞斯，刻瑞斯能影响植物、动物，也能影响人；愤怒的刻瑞斯就是厄里尼厄斯，而最愤怒的就是被杀害的刻瑞斯。有别于刻瑞斯的厄里尼厄斯观念是从一种能够强烈感受得到的人类关系演变而来的。厄里尼厄斯最初是被无辜杀害的人的刻瑞斯。厄里尼厄斯不是死亡，而是狂呼复仇的死者的愤怒的灵魂，是像波伊涅这样的刻瑞斯。在讨论刻瑞斯时，我们已经非常清楚地看到，"鬼魂"一词远不能涵盖刻瑞斯的含义，刻瑞斯代表着一种更广泛的泛灵论的观念。然而，厄里尼厄斯的情形恰恰相反：厄里尼厄斯首先就是人的鬼魂，但并不是所有的鬼魂都是厄里尼厄斯，只有那些愤怒的鬼魂——常常是那些由于某种特殊原因而遭到杀害的人的鬼魂——才能叫作厄里尼厄斯。黑色的刻瑞斯指的就是那些愤怒的鬼魂。黑色的刻瑞斯是厄里尼厄斯身上非人性的复仇欲望，但似乎又是源于她们的人性，这正是厄里尼厄斯与刻瑞斯的不同之处。

厄里尼厄斯首先是被杀害的人的要复仇的灵魂,这一点我们可以从下文的讨论中很清楚地看到。但是,如果我们否认在荷马史诗中她们已经跨越了这一阶段并被过分地拟人化,以至于人们无法认出她们,那是没有道理的。她们已不再是灵魂,而是灵魂的复仇者。因此,在荷马史诗中,当阿尔泰亚(Althaea)祈祷时,尽管她召唤厄里尼厄斯来为死去的兄弟复仇,但显然这里的厄里尼厄斯并不是这两个兄弟的鬼魂。我们所说的厄里尼厄斯只有一个,而他们是两个;厄里尼厄斯是女性,而他们是男性。阿尔泰亚是这样祈祷的:

> 嗜血的[1]厄里尼厄斯的声音
> 从厄瑞波斯的深处传来,她这没有悲悯的灵魂。[2]

没有什么比希腊人这种坚持把神拟人化的习惯更能迅速地使事物的真正起源变得模糊、淡化。我们之所以基本能够追溯刻瑞斯的起源,恰恰是因为她们从没有真正地被人格化。在这方面,诗人对神话的侵犯是最严重的。由于他们强烈的自我意识,他们完全失去了跟现实的混乱的联系。阿尔泰亚所召唤的厄里尼厄斯的确是被杀害的兄弟的鬼魂,但是荷马将他们分开,变成了复仇者。

在荷马的笔下,其他的厄里尼厄斯在通常情况下甚至不是鬼魂。福尼克斯(Phoenix)违反了他的父亲阿密恩托(Amyntor)的意志,而阿密恩托则由于受到儿子的冒犯而把"可恨的厄里尼厄斯"召来与他对抗。[3]这些厄里尼厄斯不是祖先的鬼魂,他们只是道德法则的复仇者,和

---

[1] 原文为 ἠεροφοῖτις,通常被译为"在黑暗中行走的"。罗斯切尔在《神话辞典》的相关条目中依据的是一种错误的说法,认为厄里尼厄斯的本质是"风暴云"。汤利在评点《伊利亚特》的这部分内容时对厄里尼厄斯的解读更符合厄里尼厄斯的本质。可见,厄里尼厄斯并不是"在黑暗里行走"的鬼魂,而是嗜血如命的鬼魂,这与埃斯库罗斯在《降福女神》(第264行)中的说法是一致的。

[2] 荷马:《伊利亚特》,IX,571。

[3] 荷马:《伊利亚特》,IX,454。

"冥界的宙斯及可怕的珀耳塞福涅"有一点模糊的相似之处。阿瑞斯冒犯了他的母亲阿佛洛狄忒,但阿佛洛狄忒并没有死,也就没有鬼魂;雅典娜让他受了伤,安抚了"他母亲的厄里尼厄斯"。[①]总之,正如人们经常指出的那样,在荷马史诗里,厄里尼厄斯专为血亲(母系和父系)的冤屈复仇,而且都是涉及道德的冤屈,最终也包括了涉及自然法则的冤屈。

一个熟悉的例子是克珊托斯——阿喀琉斯的马——说的一段话,这标志着厄里尼厄斯已经被彻底地抽象化了。克珊托斯告诫阿喀琉斯,尽管他的马都奔驰如飞,但它们最终会把他带向死亡:

克珊托斯这样说的时候,
厄里尼厄斯就止住了他的声音。[②]

人们在解释厄里尼厄斯在这里的介入时,通常会提到赫拉克利特(Heracleitus)说的一句话:"没有厄里尼厄斯,太阳就不会偏离它的轨道,因为厄里尼厄斯是主持正义的,终会把它找到。"我怀疑赫拉克利特的哲学是否可以作为我们正确理解这句话的依据。在这里,马是命运(厄里尼厄斯)的传声筒。她们说到命运终会完成自己的使命,而她们作为命运,终会把他带向死亡。虽然她们不情愿,但也只好服从。当克珊托斯受权说出了命运的命令之后,命运之神便让他闭上了嘴,不是因为他触犯了她们的法律,而是因为他彻底地把它说了出来。

尽管如此,赫拉克利特提出的观念有着极其重要的意义。它表明,在一个活跃于公元前6世纪的哲学家看来,厄里尼厄斯是法律的化身,是正义的主持者。当然我们不能认为哲学家的话反映了普通大众的信仰,正如我们不能认为诗人的话反映了普通大众的信仰一样,事实上,哲学家的话差得更远。但是,即使是哲学家,在遣词造句时也不可能脱离通

---

① 荷马:《伊利亚特》,XXI,412。
② 荷马:《伊利亚特》,IX,418。

常的词义，只是有时他们的话让人感到隐晦难懂。赫拉克利特的确是沉醉于对法律、命运的思考，沉醉于永恒不变的"道德上的因果报应"，他的厄里尼厄斯是宇宙的厄里尼厄斯，这是荷马的想象所不能企及的，但这依然改变不了这样的事实：他把厄里尼厄斯当作反抗违法行为的复仇者的化身。到了他的时代，厄里尼厄斯已不是刻瑞斯，不是灵魂，更不是细菌，甚至不是血仇的复仇者，而是含义更广的"正义的主持者"（Δίκης ἐπίκουροι）①。

埃斯库罗斯笔下的厄里尼厄斯

赫拉克利特把对厄里尼厄斯的抽象化推向了极致。可当我们考察埃斯库罗斯关于厄里尼厄斯的描述时，我们发现，他心目中的厄里尼厄斯的含义要窄得多，但更具活力、更客观，也更原始。在《七将攻忒拜》中，埃斯库罗斯笔下的厄里尼厄斯比荷马史诗中厄里尼厄斯的含义更窄，也更原始，这里的厄里尼厄斯事实上就是愤怒的鬼魂。这一点被精确无误地表述了出来：

> 啊，你——命运，残忍、凶恶，让人无法忍受；
> 俄狄浦斯神圣的影子，
> 黑色的厄里尼厄斯，你威力无比。②

歌队反复地唱着上述内容。命运近在咫尺，几乎是厄里尼厄斯的近亲。但是，真正能够相互等同的是影子（亦即俄狄浦斯的鬼魂）和黑色的厄里尼厄斯。

不管是在《七将攻忒拜》还是在《被缚的普罗米修斯》中，埃斯库

---

① 正义的化身狄刻（Dike）的出现是由于俄耳甫斯教的影响，参见本书第10章。
② 埃斯库罗斯：《七将攻忒拜》，第988行。

罗斯都非常清楚地意识到，到处游荡并追寻不已的是一个真正的鬼魂，而不仅仅是一种抽象的复仇的念头。伊俄被牛虻① 叮咬，因为她是一只小母牛。但是，真正让她恐惧不已的是古老的鬼魂当中最可怕的一个，那就是地生的阿耳戈斯的鬼魂：

> 哎呀，
> 那牛虻又来叮我这不幸的人了。
> 地神呀，把它赶走吧！
> 我看见了地生的阿耳戈斯的鬼影，
> 千眼的牧人。
> 啊，多可怕呀，他又追上来了，
> 眼睛多么狡猾。甚至他死后
> 大地都不能把他掩藏，他竟从死人那里
> 来追赶我这不幸的人，
> 使我在这海边的沙滩上忍饥受饿。
> 他那鬼影般的排箫吹出低沉的催眠曲调。
> 你们这些神灵啊，我到底做了什么，要我在这里无谓地哭喊，
> 让我由于害怕牛虻的追赶而发狂、晕倒？②

但是，当我们对俄瑞斯忒亚（Oresteia）三部曲③进行考察时会发现，埃斯库罗斯是从另一角度构思厄里尼厄斯的。这一转变原因之一是有关故事的材料——这个故事就是取材于原始的英雄传奇的，原因之二是悲

---

① 对以母牛这一原始形象出现的伊俄来说，牛虻并不是至关重要的。俄伊斯特罗斯（Oistros，即牛虻）是由鬼魂引起的"恍惚"的化身。在一幅描绘美狄亚杀死自己孩子的情景的瓶画上，俄伊斯特罗斯（图中有他的名字）被刻画成坐在一辆由几条蛇牵引的战车上，旁边就是"阿伊俄忒斯（Aietes，图中同样标有这一名字）的鬼魂"。
② 埃斯库罗斯：《被缚的普罗米修斯》，566。
③ 俄瑞斯忒亚三部曲是现在唯一完整的埃斯库罗斯的三部曲，分别为《阿伽门农》《奠酒人》和《降福女神》。——译注

剧家的思想中带着明确的道德目的。

这三部曲的原始素材是阿特柔斯（Atreus）家族的故事，这个故事的母题是代代相传的血亲复仇。故事只在一个家族的狭窄范围内展开，高潮是被杀害的母亲变成了厄里尼厄斯。在俄瑞斯忒斯和克吕泰涅斯特拉的故事背后隐藏着一种原始的思想观念，柏拉图在《法律篇》里把这种思想清楚地表述了出来。"如果一个人，"这位雅典人说，"杀了一个自由人，就算他是无意的，也必须让他接受某种净化仪式。但是，让他不要藐视这样一个古老的故事：'暴死的人如果生前过着自由人的生活，在他刚刚死去时，他对杀死他的人总会愤恨不平；他自己由于遭受了暴力，而且看到杀害他的人还像往常一样到处走动、若无其事，就会感到满心恐惧；同时他自己思绪混乱①，于是通过记忆的帮助，他用一切可能的力量把这种感觉传递给了那个有罪的人——既传给他本人也传给他的行为。'"② 在这里，鬼魂是混乱的直接源泉，它像一种疯狂的细菌一样忙碌着。它不是杀人者不安的良心，而是被杀者意识的某种复苏。它的行动范围仅限于被杀之地，因此便有了杀人者必须离开的训谕。埃斯库罗斯非常清楚地意识到罪恶这近乎粗野的一面，他在《奠酒人》中极其生动地描述了混乱中的鬼魂对生者采取的行动：

> 从地下跃出黑色的闪电，
> 来自被杀死的骨肉，他们呼喊着复仇；

---

① F. M. 康福德先生提醒我注意与此相似的甚至是更原始的英国人的迷信。柯内尔姆·迪格比（Kenelm Digby）爵士在他的著作《宗教研究》（*Observations on the Religio Medici*）中反对托马斯·布朗（Thomas Browne）所持的幽灵是魔鬼的观点，他认为那些在公墓和藏骸所出现的鬼魂是死者的灵魂，被杀者的尸体在杀人者靠近时就会流血（"这在英国非常常见"），因为被杀者的灵魂渴望复仇，但又不能说出话来，"于是便使用自己身体内最柔软、最易流动的部分（因此也是最容易移动的部分）极力地挣扎。这只能是血液，而当血液快速流动时，它必然会寻找出口涌流而出"。

② 柏拉图：《法律篇》，IX，865。

>在黑夜里，他们的疯狂和恐怖
>到处游荡着、袭扰着。①

呼喊复仇的是"被杀死的骨肉"。保萨尼阿斯也这样说起过同一个家族："珀罗普斯（Pelops）的污秽和密耳提罗斯（Myrtilos）那复仇心切的鬼魂在他们身后步步紧跟。"②波利比俄斯（Polybius）说："命运把厄里尼厄斯、波伊涅和复仇的指针安置在他（菲利浦）的身边。"③显然这些词都含有相似的意思。阿波罗在威胁杀害他母亲的人时是这样说的：

>然而，我的血亲的厄里尼厄斯
>还会发起更多的进攻，完成那可怕的业绩；
>他一定会注意到那些看得到的景象，
>啊，虽然他是在黑暗里眨着自己的眼睛。④

据希波克拉底说，死人最主要的职能之一就是发起这些"攻击"，希腊人把这种攻击称为 προσβολαί，有时又称为 ἔφοδοι。⑤

鬼魂会带来黑夜里的幽灵，促使恐惧发作——在这种观念的背后，埃斯库罗斯的思想里还有一种更原始的观念：血腥不仅"让幽灵活跃"，而且它本身就是一种污秽的根源。在这里，我们似乎深入到了一种原始的思维阶段，这种思维比那种认为刻瑞斯是细菌的思维更加原始。在《奠酒人》里，歌队唱道：

---

① 埃斯库罗斯：《奠酒人》，285。
② 保萨尼阿斯，II，18.2。
③ 波利比俄斯，XXIII，10.2。
④ 埃斯库罗斯：《奠酒人》，282。在翻译这一节时，我参考了维罗尔博士对有关内容的评点。
⑤ 希波克拉底的著作，p.123。

> 那抚育他的大地已经喝下了凝血,
> 呼喊着复仇的血再也不流动,
> 而是凝固了,直穿透
> 杀人者的身体,并滋生出各种谁也无法医治的疾病。[1]

被杀者流出的血玷污了大地,因而也玷污了被大地滋养的杀人者。正如维罗博士在评点这一节时所指出的那样,这跟该隐(Cain)被罚[2]的古老教义并无二致:"你做了什么事呢?你兄弟的血有声音从地里向我哀告。地开了口,从你手里接受你兄弟的血。现在你必从这地受咒诅。你种地,地不再给你效力,你必流离飘荡在地上。"

从阿尔克迈翁(Alcmaeon)的故事里,我们可以清楚地看到这种非常原始而又实际的关于土地被血腥玷污的观念。保萨尼阿斯说,阿尔克迈翁杀了自己的母亲厄里费勒(Eriphyle)之后,来到阿卡狄亚的普索菲斯(Psophis),但是他的病一点也没有好转。于是,他去到德尔斐,皮提亚对他说,唯一能让他避开厄里费勒的复仇女神的地方就是一个刚刚出现的地方,那里没有受到他母亲的血的玷污。他找到了阿刻洛斯河(Achelous)中刚隆起的一个小岛,并在岛上安了家。在这块新的没有被玷污的土地上,他得以生存下去。[3] 阿波洛多罗斯的说法有点离题:在他的记录里,阿尔克迈翁来到了塞斯普罗蒂亚(Thesprotia),他在那里接受了净洗礼,但洗礼用的水是阿刻洛斯河的水。[4]

阿尔克迈翁的故事并不是独一无二的,与此相似得令人吃惊的故事还有关于柏勒洛丰(Bellerophon)的命运的故事。我认为,人们至今没有能够正确理解柏勒洛丰的命运的含义。

---

[1] 埃斯库罗斯:《奠酒人》,64。同样的观念也出现在欧里庇得斯的《厄勒克特拉》(第318行)中。
[2] 指该隐杀死自己的兄弟亚伯之后受到上帝的惩罚,参见《圣经·创世记》第4章。——译注
[3] 保萨尼阿斯,VIII, 24.8 及 9。
[4] 阿波洛多罗斯的著作,III, 7.5。

在荷马史诗中，柏勒洛丰的结局带有神秘色彩。在他和斯忒涅玻亚（Stheneboea）的故事结束后，他来到吕基亚，受到吕基亚国王的器重，和国王的女儿结了婚，成了这个美丽王国的君主，养育了三个可爱的孩子。但是，在没有任何预兆、没有任何明显的原因的情况下，他突然遭到

> 所有神祇的憎恨，飘零浪迹在阿雷俄斯平原，
> 孑然一身，耗糜自己的心灵，避离了人生的路程。①

凭着诗人对浪漫和神秘的直觉，荷马对此没有提出任何问题。品达带着他那奥林波斯教的偏见，从柏勒洛丰的没落中看到了"傲慢的代价"。柏勒洛丰满脑子"装着不切实际的幻想"，出于自己的虚荣心，他渴望

> 和高高在上的宙斯对话。②

但是，神话作家知道柏勒洛丰先疯狂、后流浪的真正原因，知道他犯下的那种扰乱古老秩序的古老罪孽。阿波洛多罗斯说："格劳科斯的儿子、西绪福斯（Sisyphos）的孙子柏勒洛丰无意中杀死了自己的兄弟德利阿德斯（Deliades）——有的说杀死的是佩伦（Peiren），还有人说是阿尔喀墨涅斯（Alkimenes）；之后，他投奔普洛托斯（Proetus），并接受了净洗礼。"③柏勒洛丰背负着杀人罪的禁忌。他投奔普洛托斯，但是，此后的事实表明，他并没有接受净礼，在那个时代也不可能有这种净礼。普洛托斯把他送到吕基亚国王那里去，而吕基亚国王则把他赶到他唯一可以居住的地方——阿雷俄斯平原或西利西亚平原（Cilicia）④。阿雷俄斯平原和阿刻洛斯河口平原一样是新的地方，是入海口的冲积平原。到了斯特

---

① 荷马：《伊利亚特》，VI，200。
② 品达：*Isth*，V，66。
③ 阿波洛多罗斯，II，2.3。
④ 感谢拉姆齐教授为我提供有关阿雷俄斯平原的资料，这是我在本节提出的观点的依据。

拉博的时代,这里已经变成肥沃的土地,但在柏勒洛丰的时代,那只是荒芜的盐碱滩。柏勒洛丰的疯狂——在荷马史诗里他显然是疯了——是俄瑞斯忒斯的疯狂,是杀人者的疯狂,因为他受到了厄里尼厄斯的折磨。但是,和阿尔克迈翁的故事一样,在发生柏勒洛丰的故事的时代,厄里尼厄斯尚未被人格化为复仇女神,当时,大地女神本身还会受到血腥的玷污和侵害。

　　如此看来,埃斯库罗斯在俄瑞斯忒亚三部曲中讲述的是一个原始的故事,而且他深深地意识到这个故事的古老与野蛮。但是,他选择这个故事是出于一种道德目的。当他叙述欧墨尼得斯的故事时,则显然是抱着一种明确而现实的目的。他所希望的首先是通过对新与旧的调和来为神对待人的方式进行辩护;其次是要表明,在他的雅典的阿瑞俄帕戈斯(Areopagus)法庭里,那些方式其实完全是人类自己的方式。他似乎相信——至少他觉得应该坚持——这样的观点:这个法庭建立在一个具有重大道德意义的事实的基础上,即厄里尼厄斯转变成了塞姆那俄。埃斯库罗斯笔下的厄里尼厄斯几乎是荷马史诗中已经成型的厄里尼厄斯的翻版。跟他的故事情节不同,他所使用的神话材料有如"荷马史诗这一盛宴中的一些肉片",这是从严格的意义上说的,因为他必须把荷马史诗中关于厄里尼厄斯的概念缩小,不把她们当作一般意义上的复仇女神,而是为血亲的冤屈复仇的女神。埃斯库罗斯这样做的部分原因是,他选择的素材是原始的传说。此外,他已经强调了她们的性格与法律的关系。值得注意的是,当雅典娜女神用一种正式的口吻问厄里尼厄斯她们是谁、是做什么的时,她们的回答并不是"厄里尼厄斯",而是

　　　　我们的名字是出没于地下的诅咒。

雅典娜接着问她们的职能是什么、有什么特权,她们答道:

我们所做的就是把杀人者赶出他们的家门。①

上文（第四章）我们已经说过，原始法律的实质与诅咒密不可分。在这里，厄里尼厄斯不是宇宙的命运，而是明确具体的诅咒，对杀人罪的诅咒——我们几乎没有理由怀疑这一点：埃斯库罗斯在强调厄里尼厄斯具有诅咒功能的同时，心里一定隐隐约约地想到阿拉俄（Arae）与阿瑞帕戈斯之间的传统联系。他要把厄里尼厄斯变成塞姆那俄——雅典人在阿瑞俄帕戈斯法庭上召唤的一些当地的女神，因此，把厄里尼厄斯设想成阿拉俄似乎是达到这一目的的便捷桥梁。无疑，荷马史诗也把厄里尼厄斯刻画成具有诅咒功能的女神，但是，在荷马史诗里，她们诅咒的是违背诺言的人，而不是杀人者。阿伽门农成为亚加亚人后，在起誓时，他先向宙斯祈祷，同时也向大地女神、太阳神和厄里尼厄斯祈祷，她们

在地下行走，
报复发伪誓的人，
不管他是谁。②

赫西奥德在他的著作里引用墨拉姆波斯（Melampus）的话说：

据说，到了第五天，
谁要是发了伪誓，厄里尼厄斯便给他们带来灾难，
这是厄里斯在每一个人出生时许下的诺言。③

埃斯库罗斯把荷马和赫西奥德笔下的厄里尼厄斯的含义缩小了，这是他在作品中使用特定传说时所必需的。在他的笔下，她们几乎毫不例

---

① 埃斯库罗斯：《降福女神》，417。
② 荷马：《伊利亚特》，XIX，258。
③ 赫西奥德：《工作与时日》，803。

外地是诅咒的化身,专门惩罚那些杀害血亲的人。然而,他也时不时地上升到赫拉克利特的宇宙观的高度。比如,在《降福女神》里,歌队高声唱着"啊,正义之神,啊,这些厄里尼厄斯的宝座",并反复吟唱一般的违法者必将遭受的厄运。但是,故事情节的需要又立刻迫使诗人把厄里尼厄斯放回到更狭窄的范围内。

悲剧中的厄里尼厄斯

在荷马史诗里,厄里尼厄斯是看不见的恐惧:荷马笔下的奥林波斯诸神都有着轮廓分明的人的形象,但他并没有赋予这些住在冥界的愤怒之神明确的形象;他非常清楚她们的所作所为,但他并不知道她们有什么样的形象。相比之下,埃斯库罗斯就不能够沉迷于史诗的模糊。他必须把他的厄里尼厄斯刻画得有血有肉——要把她们搬到舞台上——因此,他必须做出抉择:她们是谁,或者说她们是什么东西?幸运的是,在这一点上,我们看到的不仅仅是无从考究的戏剧传统,也不是后期的评注者和词典编纂者留下的描述。从埃斯库罗斯本人的作品中,我们就可以非常精确地知道厄里尼厄斯在舞台上的形象。女祭司在神庙里看到了令人恐惧的东西;她诚惶诚恐地回到家里,极其明确地讲述了所见到的东西——尽管她满心恐惧。她所说的话的顺序非常值得我们注意:

> 我看到,在那个人的对面,一群奇怪的女人
> 沉睡在座位上。噢,不对!
> 不能说是女人,而是戈耳工——但我想,
> 不能把她们比作戈耳工。
> 我曾经见过图画上的妖怪,
> 她们在菲纽斯的盛宴上掠劫东西。但是我看到的这些
> 没有翅膀,浑身黑色,奇丑无比。
> 她们鼾声如雷,

眼睛里流出令人憎恶的黏液。①

埃斯库罗斯在这个段落中对厄里尼厄斯的描述立即引起了我们的注意。他的刻画为什么如此异乎寻常的直截了当且又惟妙惟肖？为什么他让恐惧中的女祭司在叙述她的所见所闻时活像在作一个关于文物上的戈耳工和哈耳庇的艺术形象的考古报告？原因非常简单：这是厄里尼厄斯第一次以明确的形象出现在人们的面前。在埃斯库罗斯把她们搬上舞台之前，如果有人问及厄里尼厄斯是何模样，没有一个人能够给出一个明确的答案。厄里尼厄斯是看不见的恐惧，在埃斯库罗斯的时代之前，还没有任何一件艺术作品把她们的形象清晰地固定下来。女祭司说："这种来客是我从来没有看见过的。"②这句话确实说到了点子上。可供埃斯库罗斯参照的妖魔鬼怪的形象可谓多种多样。他可以利用黑色的刻瑞斯的形象，如赫拉克勒斯盾牌上的刻瑞斯；他可以仿照戈耳工的形象、哈耳庇的形象。但是，他找不到现成的厄里尼厄斯的形象，他只知道在荷马的笔下，厄里尼厄斯是没有形状的恐怖。他该怎么刻画她们？他对她们的刻画已经由女祭司清楚地说出来了。在神庙昏暗的内室，她首先看到的是一些沉睡中的形象，她以为那是一些女人，因为她们有点像人，但她又觉得不对，她们太可怕了，不可能是女人，一定是戈耳工女妖。她再仔细一看，再一想，不对啊，她们不是戈耳工，因为她们的头部并不像人们熟悉的戈耳工面具。在她曾经看过的一幅画里还有另一种形象——哈耳庇，那些"在菲纽斯的盛宴上掠劫东西的"妖怪。她们会是哈耳庇吗？也不是啊，哈耳庇有翅膀，可这些妖怪没有翅膀呀。埃斯库罗斯的创新之处正体现在这里：他参照了哈耳庇的形象——令人憎恶、奇丑无比，但把她们身上的翅膀拆除了。这就是大师的手笔③，让厄里尼厄斯从

---

① 埃斯库罗斯：《降福女神》，46以下。
② 埃斯库罗斯：《降福女神》，57。
③ 对完全代表新秩序的埃斯库罗斯而言，这是大师的手笔。然而，美中不足的是，他自甘堕落，用一种粗鄙的方式诋毁作为旧秩序的代表的厄里尼厄斯。因此，他得不到我们的完全认同。

一个怪异得令人难以置信的妖魔变成一种更低等也更令人憎恶的——因为她们已经完全具有人的形象——恐怖。

"戈耳工的形象"实际上几乎相当于戈耳工面具——这个丑陋的面具的最大特点是长舌前伸、獠牙外露——这一点我们在上文已经作过全面的讨论了。但是,为了能够更清楚地说明问题,这里我们还要再讨论一幅瓶画。可以非常有把握地说,这幅瓶画产生于埃斯库罗斯的时代之前。这是大英博物馆收藏的一只黑绘花瓶上的图案(图 45)。制陶工阿马西斯(Amasis)在瓶画上签上了自己的名字,制作花瓶的年代大约在公元前 6 世纪和公元前 5 世纪之交。图画表现的是珀耳修斯斩杀戈耳工墨杜萨的情景。墨杜萨的形象是一张典型的丑陋的脸,同样有突出的獠牙和舌头。她的下唇上有一些像流苏一样的头发,头顶上伸出四条蛇。她身上穿着一件紫色的短袍,上面有点彩图案,腰间还点缀着两条打结的蛇。她脚上穿的是一双高筒靴,身上有两个翅膀,一个向外伸展,另一个向内弯曲。希腊美术作品中的戈耳工形象的最大特点是头部像狰狞的面具,但是,她身上的某个地方(头发、手或腰)通常有一些蛇——虽然并不总是这样。她身上通常也有翅膀,但有时并没有;有时是两个翅膀,有时是四个翅膀。她跟哈耳庇有很近的亲缘关系,因此两者有着

图 45

共同的特点：膝部弯曲，这意味着她们正迈开大步。哈耳庇和戈耳工并无明显的区别，上文我们在讨论图 18 的瓶画时已经清楚地看到这一点。在那幅瓶画上，墨杜萨是以一对戈耳工姐妹的形象出现的，图中所标的铭文也是复数形式。

广义地说，戈耳工与哈耳庇的区别就在于她有一张面具般的脸。哈耳庇的形象不像戈耳工那么可怕，但是有时哈耳庇的形象也非常可怕，这时就很难把她和戈耳工区别开来。如果我们把阿马西斯花瓶上的墨杜萨——戈耳工（图 45）和图 46 中的哈耳庇相比较，那么，《降福女神》中的女祭司在叙述时的犹豫不决就不难理解了。图 46 是有名的维尔茨堡（Würzburg）基里克斯陶杯上的图案，图中的形象无疑是哈耳庇。在这里，我们真正看到了女祭司所说的"我在一张画上看到那些妖怪在菲纽斯的盛宴上掠劫东西"的情景。这只花瓶破损得非常严重，我们很难辨认上面的一些铭文，因此对有些东西我们也就不能做出明确的判断。但是可喜的是，那些可以明确辨认的文字足以消除我们对于这幅图画的主题的疑虑。实际上，解读这幅图并不需要那些铭文作进一步的佐证。在图的右边，盛宴上的菲纽斯正斜靠在沙发上，身边有他家里的女人在伺

图 46

候他。我们不能辨认图上标出的这些女人的名字,但也无须对此进行讨论。哈耳庇①是可以致病的不洁的风,因此她们污损了宴席上的食物。最后,她们被玻瑞阿斯那两个手拿利剑的儿子仄忒斯和卡拉伊斯赶跑了。清洁爽朗的北风(玻瑞阿斯)的儿子赶走了不洁的恶魔。在这里,所有的风神——干净的或不洁的——都被刻画成相同的形象,都有四个翅膀。但玻瑞阿斯兄弟显然是男性,而穿着华丽的哈耳庇却是女性。

在回到悲剧中的厄里尼厄斯这一话题之前,我们还要讨论另一幅瓶画。这是卢浮宫收藏的一个早期的基里克斯陶杯②上的图案(见图47)。我们关注的焦点显然是那条硕大的狗,其身形明显异乎寻常,几乎像人一样高。在它的左边有一个蓄着胡须的人在匆忙离去,他正转过头来,很明显是由于惊奇或恐惧。在狗的背后是一个长着翅膀的形象,同样是一副匆忙的样子,但她的兴趣显然是在狗的身上。在她的后面是赫耳墨斯,而赫耳墨斯的身后是两个平静的旁观者——两个女人。关于这个画面的意思,只有一种可能的解读。这是吕基亚国王潘达瑞俄斯(Pandareos)从克里特岛的宙斯神庙偷走弥诺斯(Minos)金狗的故事。由于害怕宙斯的惩罚,他把金狗存放在坦塔罗斯(Tantalos)那里。《奥德赛》的评注者在评点"像潘达瑞俄斯的女儿,绿林中的夜莺"这一节时讲述了下面的故事:"关于潘达瑞俄斯,有这样的传说:他偷了克里特岛上宙斯神庙里的金狗,那是赫淮斯托斯锻制的栩栩如生的作品。潘达瑞俄斯偷走金狗后,把它交给坦塔罗斯窝藏。当宙斯通过赫耳墨斯向

---

① 这个菲纽斯陶杯的照片最初是由卡尔·西特尔(Karl Sittl)发表的,参见其论文《菲纽斯陶杯及类似花瓶》(*Die Phineus Schale, und ähnliche Vasen*),刊于 *Jahresbericht des Wagnerischen Kunst-Instituts der Kgl. Universität Würzburg*,1892 年。该文对陶杯上的铭文的解释是不充分的,故必须参照伯劳(Böhlau)博士在其论文中对此所作的更正,这篇论文刊于 *A. Mitt.* 1898 年第 23 期,p.54 和 p.77。
② 波蒂埃,编号 A478,图版 17.1。巴尔奈特(Barnett)先生在其著作《赫耳墨斯》(p.639)中对这个花瓶作了进一步的讨论,他认为瓶画中那个有翅膀的形象是伊里斯(Iris),对此我是不敢苟同的。

图 47

坦塔罗斯要回被偷的金狗时,坦塔罗斯一口咬定金狗不在他那里。赫耳墨斯悄悄地把金狗弄到手并把它交给宙斯后,宙斯便把坦塔罗斯埋在西皮罗斯(Sipylos)山下。"[1] 另一位评注者讲述的却是一个不同的故事,在这里,受惩罚的是潘达瑞俄斯的女儿:"潘达瑞俄斯的女儿墨洛珀(Merope)和克勒俄忒拉(Kleothera)由阿佛洛狄忒抚养长大。潘达瑞俄斯取回他盗窃并交给坦塔罗斯保管的金狗后,却矢口否认自己偷了金狗,结果墨洛珀和克勒俄忒拉被哈耳庇们掳走并交给厄里尼厄斯。"

根据以上故事提供的线索,我们就不难明白这幅瓶画的含义了。瓶画表现的是赫耳墨斯前来索取金狗的情景。潘达瑞俄斯的矢口否认毫无用处,因为狗就在那里,只是比真实的狗要大。瓶画的作者把狗画出来,意在彰显这一故事。那两个女性旁观者就是潘达瑞俄斯的女儿墨洛珀和克勒俄忒拉。那个有翅膀的形象是谁?考古学家们给她安上各种不同的名字:伊里斯、哈耳庇、厄里尼厄斯。我坚决反对认为她是伊里斯的观点。那么,她是哈耳庇还是厄里尼厄斯,我们就很难做出判断——这一疑惑本身就非常具有启发性。考虑到这个故事与吕基亚有关,而且更重要的是,这个花瓶背面的图案表现的也是吕基亚神话中柏勒洛丰和喀迈

---

[1] 关于《奥德赛》第19卷第518行的评注,另见保萨尼阿斯,X,30.2。

拉（Chimaera）的故事，我以为我们可以有把握地说这个形象是哈耳庇，但却是执行着厄里尼厄斯的职能的哈耳庇：她报复偷盗者，报复发假誓的人，还要把那两个少女掳走，交给满怀仇恨的厄里尼厄斯当使女。总之，哈耳庇和厄里尼厄斯有着很近的亲缘关系，是两个起伏不定的概念。

可见，由于埃斯库罗斯要把厄里尼厄斯搬上舞台，由于他对恐惧有着更具诗意的构思，这就迫使他把厄里尼厄斯的形象完全地人格化，而在他之前，她们并没有明确的艺术形象。埃斯库罗斯笔下的厄里尼厄斯和戈耳工非常相似，但她们没有戈耳工的面具；她们与哈耳庇更加相似，但不同的是她们没有翅膀。有一个奇特的细节非常值得我们注意。在《奠酒人》的结尾，她们没有出现在舞台上，但在疯狂的俄瑞斯忒斯的想象里，他看到了她们的形象，这是他所熟悉的形象：

> 她们和戈耳工非常相像，
> 穿着黑色的衣裙，像人们通常所见的那样，
> 身上缠绕着一些蛇。①

埃斯库罗斯凭着自己的想象力把厄里尼厄斯刻画成纯粹的人的形象，并获得了成功。相比之下，与他同时代的瓶画画家却不愿意轻易地抛弃她们身上弯曲的大翅膀。在埃斯库罗斯之后的瓶画上，无翅膀的厄里尼厄斯形象渐渐成为主流，但并不是每幅瓶画都是如此。后来，这种无翅膀的形象又消失，有着怪异的大翅膀的形象又卷土重来。图48是一个红绘花瓶上的图案——这是此类花瓶中年代最早的，时间大约在公元5世纪左右。我们看到，俄瑞斯忒斯正在接受净礼。他紧靠翁法罗斯石坐着，手里拿着剑。在他头的上方，阿波罗手里吊着那只用于净化的猪，左手

---

① 埃斯库罗斯：《奠酒人》，1048。埃斯库罗斯在《降福女神》（第54行）中提到，她们的眼睛里流出一种令人厌恶的黏液，上文（本章）已经说到这是戈耳工的特点。

图 48

拿着一根月桂树枝。阿耳忒弥斯站在阿波罗的右边，手里拿着梭镖，一副猎人的打扮。图的左边是沉睡中的无翅膀的厄里尼厄斯，克吕泰涅斯特拉的鬼魂正在唤醒她们。从地里又冒出另一个厄里尼厄斯，显然是一个土地魔鬼。这幅瓶画的作者用一种委婉的方式刻画了厄里尼厄斯的形象：不仅没有翅膀，而且非常漂亮，和克吕泰涅斯特拉一样美丽。

接下来这幅瓶画（图 49）从风格上看年代更晚，但更多地受到了戏剧的影响。我们看到的是埃斯库罗斯在《降福女神》的开篇所描绘的情景：一个小型的爱奥尼亚神庙的内殿、翁法罗斯石、请愿的俄瑞斯忒斯，但没有主持净礼的阿波罗；惊恐的女祭司手里拿着表明自己身份的标志——一把带有神圣花枝的巨大的神庙钥匙。厄里尼厄斯躺在神龛的周围，她们没有翅膀，模样可恶。可以清楚地看到，最右边的厄里尼厄斯是一个侧面的形象，她头上长着稀疏的头发，嘴唇噘起。

第三幅瓶画（图 50）是一尊巨爵上的图案[①]，该文物原为霍普（Hope）的收藏品。这幅瓶画属于晚期的作品，风格非常华丽，作者完全摆脱了

[①] 米林（Millin）：《希腊瓶画》（*Peintures des vases grecs*），II，68。

第五章　鬼魂、幽灵和妖怪 | 255

图 49

图 50

戏剧的影响。俄瑞斯忒斯蹲坐在一块巨大的装饰精美的翁法罗斯石上，但其姿势相当别扭。阿波罗也出现在画面上，拿着那根饰有花枝的月桂树枝。阿耳忒弥斯被雅典娜所取代，她的一只脚踏在一只似乎是用来投票的坛子上。左边是一个厄里尼厄斯，一身猎人的装束，身上有一条巨蛇和一对弯曲的翅膀。但瓶画作者不偏不倚，他要寻求多样化，于是便有了另一个厄里尼厄斯，她斜靠着三足鼎，身上也装饰着几条蛇，但没有翅膀。

图 51 是这组瓶画的最后一幅，也是年代最晚的一幅。这是柏林博物馆收藏的一个花瓶①上的图案。从图中可以看到，厄里尼厄斯只是一个复仇天使，她的翅膀已不再像原来那样华丽怪异，她也不是猎人装束，而是一个穿着长衣长裙的庄重女性。她手里拿着一条鞭子。与其说她是厄里尼厄斯，还不如说是波伊涅，只是她的身上还缠绕着一条巨蛇。

图 51

至此，我们可以有把握地得出这样的结论：是埃斯库罗斯赋予了厄里尼厄斯明确的外部形象，首次把她们和刻瑞斯、戈耳工或哈耳庇区别开来。在这一点上，值得我们注意的是，在古典文献中，厄里尼厄斯或波伊涅经常被提及，似乎她们是舞台上独有的形象。埃斯基涅斯（Aeschines）在他那篇驳斥提马科斯（Timarchus）的演说词中劝告雅典人不要以为"不敬神的人会像悲剧

---

① 《学院年鉴》，1890 年，p.90。

中所表现的那样，被举着熊熊火把的波伊涅追赶和鞭笞"①。普卢塔克在他的迪戎传记中说，当卡利波斯密谋反对迪戎时，迪戎看到了"一个可怕的不祥预兆"。一天傍晚，当他独自沉思时，突然听到一种响声，接着他看到——因为天还没全黑——一个身材巨大的女人，"形象和装束与悲剧中的厄里尼厄斯一模一样"，那女人正用一把扫帚打扫屋子。②

在意大利南部出土的一些花瓶的图案中，经常可以看到作为波伊涅的厄里尼厄斯（参见第十一章）。她们有时有翅膀，有时没有。她们已经从原先威严的死者的复仇者堕落成为残忍的地狱里的折磨者。她们鞭打西绪福斯，强迫他无休止地劳作；她们把珀里托俄斯捆绑起来，还把伊克西翁缚在火轮上，永转不停。但是，奇怪的是，虽然她们身上那种追逐他人的特性几乎已经消失，但依然是猎人装束，身穿短裙，脚蹬高筒靴。我们没有必要详细地追溯厄里尼厄斯堕落的过程——俄耳甫斯教末世论加快了这一过程——但是，我们应该注意到，普卢塔克在其论文《论被神惩罚的人们》中提到了这一堕落过程的最后阶段。被正义之神（狄刻）——是俄耳甫斯教的净化之神而不是复仇女神——判为不可救药的罪犯会遭到厄里尼厄斯的追逐，这个厄里尼厄斯是"第三个，也是最野蛮的一个伺候阿德剌斯忒亚（Adrasteia）的神"。她把这些人驱赶到一个"看不见也不能提及的"地方。普卢塔克的描述再恰当不过。厄里尼厄斯自始至终代表旧的秩序，人们无法安抚这些复仇心切的神灵；她们根本没有俄耳甫斯教所提倡的忏悔和净化的观念；作为"折磨的天使"，她们演变成了基督教的地狱里的居民。

厄里尼厄斯与蛇

我们还是回到埃斯库罗斯的作品上。他的意图是把厄里尼厄斯人格

---

① 埃斯基涅斯：《驳提马科斯》（*Contra Timarchum*），80。
② 普卢塔克：《迪戎传》，C，55。

化，从而使她们显得更加残忍。这种旧秩序中的人格化形象越可怕，她们转化为温柔的塞姆那俄这一奇迹就越惊人，但这一转化也就更容易，因为我们已经知道这些塞姆那俄是一些女神——既有人性又很仁慈的女神。

埃斯库罗斯始终如一地把厄里尼厄斯人格化，在这一过程中，他犯了一个小小的错误。也许他并没有意识到这一错误，正因为如此，它才具有更重要的意义。当克吕泰涅斯特拉唤醒沉睡中的厄里尼厄斯时，她喊道：

> 劳作和睡眠，有特权的密谋者，
> 已经耗尽了这条母龙的激愤。①

当然，我们可以说她是为了使自己的话更有"诗意"才用"母龙"一词代表一般的魔怪——也许是人格化的魔怪。但是，我们必须回答一个问题：埃斯库罗斯为什么偏偏让她挑选了这种魔怪？她为什么说"母龙"，而不说"地狱里的猎狗"？在接下来的诗行里，那条在梦中狩猎的狗露出灿烂的笑容，因此，保持这个形象的完整性当然更具有诗意。但是，语言和语言给人带来的联想有时也会打破最严密的概念。在希腊人的深层意识里有这样一种观念，即厄里尼厄斯——被冒犯的鬼魂——是一条蛇。下文（第七章）我们在讨论英雄崇拜时将会谈到大地恶魔——以蛇的形象出现的鬼魂。眼下，我们只能说，在埃斯库罗斯的笔下，它代表着一种低层次的思维阶段，在这个阶段，厄里尼厄斯还没有被抽象化，甚至还没有演变成人格化的复仇者，而仅仅是以蛇的形象出现的愤怒的鬼魂。

"母龙"一词在这里是以单数形式出现，这本身就很有意思。作为复仇者的厄里尼厄斯并不一定是复数，但在古老的观念里，作为鬼魂的厄

---

① 埃斯库罗斯：《降福女神》，126。[文中的"母龙"原文为 dragoness，根据西方文化传统，dragon（龙）是一种凶残的怪兽，而龙与蛇又有着密切的联系。——译注]

里尼厄斯只有一个，而不是多个，她是被杀害的母亲的鬼魂。克吕泰涅斯特拉自己就是"母龙"，尽管她没有意识到这一点。因此，在戏中，厄里尼厄斯沉睡着，直到她这个真正的厄里尼厄斯把她们唤醒。

埃斯库罗斯把厄里尼厄斯称为"母龙"，这种说法并非绝无仅有。在欧里庇得斯看来，厄里尼厄斯是一条蛇。在《伊菲革涅亚在陶洛人里》这部戏剧中，疯狂的俄瑞斯忒斯大声对皮拉得斯（Pylades）喊道：

> 你看见她没有？你没看见这冥国的蛇吗？
> 她要杀我，还叫那些可怕的毒蛇一起来咬我。①

在这里，很难说欧里庇得斯借用了埃斯库罗斯的说法，因为埃斯库罗斯有意识地构思的舞台上的厄里尼厄斯并不是以蛇的形象出现的。此外，"冥国的蛇"和接下来的"可怕的毒蛇"让人产生了混淆。在他的《俄瑞斯忒斯》里，欧里庇得斯也把厄里尼厄斯说成是"形象如蛇的少女"②。在这里，如果我们把 δρακοντώδεις 一词理解为"她们的手里拿着蛇"或者"她们头上长着蛇发"，那是不恰当的，也是没必要的。

在美术作品里，我们也可以看到这种现象：把厄里尼厄斯恢复为蛇这一原始的形象。图52是梵蒂冈博物馆收藏的一个黑绘陶罐上的图案③。该文物的年代大约为公元前6世纪和公元前5世纪之交。我们看到图中的妖怪同样是迈着大步，身上也有四个翅膀，脚上也是穿着猎人的靴子。我们在上文说过，很难说这种形象是戈耳工还是哈耳庇。我们找不到其

---

① 欧里庇得斯：《伊菲革涅亚在陶洛人里》，286。
② 欧里庇得斯：《俄瑞斯忒斯》，256。（译者查阅了周启明先生翻译的《俄瑞斯忒斯》，发现他把 δρακοντώδεις 译为"头发是蛇的闺女们"，参见《欧里庇得斯悲剧集》第2卷，p.321，人民文学出版社，1957年。——译注）
③ 参见《希腊研究》1899年第19卷，p.219。类似的瓶画并非仅此一幅。在雅典卫城出土的陶器残片中，可以找到一幅类似的残缺的瓶画（尚未发表），在风格上比图52要早得多，但所画内容几乎完全一样。我们能够看到的只有那双长着翅膀的脚和妖怪的衣服的一部分，下方也有一条张开嘴巴的巨蛇。尽管这一残片是在"前波斯时代"（pre-Persian）的废墟中发现的，但其年代不会迟于公元前480年，很可能远在此之前。

他用来佐证的资料，但是，有一点是清楚的：这幅瓶画的作者担心人们误解他的用意，担心人们不明白这个在空中迈着大步的有翼妖怪是一个土地妖魔，于是在妖魔的下方画了一条以同样的速度前行的巨蛇。这个有翅膀的妖怪也是一条蛇。①

图 52

在所有把蛇和鬼魂等同起来的瓶画中，最明显的要数图 53 展示的瓶画，它出自雅典博物馆收藏的一只年代久远的花瓶。这类花瓶常用在葬礼上，因此花瓶上的装饰图案也与葬礼有关。

---

① 一些考古学家认为，这种屈膝飞奔的姿势可以解释 καμψίπους 这个称号的含义。但是，膝部弯曲并不等于脚的弯曲。也许我们可以从厄里尼厄斯这一别称中看出，在当时人们的潜意识里，厄里尼厄斯是一种畸形的妖怪。保罗·佩尔德里泽特（Paul Perdrizet）在其论文《反向的脚或膝盖》（刊于 *Mélusine*，1898 年第 9 卷，p.99）中提出了一个很有意思的观点：καμψίπους Ἐρινύς 也许是一个脚板倒向的厄里尼厄斯——一个模样令人恐惧的跛子。这种奇特的畸形形象对古代人来说并不陌生，为此，佩尔德里泽特先生举了一些小塑像的例子，其中有大英博物馆收藏的青铜塑像（编号 216）和雅典国家博物馆收藏的一个陶俑（编号 7877）。对这种解释的正确性，我心怀疑虑，原因有二：其一，用 καμψίπους 一词来形容这种明显的畸形似乎并不合适，适当的词应该是 στρεβλόπους 或类似的词；其二，经常被强调的是厄里尼厄斯的迅捷，这与畸形的跛子大相径庭。另一方面，脚板反向的形象也许表明厄里尼厄斯必然向后走去。F. M. 康福德先生对我说，καμψίπους 相当于人格化的 γαμψῶνυξ，这一解释是布卢姆菲尔德（Blomfield）提出的。对我来说，这一见解使我更坚定了自己的观点：厄里尼厄斯在本质上、在艺术形象上跟哈耳庇、斯芬克斯和一半是鸟一半是女人的形象有着非常近的亲缘关系。索福克勒斯（《俄狄浦斯王》第 1199 行）就把斯芬克斯称为 γαμψῶνυξ。在图 43 中，她的脚是爪子状；在图 18 中，右边的哈耳庇的双手也是弯曲的爪子。埃斯库罗斯所用的这个词原先的意思是"爪形脚"，但在他的笔下，它表示的是新的意思，可能是"不停息的脚"，即"迅捷"，也可能是"回转"。

两个悼亡人站在坟墓旁边，坟墓上就摆放着一个葬礼用的花瓶。在坟墓内部，瓶画作者画上了他认为该有的东西：长着翅膀的精灵、鬼魂、一条大蛇——它也是鬼魂。蛇和精灵这两样东西其实是同一种东西的不同说法。这些振翅飞翔的精灵只是无害的刻瑞斯而已，并不是报仇心切的厄里尼厄斯。但是，当厄里尼厄斯演变成了复仇女神时，她依然记得自己是一个蛇形鬼魂。

戈耳工也有她自己的蛇。在原始时代的希腊人看来，所有妖怪都是地生的。

图 53

在图 54 中，我们看到墨杜萨这个戈耳工被杀的情景。图中的铭文已很难辨认，但画面表达的意思是清楚的。珀耳修斯在雅典娜和一个仙女的陪同下，正要宰杀墨杜萨，那个仙女正递给他梭镖、头盔和一双有翅膀的凉鞋。墨杜萨是常见的戈耳工形象，但在这里，她手里却拿着一条蛇，这是她的另一个形象。

厄里尼厄斯以蛇的形象出现的最重要的证据是文学作品中的描述，

图 54

即《奠酒人》中克吕泰涅斯特拉的梦中所见。克吕泰涅斯特拉梦见自己生下了一条蛇，并给这条蛇哺乳。[1]维罗尔博士在评点这一节时指出，在这里，蛇是冥界——特别是坟墓——的标志。他推测，在舞台上，呈现在观众面前的蛇可能是"阿伽门农的坟墓，这座坟墓一定是通常所见的坟墓"。我还想更进一步：蛇不仅是死者的象征，我认为，它就是厄里尼厄斯。可见，厄里尼厄斯不是死去的阿伽门农的鬼魂，而是阿伽门农的儿子俄瑞斯忒斯。鬼魂厄里尼厄斯的标志本身变成了活生生的复仇者。俄瑞斯忒斯的话清楚地说明了这一点：

我把自己变成一条蛇，
将她杀死。

这不仅仅是因为他像蛇一样是致命的，而且因为他就是蛇，也就是厄里尼厄斯。

此外，当克吕泰涅斯特拉大声求饶时，俄瑞斯忒斯回答："休想，我父亲的命运已经像蛇一样用嘶嘶声宣布了你的末日。"在《降福女神》和《奠酒人》中，以蛇的形象出现的厄里尼厄斯当然只是旧传统偶然遗留下来的，它的重要性主要在于它让我们清楚地认识到在埃斯库罗斯之前人们所走过的路。这种传统观念把厄里尼厄斯想象成鬼魂，而不仅仅是以鬼魂形象出现的复仇者。几乎是在无意中，这一传统被保留了下来。

在结束对蛇形的厄里尼厄斯的讨论之前，我们还要列举另一幅瓶画，因为它生动地向我们展示了这是一种什么样的观念。图55是早期的一个黑绘陶罐上的图案[2]。这一类陶罐被称为"第勒尼安陶罐"，原为那不勒斯

---

[1] 埃斯库罗斯：《奠酒人》，527及531。
[2] 《学院年鉴》，1893年，p.93，图版1。该文认为，这幅瓶画表现的是波吕克塞娜被杀害的情景，但我同意蒂尔施（Thiersch）博士在其著作《第勒尼安陶罐》（p.56）中提出的观点：这个画面表现的是阿尔克迈翁杀死厄里费勒的情景。说到图中状如翁法罗斯石的坟墓，有一点值得一提：在弗利奥斯（Phlius），安菲阿剌俄斯的神示所附近有一块翁法罗斯石。见保萨尼阿斯，II, 13.7。

图 55

的布尔吉农（Bourguignon）收藏品。图中那个刚被杀死的女人俯卧在一座形状如翁法罗斯石的坟墓上。在图的右边，杀害她的武士拿着出鞘的剑正要逃走，但为时已晚。在坟墓的正中，几乎是从女人的尸体中，冒出一条巨蛇，张开大嘴扑向杀人者。这幅画的意图很明显，可以看出这条蛇就是要复仇的厄里尼厄斯。杀人者很可能就是阿尔克迈翁，被杀的正是他的母亲厄里费勒。他的故事——上文我们已经讨论过——跟俄瑞斯忒斯的故事并无二致。我们不能很有把握地说图中的杀人者就是阿尔克迈翁，但这并不影响这个画面的整体含义，即杀人者当即就被复仇心切的蛇形的厄里尼厄斯追赶。

在讨论厄里尼厄斯演变为塞姆那俄之前，还有一点值得我们注意：另一位悲剧家——既是诗人又是祭司——所持的观点更原始，他明确地认识到，复仇女神厄里尼厄斯只不过是愤怒的不可安抚的刻瑞斯而已。索福克勒斯在他的《俄狄浦斯王》中把阿波罗刻画成一个复仇者[1]，而在

---

[1] 索福克勒斯：《俄狄浦斯王》，469。在此我们不能讨论索福克勒斯对待俄瑞斯忒斯神话的态度，以及他对阿波罗与厄里尼厄斯之间的冲突的漠视。珍妮特·凯斯（Janet Case）对这个问题作了精辟的讨论，参见《古典评论》1902 年 5 月号，p. 195。

《降福女神》中，阿波罗却是一个和事佬。在索福克勒斯的笔下，阿波罗承担了厄里尼厄斯的职能。他携着他父亲宙斯赐予的霹雳和火，全副武装地向有罪者发起进攻。但是，即使是阿波罗也离不开古老的复仇者。跟在他后面的是"一贯正确的、可怕的刻瑞斯"。在这里，刻瑞斯显然是被当作某种命运。但是，把这个词翻译成"命运"，马上会引起不必要的误解。在诗人的心目中，这个词不仅表示复仇者的意思，它还让人联想到那些展翅飞翔的鬼魂。对于有罪者，他是这样评论的：

> 尽管他像公牛一样凶猛，
> 可他无家可归，落荒而逃，
> 想要逃出该亚在坟墓的中央为他设置的厄运。
> 但一切都是徒劳，厄运就在他的身边。①

此外，在欧里庇得斯的《厄勒克特拉》里，尽管厄里尼厄斯已经完全被人格化为人身狗面的女神，但她们依然是刻瑞斯：

> 这些可怕的刻瑞斯，狗面的女神们，
> 她们将要使你发狂，驱逐你到处流浪。②

这里似乎用了"刻瑞斯"一词，因为"摩伊赖"一词给人的联想是仁慈和万能，而"刻瑞斯"却保持着一种鬼魂的个人复仇的含义。

综上所述，厄里尼厄斯是鬼魂名称中的修饰语。在荷马史诗中，她们是无形的，但在文学作品中渐渐演变为具有人格的神祇，这特别得益于埃斯库罗斯的天才创作。正是由于厄里尼厄斯最初只是作为鬼魂名称

---

① 索福克勒斯：《俄狄浦斯王》，475。
② 欧里庇得斯：《厄勒克特拉》，1252。

的修饰语,所以几乎不存在对她们的崇拜也就不足为奇了。我们只听说在一个地方厄里尼厄斯受到了人们的崇拜。希罗多德在他的书里说,在斯巴达,埃癸代(Aegidae)家族的孩子"无法生存下来"。根据神谕的指示,埃癸代族人"为拉伊俄斯(Laios)和俄狄浦斯的厄里尼厄斯修建了一座神庙"。①

可见,厄里尼厄斯在这里显然就是被冒犯的祖先的鬼魂,对后代子孙具有极大的破坏力,并迫切需要得到安抚。既然她们是鬼魂——被杀者或受辱者的鬼魂,厄里尼厄斯当然就在各地受到人们的安抚,但人们很少使用她们那"愤怒"的名字,这是由人们的委婉和谨慎造成的。我们找不到任何证据来证明她们作为抽象的复仇者而受到人们的崇拜。克吕泰涅斯特拉的确详细地描述了她是如何诚惶诚恐地敬奉厄里尼厄斯的②,但是,只要仔细地观察就会发现,这只是祭奠死者和冥界神灵的通常的仪式,这种仪式具有我们所熟悉的标志:"无酒的奠酒""用于安抚的涅法利亚",还有摆在火盆上的"夜间的宴席"——这些都是祭祀冥神的特点(见第二章)。她还说,"没有一个神可以分享"这一时刻。她指的是天上的神(亦即奥林波斯神),也就是说,这是所有冥神都可以分享的时刻。一句话,埃斯库罗斯把鬼魂通常的仪式部分地抽象化了,原本是鬼魂的厄里尼厄斯变成了复仇者。他这种做法无意之中为我们探究她们的根源留下了线索。

"可敬的女神"

厄里尼厄斯是鬼魂名称中的修饰语,不存在对她们的崇拜,对她们的描述也是不确定的。与厄里尼厄斯形成鲜明对比的是"可敬的女神"(即塞姆那俄,σεμναὶ θεαί)。如果说厄里尼厄斯具有什么实体和人格的

---

① 希罗多德,IV,149。
② 埃斯库罗斯:《降福女神》,106。

话，这主要应归功于诗人，首先应该归功于荷马，后来则应归功于埃斯库罗斯及其他悲剧家，而塞姆那俄的情形则有很大的不同。她们的名字当然也是一种修饰语——几乎所有的原始崇拜的名称都是如此，但据我们所知，她们从一开始就具有个人性质和地方性质。厄里尼厄斯的足迹遍布陆地和海洋，而塞姆那俄则安静地固守在雅典。她们是严格意义上的地方崇拜对象，对她们的崇拜从来没有遍及过希腊全境。要不是因为埃斯库罗斯是雅典人，我们也许几乎不会意识到她们的存在，她们也许就会像阿布拉比亚（Ablabiae）和普拉克西迪刻一样，一直作为名不见经传的地方神灵而已。

尽管我们常常把她们称为塞姆那俄——"可敬的鬼魂"，但这并不是她们受崇拜时的称呼，雅典人也不是这样称呼她们的。弄清这一点是至关重要的。人们在说起她们时无一例外地把她们称为"可敬的女神"[1]，而不是"可敬的鬼魂"。这一区别非常重要。这表明，塞姆那俄从进入我们的视野的那一刻开始就已经彻底地人格化了，已经从鬼魂演变为女神了[2]；她们被赋予了明确的人格，人们对她们有着明确的崇拜仪式；她们是原始的女神，实际上是大地女神的原始形象，这些原始的女神最终演变成了举足轻重的神——得墨忒耳和科瑞。其他类似的女神，在雅典有那两个忒斯摩福罗斯（立法女神）——实际上她们只不过是由塞姆那俄演变而来的，或者说是以其他形象出现的塞姆那俄；在厄琉西斯有"两个女神"，从铭文和浮雕中我们得知她们被称为埃癸娜·达米亚（Aegina Damia）和奥塞西亚；在希腊的其他地方，这种女神都以不同的形式出现，有的成对出现，有的是三位一体，在此我们就不一一列举了。下文

---

[1] 保萨尼阿斯在其著作（I，31.2）中提到，在阿提刻还有一个地方，在那里，塞姆那俄被当作"可敬的女神"受到当地人的崇拜。在弗吕亚（Phlya）的同一个神庙里，安放着几个祭坛，分别供奉宙斯、克忒西俄斯、雅典娜、提特罗涅（Tithrone）、科瑞·普洛托戈涅（Protogone）以及一些"可敬的"女神。

[2] 关于这一点，最好的证据是语言，而且通常是一些在法庭上发誓时所用的仪式性用语。我们可以肯定，在这种场合中，人们都是用正式的称号来称呼塞姆那俄的。但是据我所知，人们在提到塞姆那俄时都是有明确特指的。

我们在讨论"女神的形成"时,将会全面地追溯这个渐进的人格化过程,这个从妖怪、鬼魂和恶魔到成熟的神祇的演变过程。在这里,我们只需记住,"女神"一词已把塞姆那俄跟厄里尼厄斯严格地区别开来,因为除了在文学作品中偶尔被称为女神外,厄里尼厄斯从来没有获得过女神的地位。欧里庇得斯的确让俄瑞斯忒斯把厄里尼厄斯称为"可怕的女神"[1],但埃斯库罗斯更直截了当:"她们的装束既不像人也不像神。"[2] 需要申明的是,既然塞姆那俄是女神,在此我们提前对她们进行讨论,目的是要阐明埃斯库罗斯的作品所引发的那种转变。

对于塞姆那俄跟一些与她们有着亲缘关系的女神(如欧墨尼得斯)的区别,我们明确知道的并不多。尽管所知不多,但却有着非常重要的意义。我们知道她们的神庙的所在地、她们的形象的某些特征、她们执行的某些职能以及与她们有关的仪式的本质。事实上,下面我们会看到,我们所知道的足以让我们肯定一点:像厄里尼厄斯一样,她们原本是冥界的鬼魂,后来才演变成了女神。塞姆那俄和厄里尼厄斯都是源于同样的东西,但她们的演变结果却大相径庭。此外,我们发现,她们的演变是在不同的阶段停止的。

我们从《降福女神》可以清楚地知道,雅典人对塞姆那俄的崇拜有着非常悠久的历史。不错,戴奥真尼斯·拉俄修斯在其著作里引用预言家洛邦(Lobon)的话说,雅典的塞姆那俄神庙是厄庇墨尼得斯(Epimenides)修建的。厄庇墨尼得斯举行仪式的地点无疑是阿瑞俄帕戈斯,但是,由于雅典的净化仪式是在古希腊第四十六届奥林波斯竞技会期间举行的,因此说他修建神庙一定是误传。很可能是他恢复了对塞姆那俄的崇拜。戴奥真尼斯说,他把许多黑羊和白羊赶到阿瑞俄帕戈斯,然后让羊群四处溃散,同时他命令一些人跟在每一只羊的后面,只要羊一躺下,就把它宰杀献祭,这样,瘟疫便得到了控制。戴奥真尼斯还说,

---

[1] 欧里庇得斯:《俄瑞斯忒斯》,259。
[2] 埃斯库罗斯:《降福女神》,55。

直到现在，在雅典的乡镇，人们还能看到一些无名祭坛，它们让人联想到这种救赎仪式。当圣徒保罗来到阿瑞俄帕戈斯传教时，还在附近看到一座这样的祭坛，而且这一座一定和塞姆那俄有联系，因为像许多别的冥神一样，她们也是"无名的神"。

人们崇拜塞姆那俄的地点无疑是某个洞穴或某个天然的裂缝，后来被人工扩大为圣所。前面（第四章）已经说过，这种洞穴是冥神经常出没的地方。通常这是一些原始的洞穴，虽然并不是每一个都如此。对于这种圣所及其崇拜的偶像，保萨尼阿斯有如下描述。他首先描写了阿瑞俄帕戈斯法庭和那两块未经人工雕凿的石头——"无情"和"罪过"，控辩双方分别站在这两块石头上。接下来，他说："附近有一个圣所，供奉的是一些女神，雅典人称她们为塞姆那俄，但赫西奥德在《神谱》里把她们称为厄里尼厄斯。埃斯库罗斯把她们刻画为长着蛇发的女妖，但她们的塑像并无可怕之处，圣所里设立的其他冥神的塑像也没什么令人恐惧的。此外，还有一个普路托（财神）塑像、一个赫耳墨斯像和一个该亚像。在阿瑞俄帕戈斯法庭上被判无罪的人要在这里献祭。参加献祭的还有别的人，包括陌生人和市民。在圣所的围墙内还有俄狄浦斯的坟墓。"①

在这里，保氏提到了埃斯库罗斯，这马上就道出了他把塞姆那俄等同为厄里尼厄斯的根源。我们不能把他这句话作为一种证据，来证明在埃斯库罗斯之前人们已普遍把两者等同起来。在埃斯库罗斯之后，古典作家开始接受这种将她们混同起来的做法，即不加区分地使用厄里尼厄斯、欧墨尼得斯、塞姆那俄这些名称，除非他们是在引用一些固定的仪式用语。不幸的是，当代的评注者们也接受了这种不严谨的做法。

保萨尼阿斯说塞姆那俄的偶像并无可怕之处，这一点非常重要，它

---

① 保萨尼阿斯，I，28.6。

表明，塞姆那俄并没有悲惨的厄里尼厄斯所具有的那种令人恐惧的特性。埃斯库罗斯也许是随意地把厄里尼厄斯和塞姆那俄混同起来，但是塞姆那俄的偶像并没有厄里尼厄斯的特征。从埃斯基涅斯著作的有关评注中，我们还可以了解到更多关于这些偶像的情况。这位评注者在评论塞姆那俄时说："她们一共有三个，被称为'可敬的女神'，或欧墨尼得斯，或厄里尼厄斯。其中两尊神像是由帕里斯人（Parian）斯科帕斯（Scopas）用白色大理石雕刻成的，中间那尊则是由卡拉米斯（Kalamis）雕刻的。"① 同样，我们也不能相信这里关于塞姆那俄的数量的说法，至少不能认为在埃斯库罗斯之前就已经有三个塞姆那俄。雕像的数量是非常值得注意的。在评注者或他所引述的作者②所在的时代，这些雕像无疑是三尊。下文（第六章）我们将讨论三位一体的女性神祇的起源及其意义。在这里，我们只要注意一点就足够了：三位一体的神祇的出现很可能比成对的神祇要晚一点。根据评注者的注解，我们无法确定这些雕像的数量原本就是三尊，它似乎让人认为这些偶像原本是一对。此外，《俄狄浦斯王》的评注者明确地说，根据菲拉科斯（Phylarchus）的说法，雅典的塞姆那俄雕像一共有两尊。他还说，波勒蒙说的是三尊。③ 最后，雕像一共有三尊的说法占了上风，事实上这一说法几乎是确定无疑的。埃斯基涅斯著作的评注者接着说："阿瑞俄帕戈斯法庭每个月有三天是开庭审判杀人案的，这三天分别分配给三个女神。"每月开庭三天很可能是一种古老的做法，因为对死者来说，"3"是一个神圣的数字，而这三天在塞姆那俄演变为三位一体的过程中起到了促进作用。后文（第六章）在讨论美惠女神及其他有亲缘关系的神祇时，我们将会看到许多不同的因素促成了三位一体的形成。不管塞姆那俄的数量是二还是三，数量确定的塞姆那俄和埃斯库罗斯笔下的数量不定的"成群的"厄里尼厄斯形成了鲜

---

① 有关埃斯基涅斯《驳提马科斯》（I, 188C）的评注。
② 威尔曼（Wellmann）博士在其著作（de Istro, 14）中指出，这位评注者所引用的文献非常可能是亚历山大的克雷芒在他的《规劝书》（Protrepticus, p.41）中引用过的波勒蒙的论文。
③ 关于《俄狄浦斯王》第 39 行的评注。

明的对比。但如果在剧末厄里尼厄斯退场时是以三个为单位退出，这种对比就不那么强烈了。

按照"神庙"（sanctuary）的狭义上的意思，塞姆那俄的神庙是祈愿者的避难所。当然，这种特点也是其他神庙共有的。修昔底德说，在库伦（Kylon）密谋案中，一些谋反者坐在"可敬的女神"的祭坛旁边，然后在入口处被处死。为了清除污秽，人们在靠近"九重门"的地方建了一座库伦庙。① 普卢塔克在描述这一密谋案时增加了一点奇特的原始色彩：谋反者用一根绳子把自己和"女神"的塑像连在一起，他们相信这样做便可免于惩罚，可当他们靠近塞姆那俄时，绳子便自己断了，这一征兆表明他们已被女神抛弃，因此必被处死。② 阿里斯托芬在其作品中两次把人们崇拜塞姆那俄的地方称为神庙。在《骑士》中，他让愤怒的三层桨战船说：

> 万一雅典人通过了他这个建议，我们必须起航到忒修斯庙去，或者到塞姆那俄的神庙去，坐在那儿请求保护。③

在《立法女神节妇女》中，当涅西罗科斯（Mnesilochus）惊恐得正要逃窜的时候，欧里庇得斯问："你这个恶棍，往哪里跑？"涅西罗科斯答："到塞姆那俄的神庙去。"④

值得注意的是，在这两个地方，被提到的神庙所供奉的女神都是被称为塞姆那俄，而不是厄里尼厄斯，也不是欧墨尼得斯。把这三者混同起来并不是当地人的做法，而只是在文学作品中出现的现象，而且在阿里斯托芬的时代之前，这种混淆还没有开始。

唯一能够证明这个神庙同时也是神示所这一说法的文献就是欧里庇

---

① 修昔底德，I，126。
② 普卢塔克：《梭伦传》，XII。
③ 阿里斯托芬：《骑士》，1312。
④ 阿里斯托芬：《立法女神节妇女》，224。

得斯的作品。在《厄勒克特拉》的结尾，欧里庇得斯让狄俄斯库里兄弟在一段不无讽刺意味的话里做出预言：遭到厄里尼厄斯追逐的俄瑞斯忒斯到了雅典后，将会得到同样的票数而被判无罪；结果，迷惑不解的厄里尼厄斯一定会愤怒地钻进阿瑞帕戈斯附近的地窟里，"后来这便成为人们神圣的占卜圣所"。[1]

多数冥神——如果说不是全部的话——被赋予了传达神谕的职能，因此，狄俄斯库里兄弟的话很可能是有道理的。

塞姆那俄神庙是欢迎祈愿者和想获得神示的人的，但有一种人（好在这种人数量很少）是塞姆那俄神庙严格拒绝入内的，这种人被称为"被赋予第二次命运的人"或"复活者"。赫西基俄斯在解释 δευτερόποτμος 一词时说："有人把他称为'复活者'。传统上有这样一种仪式：某人先是被宣告已经死亡，后来又复活了。如果一个人接受了这种仪式，那么他就被称为'复活者'。波勒蒙说，这种人是被严禁进入'可敬的女神'的神庙的。这个名称也适用于那些据说已客死他乡，后来又活着归来的人。此外，它还适用于这样的人：两次从女人的裙褶下钻过——这是雅典人的一种再生仪式——的人。"[2]

幸运的是，普卢塔克在他的《罗马人的问题》的第五个问题里对这个奇特的说法作了详细的解释。他说："希腊人认为，那些被人们当作死人举行过葬礼并且有了坟墓的人是不洁的人，因此人们不会和这种人交往，也不允许他们靠近神庙。据说，有一个叫阿里斯提诺斯（Aristinus）的人很相信这种迷信，他来到德尔斐向神祈愿，请求神免除习俗加在他头上的这些禁忌。皮提亚回答说：

　　不管你是谁，只要被女人重新生过一次，

---

[1] 欧里庇得斯：《厄勒克特拉》，1270。
[2] 赫西基俄斯的词典中的有关条目。

你就可以给众神献祭了。

245 这个阿里斯提诺斯是一个善良的聪明人,于是他像一个新生儿一样让妇女们给他沐浴,把他包在襁褓里,还给他哺乳。其他被称为'复活者'的人纷纷仿效他的做法。"普卢塔克接着说:"但是,也有人说,在阿里斯提诺斯这样做之前,人们就已经有给'复活者'举行这种仪式的做法了,这是一种古老的习俗。"这种说法无疑是非常正确的。

普卢塔克说,这种人被严禁进入一切神圣的地方。他这种说法很可能是错误的,但这种人不许进入塞姆那俄及其他冥神的圣所这一禁忌本身是很有启发性的。如果一个人在人们为他举行过葬礼之后又复活了,在原始人看来,其原因是这个人一定有什么毛病,他不被阴间的神灵所接受,也不适合与世间的人们融合在一起,他成了人见人怕的禁忌。他既然遭到众神的鄙视,自然也就遭到同胞的抛弃。唯一的机会就是,他必须获得再生。

说到祭祀塞姆那俄的仪式,仪式的每一个细节可以证明她们是冥神。从埃斯库罗斯的作品可知,人们在献祭她们时用的是动物祭牲($σφάγια$),但人们并不吃祭牲的肉。雅典娜命令已经转变为塞姆那俄的厄里尼厄斯"带着这些神圣的祭牲回到地下去"。[1]

前文(第二章)我们已经详细讨论过 $σφάγια$(在英语中找不到一个与此相对应的词)的本质。我们说过,严谨的作家从来不把 $σφάγια$ 和 $ιερεῖα$(用于献祭并可以食用的祭牲)混淆使用。

索福克勒斯作品的评注者提到,人们焚烧整只黑羊来献祭欧墨尼得斯——他把欧墨尼得斯等同于塞姆那俄。[2] 但是,由于他明确指出这是伯罗奔尼撒半岛居民的献祭方式,因此我们不能肯定地说这是雅典献祭

---

[1] 埃斯库罗斯:《降福女神》,1006。
[2] 关于索福克勒斯《俄狄浦斯在科罗诺斯》第42行的评注。

当地的塞姆那俄的方式。σφάγια 很可能是保萨尼阿斯所说的被判无罪的人通常献给塞姆那俄的祭品的一部分。前面已经说过，σφάγια 是赎罪的祭品。在法庭上，人们就是在 σφάγια（又叫作 τόμια）上起誓的。狄摩西尼在其著作中强调，这是一种极其庄严的宣誓仪式。① 宣誓的人站在由官方庄严宰杀的祭牲的碎片上，发誓如果自己发了假誓，他本人和他的家人情愿接受毁灭之灾。站在被宰杀的祭牲的碎片上这一行为意在表明宣誓人预先把自己和脚下的碎片等同起来了。我们找不到明确的证据来证明人们举行这种可怕的宣誓仪式与塞姆那俄有关，但是，由于塞姆那俄是住在阿瑞俄帕戈斯的冥神，而且人们在召唤她们时常常把她们当作当地的英雄，还由于对她们的献祭是由被判无罪的人完成的，因此，这种宣誓仪式非常可能与她们有关。如果她们是掌管宣誓的女神，那么这又是她们跟厄里尼厄斯——誓言的复仇者——之间的另一种联系。值得注意的是，人们在作法庭诅咒时，常常把她放在雅典娜的前面。狄摩西尼是这样说的：·"我去看了那些'可敬的女神'、她们居住的地方、当地的英雄、这个城市的雅典娜，还有其他各个管辖这个城市和这块土地的神。"②

我们从斐洛的著作中得知，凡是奴隶都不许参加纪念塞姆那俄的游行。③ 在特别庄严而且年代久远的崇拜仪式中，这种规定是再自然不过的了。但是，奇怪的是，我们从波勒蒙的评注中了解到，对所有世袭贵族也有同样的禁忌。④ 乍看是有点奇怪，但解释起来并不难。塞姆那俄是女性神祇，这种对世袭贵族的禁忌似乎是母权制遗留下来的传统。在《降福女神》中，埃斯库罗斯并不特别强调区分母权制和父权制、母亲的血亲和父亲的血亲（虽然有时也会偶尔提及），但是他用作情节的那个传

---

① 狄摩西尼：c. Aristocr., p. 642。
② 狄摩西尼：c. Dein., 47。
③ 斐洛：de praest. liber, p. 886B。
④ 关于索福克勒斯《俄狄浦斯在科罗诺斯》第 489 行的评注。

说的背后就有母权制的影子。俄瑞斯忒斯和克吕泰涅斯特拉的故事、阿尔克迈翁和厄里费勒的故事都深深地植根于母权制之中，两个故事都可以追溯到遥远的古代，当时唯一可以证明的关系因而也是唯一值得在乎的关系就是由母亲带来的关系，因此，杀害母亲的人必将遭到复仇者的特别惩罚。由此，以下现象就不难理解了：在世袭贵族——那些承袭父亲的良好出身的人——的家庭里，根本不存在对塞姆那俄的崇拜。对他们来说，阿波罗·帕特洛俄斯（Patrôos）是更适合他们崇拜的神祇。世袭贵族的家庭有自己的赎罪仪式，这种崇拜祖先的仪式的名称很有意思，叫 πάτρια，意即"父亲的（仪式）"。前文（第二章）我们已经讨论过多罗忒俄斯所描述的此类仪式。

负责主持祭祀塞姆那俄的家族的姓名也被记录了下来：赫西科斯家族（Hesychidae）。据赫西基俄斯说，这是"雅典的一个名门望族"①。波勒蒙是我们把这些"沉默者"和对塞姆那俄的崇拜联系起来的依据。《俄狄浦斯在科罗诺斯》的评注者引述过他的话。在评论"说一些无法听到的话"这个词语时，这位评注者说："这个词语是从献祭欧墨尼得斯的仪式中得来的，因为他们在举行献祭仪式时要默不作声，所以便由赫西科斯（Hesychos，沉默者）的子孙祭祀欧墨尼得斯。波勒蒙在谈到埃拉托色尼（Eratosthenes）时说：'世袭贵族是不能参加这一献祭仪式的。'还说：'由于赫西科斯家族跟可敬的女神有着特别的关系，因此他们在游行时便走在队伍的前面。'在献祭前，他们首先要用一只公羊献祭赫西科斯……给他取这个名字是因为献祭他的仪式是在沉默中进行的。他的神庙建在九重门外，就在库伦庙的附近。"

尽管评注者的这些话是针对科罗诺斯（Colonos）的欧墨尼得斯崇拜说的，但很显然，波勒蒙说的却是雅典的塞姆那俄。他说出了三点重要的事实：主持塞姆那俄献祭仪式的是一个家族，从推源论的角度来说，其祖先是一个名叫"沉默者"的英雄；在献祭这些女神之前，通常要先

---

① 赫西基俄斯的词典中的有关条目。

宰杀公羊来献祭这个名祖英雄；人们为这个英雄专门建了一座庙宇，地点就在九重门这个古老的佩拉斯吉要塞外面，在库伦神庙这一具有历史意义的建筑附近。"沉默者"这个名字可能只不过是在献祭仪式上使用的一个别称而已，目的是使这个英雄的名字不为人所知。后文（第七章）我们会看到，英雄是一些危险的人物，人们是轻易不提及他们的名字的。另一方面，赫西科斯很可能是历史上一个英雄的真实名字，在他死后，他的名字也许被赋予了宗教上的意义。这是非常可能的。鉴于整个家族都采用了这个姓氏，这个可能性就更大了。这个名字的阴性形式赫西喀亚（Hesychia）在尼基亚斯（Nikias）时代是一个专有名词。奇怪的是，即使是在那个时候，人们也可以用这个名字预卜未来。普卢塔克在他的书里说，雅典人在征战锡拉库扎之前到神示所去占卜，神命令他们到克拉索墨奈（Clazomenae）去请雅典娜的一个女祭司。他们把她请来后，发现她的名字就是赫西喀亚，这似乎表明"神在向他们暗示：不可轻举妄动"。①

那位评注者提到赫西科斯家族时指的是家族中的男性成员。但是，如果我们认为卡利马科斯的说法没错的话，那么负责献上燔祭品的就是这个家族中的女性成员。可以想象，这些祭品包括无酒的奠酒和加了蜂蜜的糕点。据卡利马科斯说，这些女祭司的名字叫 $λήτειραι$。② 毫无疑问，赫西基俄斯的一个注解就是由此而来的："勒泰拉伊（Leteirai），塞姆那俄的女祭司。"③

可见，塞姆那俄这些女神的献祭仪式是由女祭司主持的。值得注意的是，"一切为了父亲"的雅典娜对厄里尼厄斯许诺说，如果她们变成塞姆那俄，那么她们就会得到人们——男人和女人——的崇拜。④ 但是，人们列队游行到山洞——这个山洞无疑是传统的祭祀场所——去举行献

---

① 普卢塔克：《尼基亚斯传》，XIII。
② 卡利马科斯：残篇。
③ 赫西基俄斯的词典中的有关条目。
④ 埃斯库罗斯：《降福女神》，856。

祭仪式时，拿那个古老塑像的是女性崇拜者："一大群人，当中有少女，有已为人妇的女人，还有一群古老世家的夫人。"几乎可以肯定地说，这些古老世家的夫人当中就有赫西科斯家族的成员。

在埃斯库罗斯的作品中，有的地方也提到了塞姆那俄祭祀仪式具有祭祀冥神的性质。当崇拜者们就要列队前往山洞时，雅典娜说：

> 为答谢女神们的恩赐，穿上你们的节日红装，
> 点燃熊熊的火把，
> 从此，女神们的恩惠光芒四射，
> 我们的土地和人民就会得到保佑。①

雅典娜提出，为回报塞姆那俄，在献祭她们的仪式上，崇拜者要穿上红色的衣服，打着火把，因为塞姆那俄是冥界的女神。

说到火把，我们不应忘记，阿瑞俄帕戈斯法庭的审判有些（虽然可能不是全部）是在夜里举行的，显然这是为了纪念这些掌管法庭的冥界女神。至少在卢奇安的时代，这样的审判几乎家喻户晓。在说到一个视力不好的人时，卢奇安说："除非他完全瞎了，要不然就像在夜间审判的阿瑞俄帕戈斯法庭一样"②；在《赫耳莫提摩斯》（*Hermotimus*）里，他说："他像阿瑞俄帕戈斯法庭上的人一样，在黑暗中作出判决。"③雅典娜在说下面这段话时，指的可能就是这种黑夜里的审判：

> 这个法庭是我开创的，它不计收益，受人尊敬，
> 事事警觉，专门守护那些熟睡中的人。④

---

① 埃斯库罗斯：《降福女神》，1028。在原文中，τιμᾶτε 的语法关系并不明确。在句中，它没有明确的宾语。但是，其中的两个仪式因素——火把和深红色的衣服——是可以确定的。
② 卢奇安：*de domo*，18。
③ 卢奇安：《赫耳莫提摩斯》，806。
④ 埃斯库罗斯：《降福女神》，706。

在仪式上穿着红色或紫色的衣服，这意味着这种仪式是为安抚冥神而举行的，这一点从普卢塔克的描述中可以清楚地看出。以下是他对人们为纪念布拉底（Plataea）战役的阵亡者而举行的安抚仪式的详细描述："在迈马克提斯月的第十六日，布拉底的执政官穿上深红色的长袍，提着水罐，身上佩着利剑，来到墓地。值得注意的是，平时他是不会接触铁器，也不会穿除了白色以外的其他颜色的衣服的。到了墓地，他取来泉水，清洗墓碑，并把没药涂在墓碑上。然后，他要宰杀一头公牛，向宙斯和赫耳墨斯·克托尼俄斯祈祷，召唤那些为希腊牺牲的英雄来参加他们的宰牲和盛宴。"[1]

紫红色是鲜血的颜色，因此它被规定为祭祀死者时用的颜色。前文（第四章）我们说过，迪戎在忒斯摩福罗斯神庙宣誓时，穿上冥国里科瑞的深红色衣袍，手里拿着火把，这样他就把自己当作了科瑞。[2] 普林尼说，当人们要安抚神灵时，所使用的就是红色。[3]

在这种献祭仪式上，人们穿的是紫色衣袍，举着熊熊燃烧的火把，时间是在黑夜，更重要的是，所用的祭品是 $\sigma\varphi\acute{\alpha}\gamma\iota\alpha$——这一切都表明，这是一种可怕的献祭冥神的仪式，从这种仪式我们可以看出"可敬的女神"的黑暗面跟厄里尼厄斯是多么的接近。但是，一心沉迷于慈悲的埃斯库罗斯自然会强调她们所执行的职能和人们对她们的崇拜这两者的光明面。雅典娜就知道她们是冥界的女神，知道人们是在低矮的祭坛上祭祀她们的，而且她们是在冥国里居住的，也只有居住在那里，她们才感到自在。[4] 她甚至还记得，她们在盛宴上享用的是无酒的祭品，这足以让她们疯狂。[5] 但是，她命令她们抛弃这种疯狂，而她们则许诺，大地——

---

[1] 普卢塔克：《阿里斯提得斯传》（*Aristides*），XXI。
[2] 普卢塔克：《迪戎传》，LVI。
[3] 普林尼：《博物志》，IX，60。
[4] 埃斯库罗斯：《降福女神》，804。前文（第 2 章）我们讨论过 $\dot{\varepsilon}\sigma\chi\acute{\alpha}\rho\alpha$ 与 $\beta\omega\mu\acute{o}\varsigma$ 的区别及这种区别的意义。
[5] 埃斯库罗斯：《降福女神》，860。

她们这些复仇的鬼魂的王国——从此再也不喝市民的黑血。从那以后，她们将会满足于祭祀仪式中白色的一面。①

> 在婚礼和生儿育女后举行的仪式上，
> 你只需拿出这块伟大土地上的初果
> 作为祭品就可以了。

同样，雅典娜从一开始用来祭祀她们的就是她们应得的祭品。冥界女神掌管婚礼。据普卢塔克说，后来掌管婚礼的是得墨忒耳的女祭司。② 但在此之前，我们几乎可以肯定地说，掌管婚礼的是塞姆那俄。在这一点上，她们跟厄里尼厄斯形成了强烈的对比，因为后者自始至终都是黑色的。谁会叫厄里尼厄斯来参加婚宴？谁又会叫厄里斯来？因为她的形象（见图56）及其执行的职能（也许还有她的名字）都表明她只不过是另一个厄里尼厄斯而已。厄里斯

> 这个令人讨厌的家伙，不请自来，
> 还把那只金苹果放在了桌面上。

251 厄里尼厄斯转变为塞姆那俄后，问雅典娜她们应该对大地念何种咒语，她答道：

> 任何咒语都要为美丽的胜利女神效劳
> 她来自大地，来自滴落的露水，来自高高的天空：
> 要为吹向阳光明媚的大地并向其致敬的充裕的风、
> 为新生的大地果实和成群的牛羊、为人类种子的安全效劳。③

---

① 埃斯库罗斯：《降福女神》，980。
② 普卢塔克：*Conj. Praec.*。
③ 埃斯库罗斯：《降福女神》，903。

歌队接受了这些与健康和生命有关的职能,并唱出了他们许诺的报酬:

> 再也不会有让树木枯萎
> 的大风,
> 在我们的恩赐下,将来
> 永远如此。
> 再也不会有摧毁嫩芽的
> 热浪和干旱,
> 它们会茁壮成长。
> 再也不会爆发可怕的瘟疫。
> 相反,人们会看到,大地上到处是牛羊,
> 而且大地年年都会奉献出成群的牛羊。
> 从此,富裕的人们
> 会感谢我们的恩惠,
> 因为是我们把肥沃的土地交给了他们。①

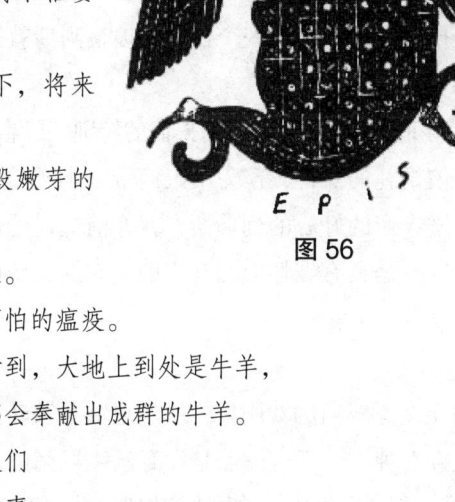

图 56

我们从保萨尼阿斯的著作中得知,在"可敬的女神"的神庙里有一尊普路托斯的塑像②,而普路托斯是冥国的财神。此外,看到"再也不会有让树木枯萎的大风"时,我们不禁会想到"止风神"(Wind-stillers)的祭坛,它就在阿瑞俄帕戈斯西边的山坡上。阿里安(Arrian)在谈到哈耳摩迪俄斯(Harmodios)和阿里斯托格伊同(Aristogeiton)的塑像时说:"这些塑像被安放在雅典的刻拉梅科斯(Cerameicus),在通往城堡的路上,其对面就是离止风神的祭坛不远的墨特罗翁(Metrôon),在

---

① 埃斯库罗斯:《降福女神》,938。这个段落非常令人费解,这里给出的译文只传达了其大意,但足以帮助我们说明问题。
② 保萨尼阿斯,I,28.6。

厄琉西斯农庆上参加过入会仪式的人都知道，止风神的祭坛就搭建在地上。"① 无疑，这是一个低矮的祭坛，因为正如前文（第二章）所说，原始人认为风就是鬼魂，或者是由鬼魂带来的，因此，人们在祭风时所用的祭品就是祭祀冥神时所用的祭品。赫西基俄斯说，科林斯有一个家族叫作"镇风人"（Wind-calmers）。② 阿瑞俄帕戈斯是一座常年刮风的山。根据柏拉图记录的一个传说，玻瑞阿斯就是在那里拐走俄瑞堤伊亚（Oreithyia）的。③

塞姆那俄声称，为表示对人们的特别"恩惠"④，她们控制住了大风。作为保佑婚礼的女神，作为给人们带来丰产的女神，她们实际上就是给人们带来丰产的好心的刻瑞斯，就像前文讨论过的特里托帕托瑞斯。而厄里尼厄斯是具有破坏力的有害的刻瑞斯，她们和哈耳庇一样，污损了人们赖以生存的食物。

在埃斯库罗斯的戏剧里，厄里尼厄斯被转变成了塞姆那俄，成了雅典的地方女神，关于这一点是没有丝毫疑问的。她们接受了帕拉斯的市民资格⑤，但实际上她们被称为塞姆那俄⑥。不错，埃斯库罗斯从来没有明确说过她们钻进了阿瑞俄帕戈斯的洞穴里，但欧里庇得斯（很明显他引用了埃斯库罗斯的素材）要直截了当得多（这一点前文已有论述）。

这种转变在当时也许是为了迎合雅典观众的爱国主义情绪。但是，尽管埃斯库罗斯是雅典人，但激发他的创作灵感的不是他对地方崇拜的美化，而是他对旧的复仇观念和新的法律的仁慈的调和。在这里，值得

---

① 阿里安：Anab., III, 16.8。
② 赫西基俄斯的词典，Ανεμοκοῖται 条目。
③ 柏拉图：《斐德罗篇》，p.229。这个传说的地点无疑是阿瑞俄帕戈斯。国王（厄瑞克透斯）的女儿（俄瑞堤伊亚）正在采花，或者正在从城门外的厄涅阿克罗诺斯河（Enneakrounos）中汲水。后来，这个传说被嫁接在其他许多传说上，并且和城外的伊利索斯河（Ilisus）岸边的崇拜仪式联系在一起。
④ 埃斯库罗斯：《降福女神》，939。
⑤ 埃斯库罗斯：《降福女神》，916。
⑥ 埃斯库罗斯：《降福女神》，1041。

注意的是，埃斯库罗斯或某个理解他的意思的人给这部戏剧起的题目不是我们所期待的《塞姆那俄》(《可敬的女神》)，而是《欧墨尼得斯》[1]。由此，这部戏剧的道德力量便得到了强调。

这部传统上被称为《欧墨尼得斯》的剧本——如果说这不是作者所起的题目的话——根本没有提到欧墨尼得斯这个名字，这至少可以说是很奇怪的。哈波克拉提恩在评论"欧墨尼得斯"一词时说："埃斯库罗斯在《欧墨尼得斯》中描述了俄瑞斯忒斯接受审判的经过。他在剧中说，雅典娜平息了厄里尼厄斯的怒气，这样她们就不会那么严厉地对待俄瑞斯忒斯了，雅典娜因此也称她们为欧墨尼得斯。"[2] 埃斯库罗斯根本没有说过这样的话，剧本中也根本没有提到欧墨尼得斯这个名字，尽管人们猜测在剧本的前言里有这样一段话："俄瑞斯忒斯在雅典娜的劝说下来到了阿耳戈斯。平息了厄里尼厄斯的愤怒后，他便把她们称为欧墨尼得斯。"哈波克拉提恩把前言里俄瑞斯忒斯后来在阿耳戈斯说的话归在了雅典娜的名下。我认为，他使用了"平息"一词，这等于无意中说出了他的资料来源。我们必须时时记住，俄瑞斯忒斯的传说是阿耳戈斯所特有的，而在阿耳戈斯，人们崇拜的是欧墨尼得斯，而不是塞姆那俄。

欧墨尼得斯

对欧墨尼得斯的崇拜虽然并不为雅典人所知[3]，但它比塞姆那俄崇拜的流传范围要广得多，因为在阿提刻以外地区的人们并不崇拜塞姆那俄。正是由于这个原因，埃斯库罗斯或某个后来人给那部戏剧起名为《欧墨

---

[1] 这部戏剧的剧名通常被译为《降福女神》。——译注
[2] 哈波克拉提恩的词典，"欧墨尼得斯"条目。
[3] 没有证据表明，在埃斯库罗斯创作这部戏剧之前，塞姆那俄曾经被称为欧墨尼得斯。保萨尼阿斯（VII, 25.1）引述过多多那（Dodona）的一则神谕（显然是阿斐达斯神秘时代的文物），其中把欧墨尼得斯这一称号赋予了阿瑞俄帕戈斯的女神。保氏说，这则神谕使希腊人想起在科德罗斯（Codrus）的时代伯罗奔尼撒人与雅典人之间的对抗。这则神谕别无旁证，而我们知道炮制神谕在每个时代都是很流行的做法。

尼得斯》。塞姆那俄在雅典是人所共知的名字，尽管这两个冥神之间有许多共同之处，但从厄里尼厄斯转变为塞姆那俄一定是一个困难的过程。为保住众神的荣耀，人们要承受许多东西。但在观众当中一定有一些保守顽固的人，他们很可能会说，尽管人们说的、做的并不少，但厄里尼厄斯并不是也不可能是塞姆那俄。如果有人要他们相信厄里尼厄斯变成了欧墨尼得斯，他们会觉得（也许还会说）那是科罗诺斯、阿耳戈斯、西库翁要考虑的事，和雅典人的信仰和仪式毫不相干。在科罗诺斯，人们的确崇拜一些名叫欧墨尼得斯的女神，这些女神执行的职能、人们献祭她们的仪式和塞姆那俄的一模一样，只不过人们对她们的称呼不同罢了。在索福克勒斯的作品中，我们看到一句明确的话①。索福克勒斯本人是一名祭司，有着保守的思想，因此是不会随意改变崇拜仪式中的人物名字。他通过俄狄浦斯的口问一个陌生人，他要召唤的有着可怕名字的神是谁。陌生人直截了当地答道：

> 这里的人都把她们叫作洞察一切的欧墨尼得斯，
> 别的地方的人给她们起不同的名字。

索福克勒斯说"别的地方的人给她们起不同的名字"，这毫无疑问是受到了埃斯库罗斯的影响。他认识到欧墨尼得斯和塞姆那俄是"同一神祇，只是名字不同罢了"②。宣扬这一道理正是这个中庸的一神论者的使命，但是，他并不敢随意更改人们所熟悉的地方崇拜中的各种称号。事实上，正是他指出了这些女神在不同的地方被赋予不同的名字，这些女神具有不同的地方称呼这一事实便是确定无疑的了。在他的作品里，俄狄浦斯也许确实到了科罗诺斯，而不是阿瑞俄帕戈斯，在科罗诺斯也有一座俄狄浦斯的坟墓。索福克勒斯之所以这样做，原因就是这些女神在

---

① 《俄狄浦斯在科罗诺斯》，41。
② 埃斯库罗斯：《被缚的普罗米修斯》，209。

科罗诺斯被赋予的地方性称号适合这部戏剧温和的道德观。

此外,当俄狄浦斯让别人教他用正确的方式祈祷时,歌队在回答时强调的也是欧墨尼得斯这一称号:

> 我们把她们叫作仁慈的女神,
> 她们用自己那慈悲的心肠对待祈愿的人。①

这种崇拜有着非常强烈的地方色彩,因此假如欧墨尼得斯这一称号只出现在科罗诺斯,那么不管是埃斯库罗斯还是后来人都不会轻易地认为这个称号指的是塞姆那俄。但是,从保萨尼阿斯的著作中我们了解到,欧墨尼得斯在不同的地方都有自己的神庙:在西库翁附近的提坦那②、在亚加亚的刻律奈亚(Cerynaea)③、在迈加洛波利斯(Megalopolis)附近的阿卡狄亚④。提坦那的神庙周围还有一片小树林,保萨尼阿斯明确地说,神庙和树林都归一些女神所有,雅典人称她们为塞姆那俄,而西库翁人则把她们称为欧墨尼得斯。纪念她们的节庆是一年一度的节日,这一点前文(第二章)已有论述。根据传说,位于刻律奈亚的神庙是俄瑞斯忒斯建造的,"如果哪个被血腥或其他污秽玷污的人或者是不虔诚的人进入这个神庙,那么他在神庙里看到的可怕情景就会让他魂飞魄散。神庙里的雕像是用木头做成的⑤……这些雕像并不大"。位于迈加洛波利斯的神庙为不同的女神举行不同的仪式,她们分别被称为"疯狂女神"(玛尼亚)和"仁慈女神"(欧墨尼得斯),前文(第二章)我们已经讨论过这些仪式的性质。我们要记住的是,俄瑞斯忒斯用祭祀冥神的方式献祭疯狂女神,其目的是消除她们的愤怒。在疾病痊愈后,人们要献祭仁慈女神,祭祀方

---

① 索福克勒斯:《俄狄浦斯在科罗诺斯》,486。
② 保萨尼阿斯,I,11.4。
③ 保萨尼阿斯,VII,25.7。
④ 保萨尼阿斯,VIII,34.2。
⑤ 很遗憾,以下空缺的内容已无从查考。

式与祭祀众神的方式是一样的。从仪式和神学的角度说，这是我们见到的清楚显示两个不同的发展阶段（$ἀποτροπή$ 和 $θεραπεία$）的例子。

除了以上四个地方有敬奉欧墨尼得斯的神庙外，我们还可以加上一个：位于阿耳戈斯（或阿耳戈斯附近）的神庙。我们找不到关于这个神庙的文献记录，但我们有更具价值的东西——文物证据。在如今的阿耳戈斯村以东的约翰内斯（Johannes，距离村子大约半个小时路程）的一座名叫哈格（Hag）的小教堂里，人们发现了献给欧墨尼得斯的三幅还愿浮雕。这些浮雕现在依然保存在当地德马奇（Demarchy）博物馆里。这三幅浮雕的材料都是当地坚硬的石灰石，当初它们一定是被安放在当地的神庙里。这里距离提坦那的神庙还有近二十英里的路程，因此不存在浮雕是从提坦那运来的可能。三幅浮雕都刻有铭文，每一幅浮雕上都标明供奉者为一名妇女。图 57 是嵌在约翰内斯的哈格教堂外墙上的一块浮雕，上面清楚地刻着 $Εὐμενίσιν$ $εὐχάν$，这是向欧墨尼得斯许下的誓言或对欧墨尼得斯的祈祷。铭文的开头部分已模糊不清，但尚存的字母（$..ηΑ..εία$）足以表明浮雕是一名妇女敬献的，而且她很可能是阿耳戈斯人。浮雕描绘的是一名妇女对神的献祭，但她还是让自己的丈夫出现在了浮雕上，并让他走在她的前面。也许他在和她一起到神庙去，给神献上这些祭品：蜂蜜、水、花朵和已经怀孕的母羊[①]。

图 57

[①] 这是提坦那人献祭时常用的祭品，参见保萨尼阿斯（I, 11.4）及埃斯库罗斯的《降福女神》（834）。

在婚礼和生儿育女后举行的仪式上，
你只需拿出这块伟大土地上的初果
作为祭品就可以了。

在浮雕上，这些阿耳戈斯的欧墨尼得斯和雅典的塞姆那俄一样，"没有什么可怕的"。她们不像瓶画上那些穿着短装的女猎人，也不像埃斯库罗斯悲剧中那些令人恐惧的厄里尼厄斯。她们温柔、端庄、稳重，左手都拿着花朵或果实——丰产的标志，右手拿的蛇[①]并不是恐怖和折磨的标志，而是标志着财富的源泉——冥界。要不是她们手里拿着蛇（这使她们具有了某种朴素的色彩），人们会认为她们是美惠女神（见第六章）。根据铭文判断，这些浮雕的年代肯定晚于埃斯库罗斯的时代，但是，由于这位诗人在雅典写下了一部伟大的戏剧，这位雕刻浮雕的石匠就不会改变他创作的还愿浮雕的风格。他何苦要吓唬这些虔诚的妇女并因此失去顾客呢？悲剧里的厄里尼厄斯对文学有着巨大的影响，但是，即使是在雅典，也有这样一位悲观主义者，在他看来，这种大转变是荒诞不经的。如果我们相信苏伊达斯的说法，即喜剧诗人菲勒蒙（Philemon）坚持认为的"塞姆那俄跟欧墨尼得斯有着很大的不同"[②]，那我们就可以肯定，他想要的幽默效果已经达到了。尽管埃斯库罗斯对有知识的人的影响无疑是巨大的，但这种影响根本无法改变人们心目中这些女神的传统形象。我们还可以肯定，这种影响也无法减弱或改变那些神圣仪式的任何方面。厄里尼厄斯依然是厄里尼厄斯，如前文所说，在普通人的观念里，她们还是妖怪，最后走进了基督教的地狱里。人类还没有做好只崇拜仁慈女神的准备。在数代（不，是数百年）的时间里，他必须背负着 $ἀποτροπή$ 的沉重负担，最后他才有机会敬奉根据自己的形象重新塑造出来的神，并自由地给神献上自己的祭品。

[①] 在奥林匹亚发现的那个古老的大理石小塑像是一个两手拿着蛇的女人，这很可能是三个欧墨尼得斯之一。参见《奥林匹亚》第 3 卷，p.27。
[②] 苏伊达斯的词典，"欧墨尼得斯"条目。

第六章　女神的诞生

在上一章，我们追溯了刻瑞斯演变为厄里尼厄斯的过程，并且已经看到，从总体上说，这种演变过程呈现出一种没落的趋势。从某种意义上说，厄里尼厄斯比刻瑞斯更文明，她们的形象更清晰，人们对她们的描绘也更明确，她们更关心的是道德而不是物质。但是，她们最初是愤怒的灵魂，结果却成为掌管复仇与折磨的波伊涅；在她们身上看不到任何希望，也没有任何净化的意愿；她们的结局和最初没有什么两样，都是作为不可调和的恶魔，而不是成为友好的神祇。

我们还说到埃斯库罗斯所作的努力，他一心要把这些古老宗教里的复仇恶魔转变为新宗教中温和的神灵，但我们已经看到，这位戏剧天才的努力彻底地失败了。厄里尼厄斯从来没有真正地变成塞姆那俄，她们自始至终保持着与众不同的本能。然而，以下我们要讨论的是，天才的诗人没有做到的事情却由一个民族慢慢扩展的本能完成了；并不是所有的鬼魂都是愤怒的，较温和的鬼魂会演变成神，也确实演变成了神。

妖魔（δαίμων）与正式的神祇（θεός）之间并没有非常明确的界线。最好地体现了两者之间区别的就是那个古老的原则：人类把所有的崇拜对象都塑造成自己的形象。在人类清楚地意识到自己的人格（这是他把自己和别的动物区别开来的标志）之前，他有时把自己崇拜的神灵完全塑造成动物的形象，有时则塑造成一种混合的、非常可怕的形象。动物形象的神很快便被希腊人抛弃——下文我们在讨论狄俄尼索斯（有时以公牛的形象出现）崇拜时将对动物形象的神进行讨论——但混合、怪异的神的形象长期地留在他们的想象里。前文我们已经看到,对主要与模糊的恐惧有关的宗教而言,最合适的载体莫过于以下妖怪:一半是鸟一半是女人的幽灵、戈耳工女妖、斯芬克斯、哈耳庇等。但是,随着人类越来越意识到自己的人性,同时变得越来越仁慈,一种更加彻底的人格化神的观念慢慢地占了上风。人类把自己温和的情感以及在有秩序的生命关系方面取得的进步投射在这些完全具有人的形象的神身上。

活动时间为公元前6世纪的色诺芬尼(Xenophanes)说,神"没有躯体,更没有各个部位,也没有感情",但是他也说,在人类成为彻底的哲学家之前,他们崇拜的神注定要长期地具有人的形象。他那些为人们所熟知的话还值得我们在此重温一遍:

> 众神和万民有一个最伟大的神,
> 和人相比,他的思想和躯体都不相同。
> 他用全部的身心来洞察、思考、倾听……
> 但凡人按自己的形象塑造众神,
> 让他们拥有人的躯体、穿上人的衣服,还会讲人的语言。
> 我想,要是牛、马、狮子有自己的手,
> 它们也会用同样的方式塑造自己的神:
> 马会造出马神,牛会造出牛神。[①]

我们往往会认为,人类将神人格化,这必然是一种进步,宗教显然也可以从中受益。不错,某种野蛮因素被弱化或被消除了,从这个角度来说,这是宗教得到的好处;但是,有所得必有所失,失去的是那种无形的、怪异的神秘。在神秘主义者看来,埃及人崇拜的羊头人身的克努姆神(Knum)比希腊人崇拜的任何一个漂亮的人格化神更具有宗教意义。人格化的观念为艺术创作提供了许多美妙的主题,但是,把厄洛斯

---

① 色诺芬尼:残篇,1,2,5及6。

刻画成一个滚铁环的少年，把阿波罗刻画成一个用石头瞄准蜥蜴的青年，把尼刻描绘成一个弯腰系凉鞋的女人，这些做法几乎与宗教没有任何联系。色诺芬尼指出了拟人论的弱点，他看到了这种观念把神局限在崇拜者有限的范围里。并不是每一种宗教都会发展到拟人的阶段，但拟人论一旦形成，其发展的步伐也就停止了。

在人们所知道的希腊神祇当中，很少有以动物形象出现的神。保萨尼阿斯听说在菲加利亚有一个马头人身的得墨忒耳[①]，还有一个人头鱼身的欧律诺墨（Eurynome）[②]——有的人则把她叫作阿耳忒弥斯。到了公元前6世纪和公元前5世纪，人们塑造的大部分混合形象（一半是动物一半是人）属于介于人和神之间的妖怪，他们是魔怪而不是成熟的神，而且他们是邪恶的魔怪，对人并无仁慈可言。玻瑞阿斯、厄喀德那、堤丰和长着蛇尾的巨人都属于这类魔怪。

图58是收藏于慕尼黑博物馆的一个黑绘基里克斯陶杯上的图案，从

图 58

[①] 保萨尼阿斯，VIII, 42.4。为研究非人格化的希腊神祇，M. W. 德·维塞尔（de Visser）最近收集了许多有关的资料，参见他的《古希腊的非人格化神》（*Die nicht-menschengestaltigen Götter der Griechen*），1903年。

[②] 保萨尼阿斯，VIII, 41.6。

中我们可以看到一些奇特而又罕见的怪异形象，但显然这是些仁慈的神灵。这幅图描绘的是收获季节的葡萄园。在陶杯背面的图案上（在此我们没有把这部分复制出来），我们看到的同样是葡萄园里的情景，但这个画面的主角是山羊——葡萄的破坏者，它们在啃葡萄苗。在正面图案（图58）上，我们看到长着蛇身的仙女们在为葡萄的收获而喜悦。其中有两个仙女拿着网状或用柳条编成的篮子，即将收获的葡萄就放在这些篮子里，另外一个仙女拿着一个用来装葡萄汁的大杯，还有一个仙女在吹奏双管笛子。

可惜，我们无法给这些好心的采摘葡萄、吹奏笛子的蛇形仙女安上一个明确的名字。她们是 $δρακοντώδεις\ κόραι$，但可以肯定的是，她们不是厄里尼厄斯，我们甚至不能把她们称为欧墨尼得斯。也许任意一个雅典孩子都能毫不犹豫地说出她们的名字，但我们只能说，从本质上看，她们是带来恩惠和增产的美惠女神（Charites），蛇身标志着她们不是邪恶的神，而是大地之神、丰产之神。她们和雅典人的英雄、人头蛇尾的刻克洛普斯有很近的亲缘关系，因此我们不禁猜测，在美术作品中，很可能是他把自己的蛇尾赋予了阿格罗利德（Agraulid）的仙女们——他的女儿们，虽然在文学作品中我们没有找到这样的形象。后文我们将会看到，地生的女神虽然蜕去了蛇身，但她们依然把蛇（她们的前身）当作自己的载体和标志。

神母和处女神

在神的身上，我们不仅可以看到人的形象，而且还可以看到人的各种关系。在荷马笔下的奥林波斯山，我们看到一个普通的父权体制的家族。我们对这种家族是如此熟悉，以至于它几乎没有引起我们的注意。宙斯是众神和万民之君父；赫拉作为妻子，处于从属的地位——尽管她也不停地抗争，而且这种抗争有特别的意义；波塞冬是个小兄弟；奥林波斯神的其他各成员都是宙斯和赫拉的儿女，这些儿女之间平时也争吵不休，而且他们总是在和自己的父母对抗，但他们依然生活在一个家庭里，一个以父亲为最高权威的家庭——尽管家庭的其他成员心有不甘。

但是，当我们考察一些地方崇拜时，就会发现，即便这些崇拜反映出了崇拜者的文明，这种文明也并不是父权制文明。在荷马史诗里，赫拉处于从属地位，但她在阿耳戈斯却有着独一无二的权威。雅典娜在雅典并不是哪一个神的妻子，她和波塞冬有着某种并不紧密的关系，但这是一种开始时互为对手、最后波塞冬被征服的关系，并不是雅典娜从属于波塞冬。在厄琉西斯，两个女神有着至高无上的权威，她们是得墨忒耳和科瑞——神母和处女神，不管是哈得斯还是她们抚养的特里普托勒摩斯，都不曾动摇过她们的权威。在德尔斐，在有记录的年代里，占据神示所的是阿波罗。但是，德尔斐神示所的女祭司知道，在阿波罗之前，占据神示所的是各个女神：

> 在向别的神祇祈祷之前，
> 我首先召唤大地女神——远古的女先知；
> 接着召唤忒弥斯，人们说她从母亲那里
> 得到德尔斐神示所；第三个是福柏，
> 她是提坦女神，也是大地女神的女儿，
> 她把神示所作为生日礼物送给了福玻斯，
> 但神示所依然保持着她的名字。①

大地女神该亚是第一个占据神示所的女神。埃斯库罗斯在别的地方说，忒弥斯只不过是该亚的另一个名字。普罗米修斯说，是他母亲预先把未来的事告诉了他：

> 我母亲忒弥斯

---

① 埃斯库罗斯：《降福女神》，1。

又叫该亚,一身兼有许多名称。①

在希腊,从有历史记录的时代开始,血缘关系基本上是根据父亲来决定的。在这些原始女神的身上,我们看到的却是另一种情况,即血缘关系是由母亲决定的,这种社会形态被别扭地称为母权社会②,赫西奥德那部佚失的著作《女人的谱系》(Catalogues of Women)描述的就是这一社会形态,从《涅库亚》所描述的皮奥夏女英雄的身上,我们也可以看到这一社会形态的影子。现代的父权制社会把它的宗教拟人论集中在父子关系上。罗马宗教具有更广的人性,因此在其宗教体系里包括了母亲这一形象,她既是母亲,也是女儿,但是她在某种意义上依然从属于父亲和儿子。

在希腊神话中遗留有母权制的许多观念,其中一个显著的例子是我们必须注意的。在讲述雅典娜和波塞冬相互竞争的故事时,圣奥古斯丁(S. Augustine)说,这场争执的胜负由市民投票决定,参加投票的有男人也有女人,因为按照当时的风俗,妇女也可以参与公共事务。在投票时,男人把票投给了波塞冬,女人则把票投给了雅典娜。由于妇女的人数比男人多出一个,于是雅典娜赢了。为了安抚愤怒的波塞冬,男人们决定用三种方式惩罚女人:"她们将来再也不能参加投票,她们生下的孩子也不能再随母亲的姓氏,而且她们要与雅典娜女神脱离关系,再也不能把自己叫作雅典人。"③

这是一个推源论的神话,它无疑反映了雅典的社会结构所经历的某种变化。在这场争执中,把市民召集起来的是刻克洛普斯。值得注意的是,人们普遍认为,父权制的婚姻制度跟他有着密切的联系。阿提尼俄斯在他的著作里引述克利阿科斯(Clearchos)——亚里士多德的学

---

① 埃斯库罗斯:《被缚的普罗米修斯》,209。
② 据我所知,对这个令人困惑的难题进行了最清楚、最科学的研究的是 E. B. 泰勒,详见其刊登在《十九世纪》1896 年 7 月号上的文章《母权社会的家庭》。
③ 圣奥古斯丁:《论上帝之城》(De civitate Dei),18.9。

生——的话说:"在雅典,刻克洛普斯是第一个实现一夫一妻制的人。在此之前,男女之间的关系是很随意的,人们实行的是共婚制。因此,正如一些人所认为的那样,刻克洛普斯被称为'双形人'（διφυής）,因为在他之前,人们并不知道自己的父亲是谁。"① 一个已经进入父权制的社会对母权社会的婚姻制度自然会产生误判,以为那是一个男女混交的社会。根据传说②,第一个把宙斯称为至高无上之神的是刻克洛普斯。在确立对众神之父宙斯的崇拜的同时,很可能他也引进了父权制的社会形态。在雅典,人们把阿波罗——宙斯之子——当作帕特洛俄斯来崇拜。

原始时代的希腊人当然没有意识到他把人的各种关系投射到了众神的身上,但在毕达哥拉斯的时代,善于思考的人们并不是没有注意到人与神之间的相似性。古往今来,人们对原始神学作过许多评论,但是最具有启发意义的也许是毕达哥拉斯用来证明女人的虔诚的证据。他说:"女人给自己人生的各个阶段都分别起了名字,这些名字与神的名字一模一样。她们把没有结婚的女人称为'处女'（Κόρη）,把正在举行婚礼的女人称为'新娘'（Νύμφη）,把生了孩子的女人叫作'母亲'（Μήτηρ）。如果自己的孩子有了孩子,那她就被称为'祖母'（Μαῖα）。"③ 把这句话倒过来看,我们就可以看到它浓缩了母权制神学思想的全部内容。事实上,是母权社会所崇拜的女神反映了妇女的生活,而不是妇女反映了女神的生活。

妇女在人生的不同阶段担当不同的角色,因而就有不同的称呼:处女、新娘、母亲和祖母。其中最后一种称呼"祖母"是最不起眼的,只有一个女神迈亚（Maia）因"祖母"一词而得名,而迈亚是赫耳墨斯的母亲。每一个地方都有当地的处女神,但是对一个原始社会而言,最重

---

① 阿提尼俄斯,XIII,2,p.555 及特泽特泽斯:《千行诗集》（*Chiliades*）,V,19.650。希腊神话里还包含有其他反映母权社会状况的事例,这些事例都由巴朔芬（Bachofen）收集在他的著作《母权制》（*Mutterrecht*）中。尽管这本书的理论显得有点粗糙,但由于它是当今收集古代有关事实最完整的著作,因而有特殊的价值。

② 保萨尼阿斯,VIII,2.3。

③ 戴奥真尼斯,8.1.10。另见扬布利科斯:《毕达哥拉斯传》,3.11。

要的显然是"母亲"[①]和"处女"。当她们演变为明确的女神形象——得墨忒耳和科瑞时,她们便以母亲和女儿(成熟女子和未成熟的女子)的身份出现。在早期,这两种女人当中,母亲更具特色,因而也显得更突出,作为女儿而不是处女的科瑞是神话的产物。后文在讨论狄俄尼索斯宗教时,我们将会看到,大神母的母性特征是她有一个儿子而不是女儿。

作为卡耳波福罗斯(野生之物的母亲)的大神母

大神母的形象必然就是作为大地化身的女神。最先颂读连祷文的就是住在古代多多那圣地的那些女祭司:

啊,宙斯过去、现在、将来都是伟大的宙斯。
大地奉献出她的果实,让我们颂扬大地母亲吧。[②]

这两句没有必然的联系,也许它们的顺序被颠倒了,也许早在这些女祭司赞美宙斯之前,她们已经赞颂过大神母了。这些女祭司歌颂该亚女神——同时她也是"玛"(Ma,祖母),这再合适不过了。大神母不仅产出果实,而且繁衍人类。正如诗人阿西俄斯(Asius)所说:

黑色的大地女神在树木葱郁的山上
生下了神圣的珀拉斯戈斯,他就是后来的凡人。[③]

珀拉斯戈斯没有父亲,但作为第一个父亲的他却有自己的母亲。在

[①] 希腊众女神有其统一性,我想这一点最早是由格哈德(Gerhard)在其著作(*Ueber Metroon und Goetter-Mutter*,1849年,p.103)中提出来的,但半个世纪以来,他这个富于启发性的观点被一些理论体系所遮蔽,如普列勒(Preller)和麦克斯·米勒(Max Müller)的理论,这些理论认为,古代各个神祇是各种自然现象拟人化的结果。
[②] 保萨尼阿斯,X,12.10。
[③] 保萨尼阿斯,VIII,2.4。

这里，值得注意的是，在该亚这个抽象的、公认的大神母出现之前，一定曾经有过地方性的神母。原始人不喜欢讨论抽象的东西。每一个地方性的英雄都声称自己是当地仙女或神母的后代。① 萨拉米斯、埃癸娜和"亲爱的母亲伊达（Ida）"并不是后来出现的抽象的地理名称，她们都是当地真实的母亲，但是后来她们融合为大神母该亚。

和所有的地方性仙女一样，大神母不仅是人和一切生灵的母亲，而且是"野生之物的母亲"（Lady of the Wild Things）。古代美术作品把她的形象清楚地展现在我们的面前。雅典国家博物馆收藏的一个酒坛② 上压印有清晰的图案（见图 59、图 60），从画面上我们可以看到她那栩栩如生的形象。大神母举着双手站着，这种姿势跟最近在克诺索斯（Cnossos）的迈锡尼（Mycenaean）神庙发现的更早期的形象一模一样。她的两边各有一只狮子，其姿势具有纹章性质，和迈锡尼神庙大门两边

图 59　　　　　　　　　图 60

① W. M. L. 哈钦森（Hutchinson）小姐在讨论地生的埃阿科斯时非常敏锐地观察到了这一区别，参见她的《埃阿科斯：冥国的判官》（*Aeacus a Judge of the Underworld*），p.6。
② 关于此类压印有图案的皮奥夏酒坛，参见 A. 德·里德（de Ridder）的论文，《希腊研究通讯》1898 年第 22 期，p.440。

的狮子非常相似；在她的下方，是由一些鹿排列而成的饰带。大神母的两旁各有一个女人支撑着她，或者说她是被这两个女人簇拥着。这两个女人似乎是围成一圈的崇拜者的一部分。①

图 61 是画在皮奥夏一个酒坛上的图案，该文物同样为雅典博物馆藏品。瓶画描绘的是类似的"野生之物的母亲"，但画面所表现的思想更为完整：守护在她两边的狮子同样具有纹章学意义，在她那伸展的双手上各栖着一只鸟②，她的衣裙上饰有一条巨大的鱼，这让我们想起菲加利亚的欧律诺墨身上的鱼尾。

图 61

这些早期的图案（类似的图案不胜枚举）有一点让我们感到非常有趣，那就是，我们无法给这个女神起一个合适的名字。把她称为大神母、"野生之物的母亲"是合适的，但也仅此而已。有人把她叫作阿耳忒弥斯和库柏勒（Cybele），但是，没有任何证据可以证明这是她的名字。

---

① 沃尔特斯博士认为这一大神母的形象是正在分娩的阿耳忒弥斯，但我完全同意 S. 怀德教授的观点，即她的姿势不像是"正在分娩的女人"，参见 S. 怀德的文章 *Mykenische Götterbilder und Idole*，刊于 *A. Mitt.* 1901 年第 26 期，p.253。
② 亚瑟·埃文斯（Arthur Evans）先生告诉我，在克诺索斯最近发现的神祠里，有一个偶像的头上站着一只鸽子，表明这是阿佛洛狄忒的塑像。

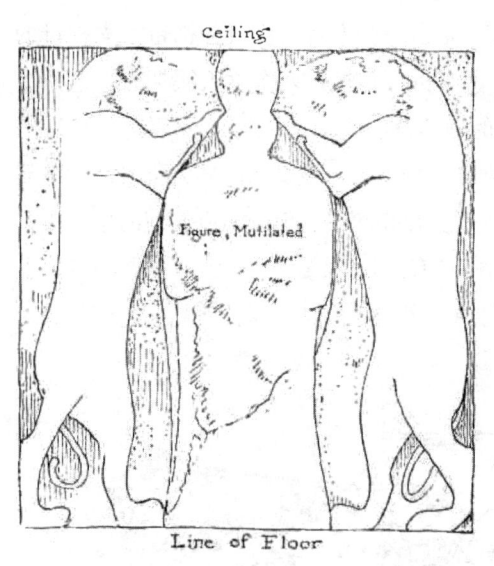

大神母既是活着的人的母亲，也是死去的人的母亲。图 62 是弗里吉亚（Phrygia）的一个从岩石中凿出的坟墓的内壁图案①。大神母和她那两只狮子的画面占据了整个坟墓的后壁。正如西塞罗（Cicero）所说："万物回归大地，又从大地重生"，"我们原为尘土，最终还是回归尘土。"② 埃斯库罗斯说得更婉转：

图 62

> 是啊，让我们召唤大地，是她把生命带给了万物，
> 又养育了万物，最后又把万物带回到她的怀抱里。③

可见，大神母守护着死者的王国，因此"古时候的雅典人把死者称为'得墨忒耳的人'"④。每逢纪念死者的节日——雅典人称之为"涅库西亚节"（Nekusia）——人们都要献祭大地。对于一个崇尚土葬的民族来说，这样的祭祀仪式、这样的象征方式几乎是不可避免的。当大地母亲（大神母）演变成为玉米神（Corn-Mother）时，这种象征方式便从农业的各个环节获得了新的生命和新的力量。西塞罗在他的书里记录道，在他那个时代，人们还保持着在死者的坟墓上种玉米的风俗："播种的庄稼

---

① 参见拉姆齐教授的文章，刊于《希腊研究》，1884 年，p.245。
② 西塞罗：《论界限》（*De Natura Deorum*），II，26。
③ 埃斯库罗斯：《奠酒人》，127。
④ 普卢塔克：*de fac. in orb. lun.*, 28。

只有在它死后才会长得更快。"① 希腊人并没有让玉米的象征演化出一种关于永生的教义,但是,当这种教义从外部输入的时候,种子的象征性便成为再自然不过的现象了。

作为枯罗特洛佛斯的大神母

早期的美术作品用一种特别有启发意义的方式刻画了大神母的形象,即把她刻画成枯罗特洛佛斯(Kourotrophos)——"养育孩子的母亲"。图 63 所表现的就是她的这一形象。这是公元前 6 世纪的一个黑绘酒坛上的图案,该文物现为大英博物馆藏品②。人们通常认为这个大神母是勒托(Leto),和她在一起的是她的孪生子女——阿波罗和阿耳忒弥斯。但是,在我看来,这种解读是没有根据的,而且是一种误导。这幅瓶画的作者知道有一个大神母,一个孩子足以表明她的母亲身份。但是,他想通过一种奇特的、原始的方式来强调她的母亲身份,于是他让她用一种自然的方式背上尽可能多的孩子——两边肩膀上各坐着一个孩子。

我们不能说这两个孩子是阿波罗和阿耳忒弥斯,除非图中标有铭文,或者有相应的标志物。这一结论是有根据的,因为在雅典卫城发掘到的一块花瓶残片上,我们看到了一个跟枯罗特洛佛斯非常相似的形象(可惜还没有人发表这一画面),尽管这是较晚期的瓶画。画中的女人怀抱着两个裸体的小顽童,他们各自标有铭文:一个是希墨洛斯(Himeros),另一个是厄(洛斯)。如此看来,这个母亲就是阿佛洛狄忒。这个结论还得到另一块花瓶残片上的瓶画③的证实,在这块残片上只保留了大神母一半的画面,一个孩子坐在她的怀里,孩子没有标上铭文,但在靠近母

---

① 西塞罗:《论法律》,II,22,25 及 63。
② 藏品编号 B 213。A. 兰先生的《荷马颂歌》p.104 正对的图版把这个画面命名为"勒托和她的婴儿阿波罗及阿耳忒弥斯在一起"。大英博物馆在其藏品介绍中只是谨慎地说这是"勒托(?)",同时又说这两个孩子"很可能是阿波罗和阿耳忒弥斯"。有人说"母亲"两边的人物是狄俄尼索斯和萨梯,这种解读也是没有根据的。
③ G. C. 里查兹(Richards)的论文,《希腊研究》1892 年第 13 期,p.284,图版 XI。

亲的地方标有用古体字母写成的"阿佛洛狄（忒）"。在她的旁边站着狄俄尼索斯，这与我们眼前的瓶画是一样的。

保萨尼阿斯在查看库普塞洛斯的箱子时看到了这样的画面："一个女人右手抱着一个熟睡的白净男孩，另一只手则抱着一个黑色的男孩，模样和熟睡的男孩相像。两个孩子的双脚都是扭曲的。画中的铭文显示，这两个男孩分别是'死亡'和'睡眠'，那个抱着他们的女人是'黑夜'。"保氏还说了一句令人吃惊的话："即使没有铭文，我们也可以轻易说出这些人物是谁。"[①]

图 63

由此可见，如果一个女人一手抱着一个孩子，那么我们可以说那个女人是阿佛洛狄忒，两个孩子分别是希墨洛斯和厄洛斯；如果其中一个是白色的熟睡的孩子，另一个是黑色的孩子，那么我们可以说女人是"黑夜"，两个孩子分别是"死亡"和"睡眠"；如果我们要说那个女人是勒托，那两个孩子是她的孪生子女，那么必须有明确的标志说明他们是阿波罗和阿耳忒弥斯。大英博物馆收藏的另一个酒坛[②]上的图案中确实有这种必要的区分：坐在左手上的是一个裸体的孩子，右手上的孩子虽然也被画成黑色，但穿着一件短袍。我们有理由推断，其中一个孩子是男孩，另一个是女孩。这种性别上的区分至少告诉我们这样一种可能：他们是阿波罗和阿耳忒弥斯。

[①] 保萨尼阿斯，V，18.1. 弗雷泽博士把 $διεστραμμένους$ 这个令人费解的词翻译为"转向不同方向"。这个词通常似乎为"畸形"的意思，但这个意思套在"死亡"和"睡眠"上似乎并不合适。

[②] 编号 B 168。

我花了比较长的篇幅来讨论这个问题,原因是这些瓶画有着非常重要的启发意义,有助于我们了解神话人物的演变及其缓慢的区分过程。起初一切都是模糊不清的,我们只知道有一个女神是一位母亲,其特点是她有两个孪生的子女。如果一定要给她起一个名字,那么我们可以称她为"枯罗特洛佛斯"。随着她的性格得到不断的完善,她具有了与众不同的特征。她成了阿佛洛狄忒,她的两个孩子被分别命名为希墨洛斯和厄洛斯;或者她是"黑夜",她的孩子分别是"睡眠"和"死亡"。阿波罗和阿耳忒弥斯从北方传入之后,这两个孩子就变成了出类拔萃的孪生孩子,而且他们融入了旧的宗教体系;作为枯罗特洛佛斯的母亲成了勒托,而她的孪生子女就成了阿波罗和阿耳忒弥斯。

类似的演变过程也发生在文学作品中,只是这种演变不太明显罢了。在阿里斯托芬的《立法女神节妇女》中,那位女传令员在立法女神节开始时说道:

> 肃静,肃静!让我们向神母和处女神——得墨忒耳和科瑞——祈祷;向普路托斯、卡利革涅亚、枯罗特洛佛斯、赫耳墨斯和美惠女神们祈祷。[①]

自从有人对这部戏剧进行评注以来,人们一直在争论"枯罗特洛佛斯"到底是谁:是赫斯提亚(Hestia)还是该亚?但人们从来没有触及这样一个事实:她是枯罗特洛佛斯——"养育孩子的母亲",这是她的标志,但后来变成了她的个性。不错,在厄琉西斯的神母面前,她的个性变得暗淡了,但她的名字依然出现在古代仪式用语中,这就清楚地说明了她最初的根源。她的形象隐退之后,其他所有更成功的女神——该亚、阿耳忒弥斯、赫卡忒、勒托、得墨忒耳、阿佛洛狄忒,甚至雅典娜——都争着把她的名字当作自己的别称。有人企图在这些远古人物

---

① 阿里斯托芬:《立法女神节妇女》,295 及相关评注。

（如枯罗特洛佛斯和卡利格涅亚）的身上寻到奥林波斯神的称号，而且由此还引起了争论，但这种争论是再无聊不过的了。

作为枯罗特洛佛斯的神母这一形象后来演变成了各种抽象的概念。忒弥斯是最早的神母之一，她演变成了具有真正个性的神；她的姐妹欧诺弥亚（Eunomia）和狄刻几乎是无血无肉的影子，尽管她们漂亮而且庄严。"女神的由来"一直是一个神秘的谜。女神是许多因素作用的结果，可惜我们已经无从知道这些因素是什么。公元前5世纪末，在经历了漫长而又残酷的伯罗奔尼撒战争之后，厄瑞涅（Eirene）——"和平"——几乎演变成了神，而且是作为母亲的神。普拉克西特勒斯（Praxiteles）的父亲塞菲索多托斯（Cephisodotos）在雅典的市场上为她建造了一座塑像，表现她抱着孩子普路托斯的情景；雅典为她建了一座祭坛，还为她举行献祭仪式；阿里斯托芬把她搬上了舞台。但这一切都太迟了，而且毫无结果，她依然是一个没有生命的抽象概念，像忒俄里亚（Theoria）和奥波拉（Opora）一样；在众神群聚的奥林波斯山上，也没有她的位置。

由神母演变而来的另一个形象是堤刻（Tyche）——机缘和命运女神。尽管她并不见得比厄瑞涅更具人的性格，但她得到了广泛的接受。保萨尼阿斯在底比斯看到一座奉祀堤刻的神庙。在历数了有关的各个艺术家之后，保氏说："他们设计巧妙，让堤刻怀抱着普路托斯，这样她就是后者的母亲或保姆；而塞菲索多托斯的设计也毫不逊色，他为雅典人塑造的厄瑞涅的形象是怀里抱着普路托斯。"[①]

从神母抽象出来的这些形象，如堤刻、阿南刻等，特别得到俄耳甫斯教的青睐。由于她们缺乏个性，因此很容易地融入了一神论的哲学体系。图64是雕刻在狄俄尼索斯祭祀大厅的一根柱子上的浮雕图案，该文

---

① 保萨尼阿斯，IX, 16.2。

物是最近在米洛斯岛发掘出来的。① 堤刻怀里抱着一个孩子——很可能是米洛斯人自己的普路托斯——她上方的铭文是："愿米洛斯的阿加忒·堤刻（Agathe Tyche）将恩惠赐予亚历山德罗斯（Alexandros）——神圣祭殿的创建者。"对于没有成为秘密祭典的成员的人来说，命运之神堤刻是每一个城市的庇护者，能给城市带来好运，但是对于秘密祭典的成员来说，她具有另一种更深层次的意义：像阿加托斯半神一样，她是他的生命和灵魂的内在命运。后文（第十一章）我们将会看到，他要住在她的神庙里，按规定接受净礼，并进行斋戒，然后才有资格参加特洛福尼俄斯（Trophonios）的秘密祭典，也才能够喝上勒忒河（Lethe）和谟涅摩绪涅河的水。和奥林波斯教不同，俄耳甫斯教把早期由神母或处女神演变而来的许多形象神秘化，这只是无数个此类例子中的一个。

图 64

得墨忒耳和科瑞

不管在哪个地方，只要人类主要以狩猎为生，他的想象力便只会停留在"野生之物的母亲"这一形象上。但是，当他变成了农耕者，他所崇拜的大神母就不仅仅是一切生物的枯罗特洛佛斯，而且还是谷物女神得墨忒耳。

---

① R. C. 博赞基特：《不列颠学院在米洛斯的考古发现》，刊于《希腊研究》1898 年第 18 期，p.60，图 1；另见 P. 沃尔特斯的文章《米洛斯人的崇拜偶像》，刊于 A. Mitt. 1890 年第 15 期，p.248。

人们经常讨论"得墨忒耳"这一名字的由来。[1] 最普遍的说法是，她的名字源于 $\Delta a\mu\acute{\eta}\tau\eta\rho$，即大地母亲，而 $\Delta\hat{a}$ 通常出现在 $\varphi\varepsilon\hat{v}~\delta\hat{a}$ 和 $oioi~\delta\hat{a}$ 等感叹语[2]中，人们认为它相当于 $\Delta\hat{a}$。就意义而言，这种关于"得墨忒耳"词源的说法并不能令人满意。得墨忒耳不是大地母亲，不是一般的大地女神，而是掌管耕作过的土地所产出的果实的女神；不是"野生之物的母亲"，而是"产出果实的母亲"，是"枯罗特洛佛斯"。首先提出关于这个名字的另一种词源学观点的是曼哈尔特，他的观点更接近上述说法。《词源大典》的作者在解释这个名字时罗列了一连串毫无意义的推测，最后似乎说到了点子上。他说："神这个词也许源于 $\tau\grave{a}\varsigma~\delta\eta\acute{a}\varsigma$，因为克里特人把大麦粒叫作 $\delta\eta a\acute{\iota}$。"克里特语中的 $\delta\eta a\acute{\iota}$ 和希腊语的 $\zeta\varepsilon\iota\acute{a}$ 有着很近的亲缘关系，$\zeta\varepsilon\iota\acute{a}$ 指的是粗糙的小麦或斯佩尔特小麦；在荷马史诗中，果实累累的田野被称为 $\zeta\varepsilon\acute{\iota}\delta\omega\rho\varsigma$（出产小麦的）[3]。后文（第十章）我们将会看到，得墨忒耳很可能来自克里特，她和她的名字是同时传入的。她是大地女神，但只是狭义上的大地女神，也就是说，她是谷物女神。

现代人对以下事实感到奇怪：当时的农业生产主要是由妇女完成的，妇女还把自己投射到女神的形象上。但在那个时代，由于男子的任务主要是狩猎和打仗，因此由妇女承担农业生产和祭祀的任务就是很自然的事了。此外，迷信也是造成这种社会现象的因素，在如今许多未开化的土著部落里还存在着这种情况。对此，佩恩先生是这样说的："原始时代的男子不愿意介入农业生产，因为他们认为农业的收成取决于女人，而且农业生产跟生儿育女有着密切的联系。"[4] 印第安人对古米拉（Gumilla）说："如果是妇女种的玉米，每棵玉米就能结出两三个玉米棒子。为什么？因为女人懂得如何生孩子，她们在种玉米时懂得如何让玉米高产。

---

[1] 关于"得墨忒耳"词源的各种观点——无论是成立的还是不成立的——均由曼哈尔特收集在他的著作《神话研究》(*Mythologische Forschungen*, p.287) 里。

[2] 埃斯库罗斯：《被缚的普罗米修斯》，568。

[3] 荷马：《伊利亚特》，II, 528。

[4] 《美洲史》(*History of the New World*) 第 2 卷，p.7。

所以，就由女人种玉米好了，在这方面，她们比我们能干。"当时雅典人似乎也有类似的想法，他们让自己的妻子和女儿去参加立法女神节，让她们发挥自己的神奇作用，以确保庄稼和人的丰产。

大地女神后来演变成了两个形象——神母和处女神，这种演变似乎主要是跟农业有关系。古代"野生之物的母亲"是两者（神母、处女神）的合一体。也许当时人们没有意识到这两个形象，但在厄琉西斯，这两个形象是被明确区分开来的。得墨忒耳和科瑞虽然是两个人，但她们是同一个神。在图65中，她们被刻画成非常迷人的形象。这是在厄琉西斯发现的一只早期的红绘双耳大饮杯上的图案。得墨忒耳站在左边，她左手拿着节杖，右手则把一些麦穗交给她抚育的特里普托勒摩斯，后者扶着"弯曲的犁把"，处女科瑞站在他的身后，她穿着简洁的衣裙，一头披肩发，两手拿着火把——表明她是冥国的王后。在这幅图画里，神母和处女神已经有了明确的区分，但通常的情况是，当她们俩同时出现的时候，我们很难说出哪个是神母、哪个是处女神。

这些早期的母权制下的女神，不管是神母还是处女神，都没有丈夫，

图 65

她们与身边的男性保持着一种高贵的关系，似乎是女人之间的关系，虽然不是现代人所认为的女性之间特有的阴柔关系。这种关系停留在母亲与情人之间，并含有庇护与被庇护的关系。她们自己并无成就可言，但她们选择一个地方英雄作为自己的保护对象。她们并不要求得到他的爱慕，而是希望他成就大业。赫拉有伊阿宋，雅典娜有珀耳修斯、赫拉克勒斯和忒修斯，得墨忒耳和科瑞有特里普托勒摩斯。由于她们的光荣在于英雄的伟绩，因此她们的恩惠就是对英雄的报答。随着父权制的到来，这种高贵的关系结束了。女神们被迫隐退到家庭生活里，处于从属的地位，她们由此变得怯懦和沉溺于性爱。

需要注意的重要一点是，最初大地女神或谷物女神的两种形象并不是神母（母亲）和女儿，而是神母和处女——得墨忒耳和科瑞。事实上，她们只不过是同一个人在不同时期（老年和青年）的形象罢了，因此人们很容易把她们混淆起来。母亲和女儿与其说是神学形象，不如说是神话形象，也就是说她们源自人们讲述故事的本能：

> 我要歌唱披着漂亮长发的得墨忒耳——神圣的女神，
> 还有那处女——她那纤弱的女儿，
> 遵照宙斯的命令，国王埃多涅俄斯劫走了她。当时他发现她在玩耍，
> 远离她的母亲，而她的母亲在收获金黄的小麦。①

到了冬天，小麦收割之后，大地就变得荒芜了。对此，推源论者讲述了一个爱情故事。那个处女——大地的年轻果实——被她的情人劫走了，他们在一起度过了一个季节。到了春天，她又回到母亲的身边，母亲得到了安慰，于是大地上又是百花盛开的景象：

---

① 《荷马颂歌》，1。

她这样说了,于是戴着花环的得墨忒耳
立即让土地奉献出果实,
辽阔大地上到处是绿叶和鲜花。
接着她去找那些发布法律的国王,
要给他们传授知识,最先找的就是特里普托勒摩斯。①

神话也许能够反映人的意志,但原始时代的美术作品从来没有把神母和处女神清楚地区别开来,也从来没有忘记她们事实上是一个女神。图 66 就是皮奥夏的一个碟子②上的图案,图中的人物就是谷物女神,但我们很难说她究竟是神母还是处女神,我认为这确实是很难确定的。她是大神母,坐在宝座上,穿着华丽的衣裳,头上戴着高高的桂冠。她的手里拿着麦穗、石榴和火把。在她的面前是一座形状像翁法罗斯石的祭坛,上面似乎也放着一个石榴果。她是得墨忒耳还是珀耳塞福涅?我倾向于认为她是两者的合一,画家没有把她分为两个形象。

根据普卢塔克的说法,雅典人把死者称为"得墨忒

图 66

① 《荷马颂歌》,470。F. B. 杰文斯先生对荷马颂歌集所包含的与得墨忒耳有关的推源论传说进行了全面的考察和解释,参见他的《宗教史导论》第 23 章及附录。
② 雅典国家博物馆藏品,编号 484。图 66 摹自 S. 怀德教授馈赠的一张照片。有关这类瓶画的详细情况,我参考了怀德教授的文章《皮奥夏的各种容器》(*Eine lokale Gattung Boiotischer Gefässe*),刊于 *A. Mitt.* 1901 年第 26 期,p.143。怀德教授提出一个有趣的观点,即田野上的那只鸟儿是灵魂鸟,并说在此类瓶画中并没有纯装饰性的形象。在我看来,这种解读是非常可行的,但在没有获得更多的证据之前,我不敢肯定这种观点是确定无疑的。

耳的人"①。在古代小亚细亚,"野生之物的母亲"和她那两只作为守护神的狮子守护着坟墓里的死者,因此每一座坟墓都成了她的圣所。但在希腊本土,特别是在厄琉西斯,神母和处女神根据神话被分化为得墨忒耳和她的女儿珀耳塞福涅,而且她们各自的职能变得越来越专门化。得墨忒耳和农业的关系越来越密切,越来越成为小麦本身。普卢塔克注意到诗人对收获者的描述——他完全意识到其中所包含的人与物之间不协调的混合:

什么时候男人把得墨忒耳的四肢剪倒在地上?②

神母所体现的是躯体方面,处女神所体现的是精神方面;神母日渐变成天上的神,而处女神则成为冥国里的神。

作为忒斯摩福罗斯,得墨忒耳更多的是掌管人世的事务、法律和文明的婚姻,她变得越来越具有人性,越来越仁慈,越来越向奥林波斯神演变。最后,在荷马颂歌里,作为大神母的她成了奥林波斯山的居民。而那个处女神——原先不过是作为神母年轻时的形象——慢慢演变成一个处女,甚至还有点羞涩。她日渐隐退到精灵的王国里,掌管冥界的事务:

她等待着一切,
等待着所有出生的人,
忘记了大地,她的母亲——
果实和小麦的生命。
春天、种子和燕子
给她插上翅膀,
她来到回荡着夏日歌声的地方,

---

① 普卢塔克: *de fac. in orb. lun.*, XXVIII。
② 普卢塔克:《伊西斯与奥西里斯》,LXVI。

在那里，花朵也成为嘲弄的对象。

在那个超然世外的王国，她的形象变得越来越重要，而神母的形象则日渐消退：

啊，大地的女儿，我的母亲，她的桂冠、诞生的花朵；
我也是你的兄弟，我来到大地后又离开。

她来到一个奥林波斯神所不知道的地方，她的王国不是此世的王国：

你胜于众神，他们只会计算现世的日子，
因为这些带来劳作和睡眠，而你，普洛塞庇娜①，带来的是死亡。

这一切都是后来的演变过程。最初我们见到的只是两个女神、两个忒斯摩福罗斯、两个德斯波伊奈（Despoinae）。在赫耳弥俄涅（Hermione），得墨忒耳被称为克托尼亚（Chthonia）；在阿卡狄亚，她既是厄里尼厄斯，又是卢西亚。②但是，有一点我们不应感到奇怪（这一点我们在后文还将论及）：像俄耳甫斯教这样的宗教看重的是冥界的科瑞这个形象，而让富裕、和蔼的谷物女神单独走进了奥林波斯山，因为这种宗教宣扬人活在世上必须克制，他们要关心的应该是灵魂在来世的生活。

作为处女的大地女神的还阳

上文在讨论图 66 中的皮奥夏碟子的图案时，我们已经看到，要分辨美术作品中神母和处女神的形象通常是很困难的。以下我们要讨论一系列

---

① 普洛塞庇娜是珀耳塞福涅的别称，参见《象征辞典》，p.239。——译注
② 保萨尼阿斯，VIII, 25.4—7。

的大地女神的奇特形象（图67—图71），对它们的解读也存在着同样的困难。

我们先来看图67中的瓶画。幸运的是，这幅瓶画上标有铭文，因此可以对其进行明确的解释。这幅图摹自一个红绘巨爵上的图案，该文物现为德累斯顿的阿尔伯

图67

提努姆博物馆（Albertinum Museum）所收藏。在图案的右边有一个常见的土堆，赫耳墨斯站在土堆跟前，他手里拿的不是盘蛇杖，而是一根粗糙、弯曲的棍子。我们在前文已经看到，他就是用这根棍子把幽灵从坟墓坛子里召唤出来的。在这里，他也是作为普绪卡戈戈斯（Psychagogos）的形象出现的。他到这里来是要召唤一个土地幽灵，准确地说，是来召唤大地女神的。从那个人造土堆（象征着大地）里冒出一个女人的形象。乍一看，我们也许会以为她是该亚——大神母，但这是一个柔弱的处女形象。让我们高兴的是，她的上方标有"（斐）洛法塔"〔(Phe)rophatta〕字样。这表现的是科瑞的还阳。长着羊角的潘神在纵情跳舞，欢迎她的到来。这些潘神不是萨梯，后文（第八章）我们将看到，他们是长着马面的恶魔。这个红绘花瓶的年代为公元前5世纪中叶，当时，对阿卡狄亚的潘神的崇拜已经在雅典扎下了根。这些以羊人形象出现的潘神在当时很受欢迎，因此很自然地成了作为处女的大地女神的随从。可惜的是，他们头顶上的铭文已无法辨认。

图68是后期的一个红绘巨爵上的图案，它所展示的实质上是同一个

情景。该文物①现收藏在柏林博物馆。同样，我们看到女神从装饰有枝叶的人造土堆里冒出来。但那些随从却有所不同。一个长着羊腿的潘神急

图 68

图 69

---

① 文物编号 2646。罗伯特博士在其著作（*Archäologische Mährchen*, p.196）中对这个花瓶及同类花瓶进行了讨论，他认为这一画面表现的是春天神女（Spring-Nymph）的到来，但他不知道柏林博物馆收藏的一个有铭文的花瓶。另见《德尔斐神示所》，《希腊研究》1899 年第 19 期，p.232。

切地趴在土堆上，而狄俄尼索斯拿着酒神杖，静静地坐着，等待女神的到来，和他在一起的是他自己的随从——一些长着马尾的萨梯。图案左边有一个长有翅膀的小爱神，他正在吹奏双管长箫。没有铭文标出那个从地里冒出的女神的名字，其实不标出她的名字是最好的做法。她是大地女神，但狄俄尼索斯的出现让我们怀疑她可能是塞墨勒（Semele，见第八章），而爱神的出现则表明这幅画受到了俄耳甫斯教的影响——后文（第十二章）我们还将对此做出解释。

更奇怪、更富于启发性，也更难以完全解释的是图69，这是巴黎国家博物馆收藏的一只黑色细颈花瓶①上的图案。一个女人巨大的头部和她的双手从地里冒了出来。在此，我们看不到人造土堆。这是在神庙里发生的情景，这一点从那两根柱子可以看出。图中还有两个人（不是萨梯），在此，他们不是无所事事的旁观者，两个人都举着大锤，其中一个在用锤子猛击正在冒出的女人的头部。

其他两幅瓶画也许能帮助我们理解这幅令人迷惑的图画。我们首先要考察的是一只有耳的椭圆陶罐②的正面和背面的图案（图70一并展示了这两个画面）。在陶罐的正面图案上，我们看到一个很熟悉的情景：一个女神从地里冒出来，一个青年在一旁观看，他手里拿着某种工具，也许是一把镐子，也许是一把锤子。至于背面图案所表达的意思，我们只能进行猜测。那个似乎有点畸形的矮个子男人正在注视一个令人困惑的一半是女人一半是花瓶的奇特形象，它被安放在一个四方的基座上。如果这幅画没有画错的话，在这个奇特的形象跟前有一个顶部为齿形的王冠，周围的田野里有一些玫瑰花形的饰物。这样一幅令人困惑的图画不可能是凭空画出来的。我们在推测它的含义之前，先来看另一幅瓶画，

---

① 文物编号298。富特文勒教授曾经讨论过这一瓶画，参见《学院年鉴》，1891年，p.113；另见加德纳教授的论文，《希腊研究》1901年第21期，p.5，以及J. E. 赫丽生：《德尔斐神示所》，《希腊研究》1899年第19期，p.232。
② 这个陶罐目前已经佚失，因此我们无法跟原件进行比较，但帕特罗尼（Patroni）先生认为这幅画是可靠的。我之所以在此引用这幅画，一方面是因为这个问题还没有得到彻底的解释，一方面也希望更多的人了解这幅画，以期让这个陶罐（目前可能为某人士的私人藏品）重见天日。

第六章 女神的诞生 | 311

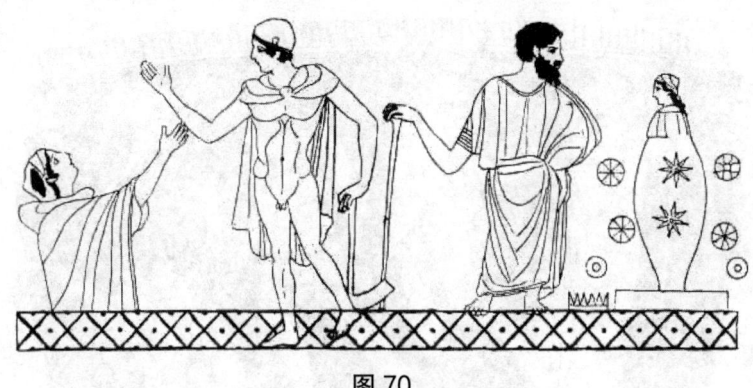

图 70

对这幅画的解读我们是非常有把握的，理解它的含义有助于我们理解其他各幅瓶画的含义。

图 71 摹自牛津大学阿什莫林博物馆（Ashmolean Museum）收藏的一个红绘椭圆花瓶上的图案①。粗略一看，我们看到的也是从地里冒出一个神采奕奕的女人，她伸展着双手，在旁边等待她到来的是一个拿着锤子的男人和赫耳墨斯。看到这个情景，我们也许会不假思索地说它描绘的是我们所熟悉的科瑞或该亚还阳的情景。如果画中没有标上铭文，这幅画当然可以这样解释。然而，巧的是，每一个人物都被仔细地标上了铭文。左边的人物是宙斯，他的旁边是赫耳墨斯，赫耳墨斯的右边是厄庇墨透斯（Epimetheus），那个从地里冒出来的女神既不是该亚也不是科瑞，而是潘多拉。在潘多拉的上方，飞翔的爱神在欢迎她的还阳，爱神伸展的双手里拿着一条饰带。

潘多拉从土地里升起，她就是大地——一切礼物的赐予者。另一幅描绘她的出生（或者说她的形成）的瓶画进一步证实了这一观点。大英博物馆收藏有一个著名的基里克斯陶杯②，其图案中的潘多拉刚刚被

---

① 珀西·加德纳:《新出土的花瓶上的潘多拉》,《希腊研究》1901 年第 21 期，图版 1。
② 编号 D4。见《白色雅典陶瓶》，图版 19。参见本人的《古代雅典的神话与遗迹》，p.450，图 50。

图 71

赫淮斯托斯塑造出来，此时的她一半是塑像一半是女人，图中的雅典娜正在打扮她。毫无疑问，她就是潘多拉，但她的旁边却写着另一个名字"（阿）涅西多拉"［（A）nesidora］①，意为"奉献出礼物的女神"。潘多拉是以科瑞的形象出现的大地女神，在神话中她已被彻底地人格化，并被赋予鲜明的性格。

既然我们已经确定那是以大地女神科瑞的形象出现的潘多拉，也许我们就可以解释那幅令人困惑的图画（图 70）了。花瓶的正面图案不就是从地里升起的科瑞，背面图案不正是正在塑造中的潘多拉吗？在这个

---

① 本书第 12 章将讨论弗吕亚人把该亚当作阿涅西多拉来崇拜的情形。

画面上，那个畸形的矮个子一定是塑造潘多拉的赫淮斯托斯，而在他的想象里，一半是女人一半是花瓶的潘多拉就是从她那个著名的坛子里出来的。

在许多神话里，潘多拉的塑造和科瑞的还阳常常被混为一谈，这种现象也可以解释另一个难题。在塑造潘多拉时，匠人赫淮斯托斯使用的是他那别具一格的工具——锤子[1]。在表现雅典娜的诞生的那幅图画（第八章）里，他就是用这把锤子敲开了宙斯的头。在表现科瑞还阳的一些瓶画里，萨梯和潘神们扛着或正在使用的有时是一把镐，有时是一把锤子——就像赫淮斯托斯的锤子。人们用来翻地的工具自然是镐，在铁器时代之前，铲似乎还不为人所知，而锤子这一工具通常令人迷惑不解。既然赫淮斯托斯在塑造潘多拉时使用了锤子，由于在神话里，潘多拉的塑造和科瑞的还阳常被混为一谈，那么，锤子难道不会因此而跟科瑞的还阳产生联系？

最后，我们再回头看图 69 这幅令人困惑的图画。我想用另一种观点来解释这个画面。在我看来，这一情景发生在神庙里，说明这是某种模拟性的仪式。前文已经说过，在一些节日上，人们用戏剧的形式模拟科瑞还阳的情景，具体细节我们已无从考究。在卡里拉节（第三章）上，人们把一个扮成女孩的木偶拿到城外，然后在那里抽打她，最后把她吊在一个地缝里。难道没有这样的可能：在纪念大地女神的某个节日上，人们把科瑞还阳的情景再现出来，在这个过程中，人们用镐挖开了土地，某个人造地缝形成了，最后一个木偶或一个真实的女人出现在地缝里？我认为，瓶画作者在作这幅画时脑子里想的很可能就是上述的情景，他所想的并不是这样一种情景：操着镐或锤的萨梯们代表从天而降的雷电，

---

[1] 索福克勒斯有一部现已遗失的戏剧，名为 Πανδώραη ἢ Σφυροκόποι。锤子虽然是匠人赫淮斯托斯特有的工具，但它也是从事农业的人所使用的工具。阿里斯托芬《和平》（第 566 行）里的特律该俄斯念念不忘他放在家里的那把闪亮的锤子随时等待他的使用，参见《希腊研究》1900 年第 20 期，p.107。

283　雷电打在大地上,把大地制服,并激发大地的丰产力。① 在墨伽拉的普律塔涅神庙(Prytaneion)附近,保萨尼阿斯看到"一块岩石,当地人把它叫作安那克勒特拉(Anaklethra)②,意即'唤女石',因为——信不信由你——当初得墨忒耳到处寻找女儿时,就曾在那里呼唤女儿"。保氏还说:"时至今日,墨伽拉的妇女还举行跟这一神话的内容有关的仪式。"③可惜他没有告诉我们这是些什么样的仪式。卢奇安写过一篇半认真半开玩笑的论文,文中讨论了仪式上的哑剧舞蹈的种类及其优点。色诺芬在他的《会饮篇》里说,有文化的客人在饭后喜欢看表现神话内容的表演,而不喜欢看年轻女子的舞蹈表演。④ 但是,我们现在已经无从知道古人那些仪式性的哑剧表演的具体内容。我们可以肯定的一点是,这些在仪式上"所做的事情"有助于强化神话内容的再现,其效果跟诗人"所说的话"是一样的,也许更甚。

潘多拉

对于处于原始的母权社会的希腊人来说,潘多拉就是真正的大地女神——不管是从形象上说还是从名称上说。人们举行仪式献祭她。到了阿里斯托芬的时代,她已经变成一个迷雾般的人物,祭祀她的仪式已经变得过时。在《鸟》这部戏剧中,预言家根据他的书本教导珀斯忒泰洛斯(Peisthetairos):

首先要向潘多拉神献上白毛公羊。

---

① 参见富特文勒的论文,《学院年鉴》,1891 年,p.117 及 p.124。
② 在《词源大典》上,这个词的拼法是 Ἀνακληθρίς。
③ 保萨尼阿斯,I, 43.2。
④ 色诺芬:《会饮篇》,VII, 5。我在别的地方(《古代雅典的神话与遗迹》,p. cxvii)讨论了这种哑剧表演对瓶画上的神话人物的可能影响。弗雷泽博士(《金枝》第 2 版第 3 卷,p.165)提出了一个有趣的观点:在这些仪式性的戏剧表演中,也许可以找到犹希迈罗斯主义者(Euhemerists)和他们的反对者各自观点的交汇点。

对此，评注者作了非常正确且经典的解释："把公羊献给潘多拉——大地的化身，因为是她赐予了生命所需的一切。"① 到了评注者的时代，甚至之前的时代，这种解释是很必要的。希波那克斯提到潘多拉；阿提尼俄斯在讨论卷心菜时根据自己的记忆引用了以下神秘的诗行：

> 他匍匐着，对那棵七叶卷心菜顶礼膜拜，
> 在塔耳格利亚节上，潘多拉为一个法耳玛科斯
> 向这棵卷心菜敬献过糕点。②

　　这段话虽然有点晦涩难懂，却有着特别的意义，因为它把大地女神潘多拉和塔耳格利亚节联系在一起，而塔耳格利亚节是庆祝大地初果收获的节日。潘多拉在大众仪式上消退之后，转而出现在个人的迷信里。菲洛斯特拉托斯在他的《阿波罗尼俄斯传》(*Life of Apollonius*) 中讲述了这样的故事；某人需要钱为女儿办嫁妆，于是"献祭"大地女神，祈望得到财宝。他对阿波罗尼俄斯透露了自己的心愿，阿波罗尼俄斯对他说："大地和我都会帮助你的。"于是他向潘多拉祈祷，然后到花园寻找，最后找到了自己想要的财宝。③

　　在仪式和母权制的神学体系里，潘多拉是以科瑞的形象出现的大地女神。但是，在赫西奥德笔下的父权制的神话里，她那伟大的形象被奇怪地改变了，变得非常渺小。她不再是地生的神，而是作为奥林波斯神的宙斯创造出来的一个生灵、一件作品。在大英博物馆收藏的一个晚期的红绘巨爵④的图案上（作者明显受到了赫西奥德的启发），我们看到了

---

① 阿里斯托芬：《鸟》，第 971 行及有关评注。
② 阿提尼俄斯，IX，§370。
③ 菲洛斯特拉托斯：《阿波罗尼俄斯传》，XXXIX，§275。
④ 编号 E467。参见《希腊研究》第 11 期，图版 11、12，p.278；另见罗斯切尔：《词典》，"潘多拉"条目，图 2。

她诞生时的情景。她不再是从地里冒出的半身形象,而是僵直地站在奥林波斯众神当中。宙斯坐在那里,手里拿着节杖和霹雳。在场的还有波塞冬、伊里斯、赫耳墨斯、阿瑞斯和赫拉,雅典娜正准备给这个刚诞生的处女戴上王冠。大地女神已经被全然忘记,但是传统依然保持着它的影响:在这幅画不显眼的地方,在奥林波斯神的下面,有一个合唱队,其成员个个打扮成了带羊角的潘神,他们以自己的舞蹈欢迎潘多拉的诞生。这是一种对传统的奇特记忆,但也只能作为传统的遗留看待,因为这跟画面毫不相干。

赫西奥德对潘多拉诞生的故事情有独钟,他根据自己那庸俗小市民的悲观目的塑造了她的形象。在他的著作里,潘多拉的故事他讲过两次,一次是在《神谱》里,在这里,这个刚诞生的处女没有名字,对凡人来说,她只是一个"美丽的、邪恶的东西""狡猾的陷阱"。[①]但在《工作和时日》里,他敢于给她起了名字,但却千方百计地把她的光荣变成耻辱:

> 宙斯发话了,于是他们就按照宙斯——克洛诺斯之子、众神之王——的意愿
> 立即行动起来。他们取来泥土,将泥土捏成一个漂亮的女郎。
> 灰眼睛的雅典娜女神给她穿上衣裳,帮她梳理、装饰头发。
> 在她的周围,美惠女神和我们的"劝说"女神
> 给她戴上金手镯;至于其他的女神,
> 满头秀发的时序女神用春天的花朵编成花环,
> 而帕拉斯·雅典娜还命令给她彻底地打扮一番。
> 然后,阿耳戈斯的屠夫——众灵魂的总管——
> 把种种诡计、甜言蜜语、偷盗计谋放进她的胸怀里。
> 按照宙斯的意愿,雷神赋予她说话的能力,

[①] 赫西奥德:《神谱》,570,D. S. 麦科尔译。

  他是众神的代言人；至于她的名字，他决定
  把她叫作潘多拉，因为奥林波斯山上的众神都聚在了一起，
  他们全都给了她一样礼物，这些礼物对贪婪的人们来说可是意味着灾难。①

  诗人调动自己全部的想象力，刻画了一个让自己着迷的可爱女人。但与此同时，这个女人的身上也带有神学恶意赋予的丑陋。作为众神和万民之君父，宙斯绝不允许在他那个由男人主宰的奥林波斯山上有什么人集大地女神、神母和处女神于一身，但潘多拉从一开始就是这样的形象，因此他要对她进行重新改造。原本是灵感源泉的女人被改造成了充满诱惑的妖妇；是她创造了万物，包括所有的神和人，但现在她反而成了他们的玩偶、奴隶，被赋予漂亮的外表、奴隶的诡计和诱人的甜言蜜语。对宙斯这个父权社会最庸俗的小市民来说，第一个女人的诞生只不过是奥林波斯山上一个天大的笑话：

  他发话后，这个万民和永生的众神的君父大笑起来。②

  这种神话是母权制向父权制转变的必然结果。这个转变本身尽管看起来像是一种倒退，却是前进道路上的必然阶段。母权制赋予妇女一种虚假的地位（虽然这是一种神奇的地位）。随着父权制的到来，人们必须面对一个无法躲避的事实：妇女天生的相对于男人的巨大的软弱性。作为强者的男人，在他不再相信女人的神奇力量之后，往往会自然而然地鄙视女人，并把女人当作弱者来奴役。后来的确有过这样的阶段，即人们认识到这样一个非自然的、神秘的真理：强者确实急切地需要弱者。大自然从一开始就迫使人们认识到这一真理，但很难说物质是精神的象

---

① 赫西奥德：《工作与日子》，69 以下。
② 赫西奥德：《工作与日子》，59。

征，而且希腊人也没有认识到这一点，只是这一真理偶尔也在哲学家或诗人的脑海里闪现。

由此可见，潘多拉这个大地女神的伟大形象消退了：她堕落为一个美丽、古怪的女人。她原本是创造生命的母亲，但她打开了她那个巨大的坟墓坛子[1]，于是刻瑞斯从坛子里振翅飞出，带来死亡和疾病，留下的只有希望。奇怪的是，下文我们将会看到，当大地女神重新出现的时候，她是以阿佛洛狄忒的形象出现的。

三位一体的女神

至此我们已经看到，在原始时代的希腊人的心目中，女神具有双重身份。这种双重身份变化不定，且容易相互转化，最后演变成了女人一生的不同阶段：女儿（处女神）和母亲（神母）。但在希腊宗教里，除了成对出现的神母和处女神之外，还有以三个为一单位的女神形象，这就是三位一体的女神。这种女神乍看并不容易解释。我们不仅看到三个戈耳工女妖、三个格赖埃，而且还有三个塞姆那俄、三个摩伊赖、三个美惠女神、三个荷赖女神、三个阿格罗利德，以及九（三的倍数）个缪斯女神。

首先应该注意的是，三位一体的形式仅限于女神。在希腊宗教里，宙斯和阿波罗是父子关系，但我们并没有发现任何男性神祇有三位一体的形式。从北方传入的宙斯和阿波罗是希腊宗教神谱中唯一的一对父子。我们发现，波塞冬的父亲身份并没有受到强调，赫耳墨斯的儿子身份也没有受到强调。父子形象的发展演变并不像母亲和女儿的发展演变那样广泛。二重性和三位一体似乎都是古老的母权社会女神的特点。

大量证据表明，三位一体的形式是从二重性演变而来的。普卢塔克

---

[1] 关于这种坛子的起源，参见《希腊研究》1900年第20期，p.99。

注意到德尔斐存在的诸多令人困惑的现象中的一种——这种现象很值得研究：在那里，人们崇拜的是两个摩伊赖，而在别的地方，人们传统上崇拜的摩伊赖有三个。上文（第五章）我们已经说过，塞姆那俄的数量有时是两个，有时是三个。由于最后成为常规的是三个塞姆那俄，因此我们有理由相信，较早出现的是两个塞姆那俄。美惠女神的情形也是一样的。据保萨尼阿斯说，在皮奥夏，厄忒俄克勒斯不仅是"最先献祭美惠女神的人"，而且他还"规定人们要崇拜三个美惠女神"。至于厄忒俄克勒斯给这三个美惠女神起了什么名字，皮奥夏人已经记不得了。这是很不幸的，因为俄耳科墨诺斯（Orchomenos）是最早崇拜美惠女神的地方，在那里，她们的形象是三块天然的石头——据说是上天赐给厄忒俄克勒斯的。保萨尼阿斯还说："拉刻代蒙人（Lacedaemonians）崇拜的美惠女神只有两个，分别叫作克勒塔（Kleta）和法厄娜（Phaenna）。雅典人自古以来所崇拜的美惠女神也只有两个，名叫奥克索（Auxo）和荷格莫涅（Hegemone）。"但后来雅典人似乎也随大流了，"在卫城的入口处，他们竖立了三个美惠女神的塑像"。古代的俄耳科墨诺斯人、斯巴达人、雅典人崇拜的美惠女神都是两个。也许我们可以做出这样的推测：这两个美惠女神分别是母亲和女儿。

到了欧里庇得斯的时代，刻克洛普斯的女儿的三个女儿演变成了"三个处女"[1]，厄瑞克透斯的三个女儿（实际上是刻克洛普斯三个女儿的变体）成了"处女的三重轭"[2]。然而，就刻克洛普斯的女儿而言，有足够的证据[3]表明最初她们只有两个，这两个很可能是母女关系。阿格劳洛斯和潘德洛索斯是实有其人的人物，在历史记录里，她们有自己的庙堂和祭坛。阿格劳洛斯的庙宇位于卫城的北坡[4]，当时少女们常在那里跳

---

[1] 欧里庇得斯：《伊翁》，496。
[2] 欧里庇得斯：《厄瑞克透斯》残篇，V，3。
[3] 在《神话研究》一文中，我收集并讨论了有关的资料，参见《希腊研究》1891 年第 12 期，p.350。
[4] 保萨尼阿斯，I，18.2。

舞；潘德洛索斯的庙宇位于厄瑞克透斯庙的西边①。但是，我们没发现一座赫耳塞（Herse）的庙宇或祭坛。奥维德很可能感觉到了这个困难，在他的笔下，赫耳塞住在位于阿格劳洛斯庙和潘德洛索斯庙之间的一间房子里。②雅典的妇女通常是以阿格劳洛斯的名义起誓的，而很少以潘德洛索斯的名义起誓。③既然她们起誓时最常用的是阿格劳洛斯的名义，而且"阿格罗利德"这一名字也是因她而来的，因此她可能比潘德洛索斯出现得更早，而且是作为母亲出现的。赫耳塞根本不值得人们以她的名义发誓，从词源上说，她只不过是赫耳塞福里亚节（Hersephoria）毫无意义的名祖，是为了凑数以构成符合常规的三位一体而编造出来的第三个姐妹。她源于赫耳塞福里亚节，但这个节日并不是为了纪念她，而是纪念雅典娜、潘德洛索斯、该亚、忒弥斯、埃雷提伊亚的。

　　三位一体的女神的前身是成对出现的女神，但并不是每一对女神都会演变成三位一体的女神。在讨论九位缪斯女神时，普卢塔克说，不存在三个得墨忒耳、三个雅典娜或者三个阿耳忒弥斯。④他在无意之中触及了这样一个问题：一些成对出现的女神为什么抵挡住了演变成三位一体的女神的冲动？如果一对女神的人格化程度很彻底，比如得墨忒耳和科瑞，或者达米亚和奥塞西亚，那么就不会轻易添上第三个形象；如果一对女神还处在变动之中，她们的称呼只是一些修饰性的称号，还没有演变成具体的专有名词，那么，再添一个或减少一个形象也就无关紧要了。因此，我们看到了三位一体的塞姆那俄、荷赖、摩伊赖。但就忒斯摩福罗斯（立法女神）而言，她们本来可以很容易地演变成三位一体的女神，但由于得墨忒耳和科瑞已经具备明确的形象，因此她们自始至终都是成对出现。

　　如果我们要问形成三位一体的动力是什么，答案必然是复杂的，这

---

① 保萨尼阿斯，I，26.6。
② 奥维德：《变形记》，II，759。
③ 关于阿里斯托芬《立法女神节妇女》第533行的评注。
④ 普卢塔克：《会饮篇》，IX，14.2。

个结果似乎是由许多因素促成的。

　　第一个也许也是最重要的一个因素是，在祭祀较低层次的神灵、死者及土地神灵的仪式上，出于我们无法理解的原因，"三"是一个神圣的数字。[①]死者被召唤三次；对死者的祭祀是在第三天举行的；在希腊的一些地方，葬礼要持续三天；上文（第五章）已经说过，由冥神监护的阿瑞俄帕戈斯法庭每个月只有三天判案的时间；人们是在三岔路口崇拜冥界的三面神赫卡忒的。因此，由三位一体的女神来监护这些与"三"有关的仪式就是自然而然的事了。如果冥界的神灵成为农业的主宰，那么，季节从两个向三个转变往往会伴随着女神数量的变化。如果只有两个季节，那么两个女神就够了——母亲职司丰饶的夏季，女儿职司荒芜的冬季。但是，当季节由两个变为三个，就需要有三个女神，至少可以说人们希望有三个女神。

　　最后，我们不能忽略艺术的影响。母亲作为一个中心人物，如果只有一个女儿，那么这样的组合是不适当的。古代艺术讲究组合上的对称，因此，一个母亲配上两个女儿是很有必要的。这样的组合出现在图59的皮奥夏花瓶图案中，就很容易使人想到那是三位一体的女神。[②]

　　值得注意的是，在希腊神话中，三位一体的女神一旦形成，这三位女神就总是以处女而不是母亲的形象出现。她们可能源于母亲和女儿，但是母亲这一形象最后彻底地消退了。美惠女神、摩伊赖（命运女神）、荷赖（时序女神）全是处女。罗马宗教的情形恰好相反。在晚期的罗马

[①] 关于死者崇拜中的"三"，参见代尔斯（Diels）的著作（*Sibyllinische Blätter*），p.40。关于女神之外的三位一体的现象，参见乌塞奈尔（Usener）的论文《三位一体》，刊于 *Rhein. Mus.* 第58期，pp.1—47。

[②] 在此也许有必要提出一点，具有二重性的女神的本质使她成为占据中心的女神，比如，埃雷提伊亚从没有演变成三位一体的女神。通常只有两个埃雷提伊亚，例如，在雅典娜诞生时，在宙斯的两边各有一个埃雷提伊亚，但是我们从来没有见到过三个埃雷提伊亚。

艺术作品中，经常可以看到三位一体的丰产女神，但她们是母亲①。三个母亲显得很笨重，舞姿也不优美。

图 72 是一幅古代还愿浮雕②。这是现存最早的三位一体的处女神形象。如果浮雕上没有刻上铭文，也许我们无法说出这三个表情严肃的女神的名字——其中两个拿着果实，另外一个拿着花环。本来她们可能是美惠女神，也可能是欧墨尼得斯。可喜的是，这幅浮雕的作者没有留下任何疑问，他在她们的旁边刻上了这样的铭文："苏提阿斯（Sotias）敬献处女神科赖（Korai）。"苏提阿斯把这三个威严的形象紧密地放在了一起。虔诚的他意识到，尽管她们是三个人，但她们只是一个女神罢了。可以说，他是半个一神论者。

图 73 同样清楚地表明了处女三女神的来源。这幅浮雕是考古工作者在雅典狄俄尼索斯神庙的"厄涅阿克罗诺斯"发掘现场发现的。浮雕大部分位置被两个潘神所占据，和他们在一起的还有山羊，他们之间隔着

图 72

图 73

---

① 罗斯切尔：《词典》，"母亲"条目。
② 《希腊研究》第 19 期，p.218，图 3。

一座祭坛。潘神有两个，这不是因为他们是父子，而是因为有两个山洞，人们认为每个洞穴里都住着潘神。马拉松（Marathon）战役之后，在古老的阿格罗利德跳舞场上，人们确立了对潘神的崇拜。到了欧里庇得斯的时代，潘神被看作主人，而阿格罗利德则被当作客人：

> 啊，那潘的洞穴呵，附近是坚硬的岩石，
> 那是多洞的长岩。
> 在那里，阿格劳洛斯的三个女儿在翩翩起舞，
> 她们踏着帕拉斯庙前的绿茵茵的草地，
>
> 和着排箫的音乐。
> 那时你，潘呵，在你那牧羊人的洞穴里
> 吹着你的箫。①

但是，潘是后来者，而阿格罗利德和她们那人头蛇尾的父亲刻克洛普斯一样，从一开始就存在了。尽管浮雕的作者着意表现刚刚传入的潘神，但他不会也不能够忘记那三个处女。他把她们雕刻在上方的饰带上，并用一种奇特的手法暗示，虽然她们有三个，但只是一个女神而已：在饰带的左角，他雕了赫卡忒②这个三面神的形象。

但是，随着时间的流逝，人们越来越淡忘这个三体合一的事实。她们演变成三个单独的处女神。在她们跳舞时，赫耳墨斯是领舞者。人们崇拜赫耳墨斯，把他看作掌管丰产、确保牛羊成群的男性神祇，对他的崇拜和对美惠女神的崇拜有密切关系。

有一种还愿浮雕是我们最常见到的，图74所展示的就是其中一例③。

---

① 欧里庇得斯：《伊翁》，490，D. S. 麦科尔译。
② 关于赫卡忒的演变与美惠女神之间的关系，参见《古代雅典的神话与遗迹》，p.373。
③ 维也纳博物馆藏品，发现于加利波利（Gallipoli）。参见 O. 本多夫教授的文章《苏格拉底的美惠女神》，刊于《考古研究》，1869 年。

图 74

浮雕表现的是发生在潘神洞穴里的情景：潘正在吹箫，三个处女在赫耳墨斯的带领下正在跳舞。浮雕的作者明白，在他那个时代，这个洞穴属于潘，但是最早住在这里的居民——那三个处女——在这里依然占据着最显要的地位。通常说来，这种浮雕是不标铭文的，有时也标上表示敬献的词语"献给处女神们"。阿格罗利德的性格已经变得模糊，她们只是以处女或新娘的形象出现。

古代三位一体的女神（如威力无比的美惠女神）在奥林波斯神面前变得暗淡无光，最后只退化为起陪衬作用的跳舞女郎。但有时在有关这些奥林波斯神的神话里，我们依然可以追溯到那些古老神灵的影子。其中一个非常奇特的例子就是人所共知的"帕里斯的评判"的故事[①]。这个故事的演变、发展及其衰落都有重要的启发意义，因此有必要对其作详细的考察。

"帕里斯的评判"

我们所看到的这个神话是父权社会的产物，它足以让宙斯这个奥林波斯神满意。他猥琐甚至粗俗，炮制了一出古代的羊人剧（Satyr-

---

① 罗斯切尔《词典》的"帕里斯"条目收集了有关这个故事的资料，但这个条目的作者似乎根本没有意识到这个神话的真正内涵。

play）——现代人称之为滑稽剧：

> 三个女神来到伊得山，
> 这些永生的女神在那里发生了一场争论——
> 她们当中谁是最美丽的女神？
> 谁应该得到属于最美丽的女神的奖赏？

这场争吵的起因是：在珀琉斯和忒提斯的婚礼上，众神云集，厄里斯向众神扔出一个金苹果，上面题有"献给美丽女神"的字样——有些学者认为上面的题字是"献给美丽女神的苹果"；这三个高高在上的女神来到国王的儿子、牧人帕里斯的跟前，请他做出评判。根据这个版本，该神话的核心就是选美（$καλλιστεῖον$）。

保留至今的有关古代瓶画有好几十幅，但只有一幅是表现这个故事的内容的。图 75 摹自巴黎国家博物馆收藏的一个晚期红绘巨爵上的图案。一副弗里吉亚人装束的帕里斯坐在正中，赫耳墨斯正把自己的来意告诉帕里斯。在他们的周围，三个女神正在以自己特有的方式为这场选美作准备。赫拉无须任何帮助，她只要了她的面纱，眼下正心满意足地打量镜中自己的形象；阿佛洛狄忒伸出一只漂亮的手，一个爱神正在"把金手镯戴到她的手上"；雅典娜身后跟着一条严肃的巨犬，她来到一个有泉水的祭坛边，作为心灵纯洁的女神，她把自己的盾牌放在一边，系好身上的衣裙，准备好好地清洗一番。俄诺涅（Oenone）喊出了我们的心声：

> "啊，帕里斯，
> 把金苹果判给帕拉斯吧！"但他没有听到我的呼喊，
> 或者他并不想听我的话，可怜的我啊！

值得注意的是，即使是在这幅表现选美比赛的图画里，我们也没有不错，有时其中一个女神手里拿着一只苹果，图 76 就是一个很好的例子，这是大英博物馆收藏的一个红绘酒罐①上的漂亮图案。图画中的女神有的拿着苹果，有的拿着鲜花，我们很快就会看到其中的原因。在这里，赫拉拿着一只苹果，但在图 80 中，拿着苹果的是其他两个女神。在图 76 中，阿佛洛狄忒和赫拉的旁边都标有 Καλή（意为"美丽的"）字样，

图 75

图 76

---

① 编号 E289。参见《希腊研究》1886 年第 7 期，p.9。

帕里斯坐在这两个光彩照人的美女面前，用面纱挡住自己的眼睛。根据图中标的 Χαρμίδης 字样，我们可以推断这个花瓶是公元前 5 世纪上半叶的文物。

至于此类题材的黑绘瓶画，图 77 是一个很好的例子。这是佛罗伦萨的希腊-伊特鲁里亚博物馆收藏的一个浅碟①。图中的三位女神没有拿苹果，也没拿任何标志物。中间那位女神穿着有花点的衣袍，这使她跟其他两位女神区别开来。三个女神在赫耳墨斯的带领下，来到帕里斯的跟前。很明显，帕里斯惊慌失措，正要离开。图 78 是一个奇特的画面：赫耳墨斯实际上是用手抓住帕里斯的手腕，强迫他留下。②可以清楚地看出，这幅画的作者无疑对美貌和性感的女神们感到很满意。三个女神被精心刻画得一模一样，都拿着一个花环。要把她们区别开来不是一件容易的事。三个女神被紧密地放在一起，情形和图 72 中的三个处女神相似。

图 77

最后，我们来看图 79。这是一个椭圆形黑绘花瓶③上的图案，这种类型的瓶画是我们最常见到的：赫耳墨斯带领着三个女神。但是，在这幅表现"帕里斯的评判"的瓶画中，帕里斯并没有出场。可以毫不夸张地说，在每四幅描绘"帕里斯的评判"的黑绘瓶画中，就会有三幅是没有主角的，也就是说，帕里斯没有出现在画面上。这幅瓶画描绘的情景很简单：三个女神列队跟在赫耳墨斯的后面。

考古学家在研究表现"帕里斯的评判"的瓶画时没有一个会忽视这

---

① 《希腊研究》1888 年第 7 期，p.198，图 1。
② 《希腊研究》1888 年第 7 期，p.203。
③ 《希腊研究》1888 年第 7 期，p.282。

图 78

图 79

一奇怪的现象。不同的人对此作出了不同的解释。人们认为，瓶画所表现的内容源于文学作品，于是有人试图从文学的角度来解释这些瓶画。有人提出，普罗克洛斯在他的《库普里亚》（*Kypria*）的某些片段中提到，"是赫耳墨斯按照宙斯的旨意把这三个女神带到伊得山的"，因此这些瓶画所表现的就是赫耳墨斯带领女神们到伊得山的情景。这种解读方式现在已经遭到怀疑。没有人会认为，没有文化的瓶画工匠在作画时会在自己的面前摆上一本《库普里亚》。瓶画有着自己的传统。

有人还尝试了另一种解释,这种解释不见得比前一种更令人满意。据说,"古代的美术作品对列队的场面情有独钟"。具体到某一幅古代瓶画,为了填满瓶画周围环形的装饰部分,画家确实喜欢画一些列队行进的场面,但这并不是说他们对此有着一种不可理喻的强烈爱好。古代瓶画作者喜欢的是别的东西,他们喜欢清楚地描述一个故事。在描绘别的神话故事时,古代瓶画并不见得非要用列队行进的场面来表现故事内容不可。事实上,古代瓶画在很大程度上受到传统形式的支配,但是瓶画家并不能容忍那种没有必要的晦涩。这些表现"评判"的画面其实是一个静止的情景:帕里斯位于中间,赫耳墨斯处于从属的位置。

我们已经习惯于认为那是列队行进的情景,这就要求我们发挥想象力,来设想其中所包含的截然不同的神话内容。但是,如果我们摆脱了一些先入之见,那么我们自然会看到,画家是在用这样一种清楚的方式讲述一个神话故事:帕里斯位于中间,面对获胜的阿佛洛狄忒,他在跟她说话,或者正把那只苹果或王冠交给她;在他的身后(这表示某种忽视),是在这场竞争中落败的两个女神;在此类瓶画中,赫耳墨斯都会出现,以表明他是受到众神的委托。这种瓶画构思在晚期确实出现了,至此,瓶画家已经挣脱了占主导地位的传统的束缚,成为独立思考的人。我们所见到的瓶画中的列队行进场面并不是为神话而作的,它只是取材于神话,并作了相应的改编。有人立即会问:"从某种意义上说,神话不是源于业已存在的美术作品所表现的某种场面吗?在这种场面里,帕里斯并没有出现,那只金苹果也没有出现呀。"但那个场面表现的是一个古老的题材:赫耳墨斯带领着三个美惠女神。在图79中,站在中间的雅典娜与众不同:她戴着高高的头盔,披着羊皮盾。雅典娜是三个女神当中第一个被区分出来的,这是为什么呢?她没有获胜,但是这幅瓶画的作者是雅典人,他关心的是"处女雅典娜"的荣耀。

图80是柏林博物馆收藏的一个椭圆形黑绘花瓶上的图案,图中三个女神都很相像:第一个拿着一朵花,另外两个拿着水果,这些都是适合

美惠女神的标志物。赫耳墨斯带领着她们,他肩上背着一只毫不相干的大绵羊——跟他这个代表众神到伊得山去的传令员毫不相干,但对于美惠女神的带领者、掌管牛羊增产的神祇来说,这只绵羊有着特别的意义。这幅画表现的内容到底是"帕里斯的评判"还是赫耳墨斯和美惠女神,谁能说得清楚呢?就像我们通常遇到的情形一样,这里的疑问比确定无疑的答案更具有启发性。

图80

我认为,单是这些瓶画就足以证明,"帕里斯①的评判"这个故事确实是以赫耳墨斯和美惠女神为基础的。但是,文学作品中的描述也能够证实这一观点。帕里斯的"决定"($K\rho i\sigma\iota\varsigma$)既是一种"评判",也是一种"选择",这个选择有点像哲学家普洛迪科斯(Prodicus)为赫拉克勒斯编造的选择,尽管这个选择比那种露骨的说教更自然,也更微妙。在神话传说中,这个决定跟一个特别的英雄的名字有联系,这个英雄是"独来独往的年轻人,住在一间空荡荡的小屋的炉灶边"②。做出这

---

① 帕里斯这一形象和我们的讨论并无多大关系,他之所以广为人知,是得益于荷马史诗的广泛影响。最先把金苹果引发的纷争和特洛伊战争联系起来的很可能是《库普里亚》的作者。
② 欧里庇得斯:《安德洛玛刻》(*Andromache*),281。

一选择所经历的犹豫和痛苦是可想而知的，因为它将触发希腊神话传说中最大的悲剧。但是，在帕里斯出现之前，那个选择就已经存在了。至于与这个选择有关的具体细节，人们有各种不同的说法。雅典娜有时被喻为"智慧"，有时被喻为"战争"，但通常情况下，赫拉是"高贵"或"辉煌"的化身，雅典娜是"英勇"的化身，而阿佛洛狄忒当然是"爱情"的化身。那么，这个"年轻人"到底要做出什么样的决定呢？三女神当中谁最美丽？或者说他最想得到她们当中谁的礼物？这一点也不重要，因为这只是一样东西的两种不同的说法罢了。晚期的作者（包括亚历山大的和罗马的作者）把这个故事庸俗化了，把它说成是三个性格分明的女神之间的选美竞赛。这本身已经够庸俗的了，而更庸俗的是其中掺杂的贿赂行为，而且它也把这个问题复杂化了。但是，早期的各个版本的传说并不是根据她们的礼物来区分三个女神的。她们之间并没有什么差别，只是她们各自的礼物并不相同。她们是美惠女神——礼物的赐予者。她们本身就是礼物，或者如希腊人所说，她们的礼物就是她们的标志。赫耳墨斯长久以来就是带领她们的，而且他以不同的形象出现。在人们的心目中，她们是没有分别的，都是恩惠的赐予者。但是，只需稍作思考就会明白，各种恩惠之间是互不相容的，只要选择了其中之一，其余的就会被抛弃。

在潘达瑞俄斯三个女儿的神话中，我们看到三个女神同样是礼物赐予者，但在这个神话里，她们不是竞争对手。和她们在一起的还有另一个女神——阿耳忒弥斯，她的出现有着特别的意义。荷马是通过珀涅罗珀来讲述这个故事的：

> 众神杀戮她们亲爱的双亲，
> 这些少女孤苦伶仃，被遗弃在自己的家里。
> 美丽的阿佛洛狄忒照料她们，给她们送来奶酪、蜂蜜
> 和醇郁的浆酒；赫拉赋予她们美貌

和才智，让她们超过所有的女人；神圣的阿耳忒弥斯
赐予她们优美的身材；让她们高兴至极的是，
雅典娜教给她们女人所需的灵巧手工。①

在这里，我们看到处女们得到了处女神的照料。但在荷马看来，最主要的处女是阿耳忒弥斯——阿波罗的孪生姐姐、宙斯的女儿。②荷马让珀涅罗珀在向阿耳忒弥斯祈祷时讲述了这个故事。

但是，由于受到荷马以及他所代表的文明的影响，阿耳忒弥斯这一形象变得越来越重要，特别是和下界的科瑞——阿佛洛狄忒——相比，阿耳忒弥斯显得重要得多。在欧里庇得斯的《希波吕托斯》中，她们俩被刻画成永远的冤家对头。对诗人来说，这种冲突是两种道德理想的冲突。但是，这部戏剧是在一种模糊的背景下诞生的：在古代人的想象里，代表各个种族的诸神相互争斗——这种争斗实质上是北方的激情与南方冷静的纯洁之间的对抗。

尽管阿耳忒弥斯属于晚期的北方神话体系，并不在我们的研究范围之内，但是，她那冷静、顽强的力量深深地影响了古代处女三女神之一的雅典娜。在《选集》中，有一段精彩的诗歌值得我们注意，因为这些优美的诗句清楚地告诉我们，对处女神——不管是南方的还是北方的处女神——的崇拜反映了崇拜者的处女身份：

> 提玛瑞特，大海的处女，
> 在她成婚之前，把她的钹和可爱的球带到这里，
> 送给你这个处女。这是她的奉献：
> 发套、处女的玩偶、玩偶的衣服、一切的一切。
> 勒托的孩子，把你的手放在提玛瑞特的上方，

---

① 荷马：《奥德赛》，XX, 67。
② 阿波罗毫无疑问是来自色雷斯（Thrace），他的姐姐阿耳忒弥斯很可能也是这样。

让她和你一样永葆贞洁。①

如果我们对母权社会的各个女神一一进行考察，那将是一项浩大的工程，尽管我们会从某些方面获益。我们不可能一一探究各个地方性科瑞的起源和演变：狄克廷娜（Dictynna）、阿淮亚（Aphaia）、卡利斯托（Callisto）、赫卡忒、本狄斯（Bendis）等。尽管如此，我们还是有必要集中讨论在"帕里斯的评判"中出现的那三个占主导地位的处女神——赫拉、雅典娜和阿佛洛狄忒。

雅典娜

也许读者的心中一直抱着这样的疑问：这三个女神当中的两个——赫拉和阿佛洛狄忒——能不能称得上"处女"？幸好，就雅典娜而言，这样的疑问并不存在。雅典娜的别名叫帕耳忒诺斯（Parthenos），意即"处女"，她的神庙也因此被称为帕耳忒农神庙（Parthenon）——处女的闺阁。她坚决地拒绝生儿育女，但按照古老的母权社会的传统，她作为养母养育了许多英雄：该亚——真正的母亲——生了厄里克托尼俄斯，但把他养大成人的是雅典娜；她和赫拉克勒斯也有类似的关系，她是赫拉克勒斯的（处女）养母。

此外，人们常常说她最初的名字"雅典娜依亚"（Athenaia）纯粹是一个修饰性的称呼②，表明她是雅典人，是雅典的少女，是帕拉斯。柏拉图在《法律篇》中明确地说，雅典娜依亚是地方性的科瑞，是雅典的化身。只不过柏拉图受到他那个时代的影响，把因果关系颠倒了：他认为是先有崇拜的偶像，然后才有崇拜者。在说到拿武器的雅典娜时，他说："我认为，住在我们中间的科瑞在跳舞时为了尽兴，是不会空手舞蹈的，

---

① 见 *Anthol. Palat.*, VI, 280。
② 波利-威索华的词典，"雅典娜"条目，p.1941, p.50。

她会披戴全副盔甲，从而使她的舞蹈更加完美。在这方面，我们的男女青年应该模仿她，因为这种模仿是合适的。"①但恰恰相反，是她模仿了她的男女青年，因为她就是他们的生命和存在的化身，她在跳舞时和他们一样披戴盔甲；在他们打仗时，她和他们并肩作战；正像他们获得新生之后成为理性和光明的孩子一样，她是从父亲的头脑里诞生的。

雅典娜的别名"帕拉斯"的起源同样很有意思。如果说雅典娜是雅典人自己的科瑞，那么，帕拉斯就是帕兰提代家族（Pallantidae）的科瑞，该家族是雅典人忒修斯的死敌。后来，他们的男性名祖就是帕拉斯：

> 通过抽签，帕拉斯分得了
> 南方的土地。粗犷的帕拉斯，他养育了
> 一群巨人。②

"帕拉斯"这个名字本身和科瑞一样，似乎也表示处女的意思。苏伊达斯在解释这个词时说："（帕拉斯是）一个伟大的少女，是雅典娜的称号。"斯特拉博在讨论埃及底比斯人的崇拜时更是直截了当地说："他们把一个出身高贵的美貌少女献给宙斯，因为他们崇拜他胜过崇拜其他所有的神灵。希腊人把这些少女叫作帕拉德斯（Pallades）。"③这个具有地方色彩的帕拉斯掌管着护城神像（Palladium）的古老法庭。在游行的队列中，刚成年的男青年抬着她的塑像，但这时她被称为帕拉斯，而不是雅典娜。但是，随着她的家族被征服，她的形象渐渐消退，最后被雅典娜依亚所取代，"帕拉斯"便成为雅典娜的具有修饰作用的名，就像"福玻斯"是阿波罗的名一样。我们可以推测，这个古老的帕拉斯塑像被安放在阿瑞俄帕戈斯，那是古老的塞姆那俄的故乡。很可能早在卫城占据

---

① 柏拉图：《法律篇》，796。
② 索福克勒斯的残篇，参见斯特拉博，§392。最先提出帕拉斯是帕兰提代的名祖英雄这一观点的是邓克尔（Düncker），参见他的《希腊历史》第 1 卷，p.113。
③ 斯特拉博，XVII, 46 § 816。

主导地位之前，这个地方就已经和当地一个家族有了神圣的联系。在欢迎这个女神时，塞姆那俄就是把她称为帕拉斯的："我欢迎帕拉斯的到来。"① 在这个问题上，诗人是凭着直觉忠于事实的，尽管他并没有意识到这一点。

讲述雅典娜诞生的故事等于追溯雅典这座城市的历史，也许可以说是追溯它的政治发展史，而不是宗教发展史，如果说这两者可以分割开来的话。最初，她是早期神话体系中的少女，因此必须跟这个体系中的一个神祇波塞冬争夺支配地位。已故的 R. A. 尼尔先生的研究表明，波塞冬是古代雅典贵族的神祇，由于这些贵族声称自己是波塞冬的后代，所以他们赖以生存的基础是父权制的社会。② 民主的兴起使科瑞这一古老形象复活了。但奇怪的是，在让科瑞复活的同时，他们对她也进行了修正，在很大程度上剥夺了她的美貌和现实性。他们把她变成一个没有性别的人——既不是男性也不是女性。像菲迪阿斯（Pheidias）的帕耳忒诺斯一样，她被赋予许多标志，承担人们表达的意思。但到头来，她依然是人们编造出来的、不真实的，也从没有能够说服过我们。事实上，她就是堤刻——雅典城邦的命运。市民们崇拜的对象并不是这个女神，而是这座城市本身——"一群拥戴者的永生的女主人"：

> 这座城市的优雅之处在于她头上
> 戴着一条束发带，
> 那是紫罗兰的颜色，和她的秀发相当匹配；
> 无论是山谷还是绿色的高地，都没有如此漂亮的地方；
> 深深的海洋也没有见过这种多次出生的情形。③

这座城市

---

① 埃斯库罗斯：《降福女神》，916。
② 《阿里斯托芬的〈骑士〉》（*The Knights of Aristophanes*），p.83。
③ 见吉尔伯特·默里：《古代希腊文学》，p.178。

> 建立在清澈透明的思想海洋之上，
> 建立在永恒之上。

关于雅典娜的虚假和不真实，让人感受最深的是她从宙斯的脑子里诞生的神话——这跟雅典毫无关系。也许诗人能够看出这种情景的壮观之处：

> 她的生命像闪电一般从她父亲的头脑里迸发出来。

但是，让地生的科瑞摆脱她身上的母权社会的特征，这依然是神学的一种权宜之计。《荷马颂歌》的作者让雅典娜出生时拥有非凡的相貌，但这根本没有给人留下什么印象。在他看来，这个女神显然就是理性、光明和自由。她是在旭日东升时出生的：

> 许珀里翁那光明的儿子暂时停下了
> 他那些飞奔的骏马。①

她的诞生影响到宇宙的万物：

> 高高的奥林波斯山
> 因为那双海灰色的眼睛而摇晃，大地的各个角落
> 回荡着可怕的喊叫，深深的大海翻腾着
> 紫色的波浪，潮汐突然汹涌而至。

众人惊恐不安，而"宙斯——众神和万民的君父——高兴了"，但普通读者依然不为所动。说到底，这只是不真实的戏剧表演。从这场表

---

① 《荷马颂歌》，XXVIII，D. S. 麦科尔译。

演中，我们可以感觉到其中的神学目的，并且因此而感到愤怒。我们无法喜欢这样一个女神：她源于大地，但却全然忘了大地。从那个"遗失的领路人"的口中，我们总是能够听到那可耻的否认：

> 我不是母亲生下的孩子，
> 万物之中，我最赞美的是男人（婚姻除外），
> 我一心一意坚决地支持父亲。①

政治和文学把雅典当地的科瑞变成了一个没有人性、不真实的抽象物。但我们高兴地看到，简朴、保守的瓶画作者并没有忘记她那卑微的出身。图 81 是布雷斯劳（Breslau）博物馆收藏的一个科林斯白色花瓶上的图案。在画面的中央，赫拉克勒斯正在斩杀许德拉（Hydra），这是一只长着多个头颅的怪物。伊俄拉俄斯（Iolaos）正从右边对付其中一些头颅，他的战车的驭手拉庇托斯正在战车上等待。图画上所有人物的旁边都清晰地标上了科林斯早期的字母，这些文字的年代大约为公元前 6 世纪初。雅典娜——赫拉克勒斯的处女养母——也驾着她的战车来帮助她的英雄（见图的左边）。在她的身后，一只长有女人头的鸟站在马鞭上。如果图中没有标上铭文，我们会毫不犹豫地把她称为"起装饰作用的塞壬"。但就在这只长着女人头的鸟的旁边清楚地写着

图 81

---

① 埃斯库罗斯：《降福女神》，736。

Foûs 字样。乍一看，这一铭文对我们似乎并无多大帮助，但让我们高兴的是，词典编纂者们为我们解释了这个词。①《词源大典》上说，πώυγγες 的意思是 αἴθυιαι，这个词的另一种形式是 βοῦγγες。赫西基俄斯只是说，πωνξ 是"一种鸟"，他还提到了亚里士多德在他的《动物志》中的有关说法②。我们看到，亚里士多德所用的词是 φῶυξ。问题似乎已经清楚了：科林斯花瓶上所标的 Foûs 是"潜水鸟"（Diver-bird）这个名称的一个变体。

瓶画上的铭文也证明这个花瓶是科林斯的文物，而科林斯距离墨伽拉并不远。保萨尼阿斯在讨论雅典各个国王的世系时说，雅典国王之一潘狄翁（Pandion）最后逃往墨伽拉。他在那里病倒后便去世了，之后被安葬在墨伽拉海边的一处悬崖上，这个悬崖被称为雅典娜·埃图依亚（Aithuia，意为"潜水鸟"）悬崖。③潘狄翁的家族和鸟的神话有着密切的联系：普洛克涅（Procne）、菲罗墨拉（Philomela）、伊堤斯（Itys）和忒柔斯（Tereus）后来都变成了鸟。忒柔斯变成一只戴胜。在他死后，人们定期在他的坟墓旁举行崇拜仪式。据说，第一只戴胜就是在那里出现的。④这个故事似乎让人想起关于灵魂鸟在坟墓周围出没的传说。利科弗龙（Lycophron）在他的书中提到一个处女神，她也是一只潜水鸟。根据他的描述，卡珊德拉（Cassandra）在疯狂中对埃阿斯（Ajax）的愤怒做出了预言，还预见到自己的祈祷将会毫无意义：

我将会召唤那个处女——潜水鸟，但终归无用。⑤

---

① 最先注意这只长着女人头的鸟及其意义的是马克西米利安·迈尔（Maximilian Mayer），见《神话历史》（*Mythhistorica*），刊于《赫耳墨斯》第 27 期，p.483。
② 亚里士多德：《动物志》，IX，18，p.617a9。
③ 保萨尼阿斯，I，5.3 及 I，41.6。另见弗雷泽的有关论述。
④ 保萨尼阿斯，I，41.9。
⑤ 利科弗龙的著作，359。与利科弗龙的描述相关的是，在目前所知的早期的表现卡珊德拉被劫的瓶画上，我们惊奇地看到，在雅典娜的背后也有一只巨大的长着人头的鸟（见《希腊研究》，1884 年，图版 XL），但这也许只是一种巧合。

让我们记住这一点，同时回头看图 81 中那只长着女人头的鸟。从中我们可以得出一个似乎是必然的结论：她就是雅典娜早期在某些地方的形象。这幅瓶画的作者已经接受了一种更进步的观点，即把女神人格化，因此他把她刻画成完全具有人的形象的雅典娜。但是他的脑子里依然萦绕着那古老的回忆——她的前身是墨伽拉的潜水鸟，因此他在图画中增加了它的形象，一方面作为雅典娜的替身，另一方面作为侍候雅典娜的鸟，并把它叫作 Φοῦς。雅典娜在卫城还有一只侍候她的鸟，这种小猫头鹰如今在夜里还在这座圣山上出没，在帕耳忒农神庙废墟上鸣叫。无论什么鸟，只要它在一个地方数量特别多，而且特别引人注目，那么它自然就会和雅典娜女神联系在一起。它首先会成为她的化身，然后成为她的标志物：在墨伽拉的海边是潜水鸟，在雅典是猫头鹰。这位瓶画家既记得墨伽拉也记得雅典，因此他在画中还加上一只猫头鹰，这样这幅画就更完整了。

图 82 是西西里一位收藏家收藏的一个黑绘细颈有柄花瓶①上的图案。画面表现的是卡珊德拉正在试图摆脱埃阿斯的追逐，要寻求雅典娜的木雕神像的庇护。画面的左边站着老国王普里阿摩斯，他很悲愤，但无能

图 82

---

① O. 本多夫：《希腊和西西里的瓶画》，图版 51.1。

为力。这个画面有一个值得注意的地方，那就是，虽然雅典娜在此是一座塑像，但她显然正要动身去救卡珊德拉，并且首先派出她的圣兽——一条巨蟒。蛇明显被人们看作是女神的愤怒的化身。克律塞斯——另一个地方的科瑞——派去进攻入侵者菲罗克忒忒斯（Philoctetes）的就是这样一条蛇。索福克勒斯直截了当地说，克律塞斯派出的蛇就是那座露天神龛的秘密守护神。① 我们可以推测，这条"护家蛇"是每一个地生的科瑞最早的形象。在雅典的菲迪阿斯的那座用黄金和象牙雕塑而成的塑像上，它在盾牌之下卷曲着。根据传说，它是地生的英雄厄里克托尼俄斯，他就是由雅典娜女神养育的。但是，几乎可以肯定的是，这条以守护神形象出现的蛇最初就是这座城市的守护神和命运之神，只不过当时守护神尚未取得神祇的地位。据希罗多德说，当波斯人围攻雅典城的时候，这条护城蛇对那些涂了蜂蜜的糕点无动于衷，可这是人们每月奉献给它的食物，因此，"女祭司跟大家说起这个消息的时候，雅典人更加迫不及待地逃离这座城市，因为那似乎表明女神已经放弃了这座城市"②。

图 83 是一个晚期的红绘花瓶上的图案，该文物现被雅典国家博物馆

图 83

① 索福克勒斯，《菲罗克忒忒斯》，1327。
② 希罗多德，VIII, 41。

收藏。这个画面会让人想到"帕里斯的评判",但在此我们只见到雅典娜女神。在她的旁边,有一条高度和气势都和她相当的巨蟒。瓶画的作者似乎隐隐约约地意识到这条蛇可能是雅典娜的替身。① 图的左边有一个女人,很可能是海伦,她似乎在恳求雅典娜的小神像发发慈悲。厄洛斯显然在试图让帕里斯把注意力从雅典娜身上转移到海伦身上。

到了雅典娜出现在美术作品中的时代,她就已经彻底地蜕去了身上的动物形象,并且把蛇和鸟——她的前身——变成了自己的标志。但是,有时在黑绘瓶画上,她还是以带着翅膀的形象出现。在一只黑绘陶杯的正面图案(图 84)上,画家就给她画上了翅膀②。要不是她戴着头盔,我们也许会把她叫作厄里尼厄斯。在埃斯库罗斯的《降福女神》中,雅典娜刻意摆脱自己身上的原始痕迹,但令人疑惑的是,她强调自己没有翅膀也能够飞翔:

图 84

我有一双不知疲倦的脚,即使没有翅膀,
我也可以用我的羊皮盾作为风帆,快速飞翔。③

---

① 在我写下以上内容之后,埃文斯先生在克诺索斯发现了这样的女神形象:她双手分别拿着一条蛇,头上也盘绕着一条或多条蛇。她也许是雅典娜、厄里尼厄斯和以各种形象出现的大地女神的原型。参见《不列颠学院年鉴》1903 年第 9 期,p.74,图 54。
② 画有长着翅膀的雅典娜的另一幅瓶画是由 A. 德·里德发表的,见 *Cat. Bibl. Nat.* 第 269 期,p.173,图 23。在这幅瓶画中,雅典娜在海上飞翔,背着一个英雄的遗体。在此,她执行着厄俄斯、死亡之神塞壬或哈耳庇的职能。
③ 埃斯库罗斯:《降福女神》,407。

但在陶杯的反面图案上,她身上并没有翅膀,可见,画家并没有明确的观点。这个花瓶很有启发性,它表明,瓶画上的神祇形象在很长一段时间里是变化不定的。

阿佛洛狄忒

接下来我们要讨论的是处女三女神当中的阿佛洛狄忒。也许人们对她是否称得上"处女"感到怀疑。她是科瑞——一个永远光彩照人的女青年,但她并不是作为处女的科瑞。她更多的是一个新娘,但她是旧的神话体系中的新娘。她从未成为妻子,也无法忍受永久的父权制下的婚姻。在优美的荷马颂歌里,诗人明确地说,她的愿望是爱情,而不是婚姻。在被允许加入奥林波斯神的行列后,她被嫁给了工匠赫淮斯托斯——这种企图既愚蠢又徒劳。有意思的是,作为赫淮斯托斯的新娘,她的别名叫作卡里丝(Charis)。[①] 这个卡里丝是美貌的化身。

在荷马史诗里,她显然是奥林波斯山上新来乍到的神,几乎不被众神所接受,全然是个陌生者,时刻准备离开。和奥林波斯山上另一个不合群的神阿瑞斯一样,她乐于回到自己的家里。荷马给她起的两个别号库普里斯和库忒瑞亚(Kythereia)表明最初她是南方那个岛屿(库忒拉岛)的地方性女神。她从未习惯北方的严寒,而北方则是阿耳忒弥斯喜欢居住的地方。居住在远离阳光的地方,她就会失去许许多多生活的乐趣。

表明她是在晚期才传入希腊本土的另一个标志是,在荷马史诗里,她是掌管某个方面的女神,只具有人的一种激情。其他更早期的神祇则重要得多,他们通常是万能的神。由于部族之间的融合,也由于受到文学的影响,许多地方性神祇出现了。因此,如果他们要聚在一起,那么必然会出现神祇的分工,也就是说,各个神分别掌管不同的方面。波塞冬在他的发源地是菲塔尔弥俄斯(Phytalmios),但在奥林波斯山上,他

---

① 《伊利亚特》,XVIII,382。

只是掌管一种要素的神；赫耳墨斯在他的故乡掌管牛羊畜群以及一切生命和成长，但最后只变成一个负责传令的神。

我们怀疑，在阿佛洛狄忒这一形象形成的过程中，她所执行的职能也被削减了。如果我们断定她最初是大地女神，那是很轻率的，但从对她的崇拜的某些特征和她的某些性格来看，她和"野生之物的母亲"显然有许多相似之处。丰产的动物——特别是鸽子和山羊——归她掌管，鸽子很可能在很早的时候就为她所掌管了。最近，亚瑟·埃文斯先生在迈锡尼发现了一座神龛，神龛上有一女神的形象非常奇特，这是早期女神的通常形象：柱形的身体，双手上举，头上有一只鸽子。这一形象的年代估计在公元前1000年之前，也许她就是阿佛洛狄忒的原型。其他同样是圆柱形的女神身上则缠着蛇，似乎表明这是大地女神。在那个较早的时代，人们通常不作严格的区分，但是目前我们还是不敢给这些早期的神祇安上奥林波斯神的名字。

最近在庞培（Pompeii）的考古发掘中发现了一幅精美的浮雕[①]（图85）。从其风格判断，这幅浮雕的年代大约为公元前5世纪和公元前4世纪之交。浮雕上的女神像得墨忒耳一样坐在地上，手里拿着节杖，表明她是女王。男女老少崇拜者在向她走来，他们献上的祭品——绵羊和鸽子——表明这个女神是阿佛洛狄忒。

根据神话传说，阿佛洛狄忒是在海里出生的（这个神话在某种程度上源自一种广为人知

图85

[①] 复制自照片。浮雕现被那不勒斯博物馆收藏。

但却是疑点重重的词源解释）。乍一看，这个神话似乎把阿佛洛狄忒彻底地和地生的处女神割裂开了。然而，即使如此，当我们考察与这个神话有关的美术作品时，我们就会立刻清楚地看到，关于她在海里诞生的神话其实源于她是地生的女神的神话，只是稍作修正罢了。

图 86 是热那亚博物馆收藏的一个红绘提水罐上的图案。该文物的年代大约为公元前 5 世纪。据我所知，这是唯一的一幅表现阿佛洛狄忒出生的瓶画。在画面的正中，一个只穿着一条长裙的女神从下方冒了出来，但是究竟是从海里还是从地里冒出，显然并不是瓶画作者所关心的。假如他想更加精确地表达他的意思，他只需画上一些曲线来代表大海——这是他那个时代用来表示海浪的最常用的方法。但是，他并没有这么做，我想这是很意味深长的。在这幅瓶画上，迎接女神的是修长的有翅膀的厄洛斯，女神举起双手，去接厄洛斯用来欢迎她的束发带。在这里，厄洛斯已经长大成人，而且他的出现立刻使我们想起阿佛洛狄忒。但是，我们肯定还记得，在上文讨论过的阿什莫林博物馆收藏的花瓶（图 71）上，爱神（厄洛斯）双手拿着束发带，但他迎接的不是阿佛洛狄忒，而是潘多拉的还阳。此外，我们同样还记得，在柏林博物馆收藏的那个巨爵（图 68）上，也是爱神在迎接大地女神——不管她是该亚、科瑞还是塞墨勒——的到来[①]。

图 86

[①] 本书第 12 章还将讨论更多的关于大地女神受到厄洛忒斯（Erotes）欢迎的例子。另见本书第 10 章。

可见，目前我们能够有把握地说的是，热那亚这只提水罐的图案表现的是女神的出现受到厄洛斯的欢迎。但是，在画面的右边，在正在上升的女神的背后，站着一个女人，她那伸出的双手上拿着一件衣服，显然那是给正在上升的女神穿的。这是此类表现女神诞生的瓶画中较少看到的因素，也正是这种新的因素使我倾向于有所保留也有理由地认为，这个女神是阿佛洛狄忒，尽管我并不敢肯定这幅瓶画的作者认为她是从海里诞生的。

根据古代传说，阿佛洛狄忒有两次受到女侍者——不管她们是美惠女神还是时序女神——的欢迎和打扮，一次是她从海里诞生的时候，另一次是她在帕福斯（Paphos）接受神圣的沐浴之后。关于那次沐浴，我们是从得摩多科斯（Demodocus）的歌谣中得知的。得摩多科斯吟唱道，她和阿瑞斯结婚后经历了欢乐和恐惧，最终她站了起来，

> 她，爱笑的阿佛洛狄忒，
> 快步逃离了阿瑞斯的住处，来到塞浦路斯的海边，
> 来到帕福斯宜人的海滨，来到那个点着香的石头祭坛。
> 在那里，美惠女神为她沐浴，给她的全身涂上香膏——
> 那是让众神青春永驻的香膏；
> 然后，她们给她穿上美丽的衣裳，把她打扮得令人叹为观止。①

至于她诞生后受到的打扮，我们是从一首荷马颂歌里了解到的：

> 西风把她吹到塞浦路斯岛，轻轻地把她托起，
> 巨浪把她推向咆哮的深海，
> 随着一朵美丽浪花的涌起，她诞生了。戴着金花环的时序女神
> 为她的到来欢呼雀跃，她们给永生的她

---

① 荷马：《奥德赛》，VIII, 270。

穿上一件又一件芳香的衣服，还把一顶王冠戴在她那神圣的头上。①

在我看来，这两件事——具有仪式意义的沐浴和海中的诞生——并无明显区别，在某种意义上，这两件事和潘多拉的诞生及之后对她的打扮有着许多相似之处。和阿佛洛狄忒一样，其他两位处女神——雅典娜和赫拉——也接受过仪式性沐浴。②卡利马科斯为"帕拉斯的沐浴"写过一首颂歌。即使是在参加那场选美竞赛的时候，朴素的帕拉斯也拒绝使用镜子，坚决不戴黄金首饰，也不涂抹香膏。但是，由于她是处女神，因此每年她都要到伊那科斯河（Inachus）去淋浴，以延续她的贞洁。保萨尼阿斯在诺普利亚（Nauplia）看到一股泉水，叫作卡那托斯（Canathus）。阿耳戈斯人告诉他，赫拉每年都要在这里沐浴，从而变成了处女。他接下来说的话很有启发意义："这个故事跟秘密祭典有关，他们也是这样解释他们是如何纪念赫拉的。"③对充满着智慧的古代人来说，童贞是不会失去的，而是可以不断地延续，因此阿佛洛狄忒可以永远地保持她的贞洁。

上述热那亚提水罐的瓶画作者可能知道阿佛洛狄忒是在海里诞生的，他肯定知道迎接阿佛洛狄忒的是厄洛斯。但是我认为，他也同样记得阿佛洛狄忒接受过仪式性的沐浴，因为很显然这个场景是在一座神庙里，瓶画家在画面上特地留下的标志是一座祭坛和一棵神圣的棕榈树，恰好位于水罐手柄的下方。这座神庙很可能就是帕福斯的神庙。

热那亚的提水罐意义重大，因为它能帮助我们理解一件年代更久远的文物，而且这件文物精美得多。

---

① 《荷马颂歌》，VI, 2, 吉尔伯特·默里译。
② 在西库翁（Sekyon），虽然没有明确的证据表明阿佛洛狄忒在这里沐浴过，但在这里，她的祭司是一个处女——被称为洛特罗福罗斯（Loutrophoros），见保萨尼阿斯，II, 10.4。俄耳甫斯教献给阿佛洛狄忒的赞美诗（LV, 19）把阿佛洛狄忒的诞生和沐浴结合起来。
③ 保萨尼阿斯，II, 38.2。

第六章 女神的诞生 | 347

图 87 是一幅坟墓浮雕①，这组浮雕一共有三块，用来装饰所谓的"鲁多维西宝座"（Ludovisi Throne），现均收藏在罗马的泰尔梅博物馆（Museo delle Terme）中。我们看到的显然也是一幅表现女神诞生的图画，同样，我们也无法确定这个女神是谁，她又是从哪里诞生的。两个女人扶着正在冒出的女神，女神也紧抓着她们的手。可以看到，那两个女人是站在倾斜的砂石岸上的。但在她们所站的砂石之间并没有任何迹象表明这是

图 87

① 复制自照片。佩特森（Petersen）博士最先发表了这幅浮雕，并对其进行了详细的讨论，见 *Röm. Mittheilungen*，1892 年，p.32。这幅浮雕和另外两幅浮雕显然属于同一组文物，它们都是在 1884 年夏日的一个星期天被发现的。当时官方的监督人员并不在场，文物的发现地以前为鲁多维西别墅的一部分。据说，浮雕被发现时是竖立着的。但由于人们并没有发现其他文物——虽然他们在该地已深挖至 50 米——因此这些浮雕被发现的地方很可能并不是它们原先所在的地点。佩特森博士认为它们是阿佛洛狄忒的宝座上的三面浮雕。然而，这些浮雕也许是一个井口的装饰物。它们与阿佛洛狄忒有某种联系，因为从其他两块浮雕的画面（在此没有展示出来）我们可以清楚地看到这一点。其中一块浮雕表现的是一个裸体的女人正在演奏双管箫，根据类似的瓶画判断，这个女人肯定是一个高等妓女；在另一块浮雕上，一个女人穿着华丽的衣服，蒙着面纱，手里拿着香，这个女人很可能是一个新娘。

大海，我们看到的只有一条直线。这个女神到底是从地里升起、从大海和圣河里诞生，还是刚刚接受过仪式性的沐浴？考古学家们对此做出了各种各样的解释，但这种疑问和解读上的分歧给我们带来很大的启发。有人从这幅浮雕中看到的是阿佛洛狄忒从海里诞生，有人认为那是不太起眼的阿格拉俄秘密祭典的仪式性沐浴，也有人认为那是科瑞的还阳。就我所知，谁也没有看出这一点：浮雕的作者在创作这件作品时其实都想到了以上种种可能，而且似乎他对这些可能感到难以取舍。或者我们可以这么说，在那个时候，人们对"还阳""沐浴"和"诞生"并没有做出明确的区分。后来，这种明确的区分出现了，但我们却因此蒙受了不可估量的损失。

还有一点值得一提：在这幅鲁多维西浮雕上，我们没有看到厄洛斯。这是一幅古老的浮雕，衣裙上笔直的褶痕、过于修长的脚、有力的下巴，以及对那诱人的双乳的过度强调，这一切都让我们想起那些红绘花瓶上的图案所体现出来的严谨风格。它们都是原始时代艺术创作的最后辉煌，在此之后，便是菲迪阿斯那完美的艺术风格。在奥林匹亚，菲迪阿斯在宙斯塑像的底座上雕出了这样的情景："厄洛斯正在迎接在海里诞生的阿佛洛狄忒，佩托（Peitho）正在给阿佛洛狄忒戴上王冠。"[1] 菲迪阿斯深受荷马史诗的影响——也许过于受其影响了——因此，在他的创作构思里包含着一种文学特有的冷静。他忘了女神那仪式性的沐浴，只记得神话传说中女神的诞生。热那亚水罐图案的作者在风格上和菲迪阿斯很接近，但佩托拿的衣服、祭坛和棕榈树让人想到的是女神的沐浴，而不是女神的诞生。但是，不管是跟菲迪阿斯还是跟瓶画作者相比，这幅浮雕的作者要表达的更多的是神学的观念，而不是神话的内容。"还阳"[2] 和"沐浴"

---

[1] 保萨尼阿斯，V，11.8。
[2] 写下以上内容后，我看到了儒宾（Joubin）先生的著作《希波战争和伯里克利时代之间的希腊雕刻》(*La Sculpture Grecque entre les guerres médiques et l'époque de Periciès*, p.204)。在我之前，他也利用了这个热那亚花瓶来证明鲁多维西浮雕上那个正在升起的女人是阿佛洛狄忒。可惜的是，儒宾先生没有看出阿佛洛狄忒也是科瑞。他说："其他考古学家认为这个半身女人是科瑞或该亚，但是热那亚花瓶的发现证明这种解读是不可行的。"在我看来，他提出这种观点是因为他没有领会这个形象真正的宗教意义。当然，儒宾先生所关心的主要是艺术批评。

激发了他的灵感,也许我们可以大胆地说,这两者只不过是母权社会的神学中众多人格化的女神形象中的两种罢了。他要表现的是阿佛洛狄忒的一再诞生,那是没有被厄洛斯触摸过的阿佛洛狄忒,一个永远的处女,处女三女神的中心,而且,作为乌拉尼亚,她是天堂里的女神。

作为岛上的女王,阿佛洛狄忒一定在海里诞生过一次。但是,一位诗人在他的作品里说,虽然她属于海洋、属于天堂,但她也属于大地:

啊,爱神,我们看见了你,美丽善良的你。
啊,爱神,你凭着自己的翅膀在高空翱翔,活像一只鸽子;
你的脚步像风,在海面上疾步如飞,
大地像一块布,把你盖住藏起,那是你的衣裳。

作为地生的科瑞,阿佛洛狄忒也是在海里诞生的,这符合她作为海岛女王的特性。但是,和其他女神不同的是,她成了乌拉尼亚——"天上的神"。有一幅瓶画[①]描绘的就是坐在巨大的天鹅上的她在天上飞翔。在所有成为天神的女神当中,她是唯一在升天后依然具有生命、依然贴近现实的女神。阿耳忒弥斯最后变得毫无人性,成为一个不真实的女神;至于雅典娜,我们已经看到,她最后变成了冷冰冰的抽象物;得墨忒耳在奥林波斯山上只不过是一个可爱的象征。由于人类的知识不断增长,并逐渐控制了大自然,自然事物的神秘和拟神化渐渐让位于科学。只有生命的神秘和传承生命的爱情的神秘依然存在,人们能够亲切地意识到它们的存在,但却无法解释,因此,阿佛洛狄忒自始至终都保持了她作为女神的地位。曾经有过一段时间,由于特殊的社会条件,同时由于俄耳甫斯教的影响(这一点下文将会论及),她的形象由于她的儿子厄洛斯的出现而被蒙上阴影,但当她从阴影中走出来的时候,她具有了母亲的身份,而不再是处女。从维纳斯·格涅特里克斯(Venus Genetrix)的形

---

① 大英博物馆藏品,编号 D2。

象中，我们看到了她的前身——光彩照人的阿佛洛狄忒，但维纳斯更持重、更严肃，她身上有着早期各个神祇的影子：乌拉尼亚、哈耳摩尼亚（Harmonia）、枯罗特洛佛斯、厄瑞涅，以及古代所有以大地神母和天堂神母的形象出现的女神。

> 罗马的母亲，欢乐的人们和快乐的众神的母亲，
> 养育万物的维纳斯，在天堂迎风招展的旗帜下，
> 你是载船的大海，也是奉献出果实的大地，
> 因为凭了你，万物
> 获得了生命，看到了太阳的光芒。
> 女神啊，风从你那里吹来，
> 云彩向你靠拢，丰产的土地为你
> 献上芬芳的花朵，大海对着你微笑，
> 天空为你洒下万道阳光。
> 只有你主宰着整个世界，
> 没有了你，任何生命
> 也无法得到阳光、欢乐和爱。
> 女神啊，请你让一切发生在海上和陆地上的战争
> 都平息下来吧。①

赫 拉

我们讨论的最后一位女神是赫拉。乍看起来，她完全是一个妻子，而不是处女；她是典型的新娘——赫拉·忒列亚（Teleia），由于和宙斯结了婚，她成为奥林波斯山的女王，他们的婚姻是人类所有婚姻的原型。根据荷马史诗所体现的神学思想，这些说法都是正确的。但是，如

---

① 卢克莱修，I, 1。

果我们对一些地方性崇拜和神话的事实稍作思考，就会发现这一婚姻并不是从一开始就已经存在的。在古老的关于阿耳戈船英雄（Argonautae）的传说中，赫拉是忒萨利（Thessaly）的女王、英雄伊阿宋的庇护者，可见在这个传说中，她是母权社会的一个典型形象。真正占主导地位的不是宙斯，而是她——佩拉斯吉人的赫拉。事实上，宙斯根本不存在。在奥林匹亚，在有历史记录的时代里，如果说宙斯在这个地区是至高无上的主宰，人们依然建了专门供奉赫拉的神庙，而且赫拉神庙比宙斯神庙的年代要久远得多。在阿耳戈斯，早期的还愿陶俑①都是一些女神像；此外，赫拉神庙的名称本身就已表明她至高无上的地位。在萨摩斯，在庆祝奇特的托涅亚节（Tonea）的时候，人们把一个女神塑像抬出城外，并把她捆在灌木丛中。②斯特拉博说，萨摩斯在古代被称为帕耳忒尼亚（Parthenia），意为"处女之岛"。③保萨尼阿斯说，在阿卡狄亚边远的斯提姆法洛斯（Stymphalus），赫拉有三座神庙、三个别名：还是个姑娘的时候，她被称为孩子；和宙斯结婚后，她被称为忒列亚（"成年人"）；离开宙斯并回到斯提姆法洛斯后，她被称为刻拉（Chera，"寡妇"）。④早在她和宙斯发生联系之前，这个母权社会的女神就已经是妇女一生的三个阶段的化身。作为一个成年妇女，忒列亚不一定意味着父权社会的婚姻。

荷马本人还隐隐约约地记得那个遥远的时代，其时赫拉并不是妻子，

---

① 早在 1857 年，H. D. 米勒就在他那部引人注目的著作《希腊神话的起源》（*Mythologie der Griechischen Stämme*, pp.249—255）中指出，赫拉和宙斯属于两个不同的民族，从赫拉被迫嫁给宙斯这一事实可以看出，一个原始的民族被迫屈从于亚加亚入侵者。我在讨论美国人在阿耳戈斯的考古发现时采纳了他的观点，见《原始时代的赫拉崇拜》，刊于《古典评论》1892 年 12 月号，p.447，及 1893 年，p.44。A. B. 库克先生对赫拉与宙斯的关系进行了研究，他在这方面的渊博知识是我望尘莫及的，见《古典评论》，1906 年，p.365 及 p.416。
② 阿提尼俄斯，p.672。
③ 斯特拉博，§637。
④ 保萨尼阿斯，VIII, 22.2. 法内尔先生在他的《希腊城邦的崇拜仪式》（*Cults of the Greek States*, p.211）中收集了大量的关于赫拉崇拜的资料，但是，正如他在注释（p.199）中所说的，对他的主要观点，即赫拉和宙斯的关系是希腊人的赫拉崇拜中的原始因素，我是完全不赞同的。

而是名副其实的女主人。要不然，除非诗人荷马是最没有品位的喜剧作家，否则我们该如何解释赫拉无休无止的吵闹？如何解释众神和万民的君父跟这个桀骜不驯的女人之间不合时宜的没完没了的冲突？如何解释她自始至终残酷地对待宙斯喜欢却又无法保护的赫拉克勒斯？这个专横的女人真的是荷马时代希腊家庭主妇的写照吗？答案很明显：赫拉是被迫嫁给宙斯的，但她从来不是一个真正的妻子；她让宙斯模糊的替身去表现一个妻子的顺从，这个替身体现了宙斯的本质，她随了他的名字，她就是亚加亚的狄俄涅。①

宙斯和赫拉结婚之后便同享一个祭坛。对于他们的结合，古老的女神们显得无能为力。这对住在奥林波斯山上的夫妻无情地排挤古老的地方崇拜的对象，图88和图89就是这样一个奇特的例子。图88所展示的是一幅献给处女神们的浮雕，这是我们熟悉的画面：三个互相拉着手的处女。可以肯定地说她们是处女神，因为浮雕上方刻有"献给处女神们"（Κυρίαις Νύμφαις）的字样。这块浮雕是在奥罗查克（Orochák）发现的一组大型浮雕②中的一部分，现收藏于当地的索菲亚（Sofia）博物馆。这组浮雕属于罗马晚期的风格。从图89中我们可以看到一种神学上的转变。浮雕中那两个站在前排的人物是奥林波斯神，其高大的形象表明了他们至高无上的地位。他们都拿着浅碟，等待着奉献给他们的奠酒。人们的祭品仅

图88

---

① H. D. 米勒在他的著作《希腊神话的起源》中也敏锐地观察到了这一点，他还谈到了狄俄涅与朱诺（Juno）之间的相通之处，见 p.254 和 p.255。
② 这些浮雕现收藏于索菲亚博物馆，共有92块，都属同一风格。

仅是献给他们的，只有他们手里拿着节杖。那三个古老的处女神谦卑地站在他们身后，其形象矮小且暗淡。当地的农民思想守旧①，因此我们估计这些女神也会得到农民献上的祭品。

宙斯②和赫拉的到来干扰了人们对处女神的崇拜，这使我们想起了戴奥真尼斯·拉俄修斯在他的《厄庇墨尼德斯传》中讲述的一个故事。泰奥彭波斯在他的文章《神奇之物》中说，当厄庇墨尼德斯正在筹建处女神庙时，他听到天上传来一个声音："厄庇墨尼德斯，给宙斯而不要给处女神们建造神庙。"③也许在恢复古老的崇拜仪式这方面，厄庇墨尼德斯的做法超越了正统的奥林波斯教的忍耐程度。上文（第五章）说到，塞姆那俄神庙就是由他建造的，他还从克里特引入了净洗礼，而这种仪式跟奥林波斯教的仪式格格不入。因此，该是宙斯重申自己的权威的时候了。

从图90我们可以非常清楚地看到两种神学观念的冲突。这是在厄琉西斯发现的还愿浮雕④，现为雅典国家博物馆藏品。这幅浮雕表现的是英

图89

---

① "三姐妹神"的形象一直延续至中世纪。厄肯斯坦恩（Eckenstein）小姐在其著作《隐修制下的妇女》（*Woman Under Monasticism*, p.40 以下）中对此作了详细的讨论。
② 在撰写了以上内容之后，承蒙 A. B. 库克先生的热情和慷慨，我拜读了他的文章《宙斯、朱庇特和橡树》（*Zeus, Jupiter and the Oak*）的清样，该文发表在《古典评论》1903 年和 1904 年两期上。库克先生认为，宙斯崇拜是希腊本土的宗教，而且，宙斯、波塞冬和哈得斯这三个不同的形象同属一个原始神祇。他还列举了大量证据来证明他的观点。在此我不同意他的观点，但限于篇幅，我无法提出反驳的证据。
③ 戴奥真尼斯·拉俄修斯：《厄庇墨尼德斯传》，XI。
④ 斯沃罗诺斯（Svoronos）博士认为浮雕上那对"父权社会的夫妻"是阿斯克勒庇俄斯和许癸厄亚（Hygieia），我认为他的说法是正确的。但就我的研究目的而言，没有必要说出他们到底是谁。由于证明这一点需要列举大量证据，故在此我认为还是不要超出铭文给出的范围为好。

图 90

语所称的"丧宴"(Funeral Banquets),后文我们在考察英雄崇拜时将详细讨论这种类型的浮雕。眼下我们只需注意,在浮雕的左边有两个厄琉西斯女神,她们是古老的母权社会的女神,平等地坐在一起;浮雕的右边是一对父权制下的夫妻:宴会上的丈夫斜躺在沙发上,手里举着一个硕大的角状饮杯,妻子则谦恭地坐在他的旁边。如果我们要给他们起名,最可靠的方法是超出浮雕铭文定下的范围。浮雕作者在他们的头上分别刻上了"献给神""献给女神"的字样。

不仅奥林波斯神之父宙斯以胜利者的姿态取代了大神母和大地女神们,成为人们的崇拜对象,更引人注目的是,他的儿子阿波罗也以胜利者的姿态出现。图 91 摹自那不勒斯博物馆收藏的一个红绘花瓶上的图案。从图中我们看到,一个旅行者——可能是俄瑞斯忒斯——来到德尔斐,想得到阿波罗神的神谕。他看到阿波罗坐在翁法罗斯石上,两手分别拿着月桂树枝和里拉琴。在欧里庇得斯《伊翁》的开场,赫耳墨斯

> 来到德尔斐人的土地,
> 福玻斯坐在那脐石(翁法罗斯石)中央,

图 91

给凡人们永久歌唱预言,
显示那些现在和将来的事情。①

　　这幅瓶画的作者非常清楚,真正传达神谕的是一个女祭司。只有女祭司才有资格坐到那神圣的三脚鼎上,因此他就把她刻画成这个样子:她头戴月桂花冠,手里拿着那条神圣的束发带。但是他也知道,在他那个时代,阿波罗已经成为一切的主宰。

　　在埃斯库罗斯的《降福女神》里,故事的冲突是在古老的愤怒鬼魂——复仇女神厄里尼厄斯(她们只是被刻画成家族血仇的鬼魂)——跟一个温和、仁慈的神之间展开的。至少在某种程度上我们同情的是这个新来乍到的神。但是,即使在这里,这些古老的女神是如此的威严然而又是如此的可怜,以至于我们为她们的地位遭到侵犯而痛心。反观这幅瓶画,如果我们没有忘记这块翁法罗斯石正是大神母的居所和标志②,如果我们没有忘记神谕就是她发出的,如果我们没有忘记阿波罗斩杀的

---

① 欧里庇得斯:《伊翁》,5。
② 我在别的地方已经用证据证明了这一点,见《德尔斐神示所》,刊于《希腊研究》1899 年第 19 期,p.225。

那条具有传达神谕的功能的蛇正是她的化身,那么,我们就会感到这侵犯是不可容忍的。

图 92 是斯巴达博物馆收藏的一块还愿浮雕,它更清楚地反映了奥林波斯神的胜利。浮雕的中心是一块低矮的翁法罗斯石,它看起来很谦卑,而且模糊。在它的两边各站着一个新的保护神——属于奥林波斯神宙斯的硕大的鹰。据说,这两只鸟来自世界的两端,最后在位于皮托的翁法罗斯石会合。① 有人说这两只鸟是天鹅,有人说是鹰。但不管是天鹅还是鹰,两者跟大地女神毫无关系:它们要么是属于宙斯的鹰,要么是属于阿波罗的天鹅。它们守护着翁法罗斯石,标志着这是父亲和儿子的领地。但是,浮雕的作者还要进一步强调他要表达的意思。在翁法罗斯石的上方,耸立着手持里拉琴的阿波罗的高大形象,他那只伸出的手拿着一个杯子,他的孪生姐姐阿耳忒弥斯在给他倒出奠酒。在这里,奥林波斯神彻底地取得了胜利。

图 92

① 普卢塔克:*de defect. orac.*, 1。

至此，我们已对"女神的诞生"的过程进行了讨论。我们已经看到，一个女人可以以神母、处女神的形象出现，并且以成对的女神或三位一体的女神的形象出现。我们已经看到，这些形象后来演变成了奥林波斯山上的诸女神——雅典娜、阿佛洛狄忒、赫拉，最后似乎重新演变成那个属于一神教的伟大的女神维纳斯·格涅特里克斯。在讨论中我们看到了一些零星的证据，证明早期的女神是以动物（例如鸟和蛇）的形象出现的。但是，我们已经非常清楚地看到，这一转折阶段正是以上讨论中最薄弱的地方。女神在她们最初进入我们的视野时就已经是女神了。她们已完全具有人的特点，有可爱的形象，艺术作品美化并固定了这些形象，但她们只具有神话上的意义，而没有宗教仪式的意义。总之，从鬼魂、蛇、妖怪到女神，中间少了一些连接的环节。这可能是两种原因造成的：首先，众女神的完全成型似乎很早就完成了，她们的升华也是在较早的时代就完成了，因此那个成型过程的早期阶段就更模糊了；其次，这些女神形象完全变成了诗人创作的素材。在讨论"神的诞生"时，在一些神的身上，我们会看到那个较早阶段的演变过程，而且，从鬼魂和蛇到奥林波斯神的演变过程中缺少的许多连接环节也会因此变得清晰起来。

第七章　神的诞生

保萨尼阿斯在周游希腊的时候，常常能够看到一些地方性的女英雄的圣所，这些圣所几乎无一例外地是坟墓，对死者的崇拜就是在这些圣所里进行的。在奥林匹亚的阿尔提斯，保氏看到了希波达弥亚庙（Hippodameion），这是一个用围墙围起来的圣所。每年妇女们只能进入这个圣所一次，祭祀希波达弥亚，并举行各种纪念她的仪式。[1] 在帕加马，保氏还看到了奥革（Auge）的坟墓，这座坟墓是一个土墩，底座是用石头砌起来的，坟顶有一个裸体女人的塑像。[2] 在拉科尼亚（Laconia）的留克特拉，有一座卡珊德拉的神庙，当地人把她叫作"帮助男人的女人"。[3] 在斯巴达[4]，有一座供奉海伦的神庙，在罗德岛，人们把海伦当作树神（Dendritis）来崇拜。如果忒俄克里图斯没有说错的话，少女们就是给她这个树神献上祭品的。在她的婚礼上，她们唱道：

啊，仁慈美丽的少女，就在我们唱着歌谣的时候，
你已成为人妻。但我们在黎明时分
要赶到绿茵茵的草地，那是我们古老的赛跑场，
在那里采集芬芳的花朵，编织成花环。
我们多么想念你啊，海伦，就像站在带着露珠的草地上的羊羔

---

[1] 保萨尼阿斯，VI, 20.7。
[2] 保萨尼阿斯，VIII, 4.9。
[3] 保萨尼阿斯，III, 26.5。
[4] 保萨尼阿斯，III, 15.3。

想起它们要喝的奶水,于是跑着回到母羊的身边。
我们在那棵枝繁叶茂的水榆树旁捞起水中的睡莲,
为你这个少女中的佼佼者编成花环;
我们用银色的油壶把油水一滴一滴地浇在你的身上。
为提醒过路人,我们在树皮上用简朴庄重的字体
刻下这样的句子:"跪下,我是海伦之树。"①

作为地方性的女英雄,海伦似乎不仅拥有一座神庙和一棵圣树,而且还有一座非常古老的塑像。图 93 是藏于卢浮宫的一个通常所称的"科林斯原始风格的花瓶",图 94 则展示了花瓶图案的全貌。该文物的年代不晚于公元前 7 世纪,这是我们现今所能见到的最早的表现"海伦被劫"的瓶画。在古代美术作品中,这个题材似乎是相当流行的,因为位于阿弥克雷(Amyclae)的阿波罗宝座上也雕刻有类似画面。② 在这幅瓶画的中央站着一个女人,其身材显得有点夸张。右边两个男人在向她逼近,走在前面的那个男人已经抓住她的手腕,这个男人的左手拿着一根节杖。他就是忒修斯,跟在他后面的是挥动着利剑的珀里托俄斯。海伦的左边是她那两个骑在马上的兄弟卡斯托耳(Kastor)和波吕丢刻斯(Polydeukes)。在这里,与其说海伦是一个活生生的女人,还不如说她是一个象征,注意到这一点非常重要。布林肯伯格(Blinkenberg)博士认为这幅瓶画表现的

图 93

---

① 忒俄克里图斯,XVIII,38。
② 保萨尼阿斯,III,18.15。

图 94

是海伦被劫的情景,这是正确的,但他说:"她举起双手,说明她惊恐万分。"由于人们在迈锡尼发现的早期的女神塑像也是举着双手[1],因此可以推断这不是普通人作出的手势,而是神的手势。从这个公元前 7 世纪初的文物可以看出,"海伦被劫"最初可能源于神庙里的木雕神像被劫的故事,而不是源于妻子被从丈夫身边抢走的故事。不管如何,瓶画上那个占据中心位置的硕大形象是神的形象,而不是人的形象。

对荷马这个亚加亚移民诗人来说,代表旧秩序的大地女儿海伦是凡世的女英雄,她美丽但可耻,然而在某种程度上又具有神圣性。对现代诗人来说,她就是一个女神,因为她就是美的化身:

啊,美丽之神,
谁将赢得你的芳心,你这个无名的美丽之神?
啊,海伦,海伦,谁将为你而死?

另一个地方性的女英雄赫柏(Hebe)在弗利奥斯有一座神庙和一片小树林,"自古以来就无比神圣"。这座神庙所供奉的女神被当地最早的当权者称为伽倪墨达(Ganymeda),但后来人们把她叫作赫柏。她的神庙是一座庇护所,"在这里避难的奴隶都会平安无事,获释的囚犯把

---

[1] S. 怀德博士:《迈锡尼的神祇与偶像》(*Mykenische Götterbilder und Idole*),刊于 *A. Mitt.*,1901 年,p.247。

脚镣挂在她那片圣林中的树木上",这是对她最好的纪念。① 在古代,神庙通常也是避难所。当外来的征服者彻底征服这块土地的时候,也许是出于一种迷信式的敬畏,他们允许被征服者保留自己的神庙,这里也就成为免受征服者的残暴统治的平安之地。赫柏-伽倪墨达像伽倪墨得斯(Ganymedes)一样也是一个酒僮,只是他们性别不同罢了。她最后被允许进入奥林波斯山,但有意思的是,她仅仅是作为赫拉克勒斯的妻子和酒僮而被允许进入的。在这里,奥林波斯山也像通常那样是人类各种关系的写照。赫拉通过与宙斯的婚姻获得了父权社会的市民地位。作为赫拉模糊的替身,赫柏只是赫拉的未婚侍女。

由此可见,地方性的女英雄通常情况下只是地方崇拜的对象。即便她最终升格为真正的神,这种转变的过程也几乎已无从查考。我们内心里非常清楚,赫拉和阿佛洛狄忒最初只是地方性的女神(跟奥革和伊菲革涅亚一样),但我们找不到明确的证据。至于雅典娜,上文已经说过,她最初只是一个地方性的女神,这一点是很清楚的。

地方性的女英雄并没有彻底地演变为神,其原因清楚得令人惊讶。在女英雄向神演变的过程中,由于奥林波斯神族的一个成熟女神的传入,女英雄的演变便随之停止。在阿卡狄亚靠近克鲁尼(Cruni)的地方,保萨尼阿斯看到了卡利斯托的坟墓。这是一座高高的土堆,上面长着树木,其中有些是果树,有些是不结果的。"在土堆的顶部,"保萨尼阿斯还说,"建有阿耳忒弥斯的圣所,在这里,她的名称是卡利斯忒(Calliste)。"② 没有比这更清楚的了:在古老的、被变成母熊的处女神卡利斯托——吕卡翁(Lycaon)的女儿——的坟墓上,从北方来的奥林波斯神阿耳忒弥斯建造了自己的神庙,从而取代了她,成为人们的崇拜对象。为加快这一转变,阿耳忒弥斯把自己称为卡利斯忒,即"最漂亮的女神"。她在雅

---

① 保萨尼阿斯,II, 13.3. 关于赫柏-伽倪墨达以及她和赫拉互换丈夫的事,参见 A. B. 库克先生那篇非常有价值的文章《谁是宙斯的妻子?》,刊于《古典评论》,1906 年,p.365 及 p.416。
② 保萨尼阿斯,VIII, 35.8。

典被称为布罗洛尼亚,从而得到了人们献上的作为祭品的熊,也许在这里她也同样得到了这种古老的祭品。①

从鬼魂到女神,其中的演变过程大部分已经消失在时间的迷雾里。但是,相比之下,由于鬼魂到神的演变是发生在有历史记录的时代里,因此其过程是可以追溯的。事实很清楚:父权制到来后,人们是根据父亲而不是母亲来判定自己由谁所生的,这就会阻碍(如果它无力彻底阻止的话)人们对名祖女英雄的崇拜。保守的观念迫使人们崇拜旧的已经确立了地位的女英雄,但是新的神并没有出现。伯里克利心目中的理想女人肯定不能作为女神赖以诞生的基础。如果我们要知道神祇诞生的过程,就必须对英雄崇拜进行考察。②

英雄与蛇

图 95 展示的是公元前 6 世纪的一块古老的浮雕,现藏于斯巴达地方博物馆。这是在斯巴达发现的一系列浮雕中的一块,这些浮雕的雕刻风格基本上都是一样的。在一把硕大的类似宝座的椅子上坐着一个男人和一个女人。女人扶着自己的面纱,男人手里拿着一个双耳大杯,似乎在等待着奠酒。形象很小的崇拜者捧着祭品向他们走来,祭品包括一只公鸡和其他物品,可能是糕点、鸡蛋或水果。这些浮雕大部分没有刻上铭文,但在一些较晚期的浮雕上,人物形象的旁边都刻有名

---

① 关于人们用熊作为祭品献给阿耳忒弥斯,详见《古代雅典的神话和遗迹》,p.403。
② 罗斯切尔在他的《词典》的"英雄"条目中收集了有关的宝贵资料,英语读者则可以通过 W. H. D. 罗斯(Rouse)的《希腊的还愿献祭》(*Greek Votive Offerings*)阅读到相关的精彩论述。在接下来的章节里,我主要讨论英雄崇拜中那些涉及我的主要观点的方面。我将讨论一些有关的美术作品,因为我认为这些作品似乎已经被人遗忘或者误解。需要说明的一点是,经过周密考虑,我所讨论的"神的诞生"指的是从英雄到神的演变。一个非常重要而且是难以解决的问题是图腾崇拜与神的诞生的关系,古希腊留下来的相关文献资料非常少,不足以解决这个问题,因此目前我不能涉及这个问题。需要作更广泛的人类学的研究才能解决这个问题,而这不是我力所能及的。

字,而且都是些凡人的名字,如"提莫克勒斯"(Timocles)①。显然,我们看到的这些浮雕上的人物是一些死者的形象,但他们都被刻画成半神半英雄的形象,这也就是他们的形象比崇拜者(他们的后代)大得多的原因。他们是"更好、更强的人"。

图 95

这幅浮雕的作者一心要把自己的意思清楚地表达出来。在椅子的背后有一条巨大的尾部卷曲的蛇,其高度和坐在椅子上的人相当。但这是一条奇怪的蛇,它的下巴上长着长长的胡须,这是大自然中的蛇所没有的。雕刻家如此刻画蛇的意图很清楚:这条蛇代表人,它是死者鬼魂的化身。蛇通常在坟墓周围出没,是神秘的动物。把蛇看作鬼魂化身的民族不仅仅是希腊人。亨利·于莫(Henri Jumod)先生在讨论巴龙加人(Barongas)的信仰时注意到,这个民族把蛇看作死者(通常是某个祖先)的鬼魂。正因为如此,他们敬畏蛇,但不崇拜蛇。如果巴龙加哪个思想自由的人对代表祖宗的蛇的经常出现感到厌烦,他就会对它说"得了,我们对你已经厌烦了",然后把它杀掉。②

前文已经说过,受人崇拜的宙斯·梅利克俄斯是一条蛇。如果我们

---

① 关于"提莫克勒斯"浮雕及整组浮雕,参见《古代雅典的神话和遗迹》,p.590。我讨论了这些英雄浮雕的雕刻方式对阿提刻坟墓石碑雕刻的影响。

② H. 于莫:《巴龙加人》(Les Barongas),p.396。另见《德尔斐神示所》,《希腊研究》1899 年第 19 期,p.216。

仔细看一下图1中的浮雕，就会看到那条巨蛇同样也长着胡须。那条蛇的胡须不是长在下巴尖上，而是下巴尖靠后很远的地方。

给蛇加上胡须无疑主要是出于拟人化的考虑。这条蛇正处于从动物到人的演变的转折阶段，而对浮雕作者来说，拟人化就意味着神圣化。他给蛇加上胡须，以表明蛇是人格化的神，就像一些硬币图案中以公牛形象出现的河神的头部是长着牛角的人头一样。这就引出了一个问题："在自然界中有没有看起来可能像是长着胡须的蛇？"一位研究蛇的著名专家汉斯·加道（Hans Gadow）博士对这个问题做出了有趣的回答，我在下文所作的科学描述完全得益于他的帮助。

加道博士认为，图1所刻画的蛇是一种学名叫 *Coelopeltis lacertina* 的蛇，从西班牙到叙利亚都可以看到这种蛇，这种蛇长到六英尺长并不罕见。据加道博士说，这幅浮雕的作者非常忠实地把这种蛇的头部刻画了出来。这种蛇的学名之所以叫 *lacertina*（蜥蜴类），是因为其头部像蜥蜴的头那样扁平，而不像一般的蛇。此外，这种蛇毒性很大，但只是针对它的猎物（如老鼠、蜥蜴等），而对于人类来说，这几乎是一种无害的蛇，其原因是，它的毒牙位于嘴巴的后部，而不是前部。这种情况是比较特殊的，也许古代人对此是非常熟悉的。事实上，这是一种毒蛇，但通常情况下它是不会向人发起攻击的。有时它会咬人的手，也就是说，它会把嘴巴张得很大，像一条正在发起攻击的眼镜蛇。据加道博士说，在这种情况下，它的下巴下垂得非常明显，古代人一定也注意到了这一点。它的下巴下垂的角度和图1所展示的一模一样。非常可能的是，从远处看，这种蛇下垂的下巴似乎像胡须；另一种可能是，某个雕刻家试图表现蛇的下巴下垂时的情形，但另一个雕刻家在模仿时却把下巴误认为胡须。不管怎么说，我们可以把这条蛇的胡须解释为下垂的下巴，这就让我们对这条长着胡须的蛇不至于觉得很异常。①

---

① F. M. 康福德先生对我说，这种长着胡须的蛇在希腊文学里并不罕见，它是我们在提亚那（Tyana）的阿波罗尼俄斯传记中看到的许多奇迹之一，参见菲洛斯特拉托斯：《阿波罗尼俄斯传》，III，7，8。这种蛇只有在印度这个神奇的国度里才能找到。

在人们的心目中，英雄就是变成了一条蛇住在坟墓里。在许多瓶画上经常可以看到这样的情景：在坟墓上画着一条蛇。图 96 就是一个很好的例子，这是那不勒斯博物馆收藏的一个黑绘花瓶①上的图案。在原来的花瓶上，那个占据画面中心位置的坟墓是白色的，坟顶上还有一块黑色的石碑。我们很难判断画家的想法：那条蛇到底是在坟墓外面，还是住在坟墓里面的以蛇的形象出现的英雄？坟墓左边举着利剑的男人也许是在起誓，内容可能与复仇有关。

图 97 也是那不勒斯博物馆收藏的一个花瓶②上的奇特图案。在这里，我们同样可以看到一座坟墓，坟墓上同样画着一条巨蛇，只不过这是一条张大嘴巴而且长着胡须的蛇。这座坟墓似乎已经变成某种具有占卜作用的圣所。两个男人坐在那里，聚精会神地观看鹰和蛇表现出来的征兆。在花瓶的背面图案上，坟墓的右边站着一头雄鹿，用于占卜的依据是一只正在吞食兔子的鹰。

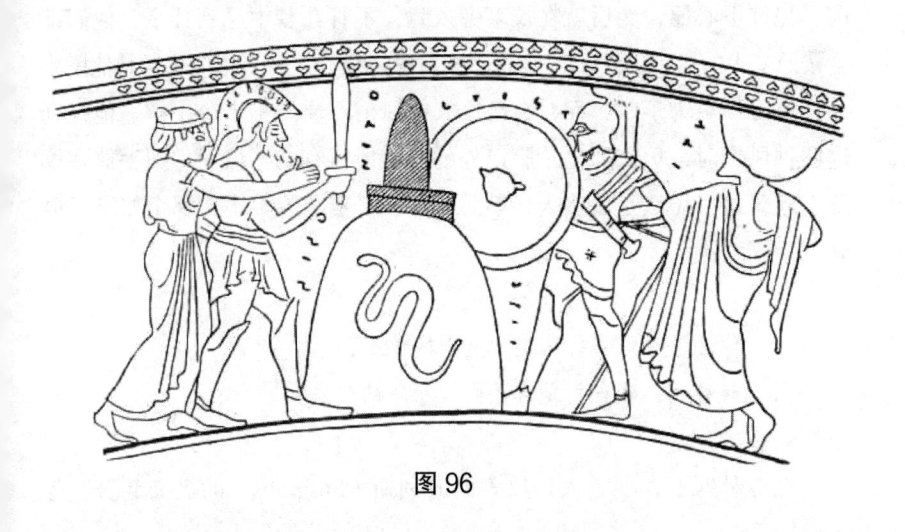

图 96

---

① 见《德尔斐神示所》，《希腊研究》1899 年第 19 期，p.229，图 9、10。
② 编号 2458，见《希腊研究》，1899 年，p.227，图 7、8。在此，我反对从神话的角度来解释这幅瓶画。

图 97

希罗多德在他的书中说，利比亚的纳萨蒙涅人（Nasamones）利用坟墓来达到两个目的：起誓和占卜。"他们在起誓和占卜时的做法是这样的：以他们当中那些被认为最正直、最优秀的人的名义起誓，发誓的人把手放在这些人的坟墓上；在占卜的时候，他们通常来到祖先的坟墓跟前，先许下心愿，然后就在坟墓旁入睡，不管在梦中见到什么，他们都会按照梦中的启示去做。"[①] 像许多旅行家一样，希罗多德似乎对其他民族的风俗习惯更为了解，而对自己民族的风俗习惯并不十分了解。他提到这两种风俗时，仿佛那是希腊以外的民族所特有的。然而，把手放在坟墓上起誓这一做法是希腊人所熟悉的。在《奠酒人》中，那个奴隶对厄勒克特拉说：

> 像尊敬祭坛一样尊敬你父亲的坟墓，
> 起誓吧，我说的是自己内心深处的想法。[②]

在奥林匹亚，要是人们以索西波利斯（Sosipolis）的名义起誓，起

---

① 希罗多德，IV，172。
② 埃斯库罗斯：《奠酒人》，105。

誓的仪式都是"在重大场合"进行的[1]——索西波利斯是真正意义上的英雄，因此他通常都是以蛇的形象出现的。我们没有看到有关起誓仪式在他的坟墓边举行的记录，但以蛇的形象出现的英雄的圣所最初肯定是他的坟墓。希腊几乎所有的英雄都能够给睡梦中的人带来预言。后来，当人们把英雄想象成人而不是动物的时候，英雄跟蛇的联系就变得松散了。因此我们看到埃涅阿斯（Aeneas）的神学观念充满了混乱和犹豫：

> 他满心狐疑，不知道这条正在滑行的蛇
> 是当地的精灵，还是
> 他父亲的仆从。[2]

图 98 是在勒斯波斯（Lesbos）发现的一座英雄祭坛，这座祭坛不是那种古老、原始的坟墓（英雄祭坛最初的形式），而是后期那种带有装饰的建筑物——和奥林波斯神的祭坛相似。上面的铭文是用罗马时代的字母写成的："全体人民献给英雄阿里斯坦德罗斯（Aristandros）——克勒俄提摩斯（Cleotimos）之子。"祭坛的顶部中间有一处杯状的凹陷，这显然是装奠酒用的，周围刻着两条弯曲的蛇，这进一步表明这是一座用于祭祀英雄的祭坛。参加祭祀的人已不再意识到蛇是英雄的化身，但关于蛇的记忆依然保存在人们的脑海里。

如果我们要问"为什么希腊人把死去的

图 98

---

[1] 保萨尼阿斯，VI, 20.3。
[2] 维吉尔：《伊尼德》，V, 95。

英雄塑造成蛇",那么很难找到非常明确而又令人满意的答案。埃利安在他那篇题为"动物的本性"的论文里说,死者在脊髓腐烂后就会变成一条蛇。[①] 引发人们这种想法的可能是一条蛇偶然而又突然地出现在某具尸体旁。普卢塔克说,在克里奥米尼(Cleomenes)的身体被刺穿之后,人们看到一条巨蛇缠着他的头,从而知道他"绝非凡人"。[②] 当然,到了克里奥米尼的时代,蛇已经明确地成为英雄的化身,但最初这一类巧合一定是人们产生这种联想的原因。普卢塔克还说:"古时候的人们在众多动物之中选择了蛇,认为这是和英雄有联系的动物。"他说,他们之所以这样做,是因为哲学家们注意到,"在脊髓的水分蒸发后,它变得黏稠,最后它就会变成许多条蛇"。

蛇并不是英雄唯一的载体。正如前文所说,死者的灵魂可以以半人半鸟的形象出现;假如一只鸟(戴胜或燕子)恰好在坟墓上栖息,那么它也可能是英雄的化身。以鸟的形象出现的灵魂跟以蛇的形象出现的灵魂之间有以下区别:就我们所知,长着人头的鸟纯粹是神话中的动物,而长着人的胡须的蛇则是人们崇拜的对象。此外,以半人半鸟的形象出现的灵魂虽然有的是男性,但总体上是女性,而即使是没有胡须的蛇,通常也是男性鬼魂的载体,因此蛇是男性英雄而不是女性英雄的化身。蛇与英雄的这种联系是如此紧密,以至于由此产生了一个流行的词语"长着斑纹的英雄"(Speckledhero)。佛提俄斯解释说,这个词语的产

[①] 埃利安:《动物史》,I, 51。
[②] 普卢塔克:《克里奥米尼传》,39。[克里奥米尼三世(前260—前219),斯巴达国王(前235—前222),为扩大其权力而实行改革,撤销五人监察官制及元老院、取消债务、重分土地等,被马其顿国王安提柯击败,逃亡埃及后自杀。——译注]

生是因为长有斑纹的蛇都被称为英雄。[1] 对于这些化身为蛇的英雄及其崇拜，荷马一无所知，但是从本质上说，这是一种原始的信仰，而且它和其他各种流行的迷信观念发生了融合。

神的名称

我们在前文已经看到，人们把这条巨蛇当作宙斯·梅利克俄斯来崇拜，但他并不是宙斯，而是某个阴间的神灵，人们赋予他"梅利克俄斯"的名称，他温和、仁慈、乐善好施。现在我们可以确定，他之所以以蛇的形象出现，是要表明他是某个地方性英雄的鬼魂的化身。他是当地一大批神灵当中的一个，人们在向这些神灵祈祷时，呼唤的并不是他们的名字，而是他们修饰性的别称，这些别称表明了他们的本质，后来渐渐演变为他们在受到崇拜时的名称。这些名称最初实际上只起到修饰的作用，这从字面上就可以看出，比如"梅利克俄斯"，这个词依然保持着其修饰的特征；有时也可以根据以下事实来判断：某个奥林波斯神在自己的名字后面加上这样一个别称，以示区别，如宙斯——安菲阿剌俄斯。由于这些名称标志着神的演变过程中的一个重要阶段，因此有必要对其进行详细的考察。

希罗多德在讨论希腊神学的起源时说了下面一段非常有启发性的话："佩拉斯吉人原先给众神举行各种献祭仪式，在祈祷时也呼唤他们，这是我在多多那听说的。但他们没有给任何一个神起名，因为他们从没听说过这些神的名字。他们把其称为神，因为这些神把万物安排得井井有条，

---

[1] 佛提俄斯的词典，ἥρως ποικίλος 条目。基督教得到传播之后，蛇是罪恶的化身这一源于奥林波斯教的观念由于和闪米特神话中"古老的蛇"的观念有联系而得到强化。承蒙 R. C. 博赞基特先生的提醒，我注意到，在有关圣马尔塞鲁斯（St Marcellus）——公元 5 世纪的圣徒——的生平及其奇迹的描述中残留着这样一种信仰，即罪恶的灵魂将会化作一条蛇。时至今日，希腊人有时还是把没有接受过洗礼的孩子（因而还不是真正意义上的人）称为蛇怪，他们相信这样的孩子往往会变成蛇，消失得无影无踪。关于"蛇怪"（δράκος），参见埃博特（Abbott）：《马其顿的民俗》（Macedonian Foklore），p. 261。

并且主宰万物。在过了一段很长的时间之后,他们了解到那些从埃及传入的神都有名字,稍后他们又听说了狄俄尼索斯这一名字。又过了一段时间之后,他们就这些名字向多多那的神示所请求神谕,因为这个神示所是希腊境内最古老的神示所,在当时也是唯一的神示所。因此,当佩拉斯吉人请示多多那神示所他们是否应该采纳那些从野蛮的国度传入的神的名字时,神示所命令他们使用这些名字。从那时起,他们在献祭众神时都使用这些名字。"①

在那个原始的时代,如果人们在祈祷时要召唤这些神祇,那么这些神祇一定有某种形式的名字或称呼。难道没有这样的可能:希罗多德提到了神的命名方面的进步,但其实那是一种转变,即从崇拜仪式上使用的名称(这种名称适用于所有的神)转变为真正的专有名字,这一名字对被称呼的神起到解释和限定的作用?人们可以把任何一个英雄或神祇称为"梅利克俄斯",但"宙斯"这一专有名字则体现了某个特定的神的个性。只有当某个别称(如安菲阿剌俄斯这一别称)失去了其修饰性的意义时,这个别称才可能用来指代某一个神。阿波罗、阿耳忒弥斯甚至宙斯在开始时都只是修饰性的名称,但一旦这些名称失去了其原有的意思,它们就变成一些神特有的名字。

根据希罗多德的说法,是多多那的一则神谕导致了这一转变,这是很有意思的。如果我们接受里奇韦教授的理论,那么多多那就是佩拉斯吉人和亚加亚人最早发生冲突的地方,宙斯和他那非正式的妻子狄俄涅(Dione)就是在那里取代了大神母及其女祭司成为人们崇拜的对象的。也许就是在那里,崇拜"没有名字的神"、用名称来称呼他们的男女英雄的佩拉斯吉人和崇拜宙斯(父亲)及狄俄涅(妻子)的人相遇并发生了融合。受后者的影响,佩拉斯吉人终于把他们崇拜的没有形象、变化不定的神祇的个性固定了下来。但佩拉斯吉人效仿的不是古代文明的埃及

---

① 希罗多德,II, 51。

人，而是北方的"野蛮人"。①

"英雄"一词本身就是一个形容词。我们从赫西基俄斯的一则注解中得知，"英雄"的意思是"非凡的""强大的""高贵的""可敬的"。② 在荷马史诗中，英雄是活着的强人，打仗时威力无比；在宗教崇拜里，英雄是已经去世的强人，被人赋予更大的、鬼魂般的力量——正如上文所说，死去的人都是"更好、更有力的"。避免直呼死者的名字是一种很得体而且给人启发的做法，至今依然流行。刚刚去世的人至少在一段时间内通常被人称为"他"或"她"，如果直呼其名，会让人觉得过于亲密。如前文所说，所有原始、害羞的人们都有这样一种倾向，即消除一切过于亲密的东西（不管那是什么），把自己的朋友称为"好心人""老伙伴"或者"皮肤黝黑的家伙"，但从不直呼其名。当然，这种微妙的直觉很快便演变为具体明确的仪式性的规定，而且小心翼翼地赋予其实用的功利主义的色彩：对死者唯有赞美。

人们常说，希腊人往往用"委婉"的名称来称呼他们那些被美化的阴间神祇，例如用"欧墨尼得斯"代替"厄里尼厄斯"，即把厄里尼厄斯称为"仁慈的神"，而他们真正要表达的意思是"邪恶的神"。这就是评注者和词典编纂者造成的可耻的误解。其实，我们可以很容易地找到一个更简单、更有人情味的解释方法。不错，人们害怕死者，但同时死者也受到人们的爱戴。人们觉得死者是友好的，他们在世时是自己的亲人，入土之后也会是仁慈的。但是在原始社会，人们认为只有当死者是自己的亲人时才会对自己友好，由敌人的亲人变成的鬼魂一定是不友好的。如果给这些不友好的鬼魂起一些温和的名称，那纯粹是一种委婉的做法，或者仅仅是一种机械的做法。

关于这种委婉的做法，荷马在他的史诗里留下了一个有趣的例子。

---

① 里奇韦：《希腊的早期》第 1 卷，p.339。亚里士多德明确地说，多多那周边地区就是"古代的希腊"，见亚里士多德的《气象学》，I, 12.9。
② 赫西基俄斯的词典中的有关条目。

在众神的集会上，宙斯提醒他们注意凡人的盲目和愚昧：

> 众神与万民之父发话了，他说到无瑕的
> 埃癸斯忒斯，他心里知道他是被阿伽门农声名远扬的儿子
> 俄瑞斯忒斯所杀。①

埃癸斯忒斯这个叛徒、诱奸者、谋杀者、懦夫在这里却被称为"无瑕的人"，有正义感的读者一定会觉得这是不可接受的。这些"过着悠闲生活"的奥林波斯神太过分了。

在荷马史诗中，这些名称常常变得了无新意。但在这里，一旦人们注意到这一点②，就会清楚地看到，"无瑕的人"这个名称是非常适合埃癸斯忒斯这个已经去世的英雄的。不管他在世时的品行如何，他已经加入了"更好、更强有力的人"的行列。在荷马史诗里，"无瑕者"这一名称适用于每一个英雄，适用于英雄的坟墓③，适用于像淮阿喀亚人（Phaeacians）和埃塞俄比亚人（Aethiopians）④这些神奇而又神秘的民族（在一般人的心目中，他们并没有被完全神圣化），适用于赫利俄斯神的神奇岛屿⑤，适用于想象中有点神奇的"好心的老国王"⑥。这个名称也用来指众神派出的"特使"⑦，这种特使在性格上当然有其神奇色彩，但我想它从来不是奥林波斯神自己的名称。这个词包含着某种巫术的、魔鬼的色彩，而根本没有神圣的色彩。

荷马本人并不知道——至少是避免提及——一个原始民族黑暗的

---

① 荷马：《奥德赛》，I, 29。
② 关于这个名称的解释，我完全采纳了吉尔伯特·默里先生的观点。在弗雷泽博士出版了他的《王权的起源》（Origin of the Kingship）之后，人们已经进一步认识到，死者的神奇力量只不过是其生前的特权的延续。
③ 荷马：《奥德赛》，XXIV, 80。
④ 荷马：《伊利亚特》，I, 423。
⑤ 荷马：《奥德赛》，XII, 261。
⑥ 荷马：《奥德赛》，XIX, 109。
⑦ 荷马：《伊利亚特》，VI, 171。

迷信思想。至少表面上他对死者崇拜一无所知，也不知道人们在坟墓周围崇拜死者，不知道死者会以蛇的形象出现。荷马所使用的各种名称都已经有明确所指，这些名称来自一种以死者崇拜为基础的较低层次的宗教。这就引出了一个有趣而又复杂的问题。虽然荷马机械地——或者说"委婉地"（如果我们喜欢这样说的话）——称埃癸斯忒斯为"无瑕者"，但事实上在荷马看来，他是个坏蛋，尽管他也许不像埃斯库罗斯所刻画的那样作恶多端。但是，在那些最先给他这个名称的人看来，他是坏蛋吗？埃癸斯忒斯的故事是通过征服者的口讲述的。埃癸斯忒斯属于旧的秩序，是原始社会的一员，他在阿伽门农家族到来之前就已经存在了。堤厄斯忒斯（Thyestes）——埃癸斯忒斯的父亲——被逐出家园后[①]，埃癸斯忒斯便被当作外人来抚养。克吕泰涅斯特拉也是属于旧的秩序，她是这块土地的原住民的公主。凭着自己的能力，她占据着主导地位。阿伽门农离开了她，有意思的是，他把她交给了一个吟游诗人[②]，这些吟游诗人当中有一位发誓要歌颂作为征服者的亚加亚人。因此，结局不可避免：她又回到旧家族的王子埃癸斯忒斯的身边。我们甚至可以想象得到她在嫁给阿伽门农前曾经跟埃癸斯忒斯订了婚。同样，墨涅拉俄斯也娶了当地的一个公主，他的妻子同样也有作为王后的悲伤。保萨尼阿斯看到了埃癸斯忒斯的坟墓[③]，但从他的描述中却看不到对埃癸斯忒斯的任何崇拜。也许在充满敌意的史诗传统的压力下，这种崇拜已渐渐消亡，但我们相信在古代，这个"无瑕者"在阿耳戈斯受到人们的献祭，他的名称本身就是永恒的见证。

对亚加亚人来说，萨尔摩纽斯（Salmoneus）并不见得比埃癸斯忒斯更"无瑕"，但他也有同样的名称。在涅库亚，奥德赛说：

---

① 埃斯库罗斯：《奠酒人》，1586。里奇韦教授在他的《希腊的早期》第 1 卷（p.97）中指出，阿伽门农和墨涅拉俄斯是新来的移民，而海伦则是土生土长的本地人。在此我斗胆提出，埃癸斯托斯和克吕泰涅斯特拉也属于"佩拉斯吉人"。
② 荷马：《奥德赛》，III，267。
③ 保萨尼阿斯，II，16.7。

> 在众多妇女当中，我看见出身高贵的堤洛，
> 她乃无瑕者萨尔摩纽斯的女儿，而他是个高贵的父亲。①

萨尔摩纽斯的情形非常具有启发性。他也属于旧秩序——其实，和那群死去的女英雄有联系的所有埃俄利德人都属于旧秩序；此外，他一生都强烈地对抗新的神祇。在赫西奥德看来，他是一个"不正直的人"，他居然敢模仿宙斯，模拟出雷鸣和闪电，怒不可遏的宙斯用雷电把他劈死了。②维吉尔笔下那个傲慢的国王正是萨尔摩纽斯的真实写照：

> 他趾高气扬地走在厄利斯的大街上，
> 从希腊民众中间走过。
> 这个狂人想要别人承认
> 他的神圣地位。③

对新秩序的所有崇拜者而言，他亵渎神灵，罪不可赦。但在他生前，他的臣民认为他无比光荣，死后也是"无瑕者"。

类似的还有大地女神的儿子提堤俄斯（Tityos），虽然他从没有被称为"无瑕者"。对信仰正统的奥林波斯教的人来说，他是最邪恶的罪犯。在荷马史诗中，他就是这样的人：

> 他曾经强暴勒托——宙斯尊贵的新娘，
> 当她前往皮托，途经帕诺裴俄斯的林中空地时。④

---

① 荷马：《奥德赛》，XI, 235。
② 关于赫西奥德的残篇的评注。另见品达：《皮提亚竞技会》，IV, 253。
③ 维吉尔：《伊尼德》，VI, 585。关于萨尔摩纽斯，详见弗雷泽博士《论王权的早期历史》（*Lectures on the Early History of the Kingship*）p.197 及 p.204。后文（第 11 章）我们将会看到，住在地狱里的就是这些早期的地方性的英雄。
④ 荷马：《奥德赛》，XI, 576。

由于这一罪行，他被打入地狱，永远在那里受苦受难。从奥林波斯教的观点看，这个结局是非常令人满意的，也是很有启发意义的。但如果我们从地方性的崇拜传统来看，就会发现人们心目中的提堤俄斯是截然不同的人物。在参观帕诺裴俄斯（Panopeus）时，斯特拉博了解到，那里是传说中提堤俄斯的居住地。他提醒我们说，根据荷马史诗①，淮阿喀亚人把满头金发的拉达曼堤斯（Rhadamanthys）带到欧波亚岛（Euboea），让他见到大地女神的儿子提堤俄斯。我们有点不明白，正直的拉达曼堤斯为什么偏要去见这个罪犯。荷马让我们迷惑不解，但斯特拉博的描述解开了这个谜。他说，在欧波亚岛，人们带他去看了"一个叫厄拉里恩（Elarion）的洞穴，它因厄拉拉（Elara）——提堤俄斯的母亲——而得名；还有一座祭祀提堤俄斯的英雄祭坛，据说人们为他举行某种仪式"②。可见，这只是一个"无瑕"的英雄拜访另一个"无瑕"的英雄罢了。长着金发的亚加亚人喜爱满头金发的拉达曼堤斯，但在北方的极乐世界（Elysium），并没有提堤俄斯这个大地的儿子的位置。

* * * * *

由此我们可以得出这样的结论：这些"委婉"的名称最初是用来称呼英雄和冥界的神灵的，他们是这个原始纯朴的民族的崇拜对象。信仰新的亚加亚宗教的人自然会把这些旧秩序里的英雄和圣人当作魔鬼。后来，基督教时代到来之后，奥林波斯神也遭遇了同样的命运。一切与新宗教不相协调的活动、一切黑暗的东西都被奥林波斯神转嫁到他们已经取而代之的神祇身上，只有偶尔不经意间留下的名称（如"无瑕者"）透露出其中的实情。根据祭礼的规定，人们必须在夜间祭祀英雄，必须在黎明前把祭品吃掉。这无疑使人确信，英雄的所作所为都是邪恶的，因为他们喜爱黑夜。此外，英雄的祭祀仪式也是古老的，其中不乏野蛮的因素。据保萨尼阿斯说，在道利斯（Daulis）有一座祭坛，专门祭祀一个

---

① 荷马：《奥德赛》，VII, 323。
② 斯特拉博，IX, 3§423。

最早出现的英雄。显然这是十分古老的祭坛，因为当地人对这个英雄是何许人并无一致说法，有的说是福科斯（Phocos），有的说是克珊提波斯（Xanthippos）。人们每天都要向他献上祭品。如果是宰牲献祭，福喀斯人（Phocians）还把祭牲的血通过一个孔洞灌进坟墓里，并当场把祭牲的肉吃掉。① 这种直截了当的祭祀方式更使人产生这样的想法：英雄嗜血成性。

有时祭礼的规定清楚地反映出新旧之间、英雄与奥林波斯神之间的对抗。保萨尼阿斯详细地描述了在奥林匹亚举行的献祭英雄珀罗普斯的仪式。这个英雄有一座很大的庙宇，周围用石墙围着，院子里树木葱郁，安放着许多塑像。庙宇的大门朝西开，这种结构对英雄而言是很合适的。献祭仪式在一个坑里进行，祭牲是一只黑公羊。保萨尼阿斯在他的叙述末尾说了一句很有意思的话："谁要是吃了献给珀罗普斯的祭牲的肉，不管他是厄利斯人还是外地人，都不得进入宙斯的神庙。"② 但是，我们从品达的作品中高兴地看到，奥林波斯教任何充满恶意的祭礼规定都不能抹杀地方性英雄的光辉：

> 新鲜的血液在源源不断地流入他的坟墓，
> 在阿尔菲俄斯浅滩附近，
> 现在他还拥有自己的一份。
> 人们排成长龙，在那里对他顶礼膜拜。

评注者对此的评论是："有人说那不仅仅是珀罗普斯的坟墓，而且还是他的圣所。赫拉克勒斯的追随者在祭祀宙斯前要先祭祀珀罗普斯。"③

然而，在另一个希腊化中心，也存在新的崇拜对象取代旧的崇拜对象的情形，尽管人们对此的记忆要模糊得多。品达作品的评注者说，在涅墨亚（Nemea）举行的竞技比赛具有葬礼竞技的性质，而且那是为纪

---

① 保萨尼阿斯，X，4.10。
② 保萨尼阿斯，V，13.3。
③ 品达：《奥林波斯颂》，I，90 及有关评注。

念阿尔刻莫罗斯而举行的,但后来,赫拉克勒斯杀死涅墨亚那头狮子后,他"接管了这一竞技比赛,修改了其中的许多内容,规定这一比赛是专门为纪念宙斯而举行的"。

更常见的情形是,奥林波斯神和英雄之间表面上存在着一种友好关系。两者之间达成了一种折中:主要的献祭仪式是为了纪念奥林波斯神,但此前要先祭祀英雄。一个很好的例子是在阿弥克雷举行的献祭阿波罗的仪式,在这里,对阿波罗的崇拜取代了对当地英雄许阿铿托斯(Hyakinthos)的崇拜。在一个精美的宝座上安放着一尊巨大的阿波罗铜像,保萨尼阿斯对铜像的装饰有详细的描述。这是一尊古老、粗糙的塑像,其下半部像柱子,但不管怎么说,这是一个新来的神祇。"铜像的底座形状像一座祭坛,据说许阿铿托斯就埋葬在里面。在纪念许阿铿托斯的庆节上,在把焚烧过的祭品献给阿波罗之前,人们通过底座上的一个小门把祭品献给许阿铿托斯。"①

这样,阿波罗和许阿铿托斯之间达成了某种妥协。阿波罗接受的是人们献祭奥林波斯神时通常献上的祭品,而人们是用祭祀冥界神灵的方式献祭许阿铿托斯的。但并不是所有的奥林波斯神都像阿波罗在阿弥克雷那样成功,古老的祭礼总是具有顽强的生命力。阿波罗在德尔斐的情形就不一样。在那里,阿波罗可以坐在翁法罗斯石上,但他依然不得不通过该亚的女祭司的口来传达他的神谕。我们已经看到,宙斯僭取了梅利克俄斯这一名称,他还要人们在浮雕上雕刻古老的蛇献给他。但是,他却无力改变人们献祭英雄的传统,而且不得不像一个冥神一样满足于整只焚烧的燔祭品。他所能做的就是强调这样一个不真实的说法:梅利克俄斯是他,而不是英雄,他是一个容易满足的神。

凡是能够通过神学偏见促成的一切做法都被尝试过了。前文已经说过,在有关巴布里俄斯这个英雄祖先的寓言里,他被完全禁止给予美好的东西,而他这个英雄不得不屈从于这一禁令。远在巴布里俄斯之前,

---

① 保萨尼阿斯,III, 19.3。

这种诋毁的做法就已经开始了。在阿里斯托芬的喜剧《鸟》中，由鸟儿组成的歌队提到了它们在大地上见到的奇怪的景象：

> 我们看到一个神秘的地方呀，
> 黑乎乎的暗淡无光呀。
> 白日里人同英雄一起饮宴呀，
> 到了夜晚各遁藏呀。
> 要是凡人在夜静更深时遇上英雄俄瑞斯忒斯呀，
> 就要挨上他的一棍子并被脱掉衣裳呀，那场面真够体面的呀。

俄瑞斯忒斯无疑是当地有名的强盗，但这里可笑的是英雄倒霉的特点。评注者说："英雄往往性情暴躁，行为粗暴，那些遇见过英雄、对有益之物无能为力的人尤其觉得如此。"他引用了米南德（Menander）的有关论述，并得出自己的结论：这就是为什么"人们从英雄祭坛旁边经过时总是默不作声"。① 一种令人尊敬的风俗便如此轻易地被赋予了坏名声。评注者和词典编纂者如此沉迷于奥林波斯神的偏见，以至于在解释一个已经没有贬义的词语时，他们依然还其以贬义。在解释 κρείττονας（更好、更强有力的人）一词时，赫西基俄斯说："他们用这个名称称呼英雄，可见英雄似乎是一种坏人。正因为如此，那些从英雄祭坛旁边经过的人总是默不作声，以免这些英雄伤害他们。"② 无论是对众神还是对凡人来说，以下法则都是适合的：国王绝不会做错事，被征服者绝不会得到自己的权利。

---

① 阿里斯托芬：《鸟》，1482 及有关评注。阿提尼俄斯（XI, 4, p.461）对英雄的特点也有同样描述。（以上引文的翻译参考了杨宪益先生翻译的《鸟》，见《阿里斯托芬喜剧集》，人民文学出版社，1954 年，p.328。——译注）
② 赫西基俄斯的词典，κρείττονας 条目。

阿斯克勒庇俄斯和治病救人的英雄们

和鬼魂——他们的前身——一样,英雄当然也有其黑暗、愤怒的一面。但如果我们撇开充满偏见、倾向于奥林波斯神的文献记载,就会很容易地看到,在地方崇拜中,英雄往往被人们看成是仁慈的。人们崇拜鬼魂,鬼魂也由于这种崇拜而被确立为英雄,这鬼魂正是崇拜者自己的亲人,这种亲缘关系在冥界依然被顽强地保持着。"在西非几乎所有的地区,"玛丽·金斯利(Mary Kingsley)小姐说,"都有一种叫作'友好者'的神灵,这种神灵和'它们'——泛指不是由人变成的神灵——有着明显的区别。这些'友好者'是祖先的灵魂,他们尽自己所能为所在的村庄或者家庭物神谋利益,这种物神不是人的灵魂也不是祖先"。[①] 希腊人也是如此,他们小心翼翼,绝不会忽视或冒犯当地的英雄,但总的说来,他们还要依赖于英雄的仁慈:

> 当一个人死后,我们都会说,
> 这个圣人走了,他"睡着了",
> 从此以后,他再也不会遭到烦忧了。
> 在葬礼上,我们像献祭神一样祭祀他,
> 为他倒上奠酒,祈求他
> 从阴间给在世的人带回好的东西。[②]

英雄崇拜包含着更多的人"敬奉"的成分,而没有鬼神崇拜中的"驱邪"成分。

为了显示其仁慈,英雄要掌管人类的全部活动。像所有的原始神祇一样,英雄必然是一个万能的神。原始人群还不可能给他们的神划分职

---

① 《西非研究》(*West African Studies*),p. 132。
② 阿里斯托芬:残篇,1。

能。地方性的英雄必须帮助自己的家族赢得战争，确保本家族庄稼丰产、人丁兴旺；当本家族遇上疑难问题时，英雄还要充当传达神谕的角色；英雄要随时准备应对突发事件；有时英雄还要负责修补破损的水壶。但最主要的是，人们把英雄敬奉为医神。作为医神，英雄几乎升格为奥林波斯神，但由于他执行的是温柔的职能，因而保持着某种人的特征，没有被彻底神化。作为医神的英雄的典型例子就是阿斯克勒庇俄斯这一神祇。

我们对阿斯克勒庇俄斯的形象并不陌生，因为许多有关的希腊和希腊-罗马风格的塑像被保留了下来。他是一个长着胡须的可敬的神，形象有点像宙斯，但他最大的特点是挂着一根绕蛇的拐杖。一些教科书告诉我们，这条蛇是"医术的象征"，因而成了医神阿斯克勒庇俄斯的标志。

图99是在阿斯克勒庇俄斯庙发现的一幅还愿浮雕[①]，现收藏在雅典的国家博物馆。这幅浮雕值得我们思考。浮雕上的医神以他常见的姿势站

图 99

[①] 文物编号1407。该图来自照片。感谢雅典考古官员卡巴迪阿斯（Kabbadias）先生的准许，这幅浮雕以及图100、103、104中的浮雕得以在此公开发表。

着，等待崇拜者一家向他献上祭品。一个快乐荣幸的小男孩获准走在列着队的一家子的前面，他们赶着一只绵羊向祭坛走来。医神的背后是他的标志——一条巨大的卷曲的蛇，这条蛇高高地竖着它的头，恰好和医神一样高。假设这幅浮雕没有人格化的医神阿斯克勒庇俄斯，它依然是完整的，恰如图 2 展示的那幅表现梅利克俄斯的浮雕一样完整：以蛇的形象出现的英雄以及他的崇拜者。

　　图 99 中的浮雕长度不足一英尺，它很可能是某个对能够治病的蛇英雄抱着坚定信念的穷人献上的还愿浮雕。这幅简单明了的浮雕迫使我们面对一个事实，而这个事实正是下一幅浮雕（图 100）的敬献者所极力掩盖的。这是一个有钱人敬献的还愿浮雕①，浮雕上的人物只有真实人物的一半大小。它同样是在雅典卫城南坡的阿斯克勒庇俄斯庙里发现的。阿斯克勒庇俄斯不再像平民一样斜靠着自己的拐杖，他居高临下地坐着，在他的旁边有一条非常卑微的标志性的蛇。他的身后有两个人，可能分别是他的儿子和女儿。他们三个占据着一个单独的神龛，跟那些崇拜他们的人有着明显的距离。

图 100

---

① 文物编号 1377，该图摹自照片。

阿斯克勒庇俄斯是一个凡人的鬼魂，作为这一卑微出身的标志，蛇跟阿斯克勒庇俄斯总是有着紧密的联系，但这不是他出身卑微的唯一证据。要看病的人们都要接受一种治病的仪式。仪式的主要内容是在阿斯克勒庇俄斯的神庙里入睡，在睡梦中接受他的治疗或者是接受他给予的有关如何治病的谕示。最先在睡梦中给人带来神谕的是大地女神[①]，但阿波罗这个奥林波斯神取代了大地女神，成为给睡梦中的人传达神谕的神。在这里，我们没有必要去考察在睡梦中治病的千奇百怪的做法，我们只需注意一个简单的事实：在古代，英雄会给睡梦中的人传达谕示，而在睡梦中治病或接受关于治病方法的谕示就是这种古老传统遗留下来的。这种传统并非阿斯克勒庇俄斯所特有的。当人们来到位于奥罗波斯（Oropus）的安菲阿剌俄斯那座优美的小神庙时，他们先举行净礼，然后宰杀公羊献祭，最后睡在摊开的羊皮上，"等待睡梦中的启示"。[②]

对地生的英雄来说，给睡梦中的人传达谕示总是合适的。我们从来没听说过有人睡在宙斯或阿波罗的神庙里，在睡梦中等待神给他带来启示。对梦中启示的信仰持续的时间比奥林波斯神崇拜要长得多。时至今日，每年到了帕那吉亚节（Panagia），来自各个岛屿的病人就会成群结队地到特诺斯（Tenos）朝拜。他们睡在教堂里或教堂外的院子里，最后他们的病痊愈了。到了第二天早上，他们要发布一份名单，上面记录了疾病被神奇地治愈的病人的名字。能够生存下来的只有真理和真正的神。在帕那吉亚的身上集中了古代一切真实的信仰，人们依然把她看作神母、处女神以及治病救人的阿斯克勒庇俄斯的化身。像许多原始信仰一样，这种梦中疗病的信仰对某种真实而深层的思想有着强烈的吸引力，然而，它却受到一些人的误解和歪曲。从这种信仰中，我们似乎可以听到对大自然的某种召唤：

[①] 欧里庇得斯：《伊菲革涅亚在陶洛人里》，1261。
[②] 保萨尼阿斯，I，34.5。

睡梦中的心挣脱了
思想的烦忧，
没有一样东西——不管是好是坏——
能够难住睡梦中的你。
紧闭的双眼看到
睡梦的大厦装满了东西，
那是夜晚的功劳，
白天是绝不能做到的。

我们从一块石碑的碑文[①]中得知，阿斯克勒庇俄斯崇拜是大约在公元前421年传入雅典的。当阿里斯托芬创作他的喜剧《财神》时，这种崇拜无疑还是一种新奇的东西。但是，在公元前421年之前，雅典并不是没有一个治病救人的英雄。阿斯克勒庇俄斯传入雅典时已经是一个成熟的神祇。他最先来到忒萨利，在那里，他和阿波罗是竞争对手；最后，他来到厄庇道罗斯，当地人为他建造了一座巨大的神庙。我们可以把他的到来看作一种明确的证据，证明人们对他的崇拜取代了对一个更古老的英雄的崇拜，但这两种崇拜并行不悖。也许"联系紧密"这个词更适合于用来形容这两种崇拜的关系，因为当一个外来的英雄取代本土的英雄成为人们崇拜的对象时，两者的崇拜仪式并没有发生冲突——这跟奥林波斯神恰好相反；两个英雄都满足于人们献上的简朴的祭品。

在发掘"厄涅阿克罗诺斯"（Enneakrounos）的过程中，多普费尔德博士发现了一座小神庙，它包括一个院子、一座祭坛和一口水井。从院子围墙、水井及水井的引水道的构建风格来看，这座神庙显然属于庇西

---

① 见 A. Mitt., 1893年，p.250。厄庇道罗斯的医神的出现可能跟雅典发生的大瘟疫有关。

特拉图（Peisistratos）①时代的文物。在神庙内外，还有一些还愿浮雕，这些浮雕所表现的是人们对一个医神的崇拜。有一块浮雕刻的是人体的各个部位，如胸脯等，其中有一个男人抱着一条大腿，大腿上的静脉清晰可见。这些浮雕都属于通常所见的表现阿斯克勒庇俄斯的那种浮雕，最重要的是上面都有蛇的形象。如果没有发现铭文，人们一定以为这是一座"供奉阿斯克勒庇俄斯"的神庙，那么我们就要面对一些奇怪的问题："阿斯克勒庇俄斯为什么有两座神庙——一座在卫城的南面，另一座在西面？如果在庇西特拉图时代，这个神在卫城西面的山坡上有一座神庙，那为什么他在公元前421年还要千方百计地进入雅典，并在南坡修造一座神庙？"

幸运的是，我们并没有陷入这种困境。在这座神庙里发现的一块石碑上，我们看到了如下铭文："谟涅西普托勒梅（Mnesiptolemè）代表迪凯俄法涅斯（Dikaiophanes）敬献给阿斯克勒庇俄斯·阿弥诺斯（Amynos）。"如果这块石碑是单独存在的，那么我们有可能得出这样的结论：这座神庙供奉的是阿斯克勒庇俄斯，"阿弥诺斯"（庇护者）是他在这里的名称。不管"阿斯克勒庇俄斯"一词原来的意思如何（我们也可以推测这只是一种崇拜仪式上的名称），它很快就变成了一个专有名称，因此很容易和一个修饰性的名称联系在一起。

幸好我们还找到了另一块石碑，上面的铭文让我们确信"阿弥诺斯"不仅仅是一个形容词，而且是某个人的修饰性的名称，这个人显然不是阿斯克勒庇俄斯。碑文如下："一些市民认为，为了维护阿弥诺斯、阿斯克勒庇俄斯、德克西翁（Dexion）的崇拜者们的共同福利，纪念他们是很应该的。"在这里，我们看到了三个不同的人物的名字，它们在排列顺序上也很讲究。我们知道阿斯克勒庇俄斯，更知道德克西翁。《词源大典》的作者在解释"德克西翁"一词时说："这是雅典人在索福克勒斯去

---

① 庇西特拉图（前605—前527），古雅典僭主（前561—前527），在帕伦尼战役中获胜后，巩固其在雅典的统治，实行保护中小土地所有者及奖励农工商业的政策。——译注

世后授予他的名称。据说，索福克勒斯死后，雅典人想给予他更多的荣誉，于是便为他建了一座英雄神龛，并把他命名为'接纳者'，因为他把阿斯克勒庇俄斯接到自己的家里，并给他建了一座祭坛。"① 关于索福克勒斯被当作英雄一事，我们还可以找到比《词源大典》更早的文献。历史学家伊斯特罗斯（公元前 3 世纪）说，雅典人"为了纪念他的美德，投票决定每年都要为他举行献祭仪式"②。

听起来这似乎是一个令人难以置信的故事，但是，如果我们不过于看重一位颂歌作者所说的话，那么这种解释就显得再自然不过了。索福克勒斯并不仅仅是"因为他的美德"而被封圣，他正式地成为一个英雄，因为他正式地接纳了阿斯克勒庇俄斯，而一个神的"接纳者"就像一座城镇的"创建者"一样有权利享受人们为他举行的供奉仪式。德克西翁是接纳神的人，由于铭文中有他的名字，而这块石碑被安放在卫城西面山坡上的小神庙里，因此我们可以肯定他在那里受到人们的供奉。我们可以推测，他就是在这座神庙里担任祭司的。这一推测几乎得到了确认，因为一块晚期（公元前 1 世纪）献给阿弥诺斯和阿斯克勒庇俄斯的石碑的年代是由一位"索福克勒斯"的祭司职务推定的，此人可能是诗人索福克勒斯的后代。作为一个英雄，索福克勒斯并不成功，这也许是因为他是诗人，因而人们总把他当作一个仍然在世的活人。在他自己的神庙里，他完全被他所"接纳"的神所湮没。

这座小神庙的历史是相当清楚的。碑文记录下了祭祀仪式的先后顺序。在庇西特拉图时代，这座神庙便出现了。最初它被称为阿弥诺斯庙，供奉的是当地的一个英雄，他的名称为阿弥诺斯（"庇护者"）。后来，很可能是由于这个英雄没有能够消除当地爆发的一场瘟疫，所以当地人觉得这座神庙还应该供奉一个医神，这个医神在伯罗奔尼撒有着极高的声

---

① 《词源大典》，Δεξίων 条目。οἰκία（房屋）——索福克勒斯接纳阿斯克勒庇俄斯的地方——似乎指的是阿弥诺斯庙。
② 伊斯特罗斯：残篇，51。

誉。在南坡的阿斯克勒庇俄斯庙建立之前，人们一直在悄悄地、小心翼翼地在这座小型的阿弥诺斯庙里供奉着两个神。事情很简单。人们从厄庇道罗斯请来了一条圣蛇①，让他和当地的圣蛇阿弥诺斯同住在一座神庙里。两者都是蛇，都是医神。人们给他们献上同样的祭品、同样的还愿浮雕。"接纳者"索福克勒斯在适当的时候把阿斯克勒庇俄斯引进了雅典，但他这个凡人自然会死去，于是神庙里又要供奉另一个医神。德克西翁最终被人淡忘，阿斯克勒庇俄斯渐渐地取代了阿弥诺斯，并把他的名字作为自己的祭礼名称。

由于我们知道雅典是一个真实的地方，由于我们知道索福克勒斯是一个诗人、阿斯克勒庇俄斯是一个医神，因此上述关于阿弥诺斯、阿斯克勒庇俄斯和索福克勒斯的故事显得特别重要而且极其可信。但是，我们应该把这个演变过程看作一架从地上通往天堂的梯子，这种梯子最底层的梯级是遍布希腊全境的村庄。有时这种梯子会通往高高的奥林波斯山，但这种机会是极少的。一个地方性的英雄是否能够成为神，取决于各种各样的因素，包括各种机遇。至于这种演变是如何进行的，我们已无从知道。如果一个地方性的英雄对本地以外的地区产生了影响，奥林波斯教就会想方设法在中途扼制这种影响。赫拉克勒斯是原始的佩拉斯吉人②的后裔。如果我们接受最新的词源研究成果，那么"赫拉克勒斯"这个名字只表示那个年轻可爱的英雄——一个出类拔萃的英雄。奥林波斯教不遗余力地把他演变成为他们当中的一员。他被允许享用奥林波斯神的燔祭品；赫拉让他从自己的裙摆下穿过，从而把他当作自己的养子；在奥林波斯山，他和赫柏——她也是刚刚转变为奥林波斯神——结了婚；他被接纳进入奥林波斯山是瓶画家极力表现的一个主题，然而他总是处在进入奥林波斯山的过程中，而从没有真正住在奥林波斯山上；他

---

① 试比较：保萨尼阿斯，VIII, 8.4; II, 10.3; III, 23.7。
② 里奇韦：《希腊的早期》第1卷，p.640。

第七章 神的诞生 387

保持着过多的凡人的特点，无法心安理得地被同化为奥林波斯神。由于文学总是过分地受奥林波斯教的影响，因此在文学作品中，他通常是舞台上的笑柄。

更常见的情形是，英雄最后演变成地方性的医神，但终究不会成为全希腊的神祇。图101就给我们展示了一个很好的例子。这是在皮奥夏发现的一个花瓶上的图案，这个花瓶现为雅典国家博物馆的藏品。在花瓶的正面图案中，我们看到一个蓄着络腮胡子、头上戴着花冠的男子正斜靠在沙发上饮宴，他面前的桌子上摆放着糕点，一条卷曲的巨蛇正在喝他手中的酒杯里的酒。在花瓶的反面图案中，一个手拿节杖的女神坐在那里，一个女孩正给她献上祭品——小酒坛、糕点、一支点燃的蜡烛。女神的头上悬挂着一些还愿祭品——一只手、两只脚，如今布列塔尼和罗马的神龛里也悬挂着这些祭品。对英雄崇拜不明就里的人会立即认为，正面图案中那个和蛇在一起的神是阿斯克勒庇俄斯，反面图案中那个和还愿肢体坐在一起的女神是许癸厄亚。但事实并非如此，他们没有资格充当这些神祇。尽管这只花瓶是在皮奥夏发现的，瓶画的作者很可能要刻画的是安菲阿剌俄斯（也可能是特洛福尼俄斯）和阿加忒·堤刻。我们所知道的就是，他们是一对夫妻医神——被神化的英雄和女英雄。

这只花瓶是晚期的文物，瓶画的作者已经忘记那条蛇就是英雄的

图101

化身，因而他把它刻画成某种驯服的标志性的宠物，它正在喝酒杯里的酒。这条蛇没有胡须，但是它具有某种不真实的特点，而这是人所特有的：它正要喝酒杯里的酒。这些人格化的蛇吃的是人们所吃的食物，但在自然界中，它们的食物应该是活鸟或兔子。加道（Gadow）博士告诉我，蛇也喝牛奶，但是如果它要喝人们献给它的祭品——粥，那必须是一种非常稀的粥，任何糕点甚至稠一点的粥它是无法吞下的。然而，人们每个月都要给卫城的那条蛇献上"涂了蜂蜜的糕点"；在勒巴底亚（Lebadeia）的特洛福尼俄斯神示所（在这里传达神谕的是一条蛇），当地居民"把用蜂蜜泡过的糕点扔进神龛里"。①

我们经常可以看到表现英雄斜靠在沙发上饮宴的还愿浮雕，下文我们马上就要讨论这样一组浮雕。这种画面很少出现在瓶画上，而且只出现在晚期的瓶画上。图 102 也是表现这一题材的很好的例子，这是柏林博物馆收藏的一个晚期的红绘巨爵上的图案。如果要给图中那个斜躺着的男人起个名字，那将是徒劳的：那条巨蛇标志着他是一个已经去世的英雄。我们几乎不能说图中的女人和男孩是崇拜者，尽管男孩正献上糕点和水果。这幅图要表现的是人在世时享受的盛宴死后依然在继续。

图 102

下文我们要考察一组还愿浮雕，在题材上，这些浮雕跟图 102 中的瓶画有许多相似之处，这种浮雕通常被称为"英雄盛宴"或"丧宴"。这些文物对我们的研

---

① 关于阿里斯托芬的《云》第 508 行的评注。

究有重要的启发意义，因为没有什么能够比这些浮雕更清楚地展示出英雄是如何转变为神，以及奥林波斯神又是如何渐渐地取代地方性的英雄，从而成为人们的崇拜对象的。

"英雄盛宴"

柏拉图在《法律篇》里给人们所崇拜的各种对象排列了顺序：首先是奥林波斯神以及那些保护城市的神；其次是冥界的神，他们能够享用的是那些不吉利的东西；第三是半神，对他们的崇拜具有狂欢秘祭的特点；第四是英雄；第五是祖先的神。最后，他把仍然在世的父母也列上，认为应该非常孝敬父母。① 早在赫西奥德的时代，神学就试图区别英雄和半神，认为半神比英雄层次更高。② 在崇拜仪式上，并不存在这种过细的划分。唯一被确认的区别是，用于献祭奥林波斯神的是燔祭品，而用于献祭冥神的祭品则无须焚化。至于冥神跟死者、英雄及半神，他们之间的唯一区别是，如前文所说，由于受保守思想的影响，一些冥神拒绝接受奠酒，而奠酒显然为死者、英雄和没有被完全神化的半神所接受。

同样，在那种被称为"英雄盛宴"的还愿浮雕上，人们并不区分英雄和半神，甚至连普通死者和英雄之间也没有明确的区别。一般来说，描写"英雄盛宴"的浮雕都被安放在神庙里，而不是安放在墓地，但有时在坟墓石碑③上也刻有此类浮雕。

在阿提刻、伯罗奔尼撒半岛及各个岛屿，到处都可以见到"英雄盛宴"浮雕，几乎每一个地方的博物馆都保存有此类浮雕。图 103 展示的是萨摩斯地方博物馆收藏的一块浮雕④。三个英雄正坐在沙发上饮宴，其

---

① 柏拉图：《法律篇》，717A。
② 赫西奥德：《工作与时日》，109。
③ 雅典国家博物馆收藏有几块此类墓碑，保存在帕罗斯（Paros）地方博物馆大院里的石棺上也刻有"英雄盛宴"浮雕。
④ 编号 55，参见维根德（Wiegand）博士：《萨摩斯的古代雕刻》，刊于 *A. Mitt.*，1900 年，p.176。

图 103

中一个举着一只巨大的角状杯。树上有一条卷曲的蛇,正要喝杯里的酒。蛇和树标志着这里是一座神庙,要不然整个场面就像一场家宴,从而缺少了一种神圣的气氛。浮雕的铭文只剩下两个字母,因此我们无法从中获得什么信息。浮雕上的圆形盾牌、马头和狗在向我们表明浮雕上的人物是英雄,但至于他们是谁,我们则无法说清。

　　图 104 中的浮雕①也是来自萨莫斯,这是我们通常见到的那一类浮雕:男人斜靠在沙发上,女人则坐着,男孩正要斟酒。整幅浮雕上充满了各种具有标志意义的物品:属于那个男人的有马头、铠甲、头盔、盾牌和胫甲;属于那个女人的有针线篮(这种针线篮经常出现在雅典人的坟墓浮雕上),也许那只站在针线篮上啄水果的鸟儿也属于她。那条蛇是他们俩的化身,因为两人都死了。我们刚见到浮雕上的铭文时会感到奇怪,其内容如下:"向女英雄、福尼克斯的女儿拉伊丝(Lais)致敬。"铭文根本没有提到英雄,但仔细观察这块石碑就会发现,原先的铭文已经被刮去

---

① 编号 60。

了。① 有人关心拉伊丝甚于关心她的丈夫，因此出现了把原先的铭文刮去再重新刻上铭文的现象。

之所以从无数的浮雕中挑选了这两幅来自萨莫斯的浮雕，是因为我们从这两幅浮雕中可以清楚地看到，英雄是由凡人转变来的。人们发现的最早表现"英雄盛宴"的浮雕是没有铭文的。虽然马和蛇出现在这些浮雕上，但人们试图把它们解释为阿斯克勒庇俄斯的圣物：蛇是"治疗的象征"，而马则是"哈得斯的马"②——一种神秘的动物。对象征学最有研究的人也无法解释胫甲和针线篮的神话含义。

图 104

表现"英雄盛宴"的浮雕都是晚期的文物，其中最早一块浮雕的年代为公元 5 世纪末——这个时间尚令人怀疑，绝大多数浮雕要晚于这个时间。要找出其中的原因并不困难。在希腊雕刻的繁盛时期（在雅典发现的大多数坟墓浮雕属于这个时期），英雄崇拜已经被人们遗忘。那是一个理性主义盛行的时代，因此，当时坟墓浮雕所表现的内容都与今世有关，几乎没有表现来世的。我在别的场合曾试图证明早期的阿提刻坟墓浮雕仿照的是斯巴达的英雄浮雕的风格，但在公元 5 世纪的阿提刻坟墓浮雕中，我们并没有发现有表现死者转变为英雄的内容。但一旦理性的时代过去，英雄崇拜就卷土重来，而且势头似乎比以前更猛。

---

① 见前引维根德博士的论文，p.180。
② 见维罗尔博士：《死亡与马》，刊于《希腊研究》1898 年第 18 期，p.1。

图 105

在希腊雕刻的繁盛时期，也有表现英雄崇拜的浮雕，只不过这些浮雕不是用于葬礼罢了。图 105 是我们能够找到的年代最早也是最精美的一幅这类浮雕①，这幅浮雕与那种表现"英雄盛宴"的浮雕在风格上大相径庭。我们在此引用这幅浮雕，一是因为它的美感吸引了我们，二是因为我们想借此跟"英雄盛宴"浮雕作对比。在这幅浮雕上，一个英雄占据了中心位置，他牵着自己的马，他的猎狗在后面跟着。我们确信他是一个英雄，因为在他的前面是属于他的一座形状如翁法罗斯石的低矮祭坛，左边有一个崇拜者正向祭坛走来。可惜的是，浮雕上没有铭文，但是我们还是忍不住想给这个英雄起一个名字。

在这幅浮雕上，岩石是马和骑士的背景。用来雕刻这幅浮雕的是一块大理石，具有阿提刻风格，很容易使人想起帕耳忒农神庙的大理石。因此，可以有把握地说，浮雕上的岩石背景就是卫城的一面山坡。在浮雕的右边，英雄的上方有一个坐着的人，只有下半身的衣物呈褶状下垂。宙斯和阿斯克勒庇俄斯常被刻画成这种形象，但宙斯在卫城的山坡上并没有神庙，而且当时浮雕上的宙斯也不可能被刻画成一个悠然坐着

---

① 罗斯切尔的词典，"英雄"条目，p.2559。

的旁观者。几乎可以肯定地说,这个人物就是阿斯克勒庇俄斯。既然这个人物是阿斯克勒庇俄斯,我们就可以从保萨尼阿斯的叙述中来判断其他的人物是谁:"从这条路往前走,在靠近卫城的地方,有阿斯克勒庇俄斯的神庙,与它相邻的是忒弥斯的神庙,在这座神庙的前面是祭祀希波吕托斯(Hippolytos)的土墩祭坛。"接着,保萨尼阿斯讲述了淮德拉(Phaedra)和希波吕托斯的故事。虽然他没有提到阿佛洛狄忒的神庙,但他说:"在我年轻时,那些古老的塑像就已不见了,但我所见到的塑像并非无名之辈的作品。"① 有塑像就意味着有神庙。根据在该地发现的碑文及还愿浮雕判断,确实有过这样一个神庙,这座神庙供奉的是阿佛洛狄忒·潘得摩斯(Pandemos)。浮雕上的人物与保萨尼阿斯的描述一一吻合。浮雕右边(亦即卫城的东边)的人物是阿斯克勒庇俄斯,他的旁边是忒弥斯和她的神庙——她左右两侧的那两根柱子表明那是她的神庙。在她的前面就是希波吕托斯和他那神圣的土墩祭坛。祭坛的上方就是阿佛洛狄忒,她完全是"在希波吕托斯之上"。欧里庇得斯对此非常了解:

> 那时他父亲的高贵的妻子淮德拉
> 看见了他,由于我施展的计谋,
> 她的心就被可怕的爱情占领了。
> 在她来到特洛普这个地方之前,她在帕拉斯的岩石上,
> 正对着这地方,为了爱恋那不在家的情人,
> 建造了一所庙宇,并且把这座女神庙用
> 希波吕托斯作为名字。②

---

① 保萨尼阿斯,I, 22.1—3。另见弗雷泽博士在这方面的描述以及《古代雅典的神话与遗迹》,p.328。
② 欧里庇得斯:《希波吕托斯》,吉尔伯特·默里译,26以下。关于阿佛洛狄忒·恩德摩斯(Endemos),见维罗尔博士的论文,《古典评论》1901年12月号,p.449。斯沃罗诺斯博士提出了一个有趣的观点:由淮德拉建造的神庙后来可能被尼克·阿普特罗斯的神庙所取代,"没有翅膀的胜利女神"很可能是阿佛洛狄忒的名称,而不是雅典娜的名称。另见《国际考古界》(Journal International d'Archeologie),1901年,p.459。

值得注意的是,这块浮雕现藏于罗马的托洛尼亚博物馆,它是在距阿里恰(Aricia)不远的地方被人发现的。而在古代,当地人崇拜英雄维尔比乌斯(Virbius),在拉丁语中,这个名字相当于希腊语的"希波吕托斯"。

一种可能是,由于希波吕托斯这个英雄崇拜阿耳忒弥斯,愤怒的阿佛洛狄忒对此怀恨在心。透过这个悲剧,透过阿佛洛狄忒那个"在希波吕托斯之上"(后来被误解为"由于或为了希波吕托斯")的名称,我们看到了崇拜对象的更迭——这是一场真正的较量,一方是当地的英雄,另一方是阿佛洛狄忒,最终阿佛洛狄忒占了上风,并演变成为奥林波斯神。然而,从眼前这幅浮雕中我们很难推断出这样一个观点,因为它表现的似乎只是地形学上的各种关系,并且给人一种祥和的感觉。

图 106

图 106 是哥本哈根的新卡尔斯伯格的雅各布森(Jacobsen)收藏的一块浮雕,它更清楚地表现了崇拜对象更迭的情景。该文物的年代不早于公元前 4 世纪,属于常见的表现"英雄盛宴"的浮雕:一个男人斜靠在

沙发上，他的妻子坐着，一个侍者拿着酒杯；为了使这场面更完整，雕刻家还刻画了三个形象稍小的崇拜者。在表现"英雄盛宴"的浮雕上，通常可以见到排着队的崇拜者的形象，虽然不是每一幅浮雕都是如此。如果崇拜者出现在浮雕上，那就表明浮雕上的英雄和他的妻子是崇拜的对象。我们已经说过，一般说来，最好的办法是不要给这个英雄起名。目前我们所见到的这种浮雕如果刻有铭文，铭文显示的英雄或女英雄的名字就都是凡人的名字。眼前这幅浮雕的铭文让我们大吃一惊。如果没有铭文，相信谁也不敢猜测浮雕上的英雄的名字。浮雕的铭文如下：

阿里斯托玛刻、忒俄里斯和奥林庇俄多罗斯敬献给宙斯·厄庇特勒伊俄斯·菲利俄斯、神的母亲菲利亚和神的妻子堤刻·阿加忒。

菲利亚，即"友好之神"，是宙斯·菲利俄斯（"友好之神宙斯"）的母亲，而不是他的妻子，这是古老的母权制下的母子关系。但是，那些敬献浮雕的人无疑是根据父权制来决定他们的关系的，他们似乎觉得宙斯·菲利俄斯应该已经结了婚。他们给他配的妻子不是他那个非正式的妻子菲利亚（她已被当作母亲），而是"好运之神"堤刻·阿加忒。那三个排着队的崇拜者是两女一男，男人走在两个女人之间，她们很可能是他的母亲和妻子，而且她们也希望看到她们和他的关系能够体现在他们所敬献的浮雕上。但是，他们满足于一幅传统风格的"英雄盛宴"浮雕，也许这是保守的工匠保存在他的工场里的唯一一种浮雕。

值得注意的是，这块有趣的浮雕来自比雷埃夫斯的蒙尼奇亚的阿斯克勒庇俄斯神庙。同样是在这座神庙，人们发现了那些刻画蛇的浮雕（见图1、图2），图4中的浮雕也是在那里发现的。有几幅浮雕刻画的只有蛇，一些浮雕上有阿斯克勒庇俄斯的形象以及一些仪式性的铭文。这座神庙似乎成了神祇和英雄融合的圣所。我们知道，堤刻在勒巴底亚是阿加托斯半神（"好心之神"或"富有之神"）的妻子。这幅浮雕有一个奇怪的地方：宙斯的手里拿着丰饶角——富足的标志。他在这里的名称"厄庇特勒伊俄斯"就说明了这一点。根据赫西基俄斯的解释，$ἐπιτελείωσις$ 和 $αὔξησις$ 同义，都有"增长"的意思。[1] 根据柏拉图的说法，小孩出生后，人们为了感恩也为了小孩的安康而举行家宴，这种家宴被称为 $ἐπιτελειώσεις$，意为"成就"。[2]

显然，这座神庙曾经供奉过一个英雄，人们认为他的化身是一条蛇，因而蛇成了他们崇拜的对象。他的名称是"梅利克俄斯"，即冥界的财富之神——也可以说是阿加托斯半神或好心之神。他一定有过另外两个名称——厄庇特勒伊俄斯（"成就之神"）和菲利俄斯（"好心之神"）。在历史上的某个时候，阿斯克勒庇俄斯把梅利克俄斯（又称菲利俄斯、厄庇特勒伊俄斯）的神庙据为己有，就像他把阿弥诺斯的神庙据为己有一样。但后来宙斯也要占据这座神庙，于是两者瓜分了这一地方的荣耀。那个古老的化身为蛇的英雄被人遗忘了，或者说被宙斯这个奥林波斯神和阿斯克勒庇俄斯这个外来的医神所湮没。但是奥林波斯神并没有取得彻底胜利。他无法改变这个地方的宗教仪式，而且他不得不接受传统留下的各种标志。

图 107 中的两幅浮雕[3]以一种奇特而有趣的方式体现了这一点。

图 107

---

[1] 赫西基俄斯的词典中的有关条目。
[2] 柏拉图：《法律篇》，VI, 784D。
[3] 这两幅图案均摹自德国考古学院为我提供的两张照片。那幅献给宙斯·菲利俄斯的浮雕是在雅典的神女山附近发现的。有意思的是，那幅献给阿加托斯半神的浮雕是在忒斯庇俄（Thespiae）发现的。

在左边较大的那幅浮雕上，我们可以看到一个神手持丰饶角坐在椅子上，椅子下有一只鹰。考虑到这种鸟是奥林波斯神所特有的，我们原以为这幅浮雕是献给宙斯的。但我们发现它是献给"好心之神"①的。在右边那块稍小的浮雕上，椅子下也有一只类似的鸟。那只驯服的猪是祭品，献给宙斯·梅利克俄斯的祭品就是猪。浮雕上的铭文告诉我们："全体会员谨以赫格西俄斯（Hegeios）执政官的名义将此献给宙斯·菲利俄斯。"根据这个执政官的年代推算，这幅浮雕出现的时间为公元前324年或公元前323年。"友好的宙斯"是一个平易近人的神，因而广受欢迎。对欢乐的人们来说，想到还有另外一个宙斯，心里会感到莫大的安慰，因为这个宙斯离他们并不遥远，而且他手里拿的不是闪电，而是丰饶角；此外，他还乐于和人们一起欢宴。习惯在外应酬的人需要一个形象上和他一样的神，他找到了这样的神，那就是宙斯，当然那是具有"菲利俄斯"这一名称的宙斯。在荷马的笔下，宙斯就是一个习惯于饮宴的神。因此，一个奉承逗乐的食客说道：

> 我想说明白，
> 在外应酬是一件多么神圣正统的事——
> 那是众神的发明，别的技艺
> 都是聪明的凡人而不是神发明的，
> 但是在外应酬是友好的宙斯——
> 公认的最伟大的神——发明的。
> 慈祥的老宙斯轻松愉快地走进人们的家里，
> 无论是有钱人还是穷人。
> 只要他看到哪家的餐桌旁
> 摆上了舒适的沙发，
> 他都会坐下，享用那一道道的菜肴，

---

① 关于宙斯和阿加托斯半神，见保萨尼阿斯，8.36.5，及马丁·尼尔松的《古希腊的节日》，p.401。

还有美酒和点心。然后他径直回到家里，
他从来不为自己享用的酒菜付上一分钱。

这段揶揄的话显然是基于"英雄盛宴"这种仪式的，后来这种仪式演变成"众神的盛宴"。

我们的讨论最后又回到了起点——宙斯·梅利克俄斯。这是早期人们崇拜的冥神，后来被奥林波斯神宙斯所取代。这两种宗教在仪式上各不相同，其意义也相差甚远，它们绝不是机械地融合①在一起的。我们已经看到新的宗教无力改变旧的宗教，只有一些名称发生了变化：迪亚西亚节（Diasia）变成了宙斯的节日，这个节日的仪式就是将整个祭牲焚烧，献给一条蛇；阿波罗和阿耳忒弥斯把塔耳格利亚节据为己有，但这个节日的内容依然是原始的具有巫术色彩的净化仪式。

看起来我们似乎已经达到了目的，但事实上，对于这样一种深层的神秘意义上的宗教，我们还必须研究它的开始。还必须考察一个神的到来，这个神来自北方，但并不是亚加亚的神祇，不是奥林波斯神。这是一个古老的神，他恢复了古老的祭礼——这种献祭在本质上就是一种具有净化性质的献祭，但这种被他恢复的祭礼完全具有了他自己的特性。这个神将花月节的祭礼据为己有，他就是狄俄尼索斯。

英雄浮雕上的狄俄尼索斯

图 108、109 中的浮雕以一种奇特而又富于启发性的方式展现了新旧宗教的交替。图 108 中的浮雕②是在比雷埃夫斯港发现的，现藏于雅典国

---

① 关于这种融合和转变，见萨姆·怀德博士的一篇有趣的论文《冥神与天神》，刊于《宗教研究》（*Archiv f. Religionswissenschaft*），1907 年，p.257.
② 文物编号 1500。不少人对这幅浮雕进行过研究，最新发表的是斯图德尼兹卡的一篇论文《比雷埃夫斯的戏剧浮雕》，刊于 *Melanges Perrot*，p.307. 图 108、109 均由照片复制而成。

图 108

家博物馆。这块浮雕是在大理石上雕刻而成的,浮雕的个别地方已经受到了海水的严重侵蚀。这幅浮雕做工考究,其年代很可能为公元前 5 世纪末。

这幅浮雕的整体风格与"英雄盛宴"浮雕显然是一样的。一个青年斜靠在沙发上,他手里拿着一角状杯。像同类的其他浮雕一样,一个女人坐在他的脚边,左边同样有三个排成一队的人物。但这幅浮雕跟一般的"英雄盛宴"浮雕有所不同。这三个所谓的"崇拜者"并不是真正的崇拜者,他们在相互交谈,他们的身边没有祭牲,手里拿的不是祭品,而是演戏用的道具——面具和手鼓,从站在中间的那个女人就可以清楚地看到这一点。[1] 这些"崇拜者"是悲剧演员。了解了这一点,我们就能够接受浮雕上的铭文(位于那个青年男子和服侍他的女人的下方)所揭示的事实。那个青年的下方清楚地写着"狄俄尼索斯",那个女子的下方

---

[1] 斯图德尼兹卡对这些人物所拿的物品进行了非常细致的研究,并认为这些物品表明这些人物是某部戏剧中的人物,对此我不敢苟同。最左边的人物所拿的东西以及他的脸已经模糊不清,但从站在中间的那个人物可以清楚地看出他们是演员——对我们的研究而言,懂得这一点就足够了。

图 109

也刻有铭文，但只剩下其中的最后两个字母 ια。应该清楚地看到，这些铭文雕刻的时间比浮雕本身要晚，很可能不早于公元前 300 年。我们不可能明确地说出这个女子的名字，我们推测她的名字很可能是 (Paid)ia，即"戏剧"，这个名字对一个服侍狄俄尼索斯的处女神来说是再自然不过的了。

浮雕上的这个神的名字是确定无疑的。尽管铭文是事后才刻上的，但它显然道出了浮雕作者的意图。这些手拿面具的演员聚集在这里，不是为了纪念哪一位英雄，而是为了纪念狄俄尼索斯——是为了纪念他，而不是崇拜他。但是，我们还要弄清一个有意思的事实：为什么狄俄尼索斯神在这里的形象跟"英雄盛宴"里的英雄如此相似？

第二幅浮雕[①]（图 109）表现的是同样的内容，只不过方式有所不同、做工更精致罢了。这是那不勒斯博物馆收藏的一幅浮雕，它是长期

---

① 复制自照片。卢浮宫和大英博物馆也收藏有类似的浮雕，但它们都已残缺不全。此类浮雕中最早的一幅在风格上更接近"英雄浮雕"，上面刻有蛇的形象，发表在德国 1882 年的《考古年鉴》上。我在别的场合讨论过这幅浮雕，见《古代雅典的神话与遗迹》，p. xlv，图 7。

以来被称为"伊卡里俄斯浮雕"的一类作品当中的一幅。根据浮雕的风格推断，它应该是属于公元前 2 世纪的文物。很显然，这幅浮雕的内容是一种融合的产物：左边是"英雄盛宴"，右边是以胜利者形象出现的狄俄尼索斯——一个醉醺醺的老者，由一群崇拜者陪伴着。这个外来的神被当地的英雄所接受。我们说不清这个接受狄俄尼索斯的地方性英雄是谁。根据传说，接受了狄俄尼索斯的英雄有伊卡里俄斯、珀伽索斯（Pegasos）、安菲克提翁（Amphictyon）、塞马科斯（Semachos）。尽管我们说不出这个英雄的名字，但他像索福克勒斯一样充当了接待者的角色，他也是"德克西翁"——接待者、主人。这些"伊卡里俄斯浮雕"年代较晚。受当时的委婉风格的影响，这些浮雕表现的都是一派和平、融洽的景象。这幅浮雕上的英雄——不管他是谁——怀着敬畏、喜悦的心情迎接狄俄尼索斯这个外来的神圣客人。这跟希罗多德的描述大相径庭——根据他的描述，是神强夺了人们给予英雄的荣耀。在讲述暴君克莱塞尼兹（Cleisthenes）统治下的西库翁的早期历史时，他说了一段非常值得我们注意的话："西库翁的居民为阿德拉斯托斯（Adrastos）举行其他的祭祀仪式，并在悲剧里的合唱歌中纪念他的不幸，因为当时他们还没有崇拜狄俄尼索斯，而是崇拜阿德拉斯托斯。后来，克莱塞尼兹把这些（纪念阿德拉斯托斯的）合唱歌转变为纪念狄俄尼索斯，但是他把其余的献祭仪式献给了墨兰尼波斯（Melanippos）。"① 这正是当时真实情况的写照。克莱塞尼兹中断了人们对阿德拉斯托斯的崇拜，因为阿德拉斯托斯并不是他的家族的英雄；然后，他引导人们崇拜底比斯的英雄墨兰尼波斯。出于某种原因，他不敢把那些纪念阿德拉斯托斯的悲剧合唱歌改为纪念墨兰尼波斯的合唱歌，但他也不希望看到自己在本地的敌人拥有这些合唱歌，于是就把它们转到了狄俄尼索斯这个颇受欢迎的外来神的名下。

---

① 希罗多德，V, 67。这段重要的文献引自罗斯切尔的词典中的"英雄"条目，p.2492。但是德内肯（Deneken）博士根本没有注意到它对我们了解狄俄尼索斯所具有的重要意义。

图 110

在"英雄盛宴"浮雕上,那个斜躺着的英雄通常被刻画成斜躺在沙发上,正在用一个大酒杯喝酒,旁边服侍的人为他拿着酒杯。这一类浮雕直到公元5世纪才出现,因此我们可以推断它们是和狄俄尼索斯崇拜同时出现的。后文(第十一章)我们将会看到,随着狄俄尼索斯崇拜从北方的传入,"永恒的醉"代表未来的极乐境界这样的观念出现了。在此我们先来看一个有趣的例子。"英雄盛宴"[①]的图案也出现在罗马帝国晚期比朱亚人(Bizuae,色雷斯的一个部落)的钱币上。图110就是此类钱币中的一枚。图案上有一个英雄,对这一点我们确信无疑,因为树上挂着英雄的铠甲,旁边还有英雄的马和蛇。但我认为,这个英雄已经被刻画成一个饮宴的神,也就是狄俄尼索斯。[②]

在下一章,我们将详细地考察狄俄尼索斯崇拜。

---

① 关于这一组浮雕跟宙斯·菲利俄斯的联系,A. B. 库克先生在即将出版的《宙斯》第2卷中就此进行讨论。关于对"英雄"和"半神"这两个概念的全面分析,参见本人的《古希腊宗教的社会起源》第8章《半神与英雄》。
② 见《希腊研究》第5期,p.116。珀西·加德纳(Percy Gardner)认为这一钱币刻画的是阿斯克勒庇俄斯。我在提出自己的观点时心里极不自信,因为这一观点跟这位著名的钱币学权威的观点相去甚远。

第八章　狄俄尼索斯

至此，我们已经知道古希腊的神学模式是"人类按照自己的形象塑造出了神"。希腊神话是沿着一个极其正常、自然、清晰的方向演变的。只要对人类的情形有一正确的理解，我们就能够知道人类崇拜什么样的神。我们发现，神只不过是放大了的人。总的说来，也许神比人好一些，但比人坏的神也并不少见。

随着人变得更加文明，他的形象也变得更加漂亮，这一点也反映在他塑造出来的神身上。相应地，人类对神的崇拜也从"恐惧"进步到"敬奉"。但是，我们总是感到这当中缺少了什么。文物上那些处女神、美惠女神、神母及其女儿与其说是神，还不如说是人，对她们的献祭——不管是无知、残忍的"驱邪"还是友好的"敬奉"——很难称得上是具有宗教意义的。那些十全十美的奥林波斯神，甚至那些优雅的大地女神并不真正是人类的主宰——是人类创造出了这些神祇。他们甚至不是人们既呼唤又威胁的鬼魂，而是人类的美梦，是人类欢乐童年的玩偶。当他长大成人后，他不得不面对现实。出于一种悲悯的情感，他把这些神祇遗弃在被人遗忘的角落里。

正当阿波罗、阿耳忒弥斯、雅典娜乃至宙斯脱离生活和现实之际，正当他们由于自己过于完美无瑕而逐渐消亡之际，一种新的宗教思想——真正意义上的宗教——开始传入希腊。这是一种充满着神秘主义色彩的宗教，代表这种宗教的是狄俄尼索斯和俄耳甫斯。以下章节的目的就是试图尽可能精确地领会这种神秘主义的主要内容。

要理解狄俄尼索斯这个神祇并不是一件容易的事。说到底，只有神秘主义者才能揭示神秘主义的真谛。因此，我们最终必须从诗人和哲学家的著作中寻求答案。即便如此，每一个人关于神秘主义的观点也仅仅代表他本人的理解，这就不可避免地导致了认识上的模糊。因此，有必要首先阐明我们所知道的关于狄俄尼索斯崇拜的为数不多的事实。

狄俄尼索斯：来自色雷斯的神

首先，毫无疑问的是，狄俄尼索斯是希腊宗教中的一个晚期才出现的神，是一个外来的神，来自北方——精神动力的家园。这三个因素有着如此密切的联系，以至于我们可以把它们放在一起讨论。

自古以来，人们就相信狄俄尼索斯是一个外来的神，这几乎是一种根深蒂固的观念，因此我们几乎没有必要再强调这一点，但是最近有人提出了不同的说法。考古学家们最近提出[①]（他们的观点不无道理），从某一个方面来说，狄俄尼索斯是一个自然神，他的到来和离去跟四季的更替同步；跟得墨忒耳与科瑞、阿多尼斯与奥西里斯一样，他有显灵的时候，也有隐退的时候。这些考古学家轻率地得出如下结论：狄俄尼索斯的出现与消失充分地证明了他是季节神的传统观点，他年复一年地出现，因而总是一个新来乍到的神，但不是外来的神；每逢春天和收获谷物、葡萄的季节，他都受到人们的欢迎，而每逢肃杀的冬季，他都遭到驱逐、杀戮。这种错误的观点已经被写进一些课本里。

只要稍作思考就会知道，根据有关的传说得出的恰恰是相反的结论。这个神在最初传入的时候遭到了敌视，并被驱逐出希腊，最后由于他本身具有的威力和魔力，终于得到人们的欢迎。得墨忒耳和科瑞是季节性的女神，然而我们并没有听说过她们是靠武力传入的。为了更好地了解狄俄尼索斯，比较人类学的专家们做了大量的研究。但是，如果随意篡

[①] A. G. 巴瑟（Bather）先生在他那篇有趣的论文《酒神伴侣的问题》（刊于《希腊研究》1894年第14期，p.263）中得出如下结论：狄俄尼索斯"并不是从外面传入的神，而是起源于人们每年都要供奉新的塑像这一宗教习俗"。

改关于他的历史事实，那就会使问题更加复杂。

因此，有必要对古代的传说进行考察，首先要弄清狄俄尼索斯为何到了晚期才进入希腊宗教。

在荷马史诗中，狄俄尼索斯还不是奥林波斯神。在帕耳忒农神庙的檐壁上，他是坐着的众神当中的一个。大约在荷马时代和菲迪阿斯时代之交，狄俄尼索斯便传入了。本土的得墨忒耳也是在这一时期出现的——虽然仅仅这样说是不够的，但必须记住这一事实。

表现狄俄尼索斯作为奥林波斯山的一员的最早的美术作品是一个花瓶上的奇特图案（图111），该文物现为柏林博物馆藏品。画面表现的是雅典娜诞生时的情景。画面上的神都被细心地标上了名字，有的文字的风格还相当奇特。宙斯手持闪电，坐在中间那个精美的宝座上。雅典娜从他的头上跳出来。右边是得墨忒耳、阿耳忒弥斯、阿佛洛狄忒，最右边的人物是阿波罗；左边是埃雷提伊亚、赫耳墨斯、赫淮斯托斯，最左边的是手拿大酒杯的狄俄尼索斯。

根据铭文的风格判断，这幅瓶画的年代不会晚于公元6世纪初。图案中各个神祇的位置以及他们的排列方式非常值得我们注意。当然，一定还有某个神祇没有被包括在图案中，但狄俄尼索斯显然置身于主要活动之外。赫耳墨斯似乎是作为报信人，在向狄俄尼索斯这个居住在奥林波斯山边缘地带的神报告这个消息。在图案的右侧，另一个来自北方的

图 111

神祇阿波罗同样是居于最边缘的位置。

此外,在一些年代比帕耳忒农神庙大理石雕更早的瓶画上,经常可以见到他进入奥林波斯神山的情景。在文学作品中,我们没有看到关于他进入奥林波斯山的描述,因此,这些有关的瓶画就显得特别重要。在这里,我们挑选的瓶画(图112)是一只基里克斯陶杯上的图案,上面签有陶工的名字"欧克西忒俄斯"(Euxitheos)。我们可以有把握地推断这只陶杯是在公元前6世纪和公元前5世纪之交制作的。正面图案刻画的是奥林波斯众神相聚的情景,所有的神都被标上了名字:宙斯手持闪电,伽倪墨达正要给他斟酒,雅典娜拿着头盔和长矛,赫耳墨斯拿着一枝花,赫柏和赫斯提亚手持花朵和树枝,阿佛洛狄忒两手分别拿着鸽子和花朵,阿瑞斯手持头盔和长矛。要不是上面标着铭文,我们也许无法正确地说出他们的名字。赫拉和波塞冬没有出现在这幅瓶画上,得墨忒耳也没在场。在这个时期,瓶画家还有某种选择的自由,因为当时十二

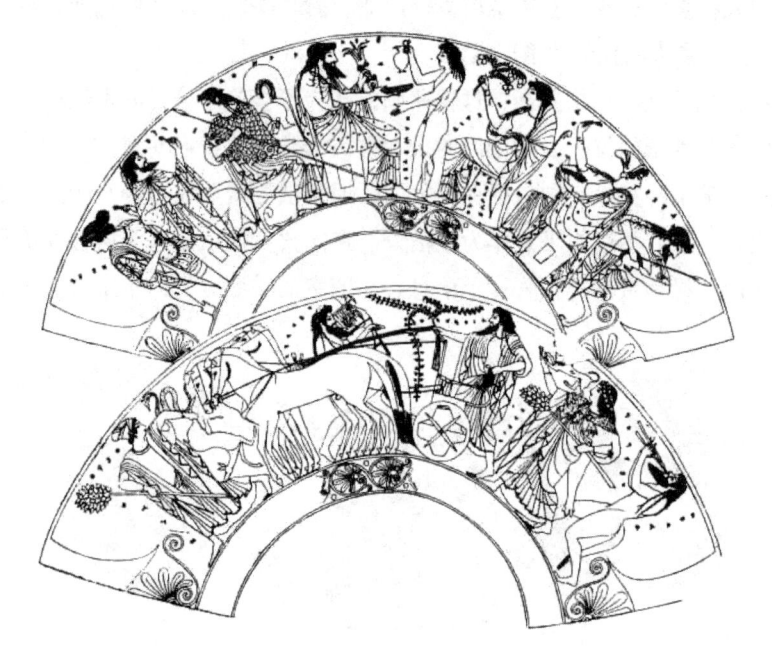

图 112

个奥林波斯神尚未成形。在正面图案上，众神都坐在那里等待着，而在反面图案上，新神驾着他的豪华马车、一手拿着葡萄藤和酒杯闪亮出场了。他的出现总会有随从陪伴，这是他的特点。在这里，陪伴着他的有一个吹奏里拉琴的萨梯特耳珀斯（Terpes），有拿着酒神杖、小鹿和蛇的酒神狂女忒罗（Thero），在马车后面还有一个酒神狂女卡利斯（Kalis）——她手里拿着酒神杖和幼狮——以及另一个吹奏双管箫的萨梯特耳篷（Terpon）。公元6世纪末，普拉提那斯（Pratinas）、科伊里罗斯（Choirilos）和弗里尼科斯（Phrynichus）已创作出纪念狄俄尼索斯的悲剧，因此奥林波斯山就不可能不打开山门迎接人们公认的神，这幅瓶画的作者对这一点是很清楚的。但是，也曾经有过疑惑和争论。雅典娜、波塞冬甚至赫耳墨斯在进入奥林波斯山时就不曾出现过这样的情形。

我们首先要讨论的文学资料当然是荷马的史诗。荷马对狄俄尼索斯的刻画可谓别具一格，因而在此有必要完整地引用有关的段落。这个段落可以独立成章（在荷马史诗的其他地方，狄俄尼索斯都是无关紧要的人物），这使得评论家们怀疑这个段落是后人添加的。不管如何，它所叙述的故事就像一块奇异的珠宝闪闪发光，使我们了解到那场单调的争斗的缘由。狄俄墨得（Diomede）在战场上遇上了格劳科斯，但是格劳科斯勇猛无比，以至于狄俄墨得害怕他是某个永生的神，于是他虔诚、谨慎地停下了脚步：

> 我狄俄墨得绝不会与任何天神开战。
> 即便是德鲁阿斯之子、强有力的吕库耳戈斯，
> 由于试图与天神较量，也落得个短命的下场。
> 他曾将那些仙女——狄俄尼索斯的保姆赶下尼萨神圣的山岗，
> 她们丢弃手中的枝杖，吕库耳戈斯用赶牛的棍棒抽打她们。
> 狄俄尼索斯吓得只顾逃命，
> 但却一头扎进海浪，

> 在忒提斯的怀里躲藏。狄俄尼索斯神惊恐万分。
> 无忧无虑的众神对吕库耳戈斯的暴行怒不可遏，
> 克洛诺斯之子将他的眼睛打瞎，此后他便来日无多。
> 众神对他恨之入骨，因为他冒犯了神明。①

荷马在描述吕库耳戈斯（Lycurgus）的结局时语调神秘，只说他"来日无多"。相比之下，索福克勒斯要直截了当得多，不管是关于他的国籍还是关于他的结局。他是色雷斯的国王、德鲁阿斯（Dryas）之子，死后"被埋葬在岩石里"。安提戈涅（Antigone）临终的时候，歌队在合唱歌里提到，其他人同样是在众神的重压下屈服了：达那厄（Danae）、吕库耳戈斯、菲纽斯的儿子们、俄瑞堤伊亚——当中有三个是色雷斯人。关于吕库耳戈斯，歌队唱道：

> 他，德鲁阿斯之子、厄多尼亚之王，
> 被狄俄尼索斯绑了起来，并被埋在岩石里。
> 他怒气冲天，但很快又心灰意冷。
> 他的双眼被弄瞎了，于是他疯狂地咒骂神灵。
> 是的，他把罪恶的手
> 伸向神的随从，
> 侵犯他的女人们，
> 因而激起了缪斯女神们的愤怒。

埃斯库罗斯的吕库耳戈斯三部曲已经佚失，这是无可估量的损失。其中有一场至少肯定有点儿像欧里庇得斯《酒神的伴侣》的序曲。一个陌生的神被抓了起来，并被带到吕库耳戈斯的跟前，阿里斯托芬在他的

---

① 荷马：《伊利亚特》，VI, 129。吉尔伯特·默里先生提醒我注意，评注者在评点第5卷第131行时说，在《欧罗庇亚》（*Europia*）中，（科林斯的）欧墨洛斯（Eumelos）也讲述了有关吕库耳戈斯的故事。

《立法女神节妇女》中用幽默的口吻模仿了吕库耳戈斯和陌生神之间的对话。据评注者说，在《厄多尼亚人》中也有这样一句话："这个像女人一样的家伙来自何方？"[1]

荷马和索福克勒斯都不知道关于杀婴的故事。我们不知道是谁最先编造出这一骇人听闻的故事。较晚期的红绘瓶画（年代为公元前5世纪中叶）是我们首要的原始资料。在原始社会的人们看来，要惩罚罪恶，最彻底的办法是把罪犯及其家人彻底铲除。杀婴的故事很可能是对疯狂的赫拉克勒斯的故事的呼应。在一个红绘巨爵[2]上，画家精心地刻画了这一场面。正面图案是疯狂的吕库耳戈斯和他那些已经死去或就要死去的孩子们。他抡着一把双刃斧。荷马史诗中的"砍牛刀"很可能就是一把双刃斧，而不是尖头的赶牛棒。双刃斧是色雷斯人典型的武器，在一些瓶画上，色雷斯妇女就是用它来杀俄耳甫斯的。在空中，有一个长着翅膀的恶魔在向吕库耳戈斯俯冲下来，很可能她就是吕萨（Lyssa），她用手中那根尖头的赶牛棒抽打这位国王。在图案的左边，在一座小山后面，一个酒神狂女在敲击她的铃鼓，预示着酒神的到来。在巨爵的背面图案上，我们看到安详的狄俄尼索斯，是他制造了这一切疯狂。这个酒神派他的天使去对付吕库耳戈斯，但他和他的随从一点儿也没有受到干扰。在他的周围，他的随从——酒神狂女们和萨梯们——似乎在饶有兴趣地注视着这一切，他们神态机警，但又心静如水。

在不同作者的笔下，吕库耳戈斯的命运各不相同，但这些细节上的差别无关紧要。他的故事的实质归结起来就是：他反对新神占据主导地位，他盲目的愤怒与疯狂以及在真正的力量面前的无助和迅速的崩溃——这一因素在不同的故事里一再出现。所有这一切并不是标志着春天的到来或葡萄收获季节的到来，而是反映出人类的一种经验，反映出人类充满激情但又毫无结果地对抗那些比人更高等或低等的非人的东西。

下文我们将讨论这种新的影响的本质，眼下我们急需解决的问题是：

---

[1] 阿里斯托芬：《立法女神节妇女》，135 及有关评注。
[2] 那不勒斯博物馆，编号3237。另见《古代雅典的神话与遗迹》，p.260，p.261，图11、图12。

"它从何而来？狄俄尼索斯崇拜的发源地在哪里？"

历史学家们——从希罗多德到狄翁·卡修斯（Dion Cassius）——的记录都大同小异，都证实了荷马和索福克勒斯的描述。根据希罗多德的记录，薛西斯率领军队穿越色雷斯时，他命令那些航海部落为他提供船只，并命令那些居住在海岛上的居民迁移到内陆。只有一个部落——萨特拉厄人（Satrae）没有遭受入侵者带来的痛苦，于是就有了以下这段极富启发性的话："据我们所知，萨特拉厄人从不屈从于任何人。但直到今天，他们仍是所有色雷斯人当中唯一自由的民族，因为他们居住在森林茂密的高山上，山上常年积雪。萨特拉厄人是一个非常好战的民族。他们拥有一座供奉狄俄尼索斯的神示所，它位于最高的山顶上。那些负责解释神谕的萨特拉厄人被称为贝西人（Bessi）。像德尔斐神示所一样，负责传达神谕的是一个女祭司，这些神谕并无其他特别之处。"[1] 希罗多德并没有说到狄俄尼索斯崇拜，甚至没有提到狄俄尼索斯崇拜是从北方传入希腊的，但他道出了一个极其重要的事实：萨特拉厄人从来没有被征服过。他们不接受任何外来的崇拜。这些不可征服的野蛮人所居住的高山地带正是狄俄尼索斯这一神祇的真正故乡。

希罗多德谈到了贝西人，似乎他们是萨特拉厄人当中负责祭祀的阶层。但在斯特拉博的笔下，他们是居住在哈俄摩斯山（Haemus）及附近地区的许多掠劫成性的部落中最野蛮、最强悍的。他说，居住在哈俄摩斯山周围的所有部落"都掠劫成性，但占据着哈俄摩斯山大部分地区的贝西人却被匪徒称为匪徒。这些人居住在非常简陋的草房里，他们控制的地区远至罗多彼山脉（Rhodope）和派俄尼亚人的住地"[2]。在另一个地方，他还提到贝西人是一个居住在赫布鲁斯（Hebrus）河谷的部落，那里的河流尚可航行；另外，他再次强调了他们善于抢掠的习性。[3]

---

[1] 希罗多德，VII，110。
[2] 斯特拉博，VII，§318。
[3] 斯特拉博：残篇，VII。

贝西人的坏名声一直持续到基督教时代。他们最终在一个比狄俄尼索斯更温和的神的影响下屈服了。公元 4 世纪末，达契亚（Dacia）善良的主教尼克塔斯（Niketas）向这些凶残的山民传播了基督教，他的朋友保林诺斯（Paulinus）为此给他作了一首颂歌。如果这首颂歌的内容可信的话，那么可以说他的传教取得了成功。保林诺斯为贝西人皈依基督教而欢呼：

> 贝西人的土地坚硬，他们的意志坚定；
> 他们周围有寒冷的冰雪，他们的心比冰雪还冷。
> 如今他们都成了和平的信众，
> 不再到处游荡。
> 这些好战的贝西人
> 以前在宗教面前拒绝低下他们的头，
> 如今在神的感化下，
> 他们心甘情愿地低下了头。
> 他们不惜汗水辛劳，
> 勤恳地在土地上耕种，
> 换来了上天的恩赐，
> 他们的心里充满了喜悦。
> 他们曾经像野兽一样巡行的地方，
> 现在是天使们欢宴的场所。
> 过去劫匪的洞穴，现在变成了
> 体面人的栖身之所。[1]

修昔底德在记录色雷斯人的事务时并没有提到贝西人[2]，这让我们感到吃惊。究其原因，很可能是因为在他那个时代，奥德律萨人

---

[1] 保林诺斯: carm. xxx. de reditu Niket. Episc. in Daciam。
[2] 修昔底德, II, 96。

（Odrysae）占据着绝对的统治地位，这种状况一直持续到罗马帝国时代，本土的部落当然就无足轻重了。然而，修昔底德还是提到了一些山地民族，他们并不接受奥德律萨人的西塔尔克斯（Sitalkes）国王的统治。他把这些民族统称为狄俄伊人（Dioi）。这些民族很可能就包括贝西人，因为我们从普林尼的著作里得知，贝西人有许多名称，其中之一就是狄俄-贝西人（Dio-Bessi）。狄俄尼索斯也有许多名字，其中的一个名字也许就来源于"狄俄-贝西人"。

跟这些历史事实相比较，欧里庇得斯在《酒神的伴侣》中刻画的狄俄尼索斯让我们感到困惑，因为在这部戏剧里，他并不是色雷斯人。他生于底比斯，后来长期在亚细亚（而不是色雷斯）游荡，穿越吕底亚（Lydia）、弗里吉亚，到达米堤亚（Media）和阿拉伯半岛，最后成功地返回底比斯。在这一点上，欧里庇得斯并不隐晦。在这部戏剧的开场，狄俄尼索斯说：

> 我离开了弗里吉亚和盛产黄金的吕底亚以后，
> 经过被太阳晒焦的波斯平原、
> 巴克特里亚的城关、
> 米堤亚的寒冷高原、富庶的阿拉伯，
> 还经过亚细亚沿岸
> 有美丽望楼的许多城市，
> 那里杂居着希腊人和外国人。
> 现在我来到了希腊，此前我已在全世界所有其他地方
> 教人歌舞，建立我那神秘教仪，
> 向凡人显示，我本是
> 一位天神。[1]

---

[1] 欧里庇得斯：《酒神的伴侣》，13。

在这里，狄俄尼索斯被刻画成一个外来的神，但不是一个陌生的外来神，而是游荡归来的神。此外，如果历史记载没有错的话，剧中提到的他到过的地方是不准确的。他来的时候带着一群野蛮的女人，但她们是亚细亚人，不是色雷斯人。歌队在合唱歌里提到了她们来自东方：

> 我们来自亚细亚，来自光荣的特摩罗斯，
> 那是太阳升起的地方。①

接下来还提到：

> 前进吧，快拿着来自盛产沙金的特摩罗斯的光亮手鼓。②

然而，欧里庇得斯是在马其顿创作这部戏剧的，因此一定非常清楚这些对他的构思影响重大的仪式是来自色雷斯。正如普卢塔克所说："这些被称为克洛多涅斯（Klodones）和米玛洛涅斯（Mimallones）的妇女举行的仪式与居住在哈俄摩斯山附近的厄多尼亚妇女和色雷斯妇女举行的仪式一模一样。"对于这一点，欧里庇得斯是很清楚的，因此当他稍不留神时，他便露出了破绽。在第三首合唱歌里，他让狄俄尼索斯来到庇厄里亚（Pieria），中间穿过两条马其顿的河流——阿克西俄斯河（Axios）和吕狄阿斯河（Lydias）：

> 幸福的庇厄里亚，
> 狄俄尼索斯热爱你，
> 他会到你那里，
> 指挥歌队跳舞，狂欢作乐，

---

① 欧里庇得斯：《酒神的伴侣》，65。
② 欧里庇得斯：《酒神的伴侣》，152。

> 他会引导跳旋舞的狂女们，
> 穿过急流的阿克西俄斯河，
> 穿过吕狄阿斯河，
> 那是河流之父，
> 它赐给人类财富，
> 我曾听说它用清澈的流水
> 灌溉那盛产名马的土地，使它肥沃。①

作为一个诗人，欧里庇得斯在其作品中出现自相矛盾的情形也无伤大雅。他接受流行的传说，但并不深究，因而也不注意其中不一致的地方。对他来说，这个神来自何方②并不重要。让狄俄尼索斯出生在底比斯，历经游荡之后回到故乡，这是他这部戏剧中能够感染人的不可或缺的因素。要不是这样，我们在剧中就看不到歌队向狄耳刻（Dirce）的呼唤了：

> 阿刻洛斯的女儿，美丽的闺女，
> 神圣的狄耳刻，
> 你不是曾接待宙斯的婴儿
> 在你的水泉中沐浴么？③

在接下来的一节里，歌队唱道：

> 幸福的狄耳刻，
> 你为什么拒绝我？你为什么嫌弃我？

---

① 欧里庇得斯：《酒神的伴侣》，565。
② 在《酒神的伴侣》中，欧里庇得斯把狄俄尼索斯刻画成葡萄神。葡萄很可能是从亚细亚传入的，虽然学者们对此并没有取得一致意见，参见施拉德（Schrader）的《词典》。但是，正如我们将在下文中见到的那样，在葡萄传入之前，狄俄尼索斯已经传入了。
③ 欧里庇得斯：《酒神的伴侣》，519。

为了他能高兴,
我凭葡萄藤上的葡萄起誓,
总有一天你会在午夜找寻他,甚至在此刻,你就会爱上他。①

如果我们考察美术方面的资料就会发现,纯朴的瓶画作者在创作时已经接受了这样的事实,即狄俄尼索斯已经变成一个希腊人,因此他们不再追问他来自何方。在一些黑绘花瓶以及早期的红绘花瓶的图案上,狄俄尼索斯几乎是无一例外地穿着希腊人的服装,并且由希腊的狂女陪伴着。后来的瓶画作者懂得了更多,于是他们笔下的狄俄尼索斯是一副色雷斯人的装束,偶尔也穿着东方人的衣服。图 113 中的瓶画是大英博物馆收藏的一个晚期的球形花瓶上的图案。有人认为,这幅瓶画描绘的是来自东方的狄俄尼索斯获得胜利的情景。我认为这种说法是有道理的,因为坐在骆驼上的人物不仅有东方人陪伴,而且还有敲打着钹的希腊少女陪伴。她们个个昂首自得,这跟位于左边的那些谦卑的东方人形成鲜明对比。然而,我们必须记住一点:那个坐在骆驼上的人并不具有狄俄尼索斯的任何特征,因此我们不能肯定地说他就是狄俄尼索斯。

问题依然没有解决:为什么在传说(欧里庇得斯接受这种传说,偶

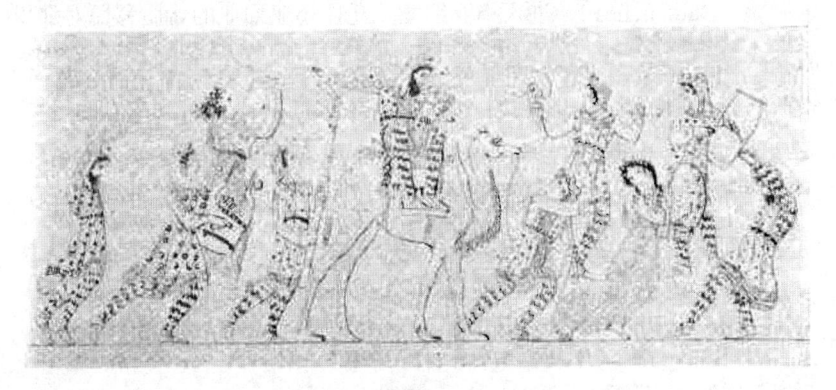

图 113

---

① 欧里庇得斯:《酒神的伴侣》,530。

尔也有瓶画表现类似的内容）中，狄俄尼索斯来自亚细亚而不是色雷斯——他真正的故乡？这个问题的答案可以从斯特拉博的著作中找到，他是在叙述希腊人的狂欢秘祭的起源时提到这个问题的。据斯特拉博说，像欧里庇得斯一样，品达也认为，人们祭祀狄俄尼索斯的仪式实质上和弗里吉亚人祭祀大神母的仪式是相同的。他还说："和这些仪式非常相似的还有色雷斯人举行的名叫科提泰亚（Kotytteia）和本迪代亚的仪式。由于弗里吉亚人是从色雷斯迁来的移民，因此这些仪式很可能是他们从色雷斯带来的。"① 他在自己的著作的第七卷（已佚失）的一个残篇中说得更加直截了当。他说，居住在山地的伯尔尼科斯人（Bernicos）最初统治着布里吉斯人（Briges），而布里吉斯人"是色雷斯的一个部落，他们当中的一部分进入了亚细亚，而且他们的名称也发生了一些变化，被称为弗里吉亚人"②。

答案很简单。事实上，从地理学的角度说，这几乎是唯一的答案。如果居住在罗多彼山及哈俄摩斯山的色雷斯人确实曾经往南迁徙，他们会不可避免地分成两支，一支往西进入马其顿，穿过阿克西俄斯河和吕狄阿斯河，进入忒萨利，从那里继续往南，到达福基斯（Phocis）、皮奥夏和德尔斐；另一支往东，穿越博斯普鲁斯海峡（Bosporus）或达达尼尔海峡（Dardanelles），进入小亚细亚。迁往小亚细亚的希腊移民对那里的狂欢秘祭的崇拜方式并不陌生，因为其中有些因素和他们崇拜狄俄尼索斯的方式是相近的。聪明的人们总会跟随能够把他们带到东方的星星，而且他们更乐于承认自己与小亚细亚的联系，而不愿意承认自己和野蛮的北方人有亲缘关系。也许能够使我们从幻觉中解脱出来的是那些相似的名称（如吕狄阿斯与吕底亚），但最有用的是底比斯人关于腓尼基人卡德摩斯的传说。③

---

① 斯特拉博，X, 3 § 470。
② 斯特拉博：残篇, 25。
③ 关于底比斯人的性格和传说中的东方特点，参见 D. G. 霍加特（Hogarth）先生的著作《菲利浦与亚历山大》（*Philip and Alexander*），p.34。

但是神话是人类无意识的记录，因此不可能不露出本身的破绽。希罗多德说，色雷斯人只崇拜三个神：阿瑞斯、狄俄尼索斯和阿耳忒弥斯。阿瑞斯和狄俄尼索斯似乎没有什么相同之处可言，但一个流行的神话在无意之中透露了他们之间的亲缘关系。在神话中，这种无意识的表露有着非常重要的意义。这个神话故事被称为"赫拉的绳索"。赫淮斯托斯为了报复自己被从天上扔到地上，给自己的母亲赫拉送了一个金色的宝座，上面装有无形的绳索。奥林波斯众神便一起商量解救他们王后的办法。但除了赫淮斯托斯，谁也不知道如何解开宝座上的绳索。阿瑞斯发誓要捉拿赫淮斯托斯。赫淮斯托斯用燃烧的木头赶走了阿瑞斯。使用武力捉拿赫淮斯托斯的企图失败了，但他却在狄俄尼索斯的引诱下屈服了，于是被醉醺醺的狄俄尼索斯押解回奥林波斯山。① 这是喜剧的绝好题材，厄庇卡耳摩斯（Epicharmus）在他的戏剧《醉汉赫淮斯托斯》中就利用了这一题材。表现这一题材的瓶画极其普遍，这一类瓶画有三十余幅，有红绘的，也有黑绘的。比有关的文学作品更早出现的瓶画无疑是那个有名的弗朗索瓦花瓶，其年代为公元前6世纪初，现收藏于佛罗伦萨城市博物馆。在这个花瓶的图案（图114）上，画家显然是以史诗的方式幽默地再现了这一场面。瓶画上所有的人物都被标上了名字。宙斯也出现在画面上，赫拉就坐在那个华丽、致命的宝座上。狄俄尼索斯牵着一头骡，上面坐着喝醉了酒的赫淮斯托斯。他们这是要去见宙斯，陪伴他们的有三个西勒诺斯（Silenoi），其中一个背着酒囊，一个正在吹箫，还有一个抱着一个女人。这是一个典型的狂欢场面。在赫拉的宝座后面，阿瑞斯神情沮丧地坐在一张低矮的供忏悔者坐的凳子上，雅典娜正在用一种鄙视的目光回头看他。为什么阿瑞斯和狄俄尼索斯被刻画成对手？这不仅仅是因为酒比战争更有威力，而且还因为阿瑞斯和狄俄尼索斯这两个对手都来自色雷斯，来自利姆诺斯（Lemnos）的赫淮斯托斯则是另外一个对手。这种地方性的神话后来都被移植到奥林波斯神的身上。

---

① 萨福（Sappho）：残篇，66。

图 114

这两个来自色雷斯的神祇的命运截然不同,这一点是非常有启发意义的。人们自始至终都意识到阿瑞斯是色雷斯的神祇。在荷马史诗里,他并没有完全被接纳进入奥林波斯山,还被人们看成一个恶棍、一个恃强凌弱的家伙。像阿佛洛狄忒一样,只要有机会,他就逃离奥林波斯山,返回自己的家中:

> 两人一跃而起,
> 阿瑞斯前往荒蛮的色雷斯,而库普里斯带着甜蜜的微笑
> 匆匆忙忙地前往她那个位于宜人的帕福斯的祭坛。[①]

对于像阿瑞斯和阿佛洛狄忒这样刚被接纳的神来说,住在奥林波斯山上是极不自在的。上文已经提到,在荷马的笔下,狄俄尼索斯并不属于奥林波斯神。但是,他确实曾经闯入了奥林波斯山,但他在那里的地位并不牢固。在《俄狄浦斯王》中,索福克勒斯意识到阿瑞斯和狄俄尼索斯都

---

① 荷马:《奥德塞》,VIII,265。

是底比斯伟大的神祇,但阿瑞斯掌管杀戮和死亡,而狄俄尼索斯掌管欢乐和生命。索福克勒斯通过歌队的口要求狄俄尼索斯把阿瑞斯赶走:

> 啊,你这个手持金色枝杖的神
> 因我们的土地而得名,
> 我们处于痛苦之中,
> 我呼唤你这个酒神,
> 凭着酒和狂女们的歌舞,
> 你红光满面。
> 靠近我们吧,你和你的狂女们,
> 用熊熊燃烧的松木火把,
> 把那个无资格成为神祇的神驱逐,
> 让他再也无法靠近我们。[1]

索福克勒斯的描述恰如其分,阿瑞斯是神,但他够不上一个正统的神,不是一个真正的奥林波斯神。

欧里庇得斯在他的作品中也无意中提到了阿瑞斯和狄俄尼索斯的亲缘关系。他知道"哈耳摩尼亚是战神的女儿"[2]。哈耳摩尼亚是卡德摩斯的新娘、塞墨勒的母亲。在欧里庇得斯的笔下,虽然狄俄尼索斯从一开始就很温和、充满魔力,他所生活的环境几乎可以说是属于另一个世界,但是,忒瑞西阿斯知道他不仅是教师、医神、先知,而且,

> 他还分享一点儿阿瑞斯的职权:
> 那些武装上阵的士兵还没有举起长枪厮杀,
> 就莫明其妙地先害怕起来,

---

[1] 索福克勒斯:《俄狄浦斯王》,209。
[2] 欧里庇得斯:《酒神的伴侣》,1356。

这就是由于狄俄尼索斯搅得他们心慌意乱。①

虽然他引发的恐惧是内在的而不是外在的，但了解这一点非常重要。尽管狄俄尼索斯看起来温和甜蜜，但他终究是一个好战的神。他给这块土地带来的不是和平，而是战争。只是在晚期作家的笔下，他手里的武器和阿瑞斯的武器才有了区别。常常可以见到表现他整理盔甲的瓶画。波吕阿俄努斯写过一篇论述神话中的武士的短篇论文，作为他的著作《谋略》(*Strategika*)的序言。在文中，他提到了狄俄尼索斯神的秘密盔甲、藏在常春藤里的长矛、用鹿皮做成的柔软的胸铠、充当号角的钹和鼓。②说到底，这个被掠劫成性的贝西人崇拜的神就是一个战神。

在美术上也有表现同样内容的作品：来自色雷斯的阿瑞斯失败了，而同样是来自色雷斯的狄俄尼索斯却成功了。最近在德尔斐发现了尼多斯的宝库，其檐壁③上刻画了一些坐着的古老神祇，阿瑞斯也在其中占据了一席之地。这是一个意味深长的画面，他独自坐在最边缘的位置，似乎是要表明他与众不同。即使是在帕耳忒农神庙的东面檐壁上，也可以看到其中有意无意之中表露出来的对阿瑞斯的偏见，尽管在这里众神被刻画成一副和谐共处的景象。阿瑞斯的确获准进入了奥林波斯山，但和这些悠闲的贵族般的奥林波斯神在一起生活并不能让他感到自在。他无法融入其中，无以为伴，甚至连他的举止也透露出他显然缺乏自信。

事实已经相当清楚，人们强调狄俄尼索斯来自遥远的亚细亚，目的是要掩盖其起源于邻近的色雷斯这一事实。虽然希腊人知道这不是一个土生土长的神，但这个神是如此伟大、善良，具有如此的征服一切的力量，以至于他们不得不接受他。但是他们却无法接受这样一个事实：他起源于北方野蛮的色雷斯。事实上他们原本不必为这些北方的邻居感到

---

① 欧里庇得斯：《酒神的伴侣》，302。
② 波吕阿俄努斯：《谋略》，I，1。
③ 这块引人注目的檐壁现收藏于德尔斐博物馆。

羞耻，因为后者和他们一样出身高贵，而且比他们更为勇敢，即使是希罗多德也承认："除印度人之外，色雷斯人是人类最伟大的民族。"①

狄俄尼索斯离开色雷斯本土之后，哪里有崇拜他的信众，哪里就会有他的影子。随着时间的推移，他那不明的出生地使他倍加神秘。到了迪奥多罗斯的时代，关于他的诞生地的说法完全是杜撰的。如上文所述，在荷马史诗中，尼萨——不管那里是山地还是平原——显然是在色雷斯，而色雷斯是德鲁阿斯之子吕库耳戈斯的故乡。但是在斯特拉博保存的索福克勒斯的一个美妙的残篇里，这个地方已经被描写成一个有着魔力的地方、一片安静的土地，在那里，

> 长有角的伊阿科斯被他的保姆疼爱着，
> 这里听不到鸟儿的尖叫。②

欧里庇得斯从没有明确地说出他所想象的尼萨的方位，但他把这个地名和帕耳那索斯的科瑞喀亚峰（Korykia）及奥林波斯众神经常出没的地方相提并论③，因此我们可以推断，在欧里庇得斯的心目中，尼萨是在北方。随着希腊人的眼界不断得到拓展，尼萨变得越来越遥远，最后成为一个遥不可及、子虚乌有之地。在迪奥多罗斯的笔下，尼萨位于利比亚的特里顿河（Triton）中的一个几乎无法到达的岛屿上。④它的具体方位并不重要，重要的是，这是一个遥远的安乐之地。

尽管迪奥多罗斯相信尼萨位于遥远的非洲，而且他也相信狄俄尼索斯在亚细亚经历了一场伟大的征战，但奇怪的是，色雷斯依然萦绕在迪奥多罗斯的脑子里。他当然知道色雷斯的吕库耳戈斯的故事，他还不经

---

① 希罗多德，V，3。
② 斯特拉博，XV，687。
③ 欧里庇得斯：《酒神的伴侣》，556。
④ 迪奥多罗斯，III，4。

意地提到，正是在一个叫尼西安（Nysion）的地方，吕库耳戈斯向迈那得斯发起了攻击，把这些狂女全部杀死；他当然也了解狄俄尼索斯与俄耳甫斯的联系，而且从不怀疑俄耳甫斯是色雷斯人——后文我们对此还将作讨论。最重要的是，他在说到三年一度的为纪念远征印度而举行的仪式时，也很自然地提到，举行这些仪式的不仅有皮奥夏人和其他希腊人，而且还有色雷斯人。① 在弗里吉亚、吕底亚、腓尼基、阿拉伯、利比亚的荣光的映照下，色雷斯显得暗淡无光，但却从未被忘记过。

萨 梯

由此可见，不管狄俄尼索斯的本质如何，他都是一个后来的外来神祇，他从北方、从色雷斯传入希腊。他并不是孤身传入希腊的，伴随在他身边的总是那些狂欢的萨梯和迈那得斯。这一点也是他跟其他的奥林波斯神的明显区别，波塞冬、雅典娜、阿波罗、宙斯身边都没有这样的随从。由于人类是根据自己的形象来造神的，因此我们在考察狄俄尼索斯的本质和作用之前，最好还是先明确他的这些随从是什么人、是从哪里来的。

先说萨梯。他们是萨特拉厄人②——除此之外，他们还会是什么人呢？这些萨特拉厄人-萨梯跟神话中的马人有许多相同的特点。一些马其顿硬币上的图案可以给我们启示。奥雷斯奇人（Orreskii）的一些硬币的图案所描绘的是一个马人正掳走一个妇女。③ 邻近的莱特（Lete）也发现了一些类似的硬币，其风格、构造和重量跟奥雷斯奇人及其他潘加翁部落的硬币非常相似，虽然在形式上具有富于启发性的差别，但在内容上

---

① 迪奥多罗斯，IV, 3。
② 我认为最先注意到这一点的是黑德博士（见《钱币史》，p.178），他在讨论马其顿的莱特的硬币时说："这些硬币的图案都涉及人们在崇拜巴克斯山时举行的狂欢仪式，这些仪式源于萨特拉厄人或萨梯居住的地区。"（见希罗多德，VII, 111）
③ 里奇韦教授在其著作《希腊的早期》（第 1 卷，p.176）中认为这些硬币中的奥雷斯奇人就是斯特拉博在其著作（§ 484）中所称的奥雷斯特人（Orestae）。他认为这一微小的差别是由于抄写者错把 t 当作 k。

却一模一样，都是一个赤裸的长有马蹄、马耳、马尾巴的萨梯或塞勒涅双手抱着一个妇女。这些硬币的铸造年代为公元前6世纪。如果我们把目光投向萨索斯（Thasos，色雷斯人的一个殖民地，跟色雷斯一样曾经铸造过大量的金币），就会发现具有同样风格的硬币。在一组年代约为公元前500—公元前411年的硬币图案中，我们可以看到掳走妇女的萨梯或塞勒涅。图115就是其中的一枚硬币，为了能够清楚地展示图案，我们选择了这枚年代较晚的硬币①。

图115

在这些硬币图案中出现过萨梯和马人的形象，这是毫无疑问的。萨梯和马人在形象上略有不同，但实质上都是相同的。农努斯说得对："马人和那些头发蓬乱的萨梯有着相同的血缘。"②

在神话人物中很少有像马人这样被赋予了更令人愉快但却没有根据的想象。神话学家不负责任地赋予其这种想象，因为他们对历史事实反应迟钝，因为他们由于沉迷于比较语文学而不愿在神话的诞生地探究它的起源。过去人们常说马人是雅利安人的干闼婆（Vedic Gandharvas）——云中魔怪。如今乌云已经从神话中消失，马人和云也没有了原来那种联系。他们变成了山中的滂沱大雨——乌云降落在山顶上的产物。马人拥有一个酒桶，那是被封闭的大地的丰产力，由大山的

---

① 黑德：《钱币史》，p.176。
② 农努斯：《狄俄尼索斯纪》，XIII, 43。

神灵控制。当象征着春天的太阳的赫拉克勒斯到来时,酒桶被打开了,那封闭的丰产力也得到了解放。这也标志着马人的狂欢开始了,山中的暴雨到来了。实际上这种神话可以无穷尽地编造下去。

荷马非常清楚珀里托俄斯的对手是谁。他们不是云中魔怪,也不是山中的暴雨,而是真正的人,像他们的敌人一样是真实的人。荷马在提到吕库耳戈斯之父德鲁阿斯、珀里托俄斯和开纽斯这些英雄时说:

他们是最强健的精英,跟最强大的对手作战,
跟住在山里的野人作战。①

据我们所知,从来没有人把强健的珀里托俄斯、德鲁阿斯和吕库耳戈斯比作山中的暴雨或太阳。为什么他们强大的敌人是野人呢?

在荷马对各艘战船的描述中,我们得知珀里托俄斯

向那些头发蓬乱的山民复仇,
把他们从裴利昂赶到遥远的埃西开斯人的家园。②

按常理,我们能说珀里托俄斯把风暴云或者山中暴雨驱赶出裴利昂(Pelion)并迫使它到别的地方定居吗?珀里托俄斯的复仇实际上就是一个原始部落驱逐另一个原始部落。

在《伊利亚特》的有关描述中,珀里托俄斯的敌人就是一个原始的部落——菲瑞斯(Pheres)。在《奥德赛》中,荷马把这些敌人称为马人,暗示他们不是人类。在提到"蜂蜜酿成的甜酒"的危害时,他说:

马人和人类之间的怨恨开始了。③

---

① 荷马:《伊利亚特》,I,262。
② 荷马:《伊利亚特》,II,711。
③ 荷马:《奥德赛》,XXI,303。

第八章　狄俄尼索斯 425

要正确理解马人后来被赋予的非人的本质，了解他们在美术作品中的演变有着非常重要的意义。

我们往往只是把马人想象成他们在帕耳忒农神庙檐壁上的形象，即那种半人半马的奇特形象。到了公元前5世纪中叶，雅典流行一种爱马的骑士精神，在马人的形象上，马的因素占了上风。而在古老的艺术表现中，情况恰好相反。马人的形象和现实中人的形象一样，有着人的腿脚，但是他们是一些头发蓬乱的山民，有着和野兽一样的秉性。因此，要让一个爱马的国度来描述马人的这一特性，他们就被刻画成长着人头、人身、马腿的形象。

图 116

图 116、117 就是一个很好的例子，这是波士顿美术馆收藏的一个黑绘花瓶。这种风格的花瓶的年代不会晚于公元前6世纪，甚至可能更早。画面所表现的是赫拉克勒斯跟马人战斗的情景。图案左边，一个马人右手拿着一条树枝，原始社会的战士所使用的就是这种武器。他被刻画成一个完整的人，但身后接着马的躯干。在这个花瓶原件的图案上，画家特意表明马的躯干是额外增加的部分，因为他把人的身体画成红色，而把马的躯干画成黑色。赫拉克勒斯这个战士手里拿的

图 117

武器也是相当粗糙,是一根短棒。按照希腊语的说法,这种武器指的是稍作加工的一节树干、树枝或树根。瓶画的一部分已经残缺,但并不影响我们的讨论。图案右边拿着利剑的男人很可能是伊俄拉俄斯。至于那两只鹰脚下的器物,我确实无法解释那是什么东西。

图 118

图118是大英博物馆收藏的一块古老的宝石,上面的图案①展示了马人演变过程中的第二个阶段。在这里,值得注意的一点是,虽然这个马人依然有着人的身体,但已变得更像一匹马:他的脚是马的四蹄。他的举止像一枚钱币图案上的萨梯,或者像图114中弗朗索瓦花瓶上的西勒诺斯,而且他也抱着一个女子。这是马人演变过程的最后一步,其最终形象就是帕耳忒农神庙浮雕上的马人:上半身是人头和人的躯干的上部,下半身是马的躯干。萨梯和马人唯一的区别是:马人最初是野人,后来变得越来越像马,而萨梯抵挡住了这种诱惑,因此自始至终保持着原先的野人形象,身上长着马的耳朵、尾巴,有时也长有一双马脚。我们在讨论戈耳工时已经说过,希腊美术自由开放,在创作中善于利用各种妖魔形象。艺术家们把墨杜萨刻画成马,但这一形象并不长久(见第五章),能够长久流传的是马人的形象。②

帕耳忒农神庙浮雕上的马人以马的形象为主体,晚期红绘花瓶的图案上的马人都被刻画成这种形象,只有一个例外,那就是正直的马人喀戎。喀戎总是有着一双人的脚和大腿,而且常常披着一件漂亮的披风,以表明他是一个温和、文明的市民。保萨尼阿斯在考察公元前7世纪创

---

① 《希腊研究》第1卷,p.130,图1,西德尼·科尔文(Sidney Colvin)在其论文中发表并讨论了该图及其他有关图案。
② 巧的是,我们还发现了"鱼形马人"的形象。在早期的一个黑绘花瓶上,我们看到这样的画面:许多男人被刻画成完整的人,其身体的后部不是鱼尾,而是在人的躯体上加上一条鱼尾巴。居住在海边的民族自然会想象出以这种形象出现的魔怪。

作于奥林匹亚的库普塞洛斯（Kypselos）箱子时注意到了这一特别之处："这个马人的四只脚并不都像马脚，他那双前脚是一双人脚。"[1] 品达在提到喀戎时的确把 $φήρ$ 等同于 $Κένταυρος$。[2] 但是，美术作品中的喀戎依然保持着其原始的人的形象，以强调其人性，因为他是英雄们的教师，他编了许多机智的格言，还教人们音乐、医术等各种技艺，他有一颗善良人的心。

图119是大英博物馆收藏的一个酒坛[3]上的图案，画面小巧优美。尽管这是一幅黑绘瓶画，但其细腻的技法表明这是一幅仿古的瓶画，其年代可能不晚于公元前5世纪中叶。好心的喀戎被刻画成马和中年市民的混合形象。他依然拿着一根树枝，这使人想起他从前那古老原始的习惯。他面前的小树表明他居住的地方是一片林地。但是，从他那整洁得体的形象中看不出任何粗蛮之处，甚至那条曾经和他一起打猎的狗也在彬彬有礼地欢迎客人。一个父亲带来了自己的孩子——他本人的缩影，让他到喀戎的住地接受教导。这对父子很可能是珀琉斯和阿喀琉斯，但这个

图 119

---

[1] 保萨尼阿斯，V，19.9。
[2] 品达：《皮提亚竞技会》，III，5。
[3] 文物编号 B 620。另见《希腊研究》第 1 卷，图版 ii，p.132。

孩子也可能是伊阿宋，甚至可能是阿斯克勒庇俄斯。但我们感兴趣的只是图中的马人。这个居住在山林里的强悍好斗的马人如何成了训练英雄的导师？这个问题的答案既有趣，又能给我们带来启发。

里奇韦教授的研究表明，从马人的神话中我们可以看到征服者对被征服者的态度。这种态度具有双重性，这也是普天之下的征服者对被征服者的态度的特点。征服者对被征服者往往怀着一种复杂的感情，他们一方面憎恨和厌恶被征服者，另一方面又敬畏被征服者。"征服者把被征服者奉为巫师，因为他们熟悉本地的神灵。因此，征服者在举行巫术仪式时会雇佣被征服者，而且在他们和平共处之后，征服者甚至会把自己的孩子交给被征服者教养。然而，他们依然把一切罪恶、野蛮的特性强加在被征服者的头上，认为应该把他们刻画成野兽。被征服者则退居深山老林，并伺机报复，其方式就是像萨梯和马人一样掳走征服者的女人。"①

农诺斯对此的解释是正确的：是妒忌导致萨梯长出了角、鬃毛、獠牙和尾巴。但是，如农诺斯所说，那不是赫拉的妒忌，而是原始社会的征服者的妒忌，他们把一切在他们看来能够伤害人的丑陋形象强加在被征服者的头上，以此来宣泄他们的憎恨。② 要理解这种企图并不困难，我们自己塑造的魔鬼同样长有角、尾巴和蹄足。

关于马人的真正本质以及他们跟萨特拉厄人的萨梯的近似之处，最能给我们启发的是关于开酒桶的故事。品达在他的作品里说：

> 当野蛮的人们闻到了
> 能够驯服人们心灵的蜂蜜酒的芳香，
> 他们急忙扔掉手中那白色的奶碗，
> 飞也似的冲到用白银做成的角状杯前，

---

① 见《希腊的早期》第1卷，p.177。
② 与萨梯和马人相似的还有前文我们所讨论过的海精忒尔喀涅斯（刻瑞斯），他们同样有着凶恶的形象。一个更明显的例子是库克罗普斯，他们形象丑陋，但却是技艺高超的工匠。

尽情畅饮。①

  风暴云和山洪是不会喝醉的，甚至四足动物也不会喝醉，酒的芳香只能让人醉倒。这些野蛮的家伙其实都是人，他们有自己的双手。

  我们可以在许多瓶画上看到这个情景。图 120 是此类瓶画中最早的一幅，这个花瓶现藏于卢浮宫，其年代大约为公元前 6 世纪初。这是发生在马人福罗斯（Pholos）的洞穴里的一幕。在图中，大酒桶或酒坛已经打开。福罗斯本人拿着一个大酒杯，但他依然清醒——他有点儿像喀戎。但其他人则不是这样，他们在疯狂地畅饮，而且还乱哄哄地扭打起来。赫拉克勒斯出现了，他试图恢复秩序。酒已经被原始人当作一种能让人强烈兴奋的东西，其结果在世界的每一个角落都是一样的。广为流传的关于珀里托俄斯婚宴的神话也表达了同样的观念：众马人喝过酒后，便开始扭打起来，他们像萨梯一样企图掳走新娘。这些故事有着至关重要的意义，因为这表明在原始时代，崇拜狄俄尼索斯的有两种人，他们之间有着共同的特点，这两种人就是马人和萨特拉厄人。

图 120

  接下来我们就来讨论萨特拉厄人。现在我们已经非常清楚，不管他们在后人的想象中变成了什么，在荷马、品达和一些瓶画作者的眼里，这些马人、这些狄俄尼索斯的随从并不是神仙，不是"植物的精灵"，而是历史上真实的原始人的代表。他们具有丑陋的形象，长着尾巴、马耳和马蹄，并不是为了表示他们的"丰产能力"，而完全是出于那些征服他

---

① 品达：残篇，44。

们的人的想象。他们不是马神狄俄尼索斯的化身①（实际上马神根本不存在），他们只是萨特拉厄人而已。当然，我们并不否认他们最后变成了神话人物，这一点体现在他们渐渐地改变了自己的形象。一般说来，希腊人的想象倾向于拟人化，但在这里，我们看到的却是相反的情形。随着时间的推移，随着人们渐渐淡忘征服与被征服的历史事实，原先一个实际存在的民族最后却演变成了神话中的马人。

萨梯就没有经历过这种变化，他们一直保持着人的本性。他们的形象具有不同程度的马的因素，但这些因素并不占主导地位。图121中的人物多数是马人。这个画面是维尔茨堡博物馆收藏的一个基里克斯陶杯②上的图案，描绘的是上文讨论过的菲纽斯的盛宴。这幅瓶画之所以值得我们注意，是因为它刻画的也是色雷斯神话的内容。菲纽斯是色雷斯的英雄，狄俄尼索斯是色雷斯的神祇。在图中，狄俄尼索斯站在一辆由一头狮子和一只雄鹿牵引的战车上。在他的身边站着一个女人，很可能是一个女神，但我们无法确定她到底是阿里阿得涅还是塞墨勒，这一点对眼下的讨论并不重要。狄俄尼索斯已经把战车停在了泉水边，让狮子和公鹿喝水。萨梯们在侍候着他：有一个正从水盆里汲水，另一个爬到狮子的背上。一些少女已经在泉水里沐浴过了，此刻正在棕榈树下休息，其中一个正艰难地穿上衣服。旁边有两个萨梯正心怀鬼胎地窥探着，他们是野人，浑身肮脏，蓬头垢面，身上长着马的耳朵和尾巴，而且还有一双马脚。他们身上的人的部位跟图120中那些邂逅的马人有非常相似的地方。

萨梯的形象十分丑陋，其习性也很下流。但是，要不是最近出现了一种新的理论，我们也就没有必要在此着重强调他们的本质和职能了。这种理论已经迅速、广泛地流传开来。持这种理论的人认为，这些人们

---

① 后文我们将会看到，狄俄尼索斯的动物形象是公牛。假如形象可怕的萨梯是他的崇拜者发明的，那他们一定会选择公牛的形象。和他的随从不同，狄俄尼索斯跟马没有任何联系。
② 维尔茨堡博物馆藏品编号354。另见《古代雅典的神话与遗迹》，p. lxxix。

图 121

熟知的红绘、黑绘瓶画上的马人根本不是萨梯。据他们说，萨梯是羊人，而瓶画上的马人是西勒诺斯。如果这种理论成立的话，那么我们全部论点的基础就被推翻了。否认马人是萨梯就等于否认他们是萨特拉厄人，也就是否认他们是崇拜狄俄尼索斯的原始民族。

既然有无数的瓶画能够支持我们的观点，那么为什么我们不能把那些陪伴狄俄尼索斯的马人称为萨梯呢？据说，那是因为悲剧是羊歌（goat-song），羊歌最终导致了萨梯剧（羊人剧）的产生，因此萨梯必须是羊人，即萨梯不能是马人，也就是说瓶画中的马人不可能是萨梯，因此必须给他们起另外一个名字。在那个弗朗索瓦花瓶（图114）上，那些马人被标上了铭文"西勒诺斯"，因此所有的马人都应该被称为西勒诺斯。值得注意的是，这一复杂的推理只是建立在一个语文学的假设的基础上："悲剧"的意思是羊歌。后文我们将讨论"悲剧"的意思到底是什么或者可能是什么，眼下我只是提出这个问题，因为我依然坚持以下观点（尽管已被一些人否定[①]）：人们熟悉的、在瓶画上经常出现的陪伴狄俄尼索斯的名声很坏的马人，那些惯于酗酒、放荡不羁、骚扰妇女的马人正是赫

---

① 在撰写了以上内容之后，我非常高兴地看到埃米尔·赖施（Emil Reisch）博士在他的文章《原始时代的阿提刻悲剧》里再次强调瓶画上的马人就是萨梯。

西奥德所说的"游手好闲、一无是处的萨梯们"[1]。他们也被叫作西勒诺斯，这一点我并不否认。在不同的地方，他们有不同的名称。

迈那得斯

当我们把目光从放荡不羁的萨梯转向狄俄尼索斯的女伴侣（狂女）迈那得斯（Maenads）时，我们会有一种新鲜的感觉。这些狂女和萨梯一样真实——事实上比萨梯更真实，因为没有一个诗人或画家试图给她们添上马的耳朵和尾巴。然而，人们始终厌恶这一显而易见的事实，因此我们被一再告知，迈那得斯纯粹是神话创造出来的人物，她们的狂欢活动在希腊历史上从来没有出现过。

如果我们仅仅把迈那得斯看成跟萨梯一样的人物（只是存在着性别上的差异），那将是一个错误。前面我们已经看到，萨梯代表的是原始时代一个被征服的民族，但是迈那得斯并不仅仅代表这个民族的女性。她们的名称并不是哪个部落名称的讹误，它代表的是一种精神和身体上的状态，几乎可以说是崇拜仪式上的名称。当然，迈那得斯只是"狂女"的意思，她们是任何一个民族的狄俄尼索斯的女性崇拜者。像古代人所说的那样，她们因受到他的灵魂的感应而疯狂。

这些崇拜狄俄尼索斯的妇女被赋予了许多名称，迈那得斯只是其中之一，虽然可能这是最常见的一个名称。据普卢塔克说，在马其顿，她们被称为米玛洛涅斯和克洛多涅斯，在希腊则被称为酒神巴克科斯的狂女（Bacchae）、酒神巴萨柔斯的狂女（Bassarides）、提伊阿得斯、波特尼亚得斯（Potniades）等。[2] 其中有些别名后来演变成专有名词，其余的则一直作为名称中的修饰性成分。从根本上说，这些名称所表达的都是

---

[1] 赫西奥德：残篇，129。
[2] 普卢塔克：《亚历山大传》，2。我从 A. 拉普（Rapp）先生的文章《古希腊美术和诗歌里的迈那得斯》里引用了许多有关迈那得斯的资料；关于提伊阿得斯，我参考了文尼格（Weniger）博士的《论提伊阿得斯》（*Das Collegium der Thyiaden*）。

同一个意思,即她们都是为狄俄尼索斯的灵魂而疯狂的妇女。

普卢塔克在他那部引人入胜的《论迷信》中说,创作酒神颂歌的诗人提摩忒俄斯(Timotheos)在那首赞美阿耳忒弥斯的颂歌里把宙斯的这个女儿称为"迈那得斯、提伊阿得斯、福巴德(Phoibad)、吕萨德(Lyssad)"[①]。

这些别名也许分别相当于英语里的"疯狂的女人""狂奔的女人""受神灵启示的女人""愤怒的女人"。抒情诗人奇涅西亚斯(Cinesias)在他的诗歌里所使用的语言无疑要严谨得多。他听到这首颂歌后说:"我倒希望你自己有这样一个女儿。"这个故事给我们带来两点启发:首先,它表明,在提摩忒俄斯的时代,迈那得斯和提伊阿得斯还是修饰性的名称,还没有演变成专有名词,因此不仅可以用来称呼狄俄尼索斯的崇拜者,而且还可以用来称呼任何纵情欢乐的神祇;其次,这个故事显然可以证明,公元前5世纪末受过教育的人在他们自己的神学观念上开始产生分歧。然而,崇拜活动远远落后于这些人的观念,与崇拜活动相关的名称更是如此。幸运的是,也许我们可以证明在历史上肯定有过一个叫提伊阿得斯的女人,很可能也有过两个分别叫作福巴德和迈那得斯的女人。吕萨德的意思是"狂怒",因此也许只是诗歌里的人物。在《酒神的伴侣》中,歌队自称是"疯狂之神的敏捷的猎狗"[②],但这个称呼对那些体面的贵妇人并没有什么吸引力。

我们先来看提伊阿得斯。要了解她们的本质和崇拜仪式,只有到德尔斐去,因为狄俄尼索斯就是在德尔斐的帕耳那索斯山(Parnassos)上举行他的狂欢活动的。这一点连埃斯库罗斯也不能否认,虽然他"完全站在阿波罗一边"。他让剧中的女祭司在仪式上召唤那些地方性神灵时证明了这一点:

[①] 普卢塔克:《论迷信》,X。
[②] 欧里庇得斯:《酒神的伴侣》,977。

我也向你们致敬，
你们这些住在科里奇亚岩洞里的仙女，
那里是鸟儿温暖的家、神灵光顾的地方。
我还记得，布洛弥俄斯占据了这个洞穴，
那是他第一次带领他的狂女们去打仗的时候，
他们像撕裂兔子一样把彭透斯撕成碎片，并抛撒在地上。①

坚持一神教的埃斯库罗斯只乐于看到两个神祇，但实际上他们是同一个神，他们就是宙斯和"传达父亲意志的洛克西阿斯（Loxias）"②，这对圣父和圣子是古老的大地神灵的后代。但在宗教传统中，还有一个外来的神狄俄尼索斯，埃斯库罗斯也不能完全忽视他的存在。据保萨尼阿斯说，一座大神庙的两面三角墙都有浮雕，一面刻画的是阿波罗、阿耳忒弥斯、勒托和缪斯女神们，另一面刻的是"落日下狄俄尼索斯和他的提伊阿得斯女人们"。③下文我们将会看到，在德尔斐，每年举行的祭祀仪式被平均分配给阿波罗和狄俄尼索斯。

图 122 是圣彼得堡爱尔米塔什博物馆（Hermitage Museum）收藏的一尊巨爵④上的图案。这幅瓶画是德尔斐宗教历史的缩影，这段历史分为三个阶段。图案的前景是该亚的翁法罗斯石，上面覆盖着饰带：

在向其他神灵祈祷之前，
我要首先召唤大地女神——最早的女先知。⑤

该亚的继承者忒弥斯和福柏只不过是她的化身而已。位于图案较高位置

---

① 埃斯库罗斯：《降福女神》，22。
② 埃斯库罗斯：《降福女神》，19。
③ 保萨尼阿斯，X，19.3。
④ 爱尔米塔什博物馆藏品编号 1807。
⑤ 埃斯库罗斯：《降福女神》，1。

图 122

的其他神祇取代了原始的大地女神,成为人们的崇拜对象。阿波罗和狄俄尼索斯正相互击掌,他们的周围是迈那得斯和萨梯们。在这里,也许我们无法确定谁是先到的神,但从这个情景判断,狄俄尼索斯占据着有利地位,因为住在这个神庙里的都是他的崇拜者。和希腊神阿波罗的简朴打扮相比,狄俄尼索斯的服饰有着某种东方服饰的奢华。两者分别拿着具有自己特色的杖棒:阿波罗拿着他的月桂树枝,狄俄尼索斯则拿着他的酒神杖。

这幅瓶画的年代大约为公元前 4 世纪初。从画中我们看到的都是和平、协调和友好。德尔斐的祭司们最善于粉饰神学发展史上的这一转折阶段。为了取代该亚成为德尔斐神示所的主人,阿波罗必须打败并杀死该亚那条具有预言作用的古老的蛇。因此我们可以断定,在某个时候,阿波罗的追随者和狄俄尼索斯的追随者曾经发生过争斗。由于这段历史并无道德教化的意义,因此被蒙上了一层体面的面纱。[1]

---

[1] 见维罗尔博士:《欧里庇得斯:一个理性主义者》(*Euripides the Rationalist*),p.223。最近在德尔斐发现的一首献给狄俄尼索斯的颂歌中也存在着同样的委婉处理方法,后文我们还将对此进行讨论。这首颂歌的作者显然企图把阿波罗崇拜和狄俄尼索斯崇拜融在一起。狄俄尼索斯甚至还被赋予了阿波罗在派安赞歌中特有的别名。

一种宗教如果征服了德尔斐，实际上就等于征服了整个希腊。很可能就是在德尔斐，同样也在雅典，色雷斯人那种崇拜狄俄尼索斯的原始方式得到了改造——为了让这种新的宗教得到文明的希腊人的接受，这是必不可少的。因此，如果我们能够确定提伊阿得斯确实曾经在德尔斐出现过，那么我们就可以毫不犹豫地相信，她们——或者和她们相似的崇拜者——在别的崇拜狄俄尼索斯的地方也出现过。

保萨尼阿斯来到帕诺裴俄斯时，他对荷马将这个地方称为"美丽的跳舞场"感到迷惑不解。据他说，是一些妇女——雅典人称之为提伊阿得斯——向他解释了其中的原因。他还说，以下说法不会有错："这些提伊阿得斯是阿提刻妇女，她们每隔一年都要和德尔斐的妇女到帕耳那索斯山去，在那里举行纪念狄俄尼索斯的狂欢活动。在路上，她们在帕诺裴俄斯停留，并在那里跳舞，这就是荷马把它称为跳舞场的原因。"① 当然，这些神圣的妇女、这些提伊阿得斯是一个女名祖提伊亚（Thyia）的后代。提伊亚是神话人物。保萨尼阿斯在讨论德尔斐的起源时说："据有些人说，那里有一个名叫卡斯塔利俄斯（Castalius）的土著男子，他有一个女儿，叫提伊亚。她是第一个负责祭祀狄俄尼索斯的女祭司，主持纪念这个神祇的狂欢活动。据说，后来所有因为纪念狄俄尼索斯而疯狂的女子都因此而被称为提伊阿得斯。"② 如果那些"因为纪念狄俄尼索斯而疯狂的女子"实际上不是迈那得斯，很难说她们是什么样的人。巧的是，保萨尼阿斯见过这些女子，并和她们交谈过，要不然，他以下的说法只能解释为神话：这些女子在帕耳那索斯山的山顶上举行狂欢活动来纪念狄俄尼索斯和阿波罗。

普卢塔克是他所在的喀俄罗涅亚的祭司，因而对德尔斐的祭礼相当熟悉；他的一位亲密朋友克勒阿（Klea）是德尔斐的提伊阿得斯的总

---

① 普卢塔克：《寒冷的原则》，XVIII。
② 保萨尼阿斯，X，4.2。

管。① 他不止一次地提到她们。在那篇写给法沃里诺斯（Favorinus）的《寒冷的第一条原则》里，他认为，寒冷有着自己特别而适当的性质、浓度、稳定性和僵硬度。他还用帕耳那索斯山上的一个冬天夜晚的寒冷作为例子来说明这个问题："你已经听说过，德尔斐人到帕耳那索斯山上去协助提伊阿得斯时，突然遇到狂风暴雪，他们的大衣冻得结了冰，像木头一样僵硬，以至于他们稍稍伸展四肢，大衣就会变成碎片。"② 大衣会因为严寒而裂成碎片，这听起来有点儿夸张。但是，提伊阿得斯在寒冷的山顶上举行仪式却是千真万确的。

普卢塔克很可能是从他的朋友克勒阿那里得知了有关提伊阿得斯和福基斯的妇女的感人故事，他把这个故事写进了论文《妇女的美德》："福基斯的暴君们攻下德尔斐后，便着手进行一场他们所称的'神圣的战争'。那些崇拜狄俄尼索斯的妇女（她们被称为提伊阿得斯）由于心醉神迷而到处闲逛，不知不觉之中便来到了安菲萨（Amphissa）。这时她们已疲惫不堪，神志也没有完全清醒，迷迷糊糊地走进集市，在那里倒头便睡。见到这个情景，安菲萨的妇女很害怕，因为她们的城邦已经和福基斯人结成了同盟，而那里聚集着暴君们的军队，因此她们担心提伊阿得斯受到伤害。于是她们纷纷走出家门，赶到集市，悄悄地把提伊阿得斯团团围了起来。她们默默地站着，以免惊醒提伊阿得斯。提伊阿得斯醒过来后，她们又一一给予照料，还拿来了食物。最后，她们征得丈夫的同意，护送提伊阿得斯安全上路，一直把她们送到山下。"③ 这些历史上确有其人的提伊阿得斯就是无数瓶画和浅浮雕所刻画的迈那得斯，两者同样都是狂欢作乐，同样是疲惫不堪，同样是在地上沉睡。她们和欧里庇得斯笔下那些住在喀泰戎山坡上的酒神狂女是一样的：

---

① 保萨尼阿斯，X，6.2。
② 普卢塔克：《伊西斯和奥西里斯》，35。希罗多德（VII，178）提到，在德尔斐一个叫提伊亚的地方有一座祭风的祭坛，这也是一位女英雄的神龛，她可能就是一个狂暴的风神。根据在德尔斐发现的一块碑文的记录，这个圣所被称为提伊阿伊（Thyiai）。
③ 普卢塔克：《妇女的美德》，XIII。

> 她们全都懒洋洋地睡着了，
> 有的用厚厚的松针当床，
> 有的用橡树叶当枕头，随便躺在地上，
> 却也不失体面。①

从安菲萨妇女对提伊阿得斯的尊敬中我们可以看出，虽然提伊阿得斯是现实中的妇女，但她们却有着超乎平凡的特点。

接下来我们来看提摩忒俄斯提到的另一个别名"福巴德"。福巴斯（Phoibas）是福玻斯（Phoebus）的阴性形式，我们往往认为唯一跟福玻斯这一别名有联系的只有阿波罗。据利德尔和斯科特说，阿波罗之所以被称为福玻斯，是因为青春的纯洁和灿烂的美丽。这个别名更多的是与纯洁而不是与美丽有关系，如果是和美丽有关系，那它指的是"神圣的美"。普卢塔克在讨论阿波罗的这一别名时说了以下这段有趣的话："在我看来，古代人把一切纯洁、神圣的东西都称为'福比克'（phoebic）。我想，如今忒萨利的祭司们在规定的时间内隔离居住以便过一种纯净的生活时，忒萨利人也是这样称呼他们的。"这段话的意思很清楚。"福玻斯"一词的词根意为"处于一种纯洁的状态，从仪式的角度说，这种状态是神圣的"，这特别是指受神的感应而起，并且作为一种禁忌得到神的保护的状态。阿波罗可能是从他所继承的古老的女性神祇那里接过这一别名的。在该亚和忒弥斯之后的第三个女神

> 是另一个提坦女神，大地女神的女儿，
> 也就是福柏，是她拥有了这个神示所。
> 她把它作为生日礼物
> 送给了福玻斯，而他则随了她的名字。②

---

① 欧里庇得斯：《酒神的伴侣》，683。
② 埃斯库罗斯：《降福女神》，6。

我们可以断定，阿波罗如果不做出实质性的让步，是不会得到这一生日礼物的。他取了古老的福柏（大地的女儿）的名字，而且，尽管他总是那样憎恨女人，他还是不得不通过一个喋喋不休的女祭司（福巴斯）的口来传达他的神谕。希罗多德的说法完全正确，在贝西人居住的边远地区，像在德尔斐一样，神谕也是通过一个女祭司的口传达的。卡珊德拉（Kassandra）也是该亚的那些女先知之一。她是在提姆布拉（Thymbrae）的翁法罗斯祭坛为人们传达预言的，那是阿波罗占领德尔斐神示所之后接管的一个祭坛。① 她痛恨阿波罗，并不仅仅因为她这个少女遭到过阿波罗的出卖。实际上，这是由于旧秩序的女先知遭到新秩序的怀疑和剥夺而产生的愤怒。她折断了自己的杖棒，撕碎了饰带，哭喊道："看啊，如今的先知已经剥夺了女先知的一切。"②

德尔斐的女祭司虽然也是一个女先知，但她被称为皮提亚。而我们知道，女先知卡珊德拉的正式名字却是福巴斯："弗里吉亚人把福巴斯称为卡珊德拉。"③ 这个别名的意思是"纯洁、神圣的女人"，这对赫卡柏那番忏悔的话是莫大的讽刺。

据我所知，人们从来没有用福巴德斯（Phoibades）一词来表示酒神的狂女（Bacchantes），尽管我知道德尔斐人使用这个词是因为受到狄俄尼索斯的影响，另一个名称"波特尼亚得斯"也是受到狄俄尼索斯的影响。在《酒神的伴侣》中，报信人从喀泰戎山回来后，他对彭透斯说：

> 啊，国王，我看见一些疯狂的女人，
> 她们受了刺激，赤着雪白的脚
> 飞快地跑出底比斯城，我特地回来向你和城邦

---

① 一个奇特的第勒尼安花瓶的图案刻画了特洛伊罗斯（Troilos）被杀的情景。根据传说，这一切发生在提姆布拉圣所里。这个圣所有一块匀称的翁法罗斯石，上面覆盖着一条饰带，还刻着 βωμός 字样。
② 埃斯库罗斯：《阿伽门农》，1275。
③ 欧里庇得斯：《赫卡柏》，827。

报告她们做的破天荒怪事。①

这些"赤着雪白的脚"的女人正处于一种神圣的癫狂状态,因此她们具有神奇的吸引力。佛提俄斯在提到那个跟"波特尼亚得斯"有联系的动词时作了一个奇怪的注解。他说,这个动词通常是用来表示这样一种状态,即某个女人因遭受某种痛苦而向女神祈祷,因此,"谁要是用这个词来描述男人的情况,那是不恰当的"。所谓"遭受某种痛苦",他指的只是这个女人被女神附体了,此时他心里想的可能是迈那得斯及类似的崇拜者。疯狂有可能是由众神之母或狄俄尼索斯引起的。事实上,任何与狂欢有关的神祇都有可能引起崇拜者的疯狂。

也许有人对此提出异议,认为迈那得斯既不同于提伊阿得斯,也不同于福巴德斯。我的观点是,她们是同一种人。这种观点最主要的基础是,她们都是在现实中存在的崇拜狄俄尼索斯的人;后来,她们当中的一部分人演变成了他的神秘的随从。这是神话产生的自然顺序。和许多现代的神话学家一样,迪奥多罗斯颠倒了这种自然的顺序,但他这样做是很有启发意义的。在描述狄俄尼索斯从印度胜利归来时,他说:"于是,为了纪念这次狄俄尼索斯的印度之行,皮奥夏人、色雷斯人和其他希腊人定下了每两年祭祀一次狄俄尼索斯的规矩。他们还认为,在这两年间,这个神祇会向凡人显灵。因此,在希腊的许多城镇,崇拜狄俄尼索斯的女人们每两年都要聚在一起。通常的做法是:少女们拿着酒神杖,大家一起狂欢作乐,以此来纪念狄俄尼索斯;已婚妇女则排成整齐的队列,也是狂欢作乐。她们以各种方式模仿迈那得斯庆祝狄俄尼索斯的出现。据说,在古时候,这些迈那得斯就常常陪伴在狄俄尼索斯神的左右。"②许多人把神话的演变顺序弄错了,迪奥多罗斯是其中最典型的一

---

① 欧里庇得斯:《酒神的伴侣》,664。
② 迪奥多罗斯,IV,3。

个。神话往往为某个事实编造一个理由，但不是把事实建立在空想的基础上。

谁也不能否认，迈那得斯后来变成了神秘的人物。索福克勒斯在他的作品里说：

> 神圣、阴森的灌木丛，那里长着许许多多的浆果，
> 夏日的阳光无法透过茂密的枝叶，冬日的寒风也无法吹进，
> 那正是狂欢之神狄俄尼索斯和那些侍候他的仙女们要去的地方。①

可以看出，这里所描述的并不是真实的景物，那些照料狄俄尼索斯的仙女其实是"女神"。但在这里，像我们通常所见到的那样，这些女神的形象和创造出女神的人的形象是一样的。

关于迈那得斯在历史上是否确有其人，人们意见不一，这主要是由于对词语的理解有误。我们以为迈那得斯是一个专有名词，指的是固定、明确的人物，我们还以为提伊阿得斯也是如此，但最初情况并非如此。迈那得斯是"狂女"，提伊阿得斯是"神志不清的狂奔者"或类似的人。不管如何，两者都是修饰性的名称。不管是"狂女""神志不清的女人"还是"纯洁的女人"，所描述的只是一个女人在狄俄尼索斯的影响下所出现的状态。提伊阿得斯和福巴德后来成为崇拜仪式中的名称，而迈那得斯则变成神话中的人物。也许这是很自然的事。当一个民族变得高度文明的时候，疯狂就不再被人们（诗人和哲学家除外）看作神圣的东西，因此他们便不再使用表示疯狂的名称，于是，提伊阿得斯便越来越成为一个专有名词。

尽管如此，迈那得斯作为现实中担任祭司的妇女的名称并没有完全被人们抛弃。在马格尼西亚（Magnesia）发现、现藏于君士坦丁堡

---

① 《俄狄浦斯王》，670，D. S. 麦科尔译。

(Constantinople）博物馆的一篇哈德良（Hadrian）时代的碑文①就是这方面的证据。碑文叙述的是一个短小的神奇故事。一棵悬铃木被大风刮倒在地，人们发现树中有一尊狄俄尼索斯的塑像。先知们立刻被派往德尔斐神示所，想请神告诉他们该如何办。正如所料，神答复说，事情是由于马格尼西亚人没有为狄俄尼索斯修建"做工讲究的神庙"引起的，因此他们必须弥补自己的罪过。为了圆满地做好这件事，他们必须派人到底比斯去，从那里带回三个迈那得斯，她们都是卡德摩斯的伊诺家族的成员。这些迈那得斯会教马格尼西亚人如何狂欢，还会给他们带来合适的风俗。于是，他们到了底比斯，并带回了三个"迈那得斯"，她们的名字分别为科斯科（Kosko）、包玻（Baubo）和忒塔勒（Thettale）。她们来到马格尼西亚后，在城市的三个地区分别成立了一个祭祀组织。当然，这篇碑文年代较晚，包玻和科斯科也很可能是俄耳甫斯教徒，但根据碑文我们可以做出如下明确的判断：在哈德良时代，某个家族至少有三个女人被称为"迈那得斯"，而且她们确有其人。

我们对伯里克利时代雅典人的各种观念已经习以为常，在思考问题时总是受到法律、秩序、理性、限度等观念的限制，因此，那些不符合我们的习惯想法的东西往往被我们简单地当作"神话"。我们常常听到有人说，在有历史记载的时代里，丈夫和兄弟是不会允许他们的妻子和姐妹在山上狂欢作乐的：考虑到伯里克利时代的妇女过着一种严格的东方式与世隔绝的生活，狂欢活动更是不可想象。当然，普通妇女在任何时候都能享有迈那得斯的自由是不可能的，但是，如果女人们的那些活动是宗教传统所允许的，那么她们的丈夫和兄弟是会容许的。虽然马其顿男人的行为方式无疑要野蛮得多，但他们并不喜欢酒神节的狂欢活动。普卢塔克猜测，这些狂欢活动和亚历山大大帝父母的紧张关系有很大

---

① 最先发表该碑文的是康多勒翁（Kondolleon），刊于 *Ath. Mitt.* 1890 年第 15 期，p.330。[哈德良（76—138），罗马皇帝（117—138）。——译注]

的关联。人们发现在奥林匹亚斯（Olympias）的身边躺着一条蛇，腓力（Philip）担心她是在施用魔法。更糟糕的是，那条蛇也许是神的化身。普卢塔克说，关于这条蛇的出现还有一种解释（很可能是正确的解释）："马其顿妇女自古以来就受到俄耳甫斯教的祭礼和狄俄尼索斯教的狂欢仪式的影响，她们被称为克洛多涅斯和米玛洛涅斯，因为她们在许多方面都是模仿居住在哈俄摩斯山附近的厄多尼亚妇女和色雷斯妇女。希腊语词 $\theta\rho\eta\sigma\kappa\varepsilon\acute{u}\varepsilon\iota\nu$ 似乎就是由她们而来的，它指的是过度的宗教活动。而奥林匹亚斯比其他妇女更热衷于这些活动，还以一种非常野蛮的方式举行那些迷狂的、神灵附体的仪式。在酒神节上，当妇女们聚在一起时，她放出许多驯服的巨蛇，这些巨蛇纷纷从常春藤中钻出来，缠绕在妇女们的酒神杖和花冠上，把男人们吓得魂不附体。"[1]

然而，不管马其顿的男人们多么不喜欢这些狂欢的活动，他们显然被吓坏了，以至于无法阻止这些活动。对付这些着了魔的女人们是很危险的。许许多多的瓶画刻画的正是普卢塔克描述过的那些发生在马其顿的情景。图123就是其中一个很好的例子，这是慕尼黑博物馆收藏的一个基里克斯陶杯[2]上的图案。我们看到的是一个漂亮而疯狂的迈那得斯，她穿着典型的迈那得斯的服装，衣

图 123

---

[1] 普卢塔克：《亚历山大传》，2。
[2] 慕尼黑博物馆藏品编号382。另见 J. E. 赫丽生和 D. S. 麦科尔的《希腊瓶画》（*Greek Vase Paintings*），图版 xv。

服上装饰有鹿皮。她手持一根酒神杖，事实上，她浑身的装束跟狄俄尼索斯的完全一样。当彭透斯要冒充酒神狂女时，他的打扮就是这副模样：穿着一件长至脚下的宽大长袍，上面装饰着有花斑的鹿皮，头发蓬松散乱，手里也拿着一根酒神杖。这个迈那得斯头上缠着一条巨蛇，就像一条束发带。图124展示的是另一个迈那得斯[①]。她作为迈那得斯的特征只有手里拿的那两条蛇，要不是她穿着宽大的长袍，我们也可以称她为厄里尼厄斯。

图 124

图 125

有一组硬币被称为"圣箱硬币"[②]，在这些硬币的图案中，我们可以看到蛇从圣箱里钻出来的情景。图125展示的就是其中一枚硬币的正反面图案。据伊姆胡夫（Imhoof）博士说，这些风格完全一样的硬币出自以弗所（Ephesus），其年代为公元前200年，这种硬币遍布阿塔罗斯（Attalos）一世的领地。硬币的图案刻画了小亚细亚的狄俄尼索斯崇拜（跟马其顿的狄俄尼索斯崇拜有着密切的亲缘关系）的某个时期的面貌。

虽然马其顿不是雅典，但厄庇墨尼得斯的改革不禁让我们推测，雅典妇女的兄弟和丈夫也处于同样困难的境地。关于这一点，我们参考的

---

① 《希腊研究》第19期，p.220，图6。
② 黑德：《钱币史》，p.461，图287。

依然是普卢塔克的著作。当时雅典出现了一些奇怪的现象,这使迷信的人们心里充满了恐惧。人们派人到克里特去请厄庇墨尼得斯,因为他是受众神宠爱的人,精通宗教礼仪,特别是精通那些使人迷狂的神秘祭礼。他和梭伦成了好朋友。他的宗教改革的主要内容是:"他简化了他们的宗教礼仪,使哀悼仪式更温和,办法是把一些献祭仪式引进他们的葬礼,而去除其中妇女所迷恋的残忍、野蛮的内容。但最重要的是,通过引入净化仪式和赎罪仪式以及创立崇拜仪式,他使这个城邦变得更加神圣,使其成为人们享有公正的地方,城邦因而变得更加统一。"① 诚然,这段话不像我们希望的那样直截了当,但他所用的两个词 $κατοργιάσας$ 和 $καθοσιώσας$ 以及他所提到的厄庇墨尼得斯精通使人迷狂的仪式、人们给他起了库瑞斯(Koures)这个新的名字、妇女的仪式受到特别的关注(虽然这是在提到葬礼时顺便提及的),所有这一切都表明,一些过于野蛮的仪式和酒神节的狂欢活动有关。如果说梭伦的许多做法都是针对妇女的过分行为的,这是非常有可能的。普卢塔克还说:"他对妇女的户外活动、葬礼上的悼念方式和节日的庆祝活动进行了规范,用法律的形式禁止一切混乱和过分的做法。"② 在这些令人厌烦的规定中,有一条具有典型的特征,即妇女不得在夜间外出,"除非是坐在马车上,并且前面有火把引领"。彭透斯所无法忍受的正是夜间外出。当他想知道狄俄尼索斯要举行什么样的仪式时,他问狄俄尼索斯:

彭:你是在夜里还是在白天举行祭祀?
狄:多半在夜里,因为黑暗更庄严。
彭:哈,让女人做祭祀吗?这是在耍手腕、败坏道德。③

---

① 普卢塔克:《梭伦传》,XII。厄庇墨尼得斯就像是历史中的俄耳甫斯,他来自克里特,像俄耳甫斯一样,他对狄俄尼索斯教的仪式进行了改革。
② 普卢塔克:《梭伦传》,XXI。
③ 欧里庇得斯:《酒神的伴侣》,485。

狄俄尼索斯·利克尼特斯

从以上讨论可以看出,迈那得斯是那些狂热崇拜狄俄尼索斯的女人。但她们的身份并不止于此,她们受到狄俄尼索斯的感应,而且一心一意侍奉这个神祇。我们第一次在荷马史诗中见到她们时,她们是他的"保姆"。埃斯库罗斯有一部佚失的戏剧,题目就叫"养育狄俄尼索斯的人"。常常受到荷马史诗的启发的索福克勒斯在剧中让歌队唱道:

> 那是狂欢的狄俄尼索斯和那些照料他的仙女们要去的地方。①

在荷马、埃斯库罗斯、索福克勒斯的笔下,虽然狄俄尼索斯被一些女神照料着,但他并不是一个婴儿。他和她们一起像同龄人一样狂欢,可见在他们的作品里,他不再是个小孩。在神话里,一些仪式几乎已经被人遗忘,而神话正是从这些仪式演变而来的。幸好普卢塔克给我们留下了一段记录,尽管不完整,但很有意义,内容是关于提伊阿得斯所举行的仪式的。从这段记录我们可以看出,她们所崇拜并照料的并不是一个成熟的神,而是一个摇篮里的婴儿。

普卢塔克在其著作中谈到奥西里斯和狄俄尼索斯的相似之处。在他看来,两者体现的都是"潮湿的原则"(moist principle)。他说:"如果说别人不知道,你克勒阿应该知道奥西里斯和狄俄尼索斯是一样的,因为你是德尔斐的提伊阿得斯的总管,而且你的父母已经让你懂得奥西里斯的仪式。"在做了各种比较之后,他又说:"如前文所说,埃及人在许多地方都能找到奥西里斯的坟墓,而德尔斐人也说,他们把狄俄尼索斯的遗物埋在了神示所的旁边。当提伊阿得斯养育利克尼特斯(Liknites)时,荷西俄伊(Hosioi)在阿波罗的神庙里举行了秘密的祭祀活动。"② 后

---

① 索福克勒斯:《俄狄浦斯王》,674。
② 普卢塔克:《伊西斯和奥西里斯》,XXXV。

文我们将会看到，在祭祀狄俄尼索斯的仪式上，人们要再现他被杀害并被肢解的情景。从这个段落我们可以清楚地看出，狄俄尼索斯这个神祇复活了，他转世为一个婴儿，从而获得了新生。利克尼特斯正是那个摇篮里的婴儿。赫西基俄斯在评论"利克尼特斯"一词时说："这是狄俄尼索斯的一个别名，源自小孩睡觉的摇篮。"在原始的农耕时代，"利克农"（liknon）是一个状如铲子的篮子，它具有三种作用：作为一种"扇子"，用来簸谷；当作篮子，用来盛谷物、水果或圣物；再就是作为孩子睡觉用的摇篮。我们在讨论俄耳甫斯教的宗教仪式时将会考察各种形状的利克农，还要讨论与摇篮及扬谷用的扇子有关的奇妙的神秘主义思想。在这里，我们只需知道，抚养或唤醒利克尼特斯的仪式清楚地告诉我们，这是对婴儿神的崇拜。

妇女们对利克尼特斯——摇篮里的婴儿的崇拜反映了原始社会的一个阶段，在这个阶段，妇女意识到自己的主要职能是生儿育女，她们还没有冒险去尝试执行已婚妇女的更文明的职能。在狄俄尼索斯的神话中，我们首先要注意的至关重要的一点就是，他是他母亲的儿子。前文我们已经讨论过母亲（神母）和女儿（处女神）的宗教，我们已经看到，这种宗教所反映的与其说是母亲和女儿的关系，不如说是女人一生中的两个阶段——作为女儿的女人和作为母亲的女人。如果我们要想在神话中寻找一种父母与孩子的关系，显然最亲近的关系不是母女关系，而是母子关系。而神话中的父子（宙斯与阿波罗）关系所反映的是一种更进步的文明。

在结束对提伊阿得斯的讨论前，还有必要指出一点：她们不仅崇拜利克尼特斯——摇篮里的婴儿，而且崇拜生育这个婴儿的母亲塞墨勒，这种崇拜也是发生在德尔斐。我们引以为据的依然是普卢塔克的著作。在他的《希腊人的问题》中，普卢塔克讨论了德尔斐的三个重大节日：斯忒普特里恩节、赫洛伊斯节（Herois）和卡里拉节。关于赫洛伊斯节，他是这样说的："这个节日的内在含义只有提伊阿得斯知道，多半具有某种神秘色彩。但从公开举行的仪式来推测,这是一个纪念塞墨勒回归的节日。"① 普卢塔克的推测无疑是正确的。赫洛伊斯节是一个复活节,人们在这个节日上举行一些反映神复活的仪式。关于这一点,我们在谈到得墨忒耳和科瑞时已经做了详细的讨论。

狄俄尼索斯和他的父亲宙斯的关系非常松散,而且带有编造的成分。如上文所说,他实质上是他母亲的儿子——"塞墨勒的孩子"②。后文我们会讨论宙斯作为狄俄尼索斯的父亲的意义,还将讨论有关他两次出生的奇特神话。这里我们首先要问:"塞墨勒是谁?"

狄俄尼索斯:塞墨勒之子

我们已经知道狄俄尼索斯来自色雷斯,如果我们能够证明他的母亲是色雷斯人,那么,两者就可以相互印证了。古代留下的弗里吉亚-色雷斯语的记载非常稀少,但可喜的是,这些资料足以解释"塞墨勒"这个名字。

拉姆齐教授在对弗里吉亚的文献资料进行研究时,发现了一些坟墓上的碑文③,这些碑文的原文如下:

> δη διως ξεμελω.
> με ξεμελω κε δεος.
> δεος κε ξεμ(ελω).
> με ξεμελω.

---

① 普卢塔克:《希腊人的问题》,XII。
② 欧里庇得斯:《酒神的伴侣》,375、580、278。
③ 拉姆齐:《亚细亚研究》1883 年第 15 期,p.120 以下。保罗·克雷奇默尔(Paul Kretschmer)博士在解释、讨论这些碑文时也认为这与塞墨勒有关,详见其论文《塞墨勒与狄俄尼索斯》,刊于 *Aus der Anomia*(柏林,1890 年)。我在这里完全借用了他的观点。

碑文的后面还刻着一句咒语，大意为"损坏这座坟墓的人必将受到诅咒"。这些碑文的年代全部为基督教出现之后的时代，当时的富裕阶层依然讲希腊语、用希腊语写作。但具体到这样一句咒语，最好用一种大众理解的文字来表达。这段碑文中，值得我们注意的是其中提到的神祇，立碑的人就是凭着这些神祇发誓的，$δη\ διως$ 就是"凭着宙斯起誓"的意思。$ξεμελω$ 首先让我们想到的就是塞墨勒。但是，塞墨勒到底是谁？她是什么样的神？人们现在承认弗里吉亚语和色雷斯语同属于印欧语系。这两种语言的辅音连缀的特点是，它们可以用一个擦音代替腭音 g 和 gh（即希腊语中的 $γ$ 和 $χ$）。希腊人用来代替这个擦音的是希腊语中与之最相近的 $ξ$ 和 $σ$。因此，弗里吉亚语词 $ξεμελω$ 相当于希腊语词 $γη$（大地），该词的鼻音化形式为 $χαμαί$、$χθαμαλός$、$χθών$，相当于拉丁语的 humus，humilis，homo。在斯拉夫语中，有一个与之相近的词，这是我们熟知也是令人信服的例子：Nova Zembla，意为"新土地"。在厄利斯，保萨尼阿斯看到一座白色大理石做成的祭坛，其对面就是裁判站立的地方。在祭坛上坐着得墨忒耳·卡弥涅（Chamyne）的女祭司，在那里观看奥林匹亚竞技会。[1] 远在宙斯到来之前，奥林匹亚人很可能就已经在崇拜他们的"土地女神"（She of the Ground）了。

可见，塞墨勒——狄俄尼索斯的母亲——是大地女神，瓶画作者对这一点是很清楚的。在讨论大神母时，我们已经考察了许多有关的瓶画。在这些瓶画中，科瑞被刻画为少女时代的大地女神，我们看到她正从土地里冒出来。作为对比，我们在此还要来考察一幅奇特的瓶画[2]（图126）。一个年轻人——一个男性的科瑞——从土堆里冒了出来，他拿着一根节杖（像一个国王一样）。一个有翅膀的小个子胜利女神（尼刻）

---

[1] 保萨尼阿斯，VI, 20.9。
[2] 我是从提施贝恩（Tischbein）的著作《希腊花瓶》中复制的，为此我要向他表示感谢。就风格而言，这幅瓶画用在这里显然是不恰当的。塞西尔·史密斯先生对这幅瓶画进行过讨论（见《学院年鉴》，1891 年，p.120，注释 17），他认为，就题材而言，提施贝恩复制的这幅图是没有问题的。

正在欢迎他的到来，或者说正在为他的到来而欢呼。他的崇拜者正在等待他的到来：右边的迈那得斯一手拿着酒神杖，一手托着装有祭品的托盘；左边的萨梯手里也拿着酒神杖。这个正在冒出的人物可能正是塞墨勒的孩子，亦即地生的狄俄尼索斯。我认为，把这个正在冒出的神称为伊阿科斯或布里摩斯（Brimos）或者给他安上任何具体的名字都是一种轻率的做法。关于瓶画作者的意图，我们所能确定的是，这是一个地生的神。

图 126

第二幅瓶画（图 127）也表达了同样的意图。这是大英博物馆收藏的一个花瓶①上的图案。在这里，画家用人们所熟知的厄里克托尼俄斯

图 127

---

① 藏品目录第 3 卷，编号 E 182。试比较：C. 罗伯特的《考古漫谈》(*Archäologische Märchen*)，161。罗伯特博士对这幅瓶画的解释是，这是水泽神女狄耳刻产下狄俄尼索斯的情景。然而，我们还没有见过把水泽神女刻画成从地里冒出的瓶画。

从地里诞生的模式①来刻画狄俄尼索斯诞生的情景。就这样，这个瓶画家把一个陌生的外来神和本土的英雄神话奇妙地融合了起来，他这种做法给我们很大的启发。我们看到，该亚从地里冒了出来，但她带来的不是厄里克托尼俄斯，而是另外一个神圣的孩子，并将孩子交给养母雅典娜。当然，这个孩子很可能是狄俄尼索斯，而不是厄里克托尼俄斯，因为那个很随便地倚着宙斯肩膀的少女被标上了"俄南忒"（Oinanthe）的字样，这个铭文的意思是"酒香"。宙斯手里拿着他的闪电，这让人想起宙斯用闪电把塞墨勒烧死之后狄俄尼索斯诞生的情景。在一些权威的刻画厄里克托尼俄斯诞生情景的瓶画上，在场的是赫淮斯托斯（他被认为是厄里克托尼俄斯的父亲），而不是宙斯。像图 126 所刻画的那样，这个新生的英雄受到有翅膀的胜利女神的欢迎，她为他准备了用来扎头发的束发带。很明显，这个瓶画家在想方设法让这个新生儿具有雅典人的特点，几乎把他当作了土生土长的厄里克托尼俄斯。在这里，欢迎他的不是萨梯和迈那得斯——他的崇拜者和乡亲，而是一些新的亲戚——雅典娜和雅典人的胜利女神。

第三幅瓶画（图 128）是一个年代更早的基里克斯陶杯②的图案，该文物现为那不勒斯博物馆藏品，其年代大约为公元 6 世纪中叶，其风格已经完全摆脱了雅典的影响。从地里冒出两个巨大的半身像，分别标着 $Διόνυδος$（狄俄尼索斯）和 $Σεμέλη$（塞墨勒）字样。即使没有铭文，我们也不会怀疑其中有一个是狄俄尼索斯。这个瓶画家用一种原始、急切的方式表现他的目的，这一点是毫无疑问的。因为我们看到，狄俄尼索斯骄傲地高举他所特有的高柄酒杯——当然他的骄傲是可以理解的；在他和塞墨勒的身后，巨大的葡萄藤正在茁壮成长，右边有一个萨梯正在攀爬葡萄藤。在这里，狄俄尼索斯不是利克尼特斯，而是一个长大成人的青年，虽然长着胡子，但还不算老，和漂亮的塞墨勒年纪相当。

---

① 试比较：《古代雅典的神话与遗迹》，p. xxxix。
② 有人对该文物上的铭文提出了疑问。最近我在那不勒斯博物馆认真地察看了这件文物，并没有发现任何值得怀疑的地方。

图 128

在底比斯，关于狄俄尼索斯的诞生的神话有其特别的地方。他的母亲塞墨勒不仅是大地女神[①]，而且是被闪电烧着的大地女神刻罗尼亚（Keraunia）。

在古典文学作品中经常可以见到作为刻罗尼亚的塞墨勒。索福克勒斯在其作品中说到"你和你那被雷电击中的母亲"。在《希波吕托斯》中，欧里庇得斯把塞墨勒被闪电击中这件事描写得极富诗意，也许这是他的作品中最富诗意的段落：

> 啊，底比斯的神圣的城墙，
> 啊，狄耳刻的水泉呵，
> 你们且来说塞普里斯是怎样扑向前来的吧。
> 那因了两头着火的霹雳，
> 生下那重生的酒神的塞墨勒，
> 也是她给凶恶的运命做了媒，
> 后来使她上床长眠的。

[①] 根据最近发现的一篇公元前5世纪的碑文上的记载，在底比斯确实有一座供奉大地女神的神庙，见《希腊研究通讯》，1901年，p.363。

> 那可怕的女神吹动着一切,飞来飞去的
> 就像那蜜蜂。①

这段富于诗意的描述似乎不仅仅是以神话为基础,而且是以地方性的崇拜为基础的,也就是对雷电的崇拜和对被雷电击中的地方的崇拜。《酒神的伴侣》的开头是由狄俄尼索斯说的开场白,这段开场白描述的是塞墨勒的圣所:

> 我来到底比斯这个地方,
> 我乃宙斯的儿子狄俄尼索斯,
> 卡德摩斯的女儿塞墨勒所生,
> 由霹雳火催生出来的。
> 我现在由神的形象化作凡人,
> 出现在狄耳刻水泉边、
> 伊斯墨诺斯河畔。
> 我看见我那遭雷劈的母亲的坟墓就在这宫旁,
> 她那房间虽然早已坍塌,
> 却还在冒烟,宙斯的火焰还在闪光——
> 这是赫拉迫害我母亲的永不泯灭的痕迹。
> 我赞美卡德摩斯,
> 他使这地点成为圣地——
> 他女儿的坟墓。
> 我用果实累累的葡萄藤将它四面围绕起来。②

---

① 欧里庇得斯:《希波吕托斯》,555。(这一段以及下一段引文的翻译分别参考了周启明先生翻译的《希波吕托斯》和罗念生先生翻译的《酒神的伴侣》,见《欧里庇得斯悲剧集》第1卷,p.141,及第3卷,p.357,人民文学出版社,1957年。——译注)
② 欧里庇得斯:《酒神的伴侣》,1。

同样，这段话也不仅仅是交代这个故事的地点。任何一个被雷电击中的地方都被认为是特别神圣的场所。① 如果被雷电击中的地方恰好是当地女英雄的坟墓，那么它就会具有双重的神圣性。在底比斯无疑就有这样一座坟墓。保萨尼阿斯在其著作中证实了这一事实，虽然他没有说自己亲眼看到了这座坟墓："那里还留有吕科斯（Lycus）的房屋以及塞墨勒的坟墓的废墟。"② 当然，最初这种被雷电击中的地方的神圣性更多的是具有禁忌的性质，而不是我们现在所说的神圣。这种地方往往会成为关于女英雄，或神灵显现的神话的发源地。在至高无上的宙斯出现后，塞墨勒这个大地女神的伟大形象就变得暗淡无光了。

　　也许人们对这种被雷电击中的地方的崇拜可以作为普卢塔克提出的一个问题的答案："在皮奥夏人当中，谁是普索洛伊斯（Psoloeis，'冒烟者'），谁又是埃俄雷埃（Aioleiai）？"普卢塔克讲述了一个让人感到迷惑的故事：弥倪阿斯的女儿们由于过分追求人间的肉欲而发疯，最后杀死了她们的一个孩子。人们用"逃跑的仪式"来纪念这种可怕的行为。这种仪式是阿格里俄尼亚节（Agrionia）的组成部分。在这个节日里，狄俄尼索斯的祭司手持利剑追逐一个家族的妇女们，这个家族的男人就被称为普索洛伊斯，女人则被称为埃俄雷埃。如果他抓住了其中一个女人，就有权把她杀死。左伊罗斯（Zoilos）是普卢塔克那个时代的祭司，他确实利用了这种权力。但后来灾难降临了，左伊罗斯病死了。从此，人们废除了祭司的世袭制，改为选举制。③ 这个故事很隐晦，但吕都斯在讨论雷电时说，雷电有两种，一种迅捷、稀薄、冒火，被称为 $άργής$；另一种缓慢、冒烟，被称为 $φολόεις$。④ "冒烟者"所属的家族也许就是崇拜那种冒烟的雷电的人。

---

① 根据《词源大典》上的说法，这种地方被称为 $ένηλι σια$，从当时流行的词源学的角度来分析，该词至少应该含有"神灵出现的地方"的意思。
② 保萨尼阿斯，IX，16.7。
③ 普卢塔克：《希腊人的问题》，XXXVIII。
④ 吕都斯：*de mens.*, IV, 96。

尽管如此，狄俄尼索斯的崇拜及其神话总是带有人们关于闪电和突如其来的像火一样的神灵显现的记忆，这种现象很可能不仅仅是出于诗人的想象，而是原始现实的写照。在《酒神的伴侣》中，狄俄尼索斯不仅是在火中诞生的，而且在他的周围还有火把围绕着。但是他（作为一个神）的"显现"的标志是一场明显的雷暴，这雷暴像是复活的火焰，在塞墨勒的坟墓上闪现，同时还传来他的声音：

> 快把霹雳的火焰点燃，
> 把彭透斯的屋子烧掉，烧掉！①

接着歌队答道：

> 你没看见火光吗？
> 没有看见塞墨勒的神圣坟墓周围
> 冒出宙斯的霹雳火吗？
> 那是她从前遭雷打的时候
> 遗留下来的。

同样，在喀泰戎山，不仅听到他那神秘的声音和可怕的寂静，而且还看到冲天的火光：

> 他正在说话的时候，
> 天与地之间出现了一道神光。
> 天空寂静了，林中树叶无声，
> 再也听不到
> 野兽咆哮。

---

① 欧里庇得斯：《酒神的伴侣》，594。

神的显现伴随着火光，这当然是许多神话故事常有的说法，我们知道的有"燃烧的灌木丛"和圣灵降临节上的火把。但有趣的是，在遥远的色雷斯，狄俄尼索斯出现时也伴随着强烈的火光。亚里士多德在其著作中证实了这一说法。他说："在同一个地方（即比萨尔泰地区附近的克拉斯托尼亚），有一座高大、优美的狄俄尼索斯神庙。据说，每逢过节和献祭的时候，如果狄俄尼索斯神想给人们带来好收成，就会冒出巨大的火光，在神庙里干活的人都见过这种情形；但是如果他要让人们歉收，就不会有火光出现，神庙只有漆黑一片。"①

由此可见，狄俄尼索斯是古代色雷斯的大地女神塞墨勒的儿子，而塞墨勒是刻罗尼亚——被雷电击中的女神。从某种意义上说，她似乎是我们熟知的古老的天空和雷电神的新娘。② 可以说这个天神就是乌剌诺斯（Ouranos），但后来希腊人崇拜的宙斯的光芒使得乌剌诺斯黯然失色。如果原始神话的背后存在着这样一个古老的神祇（这是很有可能的），那么要找出宙斯和狄俄尼索斯之间的联系就是一件很容易的事。

说到这里，有一个有趣的现象值得我们注意：不仅宙斯和雷电有联系，而且古老的"众神之母"也和雷电有联系。品达的《皮提亚竞技会》的第三首颂歌提到希埃伦（Hieron）那难忍的病痛，诗人不仅希望他去找古老的医神喀戎，而且还说：

　　我要向众神之母祈祷，祈求她解除诅咒。
　　在我的门前，少女们整夜都在唱歌跳舞，
　　以此来崇拜她这个神圣的女神和潘神。

评注者说到了品达祈求众神之母治病的原委。有一天，品达正在山

---

① 亚里士多德：$\pi\varepsilon\rho\grave{\iota}\ \theta\alpha\upsilon\mu$, 122。
② 见 H. 乌塞奈尔：《刻罗诺斯》（Keraunoś），刊于 Rhein. Mus., 1905 年, p.1。

上给一个学生上课，可能就是在喀泰戎山，"突然传来一声巨响，一道火光从天而降，这时品达看到一尊神母的石像降临在他们的脚下。这一神谕显示他应该为神母建造一座神龛"。① 这个故事的意思再清楚不过了——雷暴、闪电和从天而降的陨石都是神母的标志，当然也就是刻罗尼亚的标志。评注者还说，神母"具有使人从疯狂中清醒过来的威力"。她既有能力把诅咒加在人们的头上，也有能力解除诅咒。在这一点上，她就像她的儿子狄俄尼索斯。许多事例都证实了陨石具有神奇的净化作用，实际上，任何一块奇怪的黑色石头都具有这种作用。② 在特洛曾，使俄瑞斯忒斯从疯狂中清醒过来的正是一块神石。③ 最奇特的是珀斐里提到的一件事：毕达哥拉斯来到克里特时，遇到了伊得山的一个达克堤利（Dactyl），这个达克堤利要他崇拜神母，然后用一块雷石为毕达哥拉斯举行了净化仪式。④

既然狄俄尼索斯是母亲遭到雷击之后诞生的，那么后来他成为宙斯——希腊的雷神——收养的孩子就是自然而然的事了。神学家们非常了解关于狄俄尼索斯两次出生的神话。作为狄俄尼索斯的母亲，塞墨勒在光彩照人的宙斯面前变得暗淡无光，渐渐被人们遗忘。在父权制这一新秩序面前，母权制黯然失色。从此以后，狄俄尼索斯最重要的名字便是"宙斯的儿子"。

狄俄尼索斯：宙斯之子

宙斯作为狄俄尼索斯的父亲的形象被精美地刻画在一个红绘基里克斯陶杯上。图129是这个陶杯的残片，这是在雅典卫城的考古发掘中发现

---

① 品达：《皮提亚竞技会》，III，77及有关评注。
② 我在一篇文章里收集并讨论了这些事例，见《希腊研究》1899年第19期，p.238。
③ 保萨尼阿斯，VIII，31.4；III，22.1。
④ 珀斐里：《毕达哥拉斯传》，XVII。

的，该文物现藏于雅典国家博物馆。① 宙斯的身边放着节杖，双手抱着婴儿酒神，骄傲地把他展示给其他奥林波斯神。塞墨勒被忽视了，也许几乎被遗忘了。在新的秩序里，狄俄尼索斯"一切都是为了父亲"。

在这里，我们必须回答几个至关重要的问题：宙斯为什么收养狄俄尼索斯？狄俄尼索斯是大地女神的孩子，但为什么这个大地之子被宙斯收养呢？为什么对他的崇拜以势不可挡的威力传遍各地，到头来甚至让对他养父的崇拜变得黯然失色呢？科瑞也是大地女神的女儿，同样，她和宙斯也有某种别扭的联系，但他从来没有把

图 129

她抱在怀里。虽然人们普遍崇拜她，但这种崇拜在传播时并没有那种咄咄逼人的气势。

宙斯抱着婴儿狄俄尼索斯，而狄俄尼索斯手里拿着一条长满葡萄果的葡萄藤——他的神奇力量的源泉。要不是他手中的这串葡萄，宙斯也不会费尽心机收养他。在常人的心目中，狄俄尼索斯总是葡萄之神，就像雅典娜是橄榄树女神一样。酒神的伴侣们就是用这些葡萄向狄耳刻呼吁的：

> 凭着他自己的欢乐，
> 凭着这些挂在葡萄藤上的果实，
> 我发誓。②

---

① 见《学院年鉴》，1891 年，图 1。这个陶杯的其他残片表明，这个画面所表现的是宙斯向奥林波斯众神展示狄俄尼索斯。
② 欧里庇得斯：《酒神的伴侣》，535。

他的王国之所以能在人间建立起来，靠的就是葡萄酒这一献给哀愁的人们的厚礼：

> 他是天神，
> 出身高贵，
> 但是他能分享大地女神的欢乐，
> 总是那样地热爱
> 赐福的和平女神，
> 那养育青年的女神。
> 人不论贵贱，
> 他都同样赐予他们
> 饮酒的快乐，
> 使他们解苦消愁。
> 他只憎恨那些
> 对欢乐毫无兴趣的人。①

这是我们经常在神话中见到的因果颠倒的现象：生于大地的狄俄尼索斯被说成了天神，以便他能够从天上降临人间。

狄俄尼索斯作为葡萄之神是人所共知的，因此无须对此加以强调。值得我们注意的更重要的一点是：对他的崇拜的源泉是葡萄。这多少让我们感到迷惑。

我们已经清楚地看到，狄俄尼索斯来自北方的色雷斯。葡萄酒并不是北方人的典型饮料。直到现在，葡萄酒依然是南方人的典型饮料。那么有没有这样的可能：在对某个神的崇拜从北方传入希腊的过程中，葡萄酒是其中原始的要素？

回答这个难题是一件有趣的事。狄俄尼索斯崇拜的主要特征是对酒

---

① 欧里庇得斯：《酒神的伴侣》，416。

类饮料的崇拜，但是葡萄酒并不是唯一的酒饮料，在北方，葡萄酒也不是最原始的酒饮料。我们完全可以找到证据证明：对葡萄酒神的崇拜被强加在——在某种意义上也可以说是来源于——一种崇拜之上，这种崇拜的本质是崇拜一种早期的北方的酒，但这是一种谷物酿成的酒，而不是葡萄酿成的酒。

在得出这个结论后，以下我们来考察人们在崇拜狄俄尼索斯这个神祇时对他的各种称呼。

布洛弥俄斯、布拉伊特斯、萨巴最俄斯

狄俄尼索斯是一个有着许多名字的神祇，他被称为巴克斯（Bacchos）、巴克俄斯（Baccheus）、伊阿科斯、巴萨柔斯（Bassareus）、布洛弥俄斯、欧伊俄斯（Euios）、萨巴最俄斯（Sabazios）、扎格柔斯（Zagreus）、提俄纽斯（Thyoneus）、勒那伊俄斯（Lenaios）、厄琉忒柔斯（Eleuthereus）——这些还远不是他全部的名字。这些名字当中相当一部分和勒那伊俄斯（"榨葡萄的神"）相似，只是作为描述性的名称，从来没有演变为具有地位的专有名词。一些名字（如伊阿科斯和巴克斯）虽然最终变成了专有名词，但它们最初只是一些叫喊声而已。直到阿里斯托芬的时代，伊阿科斯还是一首歌的名字。[①] 最初它很可能是仪式上的一种呐喊，在其本身意思被遗忘之后，人们还长期地保留着这种呐喊。由于这些呐喊具有模糊性并适合重复，因此特别能够激起人们的宗教情绪。我们在复活节上所唱的一首赞美诗的开头有一个重复三次的词语"阿勒鲁亚（Alleluia）、阿勒鲁亚、阿勒鲁亚"，但有谁会赋予其确切的含义呢？它表达的是一种无法用言语解释的敬意。可见，和现在的情形一样，那些激动人心的呐喊当时成了使用这些呐喊的崇拜者的神圣名称。古代的"厄维安（Evian）女人"相当于我们现在所说的"哈勒鲁亚

---

① 阿里斯托芬：《蛙》，331。

（Hallelujah）少女"，只不过前者含有更多的敬意。

狄俄尼索斯神的各种名称对断定他的本质当然具有重要作用，因为它们都表达了崇拜者某个阶段的情感，而这些阶段正是狄俄尼索斯这个神祇的演变过程。某些名字似乎是一些地方所特有的。萨巴最俄斯是色雷斯人和弗里吉亚人使用的，扎格柔斯是克里特人使用的，布洛弥俄斯多为底比斯人所用，而伊阿科斯则为雅典人所用。随着时间的流逝，其中一些名称的意思无疑已经发生了变化。希腊人在制造虚假的词源解释这方面是很在行的，一个极好的例子就是布洛弥俄斯，这个名称对我们的研究有着至关重要的意义。

在我们现代人看来，布洛弥俄斯是一个富有诗意，甚至有点儿神秘色彩的名称。它从未在荷马史诗里出现过，也没有在索福克勒斯的悲剧里出现过。品达和埃斯库罗斯使用过这个名称，欧里庇得斯则经常使用。从诗人们对这个名称的使用可以清楚地看出，他们把它和动词 $βρέμω$ 联系在一起，这个动词的意思是"发出混乱的响声"。在流传下来的品达的一首酒神颂歌的残篇里我们看到这样一句："我们赞美你，布洛弥俄斯——发出巨响的神祇。"① 这里所说的布洛弥俄斯可能是卡德摩斯家族的狄俄尼索斯。

有时人们把这种巨响和雷声（$βροντή$）联系起来。因此，我们在品达的《奥林波斯颂》第二首中看到：

> 在高高的奥林波斯山上，曾经住着
> 留有一头长发的塞墨勒。
> 美丽的塞墨勒
> 后来死于隆隆的雷声。②

---

① 品达：残篇，45。
② 品达：《奥林波斯颂》，II，27。

品达在写这首诗时肯定不会不想到"布洛弥俄斯"这个名称,虽然他没有明确地把它说出来。在《酒神的伴侣》中,我们似乎没有看到作者有意识地关注词源方面的知识。在剧中,"狄俄尼索斯"和"布洛弥俄斯"这两个名称被随意地放在一起。但自始至终,狄俄尼索斯从某种意义上说既是雷电催生的,而且他就是雷神,一个发出神秘声响的神,一个带来音乐的神。这是一种奇怪、混乱的音乐,一种具有狂欢色彩的音乐,我们知道这种音乐是他从北方带来的。

斯特拉博为我们保留了埃斯库罗斯那部失传的《厄多尼亚人》的两个残篇,内容与这种狂欢的音乐有关。斯特拉博说,埃斯库罗斯在《厄多尼亚人》中提到女神科堤斯(Kotys)以及在崇拜她时使用的一些器物,接着便这样介绍那些崇拜狄俄尼索斯的人:

> 一个用排箫吹出美妙的旋律,
> 那优美动听的颤音唤起了
> 灵魂的狂热。
> 另一个把手中的钹敲得震响。
> 双簧管发出震耳欲聋的响声,但中间还夹杂着
> 模仿出来的公牛低沉的叫声——一种无法理解的响声。
> 汇集在这深沉的旋律里的,
> 还有令人战栗的鼓声,像雷鸣一般从地下传来。①

关于"模仿出来的公牛低沉的叫声",我们有幸能够了解到更多细节。这个残篇尽管隐晦,却至少给我们留下一个印象:这是一种奇特的、令人激动的仪式。其中给我们印象最深的是那些神秘的音乐。

所有这些都证明了布洛弥俄斯是掌管各种响声的神。然而,非常可能的是——实际上几乎可以肯定——这个名称还有另一个起源,一个更

---

① 斯特拉博,X,p.470。

简单而且与诗歌无多大关系的起源。我们能够了解到这个名称含有更原始的意思,这要归功于尤利安皇帝(Emperor Julian,即恺撒)。

尤利安在北方打仗时看到过,无疑也曾经怀着复杂的心情喝过一种酒,这不是用葡萄而是用大麦酿成的酒。按照他那个时代的习惯做法,他写了一首机智的短诗,献给这个新的——应该说是非常古老的——狄俄尼索斯神。由于这首短诗包含意义深刻的双关语,因此要把它翻译出来几乎是不可能的,但因为它对我们的研究有着至关重要的作用,于是我根据诗的大意把它翻译了出来:

致大麦酒

你是谁,又来自何方,狄俄尼塞?听着,凭着真正的巴克斯,
我所熟悉的宙斯的儿子,告诉我——"你到底是谁?"
他像神一样发出甘露的芳香,而你却带有山羊和斯佩耳特小麦的气味。
由于没有葡萄,你的乡亲凯尔特人用麦子把你酿出。
你的名字叫得墨特里俄斯,而不是狄俄尼塞,
你是生于燕麦的布洛摩斯,而不是生于天上的火焰的布洛弥俄斯。

在诗中,这个皇帝用了三个双关语,分别是:$βρόμος$(燕麦)与 $βρόμος$(雷电)、$πυρογενή$(生于小麦的)与 $πυριγενή$(生于火的)、$τράγος$(山羊)与 $τράγος$(斯佩耳特小麦)。后文我们再对第三个双关语的含义进行更全面的讨论。在这里,我们只要了解这三个双关语实质上都含有相同的意思,即有一个不是来自天上而是来自大地的狄俄尼索斯就足够了。尤利安把一个简单但富有启发意义的神话事实当成优雅的笑话提了出来,那就是布洛弥俄斯这个神祇不是诞生于雷电而是诞生于用某种谷物($βρόμος$)酿成的酒。布洛弥俄斯原本是得墨特里俄斯

（Demetrios）——谷物女神得墨忒耳之子，但后来他变成了葡萄之神，而且被宙斯这个奥林波斯神认作儿子。

尤利安对各种谷物并没做严格的区分。他的短诗题为"致大麦酒"。在诗中，他说这个神带有斯佩耳特小麦的气味，他生于小麦，是用燕麦酿成的。对尤利安来说，这个古老而又新鲜的狄俄尼索斯具体是哪一种谷物做成的并不重要；对我们的讨论而言，这也不是最重要的。关键是，这种酒是用某种谷物而不是用葡萄酿成的。可见这个神被看作大地女神塞墨勒（就农业而言，她就是谷物女神得墨忒耳）的儿子。后文我们将会看到，人们在崇拜他的时候，还要为他献上扬谷用的扇子。此外，我们还会了解到，谷物酒之神变成了葡萄酒之神后，人们在祭祀时献上的器物就由扬谷用的扇子变成用来装葡萄的篮子。

以上说的是布洛弥俄斯的另一个更朴素的起源。当我们考察这个神的另一个名称时会看到，这一可能性是极大的。人们最近在德尔斐发现了一首派安赞歌（Paean），其中提到一个至今未被人们解释的名称"布拉伊特斯"（Braites）。这首赞歌是以一连串的仪式性称呼开头的：

啊，来吧，狄堤然玻斯，巴克斯，来吧，
欧伊俄斯，拿着酒神杖的神，布拉伊特斯，来吧，
布洛弥俄斯，来吧，带着你那
神圣春天的神圣时刻来吧。①

布拉伊特斯这一名称在别的地方从未出现过，但这首赞歌是一份重要的文献，因为它是作为一种祭祀文件被镌刻在德尔斐的一块石碑上的。有人认为布拉伊特斯的意思是"破坏者"或"敲击者"，但是作为春天之神的别名，这并不适合。根据布洛弥俄斯的意思，也许我们可以说这个

---

① H. 韦尔（Weil）的论文，《希腊研究通讯》第 19 期，p.401。

名称跟一个晚期的拉丁语词 braisum 有联系，该词的意思是"用作酿制啤酒的谷物"①。可见，和布洛弥俄斯一样，布拉伊特斯这一名称源于一种用谷物酿成的酒。

如果我们对萨巴最俄斯这一名称进行考察，所得的结果会更明确、更令人满意。萨巴最俄斯这一名称比狄俄尼索斯甚至比布洛弥俄斯具有更多的外来的成分。萨巴最俄斯从未获许进入奥林波斯山，即使是奥林波斯山的外围。在狄摩西尼时代，思想正统的人认为，对萨巴最俄斯的崇拜是一种外来的宗教，是不光彩的，甚至是令人憎恶的。狄摩西尼对埃斯基涅斯的粗暴攻击之一就是，他指责埃斯基涅斯的母亲教会了他如何举行秘密祭礼，这无疑就是祭祀萨巴最俄斯的仪式；他还指责埃斯基涅斯在举行了各种道德败坏的仪式之后，"领着那些信众满街奔跑，这些人头上缠着茴香和杨树枝，他手里拿着红蛇，让蛇在他的头顶舞动，一边喊着'欧俄伊·萨波伊'（Euoi Saboi）"。萨波伊是萨巴最俄斯的崇拜者，就像巴克斯也有自己的崇拜者（Bacchae）一样。当然，狄摩西尼的指责是极不公正的。萨巴最俄斯的祭祀仪式和正统的狄俄尼索斯的祭祀仪式并没有什么两样，只是名称不一样罢了，但前者没有得到彻底承认。最重要的是，这些仪式被认为是外来的。从泰奥弗拉斯托斯在其文章《迷信者》中的描述可以清楚地看到，一些受人尊敬的虔诚的人也悄悄地崇拜萨巴最俄斯。崇拜萨巴最俄斯的人没有感到道德上的压力，但他有点儿过于虔诚，"每当偶然看到一条红蛇，他就会向萨巴最俄斯祈祷"。

直至基督教时代，蛇依然是萨巴最俄斯崇拜中的重要因素。亚历山大的克雷芒和阿诺比乌斯（Arnobius）都提到，萨巴最俄斯秘密祭典的"标志"之一就是"在胸前滑行的神"②。当然，蛇跟狄俄尼索斯也有联系——也许他是从早期的神那里继承了这一标志——但是狄俄尼索

① 杜肯格（Ducange）的词典，braisum 条目。
② 亚历山大的克雷芒：《规劝书》，II；阿诺比乌斯：《反对异教徒》，V, p.170。

斯更具特色的标志是公牛。人们似乎一直认为萨巴最俄斯比狄俄尼索斯更原始、更野蛮。狄俄尼索斯以许多不同的形象出现，这让迪奥多罗斯感到困惑，他说："有些人随意编造，说还有一个狄俄尼索斯，年代比现在这个狄俄尼索斯要早得多，因为他们声称狄俄尼索斯是宙斯和珀耳塞福涅的儿子，这个狄俄尼索斯被一些人称为萨巴最俄斯。他们还举出证据，说人们是在夜间偷偷地庆祝他的生日、为他举行献祭仪式的，因为他们觉得这些仪式不够体面。"① 这些话可能指的是神与入会者之间的神秘婚姻。

前文已经讨论过蛇的象征意义。以蛇为标志的神很容易得到希腊人的青睐，因为在希腊，人们认为所有死去的英雄都会变成一条蛇。

悲剧家们在作品中没有提到萨巴最俄斯，但喜剧中的现实主义描写反映出当时人们普遍狂热地崇拜这个几乎是野蛮人的神。如果斯特拉博没有说错的话，狄摩西尼的性格并不属于雅典人的典型性格。"像在其他方面一样，"斯特拉博说，"雅典人对外来的风俗都是抱着欢迎的态度，对外来的神祇也是如此。他们从海外引进了许多神圣的风俗，但喜剧家们在作品中取笑他们的这种做法，特别是取笑他们引进弗里吉亚人和色雷斯人的仪式。柏拉图提到本狄德亚人的仪式，狄摩西尼提到弗里吉亚人的仪式。狄摩西尼还指责埃斯基涅斯和他的母亲一起举行这些仪式，还和信众一起在大街上奔跑，一边呼喊'欧俄伊·萨波伊'和'希耶斯·阿特斯'（Hyes Attes），这些呼喊和萨巴最俄斯及神母有关。"②

因此，我们在研究萨巴最俄斯时能够参考的文献就只有喜剧——阿里斯托芬的喜剧。阿里斯托芬在他的作品中提到了萨巴最俄斯的特性以及他与狄俄尼索斯之间的内在亲缘关系。在喜剧《鸟》中有一个无法翻译的双关语，阿里斯托芬以此告诉我们萨巴最俄斯是弗里吉亚人。③ 我们从他的另一部喜剧《吕西斯忒拉忒》（Lysistrata）中得知，他的崇拜仪式

---

① 迪奥多罗斯，IV, 4。
② 斯特拉博，X, 3 § 471。
③ 阿里斯托芬：《鸟》，875。

具有狂欢的性质，参加者多为妇女。剧中那个作为"代表"的男人惊叹：

> 这么说那些女人已经疯狂地闹起来了？
> 萨巴最俄斯就在旁边，她们当中有的敲起了小鼓，
> 有的在房顶上喧嚷，呼唤着阿多尼斯。①

但最具启发意义的是《马蜂》的开场，在这里，阿里斯托芬提到了萨巴最俄斯。两个奴隶——索西阿斯（Sosias）和珊提阿斯（Xanthias）——正在看守着他们的主人布得吕克勒翁（Bdelycleon）。他们知道他是一个危险的恶魔，因此绝不能打瞌睡。

> 珊：我知道，可是我确实想睡上一会儿，解解乏。
> 索：那你就冒冒险吧。甜蜜的瞌睡
> 　　也落到了我的眼皮上。
> 珊：什么？你是疯了还是在跳科律班忒斯舞？
> 索：不是，是萨巴最俄斯送来的瞌睡把我缠住了。
> 珊：你和我一样，此刻都得侍候萨巴最俄斯。
> 　　刚才的瞌睡
> 　　像波斯人那样向我的眼皮进攻。②

在这里，萨巴最俄斯与其说是狂欢的酒神，不如说是让人无法抵挡的瞌睡之神。为何如此？答案很简单，我们是从晚期的一名历史学家的记录中得到这个答案的。

据阿米阿努斯·马尔切利努斯（Ammianus Marcellinus）说，当瓦林斯皇帝（Emperor Valens）围困卡尔西登（Chalcedon）时，被围困在城里

---

① 阿里斯托芬：《吕西斯忒拉忒》，388。
② 阿里斯托芬：《马蜂》，5—12。

的人对他大加谩骂，说他是"萨巴亚里俄斯"（Sabaiarius）。马尔切利努斯解释说："萨巴亚（sabaia）是伊利里亚（Illyria）的穷人喝的一种酒，用大麦或小麦酿成。"[①]可见，萨巴亚里俄斯是"啤酒人"——喝啤酒或酿造啤酒的人。同为达尔马提亚人（Dalmatian）的圣哲罗姆（St Jerome）在评论以赛亚（Isaiah）时说："有一种饮料是用谷物和水酿造的，在达尔马提亚省和帕诺尼亚省（Pannonia），当地的方言把它称为'萨巴乌姆'（sabaium）。"在喝葡萄酒的人看来，啤酒是低等人喝的饮料。葡萄酒是一种更稀有、更精致的饮品，最初也比较昂贵。时至今日，在德国一些喝啤酒的地区，在正式的午宴上喝啤酒被认为是粗俗的做法。萨巴最俄斯这个廉价的谷物酒神给人带来的是瞌睡而不是灵感。

现在，我们除了懂得布洛弥俄斯和布拉伊特斯的来源，还懂得了萨巴最俄斯的来源。如果我们分别考察这几个名称的起源，那么得出的结论就难以令人信服，但如果把三个名称的来龙去脉放在一起探讨，所得出的结论就可靠得多。

接下来还要考察另一个名称。我们要讨论的是尤利安皇帝在他的短诗里提到的第三个双关语——τράγος（山羊）和τράγος（斯佩耳特小麦）：

> 他像神一样发出甘露的芳香，而你却带有山羊和斯佩耳特小麦的气味。

人们通常只把τραγος译成"山羊"，而忽略了其包含的"斯佩耳特小麦"的意思。当然，长期以来，人们常常提到，在这个笑话里，这个词指的是山羊。但实际上它首先指的是小麦而不是山羊，这一点从诗的下一句中可以清楚地看出：

[①] 阿米阿努斯·马尔切利努斯，26.8.2。O. 施拉德在他的《词典》（p.89）中指出，如果我们接受克雷奇默尔的观点，即萨巴最俄斯代表的是早期的萨瓦狄俄斯（Savadios），那么，"萨巴最俄斯"一词源于"萨巴亚"是有可能的。

> 由于没有葡萄，你的乡亲凯尔特人用麦子把你酿出。

因此，我在翻译时将两个意思都译了出来，而这个双关语的形式就无法译出来了。

奇怪的是，古代人在给一些种类的野果和谷物命名时，似乎喜欢把它们和山羊联系起来。[①] 其原因我们不清楚，但事实确实如此。拉丁语把野生无花果称为 caprificus，保萨尼阿斯也明白无误地指出，麦西尼亚人把野生无花果树称为 τράγος，即"山羊"。如果葡萄藤长得枝叶茂盛，但不结果，那就被称为 τραγᾶν。我推测，那种低级的斯佩耳特小麦之所以被称为 τράγος，很可能就是出于这种无法解释清楚的语言习惯。甚至有这样的可能：斯佩耳特小麦上的麦芒也可能是造成这种混乱的原因。我相信，悲剧不是"山羊歌"（goat-song），而是"庆丰歌"（harvest-song），庆祝斯佩耳特小麦（τράγος）的丰收，只不过 τράγος 被人解释成了"山羊"。当布洛弥俄斯-布拉伊特斯-萨巴最俄斯这个谷物神变成了葡萄神，τραγῳδία（麦收歌）和 τρυγῳδία（葡萄歌）就很容易出现融合和混淆，事实上这种融合和混淆是不可避免的。这样，"豆宴歌手"（τραγῳδοί）就变成了"葡萄歌手"（τρυγῳδοί）。

众所周知，探究"悲剧"一词的词源存在很大困难。[②] 前文我们在讨论萨梯时已经说过，在神话里，那些追随狄俄尼索斯的人不是被刻画成羊人，而是马人。据说，原始的山羊歌是由马人组成的歌队唱的。情况是这样的：一方面，我们看到的是一个不容置疑的事实，即在公元前

[①] 这一点最早是由格林（Grimm）观察到的，见荷恩（Hehn）：《人工培植的植物》（*Kulturpflanzen*），第 7 版，p.550。但荷恩对那个习惯的解释似乎并不能令人满意。我们在给一些低级的植物命名时习惯在名称的前面加上"狗"字，如"犬蔷薇"（Dog-Rose）、"犬堇菜"（Dog-Violet），道理似乎是一样的。

[②] 关于这场旷日持久的争论的文献资料，见 U. v. 维拉莫维茨（Wilamowitz），I，p.32；A. 柯尔特（Körte）的论文，《学院年鉴》1893 年第 8 期，p.61；洛施克（Loschke）的论文，*A. Mitt.* 1894 年第 15 期，p.518；K. 韦尔尼克（Wernicke）：《赫耳墨斯》，1897 年，p.290；贝特（Bethe）：《导论》，p.48。我本人的观点最早发表在《古典评论》1902 年 7 月号，p.331。

5 世纪至公元前 4 世纪的无数瓶画上，狄俄尼索斯的随从们是以马人的形象出现的，陪伴大地女神的是那些羊人；另一方面，我们被告知，悲剧据认为是山羊歌，但这一说法只是词源学上的一种推断。如果能够为"悲剧"一词找到另一种词源学上的解释，那么所有的分歧就会彻底消失。我认为，τράγον（斯佩耳特小麦）可以为我们提供这样一种解释，因为这个词还可以告诉我们，关于"山羊"的误解是从何而来的。

人们引用了埃斯库罗斯的一个残篇来证明悲剧里的歌队是由羊人组成的，但我认为这种做法是错误的，因而需要对此进行研究。在一部失传的悲剧里，一个萨梯看到凡人第一次得到了火，于是就跑过去亲吻她（火），仿佛那是一个漂亮的少女。普罗米修斯警告他：如果你这样做，"你就会变成一只哀悼自己的胡子的山羊"[①]。有人用这一情节来证明萨梯歌队（Satyric chorus）的成员是一副山羊装束。很显然，这种推理是没有必要的，这只是一个关于萨梯的行为道德的笑话。企图从一个随意的笑话中推导出歌队是由羊人组成的结论是徒劳的。

这样，我们已经探讨了布洛弥俄斯、布拉伊特斯、萨巴最俄斯和悲剧这四个词语。我们认为，这四个词语都源于一种谷物酒，这种解释既简单又能令人信服。还有一点需要我们加以证明：虽然随着时间的推移，bromos、braisum、sabaia 和 tragos 已经几乎被人们遗忘，但这些词语表明，这种谷物酒在古代相当流行，特别是受到北方各民族的喜爱。

欧洲的酿酒历史似乎可以简单地概括如下：如果我们从神话的角度追根溯源，就会发现原始人在苦恼的时候总能找到某种原始的醉酒方式。在进入农耕社会之前，他便懂得将蜂蜜自然地发酵成一种饮料，我们现代人把这种饮料称为蜂蜜酒，古希腊人则称之为 μέθυ 或 μέθη。他们常常

[①] 埃斯库罗斯：残篇，190。

在"葡萄酒"这一名称前加上"甜"这一字眼,这让我们感到奇怪,但如果我们懂得这是蜂蜜酒的特点之一,那么就会觉得很自然了。古代传说常常提到这种蜂蜜酒。据珀斐里说,有一次宙斯要把克洛诺斯灌醉,为的是让他神志不清。他给克洛诺斯喝的不是酒——因为当时并没有酒——而是蜂蜜饮料。夜神对宙斯说:

>那些蜂蜜酒会让他醉倒,你看到他
>俯卧在高高的橡树下时,
>就把他绑起来。①

柏拉图也说到,波洛斯(Poros)喝醉后在宙斯的花园里睡着了,但他喝的不是葡萄酒,而是琼浆玉液,因为当时还没有酒。② 所谓的琼浆玉液是众神喝的饮料,也就是用蜂蜜酿成的蜂蜜酒。人们知道这种饮料,他们献给原始的大地神灵的奠酒就是这种蜂蜜酒。在葡萄酒神狄俄尼索斯到来之前,众神和崇拜他们的凡人一样懂得醉酒的乐趣。普卢塔克说,在葡萄出现之前,蜂蜜酒被用作奠酒,"直到现在,那些不喝葡萄酒的野蛮人还在喝蜂蜜酒"③。蜂蜜酒只不过是比葡萄酒更原始的一种酒罢了。

在蜂蜜酒之后出现的是用谷物发酵酿造而成的饮料,即各种啤酒和原始的麦芽酒。色雷斯的狄俄尼索斯的各种名字——布洛弥俄斯、布拉伊特斯、萨巴最俄斯——就是由这些酒饮料得来的,但这些名字似乎从来没有在希腊真正地扎下根来。古典作家的作品提到这些名字,但是它们只是被当作野蛮人所用的、令人好奇的东西,如色雷斯人、亚美尼亚人和埃及人的饮料。但在原始时代,它们绝不可能和希腊本土的蜂蜜酒相提并论。在埃及,伊西斯不仅被称为"我们的面包女神",而且还被称

---

① 珀斐里:*de antr. nymph.*,7。
② 柏拉图:《会饮篇》,p.203。
③ 普卢塔克:《会饮篇》,IV,6。

为"我们的啤酒女神"。① 但是，布洛弥俄斯来到希腊后，他便忘了他原先来自燕麦。

最初的啤酒很可能是一种非常粗糙的饮料，就像色诺芬提到的在他那个时代亚美尼亚人依然在饮用的那种饮料：麦粒被碾碎后，便开始让其发酵，所做成的饮料倒进杯子后，上面还漂浮着麦粒。② 据说，中世纪的立陶宛人一夜之间就做成了啤酒，第二天早上就可以喝了。人们喝这种原始的啤酒时是用管子吸的，阿尔基洛科斯（Archilochus）在他的著作里就提到过这种喝法。③

这种饮料被称为 βρῦτον，意思就是某种酿造或发酵而成的东西。埃斯库罗斯在他的《吕库耳戈斯》中说到剧中某个人物（可能是色雷斯人吕库耳戈斯）所喝的正是这种 βρῦτον。④

阿提尼俄斯在他的著作的一个章节中引用了阿尔基洛科斯的残篇。在这个章节里，他还引述了许多权威的文献，以说明这种粗糙的谷物饮料是如何制作的。根据赫兰尼科斯（Hellanicus）在他的《起源》（*Origins*）中的说法，这种饮料也可以用植物的根酿制而成。他说："有些人所喝的酒是用植物的根酿成的，这和色雷斯人用大麦酿成的酒是一样的。"赫卡泰俄斯（Hecataeus）在他的《欧洲游记》中说，派俄尼亚人（Paeonians）所喝的酒是用大麦、小米和苣荬菜混合酿造而成的。

这种用麦子酿成的酒还有一个名称，叫"齐托斯"（zythos）。迪奥多罗斯在其著作中描绘了一幅凄凉的画面：高卢人处境艰难，因为"冬天极其寒冷，气候条件相当恶劣，土地既不能奉献出葡萄酒，也不能奉献出油。由于缺乏这些产品，高卢人便用大麦酿造出一种他们称为齐托斯的饮料。他们也用水来清洗蜜蜂巢，然后利用沉淀下来的蜂蜜。他们

---

① 布鲁格施（Brugsch）：《古埃及的宗教与神话》（*Religion und Mythologie d. alten Egypter*），p.647。
② 色诺芬：《远征记》，IV, 5.26。
③ 阿尔基洛科斯的残篇，见阿提尼俄斯，X, 67 § 447。
④ 诺克（Nauck）：埃斯库罗斯的残篇，124。剧中提到有人喝了一种叫 βρῦτον 的饮料，但仅此而已，其他的意思很隐晦，诺克对此也没有做出说明。

只从外地进口葡萄酒,但他们嗜酒如命,总是毫无节制地喝酒,然后不是醉成昏睡过去,就是醉得像疯了似的"①。在这里,我们看到,在这一真实的历史记载中,高卢人就是马人的原型——经受不住酒香的诱惑的未开化的人。在世界各地,在不同的时代,我们都可以听到这种到外地买酒的凄凉故事。

原始时代的啤酒种类不胜枚举,在此我们没有必要对它们一一进行讨论。我们只要懂得这些啤酒都具有以下的共同点就足够了:它们都是用谷物发酵而成的含酒精的饮料,都是随着人类进入农业社会而产生的;它们取代了原先的蜂蜜酒,最后又被葡萄酒所取代。从神话的角度来说,在狄俄尼索斯出现之后,人们对布洛弥俄斯、布拉伊特斯、萨巴最俄斯的崇拜便相形见绌了。萨巴最俄斯到头来始终是一个没有被本土化的外来神,最终几乎完全为人们所遗忘。②布洛弥俄斯则变得面目全非,这个古老的名字被赋予新的意思、新的词源解释。

值得注意的重要一点是,假如只有萨巴最俄斯,假如布洛弥俄斯永远也不改变自己,两者也许始终是色雷斯默默无闻的神。色雷斯人从来没有征服过希腊,因此在历史上也就不可能出现色雷斯人把自己崇拜的神强加给希腊人的情况。色雷斯的神之所以在希腊占有支配地位,无疑是因为葡萄传入希腊并迅速传遍希腊境内。广为流传的传说往往包含某种真理:狄俄尼索斯征服所有崇拜者的心,凭借的是酒这种最具代表性的礼物,这酒不是用大麦而是用葡萄汁酿成的。人们把一种新的、从外地引进的植物当作一个地方性神祇的标志——不管这是一个什么样的神祇。橄榄树成为雅典娜女神的标志,但在橄榄树传入之前,雅典娜就已经存在了。借助于橄榄树,雅典娜的声誉得到了大大提高。然而,尽管

---

① 迪奥多罗斯,V,26。
② 在今天的北方地区,啤酒神依然占据至高无上的地位。有趣的是,传说英国的圣布里吉达(St Brigida)重演了迦拿的奇迹:她把水变成了芳香四溢的啤酒——这个传说带有典型的北方色彩。见荷恩:《人工培植的植物》,p.149。根据埃及人的《死者之书》(*Book of the Dead*)第110章的记载,死者的灵魂想得到的东西是饼和麦芽酒。

橄榄树有着无比的荣耀，尽管索福克勒斯对它赞扬有加，但是它也无法和全能的葡萄相比。在南欧所有的国家，橄榄油取代了黄油这种原始的油脂。[1] 在这些气候炎热的国家，黄油很难保鲜——今天所有在意大利和希腊旅游的人都为此付出了代价。但橄榄油取代黄油是一种悄无声息、不为人们注意的过程，这与葡萄传入时轰轰烈烈的情形大异其趣。

至此，我们终于有资格说狄俄尼索斯崇拜的实质是什么了。不管事实是多么矛盾，我们都必须公平地面对。这种实质就是陶醉，但按照原始人典型的思维习惯，这一实质几乎是立即转变为比纯粹的醉酒更深刻、层次更高的东西。这种陶醉被认为是受到神的感应。当原始人第一次尝到某种酒的时候，心中充满了无比的喜悦，他觉得自己体内涌动着一种新的、奇特的活力。这是怎么回事呢？对他来说，答案很简单：他受到了神的感应，他觉得神实实在在地附在了他的身上，他的体内有一种神圣的东西，一种他自己无法控制的东西；他疯狂了，但这是一种神圣的迷狂。对他来说，一切强烈的悲痛或欢乐都是神带来的。在《希波吕托斯》中，当歌队看到疯狂、陶醉的淮德拉时，她们不禁问道：

啊，孩子呵！你可不是被神迷住了吧？
把你迷住的是潘神呢，还是赫卡忒呢？你梦游着，
这是庄严的科律班忒斯在作怪，
还是那大山女神呢？

这段话不是出于诗人的想象，它表达的是一种真正的信仰。

后文在讨论俄耳甫斯教时，我们将清楚地看到这种酒神崇拜会使信徒产生多么美妙的想象、出现多么崇高的精神幻觉。眼下我们还要探讨狄俄尼索斯崇拜当中的其他一些原始的因素，这些因素对理解狄俄尼索

---

[1] 荷恩：《人工培植的植物》，第7版，p.154。

斯崇拜有着至关重要的作用。

树神狄俄尼索斯

狄俄尼索斯崇拜的实质是对酒的崇拜，这是他和别的神祇的区别所在，是狄俄尼索斯崇拜影响如此广泛的秘密所在。但是，如果我们以为这是狄俄尼索斯崇拜的全部，那将是一个严重的误解。在这个神祇形成的过程中，起作用的不仅有酒这一因素，而且还有其他一些原始的因素，而这些原始的因素也是其他民族的神祇在形成过程中所共有的。

即使是在比较神话学几乎不存在的古代，善于思考的古人还是把狄俄尼索斯和别的神祇放在一起比较。普卢塔克对一些宗教问题作过大量的思考——虽然这种思考有点儿模糊——因此他清楚地意识到了这种可比性。他对奥西里斯和狄俄尼索斯进行过比较，这种比较是非常富于启发性的。通过比较，普卢塔克发现，和许多别的民族所崇拜的神一样，狄俄尼索斯在某种意义上体现了大自然与四季同来去、与大地果实共消长的生命。在一个充满真知灼见的章节里，他提醒人们注意他所观察到的各种崇拜的可比性："弗里吉亚人认为神到了冬天是要冬眠的，到了夏天就会苏醒过来。于是，他们在冬天要举行庆祝酒神冬眠的仪式，而在夏天则要庆祝他的苏醒。帕弗拉戈尼亚人声称，神到了冬天会被绑起来投进监狱，到了春天就会骚动起来，并挣脱身上的绳索。"[①] 这个段落以及后文我们将要引述的段落似乎是后来整个比较神话学的先兆。

像其他许多神祇一样，狄俄尼索斯体现了大自然中生命的冲动，这一点不仅哲学家认识到了，而且还被人们的崇拜仪式所证实。众所周知的狄俄尼索斯崇拜的两个阶段——作为树神的狄俄尼索斯和作为公牛神的狄俄尼索斯——清楚地证明了这一点。

[①] 普卢塔克：《伊西斯与奥西里斯》，LXIX。这个章节的前一部分是关于类似的得墨忒耳崇拜的，我们在前文已经讨论过。

葡萄藤是一种树，但狄俄尼索斯是顿德里特斯（Dendrites）——树神，而且是更广泛意义上的植物神：他是无花果树之神，即绪喀特斯（Sykites）；他是喀索斯（Kissos），即常春藤之神；他是安提俄斯（Anthios），即一切有花植物之神；他是菲塔尔弥俄斯，即成长之神。在这一点上，他和波塞冬、阿提刻的年轻的男性神以及伯罗奔尼撒的赫耳墨斯在某些方面几乎没有什么差异。很可能狄俄尼索斯与其他神祇的共同点要广泛得多，因此受到了希腊南部居民的欢迎，这使得他和赫耳墨斯的融合成为一件很容易的事。这种融合清楚地体现在以下事实中：在美术作品中，赫耳墨斯和狄俄尼索斯都被刻画成头像方碑（herm），在实际的崇拜仪式上，他们也是以这种形象出现的；他们作为丰产之神的标志都是男性生殖器。我们很难说出年轻的狄俄尼索斯（即更成熟的利克尼特斯）和赫耳墨斯的区别。

图 130 展示的是希埃伦的一个精美花瓶[①]，也许这是我们所见到的最精致的古代陶瓷艺术品。从这幅瓶画我们可以清楚地

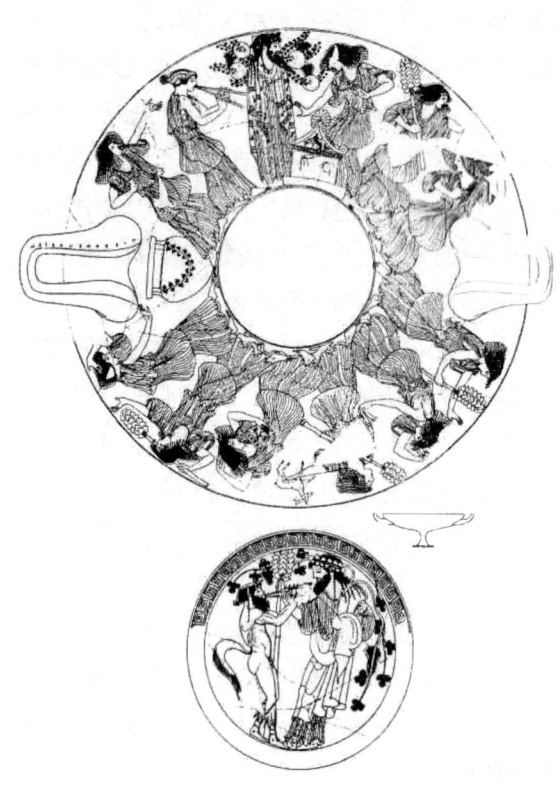

图 130

---

① 柏林博物馆藏品，编号 2290。

看到狄俄尼索斯和赫耳墨斯的融合。在图案的正中，狄俄尼索斯完全以葡萄酒神的形象出现。他左手拿着巨大的葡萄藤，右手拿着他那根特有的酒神杖，他的崇拜者——一个马人萨梯正在吹奏双管箫。但花瓶外部的图案表现的是一个崇拜的情景，而不是神话故事。在这里，狄俄尼索斯是树神，因而职能更广泛一些。可爱的迈那得斯们正围着一个神跳舞，而这个神是一根粗糙的柱子或一块木板，上面套着一件华丽的仪式性的衣服。这是一根原始的头像方碑，上面装饰着一些巨大的葡萄枝，还有一些常春藤枝叶、蜜蜂巢和一条用干无花果串成的项链——如今的希腊农民在赶路时也拿着这么一串干无花果。这个神祇掌管着一切成长着的东西、每一棵树和植物以及那些天然的产品，只是到了后来他才演变成单纯的葡萄之神。常春藤、松树和蜜蜂巢也被包括在他掌管的范围内。蜂蜜酒被取代了，但蜂蜜对他来说依然是神圣的。只有橄榄树不在他的掌管范围内，因为这是雅典娜的圣树。对他而言，常春藤特别神圣。为了获得他的感应，崇拜他的迈那得斯咀嚼常春藤叶[①]，就像德尔斐神示所的女祭司咀嚼月桂树叶一样。普林尼说："直至今天，色雷斯各民族在举行仪式时还用常春藤来装饰酒神的节杖（酒神杖）、头盔和盾牌。"[②] 因此，当狄俄尼索斯来到底比斯时，他还记得常春藤在仪式上的作用：

> 我向底比斯呼喊，要唤醒
> 我那缠着常春藤的长矛，
> 让她用双手抱着我的节杖，
> 在她的肩膀上披着我的野山羊皮。[③]

---

① 普卢塔克：《罗马人的问题》，CXII。
② 普林尼：《博物志》，XVI, 62。
③ 欧里庇得斯：《酒神的伴侣》，55。

图 131 是卢浮宫收藏的一个巨爵上的图案。图中的木雕神像非常原始，但完全是葡萄之神的形象。这个神以一根柱子的形象出现，画家把他刻画成了一根头像方碑，这使我们想起狄俄尼索斯也被称为珀里喀俄尼俄斯（Perikionios），即"柱子上的神"。图 131 和图 130 有着明显的不同。图 131 中那两个粗俗的萨梯在崇拜他们的神时只有一种方式，他们只会伏在巨大的酒杯旁。而图 130 中的迈那得斯是在崇拜生命之神，在仪式上她们如痴如醉，不时弯下腰触摸大地——生命之母；画面上的酒坛只是一种象征，迈那得斯们在它的周围狂欢着。

远在葡萄传入之前，色雷斯本土就已经存在着对树神的崇拜。我们有证据证明，这种树神崇拜一直延续至罗马时代。最近在埃斯基·朱米（Eski Djoumi）的一座清真寺发现的、现存于沙罗尼基（Saloniki）的一块石碑①就是一个有趣的证据。这是狄俄尼索斯的女祭司坟墓上的一块石碑，碑文中已经找不到她的名字，但"女祭司"（ιερεία）一词后面跟着酒神特有的两个别名：θύσα 和 ευεία。她是一个名叫"持常春橡树枝的

图 131

---

① 佩尔德里泽的论文，《希腊研究通讯》，1900 年，p. 322。

人"（πρινοφόροι）的组织的女祭司，而且她把自己在葡萄园里的一些财产托付给了她所属的组织。但是，如果这个组织的成员不能够满足她的条件，包括在祭祀时她要献上玫瑰花环，那么这些财产便被转给另一个叫"持橡树枝的人"（Δροιοφόροι）的组织，当然这个组织也要满足同样的条件。

哲学家觉得树神过于简单。他要把狄俄尼索斯抽象化，不仅要去除他的拟人形象，而且要除掉他的动物和植物形象。尽管如此，哲学家还是利用树神作为达到他的"潮湿原理"（principle of moisture）的垫脚石。普卢塔克说，希腊人不仅把狄俄尼索斯看作酒王、酒的发明者，而且把他看成"潮湿原理"的发明者。他还说，品达在其作品中所说的足以证明这一点：

> 他掌管着天下所有的树木，
> 并且一棵棵地滋养着它们。
> 欢乐之神狄俄尼索斯是一颗洁白无瑕的星星，
> 给采摘果实的人们带来光明。[①]

普卢塔克对品达的这个段落情有独钟。在《会饮篇》中，他再次引用了这个段落。普卢塔克有一个农民朋友，他指责普卢塔克阻碍了他崇拜缪斯女神们，他原本希望自己至少可以崇拜她们当中的塔利亚（Thalia）。普卢塔克说，这种指责是不公正的，因为农民可以崇拜树神顿德里特斯，还可以崇拜阿涅西多拉——给人们奉献礼物的女神，接着他便引述了品达的这段话。[②] 当然，品达的说法并不能证明"潮湿原理"。诗人和原始时代的人们都不使用这种哲学术语。但是，世界各地的原始

---

① 普卢塔克：《伊西斯与奥西里斯》，XXXV。
② 普卢塔克：《会饮篇》，IX，14.4。

人过去和现在都知道有某种东西或某个人能够使树木和植物生长、使动物和人繁衍后代,他们为它(或他)的到来而欢呼,为它(或他)的离去而悲伤。后来,虽然他们依然不明白这是一种什么样的东西,但他们还是把它称为"潮湿原理",而诗人则称之为"爱"或"生命"。

远在普卢塔克之前,神学家们对"潮湿原理"就已经津津乐道了。在欧里庇得斯的《酒神的伴侣》中,狄俄尼索斯崇拜是一种新的宗教,这种新"酒"必须倒进一些古老的"瓶子"里。忒瑞西阿斯企图用一种软弱的理性主义来冲淡这种宗教,这是一种典型的正统做法,全世界胆怯温和的祭司都会这样做。他说,狄俄尼索斯根本不是新的神祇,而是非常古老的神,像得墨忒耳一样古老、可敬;得墨忒耳是"干燥原理",狄俄尼索斯是"潮湿原理",没有什么比这种解释更保险、更令人满意。他是这样教导诚实的彭透斯的:

> 人间有两位
> 最主要的神,
> 一位是女神得墨忒耳,即大地女神——
> 随便你叫她哪个名字,她用固体粮食
> 养育凡人;继她而来的
> 是塞墨勒的儿子,他酿造液体葡萄酒送给人类,
> 弥补营养的不足。①

这种理性主义并不代表诗人欧里庇得斯的观点,而是代表祭司忒瑞西阿斯的观点。这一点很明显,因为紧接下来,欧里庇得斯彻底摆脱了那种有关"干燥(固体)"与"潮湿(液体)"的说教,转而谈论狄俄尼索斯神带来的睡眠的魔力和他倒出的血液。

---

① 欧里庇得斯:《酒神的伴侣》,274。直至迪奥多罗斯的时代,忒瑞西阿斯的这种说法在希腊还非常流行。参见迪奥多罗斯,IV,3。

普卢塔克用品达的说法作为证明"潮湿原理"的证据。无疑，树木和植物包含的液体对狄俄尼索斯来说是神圣的，这也许是这种抽象理论产生的原因。但是，不管普卢塔克是否了解到这一点，这种抽象观念与其说跟树神顿德里特斯有联系，不如说跟作为公牛神的狄俄尼索斯有联系，而这个神也许比树神更原始。

作为公牛神的狄俄尼索斯

要理解作为树神的狄俄尼索斯并不难，他只不过是众所周知的葡萄神的前身。作为公牛神的狄俄尼索斯就不那么容易为我们所接受了，因为我们已经没有了公牛神赖以产生的那种思维习惯。希腊人也没有了那种思维习惯。他们迅速、彻底地进入神学的拟人论阶段，以至于我们无法怀疑，在伯里克利统治下的雅典，认为狄俄尼索斯的化身是公牛这样的教条被当作绊脚石，而且必须尽可能地把这种信仰清除出人们的视野。

一个神究竟化身为何种动物，当然取决于崇拜者所处的环境。如果崇拜者生活在狮子出没的地区，那么他崇拜的神很可能就会以狮子的形象出现，然后，狮子将会成为侍候这个神的随从。我们在前文已经看到，狮子是小亚细亚的大山神母的侍从，守护在她的左右，牵引她的战车，守卫她的宝座。[①] 同样，作为塞墨勒（大地神母的一种称呼）的儿子，狄俄尼索斯也有一架由狮子牵引的战车。有时候，还有一头狮子侍候着他，虽然和他的母亲相比，他的这种情况要少一些。

图 132 中的瓶画摹自大英博物馆收藏的一个花瓶[②]的图案。狄俄尼索斯一手拿着大酒杯，一手拿着巨大的伸展着的葡萄藤，他正站在两只巨大的眼睛之间。一头小狮子像狗一样仰望着他，把他尊为自己的主人。在花瓶的反面图案上，扛着大锤子的赫淮斯托斯也拿着葡萄藤——象征

---

① 《古代雅典的神话与遗迹》，pp. 44—50。
② 藏品编号 B 264。

图 132

酒神的威力。在这个画面上，狮子已经失去了它的现实意义，因为狮子在希腊已经不再是最让人恐惧的动物。因此，一个文明的农耕民族所崇拜的神必须重新化身为其他动物的形象，如蛇、小山羊，最重要的是化身为公牛。对于伯里克利时代的雅典人来说，公牛神也许太野蛮了，但是欧里庇得斯一定觉得公牛神在马其顿受到了热烈的崇拜。对于像阿卡狄亚人这样的放牧山羊的民族来说，山羊代表着生命和繁殖，而对于养牛的民族来说，公牛则是一种更具威力的载体。在《酒神的伴侣》中，我们见到狄俄尼索斯以蛇的形象、狮子的形象出现，但他最先出现时的形象也是最重要的形象是公牛。欧里庇得斯是这样说到狄俄尼索斯的神秘诞生的：

人们发现一个长着牛角的神，

他的头上缠着一些蛇。①

在俄耳甫斯教最高的秘密祭典（后文还将论及）上，崇拜者在成为"巴克斯"之前，必须生吃公牛的肉。也许就是通过这种圣餐，神的公牛形象便演变成一种神秘的教条。当彭透斯把"巴克斯"关进监狱时，他在食槽里见到的不是那个漂亮的陌生人，而是一头愤怒的公牛。这种幻觉无疑是起源于古代的信仰和宗教仪式。还是在《酒神的伴侣》中，当狄俄尼索斯把彭透斯带到喀泰戎山——他的丧生之地时，疯狂的彭透斯看到的是一幅奇怪的景象：

    啊，我的眼前
    一片明亮，好像看见了两个太阳、
    两个底比斯和我们的有七个城门的城墙；
    我看见你像一头牛
    在前面引导我，你头上长了犄角。
    你到底是人还是野兽？可此刻你确实
    变成了一头公牛啊！②

最后，到了最危急的时刻，酒神的伴侣们呼唤她们的神去复仇。这时她们已经处于疯狂状态，酒神那古老的化身在她们的脑海里浮现：

    啊，现身吧，现身吧，不管你以什么形象、用什么名号；
    啊，变成一头公牛、一条多头的蛇吧，
    或者变成一头浑身冒火的狮子！
    啊，神，神秘的野兽，来吧！③

---

① 欧里庇得斯：《酒神的伴侣》，99。
② 欧里庇得斯：《酒神的伴侣》，918。
③ 欧里庇得斯：《酒神的伴侣》，1017。

所有这一切疯狂的想象不仅基于一种确实存在的信仰，而且这种信仰被实实在在的仪式表达了出来。在讨论布洛弥俄斯这个名字时，我们已经看到，色雷斯人在祭祀狄俄尼索斯时"模仿出公牛低沉的叫声"，他们是在向公牛神吼叫。利科弗龙的《亚历山德拉》（*Alexandra*）的评注者说："女人在崇拜狄俄尼索斯·拉菲斯提俄斯时，头上戴着牛角。她们这是在模仿他的形象，因为在人们的想象中，他是一个长着牛头的神。在绘画上他也是以这样的形象出现。"[①] 我们可以从普卢塔克的著作中找到更多的有关细节："在许多希腊人的想象中，狄俄尼索斯的形象是一头公牛。厄利斯的妇女在向狄俄尼索斯神祈祷时，请求他迈开牛脚，来到她们的身边。而阿耳戈斯人的狄俄尼索斯的别名是'公牛出身'。他们用号角把他从水里召唤出来，同时把羊羔投入深水中，献给守门神。然后他们把号角藏在他们的酒神杖里，就像苏格拉底在论述荷西俄伊时所说的那样。"[②] 可见，人们召唤的是一个公牛神，而他是从水里出现的。

后文我们将会看到俄耳甫斯教赋予了公牛、狮子、蛇等各种形象的神何种奇特的神学含义，眼下我们必须注意的是，这些形象跟希腊南部的居民赋予他们本土的神的形象有很近的亲缘关系。到公元前5世纪，宙斯、雅典娜甚至波塞冬都已经具有了纯粹的人的形象。但是，一直到阿提尼俄斯的时代，库兹科斯（Cyzicus）的波塞冬的崇拜者还被称为公牛[③]，一些低等的神祇依然保持着他们的公牛形象。让我们来看看得伊阿尼拉（Deianeira）和阿刻洛斯的哀婉的故事吧：

> 我的情人是一条河，我说的是
> 伟大的阿刻洛斯，他曾经变成三种形象
> 一再地来追求我：有时是一头看得见的公牛，
> 有时是一条卷曲的光滑的蛇，

---

① 利科弗龙：《亚历山德拉》，1237 及有关评注。
② 普卢塔克：《伊西斯与奥西里斯》，XXXV。
③ 阿提尼俄斯，p.425 C。

> 有时像一个魔怪,
> 人身牛头,蓬乱的胡子
> 漂浮在潺潺流动的清澈河水上。①

在那个古老而神圣的年代,求爱的人可以变成无数种形象向自己所爱的人求爱,而少女也会以同样的方式来逃避向她求爱的人。还是索福克勒斯为我们讲述了关于彭透斯的婚姻的故事:

> 他的婚姻无法形容,
> 他和那个少女进行过无数次较量。②

图 133 中的红绘瓶画③看起来几乎就像《特拉喀尼亚》(*Trachiniae*)的一幅插图。我们看到了得伊阿尼拉提到的那个魔怪,但他的形象是人头牛身,从他的嘴里流出一条河流,那就是阿刻洛斯河。赫拉克勒斯正要打断

图 133

---

① 索福克勒斯:《特拉喀尼亚》,9。
② 索福克勒斯:残篇,548。
③ 见《考古》1883 年第 16 期,图 11。这个花瓶现藏于卢浮宫。

他头上的牛角——他力量的源泉,得伊阿尼拉无动于衷地站在一边。瓶画家用一种奇特的方式来强调自己要表达的意思:除了牛角之外,他在河流之上还画了一个丰饶角,以此来表明这是一条能够带来成长和财富的河流。这幅瓶画的年代比索福克勒斯的《特拉喀尼亚》要早得多。

我还没见到过有哪幅瓶画把狄俄尼索斯刻画成一头公牛的,但从图 134(摹自维尔茨堡博物馆收藏的一个花瓶①)可以看到他骑在一头公牛上,这表明了他跟公牛的密切联系。他手中的双耳大酒杯泼出的是酒——他献给人们的礼物。这幅画有着特别的意义,因为这个花瓶的反面图案刻画的是手持三叉戟的波塞冬骑在一头白公牛上。从这两幅画可以看出,这个瓶画家似乎有意把这两个掌管潮湿和成长的神祇放在一起比较。

既然希腊人有以公牛形象出现的波塞冬和河神,那么他们接纳以公牛形象出现的狄俄尼索斯就不是一件困难的事,更何况他是掌管树液、繁殖、生命和酒的神祇。像在日常生活中一样,在神学里,水和酒会发生融合,而希腊南部的居民在其中加入了水这一因素。

可见,以树神和公牛神形象出现的狄俄尼索斯不仅是掌管陶醉的神灵,而且是原始的自然之神(nature god),但其中融入了酒的因素。得墨忒耳和科瑞是自然女神,她们有规律地从地下

图 134

---

① 格哈德:《瓶画精选》(*Auserlesene Vasenbilder*),图 47。

冒出，又从地上回到地下，但她们自始至终都是那么安详和规矩。狄俄尼索斯可以说是与科瑞相当的神，但他所包含的酒和狂欢的因素使他与众不同。

狄俄尼索斯的这种双重性体现在他的一个别名上，这个仪式性别名就是"狄堤然玻斯"（Dithyrambos）。我们只有清楚地记住他的这种双重性，才能理解这一别名的意思。

酒神与酒神颂歌

我们必须把狄堤然玻斯——狄俄尼索斯的别名——和酒神颂歌（Dithyramb）放在一起考察。事实上，"伊阿科斯"这一名称似乎就是源于酒神颂歌。

希腊人常常认为狄堤然玻斯这个名称表明了狄俄尼索斯神诞生的方式。他们不管这个词中元音 i 的长短，认为该词是从 $\Delta \acute{\iota}$ 和 $\theta\acute{\upsilon}\rho\alpha$（二重门）派生出来的，因此它的意思是"两次诞生的神"：一次诞生于母亲的子宫，另一次诞生于父亲的大腿。在他们看来，这就是关于他的诞生的最重要的秘密。《酒神的伴侣》中的那首关于他的诞生的合唱歌清楚地提到了这一点：

啊，阿刻洛斯的女儿，美丽的少女，
可敬的狄耳刻，
你曾接待宙斯的婴儿
在你的泉水中沐浴。
当他的父亲宙斯
把他从不灭的火焰中抢救出来，
放进自己的大腿的时候，他大声说道：
"进去吧，走进生命的第二道门吧。
看吧，为了你，我切开了

> 我的大腿。你要两次走进孕育之门。
> 啊,布洛弥俄斯,
> 我要把你缝进我的大腿里。"①

狄堤然玻斯是"奇迹般地诞生的",是用神秘的方式孕育出来的利克尼特斯。错误的词源解释使我们相信传说的正确性。

既然狄堤然玻斯是神秘地诞生的婴儿,那么酒神颂歌就理所当然地被认为是"诞生之歌"。柏拉图在他的《法律篇》中也是这么说的,尽管他的语气并不十分肯定。在谈到音乐的种类时,他说:"还有一种歌曲,被称为狄俄尼索斯诞生之歌,我想那就是酒神颂歌。"②

我们已经看到,作为掌管生命和繁殖的神祇,狄俄尼索斯的形象是一头公牛,因此,我们看到品达把酒神颂歌说成是"赶"牛之歌时就不必感到奇怪了:

> 美惠女神们在那里出现了,她们
> 对着她们的首领狄俄尼索斯歌唱,
> 唱的是酒神颂歌——赶牛之歌。③

在这里,美惠女神介乎仪式和诗歌之间:一方面,她们是抽象的、优雅的节奏,一方面又是崇拜仪式上的美惠女神。上文已经说到厄利斯的妇女们在颂歌中召唤她们的公牛神,这是现存的最早的酒神颂歌。巧的是,普卢塔克在他的《希腊人的问题》中对此有较详细的描述。他问:"为什么厄利斯妇女在她们的颂歌里祈求狄俄尼索斯迈开牛脚来到她们的身边?"接着,普卢塔克引述了那首简短的仪式性颂歌的全文:

---

① 欧里庇得斯:《酒神的伴侣》,519。
② 柏拉图:《法律篇》,III,700。
③ 品达:《奥林波斯颂》,XIII,18。

> 英雄,狄俄尼索斯,来吧,
> 到厄利斯你的神庙来。
> 我们,还有热爱你的美惠女神,
> 恭敬地恳请你迈开你的牛脚,
> 快速地到我们的身边来!
> 高贵的公牛啊,高贵的公牛。①

我们看到,在这些妇女的召唤中,"英雄"放在"狄俄尼索斯"的前面,这不禁让我们猜测一种崇拜取代了另一种崇拜:早在狄俄尼索斯到来之前,厄利斯的妇女崇拜一个以公牛形象出现的神;后来,狄俄尼索斯取代了这一公牛神,成为她们的崇拜对象。但是,更可能的一种情况是,"英雄"在这首颂歌中纯粹是一个修饰性的词语。前面已经说过,这个词最初的意思是"强的""强有力的人"。

颂歌中提到了美惠女神,这一点很重要。她们是促进增长的女神,因此当生命之神出现时,她们往往陪伴在他的左右。在这里,她们就像是狄俄尼索斯的保姆、安详的酒神狂女。狄俄尼索斯诞生、出场时,她们都在旁边侍候。

在上文提到的那首派安赞歌里,人们在春天庆祝狄俄尼索斯的诞生。歌中列举他的别名时,首先提到的是狄堤然玻斯,然后才说到巴克斯、欧伊俄斯、布拉伊特斯和布洛弥俄斯:

> 啊,来吧,狄堤然玻斯,巴克斯,来吧,
> 欧伊俄斯,拿着酒神杖的神,布拉伊特斯,来吧,
> 布洛弥俄斯,来吧,带着你那
> 神圣春天的神圣时刻来吧。

---

① 普卢塔克:《希腊人的问题》,XXXVI。这些厄利斯妇女也是赫拉的女祭司。正如萨姆·怀德博士在其论文《地神与天神》(刊于《宗教研究》1907年第10期,p.263)中已经证实的那样,她们崇拜的两个神是公牛神和母牛神,我认为他的结论是正确的。

> 啊，巴克斯，欢迎你，啊，派安，欢迎你。
> 在神圣的底比斯，你那美丽的母亲
> 提俄涅为宙斯生下了你。
> 天上所有的星星都高兴得翩翩起舞。
> 啊，巴克斯，凡人们也为你的诞生而欢呼。

这个新生的神就是狄堤然玻斯。在春天，大地复苏的时候，他就诞生了。

派安原本是阿波罗的别名，在此却被给予了狄俄尼索斯。在神庙完工的大喜节日里，一切都是那样和谐、和平，于是，神学在此为了达到教化的目的，企图把两种东西调和起来，但这是不可能的。在神话中，没有什么比这一点更明确的了：派安赞歌和酒神颂歌从一开始就是截然不同的东西。然而，正是通过对两者的对比，我们才不仅能够最好地理解酒神颂歌的实质，而且能够懂得整个狄俄尼索斯崇拜的意义。

作为德尔斐的一名祭司，普卢塔克对阿波罗和狄俄尼索斯、派安赞歌和酒神颂歌进行过对比，这种对比给我们带来了极大的启发。上文我们已经谈到普卢塔克对奥西里斯和狄俄尼索斯的比较。值得注意的是，在讨论伊西斯和奥西里斯时，普卢塔克说："提坦神和'完满之夜'的情形跟奥西里斯的仪式中'撕成碎片''复活'是一致的。"他还说："埋葬的仪式也是一样。埃及人在许多地方都有奥西里斯的坟墓。而德尔斐人也说，狄俄尼索斯的遗体被埋葬在他们的神示所的附近；当提伊阿得斯唤醒利克尼特斯时，荷西俄伊在阿波罗的神庙举行一种秘密的祭祀仪式。"[①] 一句话，在德尔斐，人们举行的仪式和奥西里斯的仪式非常相似，也涉及狄俄尼索斯被撕成碎片、死亡、被埋葬，最后复活转世为一个孩子。[②]

---

① 普卢塔克：《伊西斯与奥西里斯》，XXXV。
② 关于尚存的表现狄俄尼索斯受难的戏剧，见 R. M. 道金斯（Dawkins）的论文《现代色雷斯的狂欢节与狄俄尼索斯崇拜》，刊于《希腊研究》，1906 年，p.191。

在另一部著作里，普卢塔克说，这些仪式跟一个被称为狄堤然玻斯的神祇有关，还说酒神颂歌的特点是内容跟上述变化、复活有关，因此它和阿波罗的派安赞歌有着明显的区别。由于普卢塔克的这段论述有助于我们了解狄俄尼索斯的真正本质，它反映了有文化的希腊人对狄俄尼索斯崇拜的态度，因此有必要详细地加以引述。普卢塔克在讨论德尔斐的狄俄尼索斯崇拜时谈到了狄俄尼索斯和阿波罗的区别。他对德尔斐的狄俄尼索斯崇拜无疑是了如指掌的。他说，和阿波罗一样，狄俄尼索斯与德尔斐有着密切的联系——这一说法让现在的人们感到震惊。接着，他用他那个时代的哲学家常用的方法对这两个神祇进行了对比：阿波罗代表简约、统一和纯洁，狄俄尼索斯代表多重的变化和变形。这种教义只有专家知道，普通人是不知道的。后文我们将会看到，这些专家很可能包括俄耳甫斯教的神学家。他接着描述了这种只有少数人知道的教义在大众参与的仪式中是如何体现出来的。当然，他颠倒了事物发展的自然顺序。他认为，那种只为少数人知道的教义催生了一种宗教仪式，他们用通俗的语言来描述这种宗教仪式，为的是让普通人接受它。然而，事实上，当然是先有仪式，然后神学家才赋予它神秘的意义。用这种观点来考察普卢塔克的论述，会发现其中包含着许多有趣的东西："狄俄尼索斯经历了多重变化——风、水、土地、星星、新生的植物和动物。他们用两个神秘的术语来概括这些变化，即'撕裂'和'肢解'。他们把这个神祇称为狄俄尼索斯、扎格柔斯、尼克特利俄斯（Nyktelios）和伊索代特斯（Isodaites），还为这个神祇编造了关于他的毁灭与消失、复活与新生的神话，让这些神话与上述变形一一对应。他们为他（狄俄尼索斯）歌唱酒神颂歌，内容与他的受难和变形有关。这种颂歌具有飘忽的特点，正如埃斯库罗斯所说：'用变化不定的酒神颂歌歌唱狄俄尼索斯是很适合的，而歌颂阿波罗的应该是讲究秩序的派安与祥和的缪斯。'雕塑家往往把阿波罗刻画成一个永远年轻的神，而把狄俄尼索斯刻画成各种形象。总之，他们赋予阿波罗统一、有秩序、简约的特点，而赋予狄俄尼索斯的特点是由混合带来的某种杂乱，这种混合的成分包括玩乐、过度、热切、疯狂。因此，他们是这样召唤他的：'欧伊俄斯，狄俄尼索斯，你那仪式上的火焰能让女人们疯狂。'"

普卢塔克接着谈到了德尔斐人是如何把每一年的时间划分成两部分，分别用来祭祀阿波罗和狄俄尼索斯的。作为外来的征服者，阿波罗分得的那段时间更长、更有利："由于这些变化的周期是不规则的，被他们称为'饱足'的时段要长一些，而被他们称为'渴望'的时段要短一些，因此在这件事上，他们按照某种合理的比例行事。在每年剩余的时间里，他们在祭祀仪式上使用的是派安赞歌，但在冬天到来的时候，他们启用酒神歌颂，而停止使用派安赞歌。在此后的三个月时间里，他们召唤的神是狄俄尼索斯，而不是阿波罗，因为他们认为，就持续的时间而言，世界处于有序状态的时间与处于大火状态的时间这两者的比例是三比一。"①

普卢塔克使用了一些专业术语，如"大火"（conflagration），这表明他把一些哲学思考（特别是赫拉克利特的哲学思想）引入了他的宗教讨论。在这一点上，我们无须跟随他的思路。他的论述当中值得我们注意的是：酒神颂歌是在冬季的祭祀仪式上演唱的歌曲，具体时间很可能是那些与冬至日有关的节日；这种仪式性的颂歌具有狂欢的特点，歌唱的是代表各种自然力量的神祇，内容与他的受难、死亡、复活有关，因此它与安详、简朴的派安赞歌形成了鲜明的对比。一句话，酒神赞歌以及与之相关的狄堤然玻斯包含着两种因素：一种是古老的生命和繁殖之神，另一种是新的酒神。这正是我们在狄俄尼索斯崇拜中看到的两种因素。

接下来要考察的就是狄堤然玻斯这个词的词源。

人们在解释狄堤然玻斯一词的来源时，常以为该词含有"二重门之神"的意思，这种解释当然是行不通的。语文学家们一致认为，从词源学的角度看，狄堤然玻斯（Dithyrambos）和它的同源词 thriambos 有着

---

① 普卢塔克：*de Ei ap. Delphi*, IX。

不可割裂的关系，后者是拉丁语词 triumphus（胜利）的词根。苏伊达斯对 thriambos 的意思作过各种各样的猜测，其中的一个也许道出了它的真正意思。他说："他们把诗人们的疯狂称为 thriasis。"那么，thriambos 难道不是诗人在疯狂的灵感支配下创作出来的诗歌？这个词中的第一个音节包含一个长元音 i，这也许指的是词根 $\Delta\iota$，我们在讨论宙斯节时已经论及。当时的词源学根本无视音节的长度，误认为 $\Delta\iota$ 源于 $\Delta\iota\acute{o}\varsigma$，从而导致了混乱。此外，某个自以为是的神学家为了达到说教的目的想到了所谓的二重门。我们从神话中无法知道古代德尔斐那些被称为特里亚（Thriae）的女祭司的职能是什么。难道她们不是那些唱着疯狂的颂歌（thriambos）的疯狂少女吗？

我们从斐洛科罗斯的著作中得知，特里亚是帕耳那索斯山上的仙女、阿波罗的保姆。[①] 除此之外，我们从未听说过阿波罗有过保姆，他纯粹是父亲的儿子。说她们是狄俄尼索斯的保姆难道不是更有可能吗？

那首献给赫耳墨斯的荷马颂歌提到神秘的特里亚，这既奇怪又富于启发性。诗人让赫耳墨斯说出他最初的预言才能不是宙斯给予的，而是那三个作为祭司的少女给予的：

> 这些姐妹出生后被叫作特里亚，这些少女一共有三个，
> 她们都长着迅捷的翅膀，给人带来快乐。
> 她们单独居住在帕耳那索斯山脚下。
> 我还是个看护牛群的牧童时，她们就教给了我预言的能力。
> 我父亲无暇顾及我，也没有注意到我有了预言的能力。
> 她们拍打着翅膀飞来飞去，
> 为一切事物做出了预言。
> 如果她们吃了蜂蜜——这是众神的琼浆，
> 神圣的疯狂会让她们禁不住说出万物的道理；

[①] 斐洛科罗斯：残篇，125。

> 但如果她们吃不上蜂蜜,
> 她们就会乱作一团,从而无法做出预言。

特里亚是一些像迈那得斯一样的保姆,她们和提伊阿得斯一样在被神附体后进入迷狂状态,同时口出呓语,但她们的迷狂不是由酒神巴克斯引起的,甚至不是由啤酒神布洛弥俄斯、萨巴最俄斯、布拉伊特斯引起的,它源于一种更原始的、能够令人陶醉的饮料——蜂蜜酒。总之,她们是"墨利萨"(Melissae)①,是喝蜂蜜酒的女祭司,是蜂蜜酒使她们进入迷狂状态的;她们是蜜蜂,花粉把她们的头部染成了白色;她们嗡嗡叫着,杂乱地聚在一起。前文已经说到古人在祭祀仪式上献上的是蜂蜜祭品,而且以弗所的阿耳忒弥斯的那些女祭司是蜜蜂,得墨忒耳的女祭司们也是蜜蜂,德尔斐神示所的女祭司也是一只蜜蜂。贝西人的神谕是由一名女祭司传达的。希罗多德对贝西人的神谕和德尔斐的神谕进行过比较,那么,贝西人的女祭司难道没有可能是蜜蜂?在历史上,德尔斐的女祭司咀嚼月桂树叶,但如果她是蜜蜂,那么她一定会从蜂巢中获得她的灵感。

既然蜜蜂这种神奇的动物具有这些神圣的联系,那么,当我们看到它在美术作品中被刻画成半神半人时就不会感到吃惊了。在图135中,我们看到了这样一种蜜蜂女神:她有一双高高的卷曲的翅膀,腰部以下是蜜蜂的身体。②这幅图是在卡米洛斯(Camiros)发现的一枚黄金徽章上的图案。

欧里庇得斯在他的作品中提到,阿佛洛狄

图 135

---

① 关于蜜蜂女神和蜜蜂女祭司,见诺斯塔特(Neustadt)博士的专著 De love Cretico,III,De Melissa dea。
② 有关详情,参见 A. B. 库克先生刊登在《希腊研究》1895年第15期(p.1)上的文章《希腊神话中的蜜蜂》。

忒对一切生物都具有可怕的威力，因为她是大神母一切神圣传统的继承者。此时，欧里庇得斯的脑海里浮现出那神圣的蜜蜂的形象，我们已经无法知道他赋予她什么神秘的联系。在《希波吕托斯》中，他让由少女组成的歌队唱道：

> 啊，底比斯的神圣的城墙，啊，狄耳刻的水泉呵！
> 你们且来说塞普里斯是怎样扑向前来的吧。
> 那因了两头着火的霹雳，
> 生下那重生的酒神的塞墨勒，
> 也是她给凶恶的运命做了媒，
> 后来使她上床长眠的。
> 那可怕的女神吹动着一切，飞来飞去的
> 就像那蜜蜂。①

可见，如果我们的推测没有错的话，thriambos 是蜜蜂女祭司唱的歌，这种歌曲从一开始就像酒神颂歌一样是女祭司在神的感应下充满激情地演唱的。从词源学和传统用法而言，"狄堤然玻斯"是狄俄尼索斯的别名，这个别名源于他的二重性：一方面他是每年都获得新生的自然神，是动植物之神，也是人类生命之神；另一方面他又是与迷狂有关的酒神。下面，我们还要回答以下问题：希腊人从北方引入了这样一个神祇，这对他们到底有何意义？他们在多大程度上接受并调整了这种奇怪而又复杂的新宗教中的那两个因素？

首先，对希腊人来说，以动植物形象（如公牛、树木）出现的自然神狄俄尼索斯有何意义？

早在狄俄尼索斯到来之前，希腊人就已经有了自己的自然神，他们

---

① 欧里庇得斯：《希波吕托斯》，555。

有谷物女神得墨忒耳，有掌管植物成长的神波塞冬·菲塔尔弥俄斯，有促进一切增长的美惠女神。然而，我们必须清楚，所有这些自然神以及其他许多自然神已经完全地被人格化了。他们代表的是人类的各种关系，而不是自然界的各种关系，也就是说已经切断了与自然界的动植物的联系。得墨忒耳代表的是母亲，而不是小麦。赫耳墨斯是一个生气勃勃的年轻人，尽管人们曾经把他作为方碑上的头像、男性生殖器崇拜的根源，但他所执行的掌管畜群繁殖和植物生长的职能已经被遗忘了。和她的母亲大地女神一样，雅典娜的标志曾经是蛇，但是，随着她的荣耀的增长，她渐渐演变成一个没有母亲的女神、一个诞生于宙斯的头脑的女神，并成为雅典城邦的化身。这些高贵的奥林波斯神已经彻底地抛弃了原先的动物形象。狄俄尼索斯在其演变过程的早期便来到了希腊，当时他的形象还是公牛和树木的混合体。希腊人对处于这个阶段的神是可以忍受的，甚至是欢迎的，尽管他们的神已经超越了这个阶段。

要了解其中的奥妙并不难。当人类崇拜牛或树的时候，他还没有清楚地意识到自己是一个人。在他的思维里，自己还是植物和动物的同类。随着人类的不断进步，他在得到的同时也失去了，因此有时他不得不回顾自己走过的路。公元前6世纪的希腊人对他们那些人格化的奥林波斯神也许是有点儿厌倦了，对他们在神话中被夸大感到厌烦，不管他们是被歪曲还是被戴上了光环。当时希腊人的座右铭是"了解你自己"，然而，没有哪个人能够满足自己这方面的求知欲望。随着作为树神、植物神、人类生命之神的狄俄尼索斯而来的是一场"回归自然"的运动。人们希望挣脱束缚、限制，摆脱具体的东西，渴望富于情感的生活而不是过于理性化，似乎要重新发现一种野性的激情。没有什么东西能够比欧里庇得斯的《酒神的伴侣》[①]更清楚地反映这种回归自然的意识了。酒神的伴侣们离开了自己的家，离开了自己的织机，抛弃自己的工作，抛弃整饬有序的生活。她们来到山上，和那些野生的东西待在一起。作为回

---

① 见吉尔伯特·默里：《欧里庇得斯》, p. lxvii.

归自然的标志,她们披头散发,身上穿的是用兽皮做成的衣服,还把蛇缠在身上,用常春藤做成花冠戴在头上。她们把自己的婴儿丢在家里,却在山上哺育狼和鹿的幼崽:

> (她们当中)有一个抱着小鹿,有一个抱着
> 野狼的幼崽,给它们喂奶。
> 她们都是刚生小孩的母亲,
> 把自己的孩子丢在了家里。①

也许欧里庇得斯是在表达自己的渴望,渴望摆脱人类生活的纷乱和压力,但是,他是通过由酒神狂女组成的歌队唱出这首优美的歌的:

> 我何时才能
> 赤着雪白的脚
> 彻夜歌舞、狂欢作乐,
> 在湿润的空气中向后仰仰头?
> 那时我将像一只
> 在草原上的绿色美景中嬉戏的梅花鹿——
> 它逃开了可怕的追捕,
> 躲过了守望的人,跳过了精密的绳网。
> 猎人虽然还在大声鼓励猎狗追赶,
> 它却拼着力气,迅捷地跳跃,
> 跑到河边的平原上,
> 在那没有人迹的幽静地方、树荫下的丛林间,
> 庆幸自己的生还。②

---

① 欧里庇得斯:《酒神的伴侣》,699。
② 欧里庇得斯:《酒神的伴侣》,862。

远离人类、跑到山上去进行崇拜活动的不仅仅是这些酒神的狂女。在那里，和她们一起崇拜的还有一些奇特的信众：

> 她们在约定的时刻同时祈祷，
> 同时舞动手中的杖棒，
> 齐声呼唤"伊阿科斯，布洛弥俄斯，
> 宙斯的儿子"。整座山都感觉到了，
> 都来和她们一起崇拜；山中的野兽都跪了下来，
> 又跃起，都欢欣鼓舞，大自然
> 也随着她们的奔跑而活跃起来。①

这种回归自然的观念②是狄俄尼索斯崇拜中的一种简单的因素，但又是那样动人。在某种意义上，它又是那样的现代，以至于我们可以轻松地予以理解。但是，要从历史的层面理解狄俄尼索斯崇拜中的第二种因素——由酒引起的迷狂——就要困难得多。

在讨论狄俄尼索斯崇拜时，要压制我们心里产生的本能的反感不是一件容易的事。如今，我们认为醉酒并不是接受神的感应的方式，而是放纵，因而是一种堕落；醉酒使人想到的是犯罪、贫民窟、遗传病、一切使人堕落的弊病，不是堕落成为野兽，而是连野兽都不如。

要想了解希腊人对狄俄尼索斯的想法，我们必须记住一个不容置疑的事实：希腊人并不是一个酗酒的民族。对南欧各民族来说，酗酒是很少见的，希腊人也不例外。当希腊人和北方各民族（比如色雷斯人）交

---

① 欧里庇得斯：《酒神的伴侣》，723。
② 尼采（Nietzsche）对有关阿波罗和狄俄尼索斯的宗教与艺术做了一个优美而又极其深刻的对比。他认为，阿波罗小心翼翼地保持着高贵的自我，因此代表着一种意象、一种梦，并称之为神。阿波罗崇拜代表的是幻象，他的格言是节制、了解自己、不过度。狄俄尼索斯打破了一切束缚，他的格言是无拘无束、放纵、迷狂。见尼采：《悲剧的诞生》，p.37。

往的时候,他们对这些民族过度饮酒的习惯感到吃惊和厌恶。

我们有足够的证据可以证明这一点,其中多数来自阿提尼俄斯在他的著作《精通烹饪的人》(*Deipnosophistae*)中有关酒和酒杯的讨论。虽然作者非常赞成饮酒,但他是反对醉酒的:"古代人是不会喝醉的。"他的解释很富有希腊特色:古人讨厌由醉酒引起的放纵行为。① 同样的意思也清楚地体现在谚语"酒无船舵"中。柏拉图在《法律篇》第六卷中说,饮酒者喝醉是不合适的,除非是在纪念酒神的节日上。② 在宗教的严格制约下,偶尔的放纵和习惯性的无度酗酒有着巨大的差别。在《法律篇》的第一卷,当谈到北方和东方各个民族(如凯尔特人、伊比利亚人、色雷斯人、吕底亚人和波斯人)时,柏拉图说:"那些民族都有酗酒的习惯。"③

希腊人和色雷斯人在饮酒习惯上的区别在于希腊人在喝酒时遵循两个风俗:他们喝酒时用的是小杯,而且随意往酒中加水。在阿提尼俄斯的著作中,有一位客人说,探究古代人是否用大杯喝酒是很有意思的。"因为,"他接着说,"麦西尼亚人迪卡俄科斯——亚里士多德的门徒——在一篇研究诗人阿尔凯俄斯(Alcaeus)的文章里说,他们喝酒时用的是小杯,而且他们的酒加了许多水。"接下来,他引述了赫拉克利亚的卡迈列翁(Chamaeleon of Heracleia)的观点。卡迈列翁在其论文《论酗酒》中说,使用大杯喝酒是最近才流行起来的,而且这种做法是从野蛮人那里引进的。这种做法确实是从外面传入的,但却从来没有被希腊人接受,因为他接着说:"他们缺乏文化,因而不顾一切地酗酒,所有精美的东西对他们来说都是多余的。"④ 很显然,像在其他方面一样,希腊人在酒和食物方面大体上遵守了自己的格言,即"不过度"。在希腊人看来,醉酒不仅有损于品位,而且有损于道德。

---

① 阿提尼俄斯,XI,31,p.427。
② 柏拉图:《法律篇》,p.775。
③ 柏拉图:《法律篇》,p.637。
④ 阿提尼俄斯,XI,4,p.461。

使用大杯喝酒是北方野蛮人特有的习惯[1],这种酒杯最初是用巨大的牛角做成的。在北方,长着大牛角的大种牛很常见。这些牛角大杯上还镶嵌有金银,后来这种大酒杯实际上都是用贵金属做成的,人们称之为角状杯(rhyta)。卡迈列翁接着说:"在希腊的各个地区,无论是在艺术品还是诗歌中,我们都无法找到关于用大杯喝酒的描述,但是英雄是例外。"即使是俄耳甫斯教徒,在祭祀死去的英雄时都获准"一醉方休",这一点后文还将论及。但是,活着的英雄在喝酒时只用大杯,而且所喝的是没有加水的酒,这是出于对北方人的尊敬。色诺芬在《远征记》第七卷中详细地描述了色雷斯人索特斯(Seuthes)举行的饮宴。当这位希腊将军和他的士兵来到索特斯的住处时,他们首先拥抱,然后按照色雷斯人的风俗,有人给他们呈上了牛角杯。同样,马其顿人腓力也是对着牛角杯里的酒向他的朋友们起誓的。马人喝酒用的是白银做成的角状杯。奉承者和煽动家醉酒是为了达到自己不可告人的目的。普卢塔克是这样描述大煽动家亚西比德的:"在雅典,他嘲笑别人,还养了许多马匹;在斯巴达,他把胡子刮得精光,身上穿着一件短袍,泡在冷水里洗澡;在色雷斯,他打仗、喝酒。"战争和酒——阿瑞斯和狄俄尼索斯——自古以来就被北方人选为自己崇拜的神祇。迪奥多罗斯在谈到饮酒仪式时说了一段非常具有希腊特色的话:"据说,如果人们在宴会上喝的是没有加水的酒,那么他们召唤的就是好心的精灵,但在饭后他们要喝加水的酒时,就会呼唤救星宙斯的名字,因为他们认为,喝了不加水的酒会使人疯狂,但如果在酒中加入了宙斯的雨水,这种酒就能给人带来快乐,喝酒引起的疯狂和放纵就可以避免。"[2] "好心的精灵"——也许我们可以称之为"富有的精灵"——正是色雷斯和皮奥夏古老的酒神的实质。酒和宙斯的雨水混合恰好符合希腊人温和、节制的性格特点。

---

[1] 阿提尼俄斯,XI,51,p.476。
[2] 迪奥多罗斯,IV,3。

对于希腊南部的居民来说,过度饮酒是罕见的事。即使是在喝酒过度时,他们也要加以掩饰,因为他们是一个富有艺术才能的民族。只有希腊人才能构思出像图136这样美妙的画面。这是波士顿美术馆收藏的一个酒坛①上的图案。画面的中央是一个漂亮的少女,她是狄俄尼索斯的崇拜者。她的左手拿着一根长长的酒神杖,右手拿着狄俄尼索斯的双耳酒杯,但酒杯是空的。她似乎在请求站在她跟前的萨梯给她再倒上酒——他手里拿着一个酒坛。但他没有给她倒酒,因为她已经喝得太多了。在她那漂亮的头的上方,刻着她的名字"克拉伊帕勒"(Kraipale)——除了希腊人,有谁敢标出这个名字?在她的身后,一个没有喝酒的朋友在向她走来,她手里拿着一杯热气腾腾的饮料,显然这是解酒用的。

图 136

也许是因为极端的酗酒、酗酒后出现的堕落和丑恶行为在希腊人当中是很罕见的现象,因此,他们只有通过艺术作品,用一种温和的方式把这种现象表达出来。酒能够把人从自我意识中解脱出来,使人四肢乏力,从而让放纵的人呈现出一种优美的姿势和手势。法国画家德加(Degas)敢于把他在这种堕落的悲剧中看到的美表现出来——那是一个被苦艾酒醉倒的女人的形象。我们当中多数人都做过这种喜欢偷窥的道学家,看到这一情景都会说这个女人道德败坏,然而这种说法远非正确。对希腊艺术家来说,根本不存在这种极端的在艺术与道德之间做出抉择的问题。对他来说——不管他是诗人还是瓶画家——酒后沉睡如果说不是一种常见的行为,至少也是一种美的体验——这正是许多绘画作品所

---

① 《波士顿美术馆年度报告》,1901年,p.60。

刻画的，也是许多诗歌所歌颂的。在他看来，如果没有酒带来体面和荣耀，那么节庆活动就乏善可陈了。对他来说，和平、酒和睡眠都是体贴人的可爱玩伴：

> 眼睛闭上了，心也平静下来，
> 进入了温柔自由的梦乡；
> 城市街道上，到处可见
> 爱侣们的盛宴，到处可闻
> 爱侣们的恋歌。①

还有一点需要我们注意。希腊人不仅在酒中加入水，以减轻酒神的疯狂，而且他们还把狄俄尼索斯看作精神和肉体上的酒神，不仅代表肉体上的醉，而且代表精神上的陶醉。我们不会忘记，早期的戏剧就是和狄俄尼索斯崇拜有联系的；他的保姆不仅是酒神的狂女，而且是缪斯女神，她们的歌唱的美和魅力源于他，也只能源于他：

> 致敬，塞墨勒的儿子，要是没有你，
> 任何歌声都不会甜美、优雅。

色雷斯人酒后纯粹的疯狂和雅典人的灵感形成了鲜明的对比，从图137和图138中两个人物的形态可以清

图 137

---

① 巴克基利得斯（Bacchylides）：《派安赞歌》。

楚地看到这一点。这两幅瓶画基本上属于同一个时代，第一幅属于希埃伦的风格，第二幅属于布吕戈斯（Brygos）的风格。图137摹自大英博物馆收藏的一个红绘酒罐①。我们在画面上看到的是色雷斯人所崇拜的喝醉了的狄俄尼索斯，这是一个粗暴的野蛮人，尽管显得那样仪表堂堂。他一边忘乎所以地跳着舞，一边疯狂地挥动着那只被他扯成两段的小鹿。第二幅瓶画②（图138）是一幅难得的装饰图案。在这里，我们看到的是希腊人心中的狄俄尼索斯。奇怪的是，为了能画出精美的图案，画家用一种扭曲的方式来刻画那些疯狂的萨梯：他们疯狂地敲着手中的响板，挥舞着巨大的葡萄藤。但是，这场狂欢中的神笔直地站着。他手里拿的不是酒杯，而是巨大的里拉琴。如痴如醉的他把头向后仰着：他醉了，但使他醉的不是酒，而是音乐。

图 138

同样，那些崇拜酒神的迈那得斯也经历了同样的转变。

图139是雅典国家博物馆收藏的一个精致的红绘酒杯③上的图案。这个画面就像一篇短小的、有着双重含义的文章，因为它反映了狄俄尼索斯崇拜的双重性。酒杯的正面刻画的是一个迈那得斯，她就要举行那种古老的仪式——把一个孩子撕裂。可以想象，过一会儿，她就会抬起头来唱道：

---

① 编号 E439，图版 XV。酒罐的反面图案刻画的是一个吹箫的萨梯，他在为自己正在跳舞的主人伴奏。
② 法国国家图书馆，编号 576。
③ 编号 3442。另见《希腊研究通讯》1895 年第 19 期，p.94。

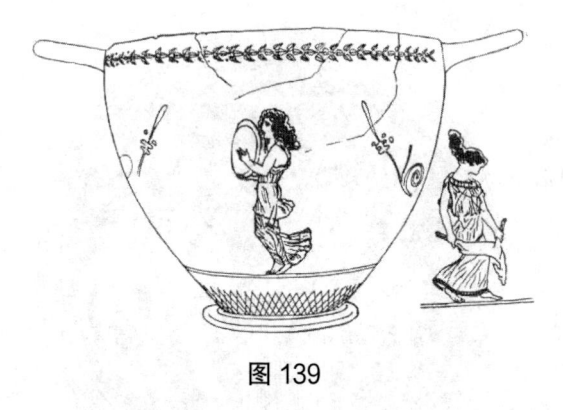

快乐的是他，他在山上高兴极了，

落在奔跑的舞队后面，晕倒在地。

他曾身披神圣鹿皮，跑到弗里吉亚或吕底亚的山上，

追赶野羊，让它流出血来，

图 139

那生肉多好吃啊！

在前面引路的是布洛弥俄斯。①

酒杯的背面图案刻画的是另一个迈那得斯。她一边跳舞，一边敲着大铃鼓，但她的痴迷要显得温和得多。也许她在跳舞的同时还唱着歌：

啊，布洛弥俄斯，请你引我到
奥林波斯山那神圣的山坡，
那是庇厄里亚的缪斯们
最优美的住处。那里有快乐之神，有欲望之神，
在那里，信徒们可以自由地向你膜拜。②

对一些人来说，他们固有的性格使他们觉得对塞墨勒的儿子布洛弥俄斯的崇拜是一种已经消亡的宗教——如果说不是绊脚石的话。对这种人来说，食物是一种令人厌烦的必需品，而酒则是一种危险或令人厌恶的东西。他们惧怕一切来自人体之外的刺激物，他们想方设法切断

---

① 欧里庇得斯：《酒神的伴侣》，135。
② 欧里庇得斯：《酒神的伴侣》，409。

和动植物的联系。他们无法想象出别人赋予生命和营养何种神秘的含义。他们不知道对别人来说，一个人在斋戒之后精神和肉体都会变得虚弱，他无法思维，无法工作，无法爱别人；他们不知道，人在吃了面包之后——更不用说在喝了酒之后——不管是精神还是肉体都会重新焕发出活力，思想会获得重生、会恢复平静，品格也会重新变得高尚。但是，我们大多数人随时都可以为这种生命的圣餐作证，虽然那是无意识的。我们不会和我们厌恶的人同桌吃饭，我们认为那会让我们在身体和灵魂上感到恶心，因此是一种亵渎。第一次一起吃饭饮酒标志着友谊的开端，默默无声的分别之宴的含义是语言难以表达的。人们往往为新婚夫妇、刚去世的人抛撒由面包和酒组成的圣餐。

对某些人来说，要理解狄俄尼索斯崇拜的实质是很困难的：酒不能给他们带来灵感，带来顿悟，带来更广更深的见解，带来更多的仁爱和理解，而在狄俄尼索斯的崇拜者看来，这些都是那样的自然、质朴、美丽。但是，还有另外一种人，他们有着圣贤般的灵魂，深深懂得酒能够给人带来兴奋，懂得陶醉于鲜花或落日、陶醉于怡人的言辞之中、陶醉于新观念带来的刺激之中、陶醉于别人性格的魔力之中是一种什么样的快乐。然而，正因为他们懂得，他们才带着坚定的目光拒绝这些东西。他们不仅不允许布洛弥俄斯①的疯狂，也不允许缪斯女神和阿佛洛狄忒的疯狂。这种人像苦修者一样有着内心的狂喜，但和他们狂欢的是另一个神，这个神就是俄耳甫斯。

---

① 我要借此机会更正我以前提出的关于布洛弥俄斯一词的词源解释。这个词的意思不是燕麦神，而是混乱的轰鸣之神。至于"悲剧"的来源，我还是坚持认为它源于"山羊歌"。至于"狄堤然玻斯"的词源，我引用的是库克先生在《宙斯》（p.681，注4）中的观点。关于"长春藤-狄俄尼索斯"，参见伦德尔·哈里斯（Rendel Harris）的《通往奥林波斯之路》（*Ascent of Olympus*），另见我本人在《古典评论》（1910年，p.244）中对佩尔德里泽的著作《萨梯的残篇》的评论。

第九章　俄耳甫斯

在神话中，没有什么能够比俄耳甫斯和狄俄尼索斯的仪式与神话之间的关系更复杂的了，也没有什么比这种关系更有趣的了。

到了希罗多德的时代，人们认为俄耳甫斯的追随者和狄俄尼索斯的追随者实质上是一样的。埃及人从不会给即将下葬的死者穿上毛料衣服，希罗多德在评论这种禁忌时说："在这方面，他们的做法跟酒神崇拜和俄耳甫斯崇拜的仪式一致，而这些仪式实际上是埃及人的仪式和毕达哥拉斯的仪式。"① 当然，这只是一种大体上的近似，这种种族上的近似建立在仪式的相似的基础上，因而是不可靠的。但有一点是希罗多德很清楚的：俄耳甫斯教、狄俄尼索斯教和埃及人的仪式要么是一样的，要么是非常相近的。到了欧里庇得斯的时代，俄耳甫斯和巴克斯的相似之处已经体现在文字上了。忒修斯在嘲笑希波吕托斯虚伪的禁欲主义时说：

　　去吧，你满可以一边举行酒神巴克斯的狂欢仪式，
　　一边又把俄耳甫斯供奉为自己的神。②

阿波洛多罗斯在系统地描述缪斯女神时说，俄耳甫斯"发明了狄俄尼索斯的秘密祭典"③。现代神话学家把这两个人物割裂开来，因而常常引起人们对两者在认识上的模糊。要了解狄俄尼索斯崇拜的全部意义及其在精

---

① 希罗多德，II, 81。
② 欧里庇得斯：《希波吕托斯》，954。
③ 阿波洛多罗斯，I, 3.2, 3。

神上的更高发展，只有通过俄耳甫斯的教条，而离开了狄俄尼索斯崇拜的俄耳甫斯教则是一种没有生命力的宗教。

然而，尽管两者之间有着明显的联系，但只要稍作考察就能看出他们的区别，而且这种区别是如此的明显，以至于可以说他们之间存在着一种精神上的对抗。在俄耳甫斯的身上有狄俄尼索斯的影子，然而几乎在每一个方面两者似乎又有矛盾。俄耳甫斯是清醒温柔的乐师，讲求精确，以至迂腐。他根本不是本身疯狂同时又能使人疯狂的酒神的附和者，也不是他的化身。迪奥多罗斯道出了每一个希腊思想家可能都已经想到了的真理，即两者表面上的相似掩盖了其内在的、不为人知的差别。在讲述吕库耳戈斯的故事时，他说："卡洛普斯（Charops）——俄耳甫斯的祖父——帮助过狄俄尼索斯，狄俄尼索斯出于感激把狂欢秘祭的方法教给了他，卡洛普斯把这种宗教仪式传给了自己的儿子俄阿格洛斯（Oiagros），俄阿格洛斯又传给自己的儿子俄耳甫斯。"接下来的话意味深长："俄耳甫斯是一个有天赋的人，而且接受的教育比其他所有的人都要多，他对那些狂欢秘祭的仪式做了许多改进，因此人们把这些源于狄俄尼索斯的仪式称为俄耳甫斯教。"迪奥多罗斯似乎已经触及俄耳甫斯的秘密。俄耳甫斯的出现比狄俄尼索斯晚，他是人而不是神，他所做的就是改进他所崇拜的神的仪式。

首先有必要强调俄耳甫斯的人性。关于他的传说充满了奇异的色彩。现在出现了一种理论，这是一个博学能干的人提出的理论，这种理论认为俄耳甫斯是一个冥神，是冥界里的狄俄尼索斯，他的名字就是从"冥界的黑暗"（$\delta\rho\varphi\nu\eta$）得来的。[①] 然而，在我看来，这种理论完全误解了两者之间的关系。

---

① E. 马斯（Maass）：《俄耳甫斯》。马斯博士的著作使我获益匪浅，但对于他提出的主要论点，即俄耳甫斯是一个神，我却不敢苟同。

作为神秘乐师的俄耳甫斯

像他所崇拜的神一样,俄耳甫斯曾经是一个色雷斯人。不同的是,俄耳甫斯是一个神秘的乐师。我们在上文已经看到,狄俄尼索斯演奏过里拉琴,但音乐从来不是他所擅长的。

可喜的是,关于色雷斯的音乐,我们掌握有充分的文献资料。在现代人的心目中,俄耳甫斯是一个神秘的乐师,而几乎忘记了他是一个神学家。正如所料,这个神秘乐师来自北方——音乐之乡。科农在他的俄耳甫斯传记中明确地说:"色雷斯人和马其顿人是两个热爱音乐的民族。"关于这一点,斯特拉博也说得很清楚。在上文引述过的段落里,在谈到狄俄尼索斯的狂欢仪式上所用的乐器时,他说:"和这些(狄俄尼索斯崇拜的仪式)相似的还有色雷斯人举行的科提泰亚仪式和本迪代亚(Bendideia)仪式,俄耳甫斯教的仪式就是源于这些仪式。"他还进一步说,对缪斯女神的崇拜源于色雷斯,那里有许多与这种崇拜有关的圣地:"因为庇厄里亚(Pieria)、奥林波斯山、皮姆普利亚(Pimplea)和雷贝特拉(Leibethra)在古时候都是色雷斯占据的地区,但现在已经被马其顿人控制。向皮奥夏殖民的色雷斯人把赫利孔山(Helicon)当作缪斯女神的圣地,此外还有一个被称为雷贝特里阿得斯(Leibethriades)的仙女洞。据说那些演奏古乐的人是色雷斯人俄耳甫斯、穆塞俄斯(Musaeus)和塔密里斯,而欧摩尔波斯(Eumolpus)这个名字则来自色雷斯。"[①]

斯特拉博这段话非常值得我们注意。既然迪奥多罗斯认为俄耳甫斯比狄俄尼索斯晚两代,那么与俄耳甫斯有联系的缪斯崇拜似乎主要流行于勒斯波斯,以及喀科涅斯人(Cicones)居住的色雷斯南部和马其顿。我们没有听说居住在内陆的贝西人崇拜俄耳甫斯。贝西人对俄耳甫斯的崇拜出现于晚期,其时色雷斯人已经开始南迁。我们同样是从斯特拉博的著作中了解到,在遥远的北方有一些原始、野蛮但却精通音乐的部落。

[①] 斯特拉博,X, 3 § 722。

他提到伊利里亚部落①,这是达达尼人的一个分支。这个野蛮的部落居住在他们自己在粪堆下挖的洞穴里,尽管如此,他们很有音乐天赋,擅长演奏管乐器和弦乐器。即使在今天,喜爱并演奏音乐也并不意味着文化的高度发达。下文我们将会看到,俄耳甫斯的神奇并不仅仅在于他能够演奏美妙的音乐。

和狄俄尼索斯不同,俄耳甫斯自始至终都是一个北方人。我们没有见到他的名字被传播到各个地方,也看不到关于他的出生的神秘夸张的故事到处流传。他并没有征服所有的民族,人们通常把他看作一个外来者,而且认识他的人为数不多。我们知道在底比斯有两个神奇的乐师厌托斯(Zethus)和安菲翁(Amphion),但人们并没有提到俄耳甫斯的名字。在亚细亚,他似乎从来没有被人接受。在那里,狄俄尼索斯和大神母的狂欢密祭一直保持着原始野蛮的特点。他的重新出现主要是在雅典。

在现代人的心目中,俄耳甫斯的音乐已经被赋予了神奇的色彩,人们认为那是能够控制大自然一切野生事物的神奇力量:

> 俄耳甫斯吹响他的管箫,一边唱着歌,
> 此时,树木和白雪盖顶的高山
> 也随着音乐低下了头。

这种认为他的音乐具有神奇力量的观念在古代就已经流行了。在《酒神的伴侣》中,酒神的狂女迈那得斯召唤她们那居住在帕耳那索斯山的神来到她们的身边:

> 是在奥林波斯山的
> 树林深处吧,俄耳甫斯曾在那里弹琴,

---

① 斯特拉博,VII, 7§315。

>   一边唱着歌谣,
>   他的音乐魅力吸引了
>   幽谷里的树木和野兽。①

在《阿尔刻提斯》中有一首美妙的合唱歌,那是歌队对阿波罗的赞颂,但在这里,阿波罗只不过是俄耳甫斯的化身:

>   那有斑点的大山猫在歌声的沉醉间
>   随羊儿走动,那成群的黄褐色的狮子
>   离开了俄特律斯山谷,跳到这里来;
>   啊,阿波罗,还有梅花鹿也迈着轻捷的步子,
>   跃过枝叶浓密的大松林,
>   来到你的琴边舞动,享受快乐的音乐。②

在庞培的壁画上,在具有希腊-罗马风格的石棺图案上,俄耳甫斯的形象都是一个神秘的乐师,具有控制自然界中一切野兽的威力。这种观念很自然地在基督教的绘画作品中得到了延续。有趣的是,这个神奇的乐师渐渐地演变成了"好牧人"(the Good Shepherd)。那些不怀好意的野兽——狮子和山猫——被一一除掉,最后和我们在一起的只剩下一群温顺耐心的绵羊,就像拉文纳(Ravenna)精美的镶嵌画图案③所描绘的一样。

更有趣的是,在红绘和黑绘瓶画上,这个神奇乐师的形象和文学作品所刻画的形象有很大的不同。在黑绘花瓶的图案上,我们根本不能找到俄耳甫斯的形象,这再次证明了他是晚期才出现的,但在红绘花瓶的图案上,俄耳甫斯的身边并没有野兽陪伴。

---

① 欧里庇得斯:《酒神的伴侣》,560。
② 欧里庇得斯:《阿尔刻提斯》,579。
③ 见库尔特(Kurth):《基督教时代的镶嵌画》(*Mosaiken von der christlich. Era*),图 27。

在图 140 中的瓶画上，我们看到了作为乐师的俄耳甫斯。这个花瓶[①]是在杰拉（Gela）发现的，现收藏在柏林博物馆。画面上的俄耳甫斯穿着希腊人的服装，仰着头，坐在那里演奏里拉琴，神态超然，完全陶醉在音乐里。在他身边的不是野兽，而是野蛮人——色雷斯人，他们全都穿着色雷斯人特有的服装：狐皮帽和绣花长袍。希罗多德在其著作中说这是色雷斯人特有的服装，他说，那些参加波斯人远征的色雷斯人"头上戴着狐皮帽，身上穿的衣服色彩鲜艳"[②]。这幅瓶画上的这些野蛮的色雷斯人全神贯注地倾听着俄耳甫斯的音乐。右边那个色雷斯人露出了对这种新音乐的怀疑的神态，与俄耳甫斯正面相对的那位决心探究这种音乐，而站在他身后的那个完全被音乐迷住了，他已闭上眼睛，歪着头，一副陶醉的样子，但那不是酒后的醉态。

这幅精美的图画让我们注意到俄耳甫斯的一个重要特点，即他那异乎寻常的安详，这使他和狄俄尼索斯形成了鲜明的对比。俄耳甫斯从来不吹奏"让人疯狂的箫"，也不敲击震耳欲聋的手鼓。他演奏的总是那把

图 140

[①] 编号 3172。另见罗斯切尔：《词典》第 3 卷，p.1179。
[②] 希罗多德，VII, 75。

发出悠扬乐音的里拉琴,而且他从来不被自己的音乐所困扰。他的身上反映出的是"秩序和专注"——我们在上文说过,普卢塔克认为这是阿波罗的特点,怪不得阿波罗被塑造成俄耳甫斯的形象。

在有文字记载的历史之前,俄耳甫斯就已经在色雷斯安家。他的音乐全部是北方风格的音乐,然而,尽管神话总是强调这种音乐,但这并不完全是他的影响的秘密所在。与其说他是乐师,不如说他是祭司。此外,虽然俄耳甫斯具有阿波罗的某些特点,但这是两个截然不同的人物。阿波罗的身上没有那种神秘、不可接近的东西,他总是那样通情达理、开朗透明。俄耳甫斯来到色雷斯,又从那里到了忒萨利,但他也许是从南方来的。后文我们将会看到,他那种最原始的宗教在克里特受到了人们详细的研究。在克里特(也许只有在那里),埃及人的宗教仪式和佩拉斯吉人的宗教仪式发生了融合,这种融合就体现在俄耳甫斯教的仪式中。迪奥多罗斯说,俄耳甫斯到了埃及,在那里学习宗教仪式和神学,但事实上他根本没有必要离开自己的家乡克里特岛。从克里特出发后,他可能是顺着古老的航路[1]到了北方,一路上在帕罗斯、萨莫斯、萨莫色雷斯(Samothrace)、勒斯波斯传播了他的神秘祭仪。在马罗尼亚(Maroneia),他见到了喀科涅斯人崇拜的葡萄神,还向色雷斯人学习了音乐。[2]这一切都在预料之中。后文我们在考察俄耳甫斯的秘密祭典时将会清楚地看到,克里特很可能就是俄耳甫斯教的故乡。眼下我们只考察关于他的神话。

在以下即将讨论的瓶画[3](图141)中,我们可以更清楚地看到俄耳甫斯和狄俄尼索斯的区别,这是较晚期的一个提水罐上的图案。在这里,俄耳甫斯同样处于画面的中心位置,图中也有一个穿着绣花长袍的色雷斯人带着敬畏的神情倾听俄耳甫斯的演奏。值得注意的是,在这幅瓶画以及这个时期所有的红绘瓶画上,俄耳甫斯都是穿着希腊人的服装。他

---

[1] 阿耳戈船英雄的航行也许就是这些海上旅行的写照。
[2] 迪奥多罗斯,IV,25。
[3] 罗斯切尔:《词典》第3卷,p.1181,图5。

图 141

已经被希腊化了,从他的服装上看不出他与阿波罗的区别。只是到了很晚的时期,而且主要是在意大利南部,瓶画家才把俄耳甫斯刻画成一个色雷斯的祭司,这表明这些画家有着深厚的考古知识。不仅那个色雷斯人陶醉在俄耳甫斯的音乐之中,一个萨梯也在着迷地看着、听着俄耳甫斯的演奏。但在这里,俄耳甫斯没有施出他的魔法。他要驯服这个色雷斯人。在神话中,他所驯服的色雷斯人被刻画成萨梯,但这个狄俄尼索斯的崇拜者(萨梯)还没有被驯化。在他的身后,一个迈那得斯拿着大棒匆匆忙忙地冲了上来,我们可以想象得到这将是一个可悲的结局。

俄耳甫斯之死

俄耳甫斯被色雷斯妇女——酒神巴萨柔斯的狂女——杀死的故事具有非常重要的意义。埃斯库罗斯利用这个故事作为素材写了一部戏剧,可惜这部戏剧已经失传。但是,一些红绘瓶画可以作为我们研究的参考资料。由于各个时代有不同的审美观点,因此对这个神话传说也就有不同的解读方式。有人说俄耳甫斯是宙斯杀死的,因为俄耳甫斯像普罗米修斯一样把秘密透露给了人类。在爱情成为一种时尚的时候,人们说他是因为冒犯了爱神而死的。柏拉图说他是被酒神的狂女杀死的,因为他是只身到了冥国,而不是死于欧律狄刻(Eurydice)的爱。[①] 但是,严肃

---

① 柏拉图:《会饮篇》,179C。

的传说常常把他的死和狄俄尼索斯崇拜联系起来。根据一种说法，他和狄俄尼索斯完全是以同样的方式死去的。普罗克洛斯在评论柏拉图的著作时说："据说，由于俄耳甫斯是狄俄尼索斯崇拜仪式的首领，所以他遭受了与他所崇拜的神同样的命运。"① 在讨论俄耳甫斯教的秘密祭典时，我们将会看到，狄俄尼索斯崇拜仪式的一个重要特点是神被撕裂致死。无疑，对信徒来说，俄耳甫斯作为主持秘密祭典的祭司，也应该经受同样的命运，这样才能起到教化的作用。

然而，在那个关于俄耳甫斯死于酒神的狂女之手的传说中，有一种因素也许和历史事实有关，那就是两种崇拜之间的对抗、有着亲缘关系的事物之间固有的激烈对抗。狂女迈那得斯们把俄耳甫斯撕成碎片，不是因为他是她们的神的化身，而是因为他鄙视她们，而她们则痛恨他。埃斯库罗斯在他那部戏剧中引用的似乎就是这个神话故事。埃拉托色尼为我们记录下了这个神话："他（俄耳甫斯）不尊敬狄俄尼索斯，而是把赫利俄斯尊为最伟大的神，把赫利俄斯称为阿波罗。每天一大早，他就爬上潘加翁山（Pangaion），在那里等待着太阳的升起，他要成为每天第一个看见太阳的人。狄俄尼索斯对此感到很愤怒，于是把身边的狂女派去攻击他，诗人埃斯库罗斯就是这样说的。她们把他撕成了碎片，把他的四肢抛到不同的地方。但是缪斯女神们把碎尸收拢起来，并埋在一个叫雷贝特拉的地方。"② 俄耳甫斯是一个宗教改革者，他的身上有一股改革者自命不凡的气质。当我们看到瓶画中那个神态坚定的迈那得斯冲上来阻止一边弹琴一边等待太阳的俄耳甫斯时，我们对她的同情油然而生。

在俄耳甫斯教的经典《利提卡》中也有关于俄耳甫斯虔诚地崇拜赫

---

① 普罗克洛斯关于柏拉图《政治家篇》的评注，p.398。
② 埃拉托色尼：Catast., XXIV。在撰写了上述内容后，我看到了萨洛蒙·雷纳克（Salomon Reinach）先生那篇有趣的论文《俄耳甫斯之死》（见《考古评论》，1902年，p.242）。他把俄耳甫斯看作酒神巴萨柔斯的狂女所崇拜的狐狸图腾。但是，在我看来，根据神话的描述，俄耳甫斯表现出来的特点完全是人类的特点。至于他被撕裂，我认为这反映了一种"二次埋葬"的传统，这是古埃及人的一种做法。有意思的是，在克里特的帕莱奥卡斯特罗也有这种做法，见《希腊研究》，1902年，p.386。

利俄斯的记录。根据这一记录，俄耳甫斯和一些朋友要到山上进行一年一度的祭祀活动，在路上，他遇到了忒俄达马斯（Theiodamas），于是就把这一习俗的来历告诉了忒俄达马斯。当俄耳甫斯还是一个小孩的时候，他差点儿被蛇咬死，幸好他躲进了附近的赫利俄斯神庙，从而幸免于难。因此俄耳甫斯的父亲做出了献祭赫利俄斯的规定。在父亲离开故土之后，俄耳甫斯延续了这一传统。俄耳甫斯的祭祀仪式结束后，忒俄达马斯便把这段经历刻在宝石上。

我们可以肯定，色雷斯人对太阳神的崇拜后来和阿波罗崇拜发生了融合。索福克勒斯在他的戏剧《忒柔斯》中通过一个人物的口说了这样一句话："啊，赫利俄斯，这是色雷斯骑士珍视的名字，啊，最古老的火焰！"①

赫利俄斯是一神论者最喜爱的一个神，我们从索福克勒斯的另一个残篇中可以了解到这一点：

啊，赫利俄斯，怜悯我吧，
智慧的人们都把你称为众神之父、万物之父。②

在这里，像在其他段落中一样，"智慧的人们"实际上指的可能就是俄耳甫斯教的祭司们，因为他们是精通神学的人。认为赫利俄斯是众神之父，这似乎是晚期的一种猜想，但这种猜想通常只是另一种原始的信仰在经过改革之后的复兴。到了荷马时代，赫利俄斯已经降格为一种自然现象的化身，但最初他可能是与刻罗尼俄斯（Keraunios）和乌剌诺斯有着亲缘关系的天神。后来宙斯出现，乌剌诺斯便渐渐隐退了。后文我们会看到，俄耳甫斯是一神教的导师，试图复兴一种古老而且可能更纯洁的信仰非常符合他的特性。

---

① 索福克勒斯：残篇，523。
② 索福克勒斯：残篇，1017。对于这个残篇是否属于索福克勒斯的作品，人们尚有疑问。

图 142

尽管如此,有一点是很肯定的:在古代传说里,他是狄俄尼索斯的敌人,是狄俄尼索斯崇拜者的牺牲品。众多的瓶画刻画了她们杀死俄耳甫斯的情景,图 142 是其中典型的一幅。这是梵蒂冈的格列高利博物馆(Museo Gregoriano)收藏的一个红绘酒坛①上的图案。这些瓶画的绘画风格通常都是一样的。我们可以看到那些色雷斯妇女拿着大棒、双刃斧或者大块的石头向俄耳甫斯发起进攻。通常她们都是步行的,但是,在梵蒂冈这个酒坛的图案上,我们却看到一个骑着马的迈那得斯,样子很像英勇善战的阿玛宗人(Amazon)。在这种猛烈的袭击下,英俊的乐师倒下了,他用来自卫的只有那把无辜的里拉琴。在一个产生于欧福洛尼俄斯(Euphronios)时代的基里克斯陶杯的图案上,那个杀死俄耳甫斯的色雷斯的迈那得斯是一个文身的女子,她的右臂上明显地文上了一只公鹿的图案。流行的推源论把这一文身的做法和俄耳甫斯的死联系起来。这些残忍女人的丈夫为了惩罚她们的罪行,在她们的身上刺上图案。普卢塔克说,他"不能表扬他们",因为这种能够持续很长时间的惩罚是"神的权力"。里奇韦教授说,原始的佩拉斯吉人有这种文身的做法,但亚加亚人从来不采用这种做法。②

迈那得斯们取得了暂时的胜利:

---

① 见罗斯切尔:《词典》第 3 卷, p.1187, 图 12。
② 《希腊的早期》第 1 卷, p.398。

> 缪斯能为俄耳甫斯做什么?
> 整个大自然都为他的死而哀伤,
> 缪斯也为失去这个令人快乐的儿子而伤心。
> 在一片喧哗之中,
> 他那沾着血污的头颅顺着湍急的赫布鲁斯河水
> 漂向大海,漂到了勒斯波斯的岸边。

这个凄凉残忍的故事以一个温柔的结局告终。俄耳甫斯那一直在唱着歌的头颅被缪斯们找到,最后安葬在勒斯波斯的神庙里。这些缪斯女神是谁?只能是那些忏悔的迈那得斯,这时她们的神志已经恢复正常。

虽然在我们看来,迈那得斯和缪斯有着很大的差别,但在古典作家的笔下,她们之间并没有明显的界线,从各种版本的吕库耳戈斯的故事中可以清楚地看到这一点。在荷马史诗里,狄俄尼索斯的左右有他的保姆们照料,前文已经说过,这些保姆就是迈那得斯。然而,在索福克勒斯的作品里同样有这些保姆,这些"受到神的感应"的女人,但她们已经不是迈那得斯,而是缪斯。在《安提戈涅》中,歌队在合唱歌里提到吕库耳戈斯,说他

> 企图阻止那些受到神的感应的女人,
> 想要压制他的女人们和自己那欢乐的火焰,
> 但却引发了那些吹箫的缪斯们的怒火。

能够证明这一点的不仅是文学作品。在《会饮篇》第八卷的导言中,普卢塔克强调了饮酒对提高交谈质量有着重要的意义。他说:"我们的妇女有一个很好的习惯。在阿格里俄尼亚节上,她们要去寻找狄俄尼索斯,似乎他已经离开,然后她们又放弃寻找,说他已经到缪斯女神那里避难去了,现在就藏在那里。过了一会儿,她们结束盛宴之后,便聚在一起

猜谜语。这种秘密祭典告诉我们……"① 在普卢塔克的时代，一些流行的秘密的酒神祭典只有妇女参加。据说狄俄尼索斯在仪式上就是由这些妇女照料的，但她们被称为缪斯，而不是迈那得斯。迈那得斯演变为缪斯就像是酒神崇拜的仪式演变为俄耳甫斯教的仪式，也就是说，那些野蛮的仪式被赋予了音乐、秩序、和平的精神。

英雄俄耳甫斯的圣所

根据传说，俄耳甫斯是由缪斯女神埋葬的。幸好我们了解一些有关他的墓地的情况。在神话中通常有这样一条原则，即神或英雄的死亡之地比他的诞生之地更有意义，因为在像希腊这样一个具有英雄崇拜传统的民族里，崇拜仪式往往是在这种死亡之地和墓地举行的。诞生地也许具有某种神秘的神圣性，然而如果我们要研究崇拜仪式，最好是考察神或英雄的死亡之地。

菲洛斯特拉托斯在他的《英雄崇拜》(*Heroicus*) 中说："那些女人杀害俄耳甫斯后，俄耳甫斯的头颅漂到了勒斯波斯，并且停留在这个岛屿的一个裂缝里，从此便在那里给人们传达神谕。"② 很显然，这种地方是死者的圣所。希腊各地有许多此类圣所。事实上，如前文所说，几乎每一个英雄的坟墓都可能成为圣所。俄耳甫斯的坟墓作为一处圣所为更多的人所知。据菲洛斯特拉托斯说，甚至有人从遥远的巴比伦前来问卜。在古代，有一句简短而又著名的话："啊，库洛斯（Cyrus），我的圣所就是你的。"这句话就是从勒斯波斯俄耳甫斯的圣所传到库洛斯的。

卢奇安的著作中有一段话对我们的研究很重要。在谈到关于俄耳甫斯的头颅和里拉琴的故事时，他说："他们把他的头埋葬在一个地方，如今那里有一座酒神巴克斯的神庙。另外，他的里拉琴被供奉在阿波罗的

---

① 普卢塔克：《会饮篇》，VIII，"导言"。
② 菲洛斯特拉托斯：《英雄崇拜》，V, §704。

神庙里。"① 这段话令人信服。本来，把他的头颅和里拉琴放在一起埋葬是很自然的事。但事实也许是，里拉琴只是一种后来才出现的东西，是作为对关于头颅的古老故事的补充。俄耳甫斯的头颅被埋葬在狄俄尼索斯的神庙里，因为是他对狄俄尼索斯崇拜这一宗教进行了改革。

安拉柯（Antigonus）在他的《奇事史》（*History of Wonderful Things*）中记录了一段有趣的传说。他引述了密耳提罗斯的有关描述。密耳提罗斯在一篇关于勒斯波斯人的论文中说，根据当地的传说，埋葬俄耳甫斯头颅的地方是在安提萨亚（Antissaia），那里的夜莺的鸣唱比其他任何地方的都优美动听。在那个喜爱奇闻趣事的时代，人们只要发现一只鸟在坟墓上栖息，它的歌声就被看作非同寻常的东西。

一个年代较晚的基里克斯陶杯的图案为我们描绘了俄耳甫斯的神示所。图143是这个陶杯的正面图案②，这是我们所见到的关于他的崇拜的最早的资料。图中，俄耳甫斯的头颅正张开嘴巴说出他的预言。这个情景让我们想起图9中的瓶画。在那幅瓶画上，忒瑞西阿斯的头颅从那条

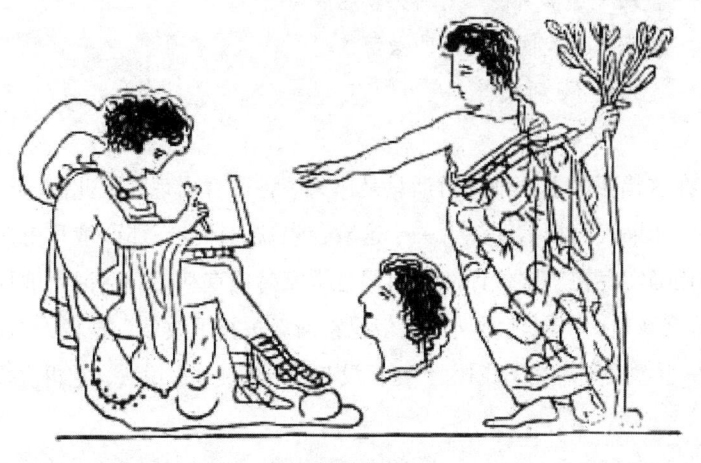

图 143

---

① 卢奇安：*adv. indoct.*, 11。
② 罗斯切尔：《词典》第3卷，p.1178，图3。最后一个看到这个文物的人是富特文勒教授，我不清楚它现在何方。在陶杯的反面图案上，一个缪斯女神正把里拉琴交给一个女人。

用于祭祀的壕沟里冒出来，旁边坐着俄底修斯。在图143中，一个青年正在向俄耳甫斯请求谕示，手里拿着简札和刻写用的尖笔。我们不知道他是在记录自己的问题还是神的回答。我们从普卢塔克的著作中得知，在另一个英雄摩普索斯（Mopsos）的神示所里，那些问题有时被刻写在简札里，然后密封好，再送进神示所。① 在普卢塔克提到的占卜中，神对所提问题的回答很适合当时的情景。图143中的瓶画使我们想起欧里庇得斯的《阿尔刻提斯》中歌队的一段合唱歌：

> 我曾带着缪斯的翅膀
> 在高空飞翔，
> 也曾在许多哲言里搜寻，可不曾发现什么东西
> 比运命更强。就是那歌声嘹亮的俄耳甫斯
> 在色雷斯的木板上
> 所留下的符咒，
> 或者福玻斯传给阿斯克勒庇俄斯
> 来疗治人间的病痛的医药
> 也胜不过它。②

在这幅瓶画上，俄耳甫斯只是作为一种声音出现，仅此而已。至于简札，如果我们相信评注者关于这段合唱歌的评点，那么俄耳甫斯留下的简札确实存在。这位评注者引用哲学家赫拉克利特的话说，俄耳甫斯"在哈俄摩斯山上对色雷斯的狄俄尼索斯教进行了改革。据说，在山上，他把一些教义刻写在了简札上"③。没有理由怀疑这一说法，它再次强调了

---

① 普卢塔克：de defect. orac., XLV。评注者在评论阿里斯托芬的《财神》第39行时说，那些求问神谕的人把自己的提问写在简札上，然后给简札装饰上花环，一起交给占卜的祭司。但这种说法似乎是杜撰出来的。
② 欧里庇得斯：《阿尔刻提斯》，962。
③ 关于《阿尔刻提斯》第968行的评注。

一个事实：俄耳甫斯确有其人，他还写下了一些东西，刻在简札上，他所使用的文字可能是佩拉斯吉人使用的文字。早在腓尼基人的文字传入之前，林诺斯使用的也是这种文字。人们在克里特发现但尚无法解读的可能就是这种文字。①

在图143的瓶画中，阿波罗站在俄耳甫斯的头颅上方。他的左手拿着他那根具有预言作用的月桂树枝，他伸出右手，但我们不清楚这一手势表示的是命令还是禁止。菲洛斯特拉托斯在他的《阿波罗尼俄斯传》中有一段关于勒斯波斯神示所的有趣记录，从中我们得知阿波罗和俄耳甫斯之间并非完全相安无事。菲洛斯特拉托斯说，阿波罗尼俄斯来到勒斯波斯，并参观了俄耳甫斯神庙的密室。据说，古时候俄耳甫斯常常在这个地方发布预言，并以此为乐，一直到阿波罗接管了这个地方为止。由于人们不再到格律涅神示所（Gryneion）和克拉洛斯（Klaros）去求问神谕，也不到阿波罗的三脚祭坛去求问神谕，而是到俄耳甫斯头颅的所在地去（尽管他刚刚从色雷斯来到这里，但只有他能够给人传达神谕），于是，阿波罗神来了，就在俄耳甫斯发出神谕的时候，他居高临下地对俄耳甫斯说："赶快停止，这些本来是我做的事，对于你和你的歌声，我容忍得已经够久的了。"②阿波罗无法容忍别人的竞争，即使这种竞争是来自最忠实地崇拜他的人。这个奇怪的故事充分表明了占主导地位的宗教不容外来宗教的挑战。

在所有关于俄耳甫斯的记录中，最详尽的莫过于科农的描述。当然，没有一个人会认为科农的全部叙述都可以作为证据，尽管他的主要目的是撰写一个完整而有趣的故事。然而，他的描述当中有一部分很可能是真实的，这些内容有很强的内在联系，因而有着重大的价值。科农用整整一章的篇幅来讲述俄耳甫斯的故事。他说到正统神话提到的一切有关细节，比如：俄耳甫斯用他的音乐征服了色雷斯人和马其顿人的

---

① 根据迪奥多罗斯的记录，林诺斯和俄耳甫斯使用的都是"佩拉斯吉人"的文字，林诺斯就是用这种文字来记录狄俄尼索斯的事迹的。
② 菲洛斯特拉托斯：《阿波罗尼俄斯传》，XIV，151。

心；他的歌声能使树木弯枝、顽石移步、野兽俯首，甚至赢得了冥国女王科瑞的心。接下来，科农讲述了俄耳甫斯死亡的经过。俄耳甫斯拒绝向妇女传授他的秘密祭仪，因为自从他失去妻子后，他便憎恨所有的女人。每逢一些固定的日子，色雷斯和马其顿的男子都要带着武器聚集到雷贝特拉的一个大厅里，在那里列好队，然后举行庆祝仪式。每一次在举行狂欢仪式前，他们都要把武器放在大厅的门外。有一次，男人们进入大厅后，妇女们趁机夺取了放在门外的武器，杀死了屋里所有的男人，并把俄耳甫斯撕成碎片，然后把他的四肢扔到海里。结果这一暴行引发了瘟疫，于是神传来谕示，要求人们埋葬俄耳甫斯的头颅。经过一番寻找，一个渔夫在墨勒斯河（Meles）的入海口发现了俄耳甫斯的头颅。"它（头颅）还在唱歌，海水对它也没造成任何损害，刻瑞斯也没有侵害它——凡人死后难免不受到刻瑞斯的侵害；相反，它仍然充满着生机，即使过了很长时间，它还在流着鲜红的血。"[1] 在古代文献资料中还有其他故事提到一些神奇的流血的头颅。埃利安记录了几个这样的故事[2]，菲列根（Phlegon）在他的《奇迹》中说到公元191年发生在抗击安条克（Antiochus）战斗中的奇事：一个流血的头颅以挽诗的形式发布神谕，并且非常聪明地命令围观者不得触摸它，只能聆听它的谕示。[3]

当然，科农在叙述中提到的细节都是推源性的，然而透过这些细节，我们似乎能够看到这是建立在某种可能的历史事实基础上的，即色雷斯的野蛮妇女残忍地杀害了一个外来的先知，因为她们认为他的改革蔑视她们的仪式。某一个历史上确有其人的殉难者的鲜血可能直接导致了俄耳甫斯教的新神庙的建立，科农在他的故事的结尾解释了其中的缘故："人们找到这个一边流血一边唱歌的神奇头颅之后，便将它埋葬在一个巨大的坟墓下面，还在坟墓周围建起了围墙，把这个场所看作一个圣所，女人一律不得进入。"科农还说了一句意义重大的话：这个坟墓及周围的

---

[1] 科农：《故事集》，XLV。
[2] 埃利安：*V. H.*，XII，8。
[3] 菲列根：《奇迹》，III。

圣所最初只是一个英雄的陵墓，但后来被看作神的圣地，因为有证据表明人们在这里举行献祭时使用的是燔祭品以及祭祀神的祭品。

科农的叙述无疑已经触及事情的真相。俄耳甫斯是一个真实的历史人物，他是一个有名的歌手、先知、教师，他带来了一种新的宗教，并企图对一种旧的宗教进行改革。后来他殉道而死，在他死后，他的坟墓便成为一个神示所。在人们只把这个坟墓看作英雄的圣所的时候，献给他的祭品就是通常用来祭祀死者的祭品，但是他的信徒作出了很大的努力，把他升格为天上的奥林波斯神。毫无疑问，人们给他献上燔祭品，把他当作奥林波斯神来供奉。但是，俄耳甫斯作为一个神并没有得到公认。从英雄变成奥林波斯神并不总是一种升格。作为一个神，你似乎得到了什么，但你也为此而失去了作为人的资格。俄耳甫斯为了保持他那美丽的人性而牺牲了神性。他和赫拉克勒斯及阿斯克勒庇俄斯都属于同一层次的神，但他们有很强的人性，因此并没有成为真正的神。但是，这纯属偶然。如果比他强大的阿波罗没有"接管"圣所，结果可能会完全相反。

生活在奥古斯都（Augustus）时代的科农认为俄耳甫斯是一个真实的历史人物。斯特拉博也持同样观点。他在描述塞尔马（Therma）海湾时说，第乌姆城（Dium）并不是在海边，而是离海边约有7个斯塔德的距离（1个斯塔德约为607至738英尺）。"在第乌姆城附近，有一个叫皮姆普利亚的村子，那是俄耳甫斯居住的村庄……俄耳甫斯来自喀科涅斯部落，非常擅长音乐和占卜。他到处传播他的狂欢祭仪。后来，他越来越自信，吸引了许多追随者，他的影响也越来越大。一些人很乐于接受他，但有些人怀疑他策划暴力行动，图谋不轨，于是攻击他，并把他杀死。"他还说："古时候的先知往往都擅长音乐。"[1]

保萨尼阿斯对俄耳甫斯的生平和著作进行了描述，从中我们看到他

---

[1] 斯特拉博，VII，残篇，17，18，19。

完全是一个真实的历史人物。在俄耳甫斯的神庙里,他看到一幅画,画面描绘的是赫利孔山上一些被符咒迷住的野兽在聆听音乐,在乐师的旁边标有"特勒特"(Telete)字样,意为"启蒙仪式"。对此,保萨尼阿斯的评论如下:"依我看,俄耳甫斯是一个真实的人。在诗歌创作方面,他超越了前人,而且他的影响越来越大,因为人们认为他让世人了解了祭祀众神的仪式、为那些亵渎神灵的人洗去罪过的净洗礼,还有医治各种疾病的药方以及消除神灵愤怒的各种方式。"同样,在叙述了有关俄耳甫斯的各种神奇传说之后,他说:"对诗歌感兴趣的人都知道,俄耳甫斯的赞美诗都是很简短的,而且这些诗歌的数量也不多。吕科米德人(Lycomid)[1]懂得这些赞美诗,他们在举行仪式时唱的就是这些颂歌。就诗歌的美而言,它们仅次于荷马的颂歌,但却比荷马颂歌更神圣。"[2]

保萨尼阿斯对荷马和俄耳甫斯进行了比较。同样,阿里斯托芬也对两者做了比较。在喜剧《蛙》里,他通过埃斯库罗斯的口道出了诗人们对国家的贡献:

是俄耳甫斯教会我们那些神圣的仪式,我们从此停止了血腥的战争,
穆塞俄斯教给了我们治病的方法,还让我们懂得神的谕示;
赫西奥德教我们如何耕作土地,让我们知道何时耕种、何时收获;
但是神一样的荷马教给我们许多好的东西,
在他的故事里,他让我们知道过去发生过的战争。[3]

荷马赞美人,俄耳甫斯赞美神。他们俩都是人,但相比之下,俄耳

---

[1] 后文将讨论吕科米德人对厄洛斯的崇拜。
[2] 保萨尼阿斯,IX,30.12。
[3] 阿里斯托芬:《蛙》,1032。

甫斯的名声比荷马稍逊一筹。关于这两个人都有一些奇怪的传说,但从本质而言,他们是人而不是神。

可见,俄耳甫斯有超出凡人的特点,但在那架通往天空的梯子上,他爬到半空就止步了。但是,许多凡人在登上这架梯子后便远离人世,成为彻底的神。

在这方面,圣奥古斯丁的话可谓说到了点子上,这实在令人钦佩:"在间隔相同的时间之后,那些诗人便出现了。由于他们的诗歌描写的是众神的事,因此他们也被称为神学家,比如俄耳甫斯、穆塞俄斯、林诺斯。然而,这些神学家并不被人们当作神来崇拜,尽管在某种程度上说,那个没有神的王国常常把俄耳甫斯尊为主持冥神祭祀的首领。"①

正如前面许多事实所证明的那样,英雄与冥神之间的界线是很模糊的、变化不定的。然而,如果我们因为俄耳甫斯在某个地方有一处圣所,并在该地受到崇拜,就断定他是通常意义上的神,这样推断是没有用的。忒修斯有一处圣所,狄俄墨得也有一处圣所,所有公认的英雄都有一个圣所。在他们所在的地方,他们具有行善作恶的威力,但我们不能把他们称为神。阿提尼俄斯道出了他们跟神的区别。他说:"希腊人认为阿波罗是众神当中最有智慧、最有音乐才能的神,而俄耳甫斯则是所有半神当中最有智慧、最有音乐才能的半神。"②

一旦我们清醒地意识到俄耳甫斯是一个真实的人,而不是一个暗淡的神,我们对他的故事当中的人性特点就会有更深的认识。给我们印象最深的是,他具有某种鲜明的感情,像真实的人一样有着自己的喜怒哀乐。正如他让不少人着迷一样,他也招致了一些人的反感和愤怒。保萨尼阿斯说,在古时候,为了纪念一个神,人们把颂歌当作奖赏献给他。克里特的克律索忒弥斯(Chrysothemis)、菲拉蒙(Philammon)和塔密里斯(Thamyris)为了得到这种奖赏而展开竞争,但是俄耳甫斯"心里

---

① 圣奥古斯丁:《论上帝之城》,XVIII,14。
② 阿提尼俄斯,XIV,32,p.632。

想的是他那些隆重的仪式,他自己的性格决定了他没有参加这种竞赛"。①他的身上总是有着一种高高在上、离群索居的特点,这不仅是因为他是一个充满着自信的诗人——诗人总是也必须是独来独往的——而且因为他是一个小心谨慎的道德家、改革者。然而,他自始至终是一个人,一个男人。像苏格拉底一样,他吸引了许多人,也令很多人厌恶。他不是用说理的方式来说服他们,更不是通过激发他们的热情,而完全是通过自己的人格魅力。正是由于俄耳甫斯具有这种不可抗拒的魅力,所以即使是在今天,我们也很难冷静地评价他。

俄耳甫斯在雅典

作为一个诗人、先知、乐师、神学家,俄耳甫斯是一个人,一个色雷斯人。然而,我们主要是通过他在雅典的影响认识他的。《瑞索斯》(*Rhesos*)的作者让缪斯抱怨说,是雅典娜而不是俄底修斯导致了这个色雷斯王子的悲剧,于是缪斯向雅典娜女神呼吁:

> 可是,我们这些缪斯是他的同胞,我们
> 尊重你的领地,也乐于在这里居住;
> 俄耳甫斯向你、向那些死去的人
> 揭示了他那些神秘的祭典。②

这位悲剧家道出了两个事实:俄耳甫斯生于色雷斯,后来到了雅典并完全适应了这里的一切。

我们知道,俄耳甫斯对酒神巴克斯的仪式进行了改革,但我们已无法知道他改革的规模到底有多大。在雅典,编辑俄耳甫斯的著作并宣传

---

① 保萨尼阿斯,X,7.2。
② 《瑞索斯》,941。

俄耳甫斯的是俄诺马克里托斯（Onomacritos），由于他轻率地篡改了穆塞俄斯的神谕，因而遭到了庇西特拉图的儿子的放逐。[1] 如果俄诺马克里托斯把穆塞俄斯的神谕改成了诗歌，那么他为何不篡改俄耳甫斯的著作？塔提安（Tatian）在他的著作里说：“俄耳甫斯是赫拉克勒斯的同代人。”[2] 另一个作家说俄耳甫斯是英雄而不是神，还说：“据说，那些在民间流传的、被认为是俄耳甫斯创作的诗歌是由雅典人俄诺马克里托斯收集的。”亚历山大的克雷芒的描述则更进一步，他说这些诗歌实际上是由生活在庇西特拉图时代的俄诺马克里托斯创作的。[3] 在那个时代，人们还不像今天那样严格区分原创诗歌和收集改编的诗歌。俄诺马克里托斯一定抵挡不住篡改的诱惑，因为他本人也创作一些关于狄俄尼索斯的仪式的诗歌。在解释吕科苏拉（Lycosura）为何出现提坦神安尼托斯（Anytos）时，保萨尼阿斯说：“俄诺马克里托斯是从荷马史诗中得到这个提坦神的名字的，在创作那些描写狄俄尼索斯的狂欢秘祭的诗歌时，他让这个提坦神代替狄俄尼索斯承担了他那些苦难。”[4]

可见，在庇西特拉图时代，人们对"俄耳甫斯"的著作进行了收集、编辑、修改，就像人们对"荷马"的著作也进行了收集、改编一样。俄耳甫斯的这部著作到底是什么样子，我们已无从知道。我们可以肯定的是，在古典时代到来之前，俄耳甫斯教及其仪式、诗歌已传入了雅典。与荷马相比，俄耳甫斯的著作和宗教的影响稍逊一筹，传播的范围也没有那么广，但他的影响也许更具实质性，也更重要。我们之所以这样说，是因为欧里庇得斯和柏拉图深受俄耳甫斯教的影响，我们不仅能从他们的著作中看到俄耳甫斯教的直接影响，而且也能常常看到他们对俄耳甫斯教的抵制。

---

[1] 希罗多德，VII, 6。
[2] 塔提安：*adv. Graec.*, XLI, 271。
[3] 亚历山大的克雷芒：《斯特洛马兹》，I, 332。
[4] 保萨尼阿斯，VIII, 37.5。

许多文献记录和民间传说都证明,俄耳甫斯对酒神的仪式进行了改造。我们自然会问:俄耳甫斯所做的仅此而已吗?俄耳甫斯的名字从古代流传至今,早期的基督教把他这个苦修的圣人看作基督的原型,难道这个人除了改造酒神的仪式之外,没有做过更重要的事吗?难道他的任务仅仅是把酒神那些狂欢、放纵的仪式变得更有秩序、更稳重体面吗?

这种想法是不符合事实的。简单地说,从外表看,俄耳甫斯和狄俄尼索斯有这样的差别:狄俄尼索斯是喝醉了的酒神,而俄耳甫斯则完全是清醒的。然而,这个新神温柔端庄,但这只是美丽的表象而已,他内心里燃烧着一团火,代表着在人最需要的时候带给他的一种新的信仰,这就是对此世的纯洁与和平的渴望,同时也希望来世最终硕果累累。

在对有关俄耳甫斯教的仪式的记录进行详细讨论之前,有必要首先弄清这种宗教的原则。抛开这一点,俄耳甫斯教的仪式便会失去其真正的神圣意义,从而沦为纯粹的迷信。

俄耳甫斯教的基本教义

俄耳甫斯教的全部要点也许可以概括如下:俄耳甫斯以一种深深地植根于狄俄尼索斯的野蛮仪式的古老迷信为基础,并赋予其新的精神内容。这种古老的迷信和新的信仰都包含在这样一段简短的俄耳甫斯教经文里:"手持酒神杖的人很多,但真正是酒神的寥寥无几。"

我们能否肯定这是俄耳甫斯教的经文?那会不会仅仅是与任何一种宗教或道德说教有关的谚语?柏拉图说:"古代那些为我们创立再生仪式的人通过一则寓言说,没有接受过再生仪式的人到了冥国就要陷进泥潭里,但如果接受过净洗礼和再生仪式,到了冥国后就能够和众神住在一起,因为那些与这些仪式有关的人说,手持酒神杖的人很多,但真正是酒神的寥寥无几。"[①] 柏拉图没有说明"那些与这些仪式有关的人"是

---

① 柏拉图:《斐德罗篇》,p.69。

谁,但是奥林庇俄多罗斯在评点这段话时说:"他(柏拉图)经常误用俄耳甫斯的说法,因而在此引用了俄耳甫斯的一句诗:'手持酒神杖的人很多,但真正是酒神的寥寥无几。'在这里,他所说的那些拿着酒神杖却不是酒神的人,指的是从事政治的人,而酒神指的是已经接受净洗礼的人。"

前面已经说过,狄俄尼索斯的崇拜者相信酒神就附在他们的身上。只需再往前迈一步,他们就会进而认为,自己和酒神已经合而为一,事实上自己已经变成了酒神。一切与狂欢秘祭有关的宗教都包含这样的信仰,而这种信仰无疑是源于酒醉之后的身体感受。崇拜萨巴最俄斯的人认为自己变成了萨巴最俄斯,崇拜库柏柏(Kubebe)的人认为自己成了库柏柏,崇拜巴克斯的人以为自己成了酒神巴克斯。在埃及,崇拜奥西里斯的人死后就会变成奥西里斯。仅仅是醉酒这一点可能还不足以引发这种信念,但是几乎可以肯定地说,这种古老仪式的哑剧性质至少孕育出了这种信仰——如果说它不是这种信仰的根源的话。前文已经提到,在色雷斯人的仪式上,人们"模仿出公牛低沉的叫声",利科弗龙说,女人们在崇拜公牛神狄俄尼索斯时头上戴着牛角。原始人在进行宗教崇拜时都有一种自然的本能,就是通过各种化装的方式,使自己尽可能地等同于那个让自己激动的神祇。

不少证据能够证明狄俄尼索斯崇拜中的哑剧成分,尽管有点遗憾的是,这些证据的年代稍晚。在雅典卫城西山坡的考古发掘中,多普费尔德(Dörpfeld)博士发现了一座房子,被称为"伊俄巴克斯的神庙",这座神庙是在狄俄尼索斯古老的三角神庙(利姆尼的狄俄尼索斯的神庙)原址上修筑的。在这个遗址上,人们发现了一块石碑,上面详细地记录了哈德良时代伊俄巴克斯(Iobacchoi)崇拜仪式的各种规定。这些规定包括成员的选举、捐赠、节庆日期、成员的葬礼等,此外还规定了仪式上哑剧表演的方式。崇拜者在仪式上要模仿的神有狄俄尼索斯、帕莱蒙、阿佛洛狄忒、普罗透律特摩斯(Proteurhythmos),用抽签的方式来决定各人担任的角色。

后文我们将会看到，普罗透律特摩斯这个名字表明这种崇拜仪式属于俄耳甫斯教，而且从这些规定可以看出，这是彻底的俄耳甫斯教，而不是狄俄尼索斯教，因为其中规定参加仪式的人必须遵守秩序、保持安静："在献祭的场所，谁也不得嘈杂、鼓掌或者唱歌，但每个人要按照自己担任的角色说应说的话，并且按照祭司的指导，用安静、有秩序的方式来进行所有的活动。"有一条规定更重要也更有趣：如果哪一位成员在仪式上喧哗，那么由祭司指定的一位官员就会用酒神杖对准这个不守规矩的成员。如果祭司决定把他赶走，那么这个受到警告的人就必须离开宴会厅。如果这个成员拒绝离开，由祭司指定的"马人"就会将他抬出门外。这样，在俄耳甫斯教的这种仪式上，酒神杖就不再是狂欢和放纵的标志，而是秩序、规矩的标志。

我们强调这种仪式的安静和秩序，因为这是俄耳甫斯教的主要特征。但是重要的是，在狄俄尼索斯崇拜中有这样一种因素，即崇拜者相信自己等同于神、自己就是神的化身。"酒神的狂女"（Bacchae）一词是我们所熟悉的，我们对它是如此熟悉，以至于忘记了它的全部含义。然而，在欧里庇得斯那部戏剧中，我们看到的不仅有酒神的狂女——那些被酒神附体的女人，而且还有一个巴克斯，他的作用是毫无疑问的。作为崇拜者的一员，他就是酒神的化身。有关附体和化身的教义是相互补充的，神可以变成人，人可以变成神，但是酒神崇拜特别强调人可以变成神这一方面。应该注意到，在剧中，巴克斯出现的方式具有俄耳甫斯教的特点。这个英俊的陌生者特别安静，这种具有魔力的安静激怒了彭透斯，就像俄耳甫斯激怒迈那得斯们一样。真正的老布洛弥俄斯是在火和雷电中出现的，是在剧终的疯狂中作为一个公牛神出现的。

神灵附体的原始教义源于醉酒，在某种程度上也源于具有哑剧性质的仪式。这种教义似乎几乎注定要衍生出一种更高、更具精神实质的意义。我们已经看到，狄俄尼索斯的疯狂包括缪斯女神和阿佛洛狄忒的疯狂。但是，这种教义要真正在精神上向前发展，似乎需要一个在精神上具有洞察力、有着圣人般气质的人，需要一个像俄耳甫斯一样的人。俄耳甫斯迈出的具有重要意义的一步就是,他保持了人可以变成神这一古老的酒神崇拜的信仰,同时,他也改变了人们关于神的观念,而且他通过各种方式维持那个古老的神祇。他追求的不是肉体上的醉,而是精神上的迷狂。为此,他所采取的方式不是醉酒,而是节制(包括戒酒)和各种净化仪式。

正如我们所预期的那样,所有这些都是为后面的讨论做铺垫。后文我们在考察俄耳甫斯教的仪式以及俄耳甫斯教的各种文献时,这一切都将得到更好的证明。在讨论这些内容之前,有必要强调一点:对正统的希腊宗教信仰来说,相信人有可能过上神圣的生活这种信仰是一种新的宗教原则。

希腊正统的拟人的古老宗教把众神塑造成人的形象,但是希腊人在把神造出来后,就让他们高高在上,和人有着明显的区别,在教义中从来没有明确表示、在仪式中也从来没有暗示过人可以变成神。不仅如此,人们对这种观念一再提出激烈的反对。在希腊人看来,即使是企图变得像神一样也是一种罪恶,这种罪恶肯定会招致神的报复,因为这是一种"傲慢"的表现。

品达的著作充满了对绚丽、甜美的人间生活的赞美,但同时也包含着许多无法克服的局限。他总是警告人们不要做出任何逾越界限的傲慢无礼的蠢事。他对某个人说:"你千万不要试图变成神。"又对另一个人说:"凡人的事最适合自然地消亡。"① 正是由于这种局限,正是由于他总是反对任何精神上的真正追求,所以品达的作品完全缺乏具有活力的宗教信念,尽管他是个虔诚、正统的人。虽然在某些关于来世的信条上他信仰俄耳甫斯教,但是他内在的唯物主义倾向使他与俄耳甫斯教的真谛犹如隔着一层纸,而且他还把俄耳甫斯教这种新的信仰转变成另一种世俗的东西。在他的身上体现了"认识你自己"和"不过度"这样的教条。

---

① 品达:《奥林波斯颂》,V,24。

他说:"凡事都要根据自己的情况而定。"① "我们可以向众神索取适合凡人的东西,前提是我们知道这些东西就在脚下,而且我们懂得自己的身份。你和我都是凡人,因此千万不要奢望那种只有不死的神才能过的生活。然而,你可以尽情地喝自己有的、能够得到的酒。"② 这种话是以宗教的名义说出的,但它与宗教完全是背道而驰的。品达如此一再地强调这种世俗的观念让我们感到厌烦。如果我们把他比喻成一只笼中鸟,那么他根本不会用自己的翅膀拍打鸟笼的框条,他是太热爱他所处的那镀金的鸟笼了。在他看来,众神只是人类生活的华丽背景。但是,由于他是无与伦比的诗人,有时他也意识到一种突如其来的荣耀之光,那几乎是木偶戏带来的舞台效果。这一光芒让他也让我们激动得屏住呼吸。但我们立刻又看到他那种习惯性的警告:不要像坦塔罗斯和柏勒洛丰一样,这些人"好高骛远"。他记得的只有一点(同样也许是因为他是诗人),这就是长着翅膀的飞马珀伽索斯"永远住在众神的马厩里"③。

可见,俄耳甫斯教的基本教义就是:人可能获得一种神圣的生活。有人说,狄俄尼索斯崇拜对希腊宗教的巨大贡献就是它带来了永生的希望。毫无疑问,信奉俄耳甫斯教的人相信来世,但这种信念只是他们的宗教的重要部分,而不是它的实质。永生、永恒是众神的特征,正如索福克勒斯所说:

> 我们都会遭受时间老人带来的困苦,
> 老龄和死亡会降临到每一个人的头上,
> 只有天上的众神是例外。④

---

① 《皮提亚竞技会》,II,34。
② 《皮提亚竞技会》,III,59。
③ 品达:《奥林波斯颂》,XIII,92。
④ 索福克勒斯:《俄狄浦斯王》,607,吉尔伯特·默里译。

由此可见，成为一个神似乎就等于达到永生的境界。然而，俄耳甫斯教的优点之一是：目的使手段完全显得无足轻重。俄耳甫斯教徒最关心的是此刻就变得神圣，这一境界只有通过彻底的净化才能达到。在《酒神的伴侣》中，狂女们的合唱歌中充满了对净化的强烈渴望。在整部戏中没有一个字提到对永生的希望，甚至没有对永生的希望的暗示。我们将会看到，神圣化、完全的净化是俄耳甫斯教的基调，是俄耳甫斯教仪式的目标。①

---

① 禁欲主义是一切宗教的基本因素，关于这一点，参见本人的《再论希腊宗教》，第3章。

第十章　俄耳甫斯教的秘密祭典

生食肉类

现存关于俄耳甫斯教的仪式的最重要的文献是欧里庇得斯《克里特人》(*Cretans*)的残篇，这个残篇保留在珀斐里的著作《论戒食肉类》里——珀斐里说他"几乎已经忘记要提及"这一残篇。

阿里斯托芬在其作品中提到"克里特人的挽歌和邪恶的婚姻"[1]，从中似乎可以看出，《克里特人》可能描写的是帕西淮(Pasiphaë)的不幸婚姻[2]。据珀斐里说，这个保存下来的残篇是剧中的一段合唱歌，歌队是由克里特的祭徒组成的，这段合唱歌是他们来到弥诺斯的宫殿时唱的。可能他们是来为宫殿举行净化仪式，以消除它不久前遭到的玷污。

在这段合唱歌中，祭徒们通过首领的口详细、明确地描述了这种信仰，让我们知道了他们的仪式所包括的内容——一个人在接受这种仪式后就成了"巴克斯"。祭徒们接着说了这个人从此以后必然会过上什么样的生活。尽管我们使用的资料是一段诗歌，但是我们从中可以了解到，要成为一个"巴克斯"，并不仅仅是在山上充满激情地跳舞就够了，他要做的事还有很多——这也许会让我们感到吃惊。以下是这位首领所说的那段话：

---

[1] 阿里斯托芬：《蛙》，849；另见诺克的有关评注。
[2] 最近发现的《克里特人》的另一段残篇证实了这一点，见 *Berliner Klassikertexte*，1907年，p.73。这个残篇包括了帕西淮的一段话，她在这段话里责怪弥诺斯，并把自己的灾难归咎于众神的意志，其中的第38行似乎提到生食肉类的习俗。

> 欧罗巴的堤里安家族的主人，
> 宙斯的后代，你掌管着
> 克里特上百个城堡。
> 我在那昏暗的神庙里寻找你，
> 支撑神庙屋顶的是那雕梁画栋，
> 所有柏木都是用铁钉钉牢，用野牛血黏合，
> 在那里有一条清澈的溪流，
> 因此是那样完美、那样牢固。在那里有一条清澈的溪流，
> 我在水中度过了一些日子，
> 我要成为伊得山的宙斯的仆从。
> 半夜里，我在扎格柔斯漫游的地方漫游，
> 我已经听到过他的雷鸣，
> 参加了他那流着鲜血的盛宴，
> 高举过大神母的放在山上的火把。
> 我已经获得自由，从此成为
> 披着铠甲的祭司们的巴克斯。
> 我穿上洁白的长袍，彻底消除了
> 与生俱来的污秽，也不再受到坟墓污泥的沾染，
> 我也早已戒绝
> 从前习以为常的肉食。[①]

我们有必要对这段话进行详细的讨论。

这位祭徒首领首先坦承"要成为伊得山的宙斯的仆从"。值得注意的是，虽然祭徒将成为"巴克斯"，可他却承认自己将是伊得山的宙斯的仆从。显然，这个伊得山的宙斯就是扎格柔斯，即神秘的狄俄尼索斯。作

---

① 欧里庇得斯：残篇，475。见珀斐里：《论戒食肉类》，IV, 19, 吉尔伯特·默里译。

为后来者，宙斯取代了原先的崇拜对象，我们在讨论了秘密祭典的仪式之后将能够更清楚地看到这种做法的本质。

从某种意义上说，宙斯取代了扎格柔斯，但只是继承了他的本质，这一点我们在讨论宙斯·梅利克俄斯时已经论及。当神学、哲学和诗歌都倾向于一神论的时候，这种融合很容易发生，而且也经常发生。在亚历山大的克雷芒保存的欧里庇得斯的另一个残篇里，我们就可以看到这样一个一神教的神，这个神其实是普路托斯，他是宙斯和哈得斯的混合体，人们是用祭祀地神（earth-god）的仪式来祭祀他的：

> 万物的主宰，我给你带来了奠酒
> 和蜂蜜饼。不管人们
> 如何称呼你，是哈得斯还是宙斯，
> 我给你献上的是无火的祭品，是大地的产品。
> 你尽管把这些祭品拿去吧，
> 因为你是天神们的君主，
> 同享宙斯的节杖，
> 和哈得斯一起共同统治冥界的众多王国。①

有人推测这个残篇也是出自《克里特人》，但我们没有确凿的证据证明这一点。克雷芒在引述这个残篇时说："作为舞台上的哲学家，欧里庇得斯像猜谜一样悟到了圣父和圣子其实是一个神。"欧里庇得斯之前的另一位哲学家也悟出了同样的道理，他就是俄耳甫斯，只不过他把圣父和圣子命名为巴克斯，而且特地把圣子称为扎格柔斯——这一点对我们的研究尤为重要。

在讨论狄俄尼索斯的各种别名时，我们说过，之所以称他为布洛弥俄斯、布拉伊特斯、萨巴最俄斯，是要表明他是醉酒之神、激情之神。

---

① 欧里庇得斯：残篇，904。见亚历山大的克雷芒：《斯特洛马式》，V，p.688。

我们直到现在才讨论扎格柔斯这一名称，因为这是俄耳甫斯教特有的名称。扎格柔斯是秘密祭典之神，只有把他和俄耳甫斯教的仪式联系起来，我们才能理解这个神的全部含义。

扎格柔斯是一个神秘的孩子，由枯瑞忒斯保护，后来被提坦神撕成碎片。在文献中，最早提到他的是一部被称为《阿尔克迈翁》(Alcmaeonis)的史诗中的一句话："神圣的大地和众神中最伟大的扎格柔斯。"①

扎格柔斯这一名字并没有出现在荷马史诗里，因此我们也许会认为，史诗作家们完全不涉及神秘主义。假如《阿尔克迈翁》没有失传，也许我们就有机会修正这一看法了。这部史诗的题材肯定是关于一个巨大的罪恶以及为消除这一罪恶而进行的各种净化活动的。前文已经说过，阿尔克迈翁的传说基于一种奇怪的玷污的观念，但它在后来的演变过程中可能很容易受到俄耳甫斯教的影响。扎格柔斯很少出现在文学作品中。从本质上说，他是一个仪式性的人物、一种崇拜的中心，而这种崇拜如此原始、野蛮，以至于文明的文学家出于本能把他忽视了，即使提到他，至多也是把他刻画为形象模糊的哈得斯。

但是，扎格柔斯在宗教中的地位就重要得多。人们非常清楚，在宗教上，尽管狄俄尼索斯作为醉酒之神是以布洛弥俄斯、布拉伊特斯、萨巴最俄斯的形象出现的，但更重要的是，狄俄尼索斯还以扎格柔斯、尼克特利俄斯、伊索代特斯②的形象出现。俄耳甫斯教徒直面他们自己的宗教信仰中最野蛮的成分，并且就神学而言，他们不仅把这些成分变成模糊的一神教，而且就崇拜仪式而言，还把它们变成能够净化精神的高层次的圣餐。这种仪式的主要特点是"流着鲜血的盛宴"，下面我们就来考察这一仪式。

祭徒在那段话中说到"我已经参加了他那流着鲜血的盛宴"，他说的是仪式的第一项活动。在克里特，人们祭祀时使用的祭牲是公牛。

---

① 见 *Etym. Gud.*, p.227。词典学家认为这个题目的意思是"伟大的猎手"，但在仪式上，扎格柔斯不是猎手，而是追逐的对象。
② 普卢塔克: *de Ei*, IX。

祭徒来自伊得山的宙斯的神庙。人们在建造这座神庙时使用牛血作为黏合剂。① 也许这意味着，人们在奠基时宰杀了一头公牛，并把它的血和灰浆混在一起。不管如何，这都表明了与公牛崇拜的联系。克里特有名的神秘魔怪就是人身牛首的米诺托。由于外来征服者的误解，帕西淮的传说已经被赋予了野蛮的内容，但是透过这个传说，我们几乎可以肯定，人们曾经举行过某种神秘仪式，内容是模仿帕西淮与某个原始的牛头神的神圣婚姻。这一原始的神祇不一定是从色雷斯传入的，每一个地方都有本地的动物形象的自然神。以公牛形象出现的狄俄尼索斯从色雷斯来到克里特后，发现那里也有一个和他一样面目狰狞的神。

在一个印章图案上就有这种相貌古怪的神。图144就是这样一枚奇特的印章，该印章是亚瑟·埃文斯先生在克诺索斯发现的。② 在图中，那个相貌古怪的神坐在他的宝座——一张轻便的折凳上，在他的面前站着一个人，很可能是一个崇拜者。这个魔怪是一个神，这一点看来是可以肯定的，因为他是坐着的。但至于他是不是一个公牛神，则不是很肯定。雕刻家没有清楚地刻画这个神的头部，因此我们不能肯定他要刻画的是什么动物。他显然没有角，但蹄和尾巴似乎说明他是一头公牛。霍加特先生在扎克罗（Zakro）发现了大量印章③，从这些印章的图案可以看到，在克里特，这种奇怪的图案是相当普遍的。在这里，人和动物之间的界线很模糊。霍加特先生认为，这些印章大部分与宗教崇拜没有任何关系。在他看来，它们是艺术品，图案上的魔怪"纯粹出于人们的

图144

---

① 欧里庇得斯：残篇，476。
② A. 埃文斯的论文，《雅典不列颠学院年鉴》第7卷，p.18，图7a。
③ D. 霍加特的论文，《希腊研究》1902年第22卷，p.76及图版 VI—IV。

想象"。但是他也认为一些刻有米诺托图案的印章属于例外。米诺托被刻画成一个长着牛角、牛耳、牛尾巴的魔怪,但显然他有着人的躯体、手臂和大腿。像图144中的魔怪一样,这个米诺托也是坐着,但他却像人一样把左腿弯起搭在右膝上,那双人手则伸展着。

根据传说,米诺托每年都要人们用人作为祭牲献祭他。我们知道,克里特人在祭祀公牛神时所举行的仪式包括肢解一头公牛并吃掉牛肉。人们怀疑在这种仪式的背后隐藏着杀人祭祀的传统。

那个克里特的祭徒承认,他已经参加了"生肉盛宴"。传统上,人们在举行酒神崇拜的仪式时,要参加某种生肉盛宴,作为仪式的一部分。从欧里庇得斯在作品中让迈那得斯所说的话中可以清楚地看到这一点:

> 被撕碎的山羊的血,
> 像红色的喷泉一样欢快地流着。

无疑这里说的就是这种生肉盛宴。

这种令人恐惧的仪式包括把已经宰杀的牲畜撕裂,其目的无疑是尽可能地获取处于自然状态的肉,因为血就是生命。普卢塔克坚决反对某些狂欢秘祭的做法,他在自己的著作中把两种仪式"吃食生肉"和"撕裂祭牲"放在一起描述。他说:"吃食生肉和撕裂祭牲的仪式是在一些节日里进行的,或者在举行献祭时进行,这是一些不吉利的日子。在这些日子里,人们要进行斋戒,要驱赶牲畜。人们在举行这些仪式时狂呼乱叫,说的是亵渎神灵的粗话,个个摇摆着脖子疯狂地奔跑。"接着他解释说,他认为这种仪式不是为纪念神而举行的,"这是人们为驱除某些捣乱的魔鬼而举行的安抚仪式。古时候,人们在举行这种仪式时是用活人作为祭牲的"。[①] 普卢塔克的话很像是对我们正在讨论的俄耳甫斯教的仪式

---

① 普卢塔克: *de defect. orac.*, XXII.

所作的评论。他提到了斋戒、可怕的生肉盛宴，他还看出了其中包含的原始的"驱邪"仪式，但是没有看到参加这种仪式的人的热情所具有的意义，也没有看到这种神秘祭典的意义。

如果说对宗教充满同情的普卢塔克对这种野蛮的仪式感到恐惧的话，基督教的神父们却为此而感到高兴——这是对神的不敬。以下是一段不可忽略的反对异教信仰的话，尽管我们不愿意，但还是禁不住同意其中的观点。克雷芒公开宣布："我绝不参加你们那些秘密祭典的舞蹈，虽然他们亚西比德参加过，但我会把那些人的衣服剥光，然后把他们放到开放的人生舞台，让那些观看真实戏剧的人都能看到。巴克斯们为纪念一个疯狂的狄俄尼索斯而举行狂欢活动，通过吃生肉的方式来庆祝一种神圣的疯狂。在仪式结束时，他们每个人都可以分到一份祭牲的肉。他们还把蛇缠在头上，大声地喊出埃娃（Eva）的名字，这个埃娃就是后来的夏娃（Eve），就是她把罪恶带到人间的。他们纪念酒神的狂欢活动的标志就是一条圣蛇。"① 他还说："狄俄尼索斯的秘密祭典根本没有人性，因为在他还是个小孩的时候，全副武装的枯瑞忒斯们就在他的周围跳着舞蹈，但是提坦神们还是偷偷地靠近了他，并且用玩具哄他，把他骗走，最后把他撕成碎片。"②

阿诺比乌斯借口纪念酒神的狂欢活动太恐怖了，因此他只好略去不提，接着他却描述了那些令人作呕的细节："希腊人把这些仪式称为'生肉盛宴'，在这种仪式上，人们装成疯疯癫癫的样子，把蛇缠在头上。此外，为了显示自己得到了神的启示、具有了神的威严，人人都大口大口地吃着血淋淋的山羊内脏，那些即将被宰杀的山羊发出恐惧的叫声。"③ 温和的素食者珀斐里知道，传说在开俄斯岛（Chios）有一个狄俄尼索斯叫作俄马狄俄斯（Omadius），这一名字的意思是"食生者"，人们在祭祀

---

① 亚历山大的克雷芒：《规劝书》，II，12。
② 亚历山大的克雷芒：《规劝书》，II，17。
③ 阿诺比乌斯，V，19。

他的时候必须用活人作为祭牲，在祭祀仪式上，这个人被撕成碎片。[1] 伊斯特罗斯说，在古时候，枯瑞忒斯们用小孩作为祭品献给克洛诺斯。[2] 人们用活人献祭克洛诺斯并不奇怪，但这里提到了枯瑞忒斯，而且是在克里特举行的秘密祭典，这一切表明人们真正献祭的神是扎格柔斯。

为了纪念某一个狄俄尼索斯，人们用活人、山羊、牛犊作为祭牲进行献祭，把祭牲撕成碎片，并生吃祭牲的肉。这种传说版本很多，但都模糊不清，其中内容比较清楚而且指明是克里特人的仪式的文献，也是由一位叫弗米科斯·马特努斯（Firmicus Maternus）的基督教神父留下的。他所描述的庆典像传说中的那些庆典一样，也是为纪念狄俄尼索斯而举行的，而且这种庆典是每两年举行一次的。

弗米科斯按照他那个时代的方式首先对克里特一位国王的儿子的死亡进行了详细的、纯属推源性的叙述。据说为了平息这个王子的愤怒，克里特人创立了一种仪式："克里特人举行了一些仪式来纪念这个死去的孩子，仪式上的各项活动的顺序完全模仿那个孩子受难的经历。"这些仪式包括模仿孩子摆弄玩具、接着被提坦神惊吓的情景。很可能最初人们在举行这种仪式时真的把一个孩子杀死并将其撕成碎片，但是，在弗米科斯描述的仪式上，替代活人作为祭牲的是一头公牛："他们用自己的牙齿活活地把一头公牛撕成碎片，然后在森林的某个秘密的地方狂呼乱叫，模仿一个愤怒的人的疯狂言行。"[3]

弗米科斯的描述显然不太准确，这就使得他的说法不能让人信服。在举行过用牙齿把一头公牛活活咬死[4]的宗教仪式之后，能够生存下来

---

[1] 珀斐里：《论戒食肉类》，II，55。
[2] 关于珀斐里《论戒食肉类》（II，56）的评注。克雷芒在他的著作（《规劝书》，III，4）里说，克里特的一个部落吕克伊人（Lyctii）用活人献祭——这引用的是安提克莱德斯（Antikleides）在其著作里的说法。
[3] 弗米科斯·马特努斯：*de err. profan. relig.* C. 6.
[4] 如果有人认为用牙齿把牛活活地撕成碎片是可信的，那么，在看了农努斯（Nonnus）的描述后（见《狄俄尼索斯纪》，VI，205），他应该放弃这种看法了。农努斯说，以公牛形象出现的狄俄尼索斯是被人们用刀子剁成碎片的，因为用刀子更省事得多。

的崇拜者不会有几个。然而，正是由于这种夸张，我们就不必怀疑存在宰牛献祭这样的仪式，也不必怀疑有过把牛撕成碎片并生吃牛肉的现象——尽管不是在牛还活着的时候。牛是在这个有关那个王子的推源性故事的中途很蹊跷地出现的，因此我们也许可以确定，这一有关某个过去曾经有过的仪式的描述是可靠的。

公元4世纪西奈山（Sinai）的一位名叫圣尼鲁斯（S. Nilus）的隐士留下了一段关于当时阿拉伯人宰杀骆驼献祭的描述，这一文献在某种程度上能够帮助我们了解那种可怕的生肉盛宴是如何进行的，同时它对我们了解这种仪式的意义大有帮助。圣尼鲁斯有大量的空余时间，看来他是花了其中的一些来对他周围这些异教徒的仪式和习俗进行详细的考察。非常可惜，在他的《纪事》（Narrations）里，他没有对自己的观察进行更多的记录。西奈山附近阿拉伯人的游牧生活给他留下了深刻印象，他在书中说，他们不从事贸易、艺术，也不进行农业生产。如果没有别的食物可吃，他们就宰杀骆驼。他们在烹煮驼肉时，不会煮得很烂，能够用牙齿撕咬就行。他们不信神，不管是精神上的信仰，还是崇拜用手塑造出来的偶像。但是，当晨星升起的时候，他们就为它举行献祭仪式。他们特别喜欢选用青春年少、相貌英俊的男孩作为祭品，然后在一堆乱石上把他们杀死。他动情地说，他们这种做法引起了他的极大忧虑，他非常担心他们会看上一个已经皈依基督教并且和他在一起的英俊少年，担心他们会把"他那纯洁、可爱的身体献给那些肮脏的魔鬼"。然而，他接着说："当再无少年可用作祭品的时候，他们就挑选一头白色骆驼，要不就是用一头没有瑕疵的骆驼顶替。他们让骆驼跪下，然后绕着骆驼走三圈。仪式上，指挥合唱和游行的人要么是他们的一名酋长，要么是一位特别受到尊敬的祭司。在绕着骆驼走了三圈之后，在崇拜者们唱完歌之前，也就是当他们还在唱最后一句的时候，他便抽出利剑，猛击骆驼的颈部，然后急切地喝着骆驼的鲜血。其他人也冲上来，利用刀子，有的割下一小块连着驼毛的皮，有的趁机尽可能多地砍下骆驼肉，有的取出内脏。这样,在太阳升起之前,祭牲的一切都被吃掉了。他们甚至连骨头和骨髓也不放过,用自己的耐心和毅力啃掉难啃的骨头。"①

圣尼鲁斯的叙述非常清楚地道出了这一仪式的要点:崇拜者的目的是趁祭牲的生命之血还热的时候把祭牲吃掉。罗伯逊·史密斯教授指出,生肉在希伯来语和叙利亚语中被称为"活着"的肉。因此,所有参加仪式的人就以这种最直接的方式分享了祭牲的生命。

由此可见,崇拜者们吃的是生的牛肉,而不是活着的牛。这样,弗米科斯的话就不难理解了。原始人希望自己获得的魔力——不管是什么样的魔力——尽可能新鲜。也许最初人们吃掉公牛的目的是汲取它的力量,而不是把这一活动当作圣餐。

通过吃掉动物来吸收它的精华,这是一种显而易见的原始逻辑,无须我们做更多的解释。没有受过教育的希腊人,甚至是希腊的神职人员还没有超越这一通过吃生肉获取原始魔力的阶段,从珀斐里的一段话中可以清楚地看到这一点。珀斐里想要证明,人们相信人的灵魂受到其他动物的某些器官的影响或者吸引,他说许多事实能够证明这种信仰。他说:"至少那些想获取具有预言能力的动物的魔力的人会吃掉它们最重要的器官,比如乌鸦、鼹鼠、鹰的心脏,因为这样做他们就可以拥有这些动物的魔力,从而能够像神一样做出预言。当他们把这些器官吃到体内时,神同时就进入了他们的体内。"② 如果吃了鼹鼠的心脏能够让人具有透视黑暗事物的能力,那么,可以预料吃一块生牛肉的作用会有多大。我们可以非常容易地看出,这种原始的圣餐理论后来演变为更高层次的圣礼主义,演变为一种信仰,即通过分享一种神圣的动物③,人们就可以从精神上享有神的生命,因为神的生命已经进入人的体内,这样人就和神

---

① 圣尼鲁斯:《纪事》,III,28。我是从罗伯逊·史密斯教授的《闪米特人的宗教》(p.320)中发现圣尼鲁斯的这一文献的,但由于这段记录和弗米科斯的记录一样有着特别重要的意义,因此我没有引用史密斯教授的概括性文字,而是直接翻译引用了圣尼鲁斯的原文。
② 珀斐里:《论戒食肉类》,II,48。
③ 诚如 R. A. 尼尔先生指出的,狄俄尼索斯的别名之一——"埃拉菲俄特斯"(Eiraphiotes)在词源上相当于梵文的 varsabha(公牛)。见《金枝》第 2 版第 2 卷,p.164。

合而为一。俄耳甫斯教的使命就是促成这种神秘的转变。

既然色雷斯的酒神的伴侣们曾经把山羊活活地撕成碎片，而在历史上的某个时候，克里特人有生吃牛肉的习俗，因此我们不必推断说这两种做法当中有哪种在文明的雅典流行过。在那里，肯定有过生吃牛肉的人。这种观念一定是人们所熟悉的，要不然它就不会成为阿里斯托芬喜剧里的一个笑话。喜剧《蛙》有这样一个情节：那些参加过启蒙仪式的人被要求离开，其中包括"从来没有被吃生牛肉的克拉提诺斯（Kratinos）训练过的人，也就是从来没有和他一起参加过神秘的狂欢活动的人"①。到了伯里克利时代，狄俄尼索斯崇拜中的生食仪式在雅典一定被中止了。尽管如此，虽然文明人通常对生肉望而却步，然而，近在眼前的危险往往会激发人的野性，因此，即使是文明人对狄俄尼索斯·奥墨斯忒斯也重新燃起了信仰之火。所以，关于人们在危急关头用活人献祭的故事又流行起来，并被认为是真实的。普卢塔克在叙述萨拉米斯之战前夕发生的事情时是这样说的："正当忒弥斯托克勒斯在船长的三层船的旁边主持祭典、等待征兆的时候，人们把三个美貌绝伦的俘虏带到他的身边。这些俘虏都穿着华丽的衣裳，戴着黄金首饰。他们被认为是阿耳泰克忒斯（Artaÿktes）和珊道克（Sandauke）的儿子，而珊道克是薛西斯的姐姐。当占卜师欧佛兰提得斯（Euphrantides）看见这三个俘虏，同时还看到一道耀眼的光芒从正在燃烧的祭牲中升起，与此同时，右边有人打了一个喷嚏——这是一个征兆。占卜师抓住忒弥斯托克勒斯的手，请求他把这三个青年全部作为牺牲献给狄俄尼索斯·奥墨斯忒斯，然后进行祈祷。占卜师说只有这样才能确保希腊人的安全和胜利。这一突如其来的奇怪征兆让忒弥斯托克勒斯大吃一惊，这种事在出现危机和困境的时候常常会发生。然而，那些人希望通过非理性的方式而不是通过理性方式得到拯救，他们一边一齐高声召唤神，一边把那三个俘虏带

---

① 阿里斯托芬：《蛙》，355。

上祭坛，并要求立即按占卜师所说的那样去做。这个传说是由勒斯波斯人法尼阿斯（Phanias）记录下来的，这位哲学家在历史方面也有很高的造诣。"[1] 法尼阿斯生活在公元前4世纪，普卢塔克显然把他看作可以信赖的权威。但我们所看到的他的著作的残篇都属于轶事趣闻一类的东西，而有关忒弥斯托克勒斯的传说一定是源自与他作对的人。因此，他的描述至多只能证明，公元前4世纪的希腊人认为用活人——特别是野蛮人——作为祭品来献祭的事有可能发生过，这是他们所知道的令人恐惧的事之一。

克里特人把牛撕成碎片并生吃牛肉，在这种原始的仪式背后，必然还有比这更野蛮的仪式，那就是用小孩献祭的仪式。大英博物馆收藏有这样一个花瓶，上面的图案刻画的就是一个色雷斯人用牙齿撕咬一个已经被杀死的孩子，与此同时，狄俄尼索斯神——也许我们应该说扎格柔斯——就站在一边，眼里露出赞许的神情。[2] 由于画面令人作呕，在此我们就不必把它复制出来了。这幅花瓶画并不足以证明孩子被杀死并被吃掉了，但是它表明，公元前5世纪的这位瓶画家相信这种做法对于崇拜色雷斯的神是适合的。

埃利安有一段关于特涅多斯（Tenedos）居民献祭狄俄尼索斯的非常有趣的描述，它有助于我们了解人们是如何从用活人献祭发展到用动物献祭、从用小孩献祭发展到用公牛或小牛犊献祭的。埃利安在他的《动物的本性》（*The Nature of Animals*）中是这样说的："古时候，特涅多斯人为了祭祀狄俄尼索斯，通常要挑选一头最好的怀孕母牛进行精心的饲养。母牛分娩后，嘿，他们就像照料产妇一样照料她。但是，他们要用

---

[1] 普卢塔克：《忒弥斯托克勒斯传》，XIII。此外，还有一个类似的传说，据认为是库兹科斯的历史学家涅安特斯（Neanthes）记录下来的，说的是当厄庇墨尼得斯"正在用人血净化阿提刻的时候"，一个名叫克拉提诺斯的年轻人提出愿意充当祭牲。但是，阿提尼俄斯在他的著作（XIII, 78, p.602）里记录下了这些可能是杜撰的传说，他还说他知道波勒蒙说过这个故事是虚构出来的。
[2] 塞西尔·史密斯先生发表了这幅瓶画，并结合扎格柔斯的神话对它进行了讨论，见《希腊研究》，1890年，p.343。

那头新生的小牛犊作为祭牲,之前他们给它穿上了半高筒厚底靴。是的,在举行那个神圣的仪式时,有一个人用斧头把小牛犊砍死,接着人们向他投掷石头,那个人为了逃难只好奔向大海。"[1] 从这段话我们几乎可以得出一个必然的结论:这种献祭是对远古时代人们用小孩祭祀这一做法的回忆。小牛犊取代了小孩,但献祭依然被安排得尽可能富于人性。而且,尽管负责宰杀小牛犊的人必然要杀死它,但他还是被认为犯下了某种罪行。不管如何,有一点是很清楚的:小牛被当成了小孩。对原始人来说,人和动物之间的界线是变化不定、模糊不清的。

那个祭徒还把他的生肉盛宴和他对扎格柔斯的敬奉联系起来:

我在扎格柔斯漫游的地方漫游,
我已经听到过他的雷鸣,
参加了他那流着鲜血的盛宴。

接下来,我们要详细讨论的就是神圣的扎格柔斯的传说的重要性。

迪奥多罗斯在其著作中清楚地指出,扎格柔斯的传说及有关的仪式源于克里特,而且跟俄耳甫斯有联系。在描述狄俄尼索斯的各种形象时,迪奥多罗斯说:"他们声称这个神(扎格柔斯)是宙斯和珀耳塞福涅在克里特生下的儿子,俄耳甫斯在秘密祭典中再现了他被提坦神撕成碎片的情景。"[2]

当一个民族在文化上已经超越了他们的原始仪式时,当这个民族对自己不得不做的事感到羞耻,或者至少感到有点儿焦虑时,他们就会本能地求助于神话,求助于他们的神学,并且说古时候人们就是这么做的,或者众神有过这样的遭遇。扎格柔斯这个复杂的神话就是这么诞生的。

---

[1] 埃利安:《动物的本性》,XII,34。
[2] 迪奥多罗斯,V,75.4。

很难准确地说这个神话最初是何时形成的，我们是通过晚期作家的著作了解到它的完整形式的。① 这个神话很可能已经被一再修改，以适应不同时代的精神要求。克雷芒及其他作家讲述的神话大体如下：有一个婴儿神，他有时被称为狄俄尼索斯，有时被称为扎格柔斯；他受到枯瑞忒斯（或称为科律班忒斯）的保护，他们全副武装，围着他跳舞。提坦神们为了将他毁灭，便想方设法把他拐走，于是就用这些玩具来引诱他：一个松果、一个陀螺、赫斯珀里得斯姐妹的金苹果、一面镜子、一块膝节骨、一撮羊毛。关于他们用来引诱他的玩具，各人列举的不尽相同。② 提坦神把他骗走后，立即向他发起袭击，并把他杀死，然后对他进行肢解。有些文献还补充说，提坦神把他的四肢煮熟，然后吃掉。宙斯向提坦神抛掷雷电，并把他们遣到塔耳塔洛斯去。根据一些作家的说法，雅典娜救出孩子的心脏，她把它保存在一个圣箱里。人们用石膏做了一个假人，然后把那颗得救的心脏放进假人里，于是孩子便复活了。在德尔斐的影响下，这个故事由于加上了下面的细节而变得更加完整：这个被肢解的婴儿神散落在四处的四肢被收集在一起，并被埋葬在德尔斐的阿波罗神庙里。

显然，这个可怕而又复杂的神话完全是推源性的，整个故事的核心就是其中的仪式：一头用作祭牲的公牛（也可能是一个小孩）被撕成碎片，它的肉被吃掉。是谁把它撕成碎片的？事实上是它的崇拜者。然而，这些喜欢编造神话的人总是说这是从前就有的先例。如果原始的神话家的思维还有一贯性的话，我们得到的回答就应该是："是一些神圣的人或神。"然而不是这样。从某种意义上说，崇拜者相信这头用作牺牲的公牛是神圣的，但是，当他要面对肢解一个神这样的观念时，他退缩了。这

---

① 阿贝尔（Abel）在他的《俄耳甫斯教》（p. 230 以下）中全面地收集了散见于各种文献里的扎格柔斯神话。这些文献记录似乎都是基于一首或多首失传的、据称是俄耳甫斯创作的诗歌，克雷芒在其著作的一个章节中曾引述过其中的两句。
② 在此我们不可能——讨论这些神圣的物品，也许其中最有趣的就是那块菱形响板，如今那些没开化的部落依然在使用这种响板。对于它的作用，弗雷泽博士最近在他的论文《论澳洲中部各部落的宗教仪式》（墨尔本，1900 年）中提出了新的看法。

一可怕的行为是那些原始的坏人干的。那么,他为什么要模仿原始人?这个问题他可从来没有想过,因为要是提出这样的问题,就意味着不会虔诚地遵守古老的传统,而传统的力量总是比理性的力量强。于是,他便继续编织他那张推源性的网。他吃了公牛的肉,那么那些坏心眼的提坦神就肯定是把神吃掉了。然而,既然他们是坏蛋,就肯定受到了惩罚。在这种问题上,原始神学总是那样的不留情面,这样便出现了他们被宙斯用雷电杀死的场面。

当然,还要编造出其他的仪式性细节。那些枯瑞忒斯——全副武装的克里特祭司——要在当地打一场仗,或者要跳一种神秘的舞蹈。他们被说成是那个神圣的孩子的保护者。那些神圣的物品被装进圣箱里,这些神圣的东西具有神奇的魔力,能够促进丰产,等等。某个有创见的人看出了这些东西可以发挥一种新的作用,于是它们的名声便增加了不少:它们成了提坦神用来诱拐那个神圣的孩子的玩具。人们自然会问:为什么提坦神被刻画成入侵者呢?当然,他们通常是跟奥林波斯神作对的,但是,在这个儿童时代的狄俄尼索斯的故事里,他们的出现还是有点像晴天霹雳。甚至他们的名字似乎也是推源性的,在这一名字背后隐藏着一种奇特的仪式。

农诺斯的《狄俄尼索斯纪》很有价值,因为他在其中记录了这种仪式的起源。这本书的内容不时表露出作者受到了俄耳甫斯教的影响。我们从该书的许多章节[①]了解到,按照惯例,祭徒要往自己身上涂一种白色黏土或者石膏。石膏是在秘密祭典上经常用到的东西,因此农诺斯时常把它称为"神秘之物"。往身上涂黏土是一种仪式性的行为,因而有专门的术语来描述这种行为,即"涂抹",大体相当于"净化"。哈波克拉提恩有一个关于"涂抹"($\dot{\alpha}\pi o\mu\acute{\alpha}\tau\tau\omega\nu$)一词的有趣的注解:"其他人在用这

---

① 见农诺斯:《狄俄尼索斯纪》,XXVII, 228; XXVII, 204; XXIX, 274; XXXIV, 144; XLVII, 732。试比较希罗多德在其著作(VIII, 27)中所描述的福基斯人的化装。

个词时赋予其特别的意思,比如当他们提到给那些接受启蒙仪式的人涂上一层黏土或者某种漆黑的东西时,比如当我们说到用黏土塑造偶像时,因为他们从前曾经用黏土或树脂涂抹那些正在接受净化仪式的人。在这一仪式上,他们要模仿再现那些人讲述的神话里的情景:提坦神在肢解狄俄尼索斯时往自己脸上涂了一层石膏,目的是不让别人认出。这一习俗渐渐被废弃了,但出于惯例,他们在仪式上还是往身上涂抹石膏。"[1] 从这段话我们明确地知道,在启蒙仪式上,崇拜者们身上涂着石膏。显然,"那些"讲述狄俄尼索斯和提坦神的故事的人就是俄耳甫斯教徒。哈波克拉提恩说,当初提坦神往脸上涂石膏的目的是伪装自己,后来这种习俗——他指的是这种习俗的最初目的——被废弃了。尽管失去了这样做的理由,但这种做法还是由于惯例而被保存了下来。人们继续做着自己不再明白的事。

哈波克拉提恩的说法很可能是对的。世界各地未开化的民族在举行神圣的秘密祭典时,往往要在身上涂抹各种颜料,把自己伪装起来。像人类许多行为的动机一样,这样做的动机很复杂。他们一方面想把自己伪装起来,也许这样可以免受邪恶神灵的影响,也许是因为他们想把自己伪装成某种妖怪;另一方面,在这种特别神圣的场合,人们通常都会有一种把自己"打扮起来"的本能,目的是给外人留下印象。既可以作为伪装又可以作为装饰的东西就是彩色的黏土。后来,这种用于神圣场合的黏土在变得神圣之后,又演变成某种"药",某种起到净化和圣化作用的东西,同时作为仪式的标志、已经被启蒙的象征。不仅克里特人举行这种仪式,文明的雅典人也举行这种仪式。前文提到,狄摩西尼所列举的埃斯基涅斯的罪状之一就是"他给那些接受了启蒙仪式的人举行净化仪式,用泥土和树脂把他们的身体擦干净"。值得注意的是,他说的是用泥土擦而不是擦掉泥土。在我们看来,用泥土清洁身体并非一种可行的做法,但这里我们又回到了前文讨论过的那种观念,即净化不是我们

---

[1] 哈波克拉提恩的词典中的有关条目。

现在所说的清洗身体，而是一种既低级又高级的行为，一种神奇的、清除精神上的邪恶东西、驱除邪恶的幽灵及其影响的仪式。要达到这一目的，黏土和树脂是极其灵验的。

但是这一切和提坦神有什么关系？从尤斯塔修斯对提坦神一词的评论，我们懂得了其中的秘密："我们通常用'提坦诺斯'（titanos）一词来指灰尘，特别是指那些叫作石棉的东西，也就是某种石头被烧过后留下的绒毛状的东西。这种东西是由神话中的提坦神而得名的，因为根据传说，宙斯用雷电劈死这些提坦神，并把他们烧成灰烬。由此，石头经过高热（Titanic heat）焚烧之后得到的粉状物体就被称为'提坦尼克'，仿佛这是遭到巨大惩罚之后的结果。因此古代人把灰尘和石膏称为'提坦诺斯'。"[1]

这是一种带有尤斯塔修斯特有风格的解释。像往常一样，这位大主教用一种古怪而又混淆的方式猜出了各种现象之间的联系，但又颠倒了其中的因果关系。事实很简单：提坦神的神话是"神圣的故事"，编造这个故事的目的是说明一种仪式——俄耳甫斯教徒在撕裂神圣的公牛之前要在身上涂上白色黏土——的来历。希腊语称这种白色黏土为 titanos，俄耳甫斯教徒也就被称为提坦（Titans），也就是说他们不是所谓的巨人，而是身上涂着白色黏土的人。荷马史诗里的提坦神和"涂着白色黏土的人"很可能并没有词源上的联系。[2]

这种词义上的联系——秘密祭典上涂着白色黏土的人和原始巨人的联系——是后来才编造出来的，我们从一个偶然的机会了解到这种联系源于俄诺马克里托斯。在前文引述的保萨尼阿斯的那个段落[3]里，我们了解到俄诺马克里托斯从荷马史诗中得到提坦神这一名字，他在创作那些

---

[1] 尤斯塔修斯对《伊利亚特》（II, 735 § 332）的评点。
[2] 现在我想收回原先提出的这一词源解释。A. B. 库克先生已经证实了"提坦=国王"（见他的著作《宙斯》, p.655），这一词源解释最早是索尔姆森（Solmsen）提出的，见《印度日耳曼人研究》1912 年第 30 期, p.35。
[3] 保萨尼阿斯，VIII, 37.5。

描写狄俄尼索斯的狂欢秘祭的诗歌时，让提坦神代替狄俄尼索斯承担了他那些苦难。他没有编造说那些崇拜者涂着白色黏土，但却说他们源自荷马史诗，尽管这一体面而又正统的说法从语文学的角度说是站不住脚的。从以下事实可以看出由此造成的混乱和模糊：为了说明一种好的仪式行为，却要编造出一个差强人意的神话故事；为了保持与荷马史诗的联系，一切连贯性都被牺牲了。

但是，任何情况、任何野蛮的仪式、神话中的任何混乱都不会使致力于教化的虔诚的俄耳甫斯教徒气馁。让那些涂着白色黏土的崇拜者及其举行的撕裂公牛的仪式摆脱野蛮的状态，从而使其变得崇高、圣洁，这是一项艰巨的任务。然而，俄耳甫斯教的思想家能胜任这一使命。他不仅参加了这种荒谬而又野蛮的仪式，而且对人与自然的真正问题进行了认真的思考。宇宙间有邪恶，那是人类的邪恶（evil），但他还没有把它称为罪恶（sin），因为他还没有考虑到自由意志的问题。那是某种邪恶，某种混合在美好的生命中并破坏美好生命的东西，他长期以来称之为"污秽"。他的古老宗教让他知道，可以通过仪式来达到净化的目的；古老宗教中诸如刻瑞斯等各种观念使他萌生了某种原始的精神上的邪恶观念。狄俄尼索斯崇拜迫使他迈出了重要的一步。这种宗教不仅让他知道了他已经知道的东西——他可以清除自己身上的污秽——而且让他知道自己可以变成巴克斯，可以变得神圣。他似乎隐隐约约地知道这一切是如何发生的，旧的和新的又是如何融合在一起的。他的先辈提坦神虽然只不过是"尘土和灰烬"，但他们肢解并吃掉了神。他们做了坏事，但得到的是好处。他们必须受到惩罚，必须让宙斯用雷电把他们杀死。但是，即使是在他们留下的灰烬里，也依然闪烁着某种神圣的光芒，这就是他作为他们的后代能够变成巴克斯的原因。他本人就源于这些灰烬。虽然只有一点儿希望，但他必须把自己身上的尘土和灰烬清除掉。这并不是一件容易的事，但他还是抱着新的热情回归那古老的仪式，再次把公牛神吃掉，以此来延续他的神圣。

神学的另一种观念也坚定了他的希望。那些残忍的提坦神在吃狄俄尼索斯之前出身于古老的天神之家,他们是古老的天神乌剌诺斯的孩子,也是大神母该亚的孩子。他的导师俄耳甫斯崇拜太阳神。既然如此,难道他不能清除自己身上的大地的本性,从而升格为"满是星星的天空的孩子"?也许这种关于邪恶的根源的理论并不能令人满意,但是,难道关于蛇和苹果的神圣传说就能给人更多的启发吗?不管怎么说,这是俄耳甫斯教徒自始至终坚持的信念和希望,后文我们将会看到这一点。

还有其他困难困扰着这个虔诚的探索者。扎格柔斯的秘密祭典中的神是一头公牛,但在萨巴最俄斯的秘密祭典中,他的化身是一条蛇,而这些秘密祭典肯定具有真实性。难道那个孩子的父亲是一条蛇或者一头公牛?难道那个"长着角的孩子"是一条长着角的蛇?这都是很难解答的问题。他无法解决这个难题,于是,他把这个难题写进一首短小的教义诗里,并且把它放在身边,作为自己虔诚地献身于神圣的秘密祭典的证明:

蛇的公牛父亲——公牛的蛇父亲。

蛇、公牛、蛇-公牛-孩子[①]"不是三个不可理解的概念,而是一个不可理解的概念"。自古以来,人类在他那陌生的神的祭坛上虔诚地献上了自己的理智。

当然,俄耳甫斯教徒有自己的弱点:他不能够也不愿意脱离古代仪式和古代神话,不敢相信那种让他变得"神圣"的伟大的新启示,而是必须调和古老过时的传统并使之神秘化。他也有自己的优势:在行为上,

---

[①] 对俄耳甫斯进行了大量研究的萨洛蒙·雷纳克先生已经证实,凯尔特人敬奉一条有角的蛇,并且把它的形象刻在自己的神庙里。这种观念使人们对公牛与蛇的混淆得以延续。雷纳克先生认为扎格柔斯的最初形象是一条有角的蛇。这是一种有趣的观点,证明了俄耳甫斯教和狄俄尼索斯崇拜所包含的北方的成分。详见雷纳克:《扎格柔斯:"有角的蛇"》,《考古评论》1899 年第 35 期,p.210。

他坚定地净化自己的生命。他不会背叛过去，不会说："这种涂抹白色黏土、吃生牛肉的做法是野蛮无用的玩意儿，再也不这么做了吧。"他会说——他也确实这么说了："这种涂抹白色黏土、吃生牛肉的做法还不够，还必须不懈地追求神圣的东西。"

从那个克里特歌队歌唱的内容可以清楚地看到这一点。现在我们还是回到这首合唱歌上。教徒从被接纳入教时开始，也就是说，在接受了净化仪式从而成为一名祭徒之后，他就能够过上纯洁的生活了。他已经参加了生吃祭牲肉的仪式，也对着大山神母高举了火把。在我看来，祭徒这些典型的举动都是为最后的高潮做铺垫，也就是说，在接受了枯瑞忒斯的净化和祝圣之后，他便被他们命名为巴克斯，由此和神合而为一。

在讨论由枯瑞忒斯完成的最后一项仪式活动之前，我们必须先考察一下大山神母所在的地方。那位祭徒首领公开承认的第二件事是，他"高举过大神母的放在山上的火把"①。我们所见到的扎格柔斯的神话是由晚期的作家记录下来的，在这个神话里，那个孩子是至关重要的角色，而他的母亲只是隐隐约约地出现。作为后来者的宙斯此时在克里特已经取代了狄俄尼索斯。作为典型的父权制的产物，宙斯的神话并不注重母亲这一角色。但是，克里特人崇拜的公牛神完全是母亲的儿子。可喜的是，也是在克里特，母亲这一古老的形象在被长期地埋葬之后又回到了天上。在亚瑟·埃文斯发现的一枚克里特印章上，有一个长着兽头的魔怪，这个魔怪被人们称为米诺托；在另一枚克里特印章上，他看到了大山神母的形象，她正在克诺索斯——那个婴儿公牛神的诞生地。与伊得山相比，克诺索斯相形见绌，因为那个神圣的孩子就出生在伊得山那个古老的岩洞里。在他出生时，那些"披着铠甲"的祭司跳舞庆祝。

图 145 是一枚图章戒指在黏土上留下的印痕，这是在克诺索斯发现

---

① 在最近发现的提摩忒俄斯的残篇里，遇上海难的水手就是向"大神母"祈祷的。见提摩忒俄斯：《波斯人》，维拉莫维茨-默伦多夫，1903 年。

图 145

的。① 这个图案完全相当于一本描述克里特人的信仰及其仪式的袖珍手册。大山神母就站在她那座大山的山顶。迈锡尼妇女按照自己的形象塑造出了她们的神。尽管她是那样原始，她们还是给她穿上了古怪的、绣有荷叶边的长裙，还让两只凶猛的狮子担当她的保护神。但在这里，它们已被驯化成了庄严的纹章式的保护神。我们对这两只狮子太了解了，它们到迈锡尼来是要守护那个巨大的入口处。在迈锡尼，在这两只狮子之间有一根柱子，这根柱子孤零零的，而且受到保护，我们一直怀疑它并不是一般的没有生命的建筑物，而是某个神祇的祭坛。而在这枚克里特图章的图案上，我们终于看到了这个神祇的真面目。她站在那里，那只伸

---

① 该图由其发现者埃文斯先生发表在《雅典不列颠学院年鉴》（第7卷，1900—1901年度，p.29，图9）上，埃文斯先生还对其进行了讨论。我采用的是《年鉴》上的图案，将其放大了两倍，该图依据的是绝对可靠的复原件。人们在一堆木炭里还发现了由同一枚图章印出的一系列图案残片，把这些残片拼在一起足以复制出原图。我第一次见到这个图章图案时，认为这"完美得令人难以置信"，但承蒙埃文斯先生的好意，我在克里特时有幸检验了那些原始的残片，事后满意地认为复原工作是正确的。这个迈锡尼宗教最重要的文物的发现，完全要归功于那些训练有素、别具慧眼的考古工作者。

出的手里拿着节杖或长矛，一副高高在上、不可一世的模样。她的身后是她那座"迈锡尼"风格的神龛，由柱子支撑着，上面摆放着一些动物的角，这些角对这种崇拜来说再合适不过了，因为它最主要的仪式就是宰杀公牛献祭。站在她跟前的是她那些疯狂地崇拜她的祭徒。

我们没有发现——我敢说将来也不会发现——史前的克里特曾经出现过一个占主导地位的男性神祇，也没有出现过宙斯。迄今为止，我们只看到一个长着兽头的魔怪和这个大山神母。这枚小印章留下的印痕是母权制的可靠证据。在希腊，圣子的形象是后期才出现的，神母和圣子的关系几乎被遗忘了，孩子和父亲的关系是通过神母和处女神的形象体现的。我们给这对变化不定的母女起什么名字并无多大关系。在色雷斯、小亚细亚、克里特，最初的形式是母亲以儿子作为自己母亲身份的标志，后来的形式是儿子以母亲作为自己儿子身份的标志。随着时间的推移，和儿子在一起的母亲的形象渐渐消退，成为次要的角色，如巴克斯和塞墨勒；接着，儿子演变成父亲的儿子，巴克斯成为狄俄尼索斯；最后，他凌驾于父亲之上，成为全能的主宰——宙斯-哈得斯。以儿子作为自己的标志的母亲从小亚细亚回到希腊，而此时母亲在希腊只不过是儿子的附庸，她的回归给神话造成了很大的混乱。但是，对史前的克里特来说，对欧里庇得斯笔下的弥诺斯时代的克里特祭徒来说，仪式的主角是母亲的儿子。

祭徒高高地举着母亲的火把。火和水都可以用于净化。最终枯瑞忒斯使他变得神圣了：

我已经获得自由，从此成为披着铠甲的祭司们的巴克斯。

我们不必用很长的篇幅来讨论枯瑞忒斯。他们在性质上和萨梯是一样的，因而是克里特的萨梯。赫西奥德懂得两者之间的亲缘关系：由同一个母亲

> 生下了女神们——大山的仙女们，
> 那些无所事事、一无是处的萨梯，
> 还有那些神圣的、喜爱跳舞玩乐的枯瑞忒斯。①

赫西奥德的话非常值得注意，从中我们可以看出他的神学态度。前文我们已经看到，萨梯是色雷斯和忒萨利那些原始的狄俄尼索斯的崇拜者。他们的形象和本质都遭到了那些充满敌意的征服者的歪曲，于是他们成了马人，无所事事，一无是处。枯瑞忒斯最初也和萨梯一样，但他们在神话中的结局却不尽相同。人们不是通过征服者那善于歪曲的眼光来观察他们的，因此他们头上便戴着宗教的光环。他们是神，他们的舞蹈是神圣的。这完全取决于观察的角度。

斯特拉博为我们留下了一段讨论枯瑞忒斯及类似形象的重要文献。他知道，他们都是祭司，负责祭祀各种用狂欢秘祭方式献祭的神祇，如瑞亚、狄俄尼索斯。他还知道，枯瑞忒斯、科律班忒斯、达克堤利、忒尔喀涅斯等代表的都是一些原始的民族。让他感到困惑的是，他们当中谁是最先出现的，他们又是来自何方。大神母瑞亚是不是把她的科律班忒斯派到了克里特？枯瑞忒斯是怎么来到埃托利亚的？为什么他们有时是瑞亚的仆从，有时是狄俄尼索斯的仆从？为什么他们当中有些是巫师，有些是匠人，有些是秘密祭典的祭司？里奇韦教授把他们和萨梯放在一起研究，他的研究为我们解开了那些困扰斯特拉博的难题。

正如他们的名字所示，枯瑞忒斯被认为是那些崇拜一个年轻的男性神祇的青年男子。他们是"披着铠甲"的祭司，因为青年男子自然是武士，他们围着那个新生儿跳着当地的武士舞。由于当时人们还没有把对神母和圣子的崇拜分开，因此他们也是神母的仆从。事实上，他们的职能和作为保姆的迈那得斯是一样的。在希腊本土，作为神的保姆的妇女形象似乎发展得最完善，而在小亚细亚及一些岛屿上，作为神的仆从的

---

① 赫西奥德：残篇，CXXIX。见斯特拉博，X, p.323。

男子形象则发展得最完善。

这些原始的崇拜者在各地的名称不尽相同,而且它们还出现了融合,这很容易引起混乱。萨梯、科律班忒斯、达克堤利、忒尔喀涅斯,这些名称在文学上让人迷惑不解,但如果我们了解了一个简单的历史事实,问题就会迎刃而解。那是一个等式,它对我们的研究非常重要:枯瑞忒斯 = 提坦。我们已经知道,仪式上的提坦是一些涂着白色黏土的男人。神话里的提坦神是大地女神的孩子,这些古老的巨人是奥林波斯神统治下的新秩序的反抗者。迪奥多罗斯懂得提坦神和枯瑞忒斯之间的密切联系,因此试图通过谱系来解释他们之间的关系。他说,根据一些人的说法,那些提坦是某个枯瑞忒斯和一个叫作提泰亚(Titaia)的母亲生下的儿子;而根据另一些人的说法,他们是乌剌诺斯和该亚的儿子。提泰亚是大神母。他说,克里特人声称,提坦们是在枯瑞忒斯的时代出生的,他们居住在克诺索斯地区,那里至今还能见到瑞亚住过的房子的遗址,还有一片柏树林,那是古时候献给她的圣林。作为枯瑞忒斯的提坦们崇拜大神母,他们是圣子——婴儿扎格柔斯——的保护者,后来的一神教把他称为宙斯。①

新成员被接纳入教后便成为"祭徒",之后他就要进行斋戒。但斋戒不是目的。斋戒、生肉圣餐、高举神母的火把,所有这些不过是为最后的高潮做准备,也就是说,在经过净化和圣化之后,他就会和神合而为一,枯瑞忒斯就要把他命名为"巴克斯"。

άγνόν 一词的意思是"摆脱了邪恶",这是一个具有否定含义的词,我认为它标志着第一个阶段,这个阶段相当于古老的"驱邪"。ὁσιωθείς 一词表示"获得自由""神圣化",标志着最终的完满,这是一个具有肯定含义的词。这是那些狂欢秘祭、"充满激情"的仪式的特点,这些仪式祭祀的是神母和圣子,我们有必要对其进行进一步的讨论。

---

① 迪奥多罗斯,V,66。

荷西俄伊和荷西亚

在德尔斐，有一类被称为荷西俄伊的祭司。普卢塔克的著作是我们所见到的唯一对这类祭司进行过描述的文献，但如果要研究德尔斐的各种情形，普卢塔克的著作也是可供我们参考的最好的文献资料。普卢塔克在《希腊人的问题》的第九个问题中问道："德尔斐人所说的荷西俄特（Hosioter）是谁？为什么他们把他们日历上的一个月份叫作比西俄斯（Bysios）？"[1]这个问题的第二部分特别值得我们注意，因为它表明，荷西俄特和比西俄斯月有联系。普卢塔克说，这个月是在"初春"，在"许多植物生长旺盛的时候"。这个月的第八天是神的生日，在古时候，"神示所只有在这一天才发布神谕"。

以下是普卢塔克对这个问题的回答："在指定了一只荷西俄斯（Hosios）之后，那只用作祭牲的动物就被称为荷西俄特。"他没有说到什么样的动物才适合用作祭牲，但从他的另一部著作中我们了解到各种用来检验祭牲的方法，检验的目的是看这些动物"在身体和灵魂上是否纯洁、完美"。普卢塔克说，判断动物在身体上是否合格并不困难。至于灵魂方面，用来检验公牛的办法是给它吃大麦，而检验公羊的办法是给它吃野豌豆。如果该动物不吃，那就证明它不够健康。而检验母山羊的方法是在它身上浇一些冷水，因为母羊要敏感得多。负责检验的是那些荷西俄伊以及"先知们"，后者负责解读征兆，看神会不会给人发出神谕。[2]我们注意到，当这只动物被认为完美无缺因而适合作为祭牲时，它就成了荷西俄斯。ἅσιος一词似乎含有双重含义：纯洁和神圣。人们用它来表示一种被认为是完美的东西，这种东西被献给神，并被神接受。

人们把这种献给神的动物称为荷西俄特，意为"祝圣的人"。我们会以为这个名字适用于主持献祭仪式的祭司，而不适用于祭牲。如果普卢

---

[1] 普卢塔克：《希腊人的问题》，IX。
[2] 普卢塔克：*de Defect. Orac.*，XLIX。

塔克说的没错，那么我们只能通过以下假设来解释荷西俄特：这只祭牲被当作神的化身。如果祭牲是一头公牛（如在克里特），并且被认为是神圣的，那么要理解这个名称并不困难。

有一点是可以肯定的：荷西俄特不仅仅是指祭司，因为前面说过，有一类叫作荷西俄伊的祭司，这一名词和荷西俄特是同源词。我们同样是从普卢塔克的著作中了解到有关他们的一些更重要的细节的。他们和"先知"（传达神谕的人）一道主持仪式，也一道对祭牲进行检验，但这两种人是有区别的。普卢塔克说，有一次，一个祭司在发布预言时突然癫狂起来，这时不仅所有在场的先知跑开了，而且"那些在场的荷西俄伊们也跑开了"。[1]

普卢塔克在回答他那个关于荷西俄特的问题时明确地指出，荷西俄伊一共有五个，他们由选举产生，终身连任。他还说，他们要做很多事情，和"先知们"一道主持神圣的献祭仪式。然而，他们和先知有着明显的区别。他补充说，据称他们是丢卡利翁（Deucalion）的后代。这使我们推断出他们真正的不同之处。丢卡利翁的祖籍是忒萨利，而忒萨利在北方。由此我们推测，这些荷西俄伊是外来的狄俄尼索斯崇拜的祭司。在对荷西俄伊主持的仪式进行考察后，我们发现这一推测是有事实依据的。

我们应该还记得，普卢塔克在描述公牛神狄俄尼索斯的仪式时，把这种仪式和奥西里斯的仪式放在一起进行比较，主要比较这两种仪式中的"撕成碎片"、埋葬、复活。奥西里斯在埃及有许多坟墓，而"德尔斐人相信狄俄尼索斯的碎尸被埋葬在他们的神示所附近。当提伊阿得斯唤醒利克尼特斯时，荷西俄伊在阿波罗的神庙举行一种秘密的祭祀仪式"[2]。利科弗龙著作中的一段描述可以证实这一说法。据他说，阿伽门农起航前，"在胜利之神德尔斐尼俄斯（Delphinios）的山洞旁举行了祭祀公牛神的秘密祭仪"。他还说，作为报答，巴克斯·厄诺刻斯（Enorches）推翻了忒勒福斯（Telephos），并把他倒吊在葡萄架上。评注者在评点"秘

---

[1] 普卢塔克，*de Defect. Orac.*，LI。
[2] 普卢塔克：《伊西斯与奥西里斯》，XXXV。

密祭仪"一词时说:"那是因为那些祭祀狄俄尼索斯的秘密祭典是在一个角落里举行的。"① 我认为,很清楚,利克尼特斯在德尔斐举行的秘密祭典和克里特的秘密祭典一样包括宰杀一头神圣的公牛作为祭牲,而这头公牛在德尔斐被称为荷西俄特。一句话,荷西俄伊和荷西俄特是两个专门用于祭祀狄俄尼索斯的原始秘密祭典的仪式用语。

由此可见,荷西俄斯一词似乎和那种野蛮的宰牛献祭的仪式有着密切联系。但由于它具有肯定的含义,表达的是一种祝圣的观念,因此可以用来表示一种新的教义,这就是俄耳甫斯教中关于与神合而为一的教义。这个词的使用不仅仅局限于狄俄尼索斯崇拜的仪式,尽管它很早便和这种仪式产生了联系——很可能是因为俄耳甫斯教强调的总是 fas 而不是 nefas。在古代的诅咒用语里(这种诅咒属于得墨忒耳和冥界神祇崇拜的范畴),$ἅσια\ καὶ\ ἐλεύθερα$ 这几个词常常是连在一起使用的,实际上它们的意思都是一样的,即"被献给神并获得自由"。冒犯者(亦即被诅咒的人)不是被"卖掉",就是被地狱的妖怪"控制"。但是,那个诅咒别人的崇拜者向神祈祷,那些被诅咒的东西,即成为被诅咒者的禁忌的东西能够"被献给神并获得自由",也就是说不要成为他(诅咒者)自己的禁忌。人们今天还在使用的表示恩典的说法——"让这些生灵圣化,以便为我们所用;让我们圣化,以便我们更好地敬奉你"——就来源于此。它也预示着一种更高的报偿,即"你将会懂得真相,而真相将会使你自由"。

这种原始的从禁忌中解脱出来的观念根源于俄耳甫斯教和基督教关于精神自由的观念,它非常清楚地体现在 $ἀφοσιοῦσθαι$ 一词的使用上。我们在英语中无法找到一个意义上与这个词完全相同的词,但可以大体将它翻译为"通过献上赎罪的祭品进行净化"。柏拉图在《法律篇》中描述了这样一个故事:有一个人故意杀害了自己的一个亲戚,人们为此要举行一个仪式。当地官员在将他处死后,"让他们剥掉他的衣服,把他抬出

---

① 利科弗龙:《亚历山德拉》,207 以及评注者的有关评论。

城外，并特意把他放在一个三岔路口，然后让官员们代表全城市民，各人分别向那个死人的头部投掷一块石头，用这种方式来净化城市"。这一仪式的目的极其明了。杀人之罪、杀人引起的禁忌对整个城市造成了影响。代表全城向死人投掷石头使城市获得了净化，禁忌则留在了罪犯身上。禁忌的转移实际上是通过石头完成的。这个杀人犯就是法耳玛科斯，他也要遭受和法耳玛科斯一样的命运："然后，根据命令，让他们把他抬到城的边界，并把他抛在荒野。"通过将污秽的东西奉献出去，人便达到了神圣的境界。评注者在评论这段话时对 ἀφοσιούτω 一词做了一个有趣的注解。他说："像在这段话里一样，它用来表示'净化''带来初果''给予荣誉''在去世后给予应得的荣誉'或'给予圆满'。"① 他隐隐约约地感到了该词意思的变迁。你可以奉献、"献上"法耳玛科斯；你可以奉献、献上初果，从而把其他人从禁忌中解脱出来；在某人去世后，你可以献上他应得的荣誉。

在这里，有必要指出一个众所周知的有趣的事实：在希腊人的日常用语中，ἄσιος 和 ἱερός 恰好相反。苏伊达斯说，ἄσιον χωρίον 是"你可以践踏的地方，它并不神圣，你可以随便进入"。他引用了阿里斯托芬的《吕西斯忒拉忒》（Lysistrata）中一个怀孕的女人在祈祷时所说的话：

啊，神圣的埃雷提伊亚，等我到了一个容许的地方后，再让孩子生下来吧。②

他还说到演说家们经常提到的神圣之物与世俗之物的区别。事实上，我们只有参照这些原始的观念——"处于禁忌之下""从禁忌中解脱出来"——才能全面地理解这种区别。"从禁忌中解脱出来"这一观念自然被宗教所吸纳，这种宗教的目的是扩张、解放、激情，而不是阻止、否定、限制。如果我们认为苏伊达斯的说法可信，那么"荷西俄伊"指的

---

① 见柏拉图：《法律篇》，873B 及有关评注。
② 苏伊达斯的词典中的有关条目。

是那些"在虔诚的环境中生活的人,即使他们不是祭司"。早期的基督教徒的一些最高尚的宗教灵感就来源于俄耳甫斯教。

正如我们可以看到 ὅστος 和 ἱερός 有区别一样,另外两个相关的词 καθαίρω 和 ὁσιόω 也有区别。两者都表示净化,但 ὁσιόω 标志着一种更完满、更彻底的阶段,人们用这个词来描述那些完全了解教义的人所处的状态。普卢塔克说,人的灵魂按照一种自然而又神圣的秩序从凡人演变为英雄、从英雄演变为半神,最后,如果他们受到彻底的净化和圣化(比如通过启蒙仪式),他们就能够从半神演变成真正的神。① 卢奇安同样是在谈到启蒙的最后阶段时使用了"圣化"一词,而这个阶段只有圣师(hierophants)才能达到。

普卢塔克还提出另外一个有趣的说法。他不顾一切地美化奥西里斯,并把他尊为万物之神,为此他提出奥西里斯这一名字源于两个形容词 ὅσιος 和 ἱερός,还在无意中说出一句意味深长的话:"奥西里斯这个名字之所以如此构成,是因为他既掌管着天上的事物,也掌管着冥界的事物。古代人习惯于把冥界之物称为 ὅσια(荷西亚),而把天上之物称为 ἱερά。"② 相应地,在仪式上,这就意味着前面讨论过的古老的祭祀冥神的仪式(也就是原始的佩拉斯吉人举行的仪式)被称为 ὅσια,而那种新的用燔祭品献祭天神或奥林波斯神的仪式就是 ἱερά。狄俄尼索斯是古老的神祇,他的仪式就是 ὅσια,他的安葬仪式也是 ὅσια。俄耳甫斯所做的就是把这些仪式由世俗提升为神圣。然而,尽管它们已被神圣化,但在实质上依然是原始的。正是由于有这种特别的来源,ὅσιος 就总是包含着一种古老的气息。它有着那种"古代的印记",那种古老的"外壳和绿锈",扬布利科斯(Iamblichus)说这是毕达哥拉斯学派的特点,而且它以其新的生命和活力赋予了俄耳甫斯教独特的魅力。③

此外,虽然 ὅσιος 是如此"自由",以至于接近世俗,然而,它是神

---

① 普卢塔克:*Vit. Rom.*, 28。
② 普卢塔克:《伊西斯与奥西里斯》,LXI。
③ 扬布利科斯:《毕达哥拉斯传》,58。

圣化带来的自由，而不是亵渎的自由；它是对法则的否定，但这种否定受到教义的严格限制。因此，虽然也许这看起来矛盾，但它涉及的是我们对神的义务，而不是对邻居的义务。尽管它来源于形式，但它完全凌驾于形式主义之上，以至于它几乎成为"不成文的法律"。因此，我们经常见到这种矛盾的说法："既不是由人规定，也不是神圣的法则所允许的"，"既不为神所认可，也不为人所认可"。柏拉图说："一个人如果待人方式得当，我们就说他做了合适的事（δίκαια）；如果为神做了该做的事，我们就说他所做的事是神圣的（ὅσια）。"① 因此，才会有人们最终的精神上的领悟，才会出现为了神圣的权利而突破人类的正义。这是一种反叛的义务、神圣不可侵犯的义务。

希腊人有自己的狄刻女神，她负责划分、分配世俗的事物。据赫西奥德说，她是可爱的、以人的形象出现的秩序女神与和平女神的姐妹。② 但是，由于她是人，因此身上佩戴着那把利剑——人类正义的象征。她常常演变为复仇女神。欧里庇得斯笔下的酒神狂女们虽然完全受到了启蒙、净化和圣化，然而，在她们极端需要的时候，她们就是呼唤这个复仇女神前来惩罚亵渎神灵的彭透斯的：

> 让正义之神出现我们的面前，
> 让她把利剑刺进
> 这专横跋扈、无法无天、亵渎神灵的人，厄喀翁的儿子，地生人的喉咙。③

俄耳甫斯尽他的所能来使狄刻（正义）的观念得到升华。我们被明确告知，是他把她提升为"评判宙斯的人"。狄摩西尼请求他的市民同

---

① 柏拉图：《高尔吉亚篇》，p.507B。
② 赫西奥德：《神谱》，901。
③ 欧里庇得斯：《酒神的伴侣》，991。

胞崇敬美丽的秩序女神，因为她喜欢正义的行为，是城市和国家的救星；同时还要崇敬神圣、坚定的正义之神（狄刻），为我们创立了最神圣的秘密祭典的俄耳甫斯说狄刻就是坐在宙斯的宝座上的。① 俄耳甫斯教的颂歌所提到的日期是不可靠的，但似乎狄摩西尼心里想到的就是俄耳甫斯教献给狄刻的颂歌，或者至少是它的原型：

> 我歌唱那美丽、万能的狄刻，
> 她坐在众神之王宙斯那神圣的宝座上，
> 她俯视着众生，
> 满怀正义之心的她为非正义的东西而忧心忡忡。②

俄耳甫斯教徒无法摆脱复仇的观念。后文我们会看到，作为复仇女神的狄刻在俄耳甫斯教的冥国里占有一席之地。作为天上真正的正义女神的荷西亚集权力、虔诚、自由和纯洁于一身，但她从来没有获得明确、稳定的人格。她是少数人而不是多数人的女神，只有欧里庇得斯用她那作为天神的名字称呼她，并且让他笔下的酒神狂女歌颂她：

> 啊，高高在上的纯洁之神，
> 你是神中之后，
> 你怀着怜悯，鼓着黄金的翅膀，
> 飞向大地，飞向人间，
> 你可听见这个愤怒的国王（彭透斯）的话？③

---

① 狄摩西尼：《贵族人》，XXV. 11。
② 《俄耳甫斯颂歌》，LXII。
③ 欧里庇得斯：《酒神的伴侣》，370。在这里有必要说一说与欧里庇得斯所说的荷西亚有关的一个现象：在弗里吉亚人的一些墓碑铭文上，可以看到当时人们歌颂一个被称为 ὅσιος καὶ δίκαιος 的神祇，这种情况只有在弗里吉亚才能见到。铭文的年代为罗马时代，人们通常认为与弥特剌斯（Mithras）崇拜有关。但是，虽然这些铭文是在弗里吉亚——酒神狂女的故乡——发现的，但我认为这些铭文可能与古老的库柏勒崇拜有关。见罗斯切尔的词典，"荷西俄斯"条目。

是欧里庇得斯，也许只有欧里庇得斯按照自己心目中的崇高形象来塑造荷西亚女神。虽然俄耳甫斯教的这个词语和俄耳甫斯教的仪式不时涉及纯洁（也意味着自由）、涉及对神灵的虔诚，然而，俄耳甫斯教时常放弃自己与生俱来的权利，似乎要回归古老原始的禁欲观念："我已经获得自由，从此成为披着铠甲的祭司们的巴克斯。"在经历了这一狂喜之后，祭徒最后的叙述变得呆滞、凄凉、死板：

> 我穿上洁白的长袍，彻底消除了
> 与生俱来的污秽，也不再受到坟墓污泥的沾染，
> 我也早已戒绝
> 从前习以为常的肉食。

在变得自由和神圣之后，他要用一种令人生厌的形式主义来表明自己的神圣性。他穿上白色的衣袍，避开了生死，避开了一切疾病；他再也不吃肉食，在参加了神圣的圣餐之后，他要像从前那样斋戒。事实上，他遵守禁欲主义的一切规定，这就是我们熟悉的"毕达哥拉斯式的苦修"。

戴奥真尼斯·拉俄修斯在他的《毕达哥拉斯传》中对这些规定进行了概括，很显然也很可悲，这些规定实际上是回归那种消极地禁欲以达到净化的方法。"据说，净化是通过清洗、沐浴和洒圣水的方式完成的。正因为如此，需要净化的人不能参加葬礼、婚礼，不能沾染一切污秽，不能吃来自死去和被杀死的动物的食物，不能吃鲱鱼和各种深色的鱼，不能吃蛋和下蛋的动物，不能吃豆类。总之，不能吃那些要完成神圣启蒙仪式的人不能吃的食物。"[①] 前文我们已经讨论过这种斋戒和某些食物禁忌的原始起源。它们根源于古老的驱邪仪式，源于人们对一切事物内在的刻瑞斯的恐惧，人们出于这种恐惧，想方设法避开刻瑞斯的传染。柏拉图从一个相反的角度认识到，俄耳甫斯教徒的生活就是要复活原始的

---

① 戴奥真尼斯·拉俄修斯：《毕达哥拉斯传》，19§33。

东西。柏拉图谈到众神的祭坛被鲜血沾染之前的黄金时代,当时人们用来献祭神的是蜂蜜和大地的果实。他说,当时吃肉或用肉做祭品并不是神圣的行为,但人们过着一种所谓的"俄耳甫斯式的"生活。①

和现在一样,当时的诗人和哲学家对奢华带来的繁杂和丑恶感到厌烦,觉得这妨碍了他们,于是他们把渴望的目光投向古老、美丽、温和的简朴。他们依然能够从古老的仪式——祭祀冥神的仪式($\delta\sigma\iota\alpha$)中看到那种简朴的情景,那些保守的冥神保持着一种比他们的崇拜者的生活更干净、更简朴的仪式。索福克勒斯在他那部失传的《波吕伊多斯》(*Polyidos*)中说到那种"众神珍视"的献祭:

> 上面摆放着羊毛、葡萄果、
> 奠酒和珍藏下来的葡萄酒。
> 还有各种水果,与麦粒
> 和橄榄油混在一起,还有美丽的蜂巢,
> 上面还有黄色的蜜蜂。②

我们已经看到,其中的一些神并不接受包含有葡萄酒的祭品。在雅典,这些神包括太阳神、月亮神、黎明之神、缪斯女神、水泽神女、谟涅摩绪涅和乌拉尼亚。在宗教事务上小心谨慎的雅典人献给这些神的都是不含葡萄酒的祭品。我们也已看到,人们献给狄俄尼索斯-哈得斯的也是这种祭品。③让我们惊讶的是,斐洛科罗斯把狄俄尼索斯也包括在这些不接受含酒祭品的神当中。④普卢塔克懂得人们习惯在祭祀狄俄尼索斯时使用无酒的奠酒,并根据他那个时代的习惯把这种做法解释为一种禁欲式的反抗。在他那部《论保持健康》中,他说:"我们献给狄俄尼索斯的通常

---

① 柏拉图:《法律篇》,VI,p.782。
② 索福克勒斯:残篇,464。见珀斐里:《论戒食肉类》,II,p.134。
③ 见索福克勒斯《俄狄浦斯王》第100行的有关评注。
④ 斐洛科罗斯:残篇,30。见索福克勒斯《俄狄浦斯王》第99行的有关评注。

是无酒的祭品，同时也使我们自己习惯于和酒保持距离，这样做是合适的。"① 显然，这种做法遗留在古时候的仪式里，其时狄俄尼索斯尚未拥有葡萄，或者说他尚未被葡萄（酒）控制。

恩培多克勒告诉人们，"为避开邪恶而斋戒"是一件伟大而神圣的事。如果说那些"无酒"的仪式对过着俄耳甫斯式生活的人来说是他们禁欲的精神生活的象征，那么我们不应感到奇怪。后文我们会知道，普卢塔克受到了他那些坚定地信仰俄耳甫斯教的朋友的怀疑，也许他们的怀疑是有道理的。在他的《关于戒绝愤怒的对话》中，他通过其中一位对话者的口谈如何克制自己的愤怒，而这个对话者显然就是普卢塔克本人。他自己把一些日子划为神圣的日子，在这些日子里，他要求自己不得发怒，同时要求自己不得醉酒，甚至不得喝酒。他把这些"没有愤怒的日子"当作"无酒的祭品"献给神，然后他努力一个月，再坚持两个月，直到自己改变发怒的习惯为止。② 对那位比普卢塔克更伟大的诗人兼祭司（索福克勒斯）来说，献给欧墨尼得斯的无酒的祭品被赋予了圣餐的意义。国王发怒过后，他满怀慈祥，手里拿着橄榄、剪下的羊毛、水和蜂蜜。只有这样，他才能进入他们的神庙。"他神志清醒，祭品中也不包含酒。"③

那个俄耳甫斯教徒在他的告白里没有提到酒，也没有说到自己在圣餐上喝过酒，也没提到决心戒酒。祭徒要与巴克斯合而为一，而巴克斯是古老的公牛神、自然界的生命的主宰，而不是醉酒之神布洛弥俄斯。同时我们不能忘记，祭徒既是圣子的崇拜者，也是神母的崇拜者；而且，虽然在圣子后来的狂欢活动中，神母被抓住并被送走，但她从来不是葡萄女神。值得注意的是，后期的俄耳甫斯教徒崇拜的是神母而不是圣子。他们恢复了古老的土葬仪式，而曾经有一段时间，这种仪式被火葬所取代。毕达哥拉斯的房子被居住在梅塔蓬土姆（Metapontum）的人们称为

---

① 普卢塔克：《论保持健康》，XVII。
② 普卢塔克：《关于戒绝愤怒的对话》，XVI 的末尾处。
③ 见索福克勒斯《俄狄浦斯王》第 100 行及有关评注。

"得墨忒耳的神庙"。毕达哥拉斯从来不主张"完全的禁欲",但他告诫他的门徒,如果他们愿意喝清水,他们的头脑会更清楚,身体也会更健康。[1]在古老的祭祀神母的仪式——这种仪式在葡萄传入之前就已经确立了——里,他们找到了自己所需要的神圣先例:

> 于是,墨塔涅拉给她献上一杯像蜂蜜一样甜的酒,
> 但女神没有喝,她摇了摇头,
> 因为她是不会沾红酒的。
> 她让他们给她端上饭菜和水,
> 并把它们混在一起,还有那柔软的薄荷。
> 墨塔涅拉听从吩咐,立即送上准备好的牛奶甜酒。
> 作为一种仪式,神接过甜酒,并把它喝了。[2]

奇怪的是,如果俄耳甫斯来自北方——荷马式盛宴的故乡,那么他为什么会宣扬戒食肉类呢?如果他出生在克里特,那么这个问题就不存在了。也许这种禁欲的做法是神秘主义所必需的,因为神秘主义只承认神圣的东西。作为一个神秘主义者,珀斐里明确地说,他的《论戒食肉类》并不是写给士兵和运动员看的,因为对这些人来说,肉食是必需的。他这本书的对象是这样的人:他们愿意把各种重担放在一边,"赤身裸体地走进竞技场,为灵魂的奥林匹亚竞技而拼搏"[3]。当代有一位伟大的神秘主义者,他对自然事物的神秘进行了更深刻、更谦虚的探讨。他在自己的书中写道:"我们的一切正义、一切道德、一切情感和一切思想都源于三四种最基本的需要,其中最主要的就是食物上的需要。如果这些需要当中的任何一种出现哪怕是最微小的改变,那都会给我们的道德生活带

---

[1] 戴奥真尼斯·拉俄修斯:《毕达哥拉斯传》,XV。
[2] 《荷马颂歌》,205—210。
[3] 珀斐里:《论戒食肉类》,II.4,及 I.31。

来巨大的变化。"①像毕达哥拉斯一样,梅特林克相信,那些戒食肉类的人"会觉得自己的体力在增加,健康在得到恢复或加强,心情变得愉快,精神更集中,就像刚刚走出惨不忍睹、令人作呕的监狱一样"。

但是,沉醉于肉体之乐的古代雅典人根本不管这些。对他来说,与他自己认为神圣的东西相比,被神视为神圣的东西算得了什么?狄摩西尼奚落埃斯基涅斯,因为他高喊"我逃离时一切是那样糟糕,但我现在看到的景象是那样美好"。同样,忒修斯这个虚张声势的武士憎恨希波吕托斯,不仅是因为——也许主要不是因为——他相信希波吕托斯是一个有罪的人,而是因为希波吕托斯是一个过于正经的俄耳甫斯教徒。作为一个凡人,忒修斯所有的愤怒都是针对这个一本正经的禁欲主义者的:

> 今天是你得意的日子!你尽可以吹嘘,说自己多么纯洁,
> 嘴唇从来没有沾过肉!去引诱
> 那些笨蛋吧,把俄耳甫斯奉为至高无上的神,
> 让自己陶醉、自以为了不起吧!去翻你那些
> 发黄的古卷,对照着举办你那些鬼鬼怪怪的仪式吧。
> 现在你被人们抓住了把柄,人们懂得了你的真面目。
> 我奉劝大家远离这样的人!因为他们用庄严的话语
> 去骗别人,心里却在谋划见不得人的坏事。②

可喜的是,在雅典也有人不憎恨这些人,他们只是笑,宽容、善意地笑俄耳甫斯教外在的荒唐,笑那些虚伪且毫无意义的仪式——庸俗的俄耳甫斯教徒却赋予其庄严的意义。阿里斯托芬就是这些和蔼的取笑者之一。

阿里斯托芬在他的喜剧《云》中特意设置了一个详细模仿、取笑俄

---

① 梅特林克:《被湮没的神庙》(*Le Temple enseveli*), p. 188。
② 欧里庇得斯:《希波吕托斯》, 952。

耳甫斯教秘密祭典的场面①，在这方面，没有什么能比这个场面更善意、更令人捧腹的了。俄耳甫斯教能给人造成巨大的紧张。像所有的秘密祭典一样，这种心理状态必然是短暂的。我们可以想象，即使是最虔诚的俄耳甫斯教徒，在心情愉快的时候，他也会乐于和别人分享快乐。不管怎么说，它既能够帮助我们生动地了解秘密祭典的真实情况，又能够让我们知道普通人对待这种仪式的态度。我们不知道用来模仿俄耳甫斯教仪式的是什么样的仪式，很可能是某种不太重要的净化仪式，因为阿里斯托芬没有提到无比神圣的生吃牛肉的仪式，也没有提到关于刚入教的成员和神合而为一的观念。

那个郁郁寡欢的老头斯特瑞西阿得斯来到苏格拉底的"思想之店"，想学会通过花言巧语和各种狡辩方式来逃避别人的逼债。一个门徒很不情愿地开了门，并告诫斯特瑞西阿得斯不要向哪个贸然闯入的人展示这些"秘密"。斯特瑞西阿得斯进了门，看见许多门徒在聚精会神地凝视天和地。他呼唤苏格拉底，却听到苏格拉底在天上回答他：

苏：朝生暮死的人啊，你叫我做什么？
斯：我求你首先告诉我，你在那上面做什么？
苏：我在空中行走，在逼视太阳。

这是这场戏中带有俄耳甫斯教色彩的第一步。苏格拉底没有爬上山顶，而是采取了一种更简便的方法：他把自己吊在一只篮子里，然后像俄耳甫斯教徒一样在上面崇拜太阳。这种秘密祭典不是厄琉西斯人举行的那种，也不是崇拜冥神的那种。喜剧家可以且敢于把崇拜冥国的科瑞和伊阿科斯的秘密祭典搬到舞台上。但是，用一种取笑的方式直接模仿厄琉西斯的启蒙仪式看来不是正统的雅典人所能忍受的。厄琉西斯的仪

---

① 阿里斯托芬：《云》，223以下。最先看出这场戏的目的是模仿俄耳甫斯教仪式的是迪特里希，见 *Rh. Mus.*, 1893年，p.275。

式在当时已经成为国教,在政治生活、社会生活中都被认为是神圣的。俄耳甫斯教徒是异教徒,模仿、取笑俄耳甫斯教的仪式正迎合了普通人对俄耳甫斯教的偏见,从而受到了人们的欢迎。苏格拉底解释说,他坐在高高的篮子里,是想在凝视太阳时避开地上各种混杂的东西。这也是对俄耳甫斯教义的嘲弄,因为俄耳甫斯教认为人具有双重性质,即既属于俗世又属于天国,而且人需要把自己身上那些世俗的杂质清除掉。

在说了一番毫无意义的话之后,斯特瑞西阿得斯点明了自己的来意。苏格拉底从吊篮里下来后,问道:

> 苏:你真想知道天上神圣的事物吗?
> 斯:是呀,只要是可能的话。
> 苏:你想同云说话吗?那是我们崇拜的神啊。
> 斯:当然想啊。
> 苏:那你就坐在这神圣的轻便折凳上。
> 斯:好的,我坐下了。
> 苏:现在戴上这顶花冠。
> 斯:为什么要戴上这顶花冠?哎呀,苏格拉底,千万不要把我杀来献祭,我可不是阿塔玛斯啊!
> 苏:不会的,这只是我们要举行的入学典礼。

斯特瑞西阿得斯是老式人物,他根本不懂得这些被俄耳甫斯教徒和智者们崇拜的新"神"。某种不舒服的宗教的东西正施加在他身上,于是他的思维本能地回到旧的秩序。戴上花冠意味着将被当作祭牲,而最典型的就是阿塔玛斯。苏格拉底立即纠正了他,观众的思维因此也回到正轨上。这不是平常那种古老的献祭仪式,而是学习狡辩的"入学"(启蒙)仪式,在这种启蒙仪式上,接受仪式的人似乎也要戴上花冠,很可能是为了显示对众神的崇敬。但斯特瑞西阿得斯不明白这种东西的用途:

斯：那我可以得到什么好处呢？

苏：你会变成一个无赖，懂得花言巧语、能言善辩。你别动呀。

斯：宙斯在上，你可不要骗我，把面粉涂到我身上吧，那一定会使我变成一个圆滑的无赖。①

如果我们对所模仿的是什么样的仪式有疑问，那么，看一看那两个被翻译为"涂面粉"的双关语 τρίμμα 和 παιπάλη 就明白了。τρίμμα 的意思是可以用来涂、擦的东西，可以碾碎的东西；κρόταλος 指的是涂、碾的时候发出的声音，可以译为"喋喋不休（的人）"；παιπάλη 指的是碾出来的面粉或粉末。斯特瑞西阿得斯的目的是要学会在说话时喋喋不休、在争辩时能言善辩。要不是我们了解下面的细节，这段话就会变得毫无意义：当时苏格拉底捡起两片石灰，把它们捣碎，然后涂到斯特瑞西阿得斯的身上，直到他浑身变白，活像参加秘密祭典的克里特人。评注者非常清楚舞台上发生的事："苏格拉底一边说话，一边用两片易碎的石灰相互摩擦、敲击，然后把碎石灰抛向那个老头，就像人们在举行仪式时把谷物撒向祭牲一样。"② 关于舞台上发生的事，评注者所说的完全正确，但至于所模仿的仪式，他说得完全错误。如苏格拉底所说，斯特瑞西阿得斯不是祭牲，因此，他模仿的仪式不是献祭仪式，而是启蒙仪式。

还有一个事实可以进一步证明这是一个启蒙的场面，而不是献祭的场面：斯特瑞西阿得斯一直坐在某一张小榻或轻便折凳上，而不是坐在祭坛上。我们找不到证据来证明人们在秘密祭典上使用这种凳子，但从喜剧的角度看，它显然相当于人们在俄耳甫斯教的仪式上所用的座位或宝座。接受启蒙的人——不管是在厄琉西斯人的神秘仪式上还是在俄耳甫斯教的神秘仪式上——通常是坐着的，因此这种仪式又被称为"登上

---

① 阿里斯托芬：《云》，259。
② 关于阿里斯托芬《云》第 260 行的评注。

宝座"。第戎·克律索斯托（Dion Chrysostom）说，那些主持启蒙仪式的人在仪式进行的过程中常常让接受启蒙的人坐下，然后围着他们跳舞。柏拉图在《欧提德摩斯》（*Euthydemus*）中就提到了这种仪式："你不明白，克雷尼阿斯（Kleinias），那两个陌生人所做的和那些主持科律班忒斯仪式的人通常做的完全一样，就是说，他们正在给一个接受启蒙的人举行'登上宝座'的仪式。"① 和参加密教的新成员一样，克雷尼阿斯正在接受启蒙。他必须默默地坐着，而那些指导他的祭司围着他跳舞，一边说着一些在他看来毫无意义的话。

至此，斯特瑞西阿得斯已经完成了启蒙仪式的第一步，也就是说，他已经接受了净礼，正在作准备。前面的仪式都是为下一步，即"完全出现"的阶段做准备。他坐在凳子上，身上涂满了石灰，目的只有一个，那就是：他能够清楚地看到天上的神并和他们交流。苏格拉底完全按照主持仪式的做法，首先叫他保持安静，然后向空气和苍穹②这些诡辩派的、半俄耳甫斯教的神祇祈祷，最后装出庄严的样子，像在仪式上一样召唤神圣的云：

> 苏：肃静，老头儿，静静地听我的祈祷。无边的空气，我的主啊，你把大地高悬在空中。光明的苍穹啊，鸣雷掣电的云神啊，快升起来吧。天空的女神啊，赶快当着你们的哲人的面出现吧。
>
> 斯：别忙，别忙，等我用衣服盖好，免得给雨水弄湿了。可惜我没有从家里把狗皮帽带来，真是倒霉呀。
>
> 苏：啊，快来吧！神圣的云神啊，快出现给这个人看吧。快来呀！不管你们正倚在奥林波斯山那神圣的顶峰上，或是正在你们的父亲俄刻阿诺斯的花园里伴着女神们一起歌舞，

---

① 柏拉图：《欧提德摩斯》，277D。
② 在保留至今的俄耳甫斯教文献残篇里，常常可以见到苍穹、空气、旋风等词语。

> 或是正在用金瓶汲取尼罗河的水，或是正停留在黑海的口岸上，或是正站在冰雪覆盖的米迈提亚山巅，请听我祈祷，愿你们接受我们的仪式，接收这神圣的祭品，高高兴兴地享用。

苏格拉底的这段话完全是仿照主持仪式的方式说的，为了保险起见，他提到了众神可能漫游到的所有地方。这种召唤神的仪式很可能是俄耳甫斯教仪式的一部分，而且从另一部喜剧《蛙》中伊阿科斯所唱的那首歌，我们可以进一步肯定这一点。总之，这些仪式以及所有秘密祭典当中的"完全出现"只是对古老的"（神的）显现"仪式的强化和神秘化，那些古老的仪式包括酒神狂女呼唤神的出现、厄利斯的妇女"召唤"公牛神的到来。这种神的显现——包括内在的和外在的——正是一切净化仪式、祝圣仪式的目的，在这种仪式上，人们不是宣读、解释晦涩难懂的教条，而是呼唤神的显现。在仪式的哑剧表演中，"神的显现"在何种程度上被表演出来，这一点我们无法了解。但是，从上文讨论的那场戏可以看出，在仪式上，人们很可能表演了某种形式的模拟剧。我们已经看到这场戏模仿的是云神的显现，当时斯特瑞西阿得斯既困惑又惊讶，慢慢地才从慌乱中回过神来，最后才真切地看到了那些女神。

这些新神祇是一些女神，这似乎暗示了阿里斯托芬在挪揄厄琉西斯人的仪式。她们是威力强大无比的天空女神，而不是令人生畏的冥神，这一点使他免去了嘲讽国教的嫌疑。他还进而让他笔下的云神在一首短小的合唱歌中歌唱雅典的虔诚，而雅典是秘密祭典的故乡。

描写这些云神既富有诗意又不会引起猜疑。即使是俄耳甫斯教徒实际上也不会崇拜云，但是，后文我们将会看到，他们的神谱、宇宙起源说充满了各种模糊的自然现象的拟人形象，如空气、苍穹（以太）、厄瑞玻斯（Erebos）、卡俄斯（Chaos），以及各种尚未出生的纷乱的东西。在这些拟人形象当中，没有什么比变化莫测的云雾更令人愉快的了，因为它包含了那种模糊、混乱的宇宙哲学。

这场戏尽管持续的时间很长，但一定取得了很好的喜剧效果。由于剧本中没有舞台说明，可能有一半的可笑细节已经失传了，但我们还是能够想象得到它精心地模仿了俄耳甫斯教秘密祭典的整个过程。我们甚至可以想象得出苏格拉底的穿着像一个传授秘义的锡仑（Silen），在图147中的浮雕上就有这样一个锡仑的形象。

我们还可以想象，在雅典当一个俄耳甫斯教徒有多么困难，因为他是一个异教徒、一个一本正经的人、一个过于关心自己灵魂的人。我们已经看到，为了对付这种古怪的异教徒，狄摩西尼在法庭上千方百计地挑起陪审团对他们的偏见。我们知道，在泰奥弗拉斯托斯看来，"迷信者"的特点就是每个月都参加由俄耳甫斯教的祭司主持的秘密祭典。我们可以隐隐约约地推断，这种人在家里是不会得到同情的，他的妻子有时会因为"太忙"而不能和他一起前去参加仪式，于是他必须带上保姆和孩子。[①]

尽管普卢塔克同情俄耳甫斯教的某些方面，但是，他在对迷信进行批判时说："有些做法会使人们对神产生不敬，比如念咒语、施用魔法及巫术、一边击鼓一边转圈、乱哄哄的净化仪式、肮脏的清洗仪式、在神庙举行的野蛮残忍的忏悔仪式、在身上涂抹污泥等。"[②] 此外，他还描述了一些不幸的人的困境，这种人认为自己遭受苦难是因为自己有罪而受到惩罚："和他说话、试图帮助他都是没用的。这种人穿着破烂的衣服坐在那里，还经常脱下衣服，赤身裸体地到泥潭里打滚。他认为自己犯了不可饶恕的罪，认为自己吃了、喝了什么神禁止的东西或做了什么神不让做的事情。"[③] 这种病态的自我检查的习惯完全是俄耳甫斯教徒所特有的。毕达哥拉斯告诫自己的门徒晚上回家的时候要默念这几句话：

---

① 泰奥弗拉斯托斯：《人物志》，XXVIII。
② 普卢塔克：《论迷信》，XII。
③ 普卢塔克：《论迷信》，VII。

> 我是否做错了什么事情？所做的事情是否正确？
> 我是不是把应该做的事给遗忘了？[1]

普卢塔克接着说："即使是在他精神最好、迷信的念头并不强烈的时候，他也是坐在家里，点上香，挂上各种装饰，让一群老太婆围着他，让她们在他身上挂上各种乱七八糟的东西，就像诗人彼翁（Bion）所说的那样：好像他是墙上的一根钉子。"普卢塔克描述的这些仪式并不是晚期才出现的颓废的东西，虽然我们主要是从晚期作家的著作中看到有关描述的。实际上，这些是被俄耳甫斯教赋予了新的精神含义的非常原始野蛮的做法。赫拉克利特也提到了这些做法："他们用血来净化自己，但依然是污秽的，就好像一个人踏进泥潭里，但还用泥巴来对他进行净化。"[2]

这就是俄耳甫斯教的阴暗面，它把那些古老、晦涩甚至是低级的仪式化为己有，这些仪式越晦涩，就越易于将其神秘化。柏拉图憎恨、反对的就是俄耳甫斯教的阴暗面。他在《理想国》中说："先知和行乞的江湖骗子堵在有钱人的家门口，展示穆塞俄斯和俄耳甫斯的著作……他们根据这些进行献祭，不仅引诱个人而且引诱整个城市的人相信，人还在世的时候可以通过献祭和各种儿戏般的表演获得自由和净化，还引诱人们相信通过举行一种'仪式'可以免除人们死后的苦难，还说如果我们不参加这种仪式，那么等待我们的将是可怕的结局。"[3] 哎呀，俄耳甫斯教徒在诱惑面前堕落了，他们攻击神学家，通过宣扬另一个世界的恐惧来实施他们的道德和宗教理念。毫无疑问，一些低等的俄耳甫斯教祭司通过某种方式来宣扬放纵。后文我们在考察俄耳甫斯教的末世论时将讨论俄耳甫斯教用来威胁没有入教的人的可怕东西。

---

[1] 戴奥真尼斯·拉俄修斯：《毕达哥拉斯传》，XIX。
[2] 赫拉克利特：残篇，130。
[3] 柏拉图：《理想国》，364B。

利克诺福里亚

无论俄耳甫斯教如何将撕裂公牛这一做法神秘化，它都是一种野蛮的狂欢活动。用污泥和黏土进行净化也绝不是令人愉快的事。下面讨论的另一种俄耳甫斯教的仪式可以让我们放松一下，因为那是一种欢快的活动——利克诺福里亚（Liknophoria），即手持"利克农"。

我们应该还记得，我们在前文讨论过德尔斐的狄俄尼索斯·利克尼特斯崇拜，这种崇拜包含有一种秘密祭祀，主持秘密祭祀的祭司有一个典型的俄耳甫斯教的名称——荷西俄伊（"神圣的人"）。我们还谈到人们在仪式上使用的"利克农"是婴儿神的摇篮。下文我们会看到，像丰饶角里的婴儿普路托斯一样，狄俄尼索斯·利克尼特斯只不过是人格化的大地新生的果实——春天或秋天的果实。科瑞是大地的女儿，而他则是大地的儿子。"唤醒"他的仪式最初只是一种模拟性的表演，内容就是召唤他在适当的季节把大地的果实送到大地上。

图146是慕尼黑石雕作品展览馆收藏的一幅浮雕[1]。我们看到图中有一个铲状的利克农，它可以用作摇篮。但是它装的不是小孩，而是葡萄和叶子，以及一个象征动物生命的男性生殖器。这是一幅希腊化时期的浮雕，刻画的是一个赶集的农民，他手里拿着一只装着果实的篮子，肩上扛着一根吊着一只动物的棍子。他还赶着一头母牛，母牛的身上绑着一只小牛犊。他正路过狄俄尼索斯的神庙。我们看到图案左边有一个酒杯、两条火把和一根酒神杖。左上方有一个小神龛，里面有一根头像柱子，我们说不准上面的头像是赫耳墨斯还是狄俄尼索斯。画面正中的神庙顶部的中央竖立着一个精致的东西，它的顶部就安放着神圣的利克农。

这让我们想起了索福克勒斯的一个残篇：

---

[1] 编号601。见施雷伯：《希腊浮雕》，图80A。

图 146

> 赶你们的路吧,
> 你们这些匠人已经把祭品放在篮子里,
> 又把篮子安放在柱子上,
> 那是在向宙斯那个长着大眼睛的孩子厄耳伽涅祈祷。①

这个残篇之所以引起我们的注意,是因为它表明,虽然利克农——收获用的篮子——无疑是狄俄尼索斯崇拜的用品,但它的作用并不仅限于此。毫无疑问,按照赫西奥德的说法,雅典娜·厄耳伽涅(Ergane)最初是农耕②的保护神,而不是纺织及其他手工业的保护神。我们在前文已经看到,她只不过是另一个科瑞、雅典的大地女神的女儿。把装满

---

① 索福克勒斯: 残篇, 724。
② 我在另一场合结合索福克勒斯的这个残篇对利克农进行过讨论, 见《古典评论》第 8 卷, p.270。哥本哈根博物馆收藏有一幅浮雕, 风格和图 146 中的浮雕非常相似: 一个利克农被安放在柱子上, 上面有一只巨大的山羊头。见施雷伯:《希腊浮雕》, 图 111。

果实的利克农献给她（而不是献给赫淮斯托斯）是再合适不过的了，而且要把装着祭品的利克农竖立起来，就像图 146 中的浮雕所描绘的那样。在这里，"竖立"（στατόν）一词无疑是为了区别于另一种仪式——利克诺福里亚，即搬运利克农的仪式。

把利克农公开地竖立起来，可见这不是秘密祭典的做法，那只是把刚收获的果实献给雅典娜、科瑞或者利克尼特斯。然而，祭祀利克尼特斯的仪式有一种神秘的因素，那就是这个神圣的孩子的诞生。正是由于利克农和狄俄尼索斯崇拜有着密切的联系，它才被赋予了神秘的含义。这个典型例子充分说明了俄耳甫斯教的神秘性。

在图 147 中的浮雕[①]上，我们看到的显然是狄俄尼索斯崇拜的秘密祭典。那个刚入教的人头上被蒙上了布，他还不能看那只装着果实和神圣标志的篮子（利克农），人们马上就要把它放在他的头上。此刻一个萨梯正端着那只篮子，而在刚入教的人身后，有一个拿着铃鼓的迈那得斯。

在仪式上用布把新成员的头蒙上，这标志着仪式具有神秘的性质。我们从图 148 的精美壁画中再次看到了这种情景。这是法涅西纳宫（Farnesina palace）的一幅壁画[②]，现收藏于罗马的泰尔梅博物馆（Museo delle Therme）。壁画所描绘的显然是启蒙仪式的情景。画面上那个被严严实实地蒙着头的男孩手里拿着一根酒神杖，表明这是狄俄尼索斯崇拜的秘密祭典。一个祭司正掀开覆盖在某个东西上面的布，这个东西似乎被放在一个祭坛上。可惜壁画已经残缺不全，因此我们不能断定那是个什么东西，它的形状有点像一个利克农[③]。不管怎么说，可以清楚地看到，这是狄俄尼索斯崇拜的秘密祭典，而且一个成员的头部被蒙着。在主持仪式的女祭司身后有一个圣器箱，里面无疑装着这个仪式中最神秘的东西。从画面上的柱子和圣树判断，这一情景发生在神庙里。

[①] 见鲍迈斯特：《文物》（*Denkmäler*），p. 449，图 496。
[②] 编号 1122。图 148 摹自一张照片。
[③] 在撰写了上述内容并画好图 148 中的线描图之后，我有机会考察了这幅壁画的原件，结果发现，那个模糊的东西就是一个利克农，它的轮廓甚至它的把手还清晰可辨。

图 147

图 148

蒙面的习俗延续至今，体现在如今新娘和寡妇的面纱上，但是，它在古代所包含的庄严内涵几乎已经被人们遗忘。通常认为，新娘把自己蒙起来是出于谦虚。因此，当我们了解到早期的新娘和新郎在教堂里举行婚礼都要蒙上面纱时，我们不免感到吃惊。根据狄舍斯涅（Duchesne）神父的记载，这种习俗不久前刚在法国消失，而亚美尼亚人在教堂里举行婚礼时还保持着这种习俗。在举行婚礼时，祭司用一块很长的红布把新娘和新郎一起盖住，显然这一仪式只是婚礼的一部分。科普特人（Coptic）在举行婚礼时使用的是白布，但同样是盖在新娘和新郎的头上。[1]

面纱真正的象征意义既不是谦虚也不是贞洁，我们在考察了它在古代的用法之后就会知道它的真正含义。很久以前，普卢塔克就提出了这样的问题："人们在崇拜神的时候为什么把头蒙住？而当他们要向别人表示敬意时为什么要掀开面纱？"[2] 普卢塔克善于提问题而不善于回答问题，然而，在他为这个问题提供的各种古怪的答案中，有一个很有启发性的线索，即这一习俗和毕达哥拉斯的信徒的做法有相似之处。我们已经看到，毕达哥拉斯的信徒和俄耳甫斯教徒一样恢复了一些原始的仪式。

我们可以从一种被称为"神圣春天"的典礼中看到这种习俗的根源。费斯图斯是这样描述"神圣春天"的："'神圣春天'是意大利人的一种献祭仪式。古时候，在面临重大灾难时，他们就会向神发誓，他们将把在下一个春天新产下的动物全部用作祭牲。但是，他们似乎觉得屠杀无辜的孩子是一件野蛮的事，于是等孩子长大成人后，便给他们蒙上面纱，然后把他们赶出国外。"[3] "神圣春天"的野蛮做法到底是确有其事还是纯属虚构，这和我们的研究并无多大关系。有一点是明确的：蒙面象征着或者相当于奉献。新娘和新郎都被蒙上面纱，这是因为在神秘的婚礼上，他们一心一意地将自己献给生命之神。忏悔者要蒙上面纱，这是因为他为了赎罪要把自己献给神。寡妇要把自己献给死亡之神，这样做最初无疑是要代替她的牺牲，将自己献给死去的丈夫的鬼魂。阿尔刻提斯在返回天上时，也是默默地蒙着面纱，而且这样持续了三天时间，此时她是献给哈得斯的祭品：

> 你还能够听到她说话，
> 要等到第三天的黎明到来时，

---

[1] 狄舍斯涅：《基督教的起源》（Origines du culte chrétien），p.416。
[2] 普卢塔克：《罗马人的问题》，X。
[3] 费斯图斯，p.379。

等到她接受了净洗礼，不再沾有冥界神祇的污秽之后。①

"把自己奉献给神"这一古老的含义如今只残留在罗马天主教一种美丽的仪式上，这种仪式通常被称为"取下面纱"。但即使是在这一仪式上，它那令人恐惧的含义也已经被神秘婚姻的象征意义所淡化。"献身"于生命和"献身"于死亡相互交织在一起。

在图146中，利克农被公开地竖立在屋顶上，里面装的是用作祭品的初果，另外还有一个象征生命的男性生殖器。这个利克农是神圣的，然而一点儿也不神秘。在这个具体的场合里，它是狄俄尼索斯崇拜的一部分，但是正如上文所说，它也有可能属于任何一个丰收之神或丰收女神，人们献给这些神祇的祭品就是初果。在图147和图148中，利克农成了秘密祭典的一部分，它马上就要被放在崇拜者的头上。人们已经把他的眼睛蒙上，不让他看见利克农。秘密祭典的内容有哪些？它们又是如何传入希腊的呢？

前文在讨论狄俄尼索斯崇拜时，我们已经看到，在德尔斐，人们把他当作利克尼特斯来崇拜。赫西基俄斯是这样解释这个名称的："利克尼特斯，狄俄尼索斯的别名，源于小孩用来睡觉的摇篮。"② 形状像铲子、用来搬运果实的利克农在古代还有一个用途：用作供小孩睡觉的摇篮。

图149是梵蒂冈格列高利博物馆收藏的一个红绘基里克斯陶杯③上的图案。我们看到图中有一个用柳条编织而成、用作摇篮的利克农。坐在摇篮里的是婴儿赫耳墨斯，他戴着一顶阔边帽，他的眼睛在看着他偷来的那些牛。其中的一头牛掉过头来，眼前这奇怪的小东西让它感到惊讶，它轻轻地嗅着摇篮。赫耳墨斯的母亲迈亚惊惶地走上来阻止那头牛。有一首荷马颂歌描述的就是这一情景，虽然像通常情况一样，瓶画家对细

---

① 欧里庇得斯：《阿尔刻提斯》，1144。原文使用了 ἀφαγνίσηται 一词，表明这是一种古老的仪式，意思是消除死者的污秽。这是一种驱邪仪式。
② 赫西基俄斯的词典中的有关条目。
③ 见鲍迈斯特：《文物》第1卷，p.680，图741。

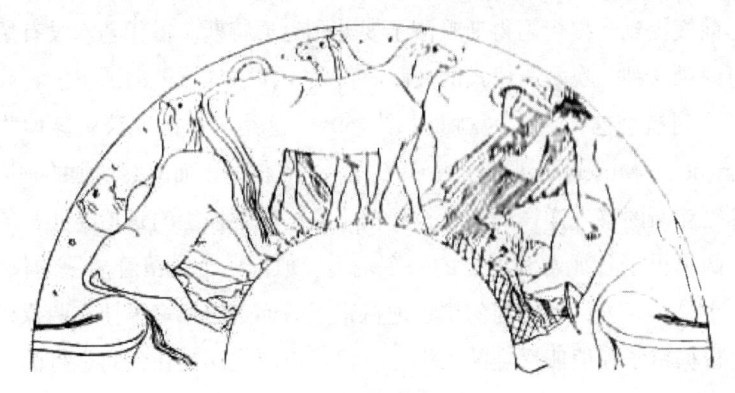

图 149

图 150

节的描绘并不受这首颂歌的影响:

> 好心的赫耳墨斯急忙回到他的摇篮里,
> 匆匆地穿上衣服,像一个在温暖的襁褓中熟睡的婴儿。
> 他的左手紧紧地握着那个用玳瑁壳做成的里拉琴
> 这是他最喜爱的东西。[1]

---

[1] 《荷马颂歌》,150。

前文提到，提伊阿得斯唤醒了婴儿利克尼特斯。古代艺术没有留下任何记录这种"唤醒"仪式的文献。但是，在一具石棺的图案上，我们可以看到描绘这种仪式的画面（图 150）。这是剑桥的菲茨威廉博物馆（Fitzwilliam Museum）收藏的一具石棺①。石棺的正面图案刻画的是纪念酒神巴克斯的喜气洋洋的游行，石棺一端的图案描绘的是抬婴儿神的情景。两个男子各抓着利克农的一个把手，他们一个是留着胡须的长者，另一个是年轻人，他们匆匆忙忙地从帘子后面走出，帘子挂在两棵树之间。根据帘子和熊熊燃烧的火把，我们可以断定这是在夜间举行的一种神秘仪式。我们无法知道这一仪式的细节，但可以做出这样的推测：在这种仪式上，在听到（看到）某种信号之后，人们宣布圣子诞生，两个侍从抬着一个装着圣子的利克农从一块布帘后面走出来。

图 151 是君士坦丁堡博物馆收藏的一个花瓶②上的图案。这个画面和那些表现摇篮里的婴儿利克尼特斯的画面有很强的可比性，它能帮助我们了解利克尼特斯的原始意义。这个花瓶年代较晚，大约为公元前 5 世纪与公元前 4 世纪之交。虽然瓶画的风格无关紧要，但其题材却是至关重要的。这个情景发生在厄琉西斯，这一点我们可以确定，因为我们在图中看到了特里普托勒摩斯，他坐在他那驾有翼的飞车上，他就要把麦种带到各地去。在这一类瓶画上，位于上方的通常是一些次要的人物，而且我们往往很难说清他们是谁。在这幅瓶画中，左上方的人物是阿佛洛狄忒，到了这个时期，她已经成为令人生厌的万能之神。我们无法说出右上方的人物的名字，但那个坐着的女人应该是一个女祭司，因为她

---

① 编号 31。见帕斯利（Pashley）：《克里特游记》（*Traveis in Crete*）第 1 卷，1837 年，p. 37。那不勒斯博物馆收藏有一具石棺，上面的图案描绘的也是类似的情景：两个萨梯抬着利克尼特斯。热心的汉斯·格雷文（Hans Graeven）博士对我说，汉诺威的克斯特纳博物馆（Kestner Museum）收藏有一个釉饰碟子，奇怪的是，上面的图案和石棺图案完全相同。显然，这是对石棺图案的模仿。唯一添加的细节就是，这些人物身后的背景是一派中世纪的风景。
② 见 S. 雷纳克的论文，《考古评论》1900 年第 36 卷，p. 87。斯沃罗诺斯博士对这幅瓶画作了更全面的解释，见《考古与钱币学》（*Journal d'Archéologie et Numismatique*），1901 年，p. 387。

的右肩上放着一把巨大的开启神庙大门的钥匙。对于瓶画下方的人物，我们可以做出明确的解读。该亚从地里冒出来，两个女神在看着她，右边那个手持长矛，她显然是雅典娜。左边有两个女人，其中一个拿着火把，她们是科瑞和得墨忒耳。

图 151

显然，这幅瓶画描绘的是一个神圣的孩子在厄琉西斯诞生的情景。下文我们将会看到，这个孩子的诞生是当秘密祭典进行到某个仪式时由大祭司来宣布的："布里摩（Brimo）生下了一个叫布里摩斯（Brimos）的孩子。"[①]然而，这种秘密祭典很少被公开展示在瓶画上，于是人们在瓶画上用一种更简单的方式来表现这一情景。那孩子从丰产的标志——丰饶角中诞生，他是大地的果实，被庄严地献给雅典娜，因为厄琉西斯把她的麦粒和秘密祭典传入了雅典。美术作品的描绘再清楚不过了。在那些表现厄琉西斯农庆的瓶画上，除了可以看到特里普托勒摩斯的形象外，还可以看到普路同（亦即财神普路托斯）。他被刻画成一个白胡子的老头，手里拿着一只装满果实的丰饶角。[②]但在这幅瓶画上，我们看到的

---

① 下文我们将对布里摩斯的诞生进行讨论。
② 大英博物馆藏品编号 E183，另见《古代雅典的神话与遗迹》，p. 1iii，图 9。

是幼年的普路托斯,这个婴儿正是财神。同样,这些瓶画里的利克农要么是用来装果实的篮子,要么是小孩睡觉用的摇篮。此时人们还没有把人和自然严格地区别开来。在这种美丽的象征手法里,耕作代表着婚姻,播种者代表男人,母亲代表大地,那个新生的婴儿就代表大地的果实。

当我们了解到利克农是一个丰饶角,而对人类繁衍的果实而言,它变成了一个摇篮时,我们自然会意识到,从秘密祭典的角度来说,它象征着新生,并意识到利克尼特斯和精神再生的教义有联系。俄耳甫斯教本身也有再生的教义,然而,对俄耳甫斯教徒来说,利克农主要象征着净化,此外他们也用它来象征再生。利克农象征意义的演变过程是原始的神秘主义发展史中一个奇特而又富有启发性的篇章。

在所有论述利克农的文献当中,最具权威性的要数塞耳维俄斯关于维吉尔《农事诗》第一卷的评论了。在这一卷里,维吉尔提到得墨忒耳使用的各种器具,其中就有"伊阿科斯的神秘扇子(梵努斯)"。塞耳维俄斯这段评论晦涩难懂,以至于利克农(梵努斯)也变得神秘起来。

维吉尔首先列举了各种农耕用具:重重的犁铧、缓慢前行的马车、笨重的鹤嘴锄。接着他说:

> 还有刻勒俄斯教人们编织的柳条扇子,
> 都是用坚实的木头做框架,那是伊阿科斯的神秘扇子。[1]

如果我们只考虑到这是维吉尔的作品,那我们就会得出这样的结论:这是一把普通的扇子,也就是一种用于通风的工具。[2] 然而,由于这是得

---

[1] 维吉尔:《农事诗》,I,165。
[2] 安德鲁·兰先生在其著作《习俗与神话》(Custom and Myth, p.36)中做出了这样一个猜测:"使用'伊阿科斯的神秘扇子'的目的可能和使用响板的目的一样,都是为了扇起一种神圣的风。"但是兰先生以他一贯的坦率风格承认,像塞耳维俄斯一样,他这种说法"仅仅是一种猜测"。

墨忒耳的工具，我们就会进而想象这是一把用来扬谷的扇子。我们还有两个问题需要回答：首先是"一把扬谷用的扇子——日常生活中经常使用的工具——为什么是'神秘的'"；其次是"谷物女神用于扬谷的扇子是如何成为酒神的典型用具的"。塞耳维俄斯自然想到了这两个难题，而且他试图以他的方式来进行解答。他没有正面回答这些问题，但他把自己听到的别人关于这些问题的说法全部都记录了下来。他那段含糊的话很富于启发性，因此在这里有必要重复这段话：

> 伊阿科斯的神秘扇子其实是打谷场上的筛子。他把它称为伊阿科斯的神秘扇子，因为酒神利柏耳（Liber）[①]的仪式和灵魂的净化有关，人在接受他的神秘仪式之后（灵魂）得到净化，犹如小麦被扇子净化一样。正是由于这样，人们才传说，在奥西里斯被堤丰肢解之后，伊西斯把奥西里斯的四肢收拢到一起，放在一个筛子上，因为利柏耳和奥西里斯是同一个人，在他的神秘仪式里，扇子起着重要作用。我们说过，他用这种仪式净化人的灵魂。因此，他也被称为利柏耳，因为他解放人的灵魂。据俄耳甫斯说，被巨人撕成碎片的就是他。还有人说，希腊人把利柏耳叫作利克尼特斯。此外，他们还把扇子称为利克农，据说他从母体生下来之后便立即被放在利克农上面。另外一些人在解释它为什么"神秘"时说，扇子是一种用柳条编织而成的用具，正因为它很大，所以农民常常用它来堆放第一批果实，然后将这些果实献给利柏耳和利柏拉（Libera）。这就是它被称为"神秘"的缘故。

如果"神秘"的意思是彻底的晦涩难懂，那么伊阿科斯的扇子当然是名副其实了。根据塞耳维俄斯的说法，利克农既是筛子，又是扬谷用

[①] 关于酒神利柏耳，见《象征辞典》，p.185。从原文的拼法看，"利柏耳"（Liber）和"解放"（liberate）有密切联系。此外，"利柏耳"和"利克尼特斯""利克农"似乎也有联系。——译注

的扇子,还是用来装果实的篮子,其神秘之处在于它跟灵魂的净化有关,跟那个神圣的婴儿——被肢解的狄俄尼索斯有关。但是在塞耳维俄斯的描述里,我们找不到任何能够解释这三种用途及它们的象征意义的因素。

要解决那些由塞耳维俄斯的描述引出的问题,有必要简要地回顾古典作家留下的关于扬谷的过程以及用于扬谷的扇子的形状的描述。[①] 到目前为止,我们以为那种扬谷用的扇子是一种篮子,但是当我们对照荷马史诗的有关描述时,就会碰到一个明显的难题。

我们通过一个非常偶然的机会了解到荷马时代某种用来扬谷的工具的形状。这种工具的形状很奇特,如果不仔细看,人们会误以为那是船桨。在冥国的忒瑞西阿斯事先告知俄底修斯,如果他杀死那些求婚者,他将遭受这样的命运:以后他赶路的时候必须拿着一根像船桨一样的东西,直到他来到一个人们对海一无所知的地方,他每到一个地方都会看到一个他必须遵守的标志。忒瑞西阿斯是这样告诉他的:

> 我将告诉你一个醒目的标记,
> 你不会错闪。当你走去,另一位路人将会和你遇上,说你坚实的肩膀
> 扛着一把簸铲,其时你要把那形状奇特的船桨插进地里,
> 还要给波塞冬备献丰足的祭品:一头公牛、一头公猪和一只公羊。[②]

这里所用的词不是"利克农",而是"簸铲"($\dot{\alpha}\theta\eta\rho\eta\lambda οιγός$)。然而,有一点很清楚:这种用来扬谷的古老工具的形状大体上像船桨[③],人们可能会混淆这两种东西。这种工具也可以称为扇子,原始簸铲的形状一定

[①] 关于这个问题的讨论,参见我发表在《希腊研究》上的论文:1903年,p.292;1904年,p.241。
[②] 荷马:《奥德赛》,XI,127。
[③] 在一些宝石图案上,俄底修斯手持一把宽大的船桨。见本人的《奥德赛的神话》,图版30。

也像扇子一样。显然，它和上述浮雕中的利克农（用于装果实的篮子）是截然不同的东西。要把一种像船桨一样的东西放在头上可不是容易的事，而且那样的东西也无法用作小孩的摇篮。

从荷马史诗的另一个段落可以清楚地看到这种古老的簸铲是如何使用的。在激烈的战斗中，亚加亚人被纷扬的尘土扑撒得全身灰白，犹如

> 大风扫过神圣的麦场，吹散
> 农人簸扬而起的麦壳，而秀发金黄的得墨忒耳
> 正借助刮扫的风势将颗粒和糠壳分开，
> 皮秕堆积，漂白了地面。①

风是天然的簸铲，但人可以帮助风，办法就是用簸铲扬起混在一块的麦粒和麦壳，这样风就会把麦壳吹走，较重的麦粒就落在地上。完成这项工作的最佳工具自然是一把簸铲，它有船桨一样的柄，一端较为宽阔，状如铲子。这样一种工具在希腊语中被称为 πτύον，亦即簸铲：

> 宛如在一个偌大的打谷场上，
> 黑皮的豆子跳出宽面的簸铲，迎对呼吹的劲风，
> 随着扬荚者的抛甩，同样，凶狠的箭矢弹离
> 光荣的墨涅拉俄斯的胸甲，蹦出老远，硬是被顶向一旁。②

从这些描述中，我们可以清楚地看到扬谷的人是如何借助风来使用簸铲的。

形状像老式煤铲的篮子可以用来把麦子铲起、迎着风抛甩。这种工具比不上状如船桨的簸铲那样方便，因为干活的人必须蹲下才能把麦子铲起来，但它能够装更多的麦子，而且还可以用来当普通的篮子和小孩

---

① 荷马：《伊利亚特》，V，499。
② 荷马：《伊利亚特》，XIII，588。

的摇篮使用。原始人并不反对这种经济实用的工具。

利克农和梵努斯（vannus）一样，起初是用来扬谷的扇子，最后被用作装谷物或水果的篮子。希腊化时期的浮雕上的利克农和维吉尔笔下的梵努斯都是用柳条编织而成。荷马史诗中那状如船桨的簸铲是用更坚实的材料做成的，很可能是用木头做成的。从埃斯库罗斯的《普洛透斯》(Proteus) 的残篇中可以推断出这一点，其中的一个人物提到：

> 那只可怜的鸽子在觅食时撞到了簸铲上，
> 不幸的她把自己的胸脯撞伤了。①

簸铲必然是得墨忒耳的工具，维吉尔知道这一点，虽然他也知道它已经成为伊阿科斯的工具。忒俄克里图斯在他那首歌颂收获的田园诗里祈祷：

> 啊，多么希望能把我那巨大的扇子插在
> 她的麦堆上，看着她站在那里
> 微笑，手里抱着麦捆和罂粟花。②

在这里，"巨大的扇子"是"插"着的，因此一定是那种状如船桨的簸铲，而不是篮子。用柳条编织而成的较轻便的篮子是狄俄尼索斯所特有的。《文集》里有一首短诗列举了酒神崇拜的各种用具，包括陀螺、鹿皮、钹、酒神杖，还有

> 那轻便的、能够发出深沉响声的铃鼓，
> 利克农通常被放在头发已经用束发带系好的头上。③

---

① 埃斯库罗斯：残篇，194。见阿提尼俄斯，IX, p.394。
② 忒俄克里图斯：《牧歌》，VII, 155。
③ 见《文集》(Anthol. Palat.), VI, 165。

因此我们可以清楚地看到，在古代，人们用来扬谷的有两种工具，两者的形状和制作材料迥然不同。荷马史诗里的簸铲原先用木头做成，后来用的是铁，那是一种长柄的、状如船桨的工具，而利克农或者维吉尔笔下的梵努斯则是用柳条编成的像铲子一样的篮子。两者唯一的共同点就是它们都可以用作扬谷的工具，除此之外，它们别无相似之处。长柄的簸铲仅仅是作为一种农具，而利克农演变成了一种"神秘"的工具，因为它可用作净化的工具，另外还用作神秘婴儿的摇篮。人们还把男性生殖器——生命的象征——放在利克农里，这也是它被庄严地覆盖着的原因。这两种东西之所以被混淆，完全是由我们现代人使用不恰当的术语造成的，即把 λίκνον（扬谷用的篮子）和 πτύον（扬谷用的铲子）都翻译成"扇子"。狄俄尼索斯崇拜和俄耳甫斯教的秘密祭典使用的是利克农（篮子），而簸铲则是得墨忒耳的工具。

我们花了很长的篇幅来讨论各种形状的利克农，因为这对我们理解俄耳甫斯教的秘密祭典和俄耳甫斯教的神秘主义有着极其重要的作用。从扬谷的扇子到装水果的篮子，这一转变标志着人们已从农耕文明进入葡萄酒文明、从得墨忒耳崇拜发展到酒神崇拜，这当中的联系纽带就是布洛弥俄斯。种植葡萄的农民不必再使用用于扬谷的簸铲，但他们曾经种植过小麦，于是他们在自己的崇拜仪式里依然保留着利克农（篮子）。

此外，最奇特、最主要的证据是：虽然他们已经把原先用于扬谷的扇子变成了装水果的篮子，但依然继承了那种扇子的象征意义，并且把这种象征意义移植到了装水果的篮子上。他们这样做几乎是无意识的，对我们来说也是很有启发性的。

用于扬谷的扇子象征净化。就像麦壳被从麦粒中分离出来一样，邪恶也被从善良中分离出去。至于这种分离的动作是用扇子（πτύον）还是筛子（κόσκινον）①完成的，那是无关紧要的。柏拉图的思想深受俄耳甫斯教的影响，因而他知道一切净化都是一种分离，包括外在的身体的清洗和内在的净化，即"荡涤灵魂中的一切偏见和自负"②。如今，我们在圣礼上还保留着用水清洗的做法，但是，我们已经忘却关于利克农的那种美丽而又亲切的象征意义。然而，我们还是记得这样一句谚语："手里拿着扇子的人一定会把自己的房子打扫得干干净净。"

用来装第一批果实的篮子的象征意义则完全不同，它标志着丰足、新的生命、果实和孩子的诞生。然而，俄耳甫斯教徒不会忘记它的净化作用。他的神秘主义之所以让人感到迷惑，是因为他把新旧两种东西融合在了一起，这也正是塞耳维俄斯感到困惑不解的原因。俄耳甫斯教徒知道扇子象征净化，但是篮子却是新生儿利克尼特斯的摇篮。一时间，他猛然意识到该如何将两者联系起来。那个孩子不是被撕裂的吗？所有人不是因为那个被肢解的神圣生命才得以净化、祝圣并获得新生吗？对他来说，把这个被肢解的神圣生命顶在头上似乎也具有神奇的作用——那神圣的理性就源自头脑。他还编了一个关于仙女的故事，却给她起了一个古老的萨梯的名字——希帕（Hippa）③，让她把利克农顶在头上，并用她来象征灵魂。在了解了这一系列的象征意义后，我们对利克农的作用就不会感到奇怪了：它可以作为扬谷的扇子、筛选东西的筛子、装初果的篮子、供小孩睡觉的摇篮。因此，正如哈波克拉提恩所说，它"可以用于一切启蒙仪式、一切献祭仪式"④。

我们把一种使用利克农的仪式留到本节的末尾来讨论，这种仪式对我

---

① 根据瓦尼塞克（Vaniček）的观点，πτύον 一词源于词根 pu，意为清洗；κόσκινον 的意思是"分离"。下文我们将论及筛子的象征意义，它和拉丁语词 cribrum 在意思上是一样的，都有"分离器"的意思。
② 柏拉图：《智者篇》，226E。
③ 柏拉图：《蒂迈欧篇》，II, 124C, 124D，及 III, 208D。根据普罗克洛斯的说法（p.171F），俄耳甫斯写过一段关于希帕的论述。
④ 哈波克拉提恩的词典中的有关条目。

第十章 俄耳甫斯教的秘密祭典 | 593

们理解俄耳甫斯教的秘密祭典有着极其重要的意义。这种仪式就是婚礼。

图 152 是一枚宝石①上的图案，上面有画家特律丰（Tryphon）的签名。图案描绘的是一场婚礼，也可能是为厄洛斯（爱神）和普绪刻（灵魂）举行的启蒙和婚礼合一的仪式。它使用的题材无疑是神话性的，但它也是现实生活的写照。厄洛斯和普绪刻都被严严实实地蒙上了面纱，一个扛着婚礼火把的厄洛斯用一根绳子引领着他们。右边那个厄洛斯正在掀开覆盖在一张凳子或沙发上的布，左边还有一个厄洛斯扶着放在新娘和新郎头上的那个装满水果的利克农。

文学作品中也有新娘和新郎在婚礼上头顶利克农的记载。普卢塔克说，雅典有这样一个风俗：在婚礼上，一个装满面包的利克农由一个父母都健在的男孩扛着，并且由他大声说"我逃离时一切是那样糟糕，但我现在看到的景象是那样美好"。②挑选一个父母都健在的男孩来

图 152

做这件事，这表明搬运利克农这一动作有着神奇的作用：这样做可以促进丰产，使新婚的人早日生儿育女，并给他们带来财富。因此，这个男

---

① 见米勒-维泽勒（Müller-Wieseler）的著作，II, 54。这枚宝石原先为马尔伯勒（Marlborough）收藏品。富特文勒博士在他的著作《古代宝石》（p.339, 图版 LVII. ii）中发表了这枚宝石的照片，并对其进行了讨论。该宝石现为波士顿美术馆藏品。富特文勒博士认为该宝石确为古代文物，且上面的签名也是真实的，但许多有名的考古学家对此提出了疑问。我本人没有见过该文物，因此不便评论。关于这件文物的争论，详见《波士顿美术馆年鉴》1900 年第 24 期，p.88。
② 普卢塔克或《亚历山大的谚语》（*Proverbial Sayings of Alexander*）的作者：《亚历山大的谚语》，XVI, 1255。

孩必须是从来没有接触过不祥的精灵，也不能受到过死者的任何影响。在婚礼上，人们也不会忘记利克尼特斯、果实、孩子的象征意义。评注卡利马科斯颂歌的人说："在古代，人们常常让婴儿在摇篮里入睡，并且把这一现象看作财富和果实的预兆。"① 如上文所述，塞耳维俄斯提到一种风俗：小孩一出生就让他睡在摇篮里。

然而，婚礼上的利克农不仅仅是作为一种促进丰产的象征，而且还是精神的标志，从苏伊达斯的话可以清楚地看出这一点。他说，在婚礼上，那个男孩扛的篮子里不仅有面包，而且还有一种有刺的果实以及橡果。② 如果苏伊达斯说的没错，这些比较粗糙的天然果实是作为较早期的，即在人们用小麦做面包之前的初果。但苏伊达斯说，那男孩扛着这些东西，还要喊出那句仪式性的套语，表示情况已经好转，因为篮子里的橡果代表糟糕的一面。正是这种把日常生活中的事物神秘化的做法让普通人感到困惑不解，这也是狄摩西尼坚决反对的做法。"你命令你那些神秘主义的信徒，"他对埃斯基涅斯说，"在你把泥土涂在他们身上，并且用黏土把他们净化之后，你命令他们说'我逃离时一切是那样糟糕，但我现在看到的景象是那样美好'，你还吹嘘从来没有人说过这样的话。"③ 然而，不是所有的普通人在自己的婚礼上都说过这样的话，而且抱着那种财富增长、人丁兴旺的愿望吗？

"伊阿科斯的神秘扇子"被用在了婚礼上，这迫使我们不得不回答这样一个问题：俄耳甫斯教秘密祭典是不是包括一种神秘的婚礼？前文说过，俄耳甫斯教徒既崇拜神母也崇拜圣子，而且他们把圣子的诞生神秘化。他们是否想到过圣子出生前的情形并将神母的婚礼神秘化？从假设的角度看，我们认为他们这样做过。一种基于对与神合而为一的信仰的

---

① 关于卡利马科斯《宙斯颂》第 48 行的评注。有关现代类似的习俗，参见曼哈尔特《神话研究》中的"孩子与麦子"一节（p.366）。有趣的是，道金斯在他的论文《现代色雷斯的狂欢节与狄俄尼索斯崇拜》中提到，在现代色雷斯的狂欢节上，是一个年老的保姆用篮子背小孩。
② 苏伊达斯的词典中的有关条目，以及赫西基俄斯的词典中的有关条目。
③ 狄摩西尼: de Cor., §313。

宗教可以从婚礼的象征体系中吸取许多东西。可喜的是，我们这样说并不仅仅出于猜测，而是有明确的证据证明狄俄尼索斯崇拜的秘密祭典包含一种神圣的婚礼，而俄耳甫斯教徒将这种婚礼神秘化了。

神圣婚礼

非常不幸，我们手中掌握的关于秘密祭典的神圣婚礼的主要证据是来自基督教神父的记载。由于他们的偏见，那些美丽的象征手法在他们眼里成了放纵无度的记录。我们可以而且必须对他们那些污蔑性的解释提出怀疑，但是我们没有理由怀疑他们对仪式程序的描述的准确性。这些神父的传教对象正是那些接受过这种神秘仪式的人，因此，任何关于仪式程序的不实描述都会让人对他们的说教产生怀疑。

克雷芒想在他的《规劝书》里证明宙斯是多么的邪恶，就说宙斯为了成为自己女儿的丈夫而变成了一条蛇。他还说："萨巴最俄斯的秘密祭典的特征就是让蛇滑过胸脯，而让蛇滑过接受仪式的人的胸脯恰恰证明了宙斯的放纵。"① 阿诺比乌斯也认为，这个涉及蛇的仪式只能证明宙斯的邪恶。他还补充了一个重要的细节：那条蛇是用黄金做成的，它被放到人的胸脯上，然后又从下面拿开。② 这条金蛇本身就证明了这一仪式具有纯朴的象征性。

萨巴最俄斯的金蛇仪式当然是一种非常古老的信仰的残余，当时蛇是人们崇拜的神。这让我们想起马其顿人腓力的故事，他担心奥林匹亚斯是一条圣蛇的新娘。随着文明的进步，这一神圣的婚礼完全被人性化了。

还是克雷芒为我们提供了宝贵的证据。幸好，他为我们记录下了在小亚细亚的大神母（库柏勒）的秘密祭典的启蒙仪式上人们要说的话。

---

① 亚历山大的克雷芒：《规劝书》，16。
② 阿诺比乌斯：《反对异教徒》，V，C，21。

他用一种充满无知和傲慢的口气说："这些话一定让你忍俊不禁，虽然这样的仪式让你无法笑出声来：我已经吃过用铃鼓装的东西，我已经喝过用钹盛的东西，我已经拿过刻尔诺斯（kernos），我已经下到了新娘新郎的洞房里。"① 如前文所述，前面三句话和厄琉西斯的秘密祭典上人们所说的是一样的，讲的是人们庄严地分享初果；最后一句实际上是公开承认了神圣婚礼。在这里，παστός 一词的意思是洞房或婚床，它大体上相当于 θάλαμος（房间），两个词都可以用于宗教的和世俗的场合。众神所住的房子就是按照凡人所住的房子的模样建成的。

奇怪而又有趣的是，弗吕亚的大神母的神庙里居然有一个洞房。《驳异教邪说》(Philosophoumena) 的无名作者说："在阿提刻的弗吕亚，俄耳甫斯的酒神崇拜仪式在厄琉西斯的启蒙仪式创立前就已经被创立起来，并为弗吕亚人所接受了。"② 这些仪式就是大神母的仪式。在弗吕亚有一个洞房，洞房的墙上有一些图画，其内容和前面我们所描述的非常相似，这些图画一直保留到这名作者所在的时代。普卢塔克在其撰写的反驳恩培多克勒的十卷本著作中谈论过这些图画的题材。很可惜，普卢塔克的这本著作已经失传，而《驳异教邪说》的作者只描述了其中一幅画，后文我们在考察俄耳甫斯的神谱时将论及这幅画。眼下我们要注意一个事实：在俄耳甫斯教的发源地有一个神圣的洞房，在这个洞房里一定举行过模拟性的婚礼。

有神圣洞房并举行过此类仪式的不仅仅是弗吕亚一个地方。在雅典就有这样的洞房，能为我们证明这一点的是亚里士多德的有关描述。他在讨论各个执政官的官邸时说，古时候的首席执政官通常住在城市公共会堂附近一个叫作布科利翁（Boukolion）的地方，"能够证明这一点的

---

① 亚历山大的克雷芒：《规劝书》，II, 15。
② 《驳异教邪说》：克鲁伊斯（Cruice）编，V, 3。我们很难判断这里的 παστός 指的是洞房还是婚床，它也有可能是一种装饰性的织锦华盖。

是，直到今天，首席执政官的妻子和狄俄尼索斯的婚礼还在那里举行"①。

在一个叫作"牛棚"的地方，首席执政官的妻子和狄俄尼索斯举行了婚礼。常常有人猜测，在古时候，人们要为一头神圣的公牛举行婚礼。我们还记得，据说萨巴最俄斯的崇拜者要"照料"自己的神。尽管如此，在花月节，首席执政官的妻子还是要"嫁给"狄俄尼索斯。从狄摩西尼的演说词《驳涅埃拉》（Speech against Neaira）中，我们能够了解到这种仪式是多么的可怕、神圣。

涅埃拉的母亲是一个出身卑微的外人，她代表整个城市主持了那个"难以言表的祭祀仪式"。她看到的也不过是一个雅典女人所能看到的，她进入的也就是首席执政官的妻子所能进入的地方，她听到的则是别人听不到的。她组织那些参加祭典的人发誓，她们共有十四个人，狄俄尼索斯的每一个祭坛旁都有一个。她们必须对着神圣的篮子发誓，然后才能触摸那些神圣的东西。誓词被刻在祭坛旁的一块石碑上，祭坛都建在位于沼泽地的狄俄尼索斯的古老神庙里。神庙每年在举行神圣婚礼时才开放一次，石碑被秘密安置在那里，因为它是神圣的东西，有资格看的人并不多。石碑上的文字随着时间的流逝已经变得模糊不清，因此演说家狄摩西尼让神庙里的报信人向法庭读出石碑上的誓词，以便大家能够听到"碑文上的规定有多神圣、纯洁、古老"。

誓　词

我已经斋戒，戒绝了一切污秽的东西，也已不再和男人性交；我一定按照古老的传统，在规定的时间为狄俄尼索斯庆祝忒俄尼亚节（Theoinia）和伊俄巴克斯节（Iobaccheia）。②

很可惜，虽然我们能够看到这段誓词，但我们对忒俄尼亚节和伊俄

---

① 亚里士多德：《雅典政制》（De Rep. Ath.），III，5（p.118）。
② 狄摩西尼：《驳涅埃拉》，§73。马丁·尼尔松博士在他的《阿提刻的狄俄尼索斯崇拜研究》（Studia de Dionysiis, p.156）中对在布科利翁举行的仪式进行了全面的描述。

巴克斯节一无所知。我们只能够确定：一个出身高贵、完美无缺的女人主持了这一神圣婚礼，而这种婚礼是一种神秘仪式。

在雅典，狄俄尼索斯是一个新郎，而不是一个新生儿，这是希腊神话中常常可以见到的从圣子到圣父的转变之一。基督教的神父把它看作乱伦的证据，但这种可怕的猜测是完全没有根据的。前文我们已经详细地说明了神母和处女神是两个人，但只是一个神，她们只不过是一个神祇在年轻时代和老年时代的形象，而且总是处于变化之中。圣父和圣子的情形也一样，他们是同一个人，只是属于人生的两个不同阶段罢了。我们之所以感到困惑，是因为狄俄尼索斯崇拜中的圣父和圣子有许多不同的名字：萨巴最俄斯、狄俄尼索斯、巴克斯、伊阿科斯、扎格柔斯。每一个名字代表一种特别的职能，但每一个都同时是圣父和圣子。罗马人的神话并不太注重神的人格化，但他们的神的关系要清楚得多：神母利柏拉有一个儿子利柏耳，他是个孩子。即使如此，依然会产生混淆。利柏耳这个孩子长大后，就成了"圣父利柏耳"。

在狄俄尼索斯崇拜中，还有一个洞房值得我们注意，这是一个有着特殊意义的地方。在从西库翁前往弗利奥斯的途中，保萨尼阿斯来到一片叫作庇瑞亚（Pyraea）的小树林。树林里有一座得墨忒耳和科瑞的神庙，得墨忒耳在这里是作为保护神："这里的男人独自庆祝一个节日，然后把一个叫作洞房的地方让给妇女，好让她们在那里庆祝自己的节日。在这个洞房里摆有狄俄尼索斯、得墨忒耳和科瑞的塑像。"①像在雅典那样，为狄俄尼索斯举行的婚礼显然也是由女人主持的，男人们让她们单独崇拜自己的神。如果哪个男人像彭透斯一样指责这些女人放荡不羁，那么这块刻着誓词的碑足以反驳他的污蔑。

根据亚里士多德和保萨尼阿斯的著作，我们可以断定，这些神圣的婚礼仪式虽然受到基督教神父的诋毁，但也不是他们想象出来的产物。

---

① 保萨尼阿斯，II, 11.3。

他们对这种仪式的误解是人类激情与偏见史上丑陋的一章。有时候,当他们试图解释自己的神秘仪式时,他们也承认,那些异教徒把神圣婚礼看作一种神圣的活动。厄庇法尼俄斯(Epiphanios)说:"一些人准备好一个洞房,然后在那里举行神秘仪式,在仪式上入会的人要说一些话。参加仪式的人声称这是一种神圣婚礼。"巧的是,弗米科斯记录下了关于这种仪式的一些习俗。他说:"在这些神圣的神秘仪式上,他们不仅要说一些话,而且还要举行婚礼。能够证明这一点的是,那些刚刚被接纳为祭徒的人被人们称为'新娘':'闪亮的大海上出现一道光芒——新郎和他的新娘。'"

很明显,这种模拟性的婚礼是狄俄尼索斯崇拜中的一项内容,也是被俄耳甫斯教徒神秘化了的内容。同样清楚的是,在唤醒利克尼特斯的仪式中,在扎格柔斯的故事中,我们看到有庆祝小孩出生的内容。目前我们尚未找到足够证据来证明两者之间的联系。在雅典的布科利翁,我们看到有关神圣婚礼的记载,却没有关于庆祝小孩诞生的仪式的记载;在德尔斐唤醒利克尼特斯的仪式中,我们看到庆祝小孩出生的内容,却没有关于神圣婚礼的内容。① 下文在考察厄琉西斯的神秘仪式时,我们会发现,两种仪式——婚礼和小孩的出生——有着紧密而且明显的联系。

厄琉西斯农庆中的俄耳甫斯教因素

也许有人会问:我们能够用从厄琉西斯神秘仪式中得到的证据来解释俄耳甫斯教的仪式吗?换句话说,我们能不能找到明确的证据来证明狄俄尼索斯崇拜以俄耳甫斯教的形式传入厄琉西斯,并对那里纪念神母和处女神的简朴仪式产生了影响?

我们已经考察过厄琉西斯人纪念神母和处女神的简朴仪式。从厄琉

---

① 在"现代色雷斯的狂欢节"(见《希腊研究》,1906年,p.192)的民间戏剧表演中,各种内容依然被松散地串连在一起:狄俄尼索斯崇拜、摇篮里的小孩、婚礼、死亡、复活。参见道金斯的有关评论。

西斯农庆的"特征"可以看出，这些仪式最初是庆祝丰收的节日，内容包括净化仪式和斋戒，然后是去除关于初果的禁忌，接着是分享一种神圣的介乎肉和饮料之间的东西（kykeon）、摆放一些神圣的物品。经过考虑，我没有另辟一章来讨论厄琉西斯的神秘仪式，因为在这些仪式当中，那些不属于原始庆丰节的内容的宗教意义都源于狄俄尼索斯崇拜的各种因素。现在我们对俄耳甫斯教和狄俄尼索斯教的仪式有了一个比较清楚的认识，尽管还不是非常系统。我们已经考察过克里特的生食仪式、德尔斐的利克诺福里亚、雅典和弗吕亚的神圣婚礼，现在我们可以开始探究这些仪式是否属于、在多大程度上属于厄琉西斯农庆的一部分。

在回答这个问题之前，我们还是先简要地回顾在文学作品中狄俄尼索斯与厄琉西斯的女神之间的关系。我们在讨论他在多大程度上影响了厄琉西斯的仪式以及这种影响的本质之前，首先必须明确一个事实：他在厄琉西斯出现过。

1. 厄琉西斯的伊阿科斯

在厄琉西斯，狄俄尼索斯被称为伊阿科斯。能够证明伊阿科斯出现在神秘仪式中的最权威文献当然就是阿里斯托芬的《蛙》中祭徒们的合唱歌：

> 歌队（幕后）：伊阿科斯，啊，伊阿科斯！伊阿科斯，啊，伊阿科斯！
>
> 珊提阿斯：听见了吗，先生？正像他说的，这些祭徒正在周围某个地方庆祝呢。听，他们唱的是古老的伊阿科斯的颂歌，它曾经温暖了迪阿戈拉斯的鸟蛤！
>
> 狄俄尼索斯：是呀，一定是。但是我们最好还是坐着静静地听，直到听清为止。
>
> 歌　　队：你住在荣耀的阴影里，就在我们的身边。精灵，精灵，我们匆匆赶到这草地，为你歌舞！来吧，

伊阿科斯，摇动你额头上那结着果实的香桃枝。啊，我们是你欢快的舞者；啊，你是我们的伙伴。来吧，做我们的向导吧！让神秘的节奏响起，加入火热的狂欢队吧！在你面前，我们是那样自由、神圣。美惠女神们敬仰你，你的祭徒们等待着你脚下踏出的节奏！

珊 提 阿 斯：啊，最可敬的处女得墨忒耳，那烤猪的芳香多么让人迷醉！

狄俄尼索斯：安静！别说话！也许他们会分给你一份呢。

歌　　　队：精灵，精灵，举起那火光摇曳的火把！把草地照亮，一片火热。醒来吧，伊阿科斯！来啊，你是给我们的仪式带来光明的星星，直到跳舞的老人变得年轻，直到他们在跳舞时忘掉一切，忘掉多年留下的沉闷和恐惧。让你那红光作为舞蹈的引导，你那些排成方队的年轻人欢快地跳着舞，走向那到处是鲜花的海滩。①

这是一首献给伊阿科斯的美丽的颂歌，其中的伊阿科斯是由得墨忒耳的祭徒组成的歌队的领唱者。紧接着就是一首献给得墨忒耳——催生果实的女神——的颂歌：

你们歌颂了处女神，现在歌颂另一个女神吧，
歌颂奉献出果实的大地女神，
那是奉献出小麦的神母得墨忒耳，
用欢快的音乐崇拜她吧。②

---

① 阿里斯托芬:《蛙》, 324。
② 阿里斯托芬:《蛙》, 382。

烤猪肉的香味、神秘火把的气味、插科打诨的做法，还有忘乎所以的陶醉，所有这一切混合在一起，构成了一幅极其完美的新旧融合的图画。

前文已经说到，在德尔斐那首仪式性颂歌的开头部分，狄俄尼索斯是作为谷物酒之神被称为布洛弥俄斯和布拉伊特斯的，但当他离开帕耳那索斯山并来到厄琉西斯时，人们在向他欢呼时使用的是他的新名字——伊阿科斯：

> 高举你的酒杯，
> 纵情地欢乐吧，
> 你来到厄琉西斯那鲜花盛开的山谷——
> 向你致敬，巴克斯！
> 希腊所有的人都来到了这里，
> 希望分享你的荣耀——
> 苦练九年得到的启示。
> 他们把你称为
> 可爱的伊阿科斯，
> 并希望你使他们得救，
> 让他们得到庇护，
> 免除凡世的一切苦难。

索福克勒斯在《安提戈涅》中恳求这个有着许多名字的神祇净化罪恶深重的底比斯。但是，作为一个雅典人，他还记得厄琉西斯人在神秘仪式上崇拜的神：

> 你这个有着许多名字的神、底比斯新娘的
> 快乐和惊奇、雷电的孩子，
> 你统治着意大利。
> 在厄琉西斯，你住在得俄——万物之母——

宽阔的胸怀里。
巴克斯，巴克斯，我们呼唤你。

在底比斯，他被称为巴克斯。然而，当诗人想到那些夜间的神秘仪式时，"伊阿科斯"这个名字便自然而然地出现了：

你是合唱队的领唱者，
在那闪烁的星光下，
你主宰着夜晚的音乐，
是宙斯的后代。
主啊，出现吧，带上那些陪伴着你的处女——
提伊阿得斯，
她们会彻夜疯狂地跳舞，
一边为你，伊阿科斯，歌唱颂歌。[1]

我们不仅能够在诗歌中看到伊阿科斯出现在厄琉西斯的神秘仪式中。据希罗多德说，当阿提刻遭到薛西斯的洗劫的时候，被流放的迪卡俄斯（Dicaeus）正好和拉刻代蒙人德马拉托斯（Demaratos）在色雷斯的平原上。他们看到一阵猛烈的夹带着尘土的风暴从厄琉西斯刮来，这尘土似乎是几十万人在行军时引发的。正当他们对此感到困惑的时候，突然听到一种声音，迪卡俄斯觉得那声音似乎是"神秘的伊阿科斯"。德马拉托斯并不了解厄琉西斯那些神圣的仪式，于是他问迪卡俄斯他们听到的是什么声音。迪卡俄斯断定这声音对薛西斯率领的波斯人来说是个凶兆，他对德马拉托斯说："雅典人每年都要为纪念神母和处女神而庆祝这个节日，他们还为那些希望被接纳为祭徒的雅典人或其他希腊人举行这样的

---

[1] 索福克勒斯：《安提戈涅》，1115。

仪式。你听到的喊声是'伊阿科斯',这是人们在仪式上的呼喊声。"①

这段叙述非常有趣,因为它告诉我们,"伊阿科斯"是人们在仪式上的呼喊声,一种很容易被雅典人辨认的声音,犹如我们现在能够轻易辨认出的赞美上帝的喊声"阿利路亚"或"和散那(Hosanna)"一样。从这段叙述还可以清楚地看出,厄琉西斯的神秘仪式主要还是一种地方性的仪式,因为作为斯巴达人的德马拉托斯并不知道这种呼喊声。

伊阿科斯还是厄琉西斯举行的神秘仪式当中的一个日子——波德洛米亚月(九、十月间)的第二十日的名称。在这一天,人们把他的塑像从雅典的伊阿科斯神庙里搬出,然后郑重其事地列队把它护送到厄琉西斯。普卢塔克在评论吉日和凶日时说,他知道吉祥的日子里有时也会发生不吉利的事,因为雅典人不得不接受马其顿军队的驻扎,"即使是在波德洛米亚月的第二十日,这一天他们要把神秘的伊阿科斯从雅典搬到厄琉西斯"②。

如此说来,伊阿科斯是狄俄尼索斯在厄琉西斯的名字。在雅典,这是一个神秘的名字。我们有必要了解这个名字表示这个神是以哪一种特殊形象出现的。

斯特拉博的说法含糊不清:"他们把狄俄尼索斯叫作伊阿科斯,这是得墨忒耳的神秘仪式中的首要的神灵。"③ 就他这段话来看,模糊是情有可原的,因为他要做的是说明各种狂欢秘祭的相似之处。神话学家们也不假思索地得出结论说,伊阿科斯是一个模糊的名称,表示某种"神秘的精灵",而"神秘的伊阿科斯"已经变得不表示任何具体意思了。

然而,苏伊达斯却有明确的说法。他说,伊阿科斯的意思是"某一天""某一首歌"。但是,最重要的是,他说出了伊阿科斯最根本的意思,

---

① 希罗多德,VIII,65。
② 普卢塔克:*Cam.*,XIX,15。
③ 斯特拉博,X,3.11。

即他是"怀抱里的狄俄尼索斯"[1]。厄琉西斯的伊阿科斯不是啤酒神,也不是葡萄酒神,而是婴儿神(son-god),是"奉献财富的塞墨勒的儿子"[2],他和利克尼特斯一样是"摇篮里的神"。提伊阿得斯每一年都要在帕耳那索斯山上举行唤醒他的仪式。

伊阿科斯的神庙在雅典。在厄琉西斯,他被看作客人。就我们所知,他在厄琉西斯从来没有神庙或神龛,他的名字也很少出现在碑文里。他是雅典人根据自己的形象塑造出来的神,他们自己在厄琉西斯是客人,他们的神也是客人。可以这么说,他的身上体现了雅典在厄琉西斯的影响。

这里还要注意一点。前面说过,扎格柔斯是仪式而不是诗歌造就的神,而伊阿科斯是诗歌而不是仪式造就的神,而且这诗歌是深受神秘主义影响的诗歌。他既是狄俄尼索斯崇拜的产物,也是雅典人丰富想象力的产物。我们从没有听说他是一头公牛,也没有关于他被撕成碎片的传说。作为最正统的诗人,索福克勒斯说他长着一双角,但是他却让他笔下有角的伊阿科斯住在一个令人难以置信的地方——尼萨:

> 那里听不到任何鸟的鸣叫声。[3]

此外,火把和舞蹈跟他有着密切的联系。

学识渊博的农努斯深受俄耳甫斯教的影响,同时他还是一个细心的仪式主义者。他认为伊阿科斯是众多酒神当中最后出现的一个,这似乎说到了点子上。据农努斯说,伊阿科斯是奥拉(Aura)和巴克斯的孩子,他父亲把他送给了雅典娜,雅典娜收养了他,并用自己的乳汁哺育他,在他之前,只有厄瑞克透斯吃过雅典娜的乳汁。在这里,伊阿科斯显然让我们想起了"怀抱里的狄俄尼索斯"。农努斯还说,那些仙女——厄琉西斯的酒神狂女——载歌载舞来迎接这个新生儿。在她们的颂歌里,

---

[1] 苏伊达斯的词典中的有关条目,另见卢克莱修(Lucretius),IV,1160。
[2] 关于阿里斯托芬《蛙》第 479 行的评注。
[3] 索福克勒斯:残篇,782。见斯特拉博,XV,p.687。

她们首先称他为扎格柔斯——珀耳塞福涅的儿子，接着把他称为布洛弥俄斯——塞墨勒的儿子，最后把他称为伊阿科斯。①

围绕着伊阿科斯这个名字的各种联系是如此模糊而又富有诗意，如果伊阿科斯是我们所能见到的狄俄尼索斯在厄琉西斯的证据，那么我倾向于认为他的影响主要是在晚期，而且是在文学作品中。下面我们把目光投向宗教仪式，以便找到更明确的证据。

有一件事也许值得一提。保萨尼阿斯在提到一项无关紧要的仪式禁忌时说，这种禁忌是厄琉西斯的神秘仪式和俄耳甫斯的教义所共有的。②他是在描述"豆人"（Bean-Man）的神庙，但又不能确定这个名字及有关崇拜的起源。他明白自己的说法并不可靠，因此只好模模糊糊地说："任何人只要看过厄琉西斯的仪式或者读过据称是俄耳甫斯的语录，就会明白我的意思。"在考察得墨忒耳和科瑞的神庙时，他不止一次地提到，地方性的传说归功于俄耳甫斯。在斯巴达，当他看到作为救星的科瑞的神庙时，他说："有人说这座神庙是色雷斯人俄耳甫斯建造的，但也有人说是极北族人阿巴里斯（Abaris the Hyperborean）建造的。"③虽然有各种传说，但这些传说都有一个共同点：这种崇拜是受北方人影响的结果。保氏说，拉刻代蒙人认为是俄耳甫斯教会他们崇拜冥神得墨忒耳的，但他认为他们像其他民族一样是从赫耳弥俄涅那里学会的。④我们不能过于看重这些众说纷纭的传说，然而这些传说表明，民间通常把对神母和处女神的崇拜跟俄耳甫斯和北方联系起来。我们倾向于认为对神母和处女神崇拜的兴起只跟厄琉西斯有联系，因此那些说法相反的地方传说就显示出其价值了。

---

① 农努斯，XLVIII，951以下。伊阿科斯在厄琉西斯是个孩子，这是俄耳甫斯教义的一部分，这一点明确地体现在俄耳甫斯教的一首关于包玻的原始传说的颂歌里，克雷芒在他的著作里引述过这首颂歌，见《规劝书》，21.26。
② 保萨尼阿斯，I，37.4。
③ 保萨尼阿斯，III，13.2。
④ 保萨尼阿斯，III，14.5。

但是，俄耳甫斯教的仪式和观念对厄琉西斯产生影响的证据还是要在厄琉西斯的仪式中寻找。在我们考察过的三种主要的俄耳甫斯教的神秘仪式——生食仪式、利克诺福里亚和神圣婚礼当中，可以绝对肯定地说，后两种仪式曾经在厄琉西斯举行过。

在厄琉西斯举行的仪式当中，唯独少了第一种、也许是最具有俄耳甫斯教特色而且意义最深刻的仪式——生食仪式。[1] 要找出其中的原因并不难。生食仪式虽然有着深刻的宗教含义，但实际上却是一种非常野蛮且令人作呕的仪式。前文我们已经提到原始的阿拉伯游牧民族举行的一种非常相似的仪式。如前所述，厄琉西斯的崇拜仪式基于当地的农耕条件，厄琉西斯的出现最初就是得益于肥沃的、适合种植小麦的拉里亚（Raria）平原。来到厄琉西斯的神被这个农耕民族接纳后，一定会褪去自己身上野蛮的一面，得到发展的是他的本性及仪式中跟文明生活相协调的一面。只有当神作为一面镜子，体现出崇拜他的人们的需要时，他才能够生存。由此，正如所料，我们看到与农业相适应并在厄琉西斯受到崇拜的是作为农业神的狄俄尼索斯，而且人们是用利克诺福里亚和神圣婚礼这两种仪式崇拜他的。

2. 厄琉西斯的利克诺福里亚

从图 153—图 155 所展示的文物中可以清楚地看出，利克诺福里亚是厄琉西斯神秘仪式的一项内容。图 153 是一个有装饰性雕刻的骨灰坛子[2]，这个文物是在埃斯奎林山（Esquiline）上的一个地下骨灰安置室里发现的。坛子上所刻画的内容显然与启蒙仪式有关。在图 154 中，我们

---

[1] 柏拉图在《大西岛故事》（*Kritias*）中描述了别具一格的宰牛献祭仪式，这种情景也出现在伊利乌姆（Ilium）的硬币图案上，冯·弗里茨博士最近对此进行了讨论，详见他的论文《特洛伊与伊利乌姆》，刊于《论文集》（*Beiträge*, p.514 及 p.563）。这种仪式很可能会出现在厄琉西斯。但我认为，这种仪式是厄琉西斯献祭波塞冬的原始仪式的一部分，尽管它很有趣，但与我们的研究无关。没有任何迹象表明厄琉西斯举行过生食仪式，虽然纪念波塞冬的宰牛仪式和狄俄尼索斯崇拜有联系。

[2] 泰尔梅博物馆，编号 1168。

看到得墨忒耳坐在宝座上，她那条巨蛇缠在她的身上。右边那个已经被接纳为祭徒的人正在抚摸巨蛇①，左边站着一个扛着火把的女人，她很可能是珀耳塞福涅。这个画面再现了启蒙仪式的最后阶段。

坛子上的其他画面刻画的是两个预备性的净化仪式，其中一个是前文我们已经讨论过的用"神秘的猪"献祭的仪式，另一个是与利克农有关的仪式。这后一个仪式是我们必须特别注意的。接受仪式的人正坐在一个低矮的座位上，右脚放在一只公羊——显然是代表"净化的羊毛"——头上。他的头部被蒙住，左手拿着火把，一个祭司正把一个利克农放在他的头上。引人注目的是，这个利克农里根本没有果实，这跟我们前面讨论过的利克农完全两样。我认为，这很难说是偶然的。如果雕刻家要显示在这个神圣的容器里装有果实，他完全能够表现出来，比如我们就可以清楚地看到右边的祭司手里拿的那个碟子里装有罂粟果，为了清楚地显示出碟子里的果实，雕刻家不惜违反了透视常规。我认为，要解释篮子里没有果实这一事实，最好是做如下假设：这个时期的利克农已经被神秘化了，它已经被看作用于扬谷的扇子，即"伊阿科斯的神秘扇子"，而不是用来装大地果实的篮子。把一个空篮子放在即将成为祭徒的人的头上，这仅仅是作为净化的标志。人们通常认为这个画面再现了厄琉西斯的神秘仪式，如果是这样，以上解释就显得更有可能，但这一厄琉西斯神秘仪式不是在厄琉西斯而是在亚历

图 153

---

① 这个祭徒的另一只手里拿着一根木棒。他很可能是赫拉克勒斯。根据传说，赫拉克勒斯是在阿格拉俄的神秘仪式上被接纳为祭徒的。

图 154

图 155

山大举行的。得墨忒耳头顶上那直立的麦穗、那个抚摸巨蛇的青年穿的有流苏装饰的衣服、坛盖上的鳞片装饰，所有这些更接近于埃及文物的风格，而不像希腊本土的文物。

显然，利克诺福里亚是厄琉西斯神秘仪式的一部分。但这自然引出了以下问题：难道不是狄俄尼索斯从得墨忒耳那里借用利克农的吗？难道是得墨忒耳从狄俄尼索斯那里借用的利克农？几乎可以肯定，狄俄尼索斯没有从得墨忒耳那里借用利克农。在狄俄尼索斯来到厄琉西斯之前，他在德尔斐是作为利克尼特斯被人崇拜的。此外，在厄琉西斯的神秘仪式上，被接纳为祭徒的人要说的话不是"我已经拿过利克农"，而是"我已经拿过刻尔诺斯"。有这样的可能：刻尔诺福里亚和利克诺福里亚是两种相似的仪式，两者都涉及搬动初果的行为。但说这两种仪式完全一样是不可能的。狄俄尼索斯是从他的母亲那里借用的利克农，而不是从厄琉西斯的母亲那里借用的。

更完整也让我们更满意的是那些可以证明神圣婚礼和圣子诞生的仪式的证据。这些仪式是纪念萨巴最俄斯和狄俄尼索斯的仪式，也是厄琉西斯神秘仪式的组成部分。

3. 厄琉西斯的神圣婚礼和圣子诞生的仪式

我们已经看到，伊阿科斯是"怀抱里"的婴儿狄俄尼索斯。然而，无论我们如何寻找，也找不到纪念伊阿科斯诞生和唤醒伊阿科斯的仪式。伊阿科斯是雅典人，没有人敢说他是在厄琉西斯诞生的。但非常幸运的是，我们找到了关于厄琉西斯另一对神母和圣子的记录。我们还了解到，那些纪念这个神母的婚礼和这个圣子的仪式是最主要的仪式，是整个神秘仪式的高潮。我们能够懂得这些，要完全归功于一个我们已无法知道其姓氏的作家的著作，这本书为我们提供了许多关于弗吕亚的秘密祭典的重要细节。

《驳异教邪说》的作者要证明，纳塞涅人（Naassenes）的异教教义来自弗里吉亚人举行的祭仪。作者引述一个纳塞涅人的话说，弗里吉亚人坚持认为神是"刚刚收获的一粒小麦"。作者接下来说的话在我们看来有着至关重要的意义："雅典人在厄琉西斯举行启蒙仪式时也仿照弗里吉亚人的做法，即向即将成为祭徒的人展示仪式上最具威力、最神秘的东西：在沉默中收获的一颗小麦。雅典人把这颗小麦看成是伟大而完美的光芒，它来自无形的东西。仪式由大祭司主持，他不像阿提斯，但人们通过芹叶钩吻这种植物使他成了一个阉人，他由此弃绝了人的一切肉欲。到了夜晚，在厄琉西斯，在大火的映照下，那个伟大得无法言表的仪式就由他主持，他要高声喊道：'神圣的布里摩生下了神圣的孩子布里摩斯。'也就是说，威力强大的女神生下了威力强大的圣子。他（那个纳塞涅人）说，这种来自天上的圣洁的诞生是神圣的，这样诞生的神具有巨大的威力。"[1]

《驳异教邪说》的作者的描述是不容忽视的，我们指的不是他或那个纳塞涅人所说的仪式的神秘意义，而是指仪式本身。他描述这些仪式的目的是对其进行中伤，他还引用了那句仪式性用语。由此我们可以确定，在厄琉西斯举行的神秘仪式中，祭徒们可以看到"刚刚收获的一粒小麦"，这是作为仪式最重要的启示。在夜色里，祭司向祭徒们宣布圣子已经诞生："神把一个孩子赐予了我们，神把一个儿子赐予了我们。"这两种被放在一起的仪式有着紧密的联系，因此以下结论的可能性是很大的（虽然不能绝对肯定）：其中的一种仪式（人的诞生）只不过是另一种仪式（收获果实）的拟人化，事实上我们在这里见到的是人们在仪式上再现了作为婴儿和果实的利克尼特斯的戏剧。这种思想和图 151 中的瓶画所表达的思想是一样的：那个新生儿从装满果实的丰饶角里诞生。最后，我们非常高兴地了解到——而且是通过一个基督教作家的著作了解

---

[1] 以上引文极其重要，这是我们把它转录下来的原因。一些著作常常提到厄琉西斯神秘仪式中的布里摩斯的诞生和"刚收获的麦粒"，而且是把两者分开论述。但就我所知，人们还没有注意到它们实质上是相同的，也没有注意到它们是（色雷斯-弗里吉亚的）狄俄尼索斯崇拜中的内容。这段引文来自克鲁伊斯编的《驳异教邪说》，巴黎，1860 年，p.170。

到，这种诞生是象征性的。这位作者明确地说，大祭司通过服用某种草药达到禁欲的目的。这种说法不会是编造出来的。

《驳异教邪说》的作者没有提到神圣婚礼，虽然我们从圣子的诞生中能够推断出有这样的仪式。祭徒所说的"我已经下到了洞房里"是大神母的神秘仪式的标志，然而我们不能肯定地说这是厄琉西斯的仪式的标志。克雷芒、弗米科斯、阿诺比乌斯在他们各自的著作中都没有提到这一仪式。因此，我们不能断言厄琉西斯的每一个秘教者都要经历一个模拟性的婚礼。但我们确实可以肯定，大祭司和得墨忒耳的女祭司这二人再现了这一神圣的仪式。阿斯特里俄斯（Asterius）在谈到厄琉西斯的启蒙仪式时问道："大祭司和女祭司不是走进黑暗里，两个人单独在那里进行神圣的接触吗？"①

我们也可以从卢奇安的著作中找到相关的旁证。他在描述假先知亚历山大（Alexander）的行为时说，这个骗子模仿厄琉西斯的神秘仪式，自己炮制了一套仪式。他还对亚历山大的那些亵渎神灵的做法进行了详细描述。首先要举行所有的预备性仪式。据卢奇安说，要不是仪式上点燃了许多火把，亚历山大的神圣婚礼和通常的神秘仪式的神圣婚礼就没有什么两样。大祭司这个角色由这位伪先知担任。在模仿了神圣婚礼之后，他穿着大祭司那套特殊的服装出现了，接着他对着沉默的人群高声喊道："致敬，格吕孔（Glykon）！"然后，"那些侍候他的帕弗拉戈尼亚人（Paphlagonians）高声应答：'致敬，亚历山大！'这些人穿着凉鞋，浑身散发出大蒜的味道，他们把自己比作欧摩尔波斯族人（Eumolpidae）和刻律刻斯。"②

卢奇安的描述充满了嘲弄，因此读起来并不令人愉快，但他的描述具有重要作用：它让我们能够把这两种仪式——神圣婚礼和圣子诞生——放在一起。要不是看到卢奇安的描述，对这两种仪式的联系的认

---

① 阿斯特里俄斯：《殉道者颂》（*Encom. Mart.*），p.113B。
② 卢奇安：《亚历山大》，38。

识只会停留在猜测的层面。现在我们可以肯定，首先举行的是神圣婚礼，那是在沉默中、在黑暗里、在极其纯洁的状态下进行的；紧接着，大祭司出现在众人面前，在熊熊燃烧的火把的映照下，他大声宣布"神圣的布里摩生下了圣子布里摩斯"，这个极其神秘的仪式就此结束。

神圣婚礼是厄琉西斯神秘仪式的一部分，同时也是俄耳甫斯教纪念萨巴最俄斯和大神母的神秘仪式的一部分，然而，这又引出了一些问题：这种神圣的婚礼是厄琉西斯本土的仪式，还是像狄俄尼索斯崇拜一样是从北方传入的？"布里摩"是不是仅仅是得墨忒耳在厄琉西斯的别名？这似乎是克雷芒的观点[①]，而克雷芒对人种学所知不多。我认为，我们可以证明他的观点是错误的。布里摩既是大神母又是处女神，但她是从北方传入的，而不是厄琉西斯本土的神祇。从以下讨论中我们可以清楚地看出这一点。

4. 忒萨利对厄琉西斯的影响与布里摩

关于布里摩斯，我们只知道他是一个神秘仪式上的孩子，他和他的母亲有着相似的名字。我们知道布里摩是冥界的女神，而且最重要的是，她来自忒萨利的菲拉俄（Pherae）。

在利科弗龙的《亚历山德拉》里，卡珊德拉对她的母亲赫卡柏说：

> 母亲，可怜的母亲，你的名声
> 不会不为人所知，因为珀耳塞斯的女儿——
> 有着三副面孔的布里摩会让你当她的随从，
> 到了晚上，她会用可怕的声音把男人吓走，
> 就像在那种不点火把的崇拜仪式上，
> 斯特瑞蒙举着她的塑像，

---

① 亚历山大的克雷芒：《规劝书》，I, 15。

菲拉俄那可怕的女神不会饶恕她。[1]

利科弗龙作品中的这段话并不难理解：赫卡柏就要被变成有着三颗头的赫卡忒的狗，赫卡忒是忒萨利的冥界女神，布里摩不过是她的别名，她是忒萨利的科瑞。厄琉西斯那个神秘的孩子是一个处女所生。这些古代人立下了神圣的教义："贞女可以怀胎，然后生下儿子。"基督教的神父们把作为圣母的得墨忒耳和作为父亲的宙斯混在一起，他们不理解也不愿理解这一切，于是，一个神圣的传说被他们编成了一个乱伦的故事。

虽然我们看到的是晚期的布里摩，而且是神秘仪式的中心人物，然而，她和她那些阴间的狗显然是属于原始的神话。对那些没有参加过神秘仪式的普通人来说，她只是一个妖怪。卢奇安在他的《冥间的对话》（*Oracle of the Dead*）里，把她和冥国里其他可怕而又可笑的神相提并论。在冥国要通过某项法令时，冥国里的判官们记下投票结果，那些普通冥神便举起手，"布里摩哼了一声表示赞成，三头狗刻耳柏洛斯（Cerberus）吠了一声表示同意"[2]。

然而，罗得岛的阿波罗尼俄斯在描写忒萨利的情况时，出于总是喜好严肃和美丽的事物的性格，把布里摩刻画成可怕而且是具有巫术性的神，但同时也是一个乳母。当美狄亚就要为毁灭伊阿宋而拔掉可怕的地狱之根时，

> 她在流动的泉水里沐浴了七次，
> 喊了七遍布里摩——那个在夜里游荡的
> 乳母。这个死者的女王
> 住在黑色的杂草里，那里烟雾弥漫。

---

[1] 利科弗龙：《亚历山德拉》，1175。
[2] 卢奇安：《冥间的对话》，20。在这里，"布里摩"含有"巨大而愤怒的响声"的意思。

评注者在评论这个段落时说，她就是赫卡忒，"女巫师在实施巫术时常常召唤她。她们把她称为布里摩，那是因为她给人们带来恐惧。她还把一些叫作赫卡塔亚（Hekataia）的幽灵派到人间。她经常改变自己的形状，因此人们把她叫作恩浦萨"。他还试图从词源学的角度来解释布里摩，不过并不能令人信服，但他无意中提出了一个可能有道理的观点："布里摩"一词和 όβριμος 有联系，后者的意思是"狂暴的"，是另一个色雷斯神阿瑞斯的别名。①

可见，有的人认为布里摩是"威力巨大的神"的意思，有的人认为是"愤怒之神"的意思。对于那些沉迷于"驱邪"的人来说，两者相差并不大："愤怒狂暴之神"即得墨忒耳·厄里尼厄斯，是愤怒的得墨忒耳的姐妹。但是，这些愤怒的名字并不适合用来称呼神，因为这些名字像巫术一样会引发人们想要平息的愤怒。

布里摩来自忒萨利，而忒萨利人常常把自己称为"晚期色雷斯人"。布里摩和神母科堤斯有着很近的亲缘关系，而后者是色雷斯人在神秘祭典上纪念的女神，但我们不能说她肯定是色雷斯人。要了解色雷斯对厄琉西斯神秘仪式的影响，我们必须考察它的世袭祭司制度。下面我们讨论欧摩尔波斯族人，主持神秘仪式的大祭司就是来自这个家族。

5. 色雷斯对厄琉西斯的影响与欧摩尔波斯

要证明色雷斯对厄琉西斯的影响，有关欧摩尔波斯族人的情况肯定是最主要的证据。幸运的是，对于他们的起源，我们掌握了充分的资料。索福克勒斯在他的《俄狄浦斯王》里让歌队唱道：

啊，到那里去，
到海边去，那里有
熊熊的火光，

---

① 罗得岛的阿波罗尼俄斯，III, 861 及有关评注。

> 那些神圣的人在为凡人举行可怕的仪式，
> 欧摩尔波斯族人把那金色的钥匙
> 放在了凡人的嘴唇上。①

在这里，评注者提出了一个很有意思的问题："仪式究竟为什么由欧摩尔波斯族人来主持？要知道他们可是外来人。"接着他提出了几个令人困惑而且互相矛盾的观点。也许其中的原因是这样的：在厄琉西斯创立神秘仪式的不是色雷斯人，而是欧摩尔波斯——特里普托勒摩斯之女得俄珀（Deiope）的儿子。这是伊斯特罗斯在其著作《无序之物》（*Things out of Order*）中所持的观点。也许阿刻西多罗斯（Akesidorus）的说法是对的，他认为创立神秘仪式的欧摩尔波斯是欧摩尔波斯家族的第五代子孙。

令人不快的事实常常被列为"无序之物"。事实就是事实，但是秩序却是你所喜欢的东西。在厄琉西斯，那个让人欣然接受的简单事实是：欧摩尔波斯族人是色雷斯人。但雅典人并不喜欢色雷斯人，因此当他们来到厄琉西斯时，雅典人便把这个令人不快的事实纳入他们的"秩序"里。为此，他们有两个选择：其一，欧摩尔波斯族人的名声不容置疑，因此必须为他们在本地寻找新的祖先，于是他们便成了特里普托勒摩斯的子孙；其二，必须把他们原先的祖先推到体面的、遥远的过去，这是一种保险的做法，没有几个人清楚五代之前到底发生了什么事。

然而，历史学家总是能够清楚地知道到底发生了什么，因此阿刻西多罗斯只是轻描淡写地说："传说最先在厄琉西斯居住的是当地的土著居民，后来色雷斯人来到厄琉西斯，同来的还有欧摩尔波斯，他们是来帮

---

① 索福克勒斯：《俄狄浦斯王》，1048。我把 κλῄς 译为"钥匙"而不是"印（章）"，尽管杰布教授指出："没有证据证明厄琉西斯的大祭司把钥匙放在祭徒的嘴唇上。"事实是，钥匙通常被认为是祭司职务的象征，因此我倾向于认为仪式上有这样的内容。我们从赫西基俄斯的词典（有关条目）中得知，有一个节日或仪式叫作"钥匙节"（Epikleidia），只可惜我们无法了解这个节日的细节，因而也就不能把它作为我们的论据。

助厄琉西斯人抗击厄瑞克透斯的。"他终究道出了隐藏在所有纷乱背后的事实：厄琉西斯和雅典之间发生过战争，色雷斯人在这场战争中帮助了厄琉西斯人。这是一场两败俱伤的战争，因为根据传说，厄瑞克透斯和欧摩尔波斯都死于他们之间的决斗。雅典最终在政治上占据了主导地位，而厄琉西斯由于接受了欧摩尔波斯带来的仪式，因此取得了宗教上的霸权。雅典尽了最大的努力，她建立了自己的厄琉西斯神庙，而且创立了影响较小的神秘仪式。两地之间出现过许多交换圣物的情况，那些 ιερά（祭司）来自厄琉西斯，然后伊阿科斯对厄琉西斯进行了回访，但实际上最终的启蒙仪式是在厄琉西斯举行的，而且主持仪式的祭司一直是一个来自色雷斯的欧摩尔波斯家族的人。①

在美术方面，也不乏表现欧摩尔波斯在厄琉西斯的作品。厄琉西斯人往往把狄俄尼索斯和得墨忒耳融合在一起，但纯朴的瓶画家并未受到这种做法的影响，也不受到关于欧摩尔波斯源于色雷斯的观点的影响。图 156 是一个陶杯上的图案，上面有陶工希埃伦的签名。该文物现藏于大英博物馆②。希埃伦把一群来自厄琉西斯的人物集中起来，似乎让他们像朋友一样聚在一起。这些人有的来自本土的古老家族，有的来自北方的移民。画家精心地刻画了每一个人物，因此也就不会出现解读上的难题。在陶杯的正面图案上，年轻的本地英雄特里普托勒摩斯占据了画面的中心位置，他坐在自己那驾有翼的飞车上，就要走遍天下，把他的小麦种子带到各地。穿着华丽裙子的得墨忒耳站在他的身后，"斐洛法塔"正给他倒酒，为他送行。如前文所说，特里普托勒摩斯原先是厄琉西斯的国王，也许是他与婴儿伊阿科斯的竞争使他变得如此年轻。站在"斐洛法塔"身后的是一个仙女，要不是图中刻有铭文，我们是不敢把她称

---

① 我在别的地方（《古代雅典的神话与遗迹》，p. lvii 以下）讨论过厄瑞克透斯和欧摩尔波斯的关系，当时我就欧摩尔波斯族人以及他们与色雷斯和后来传入的狄俄尼索斯的关系提出了自己的观点，这一观点为托普费尔（Toepffer）博士所证实，他在他的著作《阿提刻的谱系》（*Attische Genealogie*, p.40）中对有关传说进行了更详细、独立的研究。

② 编号 61，140。

图 156

为"厄琉西斯"的。在一个手柄下方是坐着的欧摩尔波斯,他在回头看那群本地的神祇,在他的身边有一只巨大的天鹅——因为欧摩尔波斯是歌喉甜美的歌手。当他和厄瑞克透斯作战时,他是色雷斯的武士,但在这里,他手里拿着节杖,像一个主持祭仪的国王。他的形象是阿瑞斯和俄耳甫斯的混合体,这是很有色雷斯特色的。反面图案的中心位置被狄俄尼索斯占据,他拿着一根巨大的葡萄枝,他的父亲宙斯就在他的身后,手里拿着雷电和节杖。在这里,狄俄尼索斯是一个成年的男子,而不是婴儿,这样他就和特里普托勒摩斯构成了一对相称的神。坐在欧摩尔波斯对面的是波塞冬,欧摩尔波斯和他有着密切的联系。最后一个人物是站在波塞冬跟前的安菲特里忒(Amphitrite)。整个画面可以说是厄琉西斯神话的缩影。

6. 德尔斐的狄俄尼索斯在厄琉西斯和阿格拉俄

在另一组比希埃伦几乎晚一百年的瓶画上，我们看到了在厄琉西斯的狄俄尼索斯，但这些瓶画不是把他刻画成一个来自色雷斯的陌生人，而是来自可谓为中转站的德尔斐。公元前 4 世纪的一个彩绘花瓶图案（图 157）非常清楚地说明了这一点。这个花瓶原为提斯基维奇（Tyskiewicky）的收藏品，现收藏在里昂博物馆。画面中央的人物是得墨忒耳，她坐在一个像祭坛一样的宝座上，头戴王冠，手持节杖。右边是双手都拿着火把的科瑞，她正面向狄俄尼索斯。狄俄尼索斯也是坐着的（这种姿势对一个神来说是适宜的），手里还拿着他的酒神杖。可是，他坐的是什么样的宝座啊！那可是一块翁法罗斯石。对古代人来说，没有比这更明了的象征手法了：狄俄尼索斯已被厄琉西斯人接受，他来自德尔斐，并带来了他的翁法罗斯石。我们往往会以为翁法罗斯石为阿波罗所独有，因此当看到狄俄尼索斯静静地坐在上面时，就会感到有点儿震惊。前文我们已经看到，阿波罗是从该亚手里得到翁法罗斯石的。这样，他就接过了大神母的古老象征，并且将它变成他的神示所里的宝座。然而，德尔斐人知道它还有另一层神秘的含义：这是被撕成碎片的狄俄尼索斯的坟墓。词典编纂家、基督教神父、拜占庭的历史学家们都记录了关于狄俄尼索斯被安葬在德尔斐的传说，然而，他们的资料来源似乎

图 157

都是公元前 3 世纪的斐洛科罗斯的著作《阿提斯》。马拉拉斯（Malalas）在他的《编年史》（*Chronicles*，公元 6 世纪）里记录下了狄俄尼索斯被逐出皮奥夏、最后在德尔斐定居的故事："后来，人们把他的遗体放在棺材里，埋葬在德尔斐。他的用品被挂在神庙里，学识渊博的得那科斯（Deinarchus）在他所写的狄俄尼索斯的故事里就是这样说的，大学者斐洛科罗斯在他的著作里也是这么说的。他的坟墓就在阿波罗的坟墓的旁边。可以猜测，在他的墓碑上刻着：'这里安息着死去的狄俄尼索斯——塞墨勒之子。'"① 我们不必过于看重这种"猜测"，因为它似乎是马拉拉斯的而不是斐洛科罗斯的猜测，但有一点很清楚：斐洛科罗斯记录了关于狄俄尼索斯被安葬在德尔斐的传说。塔提安在其著作里证实狄俄尼索斯的坟墓形状像翁法罗斯石。②

图 157 中的花瓶并不是孤立的。图 158 中的还愿花瓶③尽管有些细节由于模糊而无法解释，但有一点是清楚的，即德尔斐对厄琉西斯神秘仪式的影响。

图 158

---

① 马拉拉斯：《编年史》，II，p.45。
② 塔提安：*adv. Graec.*，VIII，251。
③ 《国际考古与钱币研究》，1901 年，图版 1。另见斯沃罗诺斯在其著作（p.234）中的有关解释。

对于这个难以理解的重要文物，我把讨论范围限制在一些在我看来是确定无疑的而且是与我的研究相关的方面。花瓶底部的铭文告诉我们，这个花瓶是由一个名叫"尼尼安"（Ninnion）的女人献给"两个女神"的。瓶画可以分为上下两个场面，按照瓶画家熟悉的惯例，这两个场面被一条不规则的白线分开，这条白线表示上半部分的人物站立的地面。在这两个场面里，那些形象较大的人物就是神，例如右边两个坐着的女神，其他较小的人物是凡人。在这些凡人当中，有一个有着明显的标志：她的头上顶着一个刻尔诺斯。她是头顶刻尔诺斯的舞者①。在这些崇拜者当中，她是主要人物。我们几乎可以肯定，她就是尼尼安②——花瓶的敬献者。也就是说，尼尼安把一个还愿花瓶献给了神，这个花瓶记录了她自己经历过的启蒙仪式的一个重要情景——头顶刻尔诺斯（"刻尔诺福里亚"）。

为什么在瓶画上出现了启蒙仪式的两个相同的情景呢？一旦了解了这个问题的答案，我们就会觉得那既简单又令人信服。所有被接纳为祭徒的人都必须经历两次启蒙仪式，一次是在春天，那是在阿格拉俄举行的小型神秘仪式（Lesser Mysteries）；另一次是在秋天，那是在厄琉西斯举行的大型神秘仪式（Greater Mysteries）。画面下半部分的情景是在阿格拉俄举行的启蒙仪式，上半部分的情景是在厄琉西斯举行的启蒙仪式。特别值得我们关注的是下半部分所描绘的仪式。

右边那两个坐着的女神显然就是铭文中提到的那"两个女神"。同样清楚的是，坐在下方的那个就是较年轻的科瑞。她坐在地上，这有点儿奇怪，因为在她的旁边有一个空的宝座。有些人解释说，这个瓶画家的意图是让她坐在宝座上，但由于一时疏忽，在作画过程中把她画得偏离了宝座。但是画家的意图很明显。科瑞就是坐在地上，她下方弯曲的白

---

① 波鲁克斯：*Onom.*，IV, 103。
② 斯沃罗诺斯博士认为这个尼尼安就是那个当高等妓女的尼尼安，我认为他的说法是对的。阿提尼俄斯在他的著作（第13卷，p.582及p.587）里描述了这个臭名昭著的妓女的经历，但这与我的研究无关。

线表明了这一点。他特意画了那个空宝座，含有强调的意思。在瓶画的上半部分，得墨忒耳坐在一个跟这个空宝座完全一样的宝座上，但在这个场面中，本应坐在这个宝座上的她并没有出现。瓶画家的意思是显而易见的。

对这幅瓶画的解释既简单又富有启发性。瓶画下半部分表现的是尼尼安在阿格拉俄的小型神秘仪式上经历启蒙仪式的情景，这种仪式纪念的是珀耳塞福涅，而不是得墨忒耳。评注阿里斯托芬《财神》的人说："在一年当中要分别为得墨忒耳和科瑞举行神秘仪式，即小型和大型的神秘仪式……大型神秘仪式纪念得墨忒耳，小型神秘仪式纪念她的女儿珀耳塞福涅。"他还说，小型仪式是为大型仪式而举行的净化仪式，但根据传说，它是在厄琉西斯的神秘仪式之后创立的，目的是给赫拉克勒斯举行仪式。[①] 除了这些说法，拜占庭的斯蒂温（Stephen）提到了一个重要的细节："在阿格拉（Agra）或阿格拉俄举行的小型神秘仪式模仿的是狄俄尼索斯的遭遇。"

在了解了这些情况后，我们就能够解释瓶画下方的那些人物了。迎接祭徒尼尼安的只有科瑞，狄俄尼索斯在这里是作为达道科斯。这个拿着火把的人物是一个神，因为我们可以清楚地看到他的形象较大。如果他是神，那么他就是狄俄尼索斯。作为伊阿科斯，他带领祭徒们跳舞。狄俄尼索斯来自德尔斐，他到这里来后发现了一块巨大的白色翁法罗斯石，和他在德尔斐的坟墓一样。在它的下方有两捆桃木树枝，这通常是启蒙仪式的标志，上面写有"巴克斯"的名字。[②]

在我们把目光投向上半部分的画面后，以上解释便可以得到证实。尼尼安在阿格拉俄的小型神秘仪式（这是狄俄尼索斯和科瑞共享的仪式）上被狄俄尼索斯接纳为祭徒后，现在来到厄琉西斯参加大型的神秘仪式。科瑞亲自领着自己的祭徒来到得墨忒耳的宝座跟前。从左右两侧的柱子

---

① 关于阿里斯托芬《财神》第 845 行的评注。
② 关于阿里斯托芬《骑士》第 409 行的评注。这两捆桃木树枝的名字证明了狄俄尼索斯崇拜是从外面传入的。

可以看出，这一情景发生在厄琉西斯的神庙里。在后期创立的小型神秘仪式上，狄俄尼索斯和科瑞同享荣耀，但在较早的大型神秘仪式上，他只不过是一个外来者。

这些瓶画以及许多碑文能够证明德尔斐对厄琉西斯有直接影响，这种影响也许都是在晚期出现的，但是，由于欧摩尔波斯已经把狄俄尼索斯崇拜带到了这里，这种影响是很容易发生的。反观德尔斐，随着时间的推移，它越来越变得"一切都是为了阿波罗"。但在德尔斐以外的地方，如雅典、厄琉西斯和马格尼西亚，人们还不曾忘记时时崇拜一个比阿波罗更伟大的神，他先于阿波罗出现，而且一直是作为阿波罗的父辈（即使是在德尔斐），这个神就是狄俄尼索斯。

不管是在希埃伦的陶杯图案（图156）上，还是在提斯基维奇的花瓶图案（图157）上，在厄琉西斯的狄俄尼索斯都是被刻画成一个成年男子，而不是一个神秘的婴儿，这一点意义重大。圣子不再是一个孩子，在他长大成人后，他忘记了自己和母亲的关系。古老的色雷斯宗教被保存在小亚细亚原始野蛮的宗教里，在这种宗教中，神母都是占据着主导地位，不管她被称作什么：科堤斯、库柏勒、瑞亚、大神母。而圣子最初只不过是神母母亲身份的标志，这在母权制的文明里是很自然的。当一种崇拜主要是由原始的妇女控制时，她们往往把自己崇拜的男性神塑造成一个孩子，因为孩提阶段是她们唯一能够控制得了的。但是，如果这种崇拜要和文明一起进步，如果这个神要有男性崇拜者，那么他必须成长为一个男人。所以，随着圣子不断扩大自己的威力，他越来越像圣父，而神母的影响则不断减弱，原先作为大神母的她演变成了被雷电打击的塞墨勒。如果我们还记得那个古老的原则，即人按照自己的形象来塑造自己的神，神之所以存在是因为他反映了崇拜者的生活，那么我们就会理解为什么狄俄尼索斯会从孩子演变为成年男子、从神母的儿子演变为圣父的儿子，并且会认为这种变化是必需的。

狄俄尼索斯把葡萄据为己有，这很可能促进并加快了他由一个孩子演变为男人的进程，因为一个醉酒的神祇受到男人的崇拜，同时也受到女人的同等崇拜，也许更受到女人的崇拜。然而，有趣的是，不管狄俄尼索斯如何改变自己的形象，他自始至终都保持着母权制的印记，这是其他任何神祇所不具备的特点。他从来摆脱不了围在他身边的那群女崇拜者，而且总是那些狂女迈那得斯照料的对象。此外，在崇拜他的仪式上使用的工具通常不是他的，而是他母亲的。我们不能简单地说一切狂欢秘祭的崇拜方式都有共同之处，也不能断言（而这正是人们通常的说法）库柏勒崇拜是在古典时期从小亚细亚传入的，后来和狄俄尼索斯崇拜发生了融合。这些说法都是对的，但其根源要深刻得多。神母和圣子从一开始就是在一起的。布里摩斯是和布里摩一起来到厄琉西斯的。厄琉西斯的得墨忒耳手里的钹并不是来自瑞亚，她有自己的钹，这也是狄俄尼索斯所使用的钹。品达懂得这一点，但几乎是无意识的：

啊，底比斯，你的灵魂为它骄傲，
是你生下了狄俄尼索斯，
他长着一头流水般的长发，坐在
得俄的身边，那震耳的钹声就是为她响起的。

前文我们说过，斯特拉博知道色雷斯、弗里吉亚和克里特的狂欢秘祭都是一样的，枯瑞忒斯、萨梯和科律班忒斯这些圣子的随从同时也是神母的侍从。斯特拉博还引述了欧里庇得斯的说法。[①] 酒神的狂女们永远不会忘记她们既崇拜神母也崇拜圣子：

她们在狂欢时使鼓声和激昂的弗里吉亚笛音彼此和谐，
又把手鼓交到众神的母亲瑞亚手里，
使鼓声和信徒们的欢呼相应和；

---

① 斯特拉博，X，iii，13 § 468。

那些疯狂的萨梯又从众神的母亲瑞亚那里得到这鼓，
敲着它参加两年一度的歌舞，
那是狄俄尼索斯所喜欢的。①

但是，现代人想到的只有奥林波斯山上的众神，那里"一切都是为了父亲"。他们已经忘记了大神母，连圣子在他们眼里也已变得面目全非，仿佛他无亲无故，仅仅是别人的养子。

狄俄尼索斯的母亲在厄琉西斯渐渐被人遗忘，其中的原因并不难理解。人们的遗忘可谓彻底，要不是《驳异教邪说》的作者提及，我们也许无法肯定谁是这个圣子的母亲。在欧摩尔波斯和狄俄尼索斯到来之前，厄琉西斯有自己的神母——得墨忒耳，她不会轻易容忍身边有一个跟她竞争的对手。母权制之下的神母和处女神虽然是两个人，但实际上是同一个女神，她所养育的孩子有时是这个地方性英雄，有时是另一个；有时是得摩福翁（Demophon），有时是而且主要是特里普托勒摩斯。当北方的神母和圣子——布里摩与布里摩斯或者塞墨勒与狄俄尼索斯——到来时，外来神祇和本土神祇的关系必须做出调整。北方的神母几乎完全隐退，但是在神秘仪式上，人们依然高声呼喊她那忒萨利的名字。而她的孩子布里摩斯则一方面和雅典的伊阿科斯融合，一方面和地方性英雄特里普托勒摩斯融合。为了在半路上迎接他，特里普托勒摩斯由一个高高在上的地方首领变成一个英俊的少年，坐在一辆由巨蛇牵引的飞车里。

图159是一幅厄琉西斯的浮雕②，从中我们能够看到上述融合以及融合所引发的混乱。神母和处女神出现在这幅浮雕上，神母手持节杖，处女神拿着火把。在她们之间有一个男孩，这是她们养育的孩子。他是

---

① 欧里庇得斯：《酒神的伴侣》，126。
② 图159复制自该浮雕的照片，该浮雕现藏于雅典国家博物馆。

特里普托勒摩斯还是伊阿科斯？人们可以提出这个问题，还可以（其实已经）撰写专著来证明他是特里普托勒摩斯或伊阿科斯。然而，这是一个永远也无法明确回答的问题。他是厄琉西斯年轻的男性神祇，是女神养育的孩子——我们能够确定的只有这些。

以上我详细地讨论了神圣婚礼和圣子诞生的仪式，因为我认为这是神秘仪式的中心内容。上文引述的阿斯特里俄斯在他的《殉道者颂》中把厄琉西斯神秘仪式斥为异教徒偶像崇拜的主要内容，并且把神圣婚礼称为最邪恶的部分："厄琉西斯的神秘仪式不是你们崇拜活动的主要内容吗？为了举行这样一种愚蠢的仪式，阿提刻人甚至全希腊的人不是都聚在一起吗？在仪式上，不是把所有的火把都灭掉，然后让大祭司和女祭司单独在黑暗中做那见不得人的事吗？广大的信徒不是相信他们俩在黑暗中那样做就是为了他们能得到拯救吗？"

尽管基督教的神父们自然而然地将他们的注意力集中在他们认为不道德的仪式上，然而，我们依然能够非常清楚地看到，厄琉西斯神秘仪式的高潮是神圣婚礼和圣子诞生，这些仪式的目的是与神融为一体，这也是一切神秘仪式的目的。这些仪式行为最初以真实的行动再现出来，后来只是象征性地再现。在这些仪式之前要举行各种净化仪式，如利克诺福里亚，无数次要的场面对这些仪式起到了衬托、强调的作用，各种

图 159

神话传说里也有同样的描述（如珀耳塞福涅被劫），因此这些仪式在厄琉西斯、萨莫色雷斯及其他地方成为最主要的神秘仪式。人类按照自己的行为方式来制定敬神的仪式，这些为人塑造出来的神而举行的神秘仪式只不过是人类生活的永恒秘密。如果对那些无休无止、变化不定的细节都进行考察，那将是徒劳无益的。

在结束对神圣婚礼的讨论之前，我们还要考察一个有趣的人种学问题。

7. 克里特对厄琉西斯神秘仪式的影响

我们已经看到，克里特有生食仪式和纪念神母的仪式，但没有婚礼仪式。然而，有证据表明得墨忒耳首先出现在克里特，并且那里还举行过她的婚礼，崇拜她的仪式和她的婚礼就是从那里传入厄琉西斯的。

荷马颂歌里就有这样的传说：

> 多斯（Dos）是我那神圣的母亲赐予我的名字，
> 我跨越辽阔的海洋从克里特来到这里。①

也许这一说法只是编造出来的，但这种传说往往反映出人种学事实。

在这首颂歌的结尾，诗人似乎还记得得墨忒耳前往忒萨利时经过的岛屿：

> 手里握着厄琉西斯的芳香的女神，
> 到处是岩石的安特伦和四面环海的帕罗斯岛，
> 受人尊敬的美丽的得俄，年复一年地给人们奉献出礼物，
> 你和你的美丽的珀耳塞福涅，请听我们歌唱。②

---

① 《荷马颂歌》，122。
② 《荷马颂歌》，490。

得墨忒耳是否把她的女儿从克里特带到了厄琉西斯，眼下我们暂且不讨论。但是我们从神话、仪式中了解到，在克里特她确实有过一次神圣婚礼。卡吕普索（Calypso）在描述众神妒忌的古代凡人爱侣的故事时是这样说的：

> 还有，长着一头秀发的得墨忒耳在春天里
> 屈从于激情，和伊阿西翁睡躺在那刚刚耕作的田野里欢爱，
> 但她不能长久爱他，因为他们被天上的宙斯发觉，
> 他向伊阿西翁掷甩闪亮的雷轰，伊阿西翁就这样被劈死了。①

这是荷马史诗中偶尔出现的美丽的地生神话之一，这些神话描述的是遥远的过去，其时众神刚刚从天然的事物中演变而来，他们是真正有血有肉的生灵，而不像那些想象出来的、堂皇夸张的奥林波斯神。宙斯时刻准备着用他那无比公正的雷电击毙那些被他取代的原始神祇。

如果说赫西奥德在生活年代上比荷马晚，那么就思想而言，他几乎总是比荷马古老得多。他知道关于神圣婚礼的事，还知道那是在克里特：

> 得墨忒耳生下了普路托斯，她是一个光荣的女神，
> 但她爱伊阿西翁——一个凡世的英雄，
> 他们躺在克里特翻耕过的沃土上。
> 当他诞生时，他们多么高兴，
> 因为他就要跨过大海、穿越大地。
> 在路上遇到他的凡人是多么幸福啊，

---

① 荷马：《奥德赛》，V，125。我大胆地将 τριπόλῳ 译为"在春天"，因为泰奥弗拉斯托斯在其作品（VII，1）中说，那里的田地一年耕作三次，一次是在冬天，一次是在夏天，还有一次就是在这两次之间，那一定是在播种前的春天。另外，特里普托勒摩斯就是厄琉西斯的伊阿西翁。

因为他的手里装满了祝福和财富。①

忒俄克里图斯知道伊阿西翁的婚礼是一种神秘的仪式：

啊，幸福啊，幸福，恩底弥翁在他那不变的命运里
梦想着；幸福、爱情，还有伟大的
伊阿西翁，他得到了神秘的快乐，
那是你们这些不虔诚的人永远无法懂得的快乐！②

赫西奥德只是一个凡夫俗子，他不知道什么神秘的孩子③，只知道古老的关于农耕的模拟性仪式和那个象征大地与海洋的果实的孩子。手持雷电的宙斯还没有到来，这种纯真的狂欢也就没有被他判为罪过。赫西奥德也许写下了那古老的"标签"，评注他的作品的人把它保存了下来："啊，这是小麦和大麦，啊，这是小财神普路托斯。"④

《荷马颂歌》的作者满脑子想的都是宙斯，因此他讲述的许多美妙故事充满了怪异和荒诞。像荷马一样，他对原始的东西不屑一顾，但他又像俄耳甫斯一样强调受到神的启示的人所经历的精神上的狂喜，像俄耳甫斯一样关注另一个世界。他更关心的是展示他们未来的幸福而不是眼前的财富：

受到保佑的是众人当中那些参加过仪式的人，
而那些没有得到过神的启示的人

---

① 赫西奥德：《神谱》，969。
② 忒俄克里图斯：《牧歌》，III, 50。
③ 在萨莫色雷斯，伊阿西翁变成了一个神秘的人物。他是科律巴斯（Korybas）的父亲，他的妹妹哈耳摩尼亚把她的 ἱερὸς γάμος 带到底比斯，所走的路线依然是经过那些岛屿。见迪奥多罗斯，V, 45。
④ 关于赫西奥德《神谱》第 971 行的评注。

死后在黑暗里肯定得不到这样的幸福。①

然而，古老的农耕传统的影响是如此深刻，以至于克里特那个原始的神圣孩子——财神在颂歌的结尾几乎是自动地重新出现了，尽管几乎是以一种抽象的方式出现的。这时的他是上天所生，而不是大地所生：

> 女神按照自己的意愿把一切安置妥当之后，
> 来到高高的奥林波斯山，那是众神聚集的地方。
> 在那里，他们和众神之父——在天上抛掷雷电的宙斯住在一起，
> 他们的名字神圣而又可敬。他享受着俗世的巨大快乐，
> 他们许诺要热爱他。他是凡人当中受到保佑的人，
> 他们很快把普路托斯送到他那伟大的家，成为他尊贵的客人。②

克里特的模拟性婚礼像许多原始民族所熟知的巫术一样变成了一种非常重要的神秘仪式。迪奥多罗斯在他的著作里有一段极富启发性的话，他说克里特的"神秘仪式"并不神秘。我想，如果我们假设克里特那些并不神秘的仪式年代更早，那我们是不会有大错的。在讨论了克里特的神话之后，迪奥多罗斯说："克里特人声称他们给其他人举行敬神仪式，包括献祭和神秘仪式，这样他们就提出了一个可以证明他们的思想的重要证据。启蒙仪式——也许是所有仪式中最有名的——是由雅典人在厄琉西斯举行的，还有在萨莫色雷斯举行的仪式，以及喀科涅斯人在色雷斯（仪式的发明者俄耳甫斯的故乡）举行的仪式。所有这些都被当作神秘仪式来进行。然而，在克里特的克诺索斯，自古以来都习惯于公开举行这些仪式，其他民族以秘密方式举行的仪式在克里特都向所有人公开，

---

① 《荷马颂歌》，480。
② 《荷马颂歌》，483。

愿意者均可参加。"①

像大多数爱国者一样，克里特人做得有点儿过分。众神总会在其他民族当中留下证据的，然后出类拔萃的克里特人便开始对外传教。但是，就某些神秘仪式而言，就前面讨论过的两种仪式——生食仪式和神秘婚礼而言，难道他们的说法实质上不是正确的吗？在狄俄尼索斯南迁之前，难道出现过俄耳甫斯的北迁吗？难道俄耳甫斯教那些纪念神母的神秘仪式不是源于母权制下的克里特——至少是在那里得到全面发展——的吗？克里特自始至终都是"神母之地"，甚至连克里特的语言都拒绝承认那种愚蠢、空洞的父权制的术语（如"圣父之地"）。亚瑟·埃文斯在克里特的发现向我们展示了一个辉煌而又野蛮的文明，这一成熟甚至可以说是颓废的文明在雅典崛起之前就出现了。厄庇墨尼得斯从克里特来到雅典，他只不过是类似于俄耳甫斯的历史人物，是他把净化仪式带到了雅典。在克里特的迈锡尼文明②里（也只有在这种文明里），我们可以看到埃及文明和佩拉斯吉文明的奇妙融合，而萦绕在普卢塔克脑际的正是这种文明，这就是他说奥西里斯就是狄俄尼索斯、伊西斯就是得墨忒耳的缘故。

迪奥多罗斯根据地方传说了解到克里特的仪式向北传播的路线。它途经岛屿，经过神秘仪式的发源地萨莫色雷斯，最后来到喀科涅斯人的家乡。似乎就是在那里，头脑清醒的俄耳甫斯遇上了狂暴的酒神，也就是在那里，那些狂女迈那得斯在杀死他后悔恨不已，于是为他建造了神庙。两种截然不同而又密切融合的宗教就是从那里南下传入希腊的，它们形成一种联合的力量，占据着不可动摇的主导地位。神秘主义和"神灵感应"融合到了一起，于是希腊宗教最终形成了。

---

① 迪奥多罗斯，V，77；另见迪奥多罗斯，V，64。关于克里特和厄琉西斯之间的关系，以及源于克里特的"得墨忒耳罐"，参见阿提尼俄斯，p.375，诺斯塔特博士在他的《论克里特的宙斯》(*De Jove Cretico*, p.54) 中也有相关讨论。

② A. J. 埃文斯：《克诺索斯的宫殿与埃及的关系》(*The Palace of Knossos in its Egyptian Relations*)，p.60。

尽管俄耳甫斯擅长演奏里拉琴，但他毕竟是一个祭司或"修士"。而与其说狄俄尼索斯是一个祭司，不如说他是一个艺人，至少我们知道他在雅典是这样。多数原始宗教都有自己的 $δρώμενα$，但戏剧却是从狄俄尼索斯教中诞生的。人们经常讨论 $δρώμενα$（所做的事、行动）和 $δρᾶμα$（在舞台上表演出来的东西）之间的联系，但有一个问题依然没有得到回答：为什么狄俄尼索斯崇拜中（也只有在这种宗教中）的仪式演变成了戏剧，而雅典娜、宙斯和波塞冬没有戏剧，只有 $δρώμενα$？

8. 狄俄尼索斯的戏剧与厄琉西斯的 $δρώμενα$

以上问题本来不会在此提出，但是我为此提供的答案主要来自宗教，而且我认为其中一些演变阶段可以从厄琉西斯的仪式中找到。①

在我们的课本和脑子里，史诗、抒情诗和诗剧总是轻易地相互取代，而且这种取代已经成为理所当然的固定模式。抒情诗无须解释，或者说在人类共有的自私自利中就可以找到它的影子。然而，我们往往会忘记，从讲述故事的史诗发展到表演出来的戏剧，那是重大的一步。就我们所知，这一步是希腊人在史诗诞生数百年之后迈出的，而且是突然地、几乎是无意识地、不可逆转地迈出的。我们明确知道的是，这重大的一步是在公元前6世纪的某个时候发生的，而且与狄俄尼索斯崇拜有关。当然，至少有这样的可能：真正促使戏剧诞生的不仅有"羊人歌"和圆形跳舞场，而且有实质上充满了戏剧性的狄俄尼索斯崇拜的信仰，即崇拜者不仅可以崇拜自己的神，而且还可以成为神。② 雅典娜、宙斯、波塞冬都没有自己的戏剧，那是因为没有一个人相信在最疯狂的时候自己会成为雅典娜，或者成为宙斯，或者成为波塞冬。事实上，只有在包含有狂欢秘祭内容的宗教里才会诞生这种奇妙的信仰，而且至少在希腊，只有这种宗教才能产生戏剧。

---

① 如果我明确地说这只是促使戏剧产生的众多因素之一，也许别人才会理解我的意思。
② 前文提到过这样的例子：在神圣的哑剧表演里，各个神祇分别由那些"伊俄巴克斯"扮演。但这种哑剧表演在此不能用作证据，因为其年代远在戏剧诞生之后。

厄琉西斯的神秘仪式的多数细节已为我们所知，这些仪式正是戏剧进化过程的最后阶段，这些仪式是非常接近戏剧的 δρώμενα。

晚期的作者在描述厄琉西斯的仪式时常常使用舞台的语汇。以下我们以普塞鲁斯（Psellus）的描述为例，他的著作一直没有受到应有的重视。普塞鲁斯在书中记录了"希腊人关于魔鬼的想法"，以下是他对有关仪式的描述："在这些（魔鬼的）神秘仪式上，要表演得俄（即得墨忒耳）的故事，还要表演她的女儿费瑞法塔（即科瑞）的故事。这里我们以厄琉西斯的仪式为例。像人们在启蒙仪式上所做的那样，还表演了一些爱情故事，大海的阿佛洛狄忒在这些表演中出现。接着是科瑞的结婚典礼。作为一种伴唱，那些已被接纳为祭徒的人唱道：'我已经吃过用铃鼓装的东西，我已经喝过用钹盛的东西，我已经拿过刻尔诺斯，我已经下到了新娘新郎的洞房里。'然后要表演得俄在生孩子时经受的痛苦，人们至少能听到得俄发出恳求的呼喊声，还有分娩时的痛苦呻吟。接下来是一个把自己的脚装扮成羊脚的小丑的表演，这源于宙斯曾经对得墨忒耳所做的事。这一切表演结束后，还要表演狄俄尼索斯的仪式。人们抬出圣器箱和带有许多装饰的糕点，那些崇拜萨巴最俄斯的祭徒出现了，还有那些克洛多涅斯和米玛洛涅斯，她们表演的是祭祀神母的仪式。这时人们敲响了塞斯普罗蒂亚的大锅和多多那的铜锣，一个科律巴斯和一个库瑞斯分别出场，这是装扮出来的魔鬼。最后是关于包玻的表演。"①

普塞鲁斯为我们描述了这些复杂的、神圣的哑剧表演。我们从其他文献了解到，这种表演并不都是无声的，除了那几句标志性的话外，还要说别的话。盖伦（Galen）在敦促他的读者像关注神学那样关注自然科

---

① 普塞鲁斯：*Quaenam sunt Graecorum opiniones de daemonibus*（由米格涅编辑），3。我是从泰勒的《厄琉西斯秘密祭典》中看到这一文献的。普塞鲁斯的书通常受到现代学者的蔑视和忽视，很可能是因为泰勒对该书的解释常常是模糊且不准确的，而且他完全拒绝给他的希腊文标上重音。尽管有这些小毛病，他对神秘祭典的解释远比许多更有名的学者积极。由于显而易见的原因，普塞鲁斯的叙述只是重新得到了使用，而并未被翻译出来。他所记录的一些仪式和现代的惯例也不相吻合。在此，本着自己的研究目的，我就不必对它们进行讨论了。

学时说："比方说，你参加厄琉西斯和萨莫色雷斯的神秘仪式或别的神圣仪式，你一定会聚精会神地观看祭司们在仪式上所做的事和他们所说的话，那么请你同样地或更加关注自然科学。"①

"所说的话"对"所做的事"起到补充、促进的作用，至于这些话是如何说的，我们可以从一篇奇特的虚构法庭对话中清楚地看到。这篇对话是索帕特（Sopater）编写的一本演说词集中的一篇。一个年轻人做了一个梦，梦见自己参加了启蒙仪式，看见了"所做的事"。他把自己所看到的告诉了一个已经成为祭徒的朋友，并且问他自己所见是否跟厄琉西斯的神秘仪式相一致。朋友点头称是。这个朋友是否犯了不虔诚的罪过？也就是说，他是不是把"所做的事"泄露给了一个不是祭徒的人？不是，那个祭徒争辩说，因为做梦者确实已经得到女神们的启示了，他已经成为一个真正的祭徒，他只缺一样东西：他没有听到祭司的声音，这声音原本可以帮助他理解祭司所发出的各种符号的意思。这些符号一定就是他所说的话，这些话与仪式上所做的事相匹配，并起到解释作用。这些所做的事无疑是相当隐晦的，但参加仪式的人会觉得能够理解。祭司在哑剧中扮演神圣的表演者。在这里，史诗的叙事性和戏剧的表演性已经被紧密地、不可避免地融合在了一起。我们看到了舞台表演的各种要素：出场和下场、唱歌和跳舞、灯光、声音和黑暗。宗教提供了一切条件和布景，宗教唤醒了人们强烈的表演本能，一些天才让原本沉默的人物开口说话，于是，悲剧诞生了。

狄俄尼索斯给人们带来了悲剧，这使他们那劳累的生活变得愉快，而且更有意义。如前文所述，他还有一种才能，那就是给人们带来希望：通过与神合而为一，他们必然可以获得永生。得墨忒耳给人带来某种未来报偿的模糊先兆，狄俄尼索斯带来一种人们在精神上可以即时得到的

---

① 盖伦：de Usu Part., VII, 14 § 469；另见洛贝克：《阿格劳法摩斯》，p. 63。（盖伦，130？—200？，古希腊医师、生理学家和哲学家，从动物解剖推论人体构造，用亚里士多德目的论阐述其功能。——译注）

信仰。在失去长相很像自己、深受妻子疼爱的女儿后，普卢塔克写信给自己的妻子，要她记住自己的一贯信仰，还要记住"狄俄尼索斯秘密祭典上的那些神秘符号"。他说，这些不会让她以为灵魂在死后不再忍受任何痛苦，也不会让她认为灵魂已经灭亡。当然，他是在用自己的柏拉图主义的思维方式来解读这些仪式。它们让他懂得，灵魂就像一只关在笼子里的小鸟，每一次被抓进笼子时，它都获得新生。这些仪式还让他懂得，衰老的邪恶之处并不是它带来的皱纹和白发，而是——这是最令人难受的——灵魂的模糊和疲惫。很快离开肉体的灵魂不会被约束或弯曲，而只是轻轻地、灵活地成形，而且很快又获得自由，就像熄灭的火在重新点燃之后又重放光芒。国家的习俗禁止普卢塔克为自己的孩子奠酒，于是他对那古老野蛮、基于孩子的鬼魂无害这一观念的惯例做出了自己的解读：孩子并不是凡世的一员，也就不能分享世间的事物，但他们已经径直地获得了一种更好也更神圣的命运。尽管如此，他从狄俄尼索斯的神秘符号中看到的只是那些含蓄的东西——当然只是隐隐约约地看到。①

人们一直认为，在厄琉西斯的神秘仪式和俄耳甫斯教的其他神秘仪式中，这些"所做的事"②再现了某种未来的生活，它们对处在冥界的灵魂的行为能起到某种启示和教导作用。下文我们将会看到，这些可能是人们对来自埃及的宗教思想进行篡改的结果，但我们没有明确的证据证明厄琉西斯存在这种情况。能够证明俄耳甫斯教徒对来世生活的信仰的最好证据是他的自述，这些自述和他一起被埋在坟墓里。让我们高兴的是，它们被镌刻在了不朽的金箔上。下面我们就来考察这些证据。

---

① 索帕特：*Dist. Quaest.*。见瓦尔兹（Waiz）：《希腊演说词》第 8 卷，p.1。
② 有关"所做的事"的心理分析，参见我的《古希腊宗教的社会起源》，p.331 以下，以及《古代艺术与仪式》第 5 章，pp.145—159，还有《再论希腊宗教》第 1、2 章。

第十一章　俄耳甫斯教的末世论

俄耳甫斯教的金箔简札

我们要讨论的文物是一组金箔简札，这些刻有铭文的金箔共有八片，这是考古工作者在发掘一些坟墓时发现的。其中六片是在意大利南部发现的，地点是在古代锡巴里斯（Sybaris）附近。其余的两片中，一片在罗马附近发现，另一片在克里特发现。值得注意的是，锡巴里斯和克里特是古代俄耳甫斯教的发祥地。这些金箔有着极其重要的意义，因此有必要分别对它们进行详细的讨论。不过它们都有这样的共同点：作为随葬品，金箔上包含教导死者在阴间如何行事的内容，另外还涉及对灵魂的规劝、需要重复的仪式性用语、对信仰的坦白以及参加过的仪式等。这些文物属于宗教仪式，而不属于文学，因而作为证据更显得可靠。然而，虽然这些铭文在风格上有不尽完善的地方，而且常常不顾及格律，但它们都传达出一种信仰上的飘逸与陶醉，这使得它们有时升华为水准甚高的诗歌。

这些俄耳甫斯教的金箔简札已经受到了广泛的讨论[①]，但它们作为希腊宗教历史文献的全部意义也许至今并没有得到人们的充分认识。在解读这些简札时会碰到异乎寻常的困难：金箔光滑的表面以及上面的折痕给拍照带来了困难，辨认上面的文字也就成为一件烦恼的事；此外，有

[①] 值得特别注意的是 A. 迪特里希的《涅库亚》（p. 84 以下）和《俄耳甫斯颂歌》（p. 31 以下）。我在以下的注释里还会提到其他可供参考的资料。

的金箔上的文字虽然能够辨认，但却残缺不全。

这组金箔简札的内容如下：

1. 佩特利亚（Petelia）金箔[①]（图160）

> 在冥国宫殿的左边，你会看到一口水井，
> 水井旁边有一棵白色的柏树。
> 不要靠近这口水井。
> 但在记忆之井旁边，你还会看到另一口水井，
> 冰冷的泉水从泉眼涌出，水井有人守卫。
> 你要对他们说："我是大地和布满星星的天空的孩子，
> 但是我的族人（只）是从天上来的，这一点你们是知道的。
> 看啊，我已干渴难忍，我就要死去。快给我
> 喝那记忆之井里流出的冰凉的水。"
> 于是他们会给你喝圣泉里的水，

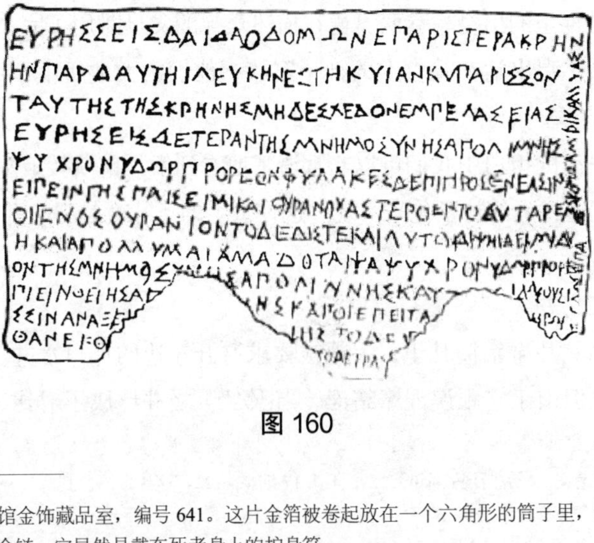

图 160

[①] 大英博物馆金饰藏品室，编号641。这片金箔被卷起放在一个六角形的筒子里，筒子上有一条精致的金链，它显然是戴在死者身上的护身符。

从此以后，你就可以和别的英雄在一起，成为英雄的一员……

铭文至此就中断了。接下来是一些零散的文字，不能构成连贯的意思，其中最后一行只有最后两个词可以辨认："黑暗裹着"。

下面这片在克里特发现的金箔简札可以作为以上金箔的续篇。

2. 厄琉特奈（Eleuthernae）金箔[①]

> 我已干渴难忍，我就要死去。——不，给我喝吧，
> 右边的水井里那长流不息的泉水，那旁边有一棵柏树。
> 你是谁？……
> 你从哪里来？——我是大地和布满星星的天空的孩子。

这是灵魂和谟涅摩绪涅（"记忆"）之井之间的对话。

这两片金箔都包含有两个相同的因素：记忆之井和对出身的承认。在说出自己的出身后，灵魂便有资格喝上记忆之井里的水。

那是神圣的出身。赫西奥德在描述众神的父母时用了完全相同的话，他让缪斯"唱出活在凡世上的神圣家族，他们由大地所生，由布满星星的天空所生"[②]。

从灵魂的坦白中我们可以非常清楚地看到俄耳甫斯教最基本的教义：永生只能通过人的神圣化来实现。这种永生的圣礼就是喝圣井里的水。

记忆之井

在第一片金箔简札里，灵魂被要求避开左边的那口水井。这口井没有名字，但由于它跟谟涅摩绪涅（"记忆"）之井形成了对比，因此我们

[①] 儒宾的论文，《希腊研究通讯》1893 年第 17 期，p.122。这片金箔及其两片复制品现藏于雅典国家博物馆。
[②] 赫西奥德：《神谱》，135。

可以有把握地得出结论：这口禁井就是勒忒（"遗忘"）之井。

人死后会忘掉这个令人烦恼的世界里的悲痛，忘掉劳碌的来世旅程，这种观念不是俄耳甫斯教独有的，甚至也不是希腊人独有的。这种观念是人类共有的，任何地方的人都会有这种观念。

在斐济（Fiji）群岛居民的心目中，"地狱之路"充满了危险，但在这条路上有一口叫"淮纳杜拉"（Wai-na-dula）的水井，死者喝了这井中的水就会忘掉悲痛："他从两个女神身边走过，那两个女神咬牙切齿地盯着他，他急忙飞快上路，不久便来到一口水井边，于是他停下来喝水。刚把水喝下，他便停止了哭泣，在家里的他那些亲朋好友也不再哭了，因为他们忘掉了悲伤，获得了安慰。因此这口井被人称为淮纳杜拉——安慰之水。"在经历了许多别的危险——包括躲开那两个企图用网把他捆住的野蛮的迪克提那（Dictynna）——之后，这个灵魂获准走进一个跳舞场，那是年轻的众神唱歌跳舞的地方。①

斐济人的这种观念之所以值得注意，是因为它跟俄耳甫斯教的观念截然不同。在斐济人的观念里，灵魂喝的是遗忘之水。这是为什么呢？因为他的亲朋好友必须结束他们的悲悼，但在灵魂忘掉自己的悲痛之前，他们是不能忘掉的。另外，他对信仰的坦白也有点不同。在获准进入"福地"（Happy Land）之前，他必须证明自己是暴死的，要不然他必须回到天上，在那里体面地死去，也就是以一种惨烈的方式死去。

我在这里提到斐济人的勒忒之井，目的是证明我并不是没有意识到未开化的民族存在这种观念，并不是不知道任何地方的人都会有这样的观念，即死去的灵魂在"地狱之路"上会看到一口井并且可以喝井中的水，我也并不是不知道没有必要假设希腊人从斐济人或埃及人那里引入了有关水井的观念。然而，我认为，在这个具体的例子里，我们可以证

---

① 巴兹尔·汤姆森（Basil Thomson）：《卡娄伏》（The Kalou-Vu），刊于《人类学院学报》（*Journai Anthrop. inst.*）1895 年 5 月号，p.349。我是从安德鲁·兰先生的《论荷马颂歌》（p.91）中发现这一参考资料的。

明，俄耳甫斯教关于水井的观念是从埃及人那里引进的[1]，而且我认为这种观念先来到克里特，然后从那里经由一些岛屿传到色雷斯和雅典，又从那里传遍整个希腊。

奥西里斯在埃及有一口"冷"水井，或者说他就是给死者的灵魂喝这井里的水的。在罗马时代的坟墓石碑上镌刻着这样的仪式性话语："愿奥西里斯给你捧出冷水。"有时人们呼唤的是埃多涅俄斯，有时是奥西里斯，因为到了这个时期，人们对他们俩已不再做严格的区分。由于奥西里斯是太阳神，他那口井就成了光明之井，埃及的太阳神（Ra）常常用这井水洗脸。在一份神奇的纸草纸文献上有这样一句话："向那白水和那高悬着叶子的树木致敬。"[2]这似乎隐隐约约地呼应了上文提到的白柏树和禁井。不管奥西里斯之井的埃及名字的确切含义是什么，对希腊人来说，这名字显然具有双重含义：Ψυχρόν 意味着 ψυχή，这口井里的水既清凉，又可以带来生命，灵魂吃了这水就会复活，这水便成为"生命之水，涌出永恒的生命"。

奥西里斯给干渴的灵魂喝的"生命之水"是埃及末世论的一部分，然而，就我们所知，埃及既没有勒忒之井，也没有谟涅摩绪涅之井。在《死者之书》（Book of the Dead）中，确实有一章提到"让人在冥界获得记忆"（第25章），但这一过程跟喝井水没有任何关系。书中的"在冥界喝水"一章（第62章）非常的别具一格。我认为，希腊人关于勒忒之井和谟涅摩绪涅之井的观念是在埃及人关于水井的观念基础上演变而成的（但埃及人并没有遗忘之井与记忆之井之分），这种演变主要是受到了俄耳甫斯的影响。

---

[1] 前引兰先生的著作（p.81）考察了厄琉西斯神秘仪式的"所谓的埃及起源"，他完全反对福卡特的理论。兰先生无疑成功地证明了一点：现代未开化民族的仪式和古希腊神秘仪式非常相似。但这并不能排除有时希腊的一些文明是从外面传入的可能性。我们已经明确地看到，克里特的迈锡尼时代的艺术是从埃及传入的，为什么迈锡尼时代的宗教不会是从外面传入的呢？见《古典评论》1903年2月号，p.84。

[2] 迪特里希：《神秘的符箓》（Abraxas），p.97。有一点也许值得在此一提：埃及的《死者之书》（第63章）提到，死者从一个女神的手中接过水，这个女神住在一棵长在水池中的树上。

在赫西奥德的《神谱》里，勒忒是作为一个人出现的。从一开始她就是一个坏人：

> 接着，充满仇恨的"争斗"生下悲伤的"劳累"、
> "遗忘"和"饥荒"、泪流满面的"悲哀"，
> 还有那些"竞赛"和"屠杀"。①

到了阿里斯托芬的时代，"勒忒的平原"是冥国（Hades）的一部分。在喜剧《蛙》中，监视过往行人的卡戎问道：

> 谁要到勒忒的平原去？谁要去为驴剪毛？
> 谁要去刻耳柏洛斯或泰那洛斯？谁要到乌鸦的巢去？②

阿里斯托芬笔下的冥国神秘而又富有喜剧色彩，在这一点上，他的描述深受俄耳甫斯教的影响。他没有提到水井，但提到了一块"干渴的石头"③，也许干渴的灵魂就是坐在那石头上面喝水的。

作为一条河的勒忒最先出现在柏拉图的《理想国》中，似乎在那个时候，勒忒河已经是家喻户晓了。苏格拉底说："我们的故事没有消失，而是被保存了下来。如果我们顺从它，它将会拯救我们；我们将会顺利地趟过勒忒河，我们的灵魂将不会被污损。"值得注意的是，在柏拉图看来，勒忒河是死亡和污秽之河。在这段话之前，苏格拉底讲述了厄耳的神话，这个神话充满着俄耳甫斯教灵魂转世和因果报应的思想。每一个灵魂都要进入勒忒平原，那里闷热得令人窒息，因为勒忒平原是一片不毛之地。到了晚上，他们就在"不经意之河"边歇息，没有一种容器

---

① 赫西奥德：《神谱》，227。
② 阿里斯托芬：《蛙》，186。
③ 阿里斯托芬：《蛙》，194。

能装这河里的水①。所有的灵魂都必须喝一点儿这河里的水,有些灵魂不够明智,因而喝了过多的水。灵魂喝了这水之后,便忘掉了一切。阿墨勒斯河(Ameles)——"不经意之河"——无疑就是勒忒河。柏拉图往往借用一些大众化的概念,并稍稍改变其名称。同样,他也借用了谟涅摩绪涅(记忆)这一概念,并把它改为阿那摩涅西斯(Anamnesis),意为"重新记起"。在他那个时代,人们并没有标明文献出处的习惯,而柏拉图非常厌恶俄耳甫斯教神秘仪式中与冥界有关的部分,因此,也许他只是模糊地意识到俄耳甫斯教对他的贡献。以下描述富于人性,或者说充满了人的恶意:在对那些重新获得记忆的人进行排列时,那个"得到过神的启示"的人仅仅排在第五,和先知并列。他们排在哲学家、恋人、公正的国王和武士之下,甚至在经济学家和商人之下。但不管如何,他不能抱怨,因为虽然他排位甚低,但毕竟在诗人和画家之上。② 此外,柏拉图认为,随着时间的推移,我们会淡忘一些事情,但那些得到了启示的人却记得非常清楚。柏拉图不时使用与启蒙(initiation)有关的术语,比如他提到"没有受过启蒙的人""受过部分启蒙的人""刚刚被启蒙的人""完全受过启蒙的人""因神而狂喜的人"(凡夫俗子以为这种人是疯子)。他还说到,在被锁在肉体的牢笼里之前,我们要举行一种非常神圣的仪式,为的是让我们能够完全清楚地看到幽灵的模样,它们简朴、安静、幸福、闪闪发光。③

关于希腊宗教里的谟涅摩绪涅和勒忒,我们所知道的并不仅限于柏拉图的神话和哲学。在地方性的仪式中,我们可以找到这方面的明确证据。我们知道谟涅摩绪涅出现在北方,出现在欧摩尔波斯和缪斯女神的故乡,出现在潘加翁山、庇厄里亚、赫利孔山。如果俄耳甫斯在埃及——也许更有可能是在克里特——看到一口涌出生命之水的水井,我想那一定是一口无名井,至少它的名字不是谟涅摩绪涅。当然这是偶然

---

① 这使人想起斯堤克斯河,见保萨尼阿斯,VIII, 18.5 及弗雷泽的有关评论。
② 柏拉图:《理想国》,X, 621。
③ 柏拉图:《斐德罗篇》,249 以下。

的，但来自克里特的金箔简札中的那口井是没有名字的，尽管这口井和佩特利亚简札提到的那口井是一样的。当俄耳甫斯把这口井带到缪斯女神的故乡时，他给它起名为谟涅摩绪涅，在那里，他得到了神奇的里拉琴。在离赫利孔山麓不到十英里的地方，也就是在勒巴底亚的特洛福尼俄斯神示所，我们看到了一口水井，它不仅是谟涅摩绪涅之井，而且是勒忒之井，我们还发现崇拜者必须喝这井里的水。这情景不是发生在死者的王国，而是发生在活人举行的仪式上。人们是根据今世的模样来塑造来世的。

保萨尼阿斯为我们详细地记录下了在特洛福尼俄斯神示所举行的仪式，在这里，我们只能介绍其中的要点。崇拜者在获准下到神示所的洞穴之前，必须在阿加托斯半神和堤刻的神庙里住上几天，然后他还要接受净洗礼，并且吃祭牲的肉。接着，要举行占卜仪式，在壕沟边用黑公羊祭祀。之后，人们给这个崇拜者沐浴，在他身上涂油膏，最后由祭司把他领到"几股距离很近的泉水边，在那里他必须喝一种叫作'遗忘'的泉水，为的是让他忘记脑子里的一切记忆，然后他还要喝另一种泉水，叫作记忆之水，这样他就会记住下到洞穴时所看到的一切"。接着，人们给他看一个由代达罗斯（Daedalus）雕刻的塑像，也就是一个非常古老的木雕神像，只有到特洛福尼俄斯神示所参观的人才能见到这个神像。这个崇拜者对它顶礼膜拜，并向它祈祷。接着，他穿上亚麻布做成的短袖长袍（这种仪式是俄耳甫斯教的又一特色），头发上扎着束发带，脚上穿着当地的长筒靴，来到了神示所。接下来的仪式当然就是再现下到冥国去的情景。这个崇拜者走下一个炉灶大小的洞穴，这是人工挖成的洞。他进了洞口之后，下面就有人拖着他的双脚，他就这样被头晕目眩地拖着穿过地洞，同时他还听到、看到了"那些未来的事"。出洞穴时，他是两脚在前被拖出来的。然后，祭司把他安放在座位上，这座位叫作"记忆的座位"，就在神龛旁边。他们向他提问，在问完他们要问的问题之后，就把他交给他的朋友。朋友把他抬回家，这时的他满怀恐惧，而且思绪混乱，连他原先住过的阿加忒·堤刻和阿加托斯半神的神庙在哪里都记不清了。最后，他渐渐清醒过来，重新能够听、能够笑，这让他非常高兴。保萨尼阿斯毫不含糊地说，他自己经历过这种仪式，他的记录并不是道听途说。①

在这段描述里，有许多地方具有俄耳甫斯教的特点。除了前面讨论过的之外，我们还可以加上一点：得墨忒耳在勒巴底亚被称为欧罗巴。这个名字使人想起克里特。另一个与克里特有关的因素是，如果我们认为特洛福尼俄斯的崇拜仪式是狄俄尼索斯崇拜的一种，那么它就具有狂欢秘祭的特点。普卢塔克有一段话至今没有得到应有的重视，其中他把一些半神列在一起，说他们"并不总是住在月亮上，有时也下到人间，来监督那些神示所。他们还出席并参与那些狂欢活动，那是最崇高的仪式的一部分。他们惩罚那些做坏事的人，同时他们也是人们所作所为的监督者"。这里的"监督者"与金箔简札中提到的记忆之井的"守卫者"是一样的。这些监督者如果在执行任务时由于害怕或者出于故意而犯了错误，那么他们也会受到惩处，而且这种惩罚很有俄耳甫斯教的特色：他们将被扔下人间，并且被绑在人的尸体上。接下来这段话特别值得注意："克洛诺斯时代的人说，他们是表现较好的半神，包括那些曾经住在克里特的伊得山的达克堤利、在弗里吉亚的科律班忒斯、在勒巴底亚的特洛福尼俄斯，还有其他地方的成千上万的半神，他们的称号、神庙和荣誉一直延续至今。"② 达克堤利、科律班忒斯和特洛福尼俄斯的仪式都是一样的，都属于狂欢秘祭，都具有启蒙仪式的性质，都涉及净化和神的出现。这些仪式都会再现"未来的事"，并且为灵魂面对这些事作准备。

保萨尼阿斯当然知道这些未来的事，但他关注的只是那些属于神示和预言的方面。之所以要遗忘，就是要把自己变成一块白板，把谟涅摩绪涅的神示记下来，以便在记忆中永久地保存这些神示。事实上，特洛福尼俄斯的崇拜者是俄耳甫斯教徒，他们来到勒巴底亚时，看到

---

① 保萨尼阿斯，IX, 39.5—14。
② 普卢塔克：*de fac. in orb. lun.*，XXX。

的是一座古老的英雄神示所，这一点通过壕沟边用公羊祭祀这件事可以清楚地看到。须知这不是献祭特洛福尼俄斯，而是献祭阿伽墨得斯（Agamedes）——一个古老的英雄。在勒巴底亚，俄耳甫斯教徒所看到的"未来的事"就是一种关于来世的幻象，同时也是为将来面对来世做准备。提马科斯说他本人就在特洛福尼俄斯的地洞里经历过这样的仪式。据说，提马科斯在世的时候，没有一个人跟苏格拉底提起这种事，他为此非常生气，因为他希望能亲耳听到人们谈论这种事。提马科斯看到的是关于天堂和地狱的情景，和柏拉图叙述的神话相似。他的向导为他解释所见到的事物的意思，还告诉他灵魂是如何摆脱肉体上的不洁的。开始时他觉得自己的头部受到了重击，接着感到灵魂逃出了肉体。① 这整个神秘的叙述读起来像一种恍惚的经历，或者像在麻醉状态下的感受。这一叙述自始至终也许——可以说非常可能——是编造出来的。重要的一点是，人们认为经历过特洛福尼俄斯的仪式的人都会有这种实际上看不见的幻觉。

在勒巴底亚，接受启蒙仪式的崇拜者要喝遗忘之水，他还有必须要忘掉的邪恶。对俄耳甫斯教徒来说，经过一辈子的净化，在来到冥界时，他已经完成了遗忘这一步，于是他的灵魂只需喝记忆之水。奇怪的是，如果对比勒忒和谟涅摩绪涅，我们会看到俄耳甫斯教似乎是反对狄俄尼索斯崇拜中的那些更低级、更富于感官刺激的方面的。我们还记得，雅典人祭祀谟涅摩绪涅和祭祀缪斯女神、太阳神、月亮神及其他受到俄耳甫斯教影响的原始神祇的方式是一样的，所用的都是无酒的祭品。但是，普卢塔克说："根据古老的传说，人们也把同样的祭品献给狄俄尼索斯和勒忒。"② 也许当忒瑞西阿斯说到神带给他的祝福时，他想到的就是这种古老的传统：

---

① 普卢塔克：*de Gen. Soc.*，XXI 以下。
② 普卢塔克：《会饮篇》，序言，及 VII，5.3。

> 他酿造葡萄酒送给人类,弥补营养上的不足,
> 减轻那些可怜人的忧愁,在他们喝足了葡萄酒的时候;
> 他还奉送睡眠,使他们忘却每天的痛苦。
> 除了遗忘,还有什么办法解除人的痛苦呢?①

对为肉体所累的人来说,他们唯一想到的是,睡眠是为了肉体,死亡是为了灵魂,勒忒便成了冥界的女王、哈得斯的评判者。疯狂得筋疲力尽的俄瑞斯忒斯高喊:

> 啊,睡眠的可爱的魔力,疾病的救星呵,
> 你对于我是多么甜美、多么及时呵。
> 啊,勒忒,使人忘忧的女王,多么圣明,
> 不幸的人们所祈求的女神呵!②

俄耳甫斯为"不幸的人们"找到了另一种办法,不是通过酒神,而是通过谟涅摩绪涅的无酒的迷狂。俄耳甫斯教献给这位女神的颂歌以祈祷告终:

> 让你那些祭徒记住那
> 神圣的仪式吧,把勒忒赶走吧。③

和赫西奥德一样,俄耳甫斯教徒把勒忒(遗忘)看作十足的坏事、一种必须从自己身上清除掉的东西。柏拉图在《斐德罗篇》中说,灵魂入土时"充满了遗忘和邪恶"④,这完全是俄耳甫斯教的思想。普卢塔克在

---

① 欧里庇得斯:《酒神的伴侣》,280。
② 欧里庇得斯:《俄瑞斯忒斯》,211。
③ 《俄耳甫斯颂歌》,LXXVII。
④ 柏拉图:《斐德罗篇》,p.248C。

他的《论隐藏的生命》中有关未来的处罚的论述，已经非常接近高水准的俄耳甫斯教的末世论。有罪的人在厄瑞玻斯（黑暗）里受到的最严重的惩罚不是酷刑，而是失去知觉。他说，品达笔下的"朦胧夜色中的缓慢溪流"会接纳有罪的人，然后让他们失去知觉、遗忘一切，并把他们藏起来。他特别不赞成那种正统的惩罚方式：兀鹫啄食、繁重的劳动等。尸体是不能承受这种残酷的惩罚的，因为尸体会腐烂掉或者被火化。"唯一的惩罚办法是失去知觉和消失，彻底地消失，也就是把一个人抬到那条从勒忒流出的阴郁的河边，把他沉入深渊，让他处在黑暗里，让他彻底地失去知觉。"①

俄耳甫斯教的记忆之井不仅出现在柏拉图的哲学里，似乎还出现在但丁（Dante）的作品里。在《炼狱》的结尾，当但丁在那片古老的森林里游荡时，他的脚步在一条清澈见底的小溪边停下了，这条小溪附近的其他溪流似乎都有点儿浑浊。在远处堤岸上采花的姑娘对他说，他已经来到人间的天堂：最高的善使人向善，并且给了人这个永远安宁的地方。人没有接受，"而是去劳作，为自己诚实的笑声和甜美的微笑而哭泣"。接着，她说起了这条小溪的好处。人间的河流都是由蒸发的水汽来补充水量，因此有涨有落，但这小溪完全不同，它从水流稳定的泉眼中涌出，能够根据神的意志随时从两边接收和奉献出水流。

> 流向这边的水有一个好处，
> 能够带走人记忆中的罪恶；
> 流向那边的水能够给人带来关于好事的回忆。
> 流向这边的水叫作勒忒，那边的水叫作欧诺俄。
> 只有当你先喝了这边的水，然后再喝那边的水时，
> 它才会产生上面的好处。

---

① 普卢塔克：《论隐藏的生命》，结尾部分。

这时，但丁听到一个无法形容的声音说"向我洒圣水"，接着就被推进勒忒之水中沐浴，从此他再也记不起自己的罪恶。贝雅特丽齐（Beatrice）笑着对他说：

> 想想吧，现在你已经喝了遗忘之水，
> 很显然你肯定会遗忘，
> 你的意志里已经在酝酿一个差错。

她转身对身边的使女说：

> 看到那边流出的欧诺俄之水了吗？
> 把他领到那里去。如果你愿意，
> 你尽可以让他的美德快点儿死去。

但丁从"那最神圣的水波"回来后：

> 我陷入了沉思。就像树木重新焕发生机、
> 树上长出新叶嫩芽一样，我的灵魂
> 已经得到净化，我已经做好登上布满星星的天堂的准备。①

但丁笔下的欧诺俄（Eunoë）② 指的是人"意识到自己的美德"。那是一种净化之后的特别记忆的结果，在这种记忆里，邪恶已经被完全清除。在坟墓石碑上往往镌刻着这样的仪式性用语："为了善良的思想和记忆"。这两者是非常接近的，俄耳甫斯教所谓的"神圣的记忆"就是这个意思。在下文讨论的那片金箔简札中，不仅出现了"美德意识"这一观念，而

---

① 但丁：《炼狱》，XXVIII, 130; XXXI, 98; XXXIII, 127。承蒙 F. M. 康福德先生的提醒，我了解到了但丁在其作品中这些关于水井的描述。
② Eὐνόη 是一个仙女的名字，她显然是一个水泽仙女。见罗斯切尔的词典中的有关条目。

且其中的俄耳甫斯教的"恩诺亚（Ennoia）之井"也许就是但丁的"欧诺伊亚"（Eunoia）这个名字的根源。

锡巴里斯的金箔简札

我们还要考察剩下的六片金箔简札，其中五片都是在古代锡巴里斯，即现在的科里格利亚诺-卡拉布罗（Corigliano-Calabro）境内的坟墓中发现的。这当中有两片（第3号和第4号）是在同一座坟墓里发现的，当地人把这座坟墓叫作大提姆波涅（Timpone grande）。两片金箔被紧紧地卷在一起，放在死者骨骸的头部附近。以下是我们所能够辨认的内容：

3. 大提姆波涅金箔（1）[①]

但是灵魂一旦离开了阳光，
……来到恩诺亚的右边，
于是人必须……凡事都小心谨慎。
致敬，你这个已经受过磨难的人。这是你从前没有经历过的苦难。
你已经由人变成了神。你是掉进了乳汁里的小孩。
致敬，向你这个向右远行的人……
……斐耳塞福涅亚的神圣草地和树林。

其中的第二行似乎是一个残缺的句子，或者是几个残缺的句子。我们常说"于是就和天使、大天使们一起"，由此，那些熟悉仪式的人就可以把这个残缺的句子补全。一些大众化的语录往往能够让语法显得完整，至少能让人理解。

"恩诺亚"这一水井的名字是根据猜测修订的。当然但丁笔下的"欧

[①] 那不勒斯博物馆，编号642。

诺俄"不一定源于这片金箔。然而,这个名字不会是但丁杜撰出来的。也许他听说过"恩诺亚",并把它稍作改动,变成"欧诺亚"。我们已经看到,勒忒被认为相当于阿格诺亚(Agnoia),即"无意识",而阿格诺亚恰好是一个跟恩诺亚形成对比的词。

铭文结尾的仪式性用语,如"受难""孩子""斐耳塞福涅亚的树林"等将是我们在下文要讨论的内容。

和"恩诺亚"金箔简札一起被发现的还有下面这片金箔:

4. 大提姆波涅金箔(2)

很可惜,至今人们只能部分地解读这片金箔上的文字,其内容晦涩难懂。

提姆波涅第一片金箔上那些不连贯的仪式性用语和第二片金箔上晦涩难懂的文字标志着一个阶段,在这个阶段,俄耳甫斯教的教义不再明白易懂,而是倾向于深奥隐晦。和一切神秘宗教一样,俄耳甫斯教也不可避免地演变成机械的巫术。在欧里庇得斯的《圆目巨人》(即《刻克洛普斯》)中,当由萨梯组成的歌队想烧掉刻克洛普斯的独眼时,他们说他们知道"俄耳甫斯的一个极好的咒语,能叫那烧红的木桩自动地走进他头颅里去,烧坏那地母的独只眼睛的儿子"[1]。

在锡巴里斯发现的还有三片金箔。这三片金箔分别在不同的坟墓中被发现,其所在的地区也就是发现大提姆波涅金箔的地区。三片金箔都被放置在死者的手旁边。这些坟墓位于康帕诺(Compagno)男爵的庄园,男爵最终把这些金箔(下称康帕诺金箔)献给了那不勒斯的国立博物馆。三片金箔上的文字样式以及内容都有非常相似的地方,下面我们就把它们放在一起讨论。[2]

---

[1] 欧里庇得斯:《圆目巨人》,646。
[2] 和这三片金箔一起被发现的还有一块圆形的红色织物,上面画有一个戴着王冠的有翼的精灵。

5. 康帕诺金箔（1）

> 我是受过净化的人，啊，冥界纯洁的女王，
> 还有欧克勒斯、欧部琉斯和别的永生的神。
> 因为我也承认自己是你们这有福的家族的一员，
> 可是命运之神把我击倒，其他永生的神
> ……闪耀的雷电。
> 我已经从那悲伤疲惫的轮子里飞出。
> 我迈着急切的脚步来到了向往的圆形之地。
> 我已经走进德斯波伊那——冥国女王——的怀抱，
> 我迈着急切的脚步离开了向往的圆形之地。
> 有福的人啊，你将会成为神，而不再是凡人。
> 　　我是一个掉进了乳汁的小孩。

6. 康帕诺金箔（2）

> 我是受过净化的人，啊，冥界纯洁的女王，
> 还有欧克勒斯、欧部琉斯和别的神和半神。
> 因为我承认我也是你们这有福的家族的一员。
> 我已经为自己的不义之举受到了惩罚
> 是命运之神将我击倒，还是……
> 　　　　　　　　用闪耀的雷电。
> 但如今我成了一个向神圣的斐耳塞福涅亚祈愿的人，
> 祈求慈悲的她把我接纳，让我成为神圣的一员。

7. 康帕诺金箔（3）

除了一两个字眼有所不同之外，这片金箔的内容与金箔（2）完全一样。金箔的正反面都漫不经心地写有字，要不是有金箔（2），这片金箔

上的文字几乎无法辨认。金箔（2）本身也有许多省略的地方，因此解读起来主要是依靠内容更完整的金箔（1）。

最后要考察的金箔有两个特别有趣的特点。首先，金箔主人的名字"凯茜莉亚·塞库恩迪那"（Caecilia Secundina）[①]就镌刻在上面。从这个事实以及书写所用的草体，我们可以断定其年代为罗马时代。其次，其内容非常清楚地显示，这片金箔是被当作一种符咒随葬的。

8. 凯茜莉亚·塞库恩迪那金箔

> 她是受过净化的人，啊，冥界纯洁的女王，
> 还有欧克勒斯、欧部琉斯——宙斯的孩子，请接受
> 这记忆的铠甲（这是男人们优美动听的礼物）。
> 凯茜莉亚·塞库恩迪那，来吧，通过必需的仪式，你已经成为女神。

这片金箔简札的内容很像是对前面两片简札中的仪式性用语的扼要概括。其中有一句是代表凯茜莉亚对德斯波伊那、欧克勒斯（Eukles）和欧部琉斯说的，说她是已经接受过净化仪式的一员。但是接下来并没有详细提到所举行的仪式，而是进一步提到凯茜莉亚和谟涅摩绪涅的神圣出身，但两者都是用意味深长的方式。"谟涅摩绪涅（记忆）的礼物"在这里不是井水，而是金箔本身，即凯茜莉亚的纯洁的证明。她的纯洁用诗歌的形式表达出来，并且镌刻在不朽的黄金上。作为神的后代，凯茜莉亚的祖先不是俄耳甫斯教的扎格柔斯，而是宙斯。如前文所说，在普通的一神教里，宙斯继承了扎格柔斯的某些本质和职能。凯茜莉亚的神学观念如意大利南部那些瓶画（见图161、图162）所显示的那样，是已

[①] 关于凯茜莉亚·塞库恩迪那，人们一无所知，尽管她的名字暗示她与小普林尼家族有联系，因为在被其叔叔 C. 普林尼俄斯·塞库恩都斯（C. Piinius Secundus）收养之前，小普林尼的名字是普布利俄斯·凯西利俄斯·塞库恩都斯（Publius Caecilius Secundus）。

经正统化、奥林波斯化的俄耳甫斯教。最后那句话不是灵魂说的,而是那些接受灵魂的人说的,这一点和大提姆波涅金箔(1)一样。这些人让凯茜莉亚"来",因为"通过必需的仪式"或"根据法律",她已经变为神。这常常让人感到困惑。这个灵魂是神圣的,这一点没有一个俄耳甫斯教的祭司否认,但是这个神圣的灵魂还要通过"必需的仪式"或按照"法律"来确保它(灵魂)的神圣性,同时它还需要那片凡人打造的"铠甲"($ὅπλα$)。我们还不能明确地理解这个词的意思,也许它仅仅是一个"光荣"的称号,与前面的"宙斯的孩子"相匹配。$ὅπλα$一词的意思是"工具""装备",也有"铠甲"的意思。我们习惯于将它译为"铠甲",如圣徒保罗所说的"正义的铠甲""光明的铠甲"。这是象征性的语言。在这里,精神上的"记忆的铠甲"几乎等同于骗子的神奇工具。

如果说残缺不全的 7 号简札、难以辨认的 4 号简札和直截了当的 8 号简札可以证明俄耳甫斯教低下、巫术性的一面,完整的 5 号和 6 号简札则表达了俄耳甫斯教的最高信仰。这种信仰是如此崇高,以至于人们也许要问,从古至今,还有没有什么信仰能够超越它。

5 号和 6 号简札都是以祈祷开头,祈求的对象是冥界的女王,这个女王就是接下来提到的斐耳塞福尼亚或德斯波伊那,此外还有两个男性神祇欧克勒斯和欧部琉斯,显然这是同一个神祇的两个不同的名称。我们只能通过赫西基俄斯的一条注解来了解欧克勒斯这个"光荣的神",他把这个名字解释为哈得斯(冥国)的委婉语。[①]"好谋士"欧部琉斯是厄琉西斯的地方性英雄、冥神,相当于普路同。这个名字经常作为狄俄尼索斯的别名出现在俄耳甫斯教的颂歌里。[②] 欧克勒斯和欧部琉斯事实上是俄耳甫斯教所崇拜的那个神祇的不同名称,这个神还有许多别的名字:哈得斯、扎格柔斯、法涅斯(Phanes)等。我们在考察俄耳甫斯的神谱

---

① 赫西基俄斯的词典中的有关条目。
② 《俄耳甫斯颂歌》,XXX,6,7。另见阿贝尔《俄耳甫斯教辞典》中的有关条目。

时将对这种一神教的中心思想进行讨论。在这里，我们只需明确一点：这些简札里提到的欧克勒斯-欧部琉斯是俄耳甫斯教徒召唤的神，实质上他和克里特的俄耳甫斯教徒崇拜的扎格柔斯是一样的。除了那些明确说出名字的神祇——冥界的女王、欧克勒斯和欧部琉斯——之外，这个俄耳甫斯教徒还提到"别的神和半神"。这带有巫术色彩。古代崇拜者往往以这样的仪式性用语来结束自己的祈祷，因为漏掉任何一个神都是危险的。δαίμονες一词意为"半神"或"次要的神"，它既让我们想到俄耳甫斯教低下、巫术性的一面，又让我们认识到它的崇高纯洁，这一点下文将会论及。俄耳甫斯教倾向于崇拜超自然的力量（potencies），而不是崇拜人格化的神。

接着，这个俄耳甫斯教徒说出了他的祈求的基本理由：他出身于神圣之家，"因为我也承认自己是你们这有福的家族的一员"。正如我们在考察扎格柔斯的传说时所阐明的那样，他这样说的意思是，他的身上有扎格柔斯神或欧部琉斯神（不管这个神叫什么名字）的血统，他的先辈提坦们吃了这个神，而他是从他们的灰烬中诞生的。这就是简札所要表达的意思，从另一个句子可以清楚地看到这一点："可是命运之神将我击倒……闪耀的雷电。"

他认为自己是人类那些"罪恶之心已死"的人当中的一员，但如果仅此而已，那他是无法实现自己的愿望的，毕竟"我们都是尘土，最后还要归于尘土"。于是，一开始他便声明："我是受过净化的人。"

也就是说，作为一个俄耳甫斯教徒，他已经被俄耳甫斯教的净礼所净化。他似乎是在出示一张证明自己灵魂健康的证书，以证明他已经没有任何污点："兹证明，持证人是受过净洗礼的信众一员。"与此相似，在埃及的《死者之书》（第125章）里，在对奥西里斯作了长篇的忏悔之后，灵魂不断地重复说："我是洁净之人。"接着他要背诵教义，或者是用古老的方式承认或宣布自己参加过的仪式。这一切做法的目的是要表达这样一个意思："我逃离时一切是那样糟糕，但我现在看到的景象是那样美好。"换句话说就是:"我已由死复生。"他没有直接说我是神,那似乎太鲁莽,但他想得到的回答却来得那样明白无误:"有福的人啊,你将会成为神,不再是凡人。"

他所提到的仪式行为和他的信仰一样具有启发意义,那表达了他对待宗教的全部态度,因此有必要一一考察这些有关的句子。

我是经过考虑后才用"仪式行为"(ritual acts)这一说法的,因为每一个句子都是用过去时态来描写已经发生的动作:"我已经逃离""我已经踏上""我已经穿过""我已经掉进"。我认为,所描写的这些行为就是俄耳甫斯教徒在世时经历过的启蒙仪式。正因为他经历过这些仪式,他才满怀信心地相信自己最终会进入天堂。这些句子跟古代厄琉西斯人使用的仪式性用语"我已斋戒,我已喝了圣水"具有同样的作用。

仪式性用语

俄耳甫斯教徒的灵魂提到的第一条教义就是"我已经从那悲伤疲惫的轮子里飞出"。把生存看作"轮子",表示生命是永无休止的循环,而灵魂被锁在生命的牢笼里,它要极力摆脱生存的纷乱和劳累,最终找到安宁。这种轮回观念对我们来说并不陌生,它和佛教的象征手法并无二致。希罗多德明确地说,埃及人最早提出人的灵魂不死的观点,他们认为人死后灵魂可以有各种各样的转世。他还说,希腊人从埃及人那里引入了灵魂不死的观念。① 对柏拉图来说,"自古以来就有这样的说法:'这个世界'的人的灵魂来自'那个世界',他们还会回到'那个世界',然后又从死者中复活"②。这确实是一种非常古老的说法或教义。我们在讨论刻瑞斯和特里托帕托瑞斯的神话时已经提到了这一点。俄耳甫斯继承了这种教义(正如他继承了他身边许多古老的观念一样),并赋予其道德上

---

① 希罗多德,II,122。
② 柏拉图:《斐德罗篇》,70C。柏拉图在写《斐德罗篇》时也许脑子里隐隐约约地想到了俄耳甫斯教的某种仪式。他说道,长着翅膀的灵魂逃离了星球的内部,飞到天堂般的地方。(《斐德罗篇》,248C)

的含义。再生、转世到了俄耳甫斯的手上就成了新的诞生。生命只能来自生命,新的灵魂是旧的灵魂的循环往复的再生,这种原始的逻辑被俄耳甫斯转化为"轮子"或永无休止的净化的循环。只要人类还没有彻底地断绝与动植物的兄弟般的关系,只要人类还没有意识到自己的人性的鲜明特点,他就会像恩培多克勒那样说:

> 我曾经是个年轻人,我也曾经是个少女,
> 是灌木丛、鸟儿,是那在海里游动的长着鳞片的鱼儿。①

对柏拉图来说,关于灵魂再生的信仰是"一种古老的观念"。但是,由于俄耳甫斯教徒赋予了它新的神秘的内容,因此这种教义多半被认为是俄耳甫斯和毕达哥拉斯创立的。致力于歌颂毕达哥拉斯的戴奥真尼斯·拉俄修斯说,毕达哥拉斯最先提出"灵魂随着不断变化的需要之轮转动,时而黏附在这只动物上,时而黏附在那只动物上"②。如果一个民族把蛇看作英雄灵魂的化身,那么这个民族就能够轻易地形成灵魂转世的教义,他们无须从埃及引进这种教义。然而,依然存在这样的可能:埃及作为动物崇拜的发源地,通过强调动物生命的神圣性促成了这一教义的产生。俄耳甫斯教的毕达哥拉斯派对动物显示出几近仪式性的慈悲,这是埃及宗教的特点,而不是希腊宗教的特点。这种承认与野蛮的动物有亲缘关系的观念,能够和俄耳甫斯教的比较复杂的、自觉的谦逊很好地融合在一起。

我们不知道"轮子的仪式"是什么样的。很可能在仪式上确实有一个轮子③,而且可能还会象征性地再现人摆脱轮子的情景。这一点几乎

---

① 恩培多克勒,见戴奥真尼斯·拉俄修斯,VII,77。
② 戴奥真尼斯·拉俄修斯,VII,12。
③ 一些仪式中的 κύκλος 很可能是真实的轮子,但也有可能是人们在仪式上在新入教的人四周围成的圈子,然后这个新入教的人要设法逃出这个圈子。普塞鲁斯在其著作中记录了这样一个古老的酒神仪式:人们跳出火圈,以此来象征驱除魔鬼。

可以肯定，因为我们知道，轮子是一些神庙的神圣用具的一部分。值得注意的是，在下文讨论的在意大利南部发现的俄耳甫斯教的花瓶上，一些轮子被悬挂在哈得斯和珀耳塞福涅的宫殿里。这些轮子分为两种，一种轮子有辐条，另一种则没有，它们很可能具有不同的用途。色雷斯的语法学家狄俄尼西俄斯写过一本书，书名就是《轮子的象征意义解释》（*The Interpretation of the Symbolism that Has to Do with Wheels*），书中可能就包含了现已失传但却是我们所需要的信息。克雷芒的书里有一个非常有价值的说法，它证实了轮子确实具有仪式性的作用。他说："人们不仅通过言语而且用符号来表示行动，通过言语的例如德尔斐人在仪式上说'不过度'和'了解你自己'，使用符号的例如人们在神庙的院子里转动轮子，这种做法源于埃及。"① 狄俄尼西俄斯的说法很可能是对的，轮子和水井的象征手法都是来自埃及，或者来自埃及化的克里特。

亚历山大的希罗（Hero of Alexandria）在他那本《空气驱动的机器》的书中两次提到仪式上所用的轮子："在埃及的神庙里，门柱上装有一些铜轮子，这些轮子是可以转动的，走进神庙的人可以转动这些轮子，因为人们相信铜具有净化作用。此外，还放着一些供净化用的容器，这样，进入神庙的人可以对自己进行净化。问题是如何安置这些东西，以便当轮子被转动时，容器里的水可以自动地流动，然后像前面所说的那样洒在人的身上，达到净化的作用。"② 俄耳甫斯教徒通过隐喻解决了希罗遇到的这一机械上的难题——把轮子和净化联系起来。这并不困难。如希罗所说，铜被认为具有净化作用。在书的另一部分，他说轮子实际上被叫作"哈格尼斯特里恩"（Hagnisterion），即用作净化的工具。人们最初使用一种金属的时候，都认为它具有神奇的功效。能发出洪亮响声的金属具有特别的作用，因为它能够把妖怪吓跑。西墨塔在念咒语时喊道："女

---

① 亚历山大的克雷芒：《规劝书》，V，p.242。我始终把 κύκλος 译为"轮子"，同样的意思可以用 τροχός 和 κύκλος 来表示，但后者更为常用。英国人的 cycle 和美国人的 wheel 表示的都是同一个东西。
② 亚历山大的希罗：《空气驱动的机器》，I, 32，及 II, 32。

神就在十字路口，快敲响铜锣。"① 评注者对这段话的评论非常有启发意义。他说，在出现月食时要敲响铜锣，因为人们认为铜能够起到净化的作用，而且具有驱除污秽的威力。他还引用阿波洛多罗斯在《论众神》中的说法，来证明人们在举行献祭仪式和净化仪式时都要使用铜这种金属。他还说，铜适合死者，在雅典，祭司在召唤科瑞时都要敲响铜锣。

这里我们又见到了俄耳甫斯教徒的一种原始迷信观念。他对通过敲铜锣来驱邪的做法并不陌生。他很可能是在埃及神庙里看到了一个具有某种名称的铜轮，便把它理解为"用于净化的东西"。他遵守灵魂转世的教义，对净化有着热切的期望。他把这些东西全部放在一起，并且像普罗克洛斯那样说，造物主赋予人的唯一机会是灵魂从出生的轮子中摆脱出来，"那些被俄耳甫斯接纳进入献祭狄俄尼索斯和科瑞的仪式的人，祈祷他们能够'让轮子停住，自己不再遭受邪恶之苦'"②。

逃离肉体的坟墓、逃离永无休止的"轮子"、逃离浑浊的大海，这一观念萦绕在俄耳甫斯教徒的脑海里，萦绕在柏拉图的脑海里。欧里庇得斯也受到了这种观念的影响，他的作品中有关逃跑的小鹿的隐喻就源于这种观念，这种观念令酒神的狂女们唱道：

> 那逃避了海上的狂风恶浪
> 进了港湾的人有福了，
> 那战胜了艰难困苦的人有福了。③

从净化到苦修，从苦修到报复性的惩罚，采取这些步骤并不难，而且这些步骤确实被迅速地采取了。虽然柏拉图了解净化的事，但他在对厄耳进行描述时依然无法摆脱这种阴暗沉闷的因果报应的末世论。下文

---

① 忒俄克里图斯，II, 36。关于铜锣的驱邪作用，参见 A. B. 库克先生的论文《多多那的铜锣》，刊于《希腊研究》1902 年第 22 卷，p.5。
② 见柏拉图：《蒂迈欧篇》，V, 330。
③ 欧里庇得斯：《酒神的伴侣》，901。

我们将会看到，那些在意大利南部出土的、深受俄耳甫斯教影响的花瓶上，伟大的"必然女神"（Necessity）阿南刻被刻画成手持鞭子，举止像一个复仇女神。这些观念对俄耳甫斯教来说并不陌生，从6号简札中的一句话可以清楚地看出这一点："我已经为自己的不义之举受到了惩罚。"

这些不义之举不仅是灵魂自身的罪恶，而且是他祖传的污点，这是他作为地生的提坦的后代所必须承担的"古老的不幸"。

接下来的仪式性动作是"我迈着急切的脚步来到了向往的圆形之地"，接着是"我迈着急切的脚步离开了向往的圆形之地"。很难说哪一种说法正确。也许两个行为都不可缺少，也就是说，新入教的人必须首先进入一个圆圈，然后又从圆圈里走出。

$\epsilon\pi\iota\beta\alpha\acute{\iota}\nu\omega$（"我踏上或跨跃"）一词经常被用于一些比喻性的说法，表示"我已开始"。因此，也许可以把这句话译为"迈着急切脚步的我得到了我梦寐以求的王冠"。但由于 $\sigma\tau\acute{\epsilon}\varphi\alpha\nu\sigma\varsigma$ 一词不仅有"王冠"而且有"圈子、圆圈"的意思，因此最好还是从更广的意义上来理解它。这个俄耳甫斯教徒摆脱了净化的轮子，迈着急切的步伐跨过那个圆圈，圆圈内是他向往的乐园，他走进也许还走出了某种神圣的圆形的地方。至于这个仪式的具体做法，我们全然不知。也许最中心的神龛装饰着用神秘的花朵做成的花环，但这完全是猜测。我们知道，戴上花冠是祭司授职仪式的最后一步，这样做既是祝圣，又是授予圣职。然而，戴上花冠并不是进入某个装饰着花环的地方，而"急切的脚步"似乎暗示着进入某个场所。

再接下来，那个俄耳甫斯教徒提到的仪式性动作是"我已经走进德斯波伊那——冥国女王——的怀抱"。

他所说的是一个真实的仪式，这是毫无疑问的。这句话和人们在纪念神母的神秘仪式上所说的话非常相似："我已经下到新娘新郎的洞房里。"但这句话象征的似乎是诞生而不是婚礼。在讨论塞姆那俄的仪式时，我们已经看到那个有着"第二次命运的男人"必须获得重生，然后他才被允许进入神庙，而这种再生只是一种模拟诞生的仪式。一些民族在收养孩子时也举行同样的仪式①。在俄耳甫斯教的颂歌里，狄俄尼索斯被称为"怀抱里的神"。如果我们要按顺序对这些仪式进行排列的话，那么诞生或收养的仪式一定是包含在"轮子"的仪式里的，即在进入"轮子"之后、走出"轮子"之前。

在最高级别的启蒙仪式里，接受仪式的人不仅将获得新生，而且还被给予一个新的名字，这种习俗至今依然保留在罗马天主教中。卢奇安在他的著作《吹牛大王》(Lexiphanes)里让吹牛大王讲述了一个名叫代尼阿斯(Deinias)的人的故事：代尼阿斯被控犯了直呼祭司名字的罪行，"他后来才知道，他们被授予圣职后就没有名字了，因而不能用名字称呼他们，因为从那时起，他们已经拥有神圣的名字"②。

在简札里，俄耳甫斯教徒的最后一个申明是："我是一个掉进乳汁里的小孩。"我们还记得，这个句子也出现在 3 号简札里，但在那里，主语是第二人称。

这个短小奇特的仪式性用语简单得近乎愚蠢。神秘主义者为了表达难以启齿的内容，常常表现得像弱智一样。

我们在判定这个仪式动作的确切本质之前，有必要考察一下小孩和乳汁的象征意义。值得注意的是，在这两片简札里，这个句子都紧接在另一个句子后面："你将会成为神，不再是凡人。"

似乎这个孩子身上有一种神圣的东西。据赫西基俄斯说，厄里福斯(Eriphos)是狄俄尼索斯的一个别名。③ 拜占庭的斯特法诺斯说，梅塔蓬土姆人(Metapontians)——他们居住在埋葬着金箔简札的坟墓的附近地区——崇拜的狄俄尼索斯的别名是厄里菲俄斯(Eriphios)。④ 很显

---

① 迪奥多罗斯，IV, 39。
② 卢奇安：《吹牛大王》, 10。
③ 赫西基俄斯的词典，Ἔριφος 条目。
④ 拜占庭的斯特法诺斯的词典，Διόνυσος 条目。

然，不仅有一个公牛神狄俄尼索斯（埃拉菲俄特斯），而且还有一个婴儿神狄俄尼索斯（厄里福斯），而这种名称正是俄耳甫斯教徒往往会充分利用并加以神秘化的。我们已经看到，在《酒神的伴侣》中，那些野兽幼崽被赋予了某种特殊的神圣性，那只逃脱的小鹿被赋予了某种神秘的象征性。还有那些给狼和鹿的幼崽喂奶的年轻母亲，也许她们认为自己喂养的幼崽都是婴儿神。直至今日，基督教的孩子们还被称为基督的羔羊，因为基督就是上帝的羔羊。克雷芒在他的著作里把新旧两种宗教结合起来，他说："这是上帝热爱的高山，不是像喀泰戎山那样的上演悲剧的地方。这里上演的是真实的戏剧，这是一座清静的山，纯洁的树林遮天蔽日。在山上狂欢的不是举行不洁的生肉盛宴的酒神狂女——那些被雷电袭击的塞墨勒的姐妹们，而是上帝的女儿们，这些美丽的羔羊正在唱着清纯的歌曲，按照上帝的指示举行神圣的仪式。"[1]

　　接受过神秘仪式的人相信自己已经再生为一个神圣的动物幼崽，成为一个孩子，成为神的许多化身之一；作为一个孩子，他掉进了乳汁里。在人们懂得酿酒之前，奶是一种神赐的饮料。因此，狄俄尼索斯出现时的标志不仅有酒，而且有乳汁和蜂蜜：

　　　　啊，遍地流着乳汁，流着酒浆，
　　　　流着蜜蜂酿造的甘露。[2]

　　在喀泰戎山上，狄俄尼索斯不仅给他的狂女们奉上神奇的酒，而且，

　　　　如果有人想喝
　　　　白色饮料，只需用指尖
　　　　刮刮泥土，就可以得到

---

[1] 亚历山大的克雷芒：《规劝书》，XII，119。
[2] 欧里庇得斯：《酒神的伴侣》，142。

一股奶浆。每根缠着常春藤的神杖
都滴出香甜的蜜汁。①

蜂蜜是众神和凡人们的甘露，它的象征意义不是我们所关心的。但非常奇怪的是，古代用于尸体防腐的蜂蜜在这里变成了永恒欢乐的象征。公元1世纪的一块墓碑上镌刻着这样的话：

这里长眠着热爱缪斯的波俄托斯，
他躺在蜂蜜里，永远享受着甜蜜的睡眠带来的快乐。②

波俄托斯（Boethos）躺在蜜汁里，而俄耳甫斯教徒则掉进乳汁里，这两种象征都来自古老的使用"没有酒的奠酒"的仪式，并且两种象征都被神秘化了。

然而，一个问题依然没有得到回答：掉进乳汁里的仪式到底是什么样的？这句仪式性用语不是"我喝了乳汁"，而是"我掉进了乳汁里"。这个新入教的人是真的掉进了一盆乳汁里③，还是像"我踏上了我梦寐以求的王冠"一样，这只是一种被赋予了象征意义的喝奶动作而已？不幸的是，我们确实无法明确回答这个问题。如果那是一种洗礼，那么"我掉进了乳汁里"这句话就没有我们所想象的意思了，但是我们没有证据证明有一种泡在乳汁里的仪式。

然而，借助于原始时代的洗礼，我们还是能够理解这句话大部分的象征意义。在原始宗教里，洗礼过后紧接着就是圣餐仪式。这种风俗如今依然保留在科普特人的宗教仪式里。作为圣餐，新入教的人不仅喝一

---

① 欧里庇得斯：《酒神的伴侣》，706。
② O. 本多夫：《特尔墨索斯的墓志》（*Grabschrift von Telmessos*），p.404。
③ 值得注意的是，在埃及，人们在制作木乃伊时要把尸体的脚底除掉，因为脚踏过大地上的烂泥。这个时候人们要向众神祈祷，祈求他们把乳汁赐予奥西里斯，以便他能够用这乳汁来洗脚。见威德曼（Wiedemann）：《古埃及人的永生观念》（*Ancient Egyptian Doctrine of Immortality*），p.48。

点儿酒，而且还喝一种牛奶和蜂蜜混合的饮料。这些"在基督的怀抱里再生的人"此时分享着婴儿的食物。我们现在的宗教已经把洗礼和圣餐分开，因此乳汁和蜂蜜的象征意义便失传了。此外，在新入教的人受洗之后，人们也不再给他们戴上花冠了。

圣哲罗姆用一种新教教徒（Protestant）的口吻抱怨道，在他那个时代，许多宗教上的事都不是根据《圣经》的传统来做的，早期的基督教所遵循的这种传统只能来自基督教以外的宗教。圣哲罗姆提到的众多不合基督教传统的仪式当中就有喝乳汁和蜜汁的仪式。喝乳汁和蜜汁的仪式属于异教的传统，这一点从一份保存至今的记录巫术做法的纸草纸文献中可以清楚地看出。崇拜者被告知："喝下这些拌了乳汁的蜂蜜，要在日出前喝。你把它喝下后，心里就会有一种神圣的感觉。"乳汁和蜂蜜可以具体地演变为未来的"乐土"，那里流淌着乳汁和蜂蜜，但是纸草纸文献上提到的许诺是现时可以给予的最好的精神奖励了。在圣餐上，我们吃下的东西将是我们得到的东西。

如果金箔简札上的这些仪式性用语是俄耳甫斯教徒生前所诵读的，那么我们自然会问：他是什么时候又是在哪些神秘仪式上诵读的？这个问题并没有明确的答案。简札中提到一点："我已经走进德斯波伊那——冥国女王——的怀抱。"可见简札上的仪式性用语和厄琉西斯神秘仪式上的仪式性用语或者祭祀大神母时使用的仪式性用语并没有相似之处。我们知道，厄琉西斯的大型神秘仪式之前还有一个小型的神秘仪式，地点是在阿格拉——雅典的一个郊区。这些神秘仪式纪念的是狄俄尼索斯和科瑞，而不是得墨忒耳。值得注意的是，这些简札并没有提到得墨忒耳，没有任何与农业有关的字眼，全部内容都是跟末世论有关。然而，由于它们是在克里特和意大利南部被发现的，所以这些简札提到的很可能是纯粹、简朴的俄耳甫斯教仪式，此时的俄耳甫斯教仪式尚未跟酒神崇拜仪式发生融合。传说，毕达哥拉斯是在克里特接受启蒙仪式的，在那里，他遇上了"一个达克堤利，后来达克堤利们用一块雷石为他举行了净化仪式。从黎明开始，他要四肢张开地俯卧在海边，到了晚上则要躺在河边，身上盖着用黑羊毛织成的织物。他还要拿着黑羊毛走进伊得山的岩洞去，按照习惯在那里住上三九二十七天，在这些神圣的日子里，他天天都要凝视那个装饰华丽的宙斯宝座。在坟墓的旁边，他竖立了一块石碑，碑文题目叫作'毕达哥拉斯致宙斯'，开头那句话是：'在这里安息的是詹安，人们也把他叫作宙斯。'离开克里特后，毕达哥拉斯到了意大利，最后在克罗托内（Croton）定居下来"①。

这个故事似乎告诉我们，毕达哥拉斯把原汁原味的俄耳甫斯教仪式从克里特带到了意大利。狄俄尼索斯崇拜并不是唯一一种教导人们自己能够成为神的宗教。埃及人也有类似的信仰：人死后可以成为奥西里斯。克里特和意大利南部的俄耳甫斯教徒的仪式比祭祀大神母的仪式或厄琉西斯神秘仪式更直接地涉及人在来世的行为。

上述说法是非常可能的，因为我们知道，俄耳甫斯教的毕达哥拉斯派的葬礼仪式是非常特殊的，只有参加过神秘仪式的人才能参加葬礼。关于这一点，普卢塔克《苏格拉底的半神》（The Daemon of Socrates）在不经意间为我们留下了非常明确的证据。一个名叫吕西斯（Lysis）的信奉毕达哥拉斯教派的年轻人来到底比斯，他死在那里后，他的底比斯朋友把他安葬了。他那些在意大利的信奉毕达哥拉斯教派的朋友们梦见了他的鬼魂。这些毕达哥拉斯教派的信徒比现代的通灵大师更精通这种事，他们能够根据活人的梦境来了解死者的鬼魂的情况。他们对安葬吕西斯的方式非常不放心，因为"毕达哥拉斯教派的信徒们的葬礼是非常神圣、别具一格的，他们认为，如果他们的葬礼不是按照这种方式进行，那么他们就无法达到他们本该达到的幸福的彼岸"。这些朋友是如此忧虑，以至于他们打算把吕西斯的尸体掘出，运回意大利重新安葬。于是他们当中的一个叫特阿诺（Theanor）的人来到了底比斯，他想了解当初是如何安葬吕西斯的。当地人告诉了他吕西斯的坟墓的方位。到了晚上，他便

---

① 珀斐里：《毕达哥拉斯传》，17。

来到吕西斯的坟前奠酒。同时他召唤吕西斯的灵魂,想让他说出当初发生的事。"夜深的时候,"特阿诺叙述道,"我什么也看不到,但我想我听到一个声音说'不要乱动那不该动的东西'。由于吕西斯是由他的底比斯朋友按照神圣的仪式安葬的,因此他的灵魂已经离开尸体,并且自由地获得了新生,也就是说已经化为另一个灵魂的一部分。"第二天早上,特阿诺经过了解才知道,吕西斯生前已经把毕达哥拉斯教派葬礼的所有秘密都告诉了他在底比斯的一位朋友,因此他的葬礼是按照毕达哥拉斯教派的方式举行的。①

这些神圣的葬礼仪式内容如何,我们无从得知,但是我们可以比较有把握地说,人们要为死者作某种特别的安排,但这个死者生前必须参加过神秘仪式,和克里特的祭徒一样已经被"祝圣"了。这种特别的安排可能包括把镌刻着《死者之书》的句子的简札作为他的随葬品。我认为,柏拉图有一段为人熟知的文字暗示了这种做法。在《斐多篇》里,苏格拉底说:"对他来说,通往冥国的道路并不像埃斯库罗斯在《忒勒福斯》里描述的那样是一条平坦的路。相反,那并不平坦,也不止一条路。如果是那样,就无须向导的引领了。但事实上,那路上有许多岔路和弯路。""我说的这些,"他补充说,"是我根据现在人们举行的那些传统而又神圣的仪式猜测到的。"② 所谓传统的仪式,是所有的人都有资格享受,而神圣的仪式只有那些参加过神秘仪式、受过启蒙的人才能享受,因为只有他们是神圣的。

我们知道,毕达哥拉斯教派的教徒恢复了土葬的习俗,因为至少在北方,这种习俗已经被火化所取代。这是他们所提倡的回归原始的主张的一部分。土地是"德斯波伊那——冥国的女王"的王国,对他们来说,她比天上的宙斯更重要。对于这些脑子里充满了象征主义的人来说,安葬就是一种祝圣。他们一定会记得,雅典人把死者看作得墨忒耳

---

① 普卢塔克:《苏格拉底的半神》,XVI。
② 柏拉图:《斐多篇》,108A。

的人①，而且背叛者是不能得到安葬的，因为他没有资格"受到大地的祝圣"②。和安提戈涅一样，他们已经把安葬看作一种神秘的婚礼：

>　　我已经走进德斯波伊那——冥国女王——的怀抱。

意大利南部的俄耳甫斯教的花瓶

　　从以上讨论的金箔简札可以看到，俄耳甫斯教是一种完全摆脱了"来世观"的宗教。事实上，它许诺给人带来永生，但从它的本性而言，它希望得到的不是来世的回报，而是对彻底净化的热切追求；它关心的是灵魂的状态，而不是灵魂的环境。我们看到，那些参加过神秘仪式、受到过启蒙的人肯定会得到神的祝福，他们将成为"神圣的一员"，他们会拥有"斐耳塞福涅亚（Phersephoneia）的树林"。但他们表达出来的是神秘的、心醉神迷的向往，而不是肉体的欲望。这种向往可以用简札中的一句话来表达：

>　　有福的人啊，你将会成为神，不再是凡人。

　　没有谁比俄耳甫斯教徒自己更清楚，只有极少数人会获得这样美好的结局："拿酒神杖的人有许多，成为酒神的并不多见。"对多数俄耳甫斯教徒来说，他们得到的是低层次的祝福，等待他们的还有对惩罚的恐惧，这种惩罚不是令人愉快的净化，而是没有结果的、无休止的复仇，这是秘传的俄耳甫斯教的教义中没有提到的。我们有证据证明，各种流行的俄耳甫斯教的教派中存在着这种低层次的信仰或者说非宗教的信仰。这些证据就是在意大利南部发现的一组花瓶，这些花瓶上的图案刻画的

---

① 普卢塔克：*de fac. in orb. lun.*，XXVIII。
② 菲洛斯特拉托斯：《英雄崇拜》，714。

是冥界的情景，其创作显然受到了俄耳甫斯教的影响。

图 161 和图 162 是这些"阿普利亚（Apulia）花瓶"①当中具有代表性的两个。我们一眼就可以看出，两幅瓶画的构思实质上是完全一样的。我们无须因此推测这两幅瓶画以及其他没有在此展示的瓶画是模仿了哪一幅伟大的作品。它仅仅表明，公元前 4 世纪某个著名的花瓶画家创作了一幅画，这幅画在他的作坊里成了深受欢迎的作品。

两幅瓶画包含的主要内容如下：图案的中心是冥国的宫殿，普路同和珀耳塞福涅就在宫殿里面；宫殿之下是拖曳着三头狗的赫拉克勒斯，同样占据着中心位置；神庙左侧同样处于比较中心的位置的是俄耳甫斯；围绕着这些中心人物、处于各个方位的是几组不同的罪犯以及冥国里的其他居民。

图 161

---

① 整个这一组花瓶均发表在 *Wiener Vorlegeblätter*（第 5 组，图 1—7）上。

图 162

在弄清这一构思之后，我们先来看第一幅瓶画，这是这组瓶画当中最重要的一幅，因为图中标有铭文。这个花瓶已经破损得非常严重，由于是在阿尔塔穆拉（Altamura）发现的，因此通常被称为"阿尔塔穆拉花瓶"。这件文物现收藏在那不勒斯博物馆[①]，它是由数百片花瓶残片拼接复原的，复原工作是按照当时的风格来完成的，但从来没有对其进行化学清洗，因此，瓶画中的许多内容尚无法确定。以下我们讨论的是瓶画中那些没有疑义的画面部分以及铭文。

我们在冥国的宫殿里看不到令人感兴趣的东西，除了那些悬挂的轮子。图 161 的阿尔塔穆拉花瓶图案中的建筑的许多特点都是复原者想象出来的，但是考察过其他几幅瓶画后，我们就能够确定这幅瓶画的大体轮廓。在这幅瓶画中，哈得斯和珀耳塞福涅都是坐着的——在其他瓶画

[①] 编号 3222。见 *Wiener Vorlegeblätter*（第 5 组，图 2）。

中，有时是珀耳塞福涅，有时是普路同坐在宝座上。如果这些瓶画完全是在俄耳甫斯教的影响下创作的，那么它们一定都会更多地强调珀耳塞福涅这一形象。

俄耳甫斯均出现在两幅瓶画中。让我们感兴趣的是他的衣服，它使我们想起维吉尔的描述："那里也有穿着长袍的色雷斯祭司。"①

公元前4世纪后期的瓶画家更多的是受到考古学的影响，而不是受到爱国情感的影响。保萨尼阿斯明确地说，在波吕格诺图斯创作的一幅莱斯刻神庙壁画上，俄耳甫斯是一副"希腊人的装束"，不管是他身上穿的衣服还是头上戴的装饰物都不是色雷斯风格的。②波吕格诺图斯刻画的俄耳甫斯和图140中那个英俊的俄耳甫斯一定非常相像。在波吕格诺图斯的画里，俄耳甫斯也是"坐在像一座小山一样的东西上，左手抓着一把西塔拉琴（cithara），右手在触摸一些柳枝，他是斜靠在一棵树上的"。这一形象和那个古板的祭司有很大的差别。

对于这个俄耳甫斯，人们做了大量毫无意义的评论。现代评论家认为俄耳甫斯有两个特点：他是一个神奇的乐师——他确实是乐师；他是一个充满激情的恋人——早期的他并非如此。这种评论家满脑子想的都是欧律狄刻，他往往问："俄耳甫斯为什么下到冥国去？"答案自然是"去找回欧律狄刻"。但这些在意大利南部发现的花瓶证明这种解释是站不住脚的，瓶画中也没有欧律狄刻的形象。我们可以看到坦塔罗斯、西绪福斯、达那伊得斯、赫拉克勒斯，但根本没有看到欧律狄刻。然而，这并没有阻止评论家的胡说：欧律狄刻这一形象"没有被表现在画中，但可以从中推断出她的存在"。幸好这种会让我们误入歧途的解释由于一个花瓶的发现而被中止了。在这个花瓶上，欧律狄刻确实出现了：俄耳甫斯牵着她的手，一个爱神在他们头上飞过。很显然，如果瓶画家想

---

① 维吉尔：《伊尼德》，VI，644。
② 保萨尼阿斯，X，30.6。

"表现"欧律狄刻,他是不会让人们用"推断"的方法来意识到她的存在的。

　　充满激情的恋人通常是在晚期才出现的,这可以被看作希腊神话中的一条原则。欧律狄刻的神话非常值得注意,但我们不能把它看成一个爱情故事。它是从狄俄尼索斯崇拜中引进的神学内容,而且最初它跟俄耳甫斯毫无联系。任何一个了解俄耳甫斯的人都会觉得,这种激情与俄耳甫斯是不相协调的。绿色的大地女神塞墨勒年复一年地从地下来到地上,和她一起出现的还有她的儿子狄俄尼索斯,而一些满脑子侠义观念的人则说是狄俄尼索斯到冥国里去把她领回的。俄耳甫斯则是继承了狄俄尼索斯的衣钵。

　　欧律狄刻是那些修饰性名字当中的一个,这些名字用在任何一个女神身上都合适:她是"宽容的统治者"。在特洛曾,保萨尼阿斯看到"救星阿耳忒弥斯的一座神庙,里面安放着一些神的祭坛,据说这是些统治冥国的神。传说,狄俄尼索斯把塞墨勒从冥国里带回到这个地方,还传说是赫拉克勒斯拖住了冥国里的那条狗"。保氏对此也有疑问:"但是我根本不相信塞墨勒死了,因为她是宙斯的妻子。至于冥国的那条狗,我敢说它事实上是在别的地方。"① 很显然,阿耳忒弥斯崇拜取代了某一种古老的、与一些冥神有关的崇拜,也许这种崇拜并没有名称,至少人们已经忘记了它的名称。当然,有关于裂缝的传说,还有关于大地女神从地里冒出的传说,就像在"唤女石"安那克勒特拉以及厄琉西斯的"没有笑容的石头"附近发生的情况一样。当然,既然有关于女神冒出的神话,就会有与之相应的女神回到冥国的神话,于是也就出现了把女神从冥国接回的神话。阿耳戈斯人告诉保萨尼阿斯,狄俄尼索斯就是在阿耳戈斯附近的阿尔库俄尼亚湖下到冥国去把塞墨勒接回的,给他引路的是当地的英雄波吕摩诺斯(Polymnos),"那里每年都要举行一些仪式"。可惜的是,就像他在进行类似的关键描述时所做的那样,保萨尼阿斯觉得把这

---

① 保萨尼阿斯,II, 31.1。

些仪式公之于众是"亵渎神灵"。① 我们还记得,在德尔斐,提伊阿得斯们知道赫洛伊斯节的神秘含义。普卢塔克说:"甚至局外人也能从仪式的内容猜到,那是把塞墨勒接回大地的仪式。"

作为狄俄尼索斯的祭司,俄耳甫斯继承了关于他的复活和死亡的神话,这就是那个美丽动人的爱情故事的根源。像许多古老故事一样,其中也加入了一个禁忌:当身边有冥界的神灵时,你是不能回头看的,如果你回头看了,你就会成为他们当中的一员。② 人们在举行祭祀冥神的仪式时往往是"不能回头的"。

对于这些描绘冥国情景的瓶画,人们还有一个认识上的误区。评论家们不仅从中看出了根本不存在的浪漫的爱情故事,而且还看出了那个神奇的乐师。他们知道有这样一个乐师,于是在他们的心目中,他随处可见。他们说,在这些瓶画中,我们可以看到"威力无比的音乐制止了地狱里的酷刑"。这也难怪,因为他们忘不了格鲁克(Gluck)的歌剧中的一个惊人的场面:俄耳甫斯一边演奏着里拉琴,一边下到冥国,于是,喧闹的地狱突然变得一片沉静。或许他们还想到了维吉尔的说法:

> 冥国的宫殿——死亡的最深处——
> 静静地倾听着。

但是,公元前4世纪的瓶画家没有必要为维吉尔或格鲁克的描述负责。再说,他在创作瓶画时并未受到诗歌或宗教的情绪的影响,他只是把人们通常所认为的居住在冥国里的各色人等刻画出来。俄耳甫斯出现在冥国,这是因为当时人们习惯于认为他就在冥国里。如果当时极受欢迎的神秘仪式的创立者(俄耳甫斯)没有获得他应得到的地位,那么这

---

① 保萨尼阿斯,II, 37.5。
② 有关的神话传说参见《神话辞典》,p.92。——译注

位瓶画家的那些有钱的顾客——这些瓶画既昂贵又丑陋——肯定不会满意。但是，如果人们有兴趣特地关注这幅构图散乱的图画的某个部分，那么赫拉克勒斯显然是人们关注的中心，因为根据传说，赫拉克勒斯在启蒙仪式上学到的并不是俄耳甫斯的秘密巫术。不错，达那伊得斯出现在了画面上，但她们无所事事，手中晃荡的提水罐不过是一种装饰。但坦塔罗斯的一只手依然在顶着他那块岩石，而西绪福斯还在往上推那块"残忍"的石头：对他们的惩罚一刻也没有停止。

这里还需要提一下瓶画两侧的那几组人物。位于左上角的是墨伽拉和她的儿子们，让他们出现在画面上是不合时宜的，这当然可以理解，因为画家这样做是出于对赫拉克勒斯和雅典的恭维。要不是上面标着明确无误的铭文，我们绝不可能猜出他们的名字。在阿尔塔穆拉瓶画上，右上角与他们相对的人物几乎可以肯定是复原时加上的，他们是密耳提罗斯、珀罗普斯和珀希波达弥亚。俄耳甫斯的左边有两个波伊涅，前文已经提到，他们是由厄里尼厄斯演变而成的。位于西绪福斯上方的人物是"必然女神"阿南刻——俄耳甫斯教徒最喜爱的神祇之一。虽然这个名字只剩下三个字母（ναυ），但复原的结果是不容置疑的。在俄耳甫斯的对面是冥国里的三个"判官"——特里普托勒摩斯、埃阿科斯、拉达曼堤斯。在这些判官的下方是三个手持提水罐的女人，我们暂且按照习惯把她们称为"达那伊得斯"。旁边的海马很可能是复原时加上的。

下面我们来看第二个花瓶——卡诺萨（Canosa）花瓶，该文物现藏于慕尼黑博物馆。从图162中我们可以看到，这些人物都没有标上铭文，但他们的名字大多可以轻易地断定。需要注意的是，有些地方跟第一幅瓶画稍有不同。弗里吉亚人坦塔罗斯取代了达那伊得斯。在俄耳甫斯旁边的人物不再是波伊涅，而是一对夫妻和一个孩子。很难解释他们是谁，没有任何一个神话人物适合他们，因此一些学者倾向于认为他们只是一个普通人家，正在接受俄耳甫斯的启蒙。我认为这是令人难以接受的，因为图中其他所有的人物都是神话人物。在获得更多的证据之前，最好是不要轻易说他们是谁。位于右上角的是一组非常值得我们注意的人物：忒修斯、珀里托俄斯和手执利剑的狄刻。

综上所述，在这些瓶画上，我们可以确定的人物有：俄耳甫斯、冥国的三个判官、两个英雄——赫拉克勒斯和忒修斯（他们都下到了冥国并从那里返回）、荷马史诗提到的两个罪犯——西绪福斯和坦塔罗斯。另外，在阿尔塔穆拉花瓶上，我们还看到了达那伊得斯。人们自然会问这样一个问题：是什么共同点使得这些人物被画家同时安排在同一幅画里，还是这只是画家的随意安排？

答案既简单又富于启发性，那就是：冥国里所有的正式居民都是古老的英雄或神祇。冥国已经变成某种体面但是低等的宫殿，那些即将消亡的神祇就被降格安置在这个宫殿里。

在讨论英雄崇拜时，我们已经看到，提堤俄斯和萨尔摩纽斯就属于这一类神祇。他们在各自所在的地方曾经是宙斯的竞争对手，但在他面前，他们显得黯然失色。作为失败的对手，他们成了典型的挑衅者，并受到永无休止的惩罚，以此来警告那些崇拜他们的人。提堤俄斯没有出现在这些瓶画上，但在德尔斐，保萨尼阿斯看到他出现在波吕格诺图斯的壁画上，那是一个"模糊的、严重受伤的幽灵"。在冥国的埃涅阿斯说：

> 我看到萨尔摩纽斯在这里受到了应有的惩罚，
> 因为他假冒天上的宙斯，
> 模拟他的雷鸣和闪电。

把这些古老的英雄打入冥国，让他们成为那里的统治者，并把他们统治的地方说成是他们受罚的地方，这是一个非常巧妙的神学安排，但也许是出于无意识的本能。根据那种古老的信仰，所有的人——不管是好人还是坏人——死后都要回到地下，那些伟大的地方英雄会成为冥国的主宰，因为他们原来就是地上的主宰。但是按照新的信仰，那些圣人死后将能进入极乐世界，或者升上天堂，而地下的冥国便成为受罚之地。非常有意思的是，我们看到在那个地方受到折磨的全部是跟奥林波斯山的宙斯作对的人。

下面我们就集中讨论瓶画家挑选的两个典型人物：西绪福斯和坦塔罗斯。

我们常常认为西绪福斯和坦塔罗斯是由于他们的傲慢和自负而受到惩罚的，并认为神把他们投入地狱是为了告诫人们，人间的繁荣是短暂的：

> 啊，财富和权力算什么！坦塔罗斯
> 和西绪福斯多年以前也是国王，
> 可如今他们却躺在湖里忍受悲痛，
> 地狱的山谷里回响着他们哀伤的叫声。
> 是啊，王国的荣耀就像潮水，有涨有落。

他们曾经是国王，但却是被败坏了名声的旧秩序里的国王。荷马一点儿也没有提到他们的罪行，因为在他看来那是众所周知的。但在一些有关这两人的地方传说里，我们依然能够追溯他们的主要罪行：他们是宙斯的反叛者。

从坦塔罗斯的传说中可以清楚地看到这一点。根据其中的一种传说，他之所以受到处罚，是因为他为潘达瑞俄斯盗窃或窝藏宙斯的那只黄金狗。[①] 根据史诗《阿特里代兄弟的回归》里的说法，他获准和众神一起欢宴，宙斯还许诺赐予他他想得到的东西。阿提尼俄斯说："由于他是个贪图享乐的人，于是便请求宙斯让他永远记住自己的快乐，并且让他像神一样生活。"这让宙斯非常愤怒，他信守诺言，但决定对他进行惩罚：在

---

① 关于品达《奥林波斯颂》第 1 卷第 89 行的评注。

他的头上放置一块摇摇欲坠的巨石。① 很显然，坦塔罗斯这个英雄兼国王用某种方式企图让自己能够和新来的奥林波斯众神平起平坐。传说中的他贪得无厌，那只是后来人为证明惩罚他是公正的而杜撰出来的说法。坦塔罗斯是历史上一个实有其人的国王，人们还能见到他的坟墓。保萨尼阿斯说："在我的国家还遗留有一些古迹，表明了珀罗普斯和坦塔罗斯曾经在那里居住过。坦塔罗斯有一座非常有名的坟墓，还有一个湖是用他的名字命名的。"② 保氏在另一个地方提到，他在西皮罗斯山亲眼见到了这座坟墓，而且"这是一座非常值得一看的墓"。他没有提到任何有关崇拜的事，但这样一座引人注目的坟墓肯定不会没有人看护。

虽然西绪福斯的传说并不像坦塔罗斯的传说那样著名，但其启发性并不逊于后者。在《伊利亚特》里，西绪福斯是一个古老的国王。当格劳科斯跟狄俄墨得说起自己的家谱时，他说：

> 在马草丰肥的阿耳戈斯的一端，
> 耸立着一座名叫厄费瑞的城堡，
> 这是埃俄罗斯之子西绪福斯的居住地。
> 西绪福斯是世间最精明的凡人，格劳科斯是他的儿子，
> 而格劳科斯是英武的柏勒洛丰的父亲。③

厄费瑞（Ephyre）是科林斯的古名，保萨尼阿斯在描述这个地区时说过一句关于科林斯的非常有意思的话，他说："我不知道除了大多数科林斯人之外还有谁认真地说过科林托斯（Corithos）是宙斯的儿子。"接着他说，据欧墨洛斯（约公元前750年）说，"这个地方的第一个居民名

---

① 阿提尼俄斯，VII，14，p.281。弗雷泽博士在评注保萨尼阿斯的著作（X，31）时，详细地收集了关于坦塔罗斯受罚的文献记载。
② 保萨尼阿斯，V，13.7。
③ 荷马：《伊利亚特》，VI，152。

叫厄费拉（Ephyra），是俄刻阿诺斯的女儿"。① 这句话的意思很清楚：一座亚加亚人到来之前的古老城市，一个名祖英雄，后人的一个企图，即通过一个新名祖英雄（宙斯的儿子）把本地人和外来的征服者联系起来——这个企图除了当地人感兴趣之外谁也不会相信。

根据尤斯塔修斯的说法，"最精明的"（κέρδιστος）一词是个"中性的词语"，也就是说，它既可以表示褒义也可以表示贬义。善于观察的尤斯塔修斯说："格劳科斯并不想说祖先的坏话。"他所用的这个词是表示非常聪明、敏捷、多才多艺的意思。事实上，在这里它跟贬义词"诡计多端"没什么两样。尤斯塔修斯接着解释了西绪福斯这个名字的意思。他说，在古代人的心目中，西绪福斯这个词和 θεόσοφος（"像神一样英明"）具有相同的意思。他还引用了一些喜剧诗人使用的一句发誓用语："凭众神起誓。"② 不管尤斯塔修斯的说法（"西绪福斯"表示"像神一样英明"）是否正确，不管我们是否接受目前流行的关于该词的词源解释（"西绪福斯"表示"非常英明的人"），关于这个词我们知道的就是这些。传统上，这个名字被理解为具有赞扬的意思而不具有谴责的意思。如果我们能够由此联想到一种古老的宗教崇拜的名称（如有关"完美无瑕的人"的崇拜），就并不能说是胡乱联系。

在地方传说中，西绪福斯是作为施主出现的。据保萨尼阿斯说，正是西绪福斯发现了墨利刻耳忒斯（Melicertes），并安葬了这个孩子，后来为纪念他而创立了伊斯特摩斯（Isthmus）竞技会。③ 阿索波斯（Asopos）把阿佛洛狄忒神庙后面的水泉献给了西绪福斯，他这样做完全是出于一个非常特别的原因。这个故事是这样的："西绪福斯知道是宙斯掳走了阿索波斯的女儿埃癸娜，但他一直等到他得到阿克洛科林托斯（Acrocorinthus）的水泉后才说出这个消息。阿索波斯把水泉送给了他，

---

① 保萨尼阿斯，II，1.1。
② 尤斯塔修斯关于《伊利亚特》第 6 卷第 153、631 行及《奥德赛》第 11 卷第 592、1702 行的评注。
③ 保萨尼阿斯，II，1.3。

他才把那个消息告诉了阿索波斯。信不信由你,他就是因为泄露这个消息而在冥国里受罚的。"① 保萨尼阿斯显然对这种说法抱有怀疑,但他讲述的故事触及了事实真相。西绪福斯是当地河神阿索波斯的同盟者。宙斯掳走了河神的女儿后,对征服者怀有敌对态度的西绪福斯泄露了这个消息,正是这种敌对态度导致他在冥国里饱受煎熬。尽管他成了奥林波斯教末世论的牺牲品,但他依然是威力巨大的地方性神祇。一个早期的城堡就是用他的名字命名的,叫作西绪福斯城。迪奥多罗斯讲述了这样的故事:这座城堡遭到得墨特里俄斯的围困,后来城堡被攻陷,守备部队全部投降。② 这一定是非常古老的城市,既是城堡又是神庙。斯特拉博说,在他那个时代,还可以见到这座城堡遗留下来的许多白色大理石遗迹,他不知道该称之为神庙还是宫殿。③

在这里有必要提一下西绪福斯遭受的那种特别的惩罚。这种惩罚跟人们所认为的他的罪行毫无联系,不管他的罪行是欺骗死神还是背叛宙斯。他承受的惩罚就是永无休止地把一块巨石推上山顶。虽然我不愿意用太阳神的神话来解释这种惩罚,但似乎太阳在这里能够从某种程度上说明问题。悲观主义者把太阳看作一块炽热的巨石,太阳周而复始地升起和落下,而西绪福斯把巨石推上天堂的陡坡,然后它又重新滚下,如此循环往复、永无休止,可见两者是非常相似的。赫利俄斯最先就是在科林斯出现的④,这种崇拜是来自东方还是在希腊化时代就已经存在,我们不得而知。西绪福斯是历史上的一位国王,只有少数人知道他那座位于伊斯特摩斯的坟墓。也许像涅琉斯的坟墓⑤一样,他的坟墓的位置一直被当作秘密,因为它具有某种占卜的作用。但是,历史上的国王通常具

---

① 保萨尼阿斯,II, 5.1。
② 迪奥多罗斯,XX, 103。
③ 斯特拉博,VIII, 21 § 379。
④ 保萨尼阿斯,II, 5.1。
⑤ 保萨尼阿斯,II, 2.2。

有自然神的某些特征，并执行自然神的某些职能。①

在卡诺萨花瓶上，坦塔罗斯的上方有三个判官，手里都拿着节杖。在阿尔塔穆拉花瓶上也有三个判官，也是处在相同的位置，而且可喜的是，他们都被标上了铭文：特里普托勒摩斯、埃阿科斯和拉达曼堤斯。其中的两个——特里普托勒摩斯和埃阿科斯——无疑属于早期的神祇。

特里普托勒摩斯跟奥林波斯神从来没有任何联系，甚至连最模糊的关联也没有，也没有人企图把他和奥林波斯神联系起来。他自始至终都是得墨忒耳和科瑞养育的孩子，同时由于他跟这两个冥界女神的关系，他也就成了冥国的主宰。作为古老的神母和处女神，得墨忒耳和科瑞的威力足可以对抗——应该说超过——任何一个奥林波斯神。人们认为篡改特里普托勒摩斯这个地方性英雄是毫无用处的，因而从来没尝试过。

我们一眼就可以看出埃阿科斯似乎完全是较晚期的神祇，这与特里普托勒摩斯形成了鲜明的对比。他是荷马史诗中那两个伟大的英雄忒拉蒙和珀琉斯的父亲。当希腊遭受旱灾时，是他通过献祭和祈祷来祈求全希腊的宙斯降下急需的雨水的。然而，最近的研究表明，埃阿科斯只不过是众多被新的奥林波斯教接收的英雄之一，虽然对他的崇拜被蒙上了阴影，但它从来没有消失过。②以下事实足以证明这一点。保萨尼阿斯描述了他在埃癸那看到的埃阿科斯庙："它坐落在城市最显要的位置上，那是一个用白色大理石围成的四方形院子。院子里有一些古老的橄榄树，还有一座稍稍高出地面的祭坛。据说，这个祭坛就是埃阿科斯的坟墓，但这是不可泄露的秘密。"③这座坟墓祭坛的形状很可能像图8所显示的那

---

① 在这里，我的目的不是讨论冥国的居民遭受的惩罚的起源，但值得顺便一提的是，把巨石悬在坦塔罗斯头上以及他在地狱里被投入湖中（却喝不到水），这让人想起某种自然险境和自然灾害，见尤斯塔修斯关于《奥德赛》第11卷第592、1701行的评注。在《伊尼德》（第6卷第601行）中，拉庇泰人（Lapithae）、伊克西翁（Ixion）和珀里托俄斯都遭受了巨石悬在头上的惩罚。

② W. M. L. 哈钦森：《埃阿科斯：冥国的判官》，p.25。

③ 保萨尼阿斯，II, 29.6。

样。这种坟墓祭坛意味着这是一种英雄崇拜。

弥诺斯没有出现在这些在意大利南部出土的花瓶上,取代他的是其兄弟拉达曼堤斯,他们都是克里特人。要寻找这种替代的原因也许并不难。尤斯塔修斯说,一些学者认为弥诺斯是一名海盗,有的则认为他是公正的立法者。① 不难看出雅典人的思想是属于哪个流派的,而意大利南部显然受到阿提刻的影响。如果把古老的克里特传统考虑进去,拉达曼堤斯当然是个不明朗的人物。处于极乐世界的他是那样从容自在,但极乐世界这一观念对旧秩序的神来说是陌生的。作为弥诺斯的兄弟,拉达曼堤斯一定是古老的黑头发的弗里吉亚人。但当我们了解到在《奥德赛》中的他像别的亚加亚人一样"长着金黄色的头发"时,我们不免感到吃惊。尤斯塔修斯一针见血地说:"拉达曼堤斯长着金黄色的头发,这是出于对墨涅拉俄斯的恭维,因为墨涅拉俄斯也是长着金黄色的头发。"②

剩下的人物还有赫拉克勒斯和忒修斯,但我们不必花太长的篇幅来解释他们的存在。赫拉克勒斯显然不是冥国的永久居民,他在这里并不是受罚,而是一副耀武扬威的样子。他正在用力把刻耳柏洛斯拖到天上去,也许在他前面引路的就是赫耳墨斯。如前文所说,赫拉克勒斯是一个英雄,一个非常值得奥林波斯化的英雄,虽然他从来没有被彻底奥林波斯化。《涅库亚》的作者在描述赫拉克勒斯时不知道应该把他纳入新的宗教还是旧的宗教,于是陷入了左右为难的困境。无意之中,他流露出了自己的困境所在。俄底修斯说:

> 接着我看见强健的赫拉克勒斯,
> 当然那只是他的阴影,因为他本人
> 正置身于永生的神祇中间,
> 和他们一起欢宴,还娶了美丽的赫柏为妻。③

---

① 尤斯塔修斯关于《伊利亚特》第 14 卷第 321、989 行的评注。
② 尤斯塔修斯关于《奥德赛》第 4 卷第 564、187 行的评注。
③ 荷马:《奥德赛》,XI, 601。

忒修斯的情况有所不同。在维吉尔描写的冥国里,忒修斯是一个永远受到谴责的罪犯:

> 不幸的忒修斯坐着,他将永远坐在那里。[1]

但是,我们同样要注意雅典对这些意大利南部花瓶的影响。忒修斯是波塞冬的儿子,是属于旧秩序的神祇,但雅典从来没有被完全地奥林波斯化,她绝不容忍自己的英雄受到羞辱。他在雅典不是有一座神庙吗?这座神庙不就是古老的避难所吗?他的遗骸从斯库洛斯(Skyros)搬来的时候不是场面奢华吗?因此情况已经被非常巧妙地调整了。和珀里托俄斯不同,忒修斯从来不被认为是一个罪犯,他在冥国受罚之后还要回到天上,而珀里托俄斯必须留在冥国,这样的安排让那个坐在他身边的公正女神狄刻感到满意。那个手执利剑的女人正是狄刻,这一点不容置疑,因为收藏在卡尔斯鲁厄(Carlsruhe)博物馆的一个类似的花瓶残片上有她的形象,上面清楚地标着她的名字。在这个残片上,在她旁边的正是珀里托俄斯,上面同样标有他的名字。

至此,从我们对冥国罪犯的讨论似乎可以看出,他们之所以出现在冥国,纯粹是出于神学上的需要。我们已经看到,他们是被新的奥林波斯教贬黜的旧宗教里的人物。然而,如果我们认为这是他们居住在冥国的唯一原因,那将是一个严重的错误。在地狱里受罚——特别是受到永恒的惩罚——这一观念并不是荷马以及他所代表的奥林波斯教独创的。这是一种非常懒散的宗教,实质上是贵族的宗教,因此它不会让那些被它贬黜和鄙视的宗教人物受到永恒的惩罚。对奥林波斯教来说,把这些人物胡乱地驱赶到适合他们居住的王国——冥国里,这就足够了。让我们吃惊的是,宗教中关于永恒受罚的教义源于俄耳甫斯教,而不是源于亚加亚人的奥林波斯教。我们已经看到,俄耳甫斯教徒最关心的两件事

---

[1] 保萨尼阿斯,I,17.2,以及关于阿里斯托芬《骑士》第1311行的评注。

是永生和净化，这两种观念对他们来说是不可分割的。然而，净化所要承受的痛苦很容易演变为复仇。在前文讨论过的金箔简札中已经出现了这种教义的萌芽：

> 我已经为自己的不义之举受到了惩罚。

低等的俄耳甫斯教徒无法摆脱这样一种观念：地狱是复仇的场所——这是他们按照自己复仇的心理塑造出来的。前文我们已经看到，狄刻最后升格为天堂里的公正女神，成为纯洁的化身，但在冥国，她又降格为一个更具人性的人物。

图 163

美术作品中的狄刻形象并不是创作意大利南部花瓶画的画家的独创。图 163 是维也纳博物馆收藏的一个花瓶①，狄刻以一种非常奇特的形象出现在这幅花瓶画上。画面上的狄刻高举锤子，正向一个身上长着斑点的丑陋女人猛击，这个丑女人就是代表不公正的阿迪喀亚（Adikia）。这个花瓶虽然不是由尼科斯忒涅斯（Nikosthenes）设计的，但其风格显然属于他那个流派，因此其年代大约为公元前 6 世纪与公元前 5 世纪之交。在文学作品中，挥舞锤子或木棒的狄刻这一形象并不罕见。忒修斯在听到希波吕托斯的死讯时问道：

> 那么，正义女神是如何用她的木棒猛击

---

① 编号 319。

我那个忘恩负义的儿子的？

613　　由此可见，这些意大利南部的花瓶画里的冥国居民是俄耳甫斯教和奥林波斯教相互融合的产物，或者说是奥林波斯教眼中的古老的佩拉斯吉人。瓶画描绘的是旧宗教里的人物，但这些人物已经被新宗教（奥林波斯教）贬黜，而俄耳甫斯教则从道德的角度对他们进行了解释。

达那伊得斯姐妹

我们特意将"达那伊得斯姐妹"留到最后讨论。在阿尔塔穆拉花瓶上，达那伊得斯姐妹就是位于右下角的那些拿着提水罐的少女。[①] 我们这样做是经过深思熟虑的，因为从她们身上我们可以看出新与旧的融合。

现代人一提到冥国里那些用无底桶提水的少女，就会马上想到"达那伊得斯姐妹"：

啊，达那伊得斯，啊，筛子。

这种联想是真实、有道理的，但它的起因已经被人们误解，由此产生了许多混乱。

我们之所以对冥国里的提水少女如此熟悉，主要应归功于柏拉图在《理想国》中对俄耳甫斯教末世论的抨击。柏拉图以他特有的方式把握住了俄耳甫斯教低级的方面，抱怨它充满了来世的东西，因而像迷宫一样让人迷惑不解。荷马和赫西奥德向有正义感的人许诺，他们在今世能过上美好的生活，他们会得到"蜂蜜"和"肥壮的绵羊"、"果实累累的果树"、"幸福美满的婚姻"和"崇高的职位"。在柏拉图看来，这种许诺够坏的了，但宗教诗人——包括俄耳甫斯——的说法更糟："更贪得无厌的是穆塞俄斯和他的儿子以众神的名义向那些公正的人许下的祝福。为

---

① 在卡尔斯鲁厄博物馆的一个花瓶（编号 388）上，一个"达那伊得"出现在第二层的人物中。

了证实他们的诺言,他们把这些人带到冥国,让他们坐在沙发上,准备举行一场祝福的盛宴。他们给这些人戴上花冠,让他们一直醉着,因为在他们看来,永远的醉是对美德的最好报偿。其他人大大延长众神给予他们的报偿,他们说将来那些受到祝福的人和那些坚持信仰的人的子孙后代还会到这里来。他们用这种方式或类似方式来赞扬正义。但是,他们把那些不敬神、没有正义感的人埋在冥国的泥潭里,还强迫他们用筛子提水。"①

对于高层次的俄耳甫斯教徒来说,受到神祝福的人所享有的"永远的醉"当然是一种精神上的迷醉,而对低层次的俄耳甫斯教徒来说,那只是永恒的饮宴。这种观念被轻而易举地普及了,因为它的根早已存在于前文讨论过的"英雄盛宴"里。我们已经看到,狄俄尼索斯继承了这些"英雄盛宴"。

下面我们还要讨论所谓的那些不敬神的人所遭受的泥潭和筛子之苦,我们只有结合俄耳甫斯教的仪式才能理解这里所说的泥潭和筛子。上文已经提到,把泥巴涂抹在身上是俄耳甫斯教神秘仪式的一个组成部分。那些不敬神的人活在世上时忽视了这种仪式,所以到了冥国,他们必须无休止地接受这种仪式。类似的逻辑同样隐藏在提水这一动作中。在人间没有净化自己的人到了冥国,必须无休止地净化自己。但是,人类身上的复仇本性补充说,这种补救太晚了,这些不敬神的人必须用像筛子一样的无底桶提水,并且必须永无止境地往桶里加水。

现代评论者们常说,毫无结果的劳动是最严厉的惩罚。最先犯这种错误的是歌德(Goethe)。他说:"古代人认为没有结果的劳动是最严厉的惩罚,坦塔罗斯、西绪福斯、达那伊得斯姐妹以及那些不敬神的人在地狱里遭受的惩罚就证明了这一点。"然而,原始神学和末世论并不是源于这种观念。

---

① 柏拉图:《理想国》,363D 和 E。

柏拉图用来形容那些用筛子提水的人的词语 ἀνόσιοι 非常值得我们注意，这个词也许最好译为"得不到祝圣的人"。我们知道 ὅσιοι 表示彻底的启蒙，即神秘仪式的最后阶段，ἀνόσιοι 几乎就是（虽然不完全）表示"没有受过启蒙"。在《斐多篇》中，柏拉图没有提到提水的人，但他明确地说出了他在这里所暗示的意思，即那些躺在地狱泥潭里的人是没有接受过神秘启蒙仪式的人。苏格拉底说："我认为，那些创立神秘仪式的人并不是傻瓜。自古以来，那些没有受到过启蒙的人以及那些没完成神秘仪式的人到了冥国就必须躺在泥潭里，他们这样说是有深刻含义的。"

在《高尔吉亚篇》中，柏拉图再次提到关于在冥国里提水的观念的道德意义时，他非常明确地说，那些提水者是没有受过启蒙的人。苏格拉底坚决反对卡利克勒斯（Callicles）提出的美德能使激情得到彻底满足的说法。他说："你把生命说成了令人恐惧的东西。"因此我认为欧里庇得斯的说法也许是正确的：

> 生命也许就是死亡，死亡也许就是生命——谁知道呢？

苏格拉底还说："某个哲学家说过，我们都死了，我们的肉体就是一座坟墓。"我们还记得这种观点在柏拉图评论俄耳甫斯教的《克利梯阿斯篇》中出现过。抱着肉体就是坟墓这一观念的苏格拉底接着说："某个喜欢玩文字游戏的聪明人（也许是意大利人，也许是西西里人）编了一个神话，在神话里，他把欲望所在的那部分心灵叫作'坛子'，因为它是顺从、听话的，他把无知的人称为'没遮拦的'……他还宣称居住在冥国的灵魂当中最悲惨的是那些没有受过启蒙的人，因为他们必须用一个无底的坛子提水，就像用筛子提水一样。"[①] 到底这个"聪明人"是恩培多克勒还是毕达哥拉斯，这对我们的研究并不重要。他们两个都遵循俄耳甫斯教的教义，而这些教义当中有一条就是，那些没有受过启蒙的人必须

---

① 柏拉图：《高尔吉亚篇》，493。

在冥国里提水。我认为，人们还没有注意到作为肉体标志的坟墓明显让人想到作为欲望所在地的坛子。我们在讨论花月节时已经看到，灵魂是从坟墓坛子里飞出来的。

至此，我们应该已经注意到，柏拉图从来没有说过冥国里那些提水的人是达那伊得斯姐妹。最先提出冥国里的提水人是达那伊得斯的是一篇假托为柏拉图所作的对话录《阿克西俄科斯》(*Axiochus*)。根据这篇对话录，在冥国有一块邪恶的地方，"达那伊得斯姐妹在那里没完没了地提水"①。这里所用的 $\alpha\tau\epsilon\lambda\epsilon\hat{\iota}\varsigma$（没有完成的）也有"没有受过启蒙"的意思，这让我们对这个词在此到底是什么意思感到困惑，也许作者有意造成这种困惑。《阿克西俄科斯》的全部目的是让懦夫体面地面对死亡，整篇对话充满了神秘主义色彩。从中我们看到那些受过神的祝福的人将会去到"繁花似锦的草地"，那里有"清澈的泉水"，他们可以"在歌舞中饮宴"，等等。此外，最有意思的是，受过启蒙的人拥有某种"优先权"，即使在冥国，他们仍将"继续举行那些纯洁、神圣的仪式"。那完全是天堂里的情景，在那里，

信众的集会永远不会中止，安息日永无休止。

可见，在柏拉图的心目中，冥国里的那些提水人是"没有受过启蒙的"。到了《阿克西俄科斯》的时代，这些提水人成了达那伊得斯。两者的联系纽带是什么？答案要等到我们考察了有关的花瓶画后才能给出。

作为证据，花瓶画有着极其重要的价值。我们找到了两个黑绘花瓶，其年代比柏拉图早一百年以上。图164是慕尼黑旧美术馆收藏的一个花瓶上的图案。这是发生在冥国里的情景，从西绪福斯这一形象我们可以断定这一点。花瓶的反面图案刻画的是赫拉克勒斯和刻耳柏洛斯（在此

---

① 《阿克西俄科斯》，573E。在色诺芬的著作（*Oec.*，VII，40）里，那些提水者是没有名字的，而且是男性。

我们没有把它复制出来）。在正面图案（图164）上，四个长着翅膀的精灵（鬼魂）正小心翼翼地爬上一个巨大的坛子，他们把自己手中水罐里的水倒进这个大坛子。需要指出的是，这个大坛子是深埋在地里的，它似乎被当成了一口井。如今在雅典还可以看到这种埋在地里的坛子，土耳其人用这种坛子作为贮水罐。坛子的上半部完好无损，精灵手中的水罐也是完好无损，但有可能——几乎可以肯定——这个坛子的底部是漏水的，这样水一倒进去就流到了土里。

图164中的花瓶画常常被用作"达那伊得"神话的图示，但是，我们找不到任何证据来证明图中那些有翅膀的精灵是达那伊得斯。

图165是巴勒莫（Palermo）博物馆收藏的一个黑绘花瓶[①]上的图案。这个花瓶可以让我们作出进一步的结论。在图中，那些运水的人显然不是达那伊得斯。六个奔跑的人在用各种古怪的方式运水，他们要把水倒进那个大坛子里。这六个人当中有三个是男人，另外三个是女人。如果我们要给他们起名，那我们肯定不能说他们是达那伊得斯，而应是"没有受过启蒙的人"。他们都是取笑的对象，就像阿里斯托芬笔下的人物。其中有一个灵魂停下来拽那头驴的尾巴，以此来清醒自己的头脑。应该注意的是，这头驴进一步证明了这幅花瓶画的作者心里是想着神秘仪式的。画面中的驴已经跪下，背上的东西已经被卸下。那个坐着的老人在无奈地看着那从驴背上卸下的东西。这似乎能让人想起那头"搬运秘密的驴"。在这个乱七八糟的冥国，像阿里斯托芬笔下的那头驴一样，这头驴已经转身离去，再也不驮那些东西。这头驴和这个老头——有时他被叫作俄克诺斯（Oknos）——是喜剧性的冥国的固有角色，人们已经赋予他们各种道德含义。内容上与这幅画最接近的文学作品是数世纪之后由阿普列俄斯（Apuleius）创作的《变形记》[②]。当普绪刻就要下冥国时，她

[①] 在瓶画上，放在那个坐着的老人面前的东西显然是一些松散的木棍。原先我对这个复制图的准确性还存有疑问，但已故的R. A. 尼尔先生亲自为我察看了巴勒莫博物馆里的原件。他郑重地对我说，这幅图的复制是没有问题的。

[②] 阿普列俄斯：《变形记》（*Metamorphoses*），VI, 18。我认为，最先把阿普列俄斯的有关描述和这个花瓶联系起来的是富特文勒教授，见《学院年鉴》，1890年，p.24。

第十一章 俄耳甫斯教的末世论 | 687

图 164

图 165

被告知,在"死亡之路"上行走一段之后,她会遇到一头跛脚的驴和一个跛脚的赶驴人,那个赶驴人会叫她拾起驴背上掉下的一些柴捆,到时候她一定要一声不响地从他们身边走过。

我们看到的这两个黑绘花瓶都没有标上铭文,这当然是非常令人遗憾的。要是我们能够知道这个瓶画家是如何称呼这些运水人的,那肯定会给我们带来许多启发,因为这些名称能够反映出大众的观念。幸运的是,我们能够找到这样的证据,当然那不是一幅画,而是关于一幅类似的标有铭文的图画的描述，这幅画是波吕格诺图斯创作的描绘俄底修斯下冥国的情景的壁画，它是德尔斐的莱斯刻神庙的壁画，对其进行详细描述的是保萨尼阿斯。

保萨尼阿斯说："在彭忒西勒亚（Penthesilea）上方的是一些女人，她们正用一些破烂的陶罐运水。"在这里，运水的容器被说成是破烂的，而不是无底的，保氏也没有提到用来装水的大坛子的底部是否破损。"这些女人当中有一个青年女子，其他的都是上了年纪的女人。"可以肯定，达那伊得斯姐妹没有一个是上了年纪的。"这些女人并没有被分别标上名字，但有一句铭文说明她们都是'已经接受过启蒙的'。"保萨尼阿斯接着描述了一些跟这些女人没有联系的神话人物，其中包括"奋力将一块巨石推上陡坡"的西绪福斯。他又说："画面上有一个坛子，还有一个老头、一个男孩和两个女人，其中一个女人就在巨石下面，这是一个青年女子，另一个是上了年纪的女人，她站在老头的旁边。其他女人都在运水，那个上了年纪的女人似乎已经弄坏了她的水罐，但她正把烂水罐里的水倒到大坛子里。"像两幅黑绘花瓶画所描绘的那样，这些女人也是用提水罐运水，也都是把水倒进大坛子里，但至少有些水罐已经破损了。由于保萨尼阿斯的这段描述并不连贯，因此我们不清楚画面上一共有多少个人物，但这无关紧要，重要的是，他们有男有女，而且年纪不一，所以他们根本不是达那伊得斯。虽然保氏深受晚期神话观念的影响，但他也并不认为这些人是达那伊得斯，那句铭文也容许他作这样的推断。他是这样结束他的描述的："我们推断，这些人（他所提到的最后一组人物）也认为在厄琉西斯举行的仪式毫无价值，因为早期的希腊人认为厄琉西斯的仪式比其他任何东西都更重要，就像他们把神比作英雄一样。"① 无疑，波吕格诺图斯和柏拉图认为冥国里的提水者不是神秘的达那伊得斯，而是一些没有受过启蒙的凡人，上述黑绘花瓶画的作者很可能也有同样的想法。到了《阿克西俄科斯》的时代，这些徒劳无功的提水人才

---

① 保萨尼阿斯，X, 31.9—11。

变成了达那伊得斯。但我们还需要回答一个问题：为什么达那伊得斯被看作典型的"没有受过启蒙的人"？必须指出的是，大众神学在提到这些由于没有受过启蒙而在冥国里提水的人时，会寻找一个神秘的原型，这是很自然的，但为什么偏偏挑了达那伊得斯作为原型？这个原因最初简单明了，但奇怪的是，后来它变得复杂起来了。

神话里的达那伊得斯姐妹是一些水泽仙女。其中一个姐妹名叫阿密摩涅（Amymone），勒耳那（Lerna）附近的一股泉水就是用她的名字命名的，在斯特拉博的时代，它依然叫作阿密摩涅。斯特拉博为我们保留下了一部史诗中的一行诗句：

> 曾经干旱无水的阿耳戈斯，是达那伊（Danai）送来了甘甜的泉水。[1]

早在她们丈夫的悲剧出现之前，达那伊得斯们就在辛勤地给干旱的阿耳戈斯浇水，给它带来丰产。把达那伊得斯刻画成往大坛子里灌水是再合适不过的了。

然而，接下来需要强调的是，达那伊得斯和坦塔罗斯、西绪福斯、提堤俄斯一样是旧宗教里的人物，她们是旧的母权制的产物，她们总是在不断地重复着自己的祈祷：

> 我们是神母那了不起的种子，我啊！
> 请允许我们逃避婚姻吧，
> 让我们不受男人的压迫吧。[2]

人们认为，在埃斯库罗斯的《请愿的妇女》中，达那伊得斯逃避的

---

[1] 斯特拉博，VIII, §256。尤斯塔修斯在评论《伊利亚特》第4卷第171、351行时认为这句诗出自赫西奥德的作品，只是形式略有不同。
[2] 埃斯库罗斯：《请愿的妇女》，158。

是一次不合法的婚姻，她们这样做是有道理的。在这个传说背后，我们似乎看到——尽管有点儿模糊——某种由旧秩序向新秩序转变的迹象，即从母权制的自由（婚姻）向父权制的严格婚姻转变。不管怎么说，在晚期正统的神话里，我们所看到的达那伊得斯是以罪犯的形象出现的，而她们的罪行显然不是谋杀，而是对婚姻的拒绝。被旧秩序认可的行为在新秩序里被看成是犯罪。在这里，道德家抓住了一个机会。在旧的秩序里，达那伊得斯运水是因为她们是水泽仙女，而新秩序已经把她们当成罪犯，并且把原本是带来丰产的运水说成是一种徒劳无益的劳动、一种无休止的惩罚——为她们的谋杀罪赎罪。①

我们可以清楚地看出，这些被新秩序看成罪犯因而需要净化的水泽仙女恰好适合充当那些没有受过启蒙的提水者的神话原型。两者之间的可比性一旦被把握住之后，其他所必需的一些相似特点很快就会被补充进去。据斯特拉博说，人们确实在阿密摩涅泉附近的勒耳那湖举行净洗礼。他说，"满湖的邪恶"（a Lerna of ills）这一词语就是由此而来的。把"清洗出来的污秽"埋在勒耳那湖附近无疑是一种传统的做法，就像人们习惯上在别的水泊所做的那样。这种旧秩序的仪式是原始宗教的"神秘仪式"。希罗多德明确地告诉我们，是达那伊得斯教会了佩拉斯吉女人如何举行祭祀得墨忒耳的神圣仪式，希腊人把这些仪式叫作立法女神节。希罗多德不敢透露这些仪式的全部细节。②可见这些日后成为"没有受过启蒙的人"的原型的达那伊得斯最初似乎是启蒙者。这是神学发生转变的结果。

另一种仪式也造成了这种融合和混乱。对罗马天主教来说，婚礼是

---

① 传说达那伊得斯各自杀死自己的丈夫后，他们的头颅和躯体被分开埋葬在勒耳那或勒耳那附近。这个故事也许只是推源性的说法，它基于一种习惯的做法，即把井口边缘叫作 $\kappa\epsilon\varphi\alpha\lambda\acute{\eta}$。试比较：英语中的 well-head（井口）、foutain-head（源头）。在这里，我的目的不是全面地探讨达那伊得斯的神话，只是想说明一点：达那伊得斯已经跟在冥国的没有受过启蒙的人发生了某种混合。

② 希罗多德，II, 171。

一种圣礼（sacrament），而对英国圣公会来说，婚礼依然是"一种神秘的仪式"。同样，希腊人把婚礼看成一种启蒙仪式。τέλη 一词用作复数时表示所有的神秘仪式，而用作单数时则明显是用来表示婚礼的。波鲁克斯在讨论婚礼仪式时说："婚礼被称为 τέλη，即一种意味着完满的仪式，已婚者被称为完满的人。正因为如此，婚礼上的赫拉被叫作忒列亚，意即'完满的人'。"① 前文已经说到，在婚礼和神秘仪式上，人们通常都要举行利克诺福里亚仪式——一种特殊的净化仪式。罗特洛福里亚仪式（Loutrophoria）——搬运浴盆——也是出于同样的目的。如果某个本地人认为这些水泽仙女是"没有在婚礼上受过启蒙"的达那伊得斯，因此必须让她们在地狱受罚——永无休止地为新婚沐浴提水——那么，这种想法有什么值得奇怪的呢？如果我们认为尤斯塔修斯的说法可信，那么就更增加了以上假设的可能性。尤氏说，根据一种习俗，"没有结过婚的人死后，人们要在他们的坟头放上一个水罐②，以此表明死者生前没有接受过婚礼的沐浴，也没有后代"③。如弗雷泽博士所说，最初人们在未婚者的坟上放置这些水罐很可能是出于好意，目的是让这些可怜的鬼魂能够在地下完婚。④ 但这种做法一旦成了习俗，它就很容易被解释为一种在阴间受罚的标志。

这个故事的一些版本说，运水者是用筛子运水的。这种说法可能源于另一个仪式。我们应该知道，石器时代的筛子似乎就是底部有孔的坛子。筛子和坛子实际上是同一样东西。用筛子提水是一种古老的测验贞操的做法。普林尼说，这种筛子测验法被用来检验供奉维斯塔女神的贞尼。⑤ 如果达那伊得斯运水被看作贞操测验，那么，五十个达那伊得斯姐

---

① 波鲁克斯：*On.*，III，38。
② 这些水罐有的是无底的，但我们不能肯定未婚者的坟上放的都是无底的水罐。
③ 尤斯塔修斯关于《伊利亚特》第 23 卷第 141 行的评注，p.1293。
④ 弗雷泽博士关于保萨尼阿斯著作（X，31.9）的评注；另外，他还收集了许多有趣的现代人类似的做法。
⑤ 普林尼：《博物志》，XXVIII，2.3。

妹就会有四十九个通不过测验,她们也就不可能杀害自己的丈夫。只有许珀耳涅斯特拉一人能够用那漏水的筛子提水。

最后,我们应该还记得,俄耳甫斯教徒有自己的记忆之井,那实际上是生命之井。作为神秘主义者的俄耳甫斯教徒一定能够看出,这些提水人是从生命之井中无休无止、徒劳无益地汲水的。因此,评注者在评论阿里斯泰迪斯的著作时用一种奇特的方式解释了这一神话:"达那伊得斯那些漏水的坛子标志着,她们在杀害自己最亲爱的人之后就再也不能得到另一个男人在婚礼上给予的生命之水了。"[1]虽然"生命之水"的观念萦绕在他的脑际,但他却懂得这种象征手法的真正含义,因为他说,她们"因身上的污秽而受到别人的怀疑"。这种神秘主义的说法显然是没有止境的。

达那伊得斯也许——应该说无疑——与婚礼、贞操测验、生命之水的象征有关,但是,使她们适合作为"没有受过启蒙的人"的神秘原型的最主要观念是:她们是污秽、不洁的女人。她们是奠酒人,但那毫无用处。她们倒进自己丈夫的坟墓坛子里的奠酒只是一些秽物,而不是纯洁的东西。克吕泰涅斯特拉就是这样的奠酒人,对此厄勒克特拉是这样评价的:

> 根据众神和众人的法律,一个心怀怨恨的妻子
> 给我父亲献上祭品
> 是不合适的。
> 让风把它们刮走吧,或者用泥土
> 把它们深埋掉。[2]

---

[1] 评注者关于阿里斯泰迪斯的著作(*Orat.*, II, p.229)的评论。
[2] 索福克勒斯:《厄勒克特拉》,433。

我们已经用了好些篇幅来讨论冥国里的那些提水人①，因为这是一个可以说明俄耳甫斯教教义的典型例子。在讨论神秘仪式时，我们已经一再地看到，俄耳甫斯教并没有发明新的仪式，而是将旧的仪式神秘化并赋予其道德上的含义。同样，当俄耳甫斯教确立自己的末世论时，它也是利用旧的宗教作为原材料的。②它没有创造出新的宗教人物，而是赋予了旧的人物更强烈的、道德化的含义。

俄耳甫斯教的金箔简札向我们展示了俄耳甫斯教的信仰所能达到的高度。如果我们倾向于过高地估计一般的俄耳甫斯教徒的信仰，意大利南部出土的那些花瓶画可以纠正我们的偏差，它们似乎反映了大众化的俄耳甫斯教。就教义而言，我们在这些花瓶画上看到的不是净化，而是报复性的惩罚，或者可以这样说，俄耳甫斯教的教义既包括净化，也包括地狱里的惩罚；就神学而言，在金箔简札中我们看到的是一神崇拜，而这些花瓶画则恢复了古代流行的多神信仰。

至此，人们自然会问，这就是俄耳甫斯教的全部吗？难道俄耳甫斯教真的没有创造新的宗教人物、没有按照它的净化形象创造新的神吗？我们在最后一章探讨了俄耳甫斯教的宇宙起源论后将会找到这个问题的答案。

---

① 在此几乎无须说明我对这一神话的解释在很大程度上得益于前人的研究成果，尽管我的观点跟前人的观点有点不同。到底是神秘的达那伊得斯引发了"没有受过启蒙的人"这一观念抑或是相反，人们对此争论不休。在我看来，这是一个没有答案的问题。每一个事物都是独自产生的，关键是要注意它们最终的融合。弗雷泽博士在其著作中列举了这场争论的各种观点，详见他关于保萨尼阿斯（X, 31.9）的评注。

② 在这本书的第 1 版和第 2 版之间，萨洛蒙·雷纳克先生发表了他那篇极富创见的论文《地狱里的西绪福斯及其他》（刊于《考古评论》，1903 年，p.1），这篇论文对我们认识地狱里的罪犯有很大的帮助。他在论文里提出了明确的结论："俄耳甫斯教把关于永远受难的观念移植到了一些代表死亡的、为人所熟知的情景上，即反映在他们那些为人所熟悉的活动中，反映在人们对待他们的死亡的态度中。"例如，西绪福斯要把巨石推上陡坡，因为他生前是一个建筑大师。这种说法很正确，且富于启发性，但为了使这种说法更完整，我们还要补充一点：原始时代的国王的一个众所周知的职能就是充当本部落的神。雷纳克先生看到了萨尔摩纽斯假冒宙斯呼风唤雨，但他没有看出西绪福斯不仅仅是人世间的建筑大师，而且还是科林斯人的太阳神，因此他要日复一日地把太阳推上天堂的陡坡。两种观念造就了这个滚动石头的形象。

第十二章　俄耳甫斯教的宇宙起源说

624　　如果我们为了认识俄耳甫斯教的神谱而考察所谓的"俄耳甫斯教的颂歌"（大多创作于约公元 4 世纪），那么我们会发现自己处在一种神秘的一神崇拜的氛围中。在这一颂歌集当中，我们看到有献给各个奥林波斯神的颂歌：宙斯、阿波罗、赫拉和雅典娜等。但这些不再是古老的、轮廓分明的、各司其职的神祇，不再有着别具一格、不可言传的特点。他们的界线已经变得非常模糊，我们感到所有的神变得越来越相像。当然，传统上的名称还是被保留了下来。波塞冬依然是"满头黑发"，依然是"马的保护神"，他是顽固的旧神，很难将他融入新的体系中。然而，总体而言，这些大大小小的神祇迟早都会融入这个神秘的熔炉里，最后都变成"多面神""威力强大的神""给人带来滋养的神""刚出生的神""救星""无比荣耀的神"等。总之，到了这个时候，几个神实际上已经变成一个神，这个神被认为是一种神秘的威力，而不是一个人格化的神。

　　这种关于众神变化无常（时而以这种形象出现，时而又以另一种形象出现）的教义是神秘宗教常见的象征手法。不难看出，这种教义很容易演变成众神相互替换（interchangeability）的观念。普罗克洛斯说："在所有的启蒙仪式和神秘仪式中，众神以许多形象出现，而且他们往往由

625　一种形象转变成另一种形象。有时他们被当作一道无形的光线，有时变成人的形象，有时又变成其他不同的形象。"[①]

---

① 普罗克洛斯：*Ennead.*, I, 6.9。

到了俄耳甫斯教颂歌的时代,一神论当然在某种程度上已经成为所有受过教育的人的共同想法,因而不能说成是俄耳甫斯教所独有。然而,彻底的俄耳甫斯教是一种神秘的喜悦,这些颂歌就充满着这种喜悦。这些颂歌"充满着重复和夸张,这有助于抒发情感"[①]。与那些金箔简札的简朴、迷醉相比,这些颂歌向我们传达出一种有文化的、自我意识强烈的甚至是做作的陶醉。

如果我们为了解俄耳甫斯教崇拜的各个神祇的特点而逐一详细地研究这些颂歌,那将是徒劳无功的。读了这些颂歌的人会很快意识到,除了"开篇"和偶尔见到的一些老套的名称之外,人们很难断定哪一首歌是献给哪个神的。尽管作者在开头时试图分别颂扬各个神,但他很快偏离了这个目标,滑入了神秘的一神崇拜。一种更有益的探讨是找出以下问题的答案:原始的俄耳甫斯教在多大程度上倾向于一神崇拜?俄耳甫斯教徒按照自己的形象创造出来的那一个神是什么样的?幸运的是,在这方面,我们并不缺乏证据。

万物之卵

在阿里斯托芬的《鸟》中,歌队在一段合唱歌里提到,在远古时代,没有大地、空气和天空,只有卡俄斯(混沌)、夜晚和厄瑞玻斯(黑暗):

> 一开头只有混沌、暗夜、冥荒和茫茫的幽土,
> 那时候还没有大地,没有空气,也没有天。
> 从冥荒的怀里,
> 黑翅膀的暗夜首先生出了风卵;经过一些时候,
> 渴望的情爱生出来了,
> 他像旋风一般,

[①] 吉尔伯特·默里:《希腊文学》,p.66。

> 背上有灿烂的金翅膀,
> 在茫茫幽土里,他与黑暗无光的混沌交合,
> 生出了我们,第一次把我们带进光明。①

这纯粹是俄耳甫斯教的观念。荷马史诗里没有提到万物之卵②(world-egg),也没有提到情爱的诞生。荷马是如此专注于他笔下的那些英雄以及他们在奥林波斯山上的光辉形象,以至于他从来没有回头看一下他们是从何而来的。他似乎对"从前"和"今后"同样都漠不关心。但两者确实有着奇怪的联系。末世论和宇宙起源说都可以用来尝试回答荷马不屑于提出的问题:人从何而来?人性的善与恶又从何而来?

当然,我们可以从赫西奥德的著作中找到某种宇宙起源论。赫西奥德既是农民又是叛逆者,厌倦并憎恨生活的艰辛。恶劣的生活环境迫使他思考事物为何如此邪恶,而且他也乐于构建或借助某种原始的迷信假说,就像他在叙述潘多拉的神话时所做的那样。很难说赫西奥德在多大程度上受到了俄耳甫斯教的影响。他懂得黑夜之神、卡俄斯与厄洛斯(爱神)的诞生,但是他不知道——或者不屑于说出——俄耳甫斯教的一个典型因素:万物之卵。他只是说:

> 首先出现的是卡俄斯,然后是有着宽阔胸怀的该亚,
> 她是万物不可动摇的基础。接着是烟雾弥漫的塔耳塔洛斯(冥荒),
> 在辽阔大地的最深处。后来
> 爱神厄洛斯出生了,那是永生的众神当中最美丽的神,
> 他四肢舒展,对凡人和众神

---

① 阿里斯托芬:《鸟》,692。
② ὑπηνέμιον 一词的字面意思是"风生出的"。以风作为父亲或者贞女孕育(Virgin-Birth)是俄耳甫斯教的观念,跟古代阿提刻的特里托帕托瑞斯崇拜有联系,特里托帕托瑞斯是新郎新娘婚前崇拜的神。关于埃及人的宇宙源于卵的传说,见迪奥多罗斯,I,27。

都是那样亲善。①

赫西奥德不是彻底的俄耳甫斯教徒，他关心的是让他的爱神尽早登上奥林波斯山。对赫西奥德来说，他是众神当中最美丽的神，但不是生命的真正源泉，不是唯一的神。

人们普遍认为万物之卵出自俄耳甫斯。不管最早的父亲是塔耳塔洛斯还是厄瑞玻斯或者克洛诺斯，这都无关紧要，而且各个作家的说法也不尽相同。最重要的是，第一个轮廓清晰的神是从万物之卵中诞生出来的，他就是厄洛斯——万物的根源和创造者。

达马斯喀俄斯（Damascius）在他的《本源之考》(Inquiry concerning first principles) 中说，万物之卵出自俄耳甫斯，因为俄耳甫斯说：

> 伟大的克洛诺斯是何时在神圣的以太中
> 造出这银光闪闪的蛋的？

幸好达马斯喀俄斯把这句原话保留了下来。当然，我们无法说出它的年代。罗马的克雷芒在他的《克雷芒后书》(Homilies) 中对赫西奥德和俄耳甫斯的宇宙起源说进行了对比："俄耳甫斯把混沌比作一个卵，里面混合着各种原始的元素；赫西奥德把混沌看成最下层的大地，万物都生于这无形的物质，它们的诞生是这样的……"② 常常受到俄耳甫斯教影响的柏拉图在《蒂迈欧篇》中避免提及那个原始的卵，他的脑子里想的都是三角。然而，普罗克洛斯在评论柏拉图的这部作品时说："柏拉图的'存在'跟俄耳甫斯的万物之卵并无二致。"③

关于万物之卵的教义并非只是宗教上的空文。作为神秘仪式的一部分，祭司要把它传授给接受启蒙的人，这让我们怀疑这一教义起源于原

---

① 赫西奥德：《神谱》，116。
② 罗马的克雷芒：《克雷芒后书》，VI，4.671。
③ 普罗克洛斯关于柏拉图《蒂迈欧篇》第2章（p.307）的评注。

始的关于蛋的禁忌。普卢塔克在做了一个梦之后，在很长一段时间内戒食蛋类。据他说，一天晚上他在跟朋友一起吃饭的时候，一些朋友注意到他没有吃蛋，于是便认为他"受到了俄耳甫斯教教义和毕达哥拉斯学说的影响，就像一些人拒绝吃动物的心脏和脑一样拒绝吃蛋，因为他把蛋看作生命之源，是一种禁忌"。信奉伊壁鸠鲁学说（追求美食）的亚历山大(Alexander the Epicurean)用嘲弄的口吻引述了一句话：

> 食豆如食父母头颅。

普卢塔克说："似乎毕达哥拉斯学说的信奉者把豆看作蛋，因为两者有相通之处，他们认为吃蛋和吃下蛋的动物一样不可取。"他接着说，在跟信奉伊壁鸠鲁学说的人说话时，把梦作为戒食蛋类的借口是没有用的，因为对他来说，这种托词比戒食蛋类本身更愚蠢。由于亚历山大是个有文化的人，普卢塔克接着让他回答一个有趣的问题：是先有鸡还是先有蛋？亚历山大在争辩的过程中重又提到俄耳甫斯，然后，在引述了柏拉图关于母亲与奶妈的说法后，他说着说："我赞美那些懂得俄耳甫斯教神圣教义的人，因为这种教义不仅确认蛋先于鸟出现，而且把它看成万物的至尊。"最后，为了更清楚地说明自己的观点，亚历山大还提到一种仪式："因此，在狂欢仪式上，为了纪念狄俄尼索斯，人们把蛋作为神圣的祭品之一，这并不是没有道理的，因为它作为万物之源的标志，本身就包含着万物。"①

马克罗比乌斯在《农神节》中也有同样的说法，也给出了同样的理由。他说："问一问那些在纪念酒神利柏耳的仪式上接受启蒙的人吧。在这种仪式上，蛋是一种令人尊敬的东西，因为人们认为宇宙的形状就像球状的蛋。"② 阿喀琉斯·塔提俄斯(Achilles Tatius)说："一些人认为宇

---

① 普卢塔克：《会饮篇》，II, 3.1。
② 马克罗比乌斯：《农神节》，VII, 16.691。

宙的形状像松球，有的认为像蛋，持这种观点的人是那些参加俄耳甫斯教的神秘仪式的人。"

要不是阿里斯托芬在喜剧《鸟》中提到宇宙的起源，我们也许会以为蛋是晚期才被引进俄耳甫斯教的神秘仪式的。但是，我们对俄耳甫斯教的教义研究得越深入，就会越清楚地看到这些教义多数基于非常原始的仪式。用于仪式的蛋就是很好的材料。既然可以将小孩和乳汁神秘化，那么，蛋就肯定会被赋予神秘的含义。

然而，我们不知道蛋在俄耳甫斯教的仪式中到底是做什么用的。在通常的仪式中，它有两个用途：一是用于净化，二是作为献给死者的祭品。我们在前文已经非常清楚地看到，原始的净化仪式通常是对鬼魂和幽灵的安抚，安抚和净化这两种作用可以用同一个词语"奉献"来概括。卢奇安在其著作中两次提到蛋，并把它和赫卡忒的晚餐称为"净礼"的剩余物。① 戴奥真尼斯让波鲁克斯告诉愤世嫉俗的墨尼波斯，要他下到冥国后，"装上满满的一袋豆子，如果可能的话，还要装上赫卡忒的晚餐或者那个净礼用的蛋或者类似的东西"。在另一篇对话录里，正在等待牺牲品的命运女神克罗托（Clotho）问："哲学家库尼斯科斯（Kyniskos）吃了赫卡忒的晚餐和用于净礼的蛋，还吃了生墨鱼，他应该死了，现在他在哪儿呢？"在奥维德的《爱的艺术》里，那个为一个生病的女人举行净礼的老巫婆要带上硫黄和蛋：

> 然后，还要把年迈的巫婆请来，
> 让她净化床铺和房子，
> 叫她用那双颤抖的手献上蛋和硫黄。②

蛋不仅用在给活人举行的净化仪式上，而且被用作祭祀死者的祭品，

---

① 卢奇安：《冥间的对话》，I，1。
② 奥维德：《爱的艺术》，II，330。

这一点可从以下事实得到证明：在一些雅典的白色花瓶的图案上，在那些装着祭品的篮子里就有蛋。①

在我们的心目中，蛋是营养品，而不是净化的用品，虽然至今人们还在用蛋黄作为洗发剂。在古代，用作净化的蛋更多的是起到巫术的作用，而不是起到实际的作用。从作为献给死者的安抚性的祭品，蛋变成了一般的"净化"用品。当然，由于与死者有联系，原本作为食物的蛋成了一种禁忌。

尽管如此，原始人虽然虔诚，但也很节俭。愤世嫉俗的人会表现出自己不信神的态度，他们也会吃掉"净礼上的蛋"来充饥。甚至连最迷信的人也希望，在净礼上自己用不着磕破鸡蛋，这样既可以达到净化自己的目的，又能够用这些蛋孵出小鸡。克雷芒说："你会看到，那些在净化仪式上使用过的蛋还可以拿来孵化出小鸡，如果给它们适度加温的话。"他接下来说的话很有启发性："如果这些鸡蛋已经吸收了那个被净化的人的罪恶，那它们是不能孵出小鸡的。"② 克雷芒的心态和他所抨击的"异教徒"至少是一样的原始。很显然，俄耳甫斯教徒只是将一种古老的仪式神秘化了。像在其他方面一样，俄耳甫斯教只是往很旧的瓶子里灌了新酒。

至此，我们可以肯定地说，万物之卵出自俄耳甫斯教，很可能这是基于一种原始仪式的教义。③ 从这个蛋中诞生出来的爱神厄洛斯要复杂得多，他的诞生似乎源于许多不同的因素。

作为头像方碑的厄洛斯

荷马并不知道厄洛斯是一个人。对他来说，爱神就是阿佛洛狄忒。

---

① 马丁·尼尔松在他的著作《希腊死者崇拜中的蛋》（*Das Ei im Totenkultus der Griechen*）中已经非常清楚地证明了，蛋被当作献给死者的祭品。
② 亚历山大的克雷芒：《规劝书》，VII, 4, p.713。
③ 万物之卵有可能是从埃及传入的，后来和净礼用的蛋发生了融合。

厄洛斯没有出现在地方性的崇拜里，这很奇怪，同时也是发人深思的。我们见到的只有两个事例。保萨尼阿斯说："忒斯庇亚人（Thespians）原先最崇拜众神当中的厄洛斯，他们为他竖立了一尊非常古老的塑像，也就是一块没有加工过的石头。"① 普卢塔克说："忒斯庇亚人每隔四年都要举行一个隆重的仪式来纪念厄洛斯和缪斯女神。"② 普卢塔克结婚后不久便去参加这个仪式，此后，在儿子出生前他都参与了这个仪式。他参加这个仪式似乎是因为他的家族和他妻子的家族之间的差别。他的儿子们明确地说，他带上他的新婚妻子参加仪式，"因为仪式上的祈祷和献祭都是她自己的事"。很可能他们参加仪式是为日后的孩子们祈祷。如果我们相信普卢塔克写给妻子的信的话，他就是个和蔼的丈夫。但他们一起参加仪式其实是出于非常实际的目的，这使人联想到忒斯庇亚人崇拜的厄洛斯的主要职能。那块"没有加工过的石头"跟有翅膀的厄洛斯相差甚远，但和佩拉斯吉人崇拜的粗糙的赫耳墨斯石像非常接近，而赫耳墨斯是达达尼尔人和小亚细亚人崇拜的普里阿波斯（Priapos）③ 的亲兄弟。可见，厄洛斯是由某个古老的受到广泛崇拜的掌管生殖的神祇演变而来的。

保萨尼阿斯不知道是谁在忒斯庇亚人当中创立了厄洛斯崇拜，但他说达达尼尔海峡（赫勒海峡）沿岸的帕里乌姆人（Parium）也崇拜厄洛斯，而帕里乌姆人是居住在爱奥尼亚的来自厄律特拉（Erythrae）的殖民者。他还知道厄洛斯有老年、青年之分。他说："多数人以为他是众神当中最年轻的神，是阿佛洛狄忒的儿子。但是，为古希腊人创作了数量最多的颂歌、同样是来自小亚细亚的吕基亚的奥伦（Olen）在一首赞美埃雷提伊亚的颂歌中说，她是厄洛斯的母亲。"他接着说："在奥伦之后，潘佛斯（Pamphos）和俄耳甫斯开始创作史诗，但他们都写了一些赞美厄洛斯的颂歌，供吕科米德人在仪式上歌唱。"

---

① 保萨尼阿斯，IX, 27.1。
② 普卢塔克：*Amat.*, 1。
③ 迪奥多罗斯，IV, 6。

厄洛斯：作为生命的刻瑞斯

可见，俄耳甫斯教的神学家在一种地方崇拜中找到了一个掌管生命和生殖的神祇，而在一种古老的仪式中找到了另一种与此无关的因素——用于净化的蛋。既然蛋是万物之源，那么由此而来的一个几乎不可避免的结果是，从这个蛋诞生出来的应该是一个有翅膀的鸟神，他是生命的源泉，他比蛋具有更清晰的形象，但在作用上和蛋接近。要在美术作品中寻找这种有翅膀的神并不难。厄洛斯只不过是以特别的形象出现的刻瑞斯；厄洛忒斯是生命的刻瑞斯，他们和刻瑞斯一样也是有翅膀的精灵。事实上，像花瓶画所刻画的那样，刻瑞斯和厄洛忒斯有着很近的亲缘关系。前文已经说过，刻瑞斯是一些有翅膀的细菌，能够带来果实或者死亡。但是刻瑞斯主要是往消极方向发展，他们与死亡的联系越来越紧密，而充满着新精神的厄洛忒斯则向上发展，与生命产生越来越密切的联系。

在花瓶画上，刻瑞斯和厄洛忒斯非常相似——不，应该说刻瑞斯等同于厄洛忒斯——从图166、图167中的花瓶画可以清楚地看到这一点。图166是巴勒莫博物馆收藏的一块花瓶残片[①]上的图案。一个武士躺在地上死了，生命的气息从他张开的嘴中逃了出来。在他的上方盘旋着一个有翅膀的刻瑞斯，他似乎是在用右手收起那即将离去的灵

图 166

[①] 编号 2351。另见 P. 哈特维希的文章，《希腊研究》1891 年第 12 期，p. 340。

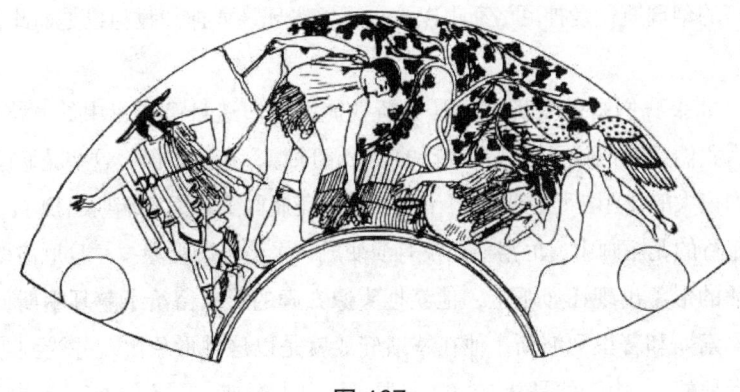

图 167

魂。这是一个鬼魂接鬼魂的场面。在罗马人的神话里,这种接收即将离开肉体的气息的动作是通过嘴唇完成的。安娜(Anna)死后,狄多(Dido)就是这样做的:

> 拿水来,我要给她清洗伤口,我还要
> 用嘴唇对着她的嘴唇,收集她那最后的气息。①

图 167 是科尔涅托(Corneto)博物馆收藏的一个红绘花瓶上的图案。被赫耳墨斯召来的忒修斯正要离阿里阿德涅(Ariadne)而去,他正从地上拾起自己的凉鞋,很快他就会离开。阿里阿德涅正躺在狄俄尼索斯那巨大的葡萄藤下酣睡。在她的上方盘旋着一个有翅膀的精灵,他在给她戴上花冠,似乎在安慰她,他和图 166 中的刻瑞斯是同一类精灵。考古学家为他的名字争论不休。他是生命之神、爱神、睡神还是死神?谁知道呢?我们要密切注意的正是这种变化之中的不确定性,它无疑能给我们带来启发。我们能够确定的是,这幅花瓶画的作者把侍候者刻画成有

---

① 维吉尔:《伊尼德》,IV,684。根据原始人的思维方式,新的灵魂是从旧的灵魂中诞生的,见泰勒:《原始文化》,II,p.4。

翅膀的刻瑞斯,爱神厄洛斯也以这种形象出现,死神和睡神也是如此。

如果我们真的要理解俄耳甫斯教徒如何塑造自己心目中的厄洛斯,那么我们必须把脑子里许多流行的观念清除掉,在这方面,这些花瓶画能起到很大的作用。厄洛斯没有出现在黑绘花瓶画上,而刻瑞斯出现了,但在流行的花瓶画中,厄洛斯还没有演变成一个清晰的形象。一旦厄洛斯以神话的形象出现在瓶画上,他就把头像方碑的形象留给了赫耳墨斯、狄俄尼索斯和普里阿波斯(他在忒斯庇亚就是以这种形象出现并受到当地人崇拜的)。由于他是从万物之卵中诞生出来的神,因此他便以有翅膀的刻瑞斯的形象出现。早期的红绘花瓶画上没有罗马瓶画中的那种胖男孩,也没有希腊化时代的瓶画中的那种顽童。这些瓶画的作者根本不知道现代人心目中代表男女之间炽热爱情的爱神。如果我们接受这些早期瓶画作者的观念,那么我们就必须把厄洛斯看成刻瑞斯——一种生命的冲动、一切生命的决定性因素,把他看作一个可怕但有时又可以忍受的人,因为他有着复杂的道德寓意。但对春天里的植物、鲜花和幼小的生命来说,他是最友善、最受欢迎的。《神谱》里的厄洛斯就是这样的神:

> 爱神适时而来,春天到来时他带来鲜花,
> 这时他离开了自己的诞生地——
> 美丽的岛屿塞浦路斯。爱神来了,他在地上
> 给人们播撒了种子。[1]

在瓶画家希埃伦创作的花瓶画中,这些生命的小精灵围绕着他们的母亲、女主人阿佛洛狄忒。图168是柏林博物馆收藏的一个基里克斯陶杯[2]上的图案,这是"帕里斯的评判"场面的一部分。阿佛洛狄忒——

---

[1] 赫西奥德:《神谱》,1275。
[2] 编号2291。

图 168

胜利的礼物赐予者、最伟大的美惠女神——站在那里，手里拿着鸽子。那些虔诚的厄洛忒斯簇拥着她，他们就像那些侍候库瑞涅的有翅膀的刻瑞斯（见图 22）：他们拿着花冠和枝叶，不仅因为这是献给礼物赐予者的礼物，而且因为他们也是生命和美惠的精灵。

在图 169 中我们也可以看到这样一个厄洛斯，这是佛罗伦萨 Museo Cirico 收藏的一个古老而漂亮的红绘陶杯正中的图案。陶杯上有陶工卡克律利翁（Chachrylion）的签名，而且是非常骄傲地签了两次："卡克律利翁造，卡克律利翁造。"其中刻画的厄洛斯也拿着一根巨大的花枝，作为神的精灵，他正在水面上游动。索福克勒斯在《安提戈涅》中有一段类似描述：

> 啊，你是不可战胜的厄洛斯，
> 你抢走了贮存的金子，藏在
> 姑娘的脸颊里，在睡梦的遮掩下，

长夜在流逝。

啊，海上的流浪者，啊，居住在荒野山洞里的可怕精灵，

谁也无法从你手里逃脱，

不管是天上永生的神，

还是在日出前消失的人，

找到你的人都会欣喜若狂。①

图169

厄洛忒斯像刻瑞斯一样数量众多，但厄洛斯被彻底地人格化之后，他就成了一个人，而且由一个脆弱的精灵演变成一个英俊的青年。但直至晚期，他依然保持着生命精灵、美惠赐予者的特点。图170是晚期的一个红绘花瓶②，现收藏于雅典博物馆。我们看到图中的厄洛斯正在给花园里那些细长的花枝浇水。当然，到了这个时候，爱神已被刻画成事事皆干的神，他已被降格为什么活儿都干的神：他要为少女摇动秋千、滚动铁环，侍候贵夫人上洗手间。但在这幅瓶画上，这个浇花的厄洛斯身上似乎还保留着某种古老的传统。这使我们想起柏拉图在

图170

---

① 索福克勒斯：《安提戈涅》，781，吉尔伯特·默里译。
② 编号1852。图170是休·斯图尔特夫人在匆忙之中为我草拟的，仅仅是作为一种说明图，而不是作为用于发表的、代替原件的正式图画。

《会饮篇》里说的话:"厄洛斯身体最旺盛的时候是他和鲜花在一起的时候,因为他不是逗留在没有鲜花、正在凋零的肉体或灵魂里,而是在香气袭人、繁花似锦的地方,他就坐在那种地方。"①

作为青年的厄洛斯

刻画有厄洛斯的花瓶画大多来自雅典,正是在雅典的瓶画上,厄洛斯作为男青年的形象得到了完善。这种形象的厄洛斯非常频繁地出现在早期的红绘花瓶画上,这些花瓶都标有"美丽的"字样,因此这类花瓶很可能是作为爱情礼物出售的。在这种瓶画上,厄洛斯拿着一根火把、一把里拉琴、一只兔子,有时还拿着一朵花。图 171 也许是这些花瓶画当中最优美的一幅。②这幅瓶画上标着"美丽的卡尔米德斯"字样。画面上的厄洛斯拿着武器——盾牌和长矛,他在径直往下飞翔,修长裸露的身体构成优美的线条。诗人心中的厄洛斯也许就是这个样子,但是瓶画上的这些爱神,这些生命和死亡的刻瑞斯,尤其是这个拿着武器的厄洛斯不禁让人想起欧里庇得斯的《希波吕托斯》中的一段合唱歌里的祈祷:

> 厄洛斯呵,厄洛斯,从眼里滴出相思来的,
> 你在你所进攻的人们的心里
> 留下了甜蜜的喜悦,
> 切不可在不利于我的时机向我出现,
> 也不可没有节制地前来呵!
> 因为再也没有什么火的箭
> 或星的箭,比那从宙斯的儿子厄洛斯的手里

---

① 柏拉图:《会饮篇》,196A。
② 这个花瓶现为巴黎国家图书馆藏品,编号 366。

射出来的更厉害的了。①

绘画的表现技巧通常会阻碍而不是帮助诗歌意象的塑造,但在这里,这两种不同的艺术所表现的都是同一个庄严的生命和死亡的主题。

瓶画家笔下的厄洛斯代表爱情,这种爱情多少受到了人与人之间激情的影响。这些镇静的甚至近乎禁欲的厄洛忒斯有助于我们认识这样的事实:在希腊人的心目

图 171

中,这种爱是严肃而美丽的心灵之爱,而不是肉体之爱。如柏拉图所说,它超越平凡之物,超越一般的男欢女爱。对他来说,这种爱情似乎是灵魂深处的炽热之情,在这种白热化的情感面前,肉体也会沉默地退缩。

有意思的是,随着美惠女神由两个——神母和神女——演变成了三个,人们也设法塑造出三个厄洛忒斯。在图172中,我们就看到三个英俊的厄洛忒斯从海面上飞过。这是大英博物馆收藏的一个红绘贮酒罐上的图案。领头的那个被标上希墨洛斯这个名字,他手里拿着一条长长的束发带,正回头看其他两个厄洛忒斯。而这两个当中,有一个手里拿着一根嫩枝,另一个拿着一只兔子。这两个形象旁边都标有 καλός 字样。但是这种三位一体的形象——厄洛斯、希墨洛斯和波托斯——从来没有真正流行过。前文我们对为数众多的三位一体的女神形象的起因进行了讨论。与三位一体的女神不同,男性神祇缺乏形成三位一体的自然纽带。在希腊宗教中,三位一体的男性神被认为是做作的,因而也就没有最终形成。

---

① 欧里庇得斯:《希波吕托斯》,525。

图 172

厄洛斯与神母

说到这些三位一体的女神,就让我们想起三个赐予美惠的女神当中最伟大的女神——阿佛洛狄忒。在第六章"女神的诞生"的末尾,她是一个居于主宰地位的女神,但在雅典,有一段时间她变得黯然失色。我们几乎可以像阿尔克曼(Alcman)那样说:

> 根本没有阿佛洛狄忒。饥饿的爱神
> 像男孩一样迈着轻快的步伐在花丛中玩耍。①

我们不能把阿佛洛狄忒的没落归咎于俄耳甫斯教。传说中的俄耳甫斯被刻画成一个讨厌女人的人,并且被认为给阿佛洛狄忒贴上了赫西奥德式的标签,说她有"狗一样的"本性。但这种传说显然被两种因素所

---

① 阿尔克曼:残篇,38(34)。

影响和扭曲：一是赫西奥德正统的父权制思想，二是雅典及希腊其他城邦特别的社会环境。这两种对妇女不利的因素迫使人格化之后的爱神以一个青年的形象出现。

此外，我们还必须注意到这样一个事实：由于俄耳甫斯教以狄俄尼索斯教为基础，还由于这种宗教所崇拜的神是狄俄尼索斯——塞墨勒的儿子，因此俄耳甫斯教在塑造自己的神时很自然地把他塑造成一个神母的圣子。在这个时期，狄俄尼索斯教已经传入雅典，圣子几乎取代了神母。同样，厄洛斯已远在阿佛洛狄忒之上。有意思的是，作为俄耳甫斯教徒崇拜的女神，她的形象是古老的该亚，而不是专门掌管爱情的爱神阿佛洛狄忒。

一些晚期的红绘花瓶画非常有启发性地展示了这种新的爱神与旧的大地女神之间的融合。图 173 就是这样一幅晚期的红绘花瓶画[①]。我们一眼就可以看出这个画面跟图 67 和图 69 非常相似，都是表现大地女神从地里冒出的情景。大地女神巨大的头部从地里升起来，她的崇拜者——萨梯们拿着镐子出现在画面上。但在这里增加了一个新的因素：两个厄洛斯盘旋在女神的头上，在欢迎她的到来。这让我们想起图 71——厄洛斯迎接潘多拉，还有图 86——厄洛斯迎接刚刚诞生或沐浴过后的阿佛洛狄忒。人们通常认为图 173 中的女神是阿佛洛狄忒，我认为这是不恰当的。和珀耳塞福涅一样，她是一个大地女神，是从土地里生长出来的新生命，并受到了生命的精灵——刻瑞斯-厄洛斯的欢迎。我们的解读仅止于此。这幅画最好地体现了由旧到新的转变以及新与旧的融合：萨梯这些原始古老的该亚的崇拜者和厄洛斯这些新的爱情与生命的精灵同时出现在同一个画面上。

如果我们还记得这样一个事实，即阿佛洛狄忒和珀耳塞福涅都是科

[①] 弗罗纳（Fröhner）：《希腊瓶画选萃》（*Choix de vases grecs*），图版 VI，p.24。赫伯特先生告诉我，这个花瓶现为布鲁塞尔博物馆的藏品。

图 173

瑞——大地女神的处女形象,那么就不难理解为什么她们很容易从一个形象转变为另一个形象。如前文所述,俄耳甫斯教徒信仰作为科瑞的珀耳塞福涅,他向她祈祷:

> 我是受过净化的人,啊,冥界纯洁的女王,

他承认:

> 我已经走进德斯波伊那——冥国女王——的怀抱,

还说:

> 但如今我成了一个向神圣的斐耳塞福涅亚祈愿的人,
> 祈求慈悲的她把我接纳,让我成为神圣的一员。

然而,从一位史诗诗人的残篇(保留在无名氏的《驳异教邪说》里)中我们了解到，根据一些人的说法，主宰冥国丛林的是另一个科瑞，或者说是一个有着不同名字的科瑞。这位佚名的作者说："小型的神秘仪式是为纪念冥国的珀耳塞福涅而举行的，仪式涉及那条通往冥国的路——一条宽广的大路，死者就是顺着这条路去到珀耳塞福涅身边的。那个诗人还说：'然而，大路的尽头还有一条崎岖不平的小道，到处是充满污泥的坑洼，但那是一条通往最神圣的阿佛洛狄忒的美丽丛林的路。'"①

两个处女神——珀耳塞福涅和阿佛洛狄忒——相互影响，珀耳塞福涅具有越来越多的爱神的特征，而阿佛洛狄忒具有越来越多的死神的特征。随着作为圣子的厄洛斯变得越来越有影响，神母阿佛洛狄忒渐渐融入作为冥国处女神的珀耳塞福涅。

图 173 中的瓶画非常清楚地展示了两种观念——原始的大地女神和俄耳甫斯教的厄洛斯——在艺术上的融合。令我们高兴的是，我们能够找到明确的证据来证明在地方崇拜中也出现了类似的融合，这种融合出现在一个特别神圣的地方：阿提刻的弗吕亚——欧里庇得斯的出生地。

弗吕亚的厄洛斯和神母的神秘仪式

欧里庇得斯的诞生地弗吕亚特别值得我们关注。下文我们会看到，这里举行的神秘仪式比厄琉西斯的神秘仪式还要古老，它们不仅纪念神母和处女神，而且还纪念俄耳甫斯教的宇宙之神厄洛斯。尽管欧里庇得斯对正统的奥林波斯教的神学抱有明显的敌意，但对俄耳甫斯教的两个神祇——狄俄尼索斯和厄洛斯，他始终充满敬意。似乎有这样的可能：故乡的神秘仪式可能在不知不觉中影响了他对宗教的态度。

我们从保萨尼阿斯的描述中得知，弗吕亚人崇拜大地女神。人们在崇拜她的同时也崇拜一些和她有亲缘关系的神："弗吕亚的居民有许多祭坛，分别祭祀光明母亲（Light-Bearer）阿耳忒弥斯、狄俄尼索斯·安

---

① 《驳异教邪说》，V，8。这位佚名的"诗人"很可能是巴门尼德（Parmenides）。

提俄斯、伊斯墨诺斯的仙女们以及该亚——他们称她为大神母。在另一座神庙里也有一些祭坛，分别祭祀得墨忒耳·阿涅西多拉、宙斯·克忒西俄斯、雅典娜·提特罗涅、科瑞·普洛托戈涅和一些所谓的可敬的女神。"①

弗吕亚地区②水源充足、土地肥沃，这里的人崇拜"掌管鲜花的"狄俄尼索斯和"奉献礼物的"得墨忒耳是再自然不过的了。很可能这个地名就源于这里肥沃的土地。普卢塔克在和一些语法学家吃点心时讨论过为什么恩培多克勒把苹果称为"丰硕的"（ὑπέρφλοα）。普卢塔克做了一个很不恰当的猜测，他认为这个词跟"皮、壳"（φλοιός）有联系，而苹果被称为 ὑπέρφλοιον 是"因为苹果中所有可吃的部分位于那个像壳一样的内核的外面"。那些语法家的说法更恰当些，他们指出，阿拉图斯（Aratus）用 φλόον 来表示青翠、茂盛，"果实的青翠茂盛"。他们还说了一句具有启发意义的话："一些希腊人献祭狄俄尼索斯·弗罗伊俄斯（Phloios）——掌管成长和茂盛的神祇。"③狄俄尼索斯·弗罗伊俄斯和狄俄尼索斯·安提俄斯其实是同一个神的不同名称。

在这一古老的大地神灵的家族里，阿耳忒弥斯和宙斯看起来像是晚期的奥林波斯神的名字。作为光明母亲的阿耳忒弥斯可能继承了古老神秘的赫卡忒崇拜，因为赫卡忒的别名也叫"光明母亲"（Phosphoros）。我们已经明确地知道宙斯·克忒西俄斯不是奥林波斯神。像宙斯·梅利克俄斯一样，他取代了一个古老的"收获"和丰产之神，成为人们崇拜的对象。宙斯·克忒西俄斯是贮藏室之神，哈波克拉提恩说："他们在贮藏室里供奉宙斯·克忒西俄斯。"④这个神生活在坛子里。在讨论容器的各种形状时，阿提尼俄斯说到一种叫卡迪斯科斯（kadiskos）的容器："这是一种

---

① 保萨尼阿斯，I，31.4。最早注意这段描述的是富特文勒教授，他是在讨论那些表现神母从大地里"冒出"的花瓶画时提到这个段落的，见《学院年鉴》，1891 年，pp. 117-124。但我不能苟同他对那些瓶画的解释，他似乎不了解《驳异教邪说》的有关描述。
② 见弗雷泽博士的《保萨尼阿斯》第 2 卷，p. 412。
③ 普卢塔克：《会饮篇》，V，8.2—3。
④ 哈波克拉提恩的词典中的有关条目。

用来祀奉宙斯·克忒西俄斯的容器，安提克莱德斯对此解释说，人们通过以下方法对宙斯·克忒西俄斯的标志物进行祝圣：'把盖子盖在有两个手柄的新的卡迪斯科斯上面，手柄上要缠上白色的羊毛……你还要把能找到的任何东西放进去，再把美味珍馐倒进去。所谓珍馐就是纯净水、橄榄油和各种水果，把这些东西倒进去。'[①] 不管安提克莱德斯的描述有多隐晦，有一点是很清楚的：宙斯·克忒西俄斯不是天上掌管雷电的奥林波斯神，宙斯只是他的虚名。[②] 克忒西俄斯显然是一个古老的丰产之神，和梅利克俄斯属于同一类神祇。他的标志不是塑像，很可能像阿瑞福拉节上那些放在圣器箱里的圣骨一样是一种巫术性的符咒，保存在坛子里，其目的是守卫贮藏室。宙斯·克忒西俄斯出现在弗吕亚再自然不过了。荷马史诗提到，奥林波斯神宙斯的门槛上放着一个大坛子，这也许是对他的前身——住在坛子里的像精灵一样的半神——的最后记忆。

在这里，我们只是顺便提一下这个叫作宙斯的丰产半神。在保萨尼阿斯列举的弗吕亚人崇拜的复杂的神当中，我们主要关注的显然是大神母。这个被称为普洛托戈涅的科瑞使人联想到俄耳甫斯教，但保萨尼阿斯没有说那是一种神秘的崇拜，而且也没有提到厄洛斯。幸好我们能够从别的途径得到更多的详细资料。在讨论忒弥斯托克勒斯的出身时，普卢塔克坚信，忒弥斯托克勒斯与吕科米德家族有关。他说："这一点很清楚，因为西摩尼得斯说过，弗吕亚的神庙——吕科米德家族的共同财产——被野蛮人焚毁后，是忒弥斯托克勒斯重修了神庙，并用绘画装饰神庙。"[③] 在这个举行"启蒙仪式"的神庙，人们还供奉厄洛斯。有关的证据不多，但足以证明这一点。在讨论忒斯庇亚的厄洛斯崇拜时，保萨尼

---

① 阿提尼俄斯，XI，46，p.473。
② 很可能他的名字根本不叫作宙斯。如果我的猜测没有错的话，"宙斯"在这里只是仪式用语而已。
③ 普卢塔克：《忒弥斯托克勒斯》，I。保萨尼阿斯（IV，1.7）在谈到吕科米德家族的这座神庙时把它称为 κλίσιον，弗雷泽博士把这个词译为"小神庙"，也许它的意思是"披屋"，即附加的小房，但我猜它在这里的意思与 παστας 相同，即"洞房"。

阿斯附带说到，诗人潘佛斯和俄耳甫斯都创作了"一些关于厄洛斯的诗歌，吕科米德人在举行仪式时唱的就是这些诗歌"。

我们还了解到，这种神秘崇拜也与某个大地女神有关。前面提到，保萨尼阿斯确实到过弗吕亚，但根本没有提到"神秘仪式"，这是很奇怪的。他只是说那里的人崇拜大神母和其他神祇。很可能到了他那个时代，弗吕亚的神秘仪式在正统且居主导地位的厄琉西斯神秘仪式面前已经显得无足轻重了。但是，在谈到美塞尼（Messene）的安达尼亚（Andania）的神秘仪式时，他却详细地讨论了弗吕亚的仪式。他提到的三个事实都表明弗吕亚的崇拜是一种神秘崇拜。首先，他说安达尼亚的神秘仪式是由弗吕俄斯（Phlyos）的一个孙子带来的。我们可以推断，这个弗吕俄斯就是弗吕亚的名祖英雄。其次，我们已经知道，由于吕科米德人在弗吕亚有一个用于举行启蒙仪式的神庙，他们在那里歌唱赞美厄洛斯的颂歌，所以穆塞俄斯为得墨忒耳写了一首颂歌，歌中提到弗吕俄斯是该亚的儿子。最后，墨塔波斯（Methapos）——"启蒙仪式的伟大创立者"——在吕科米德的神庙里有一座塑像，保萨尼阿斯引述了塑像上的诗文①。根据以上证据，弗吕亚的崇拜无疑是一种神秘崇拜，在人们所崇拜的神祇当中有神母、处女神和厄洛斯。

由此，我们可以清楚地看到，如图173所示，弗吕亚人崇拜的神也是新旧融合的神。他们崇拜神母和处女神合一的大地女神，还崇拜俄耳甫斯教生命和爱情的精灵——厄洛斯。很可能对大地女神的崇拜是本土所有的，而在俄耳甫斯教的影响下，人们的崇拜对象中又多了厄洛斯。

雅典花瓶画中的厄洛斯是一个英俊的阿提刻青年，但有证据证明弗吕亚人崇拜的厄洛斯被塑造成和头像方碑相似的形象。在讨论俄耳甫斯教的神秘仪式时，我们已经看到，根据《驳异教邪说》的无名作者的说法，在弗吕亚有一个装饰着图画的洞房。这个洞房可能就是由忒弥斯托

---

① 保萨尼阿斯，IV, 1.7—8。

克勒斯修复并装饰的神庙或神庙的一部分。普卢塔克在一本书里详细讨论过这些图画的内容，可惜这本书已经失传。由于普卢塔克描述的这些图画所表现的显然是俄耳甫斯教的内容，而普卢塔克是同情俄耳甫斯教的，所以他的描述一定非常有助于我们了解俄耳甫斯教，从这个意义上说，该书的失传确实是非常令人遗憾。《驳异教邪说》的作者简单地描述了其中一幅画——仅仅是一幅而已——内容如下："入口处有一幅画，画面中有一个满头白发、有翅膀的老人，他正在追赶一个逃跑的蓝色的女人。男人的上方写着 φάος ρνεντης 字样，而女人的上方则写着 περεηφικόλα 字样。按照塞特人（Sethians）的教义，φάος ρνεντης 似乎表示'光明'，而 φικόλα 表示'深色的水'。"这些神秘的图画的确切含义也许再也不为人所知，但我们几乎能有把握地推断，这幅画中的男人是厄洛斯，他正追赶一个女人，他长着翅膀，这一形象和一般神话中的厄洛斯相似。但这是神秘崇拜中的厄洛斯，他并不年轻，而是一个满头白发的老人。按照俄耳甫斯教的传统，这是最年长的神。标在他上方的名字是"法俄斯·鲁恩特斯"，意思是"闪闪发光"，而被他追赶的女人是他的新娘，标在她上方的名字意思是"黑暗"或"深色的水"。这让我们想起《圣经》开头所说的"神的灵运行在水面上"。忒斯庇亚古老的厄洛斯原本是一个头像方碑，在此不仅变成了生命的本源，而且成了光明的起源——"光明"追赶并穿透"黑暗"。俄耳甫斯教的一首颂歌提到的在大风里从蛋中诞生的普洛托戈诺斯（Protogonos）正是这样一个动物和灵魂混合的奇特的生灵：

> 在这个井然有序的世界上，你这个狂暴的灵魂
> 照射在一切生物上；你是神圣的
> 光明之神，所以被人叫作法涅斯，还被叫作
> 普里阿波斯，你是唤醒黎明的光明。[①]

[①] 《俄耳甫斯颂歌》，VI，7。

信奉神秘主义的俄耳甫斯教徒这样唱着,试图把不可言传的东西表达出来。而出生在神秘主义的故乡的诗人欧里庇得斯则这样歌颂神母和圣子:

> 塞普里斯啊,是你指挥着
> 神和凡人的不屈的心。
> 同你在一起的
> 还有长着那彩色翅膀的他,
> 环绕着大地迅速地飞翔。
> 他飞着,在陆地上,
> 也在喧嚷的咸水的海上。
> 爱神厄洛斯展开金光的翅膀,
> 去袭击那疯狂的心,
> 他蛊惑了那山林里的兽崽,和那海里的,
> 凡是那灼热的阳光
> 所照着的大地所长养的
> 生物,以及人们。塞普里斯啊,
> 对于这一切,只有你
> 独自保持着君王的威权。①

毕达哥拉斯与母权主义的复活

我们可以有把握地说,年轻英俊的男性爱神的形成是由于受到雅典的影响,而不是受到俄耳甫斯教的影响。在这里需要指出的重要一点是,俄耳甫斯教的毕达哥拉斯教派所恢复的是母权制的宗教观念,而不是父权制的宗教观念。以神母和圣子崇拜为基础的狄俄尼索斯教重视妇女并

---

① 欧里庇得斯:《希波吕托斯》,1269。

给妇女以自由，这种情形也许只会在宗教观念较强的北方各民族当中出现。我们有明显的证据证明，毕达哥拉斯恢复了类似的情形（当然有所不同，那就是母权制的宗教信仰），同时得到恢复的还有妇女对精神和肉体的强烈渴求。

据阿里斯托克塞诺斯（Aristoxenus）说，毕达哥拉斯的道德知识大多来自一个名叫忒弥斯托克勒亚（Themistoclea）的女人，她是德尔斐的一名女祭司。① 这使我们想起苏格拉底和迪奥提玛（Diotima），迪奥提玛是曼梯尼亚的一个聪明的女人。在曼梯尼亚这个地方，人们发现了有关安达尼亚的得墨忒耳神秘仪式的宝贵碑文。我们还想到了普卢塔克和一个参与狂欢祭典的女人克列亚的亲密友谊。毕达哥拉斯就是把自己的全部作品托付给了一个女人——他的女儿达谟（Damo），并叫她不要向外人泄露这些作品。戴奥真尼斯还吃惊地发现，男人们"把自己的妻子交给毕达哥拉斯，目的是想了解他的一些教义"，这些女人被称为"毕达哥拉斯的门徒"。② 克拉提诺斯就这些毕达哥拉斯的女门徒写了一部喜剧，以此来讽刺毕达哥拉斯。由此，我们可以肯定，毕达哥拉斯的信徒当中并不乏女性。这一毕达哥拉斯式的妇女运动可能预示着柏拉图理想国的某些因素，同时也是阿里斯托芬妇女题材喜剧的动因。我们还了解到一个名叫阿里格诺特（Arignote）的女人，"她是大名鼎鼎的毕达哥拉斯的门徒，也是特阿诺的门徒。她是萨莫斯人、毕达哥拉斯学派的哲学家。她编了一些关于酒神崇拜的书，其中有一本是关于得墨忒耳神秘仪式的，书名叫'神圣的讲义'。她还是《狄俄尼索斯的仪式》及其他哲学著作的作者"。③ 毕达哥拉斯是恢复而不是创立母权主义，这是很清楚的。扬布利科斯说："凡是带有毕达哥拉斯的名字的东西都会带着古老的印记，都会充满着古代的风格。"④

---

① 戴奥真尼斯·拉俄修斯：《毕达哥拉斯传》，V。
② 戴奥真尼斯·拉俄修斯：《毕达哥拉斯传》，XXI。
③ 亚历山大的克雷芒：《规劝书》，IV，19§583。
④ 扬布利科斯：《论神秘仪式》，§247。

毕达哥拉斯在一封致克罗托内的妇女的信中公开地说"妇女跟虔诚自然有着更亲近的关系"①，这一点也不让我们感到吃惊。他说这句话时充满了尊敬，而斯特拉博则把这当作无知和迷信的证据。在谈到一些盖塔人（Getae）的独身风俗时，斯特拉博说："大家都承认，女人是迷信的主要推动者，是女人教唆男人频繁地献祭众神，并引诱他们参加场面混乱的狂欢活动的。"② 如前文所说，是毕达哥拉斯提出了这样一个宝贵的观点：一些女神所代表的其实是一个女人作为处女、新娘、母亲的不同的阶段。

毕达哥拉斯及其信徒在世时遵循的教义是母权制的教义，他们希望自己死后能和大地女神在一起。毕达哥拉斯的房子在他死后被当作祭祀得墨忒耳的神庙。普林尼记录下了一个很有意义的事实：毕达哥拉斯的门徒废除已流行甚久的火化，恢复了古老的土葬，而且是埋葬在坛子里——来自尘土又回归尘土。③

作为法涅斯、普洛托戈诺斯、墨提斯、厄里卡帕伊俄斯的厄洛斯

雅典诗歌和花瓶画中的厄洛斯无疑是男性，然而，神秘宗教中的普洛托戈诺斯既不是男性也不是女性，而是半阴半阳，是厄洛斯和阿佛洛狄忒的神秘结合体。他是一种不可思议的宇宙力量。厄洛斯这个美丽的名字并没有出现在俄耳甫斯教的颂歌里。我们在这些颂歌里看到的是墨提斯、法涅斯、厄里卡帕伊俄斯（Erikapaios），"用俗话说就是智慧、光明和生命的赐予者"。柏拉图的评注者意识到了柏拉图本人几乎没有意识到的东西，即在他的哲学著作里，他总是试图把俄耳甫斯教中的名称清楚地表达出来，企图像俄耳甫斯一样把不可言传的东西表达出来。他用

---

① 戴奥真尼斯·拉俄修斯：《毕达哥拉斯传》，8.1.10。
② 斯特拉博，VII，§297。
③ 普林尼：《博物志》，XXXVI，46。

$νοῦς$ 来解释墨提斯，用 $τὸ\ ὄν$ 来解释厄里卡帕伊俄斯。然而，绝望的他不时地利用神话进行解释，于是我们在他的著作中看到了有翅膀的灵魂、驾车人、四方形的阴阳人。普罗克洛斯知道 $τὸ\ ὄν$ 只不过是万物之卵，也知道厄里卡帕伊俄斯是阴阳人：

威力无比的厄里卡帕伊俄斯既是父亲又是母亲。①

赫耳米阿斯（Hermias）知道是俄耳甫斯把法涅斯塑造成一个四面人的：

他有四双眼睛，可以向不同方向张望。②

赫耳米阿斯说："受到灵感支配的诗人而不是柏拉图创造出了驾车人和马。"根据他的说法，这些受到灵感支配的诗人是荷马、俄耳甫斯、巴门尼德。

令我们感到有点儿震惊的是，他提到了荷马。但是，我们应该知道，荷马这个名字在古代并不仅仅意味着今天我们所知道的《伊利亚特》和《奥德赛》。一些"荷马式"的诗歌受到俄耳甫斯教的影响并不是不可能的。从墨提斯这个名字我们就可以知道这一点。宙斯把墨提斯吞下，然后从头颅中生出了雅典娜，这个奇怪的传说表明，人们极力地把思想作为存在和现实的基础。《库普里亚》（Kypria）中那个模糊的母亲就是俄耳甫斯教的墨提斯。如前文所述，雅典娜最初只是众多地方性的处女神之一，她是"雅典的处女"，和厄琉西斯的科瑞（处女神）一样，她也是大地所生。父权制企图抹杀她那古老的母权制的出身，于是俄耳甫斯教的神秘主义为她塑造了一个父亲——墨提斯。其他的一切都是由雅典人的理性主义左右的，理性女神（Reason）充分地表现了这种理性主义。

---

① 柏拉图：《蒂迈欧篇》，II，130。
② 柏拉图：《斐德罗篇》，p.135。

然而，从勒达（Leda）和天鹅的故事中我们可以看到更多的俄耳甫斯教的影响。和其他民间传说一样，勒达的故事可能源于一种崇拜。斯巴达有一座供奉古老的处女神希莱拉（Hilaira）和福柏的神庙，在神庙里，人们用丝带把一只鸡蛋悬挂在顶梁上，据说这是勒达生下的蛋。① 但是，据《库普里亚》的作者说，宙斯还有一个新娘——涅墨西斯（Nemesis）。② 和狄刻、阿南刻、阿德剌斯忒亚一样，涅墨西斯是俄耳甫斯教中那些形象模糊的女神之一。在黑绘花瓶画上，我们没见到有表现孩子从蛋中诞生的画面。虽然有关厄洛斯诞生的神话不一定是源于俄耳甫斯教，但这一神话提高了俄耳甫斯教的声望。图 174 是柏林博物馆收藏的一个红绘花瓶③上的图案，这是一个精美的小画面。在祭坛上放着一个巨大的蛋，一个男孩从中破壳而出。这个孩子没有翅膀，不然我们会以为他是厄洛斯。这个孩子向他面前的女人伸出了双手，她一定是勒达。画面展示的是一个狄俄斯库里兄弟诞生的场面，但也许会让人想起厄洛斯的诞生。在表现孩子从蛋中诞生情景的花瓶画中，这些场面多数是在神庙里发生的。

图 174

我们从已经成为经典的荷马史诗中得知，荷马的神学一点儿也没有受到俄耳甫斯教的影响。轮廓清晰、职能分明、人格化的奥林波斯神和变化不定、神秘莫测的普罗托戈诺斯没有任何亲缘关系。奥林波斯神并不认为自己是最重要的神，他们也不是任何意义上的造物神或生命之源。荷马的史诗根本没有涉及宇宙起源，他描绘的是一个已经成形的人类社

---

① 保萨尼阿斯，III，16.1。
② 《库普里亚》的残篇，见阿提尼俄斯，VIII，p.334。
③ 编号 2254。

会。他笔下的众神都是永生的，因为死亡会让他们的光芒黯然失色，而不是因为他们是万物之源。值得注意的是，虽然宙斯在荷马的神学体系里是至高无上的神，但他必须变成厄洛斯并且跟法涅斯合为一体后才能进入俄耳甫斯教的神学体系。公平地说，这是他自己从来没有尝试过的。普罗克洛斯说："受到灵感启示的俄耳甫斯声称，宙斯吞下了自己的孩子法涅斯，并吸收了他的全部威力。"当然，这种神秘主义传说后来被原始的、有关克洛诺斯吞下了自己孩子的宇宙起源传说所取代。

奥林波斯神既不关心"从前"也不关心"今后"，他们不是生命的源泉，也不是生命的目的。此外，他们还有一个特点：他们具有人性，有着极其明显的局限性。他们并没有和生命结为一体。这里所说的生命不仅指人的生命，而且指动物、溪水、山林的生命。"踩在鲜花上"、"在羊圈里酣睡"的厄洛斯充满了生命，他是狄俄尼索斯，是潘神。在雅典人的影响下，厄洛斯渐渐脱离了那些原始的东西，演变成一个彻底人格化的神。而俄耳甫斯的法涅斯是神秘莫测、变化多端的动物神：

> 他长着许多个头颅：
> 羊头、牛头、蛇头、眼睛明亮的狮头。

他就像狂女们歌唱的狄俄尼索斯：

> 啊，现身吧，现身吧，不管你以什么名义、以什么形状，
> 是公牛，是多头蛇，
> 还是喷火的雄狮！
> 啊，神，神秘的野兽，来吧。①

跟它的仪式一样，俄耳甫斯教的神学恢复了那些更原始的形象，并

---

① 欧里庇得斯：《酒神的伴侣》，1017。

赋予其更深刻、更强烈的含义。比起那些清晰、完善的奥林波斯神，这些变化不定、尚未成熟的原始形象具有更大的可塑性。

法涅斯·普罗托戈诺斯作为一种观念始终有点儿神秘，那是在神秘仪式上传授的东西，但他却有一个大众化的山羊神的形象，这个山羊神从原先的牧羊人演变成了潘神①——所谓的"全神"（All-God）。

波斯战争之后，潘从阿卡狄亚来到雅典，这时正是人们对奥林波斯神普遍抱有怀疑的时候，他们的名望正逐渐消失。当然，潘必须设法进入奥林波斯山，因此他的名字必须进行奥林波斯式的解释。有一首荷马颂歌虽然作于亚历山大的时代，但在宗教观念上完全是荷马式的。诗人说道：

> 赫耳墨斯和他的孩子来到永生的众神当中，
> 孩子身上裹着温暖的山兔皮。
> 他让孩子坐在宙斯的旁边，
> 并告诉他，这是他的儿子。众神看到他非常高兴，
> 但最高兴的是酒神狄俄尼索斯。
> 他们给他起名"潘"，因为他是一个让"大家"高兴的神。②

公牛神狄俄尼索斯和山羊神都是属于人格化神出现之前的时代，在这个时代，人还没有切断与其他动物的联系。他们俩都被疲惫的人类当作救星接纳了。潘没有出现在俄耳甫斯教的仪式中，但在神话中，作为"全神"的他被普遍认为等同于普罗托戈诺斯。他给一神教的教义带来了生命和现实的灵魂，"大潘死了"这句话在希腊宗教中具有决定性的意思。③

---

① 潘（Pan）在英语中有"全""整个"的意思。——译注
② 《荷马颂歌》，XIX，42，D. S. 麦科尔译。
③ 普卢塔克：de defect. orac.，17。关于"大潘死了"这一故事的起源，见 S. 雷纳克的论文，《希腊研究通讯》，1907年，p.5。

神秘的法涅斯·普罗托戈诺斯跟雅典人英俊的厄洛斯有着明显的区别，如今我们只能从晚期的学者、柏拉图著作的评注者、基督教神父等人的著作中找到有关他的描述。有些人也许怀疑，这种宇宙起源论，除了阿里斯托芬喜剧里叙述的万物之卵的传说外，不过是晚期被神秘化的东西，与大众宗教根本无关，如果说有关的话，也是在颓废的时代才出现的。有一种观点很有道理："由雅典主导的思潮在经过艰苦的思考之后在某些方面一点点地接近事物的真理，那是用反向的思考方式达到的。"但我们必须时时提醒自己注意这样的事实："希腊不乏对世界作神秘、'热情'的解释的人。"① 普通人乐于接受这种宇宙起源论，这一点从以下讨论的文物中可以看出。这是一件具有极高价值的宗教文物——一幅黑绘花瓶画的残片②（见图175）。

图 175

在底比斯附近的卡比里（Kabeiroi）神庙③，人们最近发现了许多黑绘花瓶画的残片，其年代约为公元前5世纪末、公元前4世纪初，它们的工艺具有典型的地方特色。这些花瓶当时显然用于地方崇拜中。在此

---

① 默里：《古代希腊文学》，p.68。
② 我相信，在卡比里崇拜和达克堤利崇拜的背后隐藏着许多关于俄耳甫斯教的神秘主义的信息，我希望将来有机会对此进行更全面的研究。
③ 保萨尼阿斯，IX，25.5。

复制的是一块有铭文的残片，是这些残片当中较重要的一块。图中那个斜躺着的男人手里拿着一个大酒杯，假如没有标上铭文的话，我们会毫不犹豫地说他是狄俄尼索斯。然而，在他的头上标有"卡比洛斯"（Kabiros）字样。

卡比洛斯神无疑具有神奇的威力，因为他们能以别的神祇的形象出现。在这幅瓶画上，他们是一对父子，并且以狄俄尼索斯的形象出现。令我们非常吃惊的是，画面上还有一些标有铭文的人物：紧密地靠在一起的一男一女——密托斯（Mitos）和克拉泰亚（Krateia），还有一个孩子普罗托拉俄斯（Protolaos）。我们不知道这种组合是什么意思，但密托斯和克拉泰亚这两个名字显然与俄耳甫斯教有关。克雷芒在《规劝书》里说，厄庇格涅斯（Epigenes）写过一本书论述俄耳甫斯的诗歌，"书中提到一些很有特点的词语"，其中就有俄耳甫斯用来表示"犁沟"的"弯曲"（οτήμοσι）、用来表示"种子"（σπέρμα）的"纬线"（μίτος）。①

如果这个说法是孤立的，我们也许会自然地认为那是晚期寓言化的说法。但在这里，我们从这块公元前5世纪至公元前4世纪的陶片上看到，密托斯是一个众所周知的人物。底比斯所有表现卡比洛斯神的花瓶画都以古怪甚至是极端变形而著称。我们会看到，密托斯、克拉泰亚和普罗托拉俄斯有着黑人的形象，鼻子短平而往上翘。这让我们看到无限与神秘的融合，看到世俗凡人对神圣的掩盖——这种观念是焦虑的原始人所固有的。它让我们感到，虽然我们似乎觉得阿里斯托芬亵渎了神灵，但他的同代人似乎并不这样认为。

这块花瓶残片还有一点值得注意。左边那组表现俄耳甫斯教宇宙起源说的人物——"种子""强力者"和"先民"——似乎代表了人类世界的诞生，他们与狄俄尼索斯（右边那对父子）有着密切的联系。这似乎是一幅通俗的示意图，解释说明了俄耳甫斯教仪式与酒神崇拜仪式之间的关系。更重要的是，这幅画来自底比斯的邻近地区，而众所周知，

---

① 亚历山大的克雷芒：《规劝书》，V，8§231。

底比斯是酒神的诞生地。

　　这块来自底比斯的花瓶残片清楚地展示了俄耳甫斯教的神秘教义对狄俄尼索斯崇拜的影响。值得注意的是,在较晚期的红绘花瓶画中,厄洛斯常常以狄俄尼索斯侍从的形象出现,而在一些风格严肃的花瓶画上,厄洛斯并没有出现。狂女迈那得斯和萨梯要么是一起狂欢,要么是单独狂欢。图177是从一个红绘花瓶(图176)的盖子上的图案复制的,该文物现存于乌克兰敖德萨(Odessa)博物馆。这是表现酒神崇拜狂欢仪式上的厄洛斯的瓶画中最典型的一幅。一个酒神狂女和一个萨梯在忘情地狂舞,两人抓着一只小鹿的两端,似乎要把它撕裂。这名迈那得斯穿的长裙拖在脚下,那样子很像一个现代的女郎,但她身上还披着一块小鹿皮。还有一个迈那得斯一边打着铃鼓一边跳舞。在图案的这一半,一切都是那样狂喜,甚至可以说是野蛮,而在另一半,一切都是那样宁静:两个迈那得斯悠闲地站在那里说话,酒神狄俄尼索斯坐着,厄洛斯正把

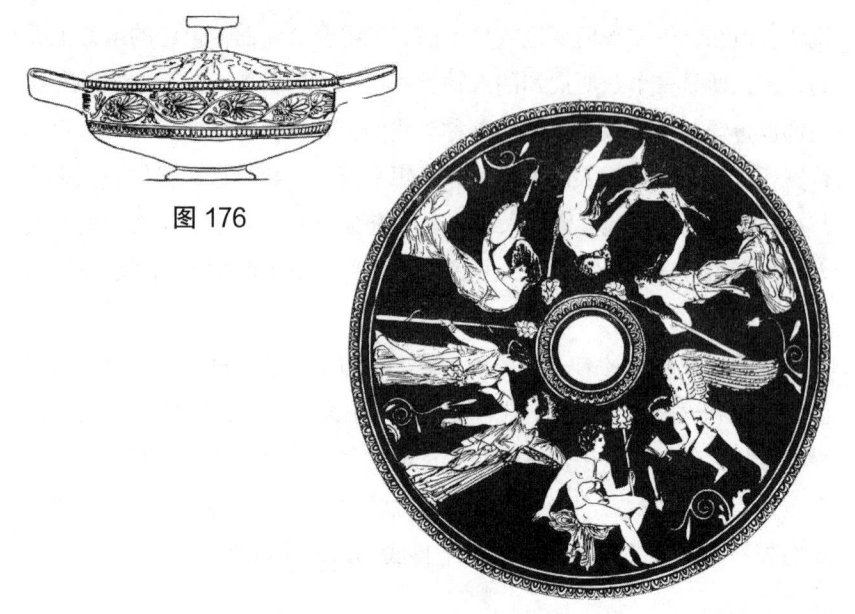

图 176

图 177

酒杯献给他。在这里，和狄俄尼索斯有联系的是作为儿子的爱神厄洛斯，而不是作为母亲的爱神阿佛洛狄忒。但是这让我们想起在欧里庇得斯的《酒神的伴侣》中报信人恳求彭透斯的情景：

> 啊，国王，你还是把这位神接到
> 底比斯城里来吧，不管他是谁。他在各方面
> 都是那样伟大，我还听人说，
> 是他最先给人们带来了
> 解忧的葡萄酒。啊，让他活着吧，
> 要是他死了，爱神她也会被杀死，
> 人间的一切快乐都会随之消失。①

诗人知道厄洛斯和狄俄尼索斯有着很近的亲缘关系，两者都是主宰生命和生命之狂喜的神灵。

和厄洛斯一样，狄俄尼索斯也是半神，是一个精灵（spirit），而不是轮廓分明的神祇。我们已经看到，他以各种形象出现：除了以人的形象出现外，还以植物和动物的形象出现。因此他和厄洛斯一样也成了法涅斯：

> 因此，我们既称他为法涅斯，又称他为狄俄尼索斯。②

狄俄尼索斯只不过是一神教的神秘熔炉中的一个新的组成部分：

> 宙斯、哈得斯、赫利俄斯、狄俄尼索斯，
> 他们只是一个神而已，我为什么用这么多名字称呼他？

---

① 欧里庇得斯：《酒神的伴侣》，769。
② 迪奥多罗斯，I，11.3。

变成俄耳甫斯教的法涅斯之后，狄俄尼索斯便失去了他的大部分特征。尽管俄耳甫斯始终宣扬一神教，但我们还是感觉得到，他并不认为所有的神真的是同一个神，是同一种力量的各种同等的体现。他把象征万物起源的厄洛斯和更简朴的酒神狄俄尼索斯放在一起，也许是因为他觉得狄俄尼索斯并不总是适合于道德教化，因而需要对他进行大幅度的调整。关于这一点，我们可以从以下讨论的文学作品中得到某种暗示。

前文我们已经看到，在雅典的伊俄巴克斯雕像上，酒神杖不是狂欢和放纵的标志，而是秩序、规矩的标志。现在我们知道，虽然伊俄巴克斯根据传统在名义上崇拜狄俄尼索斯，但他们已经把一个神引入了他们的新仪式，这个神比狄俄尼索斯更严肃、更有秩序。在碑文中，他有一个美丽而意味深长的名字：普罗透律特摩斯。他们的崇拜仪式包括一个神圣的哑剧表演，各人扮演的角色通过抽签决定。在这场表演中出场的神有"狄俄尼索斯、科瑞、帕莱蒙（Palaimon）、阿佛洛狄忒和普罗透律特摩斯"。普罗透律特摩斯是谁？是"韵律第一人"吗？这个希腊词无法翻译成英语，但它的第一个音节 $πρωτ$ 是"第一"的意思，这立即让我们想到这是俄耳甫斯教中某个神的名字，类似于普罗托戈诺斯和普罗托拉俄斯。这个词确实已经被解释为俄耳甫斯的一个别号——俄耳甫斯·普罗透律特摩斯，即第一个舞者或歌手。[①] 我认为，这种说法是一个严重的误解，它忽视了普罗透律特摩斯与阿佛洛狄忒的同等地位，它的错误就在于它首先错误地认为俄耳甫斯是一个过时的神。我认为，普罗透律特摩斯不是俄耳甫斯，而是一个比他更伟大而且是他所崇拜的神——厄洛斯·普罗托戈诺斯。俄耳甫斯是一个乐师，但是，当"晨星共同歌唱"的时候，是厄洛斯而不是俄耳甫斯把冲动和韵律赋予了伟大的创造之舞。

对此卢奇安很清楚："似乎万物之初舞蹈就诞生了，而且人们把舞蹈

---

① E. 马斯（Maass）：《俄耳甫斯》，p.64。在我看来，马斯提出俄耳甫斯是神，这一观点使他这本有趣而又有价值的书变得黯然失色。

和古老的厄洛斯相提并论,因为我们看到这种原始的舞蹈显然包括星座的集体舞蹈,包括行星和恒星的运行,它们相互交错而又处于一种有序的和谐之中。"①

厄洛斯——不是俄耳甫斯——促成并唤醒我们内在的原始生命,是厄洛斯感觉到了诗的韵律、模式的脉动和舞者双脚的和谐:

> 最初当太阳刚被点燃,
> 万物都整齐地翩翩起舞。
> 它的旋律埋藏在我们内心深处,几乎已被遗忘,
> 像一些被魔法镇住的沉睡者。
> 我们记得,当午夜的心在令人激动的琴弦
> 和空洞的箫管里燃烧,
> 祖先留下的辉煌、动人之物
> 降临在我们身上,于是古老的力量回归了。

厄洛斯是生命和死亡之神,他也是普罗透律特摩斯。但由于人与周围的事物之间存在着激烈对立,所以他也是冲突和混乱之神。因此,《希波吕托斯》里的歌队在为淮德拉的疾病祈祷:

> 神啊,我是你的信徒,不要让邪恶的神灵
> 走近你的身旁,在你飞翔的时候,
> 不要让翅膀发出不和谐的乐音。

俄耳甫斯教导人们崇拜的神有两个:酒神巴克斯和厄洛斯。在实际的仪式上,人们崇拜的主要是巴克斯,而在神秘的教义里,人们崇拜的是厄洛斯。在古希腊宗教里,他们是仅有的真正的神。俄耳甫斯隐隐约约地

---

① 卢奇安:*De Salt.*,7§271。

悟到了真理，这一真理后来才由弗吕亚的欧里庇得斯明确地表达出来：

> 我明白最重要的是
> 那被称为自然的隐秘力量，那盲目的必然性，
> 但是我们不知道那些不是自己形成的东西
> 是如何强加在我们头上的，
> 我们很清楚神
> 是多种或一种力量。

虽然俄耳甫斯的宇宙起源说中充满了混沌，他对神的塑造也变化不定，但我们感到，这两个神包含着俄耳甫斯的宗教的真正进步，这种进步不仅超越了古老的驱除鬼魂、精灵、魔鬼的做法，而且超越了那种对被夸大了的凡人——奥林波斯神——的优雅、美丽的敬奉。俄耳甫斯的宗教之所以可以称得上是宗教，因为它崇拜的是生命的真正秘密，崇拜的是那些神秘的力量，而不是具有人性的神，它所崇拜的生命充满了极端的神秘和至高无上的爱。"理性是伟大的，但并不是一切。世上有的事物不是理性能够解释的，它们既在理性之下，又超乎理性之上。还有一些情感的起因并不是我们能够表达的，我们往往会崇拜这些情感，而且认为那也许是生命中最宝贵的东西。这些东西就是神或者某种形式的神，不是夸张的永生人，而是'实实在在的事物'，这些事物完全不属于人类、不属于道德，但却能够给人带来宁静，或者会把人的生命撕成碎片，但这些碎片的宁静却丝毫无损。"①

像其他民族一样，希腊人从内心里害怕承认和面对的——甚至于害怕崇拜的——正是这些真正的神，正是生命本身。俄耳甫斯也害怕。他的装束总是一副苦修者的模样，这表明他意识到了这种恐惧，但至少他敢于崇拜。偶尔会有一些哲学家和诗人像俄耳甫斯一样称颂这些真正的

---

① 默里：《古代希腊文学》，p. 272。

神，并发出这样的疑问：为什么在这些神的祭坛上没有祭品？柏拉图在《会饮篇》中通过阿里斯托芬的口说："人类似乎从来没有认识到厄洛斯的威力，因为如果他们意识到了，他们一定会为他建造堂皇的神庙和祭坛，并且用庄严的仪式献祭他，但这些事人们并没有去做，而最应该做的事正是这些。"欧里庇得斯在《希波吕托斯》里让歌队唱道：

> 一切都是徒然，
> 虽然全体希腊人在福玻斯的皮托神庙里顶礼膜拜，
> 被宰杀的公牛的鲜血染红了阿尔斐俄斯的河岸，
> 但我们却不崇拜人类的君主——厄洛斯。
> 那执掌钥匙的人站在
> 紧闭的门前，门里隐藏着
> 爱神最隐秘的财宝。不错，虽然他毁掉了人的生命，
> 像一座被毁灭的城市，
> 饱受灾难和冲突，
> 但我们却从不崇拜他。

综上所述，古希腊的宗教是由俄耳甫斯教徒最终决定的。奇怪的是，俄耳甫斯这个英俊的人物很有现代人的特点。当时和现在一样，我们看到，图画的一面是被复活并得到强化的神圣性，是一种激越、迷醉的热情，是一种崇高、自觉的道德标准，是一种苦行僧的简朴生活：戒绝许多事物，凡事讲究节制，行为举止宁静安详，极其温和地对待所有生物。

同时，图画的另一面则是形式主义、趋附时尚、自命不凡，常常（似乎是不可避免地）陷入毫无生气的象征主义、伪科学、伪哲学，一味地复活那些已经消亡的仪式，展示各种卑鄙的巫术和肮脏的迷信。所有这一切奇怪地混合在一起，在实践上，通过极力地追求生命的净化，这一混合体才得到补偿、受到启迪，但同时也受到诅咒；在理论上，通过"'绝对'的进一步决心"，它最终陷入关于爱神的神秘主义。

专名英汉对照

A
Abaris 阿巴里斯
Abbott 埃博特
Abdera 阿布德拉
Abel 阿贝尔
Ablabiae 阿布拉比亚
Abruzzi 阿布鲁齐
Absyrtos 阿布绪耳托斯
Achaia 亚加亚
Acharnians 阿卡奈人
Achelous 阿刻洛斯河
Achilles 阿喀琉斯
Acrocorinthus 阿克洛科林托斯
Acropolis 雅典卫城
Adikia 阿迪喀亚
Adonis 阿多尼斯
Adrasteia 阿德剌斯忒亚
Adrastos 阿德拉斯托斯
Aeacus 埃阿科斯
Aegean 爱琴海
Aegidae 埃癸代
Aegina 埃癸娜（人名），埃癸那（地名）
Aegisthus 埃癸斯忒斯
Aelian 埃利安
Aeneas 埃涅阿斯
Aeschines 埃斯基涅斯
Aesculapius 埃斯枯拉庇乌斯
Aesop 伊索
Aethiopians 埃塞俄比亚人
Aetolian 埃托利亚人
Agamedes 阿伽墨得斯
Agamemnon 阿伽门农

Agathe 阿加忒
Agathos 阿加托斯半神
Agesilaus 阿吉西拉俄斯
Aglaophamus 阿格劳法摩斯
Agnoia 阿格诺亚
Agoracritos 阿戈剌克里托斯
Agra 阿格拉
Agràe 阿格拉俄
Agraulid 阿格罗利德
Agraulos 阿格劳洛斯
Agrionia 阿格里俄尼亚节
Aïdoneus 埃多涅俄斯
Aietes 阿伊俄忒斯
Aioleiai 埃俄雷埃
Aiolos 埃俄罗斯
Aisa 阿伊萨
Ajax 埃阿斯
Akesidorus 阿刻西多罗斯
Aktaios 阿克塔伊俄斯
Albertinum 阿尔伯提努姆
Alcaeus 阿尔凯俄斯
Alcibiades 亚西比德
Alcmaeon 阿尔克迈翁
Alcman 阿尔克曼
Aleios 阿雷俄斯平原
Alexander 亚历山大
Alexandros 亚历山德罗斯
Alkimenes 阿尔喀墨涅斯
Alleluia 阿勒鲁亚
Alos 阿洛斯
Alpheus 阿尔斐俄斯
Altamura 阿尔塔穆拉

Althaea　阿尔泰亚
Altis　阿尔提斯
Amasis　阿马西斯
Amazon　阿玛宗人
Ameles　阿墨勒斯河
Ammites　阿米特斯河
Ammonius　阿摩尼俄斯
Amorgos　阿莫尔戈斯岛
Amphiaraos　安菲阿剌俄斯
Amphictyon　安菲克提翁
Amphion　安菲翁
Amphissa　安菲萨
Amphitrite　安菲特里忒
Amyclae　阿弥克雷
Amymone　阿密摩涅
Amynos　阿弥诺斯
Amyntor　阿密恩托
Anaklethra　安那克勒特拉
Anamnesis　阿那摩涅西斯
Ananke　阿南刻
Andania　安达尼亚
Andokides　安多喀德斯
Androgeôs　安德洛革俄斯
Anesidora　阿涅西多拉
Anna　安娜
Anodos　阿诺多斯
Anthesteria　花月节
Anthios　安提俄斯
Antigone　安提戈涅
Antigonus　安拉柯
Antikleides　安提克莱德斯
Antimachus　安提马科斯
Antiochus　安条克
Antissaia　安提萨亚
Antron　安特伦
Anytos　安尼托斯
Aphaia　阿淮亚
Apheidas　阿斐达斯
Aphidna　阿菲德那
Aphrodite　阿佛洛狄忒
Apollo　阿波罗
Apollodorus　阿波洛多罗斯

Apollonia　阿波罗尼亚
Apollonius Rhodius　罗得岛的阿波罗尼俄斯
Apuleius　阿普列俄斯
Apulia　阿普利亚
Arae　阿拉俄
Aratus　阿拉图斯
Arcadia　阿卡狄亚
Archemoros　阿尔刻莫罗斯
Archias　阿耳喀亚斯
Archilochus　阿尔基洛科斯
Areopagos　阿瑞俄帕戈斯
Ares　阿瑞斯
Argei　阿耳戈依
Argives　阿耳戈斯人
Argonautae　阿耳戈船英雄
Argos　阿耳戈斯
Ariadne　阿里阿德涅
Aricia　阿里恰
Arignote　阿里格诺特
Aristandros　阿里斯坦德罗斯
Aristarche　阿里斯塔克
Aristeides　阿里斯泰迪斯
Aristides　阿里斯提得斯
Aristinus　阿里斯诺斯
Aristogeiton　阿里斯托格伊同
Aristomache　阿里斯托玛刻
Aristophanes　阿里斯托芬
Aristotle　亚里士多德
Aristoxenus　阿里斯托克塞诺斯
Arnobius　阿诺比乌斯
Arrephoria　阿瑞福拉节
Arretophoria　阿瑞托弗里亚
Arrian　阿里安
Artaÿktes　阿耳泰克忒斯
Artemis　阿耳忒弥斯
Arunta　阿伦塔人
Ashmolean　阿什莫林
Asius　阿西俄斯
Asklepios　阿斯克勒庇俄斯
Asopos　阿索波斯
Asterius　阿斯特里俄斯
Athamas　阿塔玛斯

Athenaeus　阿提尼俄斯
Athenaia　雅典娜依亚
Athene　雅典娜
Athor　阿托耳月
Atossa　阿托萨
Atreus　阿特柔斯
Atropos　阿特洛波斯
Attalos　阿塔罗斯
Atthis　阿提斯
Attica　阿提刻
Auge　奥革
Augustine, S.　圣奥古斯丁
Augustus　奥古斯都
Aulis　奥利斯
Aura　奥拉
Auxesia　奥塞西亚
Auxo　奥克索
Axios　阿克西俄斯河

B
Babrius　巴布里俄斯
Bacchae　酒神巴克科斯的狂女
Baccheus　巴克俄斯
Bacchos　巴克斯
Bachofen　巴朔芬
Bactria　巴克特里亚
Band, Oskar　奥斯卡·班德
Barnett　巴尔奈特
Barongas　巴龙加人
Barth　巴尔特
Bassareus　巴萨柔斯
Bassarides　酒神巴萨柔斯的狂女
Baubo　包玻
Baukis　包喀斯
Bdelycleon　布得吕克勒翁
Beatrice　贝雅特丽齐
Bellerophon　柏勒洛丰
Bendideia　本迪代亚
Bendis　本狄斯
Benndorf　本多夫
Bernicos　伯尔尼科斯人
Bessi　贝西人

Bion　彼翁
Bisaltae　比萨尔泰
Blinkenberg　布林肯伯格
Bloomfield　布卢姆菲尔德
Boedromion　波德洛米亚月
Boeotia　皮奥夏
Boethius　波伊提乌
Böhlau　伯劳
Bolbe　博尔布湖
Bona Dea　玻娜女神
Boreadae　玻瑞阿代兄弟
Boreas　玻瑞阿斯
Bosanquet　博赞基特
Bosporus　博斯普鲁斯海峡
Boukoulion　布科利翁
Bouleuterion　布琉特里恩
Boupalos　布帕洛斯
Bouphonia　布浮尼亚节
Bourguignon　布尔吉农
Bouzyges　布济格斯
Braites　布拉伊特斯
Brauronia　布罗洛尼亚节
Breslau　布雷斯劳
Briges　布里吉斯人
Brimo　布里摩
Brimoos　布里摩斯
Briseis　布里塞伊斯
Brittany　布列塔尼
Bromios　布洛弥俄斯
Browne, Thomas　托马斯·布朗
Brugsch　布鲁格施
Brutus, Decimus　德西摩·布鲁图
Brygos　布吕戈斯
Budaeus　布达俄斯
Bury　伯里
Bysios　比西俄斯
Byzantine　拜占庭

C
Caelia　卡利亚山
Caesar, Julius　尤利乌斯·恺撒
Cain　该隐

Calchas	卡尔卡斯	Cheironion	喀戎的圣所
Callicles	卡利克勒斯	Chera	刻拉
Callimachus	卡利马科斯	Chimaera	喀迈拉
Callippus	卡利波斯	Chios	开俄斯岛
Calliste	卡利斯忒	Chloe	克洛伊
Cailisto	卡利斯托	Choes	酒盅日
Calpurnia	卡尔普尔尼亚	Choirilos	科伊里罗斯
Calsruhe	卡尔斯鲁厄	Chremylus	克瑞密罗斯
Calydon	卡吕冬	Chryses	克律塞斯
Calypso	卡吕普索	Chrysippos	克律西波斯
Camiros	卡米洛斯	Chrysostom, Dion	第戎·克律索斯托
Canathus	卡那托斯	Chrysothemis	克律索忒弥斯
Canosa	卡诺萨	Chthon	克同
Case, Janet	珍尼特·凯斯	Chthonia	克托尼亚
Cassandra	卡珊德拉	Chthonios	克托尼俄斯
Cassius, Dion	狄翁·卡修斯	Chytroi	瓦钵日
Castalius	卡斯塔利俄斯	Cicero	西塞罗
Cato	加图	Cicones	喀科涅斯人
Cecrops	刻克洛普斯	Cilicia	西利西亚平原
Celeus	刻勒俄斯	Cinesias	奇涅西亚斯
Celtic	凯尔特人	Circe	喀耳刻
Centaur	马人	Cithaeron	喀泰戎山
Cephisodotos	塞菲索多托斯	Clazomenae	克拉索墨奈
Cerameicus	刻拉梅科斯	Clearchos	克利阿科斯
Cerberus	刻耳柏洛斯	Cleisthenes	克莱塞尼兹
Cerynaea	刻律奈亚	Clement of Alexandria	历山大的克雷芒
Chabrias	卡布里亚斯	Cleomenes	克里奥米尼
Chachrylion	卡克律利翁	Cleon	克勒翁
Chaeronea	喀俄罗涅亚	Cleothera	克勒俄忒拉
Chalcedon	卡尔西登	Cleotimos	克勒俄提摩斯
Chalcidian	哈尔基斯人	Clermont-Ganneau	克莱蒙-冈诺
Chalkidike	哈尔基季基	Clotho	克罗托
Chamaeleon	卡迈列翁	Clytaemnestra	克吕泰涅斯特拉
Chamyne	卡弥涅	Cnidos	尼多斯
Chaos	卡俄斯	Cnossos	克诺索斯
Charila	卡里拉节	Codrus	科德罗斯
Charis	卡里丝	Colonos	科罗诺斯
Charites	美惠女神	Colvin, Sidney	西德尼·科尔文
Charmides	卡尔米德斯	Compagno	康帕诺
Charon	卡戎	Conon	科农
Charops	卡洛普斯	Constantinople	君士坦丁堡
Cheiron	喀戎	Conze	康兹

Cook　库克
Coptic　科普特人
Corcyreans　科库瑞亚人
Corfu　科孚岛
Corigliano-Calabro　科里格利亚诺-卡拉布罗
Corinth　科林斯
Corithos　科林托斯
Corneto　科尔涅托
Cornutus　科努图斯
Creek Indians　克里克印第安人
Creon　克瑞翁
Creousa　克瑞乌萨
Crete　克里特
Croton　克罗托内
Cruni　克鲁尼
Crusius, Otto　奥托·克鲁修斯
Cybele　库柏勒
Cyclops　库克罗普斯
Cylon　库伦
Cynthus　辛图斯山
Cypris　塞普里斯
Cyprus　塞浦路斯
Cypselus　库普塞洛斯
Cyrene　库瑞涅
Cyrus　库洛斯
Cyzicus　库兹科斯

D

Dacia　达契亚
Dacktyl　达克堤利
Dadouchos　达道科斯
Dadow, Hans　汉斯·加道
Daedalus　代达罗斯
Dakyns　戴金斯
Dalmatian　达尔马提亚人
Damascius　达马斯喀俄斯
Damatrion　达玛特里恩月
Damia　达米亚
Damo　达谟
Danae　达那厄
Danaides　达那伊得斯
Danaus　道努斯

Dante　但丁
Daphnae　达夫尼
Dardanelles　达达尼尔海峡
Daremberg　达伦伯格
Darius　达里俄斯
Daulis　道利斯
Daunians　多尼亚人
Dawkins　道金斯
Degas　德加
Deianeira　得伊阿尼拉
Deinarchus　得那科斯
Deinias　代尼阿斯
Deiope　得俄珀
Deliades　德利阿德斯
Delos　德洛斯
Delphi　德尔斐
Delphilos　德尔菲洛斯
Delphinios　德尔斐尼俄斯
Demaratos　德马拉托斯
Demarchy　德马奇
Demeter　得墨忒耳
Demetrios　得墨特里俄斯
Democritus　德摩克里图斯
Demodocus　得摩多科斯
Demon　德蒙
Demophon　得摩福翁
Demos　德谟斯
Demosthenes　狄摩西尼
Dendrites　树神
Dendrophoroi　登德罗福罗伊
Deneken　德内肯
Deo　得俄
Despoinae　德斯波伊奈
Deucalion　丢卡利翁
Dexion　德克西翁
Dia　狄亚女神节
Dialis　迪亚利斯
Diasia　宙斯节
Dicaearchus　迪卡俄科斯
Dicaeus　迪卡俄斯
Dice　狄刻
Dictynna　狄克廷娜

Dictynna 迪克提那
Dido 狄多
Diels 代尔斯
Dieterich 迪特里希
Digby, Kenelm 柯内尔姆·迪格比
Dikaiophanes 迪凯俄法涅斯
Dinon 迪农
Dio-Bessi 狄俄-贝西人
Diodorus 迪奥多罗斯
Diogenes 戴奥真尼斯
Dioi 狄俄伊人
Diomede 狄俄墨得
Dion 迪戎
Dione 狄俄涅
Dionysia 狄俄尼索斯节
Dionysios 狄俄尼西俄斯
Dionysius 狄奥尼修斯
Dionysos 狄俄尼索斯
Dioscorides 狄奥斯科里德斯
Dioscuri 狄俄斯库里兄弟
Diotima 迪奥提玛
Dipolia 迪波利亚节
Dipylon 迪庇伦
Dirae 狄赖
Dirce 狄耳刻
Dithyrambos 狄堤然玻斯
Dittenberger 迪登伯格
Dium 第乌姆城
Dodona 多多那
Doliola 多利奥拉
Dorians 多利安人
Dorotheos 多罗忒俄斯
Dörpfeld 多普费尔德
Dos 多斯
Dresden 德累斯顿
Dryas 德鲁阿斯
Ducange 杜肯格
Duchesne 狄舍斯涅
Düncker 邓克尔
Dyaks 迪雅克人

E
Echidna 厄喀德那
Eckenstein 厄肯斯坦恩
Edonia 厄多尼亚
Eileithyia 埃雷提伊亚
Eiraphiotes 埃拉菲俄特斯
Eirene 厄瑞涅
Eiresione 厄瑞西俄涅
Elaphebolion 厄拉费波利月
Elara 厄拉拉
Elarion 厄拉里恩
Eleans 厄琉斯人
Electra 厄勒克特拉
Eleusinia 厄琉西斯农庆节
Eleusis 厄琉西斯
Eleuthereus 厄琉忒柔斯
Eleuthernae 厄琉特奈
Elis 厄利斯
Elysium 极乐世界
Embaros 埃姆巴罗斯
Empedokles 恩培多克勒
Empiricus, Sextus 塞克斯托斯·恩庇里科斯
Empusa 恩浦萨
Endemos 恩德摩斯
Endymion 恩底弥翁
Enneakrounos 厄涅阿克罗诺斯河
Ennoia 恩诺亚
Enorches 厄诺刻斯
Eos 厄俄斯
Ephesus 以弗所
Ephialtes 厄菲阿尔忒斯
Ephyra 厄费拉
Ephyre 厄费瑞
Epiales 厄庇阿勒斯
Epicharmus 厄庇卡耳摩斯
Epidauria 厄庇多里亚
Epidauros 厄庇道罗斯
Epigenes 厄庇格涅斯
Epikleidia 钥匙节
Epimenides 厄庇墨尼得斯
Epimetheus 厄庇墨透斯
Epiphanios 厄庇法尼俄斯

Epiteleios　厄庇特勒伊俄斯
Epopeus　厄波剖斯
Er　厄耳
Eratosthenes　埃拉托色尼
Erebos　厄瑞玻斯
Erechteus　厄瑞克透斯
Eretria　厄瑞特里亚
Ergane　厄耳伽涅
Erichthonios　厄里克托尼俄斯
Erikapaios　厄里卡帕伊俄斯
Erinna　厄里娜
Erinyes　厄里尼厄斯
Eriphios　厄里菲俄斯
Eriphos　厄里福斯
Eriphyle　厄里费勒
Eris　厄里斯
Eros　厄洛斯
Erotes　厄洛忒斯
Errephoros　厄瑞佛罗斯
Erythrae　厄律特拉
Eski Djoumi　埃斯基·朱米
Esquiline　埃斯奎林山
Eteocles　厄忒俄克勒斯
Eteonos　厄特俄诺斯
Euboea　欧波亚岛
Eubouleus　欧部琉斯
Eubulos　尤布洛斯
Euhemerist　犹希迈罗斯主义者
Euios　欧伊俄斯
Eukles　欧克勒斯
Eumelos　欧墨洛斯
Eumendidas　降福女神
Eumenides　欧墨尼得斯
Eumolpidae　欧摩尔波斯族人
Eumolpus　欧摩尔波斯
Eunoë　欧诺俄
Eunoia　欧诺伊亚
Eunomia　欧诺弥亚
Eupatridae　尤帕特里代人
Euphrantides　欧佛兰提得斯
Euphronios　欧福洛尼俄斯
Europa　欧罗巴

Eurydice　欧律狄刻
Eurynome　欧律诺墨
Eurynomos　欧律诺摩斯
Eustathius　尤斯塔修斯
Euthydemus　欧提德摩斯
Euthyphron　欧提弗伦
Euxitheus　欧克西忒俄斯
Evans, Arthur　亚瑟·埃文斯
Eve　夏娃

F
Farnell　法内尔
Farnesina　法涅西纳
Favorinus　法沃里诺斯
Feralia　万灵节
Festus　费斯图斯
Fiji　斐济
Flaminica　佛拉米尼卡女祭司
Foucart　福卡特
Fritze, H. von　冯·弗里茨
Fröhner　弗罗纳
Furtwängler　富特文勒

G
Gaertringen, Hiller von　希勒·冯·加厄特灵根
Galen　盖伦
Gallipoli　加利波利
Gambreion　甘布瑞翁城
Ganymeda　伽倪墨达
Ganymedes　伽倪墨得斯
Gardner, Percy　珀西·加德纳
Gauls　高卢人
Ge　该亚
Gela　杰拉
Genetrix, Venus　维纳斯·格涅特里克斯
Gephyrismoi　桥头笑话
Gerhard　格哈德
Getae　盖塔人
Giles　贾尔斯
Gillen　吉伦
Glaukos　格劳科斯

Glover	格洛弗	Helios	赫利俄斯
Gluck	格鲁克	Helladius	赫拉狄俄斯
Glykon	格吕孔	Hellanicus	赫兰尼科斯
Goethe	歌德	Hephaistos	赫淮斯托斯
Gorgon	戈耳工	Hepiales	赫庇阿勒斯
Graeven, Hans	汉斯·格雷文	Hepialos	赫庇阿洛斯
Graiae	格赖埃	Hera	赫拉
Grimm	格林	Heracleia	赫拉克利亚
Gryneion	格律涅神示所	Heracleides	赫拉克勒得斯
Gumilla	古米拉	Heracleitus	赫拉克利特
Gypsy	吉普赛人	Heracles	赫拉克勒斯
		Herakleia	赫拉克勒斯节
H		Hermaia	赫耳墨斯节
Hades	哈得斯（冥国）	Hermes	赫耳墨斯
Hadrian	哈德良	Hermias	赫耳米阿斯
Haemus	哈俄摩斯山	Hermione	赫耳弥俄涅
Hag	哈格	Hermotimus	赫耳莫提摩斯
Haliartos	哈利阿尔托斯	Hero of Alexandria	亚历山大的希罗
Halicarnassos	哈利卡那索斯	Herodotus	希罗多德
Haloa	哈罗阿节	Herois	赫洛伊斯节
Harmodios	哈耳摩迪俄斯	Herondas	赫伦达斯
Harmonia	哈耳摩尼亚	Herse	赫耳塞
Harpocration	哈波克拉提恩	Hersephoria	赫耳塞福里亚节
Harpy	哈耳庇	Hersephoroi	赫耳塞福拉
Hartwig	哈特维希	Hesiod	赫西奥德
Head	黑德	Hestia	赫斯提亚
Headlam	黑德勒姆	Hesychia	赫西喀亚
Hebe	赫柏	Hesychidae	赫西科斯家族
Hebrew	希伯来	Hesychius	赫西基俄斯
Hebrus	赫布鲁斯	Hesychos	赫西科斯
Hecataeus	赫卡泰俄斯	Heydemann	海德曼
Hecate	赫卡忒	Hieron	希埃伦
Hector	赫克托耳	Hilaira	希莱拉
Hecuba	赫卡柏	Hilarius	希拉里乌斯
Hegemone	荷格莫涅	Himeros	希墨洛斯
Hegesander	黑格桑德	Hippa	希帕
Hegesios	赫格西俄斯	Hippocentauri	希波先陶里
Hehn	荷恩	Hippocrates	希波克拉底
Hekamede	赫卡墨得	Hippodameia	希波达弥亚
Hekataia	赫卡塔亚	Hippolytos	希波吕托斯
Heliadae	赫利阿得斯姐妹	Hipponax	希波那克斯
Helicon	赫利孔山	Hogarth	霍加特

Homolle　霍莫尔
Hope　霍普
Horae　荷赖
Horkios　霍奇俄斯
Hosanna　和散那
Hosioi　荷西俄伊
Hosios　荷西俄斯
Hosioter　荷西俄特
Hutchinson　哈钦森
Hyakinthos　许阿铿托斯
Hydra　许德拉
Hygieia　许癸厄亚
Hyperborean　极北族人
Hyperion　许珀里翁

I
Iacchos　伊阿科斯
Iamblichus　扬布利科斯
Iasion　伊阿西翁
Ida　伊得山，伊达（人名）
Ikarios　伊卡里俄斯
Ilissus　伊利索斯河
Ilium　伊利乌姆
Illyria　伊利里亚
Imhoof　伊姆胡夫
Inachus　伊那科斯河
Ino　伊诺
Intichiuma　印提丘玛
Io　伊俄
Iobaccheia　伊俄巴克斯节
Iobacchoi　伊俄巴克斯
Iolaos　伊俄拉俄斯
Ion　伊翁
Ionians　爱奥尼亚人
Iphigeneia　伊菲革涅亚
Iris　伊里斯
Isaeus　伊萨俄斯
Isaiah　以赛亚
Isis　伊西斯
Ismenus　伊斯墨诺斯
Isocrates　伊索克拉底
Isodaites　伊索代特斯

Isthmus　伊斯特摩斯
Istros　伊斯特洛斯
Itys　伊堤斯
Ixion　伊克西翁
Iynx　伊印克斯

J
Jacobsen　雅各布森
Jahn　雅恩
Janus　雅努斯
Jason　伊阿宋
Jebb, Richard　理查德·杰布
Jena　耶拿
Jerome, St　圣哲罗姆
Jevons　杰文斯
Johannes　约翰内斯
Joubin　儒宾
Jove　朱庇特
Juba　朱巴
Julian　尤利安
Jumod, Henri　亨利·于莫
Juno　朱诺
Jupiter　朱庇特

K
Kabbadias　卡巴迪阿斯
Kabiri　卡比里
Kabiros　卡比洛斯
Kadmos　卡德摩斯
Kalais　卡拉伊斯
Kalamaia　卡拉马亚节
Kalamis　卡拉米斯
Kalis　卡利斯
Kalligeneia　卡利格涅亚
Kallynteria　卡林特里亚节
Kantharos　坎塔罗斯港
Kassandra　卡珊德拉
Kassmia　卡斯米亚
Kastor　卡斯托耳
Kathodos　卡托多斯
Keledones　克勒多涅斯
Kephissos　刻菲索斯河

Keraunia　刻罗尼亚
Kéraunios　刻罗尼俄斯
Keres　刻瑞斯
Kernophoria　刻尔诺福里亚
Kerostasia　刻罗斯塔西亚
Kerukainae　刻鲁喀那俄
Kerykes　刻律刻斯
Kestner　克斯特纳
Khonds　冈德人
Kidaria　奇达里亚
Kingsley, Mary　玛丽·金斯利
Kissos　喀索斯
Kisthene　喀斯特涅
Klaros　克拉洛斯
Klea　克勒阿
Kleidemos　克雷德摩斯
Kleinias　克雷尼阿斯
Kleta　克勒塔
Klodones　克洛多涅斯
Klotho　克罗托
Knum　克努姆神
Korai　科赖
Kore　科瑞
Koreia　科瑞节
Koroibos　科罗伊波斯
Korybas　科律巴斯
Korybants　科律班忒斯
Kosko　科斯科
Kosmeter　科斯墨忒尔
Kotys　科堤斯
Kotytteia　科提泰亚
Koures　库瑞斯
Kouretes　枯瑞忒斯
Kourotrophos　枯罗特洛佛斯
Kraipale　克拉伊帕勒
Krastonia　克拉斯托尼亚
Krateia　克拉泰亚
Krates　克拉提斯
Kratinos　克拉提诺斯
Kretschmer, Paul　保罗·克雷奇默尔
Kronia　克洛尼亚节
Kronos　克洛诺斯神

Krotopos　克罗托波斯
Ktesia　克忒西亚
Ktesias　克忒西亚斯
Ktesios　克忒西俄斯
Ktesulla　克忒苏拉
Kubebe　库柏柏
Kurth　库尔特
Kybele　库柏勒
Kylon　库伦
Kynaetho　库纳俄托
Kyniskos　库尼斯科斯
Kypris　库普里斯
Kypselos　库普塞洛斯
Kythereia　库忒瑞亚
Kytissoros　库提索罗斯

L
Lacedaemonian　拉刻代蒙人
Lachesis　拉刻西斯
Laconia　拉科尼亚
Laertius, Diogenes　戴奥真尼斯·拉俄修斯
Lagercrantz　拉格尔克兰茨
Lagrange　拉格朗热
Laios　拉伊俄斯
Lais　拉伊丝
Lamia　拉弥亚
Lang, Andrew　安德鲁·兰
Lanuvium　拉努维乌姆
Laphystios　拉菲斯提俄斯
Lapithae　拉庇泰人
Lebadeia　勒巴底亚
Leda　勒达
Leibethra　雷贝特拉
Leibethriades　雷贝特里阿得斯
Leiteirai　勒泰拉伊
Leïton　莱伊通
Lemnos　利姆诺斯
Lemuria　亡魂节
Lenaios　勒那伊俄斯
Leonidas　勒俄尼达斯
Lerna　勒耳那
Lesbos　勒斯波斯

Lesche　莱斯刻
Lethe　勒忒河
Leto　勒托
Leucothea　琉科忒亚
Leuctra　留克特拉
Leuctrides　留克特里得斯
Liber　利柏耳
Libera　利柏拉
Liberalis, Antoninus　安托尼努斯·利柏拉利斯
Lichnis　利克尼斯
Liddell　利德尔
Ligeia　利格伊阿
Liknites　利克尼特斯
Liknophoria　利克诺福里亚
Limnae　利姆尼
Linos　林诺斯
Lithika　利提卡
Lithobolia　互掷石头的游戏
Lithuanian　立陶宛语
Lobeck　洛贝克
Lobon　洛邦
Lochia　洛奇亚
Locris　罗克里斯
Lousia　卢西亚
Loutrophoria　罗特洛福里亚
Loutrophoros　洛特罗福罗斯
Loxias　洛克西阿斯
Lucian　卢奇安
Lucretius　卢克莱修
Ludovisi　鲁多维西
Lupercalia　牧神节
Luperci　牧神祭司团
Lycaon　吕卡翁
Lycia　吕基亚
Lycidas　吕西达斯
Lycomid　吕科米德人
Lycophron　利科弗龙
Lycosura　吕科苏拉
Lyctii　吕克提伊人
Lycurgus　吕库耳戈斯
Lycus　吕科斯

Lydia　吕底亚
Lydias　吕狄阿斯河
Lydus　吕都斯
Lysias　利西阿斯
Lysis　吕西斯
Lyssa　吕萨
Lyssad　吕萨德

M
Ma　玛（祖母）
Macaria　玛卡里亚
MacColl　麦科尔
Macrobius　马克罗比乌斯
Maenads　迈那得斯
Maeterlinck　梅特林克
Magnesia　马格尼西亚
Maia　迈亚
Maildun　梅尔敦
Maimakterion　迈马克提斯月
Maimaktes　迈马克提斯
Malalas　马拉拉斯
Manetho　曼内托
Maniae　玛尼亚
Mannhardt　曼哈尔特
Mantineans　曼梯尼亚人
Marathon　马拉松
Marcellinus, Ammianus　阿米阿努斯·马尔切利努斯
Marcellus, St　圣马尔塞鲁斯
Marlborough　马尔伯勒
Maroneia　马罗尼亚
Marseilles　马赛
Maternus, Firmicus　弗米科斯·马特努斯
Maxuma, Cloaca　克洛亚卡·马休马
Mayer, Maximilian　马克西米利安·迈尔
Mede　米堤亚人
Medea　美狄亚
Media　米堤亚
Medusa　墨杜萨
Megalopolis　迈加洛波利斯
Megara　墨伽拉
Meilichians　梅利克亚神

Meilichios 梅利克俄斯	Mommsen, August 奥古斯特·莫姆森
Melampus 墨拉姆波斯	Mopsos 摩普索斯
Melanippos 墨兰尼波斯	Moros 摩罗斯
Melas 墨拉斯河	Mouseia 缪斯节
Melek, Baal 巴阿尔·墨勒克	Müller, Max 麦克斯·米勒
Meles 墨勒斯河	Müller-Wieseler 米勒–维泽勒
Melicertes 墨利刻耳忒斯	Munychia 蒙尼奇亚港
Melissae 墨利萨	Munychia 蒙尼奇亚节
Melos 米洛斯岛	Murray, Gilbert 吉尔伯特·默里
Memnon 门农	Musaeus 穆塞俄斯
Menander 米南德	Muses 缪斯女神
Menelaos 墨涅拉俄斯	Mycenaea 迈锡尼
Menippus 墨尼波斯	Myonia 迈俄尼亚
Menoiceus 墨诺叩斯	Myrtilos 密耳提罗斯
Merope 墨洛珀	Myrto 密尔托
Messene 美塞尼	Mysia 密细亚
Messenia 麦西尼亚	
Metageitnia 墨塔吉特尼亚节	N
Metageitnion 墨塔吉特尼亚月	Naassenes 纳塞涅人
Metaneira 墨塔涅拉	Nasamones 纳萨蒙涅人
Metapontian 梅塔蓬土姆人	Nauck 诺克
Metapontum 梅塔蓬土姆	Naukratis 诺克拉提斯
Methapos 墨塔波斯	Nauplia 诺普利亚
Methena 迈萨纳	Naxos 那克索斯岛
Metrôn 墨特罗翁	Neaira 涅埃拉
Michaelis 米凯利斯	Neanthes 涅安特斯
Millin 米林	Neil 尼尔
Milton 密尔顿	Nekuia 涅库亚
Mimallones 米玛洛涅斯	Nekusia 涅库西亚节
Mimnermus 米姆奈尔摩斯	Neleus 涅琉斯
Minos 弥诺斯	Nemea 涅墨亚
Minotaur 米诺托	Nemesis 涅墨西斯
Minyas 弥倪阿斯	Neoptolemos 涅俄普托勒摩斯
Mithras 弥特剌斯	Nereid 海中神女
Mitos 密托斯	Nesteia 涅斯泰亚
Mnaseas 摩那塞阿斯	Nestor 涅斯托耳
Mnemosyne 谟涅摩绪涅	Neustadt 诺斯塔特
Mnesilochus 涅西罗科斯	Newton, Charles 查尔斯·牛顿
Mnesiptolemè 谟涅西普托勒梅	Nike 尼刻
Moira 摩伊赖	Niketas 尼克塔斯
Moley 莫利	Nikias 尼基亚斯
Moloch 莫洛奇	Nikosthenes 尼科斯忒涅斯

Nilsson, Martin 马丁·尼尔松
Nilus 尼鲁斯
Ninnion 尼尼安
Nonnus 农努斯
Nostoi 诺斯托伊
Ny Carlsberg 新卡尔斯伯格
Nyktelios 尼克特利俄斯
Nysa 尼萨
Nyseian 倪萨山神女

O
Odessa 敖德萨
Odrysae 奥德律萨人
Odysseus 俄底修斯
Oedipus 俄狄浦斯
Oenone 俄诺涅
Oiagros 俄阿格洛斯
Oinanthe 俄南忒
Oineus 俄纽斯
Oistros 俄伊斯特罗斯
Okeanos 俄刻阿诺斯
Oknos 俄克诺斯
Oldenberg 奥尔登柏格
Olen 奥伦
Olympia 奥林匹亚
Olympian 奥林波斯神
Olympias 奥林匹亚斯
Olympiodorus 奥林庇俄多罗斯
Olynthiacus 奥林泰亚库斯河
Olynthus 奥林图斯
Omadius 俄马狄俄斯
Omestes 奥墨斯忒斯
Omphalos 翁法罗斯石
Onomacritos 俄诺马克里托斯
Opora 奥波拉
Opuntians 奥普恩提亚人
Orchomenos 俄耳科墨诺斯
Oreithyia 俄瑞堤伊亚
Oresteia 俄瑞斯忒亚
Orestes 俄瑞斯忒斯
Orochák 奥罗查克
Oropus 奥罗波斯

Orphism 俄耳甫斯教
Oschophoria 奥斯科弗里亚节
Osiris 奥西里斯
Osthoff 奥斯托夫
Othrys 俄特律斯
Ourania 乌拉尼亚
Ouranios 乌剌尼俄斯
Ouranos 乌剌诺斯
Ovid 奥维德

P
Padion 潘狄翁
Paean 派安（派安赞歌）
Paeonians 派俄尼亚人
Palaimon 帕莱蒙
Palatine 帕拉蒂尼山
Palermo 巴勒莫
Palestrina 帕莱斯特里纳
Pallades 帕拉德斯
Palladium 护城神像
Pallantidae 帕兰提家族
Pallas 帕拉斯
Pamphilos 帕姆菲勒斯
Pamphos 潘佛斯
Pan 潘神
Panagia 帕那吉亚节
Panathenaia 泛雅典娜节
Pandareos 潘达瑞俄斯
Pandemos 潘得摩斯
Pandia 潘狄亚节
Pandion 潘狄翁
Pandora 潘多拉
Pandrosos 潘德洛索斯
Pangaion 潘加翁山
Pannonia 帕诺尼亚
Panopeus 帕诺裴俄斯
Paphlagonians 帕弗拉戈尼亚人
Paphos 帕福斯
Parentalia 帕伦塔利亚节
Parian 帕里斯人
Paris 帕里斯
Parium 帕里乌姆

Parmenides 巴门尼德	Perses 珀耳塞斯
Parnassos 帕耳那索斯山	Perseus 珀耳修斯
Paros 帕罗斯	Petelia 佩特利亚
Parthenia 帕耳忒尼亚	Petersen 佩特森
Parthenon 帕耳忒农神庙	Petroma 佩特罗玛
Parthenopaeus 帕耳忒诺派俄斯	Phaeacians 淮阿喀亚人
Parthenope 帕耳忒诺珀	Phaedra 淮德拉
Parthenos 帕耳忒诺斯	Phaenna 法厄娜
Pashley 帕斯利	Phaestos 法厄斯托斯
Pasiphaë 帕西淮	Phaga 法加山
Paton 佩顿	Phanes 法涅斯
Patroni 帕特罗尼	Phanias 法尼阿斯
Patrôos 帕特洛俄斯	Phanodemus 法诺德摩斯
Paul, St 圣保罗	Pharmakos 法耳玛科斯
Paulinus 保林诺斯	Pheidias 菲迪阿斯
Pauly-Wissowa 波利-威索华	Pheneus 费纽斯
Pausanias 保萨尼阿斯	Pherae 菲拉俄
Pawnees 波尼人	Pherecydes 斐瑞库德斯
Pegasos 珀伽索斯	Pherephatta 费瑞法塔
Peiraeus 比雷埃夫斯	Pherophatta 斐洛法塔
Peiren 佩伦	Phersephoneia 斐耳塞福涅亚
Peirithous 珀里托俄斯	Phigalia 菲加利亚
Peisistratos 庇西特拉图	Phikion 菲喀翁山
Peisthetairos 珀斯忒泰洛斯	Philammon 菲拉蒙
Peitho 佩托	Philemon 菲勒蒙
Pelagon 珀拉贡	Philia 菲利亚
Pelasgian 佩拉斯吉人	Philios 菲利俄斯
Pelasgos 珀拉斯戈斯	Philip 腓力
Pelekania 伯勒卡尼亚	Philo 斐洛
Pelopidas 珀洛庇达斯	Philochoros 斐洛科罗斯
Peloponnesian War 伯罗奔尼撒战争	Philoctetes 非罗克忒忒斯
Peloponnesos 伯罗奔尼撒半岛	Philomela 菲罗墨拉
Pelops 珀罗普斯	Philostratos 菲洛斯特拉托斯
Penelope 珀涅罗珀	Phineus 菲纽斯
Penthesilea 彭忒西勒亚	Phix 菲克斯
Pentheus 彭透斯	Phlegon 菲列根
Perdrizet, Paul 保罗·佩尔德里泽特	Phlius 弗利奥斯
Pergamos 帕加马	Phloios 弗罗伊俄斯
Pericles 伯里克利	Phlya 弗吕亚
Perikionios 珀里喀俄尼俄斯	Phlyos 弗吕俄斯
Pernice 佩尔尼斯	Phocians 福喀斯人
Persephone 珀耳塞福涅	Phocion 福基翁

Phocis	福基斯	Polyaenus	波吕阿俄努斯
Phocos	福科斯	Polybius	波利比俄斯
Phoebe	福柏	Polydeukes	波吕丢刻斯
Phoebus	福玻斯	Polygnotus	波吕格诺图斯
Phoenissae	腓尼基妇女	Polyidos	波吕伊多斯
Phoenix	福尼克斯	Polymnos	波吕摩诺斯
Phoibad	福巴德	Polyneikes	波吕尼刻斯
Phoibades	福巴德斯	Polyxena	波吕塞娜
Phoibas	福巴斯	Pompeii	庞培
Pholos	福罗斯	Pompilius, Numa	努马·蓬庇利俄斯
Phorkides	福耳喀德斯	Poros	波洛斯
Phorkys	福耳库斯	Porphyry	珀斐里
Photius	佛提俄斯	Poseidon	波塞冬
Phrixos	佛里克索斯	Potniades	波特尼亚得斯
Phrygia	弗里吉亚	Potniae	波特尼亚
Phrynichus	弗里尼科斯	Pratinas	普拉提那斯
Phylarchus	菲拉科斯	Praxidike	普拉克西迪刻
Phytalmios	菲塔尔弥俄斯	Praxiergidae	普拉西耶吉德人
Phytalos	菲塔洛斯	Praxiteles	普拉克西特勒斯
Phyxios	菲克西俄斯	Preller	普列勒
Pieria	庇厄里亚	Priam	普里阿摩斯
Pimplea	皮姆普利亚	Priapos	普里阿波斯
Pisthetairos	庇斯忒泰洛斯	Pringsheim	普林施姆
Pithoigia	开坛日	Procicus	普洛迪科斯
Pithuria	皮图里亚	Proclos	普罗克洛斯
Pittheus	庇透斯	Procne	普洛克涅
Plataea	布拉底	Procris	普洛克里斯
Plato	柏拉图	Proetus	普洛托斯
Pleiades	普勒阿得斯姊妹星	Prometheus	普罗米修斯
Plemochoai	普列莫科伊日	Propertius	普洛佩提乌斯
Plerosia	普勒罗西节	Proserpine	普洛塞庇娜
Pliny	普林尼	Prostaterios	普洛斯塔忒里俄斯月
Plouton	普路同	Proteurhythmos	普罗透律特摩斯
Ploutos	普路托斯	Proteus	普洛透斯
Plutarch	普卢塔克	Protogone	普洛托戈涅
Plynteria	普林特里亚节	Protogonos	普洛托戈诺斯
Pnyx	普尼克斯	Protolaos	普罗托拉俄斯
Poine	波伊涅	Prytaneion	普律塔涅神庙
Polemon	波勒蒙	Psamathe	普萨玛忒
Polias	波利阿斯	Psellus	普塞鲁斯
Polieus	波利俄斯	Psoloeis	普索洛伊斯
Pollux	波鲁克斯	Psophis	普索菲斯

Psychagogi 普绪卡戈吉
Psyche 普绪刻
Psychopompos 普绪科蓬波斯
Psychostasia 普绪科斯塔西亚
Publius 普布利俄斯
Pyanepsia 摘果节
Pyanepsion 摘果月
Pylades 皮拉得斯
Pyraea 庇瑞亚
Pyrrhos 皮洛斯
Pythagoras 毕达哥拉斯
Pythalmios 皮塔尔米俄斯
Pythia 皮提亚
Pytho 皮托
Python 皮同

Q
Quirinus 奎里努斯

R
Ramsay 拉姆齐
Raria 拉里亚
Ravenna 拉文纳
Reinach, Salomon 萨洛蒙·雷纳克
Reisch, Emil 埃米尔·赖施
Rhadamanthys 拉达曼堤斯
Rhesos 瑞索斯
Rhodope 罗多彼山脉
Ridgeway 里奇韦
Rohde 罗德
Röhl 罗尔
Roscher 罗斯切尔
Rouse 罗斯
Ruskin 罗斯金

S
Sabaiarius 萨巴亚里俄斯
Sabazios 萨巴最俄斯
Sabine 萨宾语
Sabrina 塞布丽娜
Saglio 萨格利奥
Salamis 萨拉米斯

Salmoneus 萨尔摩纽斯
Saloniki 沙罗尼基
Samos 萨莫斯
Samothrace 萨莫色雷斯
Samter 萨姆特
Sandauke 珊道克
Sannyrion 萨尼里恩
Sappho 萨福
Saronikos 萨罗尼科斯湾
Satrae 萨特拉厄人
Saturnalia 农神节
Satyr 萨梯
Savadios 萨瓦狄俄斯
Scedasos 斯科达索斯
Schadow, Paul 保罗·沙多
Schrader 施拉德
Schreiber 施雷伯
Scopas 斯科帕斯
Scott 斯科特
Secundina, Caecilia 凯茜莉亚·塞库恩迪那
Secundus, Plinius 普林尼俄斯·塞库恩都斯
Seilenoi 塞勒涅
Sekyon 西库翁
Selene 塞勒涅
Semachos 塞马科斯
Semele 塞墨勒
Semnae 塞姆那俄
Semos 塞莫斯
Servius 塞耳维俄斯
Sethians 塞特人
Seuthes 索特斯
Shawnees 肖尼人
Sicyon 西库翁
Silen 锡仑
Silenoi 西勒诺斯
Simaetha 西墨塔
Simonides 西摩尼得斯
Sinai 西奈山
Sinis 辛尼斯
Sinope 西诺普
Sioux 苏人
Sipylos 西皮罗斯

Siren　塞壬
Sisyphos　西绪福斯
Sitalkes　西塔尔克斯
Sittl, Karl　卡尔·西特尔
Skira　斯奇拉节
Skirophoria　斯奇罗弗里亚节
Skirophorion　斯奇罗福里翁月
Skyros　斯库洛斯
Smith, Robertson　罗伯逊·史密斯
Smyrnaeus, Quintus　昆图斯·斯姆尔纳俄斯
Socrates　苏格拉底
Sofia　索菲亚
Solon　梭伦
Sopater　索帕特
Sophocles　索福克勒斯
Sophron　索福伦
Sosias　索西阿斯
Sosiolis　索西波利斯
Sotias　苏提阿斯
Sparta　斯巴达
Spencer　斯宾塞
Sphinx　斯芬克斯
Sphix　斯菲克斯
Stengel　斯滕格尔
Stenia　斯特尼亚节
Stenyclerum　斯特尼克勒鲁姆
Stephanos　斯特法诺斯
Stephen　斯蒂温
Stepterion　斯忒普特里恩节
Stesichorus　斯特西科罗斯
Stewart, Hugh　休·斯图尔特
Stheneboea　斯忒涅玻亚
Stobaeus　斯托拜俄斯
Strabo　斯特拉博
Stradowitz, Kekule von　科库勒·冯·斯特拉多维茨
Strato　斯特拉托
Strepsiades　斯特瑞西阿得斯
Stromata　《斯特洛马忒》
Studniczka　斯图德尼兹卡
Stymphalus　斯提姆法洛斯
Styx　斯堤克斯

Suidas　苏伊达斯
Svoronos　斯沃罗诺斯
Sybaris　锡巴里斯
Sykites　绪喀特斯
Syracuse　锡拉库扎

T
Taenarus　泰那洛斯
Talthybios　塔尔堤比俄斯
Tantalos　坦塔罗斯
Tartarus　塔耳塔洛斯
Tatian　塔提安
Tatius, Achilles　阿喀琉斯·塔提俄斯
Teiresias　忒瑞西阿斯
Telchines　忒尔喀涅斯
Teleia　忒列亚
Telemachus　忒勒玛科斯
Telephos　忒勒福斯
Tempe　滕比河
Tenedos　特涅多斯
Tenos　特诺斯
Teos　忒俄斯
Tereus　忒柔斯
Terme　泰尔梅
Terpes　特耳珀斯
Terpon　特耳篷
Thalia　塔利亚
Thalusia　塔路西亚节
Thamyris　塔密里斯
Thanatos　塔那托斯
Thargelia　塔耳格利亚节
Thargelion　塔耳格利亚月
Theanor　特阿诺
Thebes　底比斯城（忒拜）
Theiodamas　忒俄达马斯
Thelgines　忒尔吉涅斯
Thelpusa　忒尔普萨
Themis　忒弥斯
Themistoclea　忒弥斯托克勒亚
Themistocles　忒弥斯托克勒斯
Theocritus　忒俄克里图斯
Theognis　泰奥格尼斯

Theoinia	忒俄尼亚节	Tityos	提堤俄斯
Theophilos, St	圣泰奥菲洛斯	Tmolus	特摩罗斯
Theophrastos	泰奥弗拉斯托斯	Toepffer	托普费尔
Theopompos	泰奥彭波斯	Tonea	托涅亚节
Theoria	忒俄里亚	Townley	汤利
Theoris	忒俄里斯	Traron	特拉伦山
Thera	塞拉	Tripodisci	特里波迪西城
Therma	塞尔马	Triptolemos	特里普托勒摩斯
Thermopylae	德摩比利	Tritopatores	特里托帕托瑞斯
Thero	忒罗	Troezen	特洛曾
Theseus	忒修斯	Troilos	特洛伊罗斯
Thesmophoria	立法女神节	Trophonios	特洛福尼俄斯
Thesmophoros	忒斯摩福罗斯	Troy	特洛伊
Thespiae	忒斯庇俄	Trygaeus	特律该俄斯
Thespians	忒斯庇亚人	Tryphon	特律丰
Thesprotia	塞斯普罗蒂亚	Tuchmann	图施曼
Thessaly	忒萨利	Tuscan	图斯卡河
Thestylis	忒斯提利斯	Tyana	提亚那
Thetis	忒提斯	Tyche	堤刻
Thettale	忒塔勒	Tyler	泰勒
Thiersch	蒂尔施	Tyndareus	廷达瑞俄斯
Thisbe	提斯柏	Typhonian	堤丰尼亚
Thoricus	托里库斯	Typhons	堤丰
Thrace	色雷斯	Tyrrhenian	第勒尼安
Thriae	特里亚	Tyskiewicky	提斯基维奇
Thucydides	修昔底德	Tzetzes	特泽特泽斯
Thyestes	堤厄斯忒斯		
Thyia	提伊亚	U	
Thyiades	提伊阿得斯	Umbrian	翁布里亚语
Thymbrae	提姆布拉	Usener	乌塞奈尔
Thyone	提俄涅		
Thyoneus	提俄纽斯	V	
Tiber	台伯河	Valens	瓦林斯
Timarchus	提马科斯	Vanicek	瓦尼塞克
Timarete	提玛瑞特	Varro	瓦罗
Timocles	提莫克勒斯	Vergil	维吉尔
Timotheos	提摩忒俄斯	Verrall	维罗尔
Timpone	提姆波涅	Vesta, Ilian	伊利安·维斯塔
Tischbein	提施贝恩	Vestal	供奉维斯塔女神的贞尼
Titaia	提泰亚	Vestalia	灶神节
Titane	提坦那	Virbius	维尔比乌斯
Tithrone	提特罗涅	Visconti	维斯康蒂

专名英汉对照 | 749

von Prott　冯·普罗特

W
Walz　瓦尔兹
Warde-Fowler　沃德-福勒
Weil　韦尔
Wellmann　威尔曼
Whitsuntide　圣灵降临周
Wide, Sam　萨姆·怀德
Wiedemann　威德曼
Wiegand　维根德
Wilamowitz-Moellendorff　维拉莫维茨-默伦多夫
Wolters　沃尔特斯
Wuensche　武恩施
Wünsch　冯施
Würzburg　维尔茨堡

X
Xanthias　克珊提亚斯
Xanthias　珊提阿斯
Xanthippos　克珊提波斯
Xenophanes　色诺芬尼
Xenophon　色诺芬
Xerxes　薛西斯

Z
Zagreus　扎格柔斯
Zakro　扎克罗
Zephyros　仄费洛斯
Zetes　仄忒斯
Zethus　仄托斯
Zeus　宙斯
Ziebart　齐巴特
Zoilos　左伊罗斯